U0548806

经以济世
建德商来
贺教方印
走访问项目
成王之作

季羡林
丙戌初方八

教育部哲学社会科学研究重大课题攻关项目
"十三五"国家重点出版物出版规划项目

欧洲农村城镇化进程及其借鉴意义

THE COURSE OF RURAL URBANIZATION IN EUROPE AND ITS MEANING OF REFERENCE

刘景华 等著

中国财经出版传媒集团
经济科学出版社
Economic Science Press

图书在版编目（CIP）数据

欧洲农村城镇化进程及其借鉴意义/刘景华等著.
—北京：经济科学出版社，2020.12
教育部哲学社会科学研究重大课题攻关项目 "十三五"
国家重点出版物出版规划项目
ISBN 978-7-5218-2192-5

Ⅰ.①欧⋯ Ⅱ.①刘⋯ Ⅲ.①农村-城市化-研究-欧洲 Ⅳ.①F299.501

中国版本图书馆 CIP 数据核字（2020）第 257551 号

责任编辑：孙丽丽　纪小小
责任校对：杨　海
责任印制：李　鹏　范　艳

欧洲农村城镇化进程及其借鉴意义

刘景华　等著

经济科学出版社出版、发行　新华书店经销
社址：北京市海淀区阜成路甲 28 号　邮编：100142
总编部电话：010-88191217　发行部电话：010-88191522
网址：www.esp.com.cn
电子邮箱：esp@esp.com.cn
天猫网店：经济科学出版社旗舰店
网址：http://jjkxcbs.tmall.com
北京季蜂印刷有限公司印装
787×1092　16 开　31.25 印张　580000 字
2021 年 6 月第 1 版　2021 年 6 月第 1 次印刷
ISBN 978-7-5218-2192-5　定价：126.00 元
(图书出现印装问题，本社负责调换。电话：010-88191510)
(版权所有　侵权必究　打击盗版　举报热线：010-88191661
QQ：2242791300　营销中心电话：010-88191537
电子邮箱：dbts@esp.com.cn)

课题组主要成员

首席专家 刘景华
主要成员 孙立田　徐　滨　陆伟芳　刘丹青　熊芳芳
　　　　　　孟钟捷　叶　敏　赵文君　张卫良　李友东
　　　　　　沈　琦　田　涛　刘　涛　尚　洁
　　　　　　Steve King　Randall Upchurch
　　　　　　王琼颖　黄肖昱　杨　光　沈辰成

编审委员会成员

主 任　吕 萍
委 员　李洪波　柳 敏　陈迈利　刘来喜
　　　　樊曙华　孙怡虹　孙丽丽

总　序

哲学社会科学是人们认识世界、改造世界的重要工具，是推动历史发展和社会进步的重要力量，其发展水平反映了一个民族的思维能力、精神品格、文明素质，体现了一个国家的综合国力和国际竞争力。一个国家的发展水平，既取决于自然科学发展水平，也取决于哲学社会科学发展水平。

党和国家高度重视哲学社会科学。党的十八大提出要建设哲学社会科学创新体系，推进马克思主义中国化、时代化、大众化，坚持不懈用中国特色社会主义理论体系武装全党、教育人民。2016年5月17日，习近平总书记亲自主持召开哲学社会科学工作座谈会并发表重要讲话。讲话从坚持和发展中国特色社会主义事业全局的高度，深刻阐释了哲学社会科学的战略地位，全面分析了哲学社会科学面临的新形势，明确了加快构建中国特色哲学社会科学的新目标，对哲学社会科学工作者提出了新期待，体现了我们党对哲学社会科学发展规律的认识达到了一个新高度，是一篇新形势下繁荣发展我国哲学社会科学事业的纲领性文献，为哲学社会科学事业提供了强大精神动力，指明了前进方向。

高校是我国哲学社会科学事业的主力军。贯彻落实习近平总书记哲学社会科学座谈会重要讲话精神，加快构建中国特色哲学社会科学，高校应发挥重要作用：要坚持和巩固马克思主义的指导地位，用中国化的马克思主义指导哲学社会科学；要实施以育人育才为中心的哲学社会科学整体发展战略，构筑学生、学术、学科一体的综合发展体系；要以人为本，从人抓起，积极实施人才工程，构建种类齐全、梯队衔接的高校哲学社会科学人才体系；要深化科研管理体制改革，发挥高校人才、智力和学科优势，提升学术原创能力，激发创新创造活力，建设中国特色新型高校智库；要加强组织领导、做好统筹规划、营造良好学术生态，形成统筹推进高校哲学社会科学发展新格局。

哲学社会科学研究重大课题攻关项目计划是教育部贯彻落实党中央决策部署的一项重大举措，是实施"高校哲学社会科学繁荣计划"的重要内容。重大攻关项目采取招投标的组织方式，按照"公平竞争，择优立项，严格管理，铸造精品"的要求进行，每年评审立项约40个项目。项目研究实行首席专家负责制，鼓励跨学科、跨学校、跨地区的联合研究，协同创新。重大攻关项目以解决国家现代化建设过程中重大理论和实际问题为主攻方向，以提升为党和政府咨询决策服务能力和推动哲学社会科学发展为战略目标，集合优秀研究团队和顶尖人才联合攻关。自2003年以来，项目开展取得了丰硕成果，形成了特色品牌。一大批标志性成果纷纷涌现，一大批科研名家脱颖而出，高校哲学社会科学整体实力和社会影响力快速提升。国务院副总理刘延东同志做出重要批示，指出重大攻关项目有效调动各方面的积极性，产生了一批重要成果，影响广泛，成效显著；要总结经验，再接再厉，紧密服务国家需求，更好地优化资源，突出重点，多出精品，多出人才，为经济社会发展做出新的贡献。

作为教育部社科研究项目中的拳头产品，我们始终秉持以管理创新服务学术创新的理念，坚持科学管理、民主管理、依法管理，切实增强服务意识，不断创新管理模式，健全管理制度，加强对重大攻关项目的选题遴选、评审立项、组织开题、中期检查到最终成果鉴定的全过程管理，逐渐探索并形成一套成熟有效、符合学术研究规律的管理办法，努力将重大攻关项目打造成学术精品工程。我们将项目最终成果汇编成"教育部哲学社会科学研究重大课题攻关项目成果文库"统一组织出版。经济科学出版社倾全社之力，精心组织编辑力量，努力铸造出版精品。国学大师季羡林先生为本文库题词："经时济世 继往开来——贺教育部重大攻关项目成果出版"；欧阳中石先生题写了"教育部哲学社会科学研究重大课题攻关项目"的书名，充分体现了他们对繁荣发展高校哲学社会科学的深切勉励和由衷期望。

伟大的时代呼唤伟大的理论，伟大的理论推动伟大的实践。高校哲学社会科学将不忘初心，继续前进。深入贯彻落实习近平总书记系列重要讲话精神，坚持道路自信、理论自信、制度自信、文化自信，立足中国、借鉴国外，挖掘历史、把握当代，关怀人类、面向未来，立时代之潮头、发思想之先声，为加快构建中国特色哲学社会科学，实现中华民族伟大复兴的中国梦做出新的更大贡献！

教育部社会科学司

前 言

当前我国正在广泛开展新型城镇化建设。2011年，我国城市常住人口超过了总人口的50%，这是我国城市化进程中的里程碑标志。其后，我国的城市化水平基本上以每年增加一个百分点的速度快速推进。国家统计局公布的数据显示，到2018年末，全国常住人口城镇化率为59.58%、户籍人口城镇化率为43.37%。农村城镇化仍是今后一段时期我国城市化建设的主攻目标，是我国深化改革中的重大经济社会发展战略，也是我国经济社会进一步发展的强劲推动力。2014年3月16日《国家新型城镇化规划（2014～2020年）》公布，基本明确了宏观目标和任务。但我国农村城镇化到底该走怎样的路子？有没有他者经验可借鉴？发达国家的城市化道路对我们有没有启发意义？仍然值得深入探讨。

从世界上已完成城市化的欧美等发达国家来看，大致有欧洲式城市化和美国式城市化两个主要模式。欧洲模式以农村就地城镇化并建设中小城镇为突出特征，而美国模式则是集中发展大城市和都市区，以此带动区域发展。

美国的大城市化道路是其适合自身国情的产物，而我们向其学习则须谨慎，因为两者国情有极大不同。美国是近代才形成的移民国家，其建国历史仅两个多世纪，基本上不存在传统的农业社会。美国的规模农业是近代的产物，而不是从传统农业转型过来的；它有农场主，但没有大量传统农民；它有农场房舍，但没有众多的传统村庄聚落。因此美国的大城市化道路不一定适合我国，我们不能照搬，否则将无助于对传统农村进行彻底改造，甚至还可能在城市和乡村之间形成新的差距和鸿沟。20世纪90年代以来我国基本上是走大城市化道路，虽然效果不错，如资金和人才起到了集聚效应，加速了经济发展，快速推进了城市化进程，吸纳和接受了许多农村剩余劳动力，但同时也产生了一些负面问题。一方面，大城市人口过于集中，带来许多社会问题、环境问题、资源问题等，制约了城市可持续发展，这些问题已引起中央领导的重视。①更严重的是另一方面，农村面貌没有因此得到根本改观：农业人口比重仍然较大；农村人口的物质和精神生活方式与城市有巨大差异，生活水平与城市的差距也在拉大；农村要素如高素质人才、青壮年劳动力、资金财富等资源大量流向大中城市，不利于农村进一步发展和建设；农村与城市的景观形象两极化，故而有人戏称我国是"第一世界的城市、第三世界的农村"。农村小城镇的发展状态也与大中城市迥然相异，诚如住建部前副部长仇保兴有言："走过一城又一城，城城像欧洲，走过一镇又一镇，镇镇像非洲。"②这些问题都值得深思。

在欧洲的城市化进程中，虽然也有若干城市向巨型城市（如英国伦敦、法国巴黎）发展，但其最突出的特征是农村就地城镇化。工业化和城市化初期的欧洲，其国情和发展水平与当下我国很为相似：文明有悠久历史，农业社会传统浓烈，根基牢固；需要完成从传统农业社会向现代社会的转型，需要将传统农村改造为现代城镇，需要将农村人口转变为具有现代品质的城市人口。率先完成第一次工业革命的英国，农村城镇化的步伐走得最快。1851年英国城镇人口达到50%（达到这一比例比中国早了160年）；1900年英国城市人口达70%左右；目前英国非农业人口达95%以上，农村实现了城镇化。西欧其他国家的农村城镇化道路虽比英国走得略晚略慢，但也在19世纪实现工业化的同时大大推进了城市化，大多在20世纪后期基本完成了农村城镇化。

欧洲农村城镇化最重要的内容之一，也是其最鲜明的特点之一，就是将村庄、村镇就地改造为具有与现代城市完全一样的生活居住条件的美好家园，改造乡村的自然环境和人文环境，让乡村变得美丽、

---

① 仇保兴：《特大城市过分膨胀引中央领导担忧》，载于《解放日报》2014年2月22日。
② 《仇保兴称城镇人居环境差：城镇像非洲》，载于《中国青年报》2014年3月13日。

舒适，既适宜居住、生活，也可供国民旅游、度假、休闲等，甚至还可吸引来自世界各地的旅游观光者。作为最早实现农村城镇化的国家，英国乡村美丽舒适的居住环境使世人很早就有"住要住英国乡村"（20世纪初林语堂语）的感慨。良好的居住环境能吸引城市市民入住，从而使乡村的社会结构发生根本性变化。今天居住在西欧乡村（村镇、村庄）的居民只有极少量务农者。

从欧洲的经历看，农村城镇化之另一重要内容，就是将原有农业人口变成城市人口，即农民市民化。这种变化并非简单地运用行政手段将乡镇改称街道、将村庄改为"社区"，在管理意义上把"农民"变成"市民"，而是要真正地让农民市民化、非农业化。欧洲农民非农业化的最主要途径是加强农业的机械化、集约化、规模化等现代化生产手段，减少农业对劳动力的需求量；通过在城市和乡村大力发展轻型工业，发展商业、服务、旅游等第三产业，提供大量的就业机会和工作岗位，吸纳和消化农村的大量剩余劳动力，促使乡村居民的职业和工作非农业化。同时还在管理理念和体制上大胆改革，如取消户籍制度，实行住户登记制，让人口自由流动，农民能进城，市民可下乡；杜绝硬性将农民固定在本地或就地安置农民的做法，改变农民只在本地非农业化就业的做法，转变所谓让农民"离土不离乡"的观念；原有农民要想实现自己的理想和愿景，既可留在本地生活，也可就近进入城镇就业，更可迁徙至远方城市从事非农行业。人口的社会流动和地理流动，是现代化社会的一大特征，不应人为设置藩篱阻挡这种流动，也不应为防止大城市化而反对这种流动。"人往高处走"，流动其实正是人们积极向上、追求美好生活的主观能动性的体现，在一定程度上应予以鼓励。几年前我国政府决定消除农业户口和非农业户口的区别，一律统称居民，并且除500万人以上特大城市外，中小城市一律放开进城户口限制①，这是鼓励人口流动、促使农民市民化的重大举措。同时，还应在农村大力发展教育文化事业，提高农村居民文化素质，让他们有能力从事现代化工作，提升其现代品质。人的现代化才是农村城镇化最终完成的标志。

---

① 《国务院关于进一步推进户籍制度改革的意见》第一、第六、第七条，载于《光明日报》2014年7月31日。

欧洲农村城镇化无疑是成功的。当代欧洲乡村景色优美、风光绮丽、空气新鲜,环境条件甚至胜过城市,是人们向往的宜居之地,也成了吸引远近游客的胜地。这种欧洲式道路或许更适合为我国农村城镇化提供参照和借鉴。加快城镇化,是改变我国农村面貌、改变我国农民人生走向的必由之路。探讨欧洲农村的城镇化进程,从宏观上参考其战略思路,在微观上借鉴其经验做法,对推进我国农村城镇化建设必定大有裨益。面向现实反观历史,目的在于通过对相似历史现象的研究,从历史经验和外部实践中探求对解决中国现实问题的借鉴意义。

研究欧洲农村城镇化进程也有深刻的学术意义。一方面,城市化进程本身就是人类社会发展的重要内容,需要厘清其过程、探索其动力;另一方面,欧洲是世界最先从传统农业社会转变为现代工业社会的地区,探讨其实现社会转型的原因和过程,始终是学界长盛不衰的研究课题,而农村城镇化进程又是其向现代社会转型的重要方面。以往学界虽有较多的零散论述和研究,但系统的、深入的、总体性的专门探索并不多见。因此,有必要将欧洲农村城镇化进程作为专门的研究对象,揭示农村城镇化对欧洲实现社会转型的意义,获得对近代欧洲崛起并率先走向现代工业社会更全面的认识。

本书作为教育部哲学社会科学研究重大课题攻关项目"欧洲农村城镇化进程及借鉴意义研究"的最终成果,凝聚了课题研究团队的心血。为实现研究目标,团队成员从国内外十几所大学走到了一起。他们都是城市研究或乡村研究的专家,在课题研究中有分工、有协作,各就自己专长"深入探索研究",最终成就了这样一个"扎实规范""论述富有学术厚度和力度,创新特色鲜明,历史研究和现实借鉴相互衬映"(鉴定结论语)的成果结晶。不过这一研究还是初步的,自然存在许多不足,敬祈方家指正。

摘　要

欧洲是世界上最早实现城市化的地区。欧洲也曾经历长期的农业社会，从传统农业社会向现代社会转型，需要对传统农村进行改造，因此其农村城镇化经验尤其是就地城镇化、中小城镇化的经验及教训，对国情相似的国家譬如当代中国具有一定的启发作用。本书共七篇，含二十二章，从多个维度考察欧洲农村城镇化进程，分析其对我国新型城镇化和振兴乡村战略的借鉴意义。

第一篇，研究目标与概念辨析。一方面树立全书研究的宏观性目标导向，阐述研究欧洲农村城镇化进程的意义、途径和方法，评述国内外对欧洲城市、城市化和农村城镇化的已有研究成果，使本书研究能置于一个较高的学术起点上。另一方面则廓清城市化、农村城镇化等概念内涵，解读"就地城镇化"及其与农村城镇化之关系，使全书研究始终有明确的含义限定意识，避免误读和跑题。

第二篇，宏观考察与理论探微。一方面总体勾勒欧洲农村城镇化的历史进程，初步将其分为四个阶段：中世纪是欧洲农村城镇化的奠基和心理准备时期，近代早期是农村城镇化启动时期，18~20世纪工业革命和工业化时期农村城镇化全面推进，20世纪后期农村城镇化进程继续多样态推进，直至全面完成。另一方面则从理论上论述欧洲农村城镇化和农民市民化的前提条件，认识工业革命和工业化是推进农村城镇化的基本动力以及工业化与农业现代化、农村城镇化的互动关系，考察农村城镇化与农民生活水平变迁的正促进关系等。

第三篇，乡村改造和乡村建设。主要考察欧洲如何从实体上对传统农村进行改造。其中城乡基础设施的改造和完善虽然是一个长期的过程，但也启动较早。工业化对农村造成了较大冲击，因此最早实现工业化的英国也最先从19世纪末开始进行乡村改造。20世纪这一运动在欧洲渐入高潮，最终使得乡村具备了类似城市的生活条件。当现阶段欧洲面临新的挑战时，欧盟提出了改进农村公共服务的新思路，在转变观念和政策创新等方面均有不少新举措。就农村城镇化进程的多元性，本书剖析了区域城镇体系、重振传统城镇、农村经济转型和乡村文化建设等多种类型样本。

第四篇，乡村旅游与经济振兴。面对乡村经济振兴这样一个宽泛的主题，本书的探索不可能面面俱到，因而选择乡村旅游业的兴起作为研究突破口。乡村旅游业在某些西欧国家已成为乡村第一大经济部门，既与农村城镇化息息相关，又是乡村经济振兴的代表性行业。英格兰的乡村旅游从业者已超过农业，经济效应巨大。法国普罗旺斯、意大利托斯卡纳和德国巴伐利亚的乡村旅游，奥地利的阿尔卑斯山区旅游，荷兰因地制宜的海滨度假等，其兴起也与农村城镇化基本同步。

第五篇，英国农村城镇化进程。欧洲各主要国家因其传统和国情而走着自己的农村城镇化道路，有必要对其进行分别考察。英国是农村城镇化进程最快、最典型的国家，是国别考察的重点。英国的农村城镇化从近代早期就因"原工业化"，即乡村工业兴起而开始起步，而最先发生工业革命也使其农村城镇化最先进入高潮，19世纪末即开始了乡村改造运动。当然，英国农村城镇化也存在不平衡的问题，因此在20世纪里还在不断进行调整和改革。

第六篇，欧陆国家农村城镇化。在欧洲大陆上，法国、德国这样的大国，荷兰这样的先进国家，其农村城镇化进程也各有不同道路，各有特色，有很多好的做法和经验。法国是一个农业大国，然而其农村城镇化进程多有曲折，城镇化程度不如英国。德国的城镇化直到19世纪才真正起步，但由于国家的干预，一方面如19世纪末加速了城市发展，另一方面如希特勒执政时期城市化又走上了歧路。德国还形成了普鲁士和巴伐利亚两条不同的城镇化道路。至于荷兰，17世纪城镇化已达到很高水平，18~19世纪却落伍了，20世纪则发展成为城镇化水平最高的国家之一。

第七篇，中国实际与欧洲之鉴。研究欧洲农村城镇化进程及特征，主要出发点是为我国的新型城镇化、乡村振兴和新农村建设提供参照和借鉴。要达到这一目的，就必须对中国农村实际有深入的了解。因此，本书在中国东部、中部和西部三类地区选取了四个不同类型的样本进行考察和研究，展现了各自的城镇化进程及优势或不足。此外，在全书的最后，还探讨了欧洲农村城镇化道路对中国的借鉴意义和参考价值，并对其教训做了一定深度的反思。

Abstract

Europe is the first region in the world to achieve urbanization. There was a long-term agricultural society in European history, it need to transform from the traditional agricultural society to modern one, to remold traditional countryside. So its experiences and lessons in rural urbanization, especially in local urbanization and small and medium-sized urbanization experience, have some certain enlightening role to similar country of national conditions, such as present China. This book consists of seven parts, including 22 chapters, and examines the process of rural urbanization in Europe from many dimensions, and analyses its reference significance to the new urbanization and rural revitalization strategy of our country.

Part One, Research Goal and Concept Discrimination. On the one hand, this part set up the macro goal of the book's research orientation, expound the significance, approach and method of studying the process of rural urbanization in Europe, review the existing research achieves at home and abroad about European cities, its urbanization and rural urbanization, so that the research of this book can be placed on a higher academic starting point. On the other hand, it clarifies the concept connotation of urbanization, rural urbanization and so on, interprets the meaning of "local urbanization" and its relationship with the rural urbanization, so that the study of the book always has a clear sense of meaning and limits, so as to avoid misreading and leaving the problem.

Part Two, Macro-examination and Theoretical Exploring. On the one hand, this part outlines the historical process of rural urbanization in Europe, and divides it into four stages: the Middle Ages, was the foundation and psychological preparation period of rural urbanization in Europe; the Early Modern Times, was the beginning period of rural urbanization; the Industrial Revolution and industrialization from the 18th to 20th centuries promoted the rural urbanization in an all-round way; and the process of rural urbanization continued in the late 20th century was fully completed. On the other hand, it discusses theoretically the precondition of rural urbanization and peasant citizenization in Europe, recognizes that industrialization is the basic driving force to promote rural urbanization, that there are interactions between industrialization and agricultural modernization and rural urbanization, and examines the positive promotion relationship between rural urbanization and the change of farmers' living standard.

Part Three, Rural Transformation and Rural Construction. This part examines mainly how Europe carries on the transformation of countryside from the traditional entity to the modern one. The transformation and improvement of urban and rural infrastructure is a long process, but it is also started earlier. Industrialization had a big impact on the countryside, so the first industrialized Britain also became the first country to carry out rural transformation movement at the end of 19th century. The movement culminated in Europe in the 20th century, which eventually gave the countryside urban-like living conditions. When Europe faces new challenges at present, the EU has put forward new ideas for improving rural public services, and there are many new initiatives in the idea changing and policy innovations. On the diversity of rural urbanization process, this book analyzes several samples, such as the regional urban network, the revitalization of traditional towns, rural economic transformation and rural cultural construction, etc.

Part Four, Rural Tourism and Economic Revitalization. In the face of such a broad theme of rural economic revitalization, this book can't explore all aspects, so the rise of rural tourism is taken as a research breakthrough. Rural tourism has become the largest economic sector in some western European countries, which is not only closely related to rural urbanization, but also a representative industry of rural economic revitalization. Employed people in rural tourism in England have surpassed in agriculture, the economic effect is enormous. Rural tourism in Provence, Tuscany, Bavaria, the Alps, and coast of Netherlands, etc, is all prosperous, and their rises are also basically synchronized with rural urbanization.

Part Five, Process of Rural Urbanization in Britain. The major countries in Europe follow their own path because of their traditions and national conditions, and it is necessary to examine them separately. Britain is the fastest and most typical country in the process of rural urbanization, so it is the focus of the country-study. Rural urbanization in Britain started from the early modern times because of the rise of "post-industrialization", i. e. rural industry, and as original country of Industrial Revolution also made its rural urbanization first into a climax, and began the rural transformation movement at the end of 19th century. Of course, the problem of rural urbanization in Britain is also unbalanced, so it has been constantly adjusted and reformed through the 20th century.

Part Six, Rural Urbanization in European Continent. On the European continent, large countries such as France, Germany, and advanced countries such as the Netherlands, all have themselves' paths to urbanization, and have different characteristics, many good practices and experiences in their urbanization. France is a agricultural country, but its rural urbanization process is more tortuous, the degree of urbanization is not high as in Britain. German urbanization did not really start until the 19th century, but because of state's intervention, on the one hand it accelerated rapid urbanization in the late 19th century, on the other hand, it experienced a wrong way in the Hitler era. At the same time Germany also formed two different urbanization model, Prussia and Bavaria. As for the Netherlands, its urbanization had reached a very high level in the 17th century, but lowered in the 18th and 19th centuries, then became one of the highest levels of urbanization in the 20th century.

Part Seven, China's Reality and Europe's Mirror. To study the process and characteristics of rural urbanization in Europe, the main starting point is to provide reference for the new urbanization, rural revitalization and new rural construction in China. To get this goal, we must have a deep understanding of the reality of rural China. Therefore, this book selected four different types of sample for investigation and research in three types of regions, i. e. eastern, central and western China, showing their urbanization process and their advantages or disadvantages. In addition, at the end of the book, this paper discusses the reference significance and value of the road of rural urbanization in Europe to China, and makes a deep reflection on its lessons.

目录

第一篇
研究目标与概念辨析 1

第一章 ▶ 欧洲农村城镇化研究的目标、方法和现状 3

　　第一节　欧洲农村城镇化研究的目标和方法　3
　　第二节　欧洲主要国家农村城镇化研究概述　6

第二章 ▶ "城镇化"诸概念辨析 20

　　第一节　"城市""城镇"及"都市（会）"　20
　　第二节　"城市化""农村城镇化""逆城市化"　23
　　第三节　"就地城镇化"的含义及演变　25

第二篇
宏观考察与理论探微 31

第三章 ▶ 欧洲农村城镇化的宏观进程 33

　　第一节　欧洲农村城镇化的长期性和阶段性　33
　　第二节　中世纪：城市和乡村的结合与分野　35
　　第三节　近代早期：原工业化促使农村城镇化起步　38
　　第四节　工业化时代：农村城镇化进入高潮　40
　　第五节　后工业时期：农村城镇化多样态推进　43

第四章 ▶ 欧洲工业革命和工业化全面推进　47

第一节　工业革命和工业化的原因探讨　47
第二节　工业革命：英国与大陆的步伐　53

第五章 ▶ 欧洲工业化与农业现代化的互动　63

第一节　"工业化""农业现代化"释义　63
第二节　工业化与农业现代化理论再探讨　65
第三节　工业化与农业现代化的历史反思　69
第四节　农业对工业革命和工业化的推动　72

第六章 ▶ 欧洲农村城镇化与农民生活水平变迁　78

第一节　1850年以前欧洲农村的原工业化　78
第二节　19世纪后期农村的城镇化和生活水平　80
第三节　20世纪前期农村生活水平日趋城市化　84
第四节　20世纪中后期欧洲的逆城市化发展　87

第三篇

乡村改造和乡村建设　95

第七章 ▶ 欧洲城乡基础设施的发展与演进　97

第一节　前工业时期欧洲城镇的基础设施　97
第二节　工业化时期城镇基础设施的发展　101
第三节　后工业时期城乡基础设施的完善　107

第八章 ▶ 19世纪晚期迄今欧洲的乡村改造　113

第一节　工业化对农村造成冲击　113
第二节　乡村改造的启动者——英国　118
第三节　欧洲乡村生活类城市化　125

第九章 ▶ 欧洲农村的观念转变与创新发展　133

第一节　最近时段欧洲农村面临的新挑战　133
第二节　欧盟改进农村公共服务的新思路　134

第三节　观念转变与政策创新的具体实践　　142

第十章 ▶ 欧洲农村城镇化各类型样本剖析　　148

第一节　区域城镇体系：丹麦米德捷兰农村地区　　148
第二节　传统城镇重振：法国两个乡村城镇考察　　152
第三节　农村经济转型：英国的科茨沃兹道路　　161
第四节　乡村文化建设：英格兰的"艺术下乡"　　165

第四篇
乡村旅游与经济振兴　　171

第十一章 ▶ 英国：发展乡村旅游的先行者　　173

第一节　工业革命促发大众乡村旅游　　174
第二节　20世纪英国乡村旅游业发展　　176
第三节　政府和社会对乡村旅游的投入　　181
第四节　英国乡村旅游业发展若干范本　　184

第十二章 ▶ 法国和意大利的乡村旅游业发展　　188

第一节　法国普罗旺斯乡村的休闲旅游业　　188
第二节　意大利城镇化及托斯卡纳乡村旅游　　196

第十三章 ▶ 德国、奥地利和荷兰的乡村旅游业　　201

第一节　德国巴伐利亚州的乡村旅游　　201
第二节　奥地利的阿尔卑斯山区旅游　　205
第三节　一个荷兰渔村怎样提升为旅游城镇　　211

第五篇
英国农村城镇化进程　　219

第十四章 ▶ "原工业化"与英国农村城镇化起步　　221

第一节　中世纪晚期农村的城镇体系　　222
第二节　"原工业化"与农村城镇化　　225

第三节　原工业时代农村城镇化特征　231

第十五章 ▶ 工业革命与英国农村城镇化全面推进　238

第一节　工业革命与城市化的区域性　238
第二节　工业革命与英国小城镇发展　244
第三节　遍布各地乡村的特色城镇　252
第四节　城乡发展与治理模式变革　258

第十六章 ▶ 20世纪英国农村的深度城镇化　262

第一节　20世纪英国农村城镇化的基础　262
第二节　20世纪英国农村城镇化发展　268
第三节　城镇与乡村的区划新动态　274
第四节　英国农村城镇化的不均衡性　279

第六篇

欧陆国家农村城镇化　281

第十七章 ▶ 法国农村城镇化进程及其特征　283

第一节　原工业化时期法国城乡关系与城镇化　283
第二节　19世纪的乡村城镇化与城乡关系转变　297
第三节　20世纪下半叶法国"乡村的复兴"　303

第十八章 ▶ 德国农村城镇化进程及其特征
　　　　　　——主要以巴伐利亚州为例　309

第一节　工业化前德意志地区城镇化的"起步"　309
第二节　工业化时代巴伐利亚州的城镇化进程　318
第三节　20世纪上半叶德国城镇化的推进与异化　322
第四节　战后巴伐利亚产业转型与城镇化道路　326

第十九章 ▶ 荷兰农村城镇化进程及其特征　336

第一节　前近代尼德兰城市化进程及其特点　336
第二节　中世纪末至17世纪晚期荷兰城市化　340
第三节　长的18世纪：城市衰退与乡村发展　347

第四节　19~20世纪：乡村经济的非农业化　351

第七篇

中国实际与欧洲之鉴　355

第二十章 ▶ 中国东部发达地区农村城镇化样本考察　357

第一节　大城市郊区——天津蓟州农村城镇化　357
第二节　城镇发达省——浙江省的农村城镇化　365

第二十一章 ▶ 中国中西部地区农村城镇化样本调研　380

第一节　中部农业区——湖南邵东农村城镇化　380
第二节　西部农业区——甘肃定西农村城镇化　391

第二十二章 ▶ 欧洲农村城镇化经验对中国的可借鉴性　403

第一节　农村城镇化应当努力做到三个平衡　403
第二节　着力培育乡村经济发展新的生长点　407
第三节　新思维、新科技提升农村资源利用度　413
第四节　推进政府管理和介入机制多层面化　418
第五节　激发社会力量及其资本助农主动性　421
第六节　对欧洲农村城镇化教训的深度反思　422

参考文献　426

后记　457

Contents

PART 1
RESEARCH GOAL AND CONCEPT DISCRIMINATION   1

Chapter 1 Objectives, Methods and Academic Review of the Study on Rural Urbanization in Europe   3

   1.1 Objectives, Methods   3
   1.2 Academic Review   6

Chapter 2 Analysis on Several Concepts about "Urbanization"   20

   2.1 City, Town, Metropolis   20
   2.2 Urbanization, Rural Urbanization, Counter – Urbanization   23
   2.3 The Meaning of "Local Urbanization" and its Evolution   25

PART 2
MACRO – EXAMINATION AND THEORETICAL EXPLORING   31

Chapter 3 Macro – process of Rural Urbanization in Europe   33

   3.1 Long – term Course and Stages of Rural Urbanization in Europe   33
   3.2 Middle Ages: Urban and Rural Integration and Division   35
   3.3 Early Modern Times: The Proto—industrialization Promoted the Rural Urbanization to Start   38

3.4　Industrialization Era: Rural Urbanization Up to Climax　40

3.5　Post – industrial Era: the Various Development of
　　　Rural Urbanization　43

Chapter 4　Comprehensive Advancement of Europe's Industrial Revolution and Industrialization　47

4.1　Discussion on the Causes of Industrial Revolution
　　　and Industrialization　47

4.2　The Industrial Revolution: the Steps in Britain and the Continent　53

Chapter 5　Interaction Between Industrialization and Agricultural Modernization in Europe　63

5.1　Interpretation of "Industrialization" and "Agricultural
　　　Modernization"　63

5.2　Theoretical Rethinking on Industrialization and Agricultural
　　　Modernization　65

5.3　Historical Reflection on Industrialization and Agricultural
　　　Modernization　69

5.4　Agricultural Contribution to the Industrial Revolution
　　　and Industrialization　72

Chapter 6　Rural Urbanization and the Change of Farmers' Living Standard in Europe　78

6.1　Proto – industrialization of Rural Europe Before 1850　78

6.2　Urbanization and Living Standards in Rural Areas in
　　　the Late 19th Century　80

6.3　Rural living standards were urbanized in the early 20th century　84

6.4　The Counter – urbanization in Europe in the mid and
　　　late 20th century　87

PART 3
RURAL TRANSFORMATION AND RURAL CONSTRUCTION 95

Chapter 7 Development and Evolution of Urban and Rural Infrastructure in Europe 97

7.1 Urban Infrastructure in Pre-industrial Europe 97
7.2 Development of Infrastructure in Industrial City and Town 101
7.3 Improvement of Post-industrial Urban and Rural Infrastructure 107

Chapter 8 Rural Remake in Europe Since the End of 19th Century 113

8.1 Impact of Industrialization on Rural Areas 113
8.2 Britain: The Activator for Rural Improving 118
8.3 Urbanization of Rural Life in Europe 125

Chapter 9 Idea Change and Innovation Development in Rural Europe 133

9.1 New Challenges For Rural Europe in the Recent Period 133
9.2 EU's New Ideas for Improving Rural Public Service 134
9.3 Practices for Concept Change and Policy Innovation 142

Chapter 10 Samples Analysis of Rural Urbanization in Europe 148

10.1 Regional Urban System: Rural Midtjylland, Denmark 148
10.2 Revitalizing Traditional Towns: A Study of Two Rural Towns in France 152
10.3 Rural Economic Transformation: the Cotswolds Road in Britain 161
10.4 Rural Culture Construction: "Art to the Country" in England 165

PART 4
RURAL TOURISM AND ECONOMIC REVITALIZATION 171

Chapter 11 Britain: A Pioneer in Rural Tourism 173

11.1 Industrial Revolution Promotes Popular Rural Tourism 174
11.2 The Development of Rural Tourism in the 20th Century Britain 176
11.3 Governmental and Social Imputes into Rural Tourism 181
11.4 Some Samples of Rural Tourism Development in England 184

Chapter 12　Rural Tourism Development in France and Italy　188

　　12.1　Leisure Tourism in Rural Areas of Provence, France　188

　　12.2　Urbanization in Italy and Rural Tourism in Tuscany　196

Chapter 13　Rural Tourism in Germany, Austria and the Netherlands　201

　　13.1　Rural Tourism in Bavaria, Germany　201

　　13.2　Alpine Tourism in Austria　205

　　13.3　How Does a Dutch Fishing Village Upgrade to A Tourist Town　211

PART 5
PROCESS OF RURAL URBANIZATION IN BRITAIN　219

Chapter 14　"Proto-Industrialization" and the Start of Rural Urbanization in Britain　221

　　14.1　The Urban System in the Late Medieval Rural Areas　222

　　14.2　"Proto-Industrialization" and Rural Urbanization　225

　　14.3　The Characteristics of Rural Urbanization in Proto-industrial Era　231

Chapter 15　Industrial Revolution and Comprehensive advancement of Rural Urbanization in Britain　238

　　15.1　Industrial Revolution and Regional Urbanization　238

　　15.2　Industrial Revolution and the Development of Small Towns in Britain　244

　　15.3　Special Towns Throughout the Countryside　252

　　15.4　Urban and Rural Development and Change of Governance Model　258

Chapter 16　Deep Urbanization in Rural Britain in the 20th Century　262

　　16.1　The Base of Rural Urbanization in the 20th Century　262

　　16.2　The Urban Development in the 20th Century English Countryside　268

　　16.3　New Developments in Urban and Rural Zoning　274

　　16.4　The Unbalance of Rural Urbanization in Britain　279

PART 6
RURAL URBANIZATION IN EUROPEAN CONTINENT 281

Chapter 17 The Process and Characteristics of Rural Urbanization in France 283

- 17.1 Urban and Rural Relationship, Urbanization in the Proto-industrial France 283
- 17.2 Rural Urbanization and the Transformation of Urban-Rural Relations in the 19th Century 297
- 17.3 "Rural Revival" in the second half of 20th century France 303

Chapter 18 The Process and Characteristics of Rural Urbanization in Germany: A Case Study of Bavaria 309

- 18.1 The "Start" of the Urbanization in the Pre-industrial Germany Areas 309
- 18.2 Urbanization in Bavaria During the Industrialization Era 318
- 18.3 The Advance and Alienation of German Urbanization in the First Half of 20th Century 322
- 18.4 Industrial Transformation and Urbanization in Bavaria after World War II 326

Chapter 19 The Process and Characteristics of Rural Urbanization in the Netherlands 336

- 19.1 The Process and Characteristics of Rural Urbanization in Pre-modern Netherlands 336
- 19.2 Urbanization in Netherlands During the Period from the End of Middle Age to the late of 17th Century 340
- 19.3 "Long 18th Century": Urban Recession and Rural Development 347
- 19.4 The 19-20th Centuries: Non-agriculturalization of Rural Economy 351

PART 7
CHINA'S REALITY AND EUROPE'S MIRROR 355

Chapter 20   Samples Survey of Rural Urbanization in Developed Regions of Eastern China   357

20.1   Rural Urbanization in Suburb of Large City, Jizhou, Tianjin   357
20.2   Rural Urbanization in Developed Province, Zhejiang   365

Chapter 21   Samples Survey of Rural Urbanization in Developing Regions of the Central and Western China   380

21.1   Central Agricultural Area – Rural Urbanization in Shaodong, Hunan Province   380
21.2   Western Agricultural Area – Rural Urbanization in Dingxi, Gansu Province   391

Chapter 22   The Lessons of European Rural Urbanization for China   403

22.1   Rural Urbanization Should Up to Three Balances   403
22.2   Focus on Cultivating New Growth Points in Rural Economic Development   407
22.3   New ideas, New Technology for Improving Utilization of Rural Resources   413
22.4   Promoting Multidimensional Governance and Intervention Mechanisms   418
22.5   Stimulating Social Forces and Their Capital Initiative to Help Rural Areas   421
22.6   Deep Reflection on the Lessons of Rural Urbanization in Europe   422

Bibliography   426
Postscript   457

第一篇

研究目标与概念辨析

第一章

欧洲农村城镇化研究的目标、方法和现状

第一节 欧洲农村城镇化研究的目标和方法

探讨欧洲农村城镇化的进程，必须有清晰的研究路径。首先须设定总体研究框架，由总论、专题、国别、借鉴等纵横交织而成。总体上探讨欧洲农村城镇化进程的基本动力和共同规律，考察欧洲农村城镇化的阶段特性；专题则探讨欧洲农村城镇化进程中的相关问题，如工业化、农业现代化、乡村改造、乡村经济振兴等；探讨主要国家的农村城镇化道路，适当剖析典型样本；集中探讨欧洲农村城镇化进程对我国的借鉴意义。

从总体上看，应厘清欧洲农村城镇化进程的阶段性及特征，揭示欧洲推进农村城镇化的共同规律和普遍做法，探索其农村城镇化所产生的经济社会效应，总结其农村城镇化过程中的经验和教训，探讨其对我国农村城镇化建设的有益借鉴。这种总体目标还可分解成许多子目标，如：（1）探讨工业化前传统欧洲的农村、农业和农民状况，揭示其与传统中国相似的国情。（2）探讨欧洲农村城镇化的出发点，即提高经济社会总体水平，提升全体国民的现代素质和生活品质，而不只是将其作为增长GDP的手段。（3）探讨欧洲工业化与城镇化之间的良性互动：工业化需要大量劳动力，需要人口的城市化；工业化将传统农业改造为现代农业，产生大量农业剩余劳动力，为工业化提供人力资源；工业劳动力聚居促进

城镇化。(4) 探讨欧洲如何将乡村聚落改造为城镇聚落，改造成具有吸引力的宜居地，让城市生活条件和生活观念"下乡"，让村镇的居住和生活状态与大中城市零差距。(5) 探讨欧洲农民的非农化途径，大力发展工业以及商业、服务、旅游等第三产业，吸纳和转移大量农业人口，在农村创造更多非农岗位。(6) 探讨欧洲各国怎样端正以"人"为中心的城镇化理念，提升农村人口的现代素质，亦为农村居民自由流动谋职创业创造条件。(7) 探讨欧洲农村城镇化引起的社会垂直流动和人口地理流动，如何引导这种流动，如何处理人口流动与城乡协调发展的关系。(8) 总结欧洲各国农村城镇化进程和农民市民化途径的共性与共同规律，为我国农村城镇化建设提供可资借鉴的理论思考。(9) 探讨农村城镇化进程和农民市民化过程中，各国因国情、传统、现状等差异而呈现的不同形式，以及对我国城镇化实践的借鉴价值。(10) 探讨农村城镇化进程和大中城市建设之间的平衡与协调，以及农村城镇化与大中城市经济社会发展的对接和联结。(11) 探讨欧洲农村城镇化进程中政府的角色担当、政策导向；认识资本主义自由制度下农村城镇化的自发性和欠规划性。(12) 探讨怎样调动和整合各种社会资源，以各种形式参与和投入农村城镇化建设；认识我国推进农村城镇化的制度优势。(13) 探讨如何借鉴欧洲经验，让农村城镇化产生巨大经济效应，提高农村居民的生活和消费水平，拓展内需市场，形成提升国内生产总值（GDP）的巨大空间和可持续发展的强大引擎。

　　研究欧洲农村城镇化进程，要创新方法和手段。根据研究任务的性质，在方法上要多方面结合。其一是文献资料与实地考察及社会调查相结合。本书研究的文献资料（包括档案、研究专著、论文、统计资料、各种规划、发展纲要等）无疑是十分丰富的，只有在充分占有资料的前提下，研究工作才具有全面性、系统性、可信性。而开展必要的实地考察和社会调查，是进行研究工作的重要条件。实地考察和社会调查不但能获得更多一手材料，还能增强研究者的感性认识和直观印象，激发研究兴趣。本书研究与欧洲现状联系紧密，因而实地考察尤显必要。其二是定性分析和量化分析相结合。研究过程中，传统的定性分析是极重要的，没有分析，就不能深入事物的本质，不能揭示各种现象间的内在有机联系；同时也要擅长运用量化分析方法，让数据"说话"，增加研究结论的可信度。其三是全局性资料统计和典型案例叙事相结合。要获得普遍性结论，或提出总体性观点，就须更多地运用全局性统计资料。而通过典型案例剖析，既能窥视欧洲农村城镇化的总趋势，又能认识其多样化态势。其四是综合归纳和模型推演相结合。这是两种经典方法——归纳法和演绎法在今天的样态。一方面，在大量史实（包括统计材料）的基础上，可归纳和抽象欧洲农村城镇化进程的普遍规律与共同特征；另一方面，可建立针对某些特有地区或国家的农村城镇化进程模型，将其推而广之，运用于对其他地区或国家，甚至欧洲整体的观察和认识。

对这样一项颇显宏大的综合性研究，研究手段也应多样化。将对欧洲农村城镇化进程的总体认识作为指导思想，使研究始终围绕一根"红线"展开。审视问题时应"从大看小"，即从宏观视野（大）认识和把握各项具体研究（小）的定位。着手研究时则须"以小见大"，即从研究的具体性、细节性入手，始终注意让每一项具体研究甚至文字表述不离主题、反映主题。研究中还应贯彻纵向梳理和横向比较相结合。欧洲农村城镇化进程在时间上历经几百年，各国又有自身的特有道路，因此必须进行多元梳理；在空间上覆盖范围大，因此有必要做一些横向比较。欧洲农村有环境优美等特点，在可能的情况下，可运用图片等形象资料，增强研究结论的直观性、感官性，增强研究成果的感染力。

研究欧洲农村城镇化进程，重在"进程"研究；落脚点则是欧洲农村城镇化对我国的"借鉴意义"。围绕这两个重点铺开研究工作，必须：（1）研究欧洲农村城镇化进程的总体特征和阶段性，即从宏观上把握欧洲农村就地城镇化的总体特征和一般规律。这个"就地"主要指将传统农村聚落改造成为现代性"城镇"聚落，或使乡村具有类城市的生活水平和生活条件，此其一；其二，欧洲农村达到这样一个目标，并不是一蹴而就的，而是有历史发展过程的，体现出阶段性，各阶段又有自身特点。（2）研究欧洲农村城镇化所包含的主要内容，即农村城镇化、农业现代化和农民市民化。农村城镇化或指乡村变成了城镇，或指村镇具有类城市的生活方式；农民市民化是指农民转变为以从事非农行业为主，并享受与市民一样的流动、工作和生活的权利及环境。这两者是农村城镇化的目标，农业现代化则是农村城镇化、农民市民化的前提。实现了农业现代化，才能将农民从土地上解放出来，转变为非农业人口；实现了农业现代化，才具备将村庄改造为现代城镇的经济实力基础。（3）研究农村城镇化在各国总体发展战略中的定位。农村城镇化可理解为广义的、狭义的和近义的几种含义。广义的就是城市化，也就是越来越多的农村地区变成城区，越来越多的农民变成城市人口。狭义的则是指城市化进程中，如何将村庄改造和建设成现代城镇。近义的则是指纯乡村地区要建设得具有与城市一样的生活条件。要注意各国并未将城市化、农村城镇化分得那么严格。（4）研究欧洲农村城镇化进程对我国的借鉴意义。第一，我国国情同传统欧洲有很多相似，欧洲的农村城镇化经验值得我们借鉴；第二，城镇化进程本身有很多共同规律，从欧洲做法中可以得出很多启示；第三，欧洲农村城镇化进程中也走过一些弯路和存在一些失衡。当前我国的"快速城市化"具有政府宏观指导和掌控的优势，不同于欧洲农村城镇化的渐进性、自发性，因此如何在借鉴欧洲经验的基础上，结合我国国情进行创新性思考，并且吸取教训，避免走欧洲曾走过的某些弯路，宜展开讨论。

一些思想认识难点亦应解决。例如，正确认识农村城镇化的目标，即推进农村城镇化，不能只从拉动内需、扩展 GDP 增长空间出发，而应将其看作经济社会前进的目标，提高经济和社会总体水平、缩小城乡差别的有效途径。又如对"就地城镇化"要有正确解读。就地城镇化更应是指将农村改造为类城市的所在，而不是强制农民就地非农业化。要抛弃让农民"离土不离乡"这个看来颇为流行的观念。不能因为某种暂时性困难（如农村人口涌向大城市）而去"堵"。虽然上述认识与经济学界某些主张不甚一致，但从历史角度研究欧洲农村城镇化更有认识深度，从而不把城镇化建设当作急功近利之举。

第二节　欧洲主要国家农村城镇化研究概述

城市是社会发展的衡量尺度，城市问题很早就引起了欧洲学术界的注意。然而，虽然欧洲学者关于城市城镇的研究著作汗牛充栋[1]，但很少有学者从总体上探讨欧洲的农村城镇化问题。网上搜索到的资料，主要是近年欧盟组织及各国政府在乡村建设和农村城镇化方面不断出台的新政策、推出的新措施。学术界对农村城镇化进程的探讨，则多涉及具体国家，如英国、法国、德国、意大利、荷兰等。

一、对英国农村城镇化的研究

英国是较早对城市/城镇展开研究的国度。对英国城市化的研究，大多是从城市史角度进行的；对城市化进程的宏观研究，大多是作为城市史研究的一个背景。进行城市化研究的很少有史学家，而是以社会学家、人口学家和经济学家为主。[2] 早在 20 世纪 60 年代，随着英国经济社会史的兴起，城市史逐渐成为专门的研究领域。对农村城镇化的研究主要从两个角度展开：一是关注小城镇，研究小城镇的发展与演变；二是研究乡村人口和经济变化，势必涉及城镇化。

---

[1] Such as Joan Thirsk general Edited, *The Agrarian History of England and Wales*, Vol. 8, Cambridge University Press, 1975－2000. Peter Clark ed., *Cambridge Urban History of Britain*, Vol. 3, Cambridge University Press, 2000.

[2] Dov Friedlander, "The Spread of Urbanization in England and Wales, 1851－1951", *Population Studies*, Vol. 24. No. 3, Nov. 1970, pp. 423－443. Colin G. Pooly, Shani D'Cruze. "Migration and Urbanization in Northwest England, circa 1760－1830", *Social History*, 1994, Vol. 19, No. 3, pp. 339－358.

从 20 世纪中叶开始，英国城市史逐渐成为颇具特色的研究领域，并取得了突出成就。莱斯特大学是城市史研究的中心，出版了大量专著，形成了较强的研究队伍。英国城市史的兴起，与两个学者分不开：一是勃里格斯，二是戴尔斯。阿萨·勃里格斯作为最早研究英国城市的史学家之一，有两部重要著作：一部是探讨工业城市伯明翰发展的两卷本《伯明翰史》；另一部是断代城市史《维多利亚时代的城市》。[①] 在他看来，"要理解维多利亚时代文明的本质，就必须理解维多利亚时代的城市"[②]。故而严格地说，城市史只是他有关维多利亚时代研究的组成部分。

戴尔斯则是自觉的城市史研究者。"二战"后，随着英国马克思主义学者群体的崛起，英国史学界兴起了从经济社会史角度对城市/城镇的研究，研究者大多是经济社会史家。戴尔斯是英国城市史研究领域的新领军人物。1952 年获博士学位后，戴尔斯毕生在莱斯特大学任教。他组织起英国的城市史研究者群体，奠定了城市史研究的基础。[③] 20 世纪 60 年代初，他创办《城市史通讯》，发布城市史研究信息，培养了一批对城市史感兴趣的研究者，接着成立了城市研究小组。戴尔斯从经济史角度触碰城市问题，并认为需要总结城市化的经验与教训，了解全球城市发展的历史。1973 年，他在莱斯特大学城市史教授就职演说中说："对我来说，这是一个机会，根据我们时代的城市化趋势来思考城市史的进程。"[④] 1974 年，《城市史通讯》变为每年一期的《城市史年鉴》，成为城市史研究的专业期刊。戴尔斯还主持编辑"城市史研究"论丛。在 1977 年沃尔的《永久的贫民窟》"前言"中，他阐述道："如果我们思考当代整个人口的城市化……那么，建构一个充分的历史框架来说明整个社会和进程就势在必行了。城市发展和城市化世界现象共同代表了一个最伟大的现时代历史维度。"[⑤] 这时，英国的城市史研究已进入平稳和繁荣阶段，学术上有重大突破。1978 年去世的戴尔斯获得了几乎是英国首席城市史家的赞誉。[⑥]

1966 年和 1980 年，戴尔斯及其后任倡导主办了两次城市史国际会议。1966

---

① Asa Briggs. *History of Birmingham*, Vol. 2. London: Oxford University Press, 1952; *Victorian Cities*, London: Oldhams Press, 1963.

② Asa Briggs, "Victorian City: Quantity and Quality", *Victorian Studies*, Vol. 11, Supplement: Symposium on the Victorian City (2), (Summer, 1968), P. 712.

③ S. G. Checkland. "Urban History in the British Idiom", *Urban History Review*, 1–78, June 1978, P. 58.

④ H. Dyos. *Exploring the Urban Past*: *Essays in Urban History*, eds. by D. Cannadine & David Reeder, Cambridge University Press, 1982, P. 19.

⑤ A. S. Wohl. *The Eternal Slum*: *Housing and Social Policy in Victorian London*, London: Edward Arnold; New Brunswick, NJ: Transaction, introduction, P. 8.

⑥ H. Dyos. *Exploring the Urban Past*: *Essays in Urban History*, introduction, P. xi.

年会议探讨了城市经济社会史问题，如房地产投机、财政，城市建设与管理，城市下层社会状况，社会与政治的联系，宗教分歧，中产阶级精英分子的判定，小城镇和郊区的政治活动等。1980年会议后出版了戴尔斯个人论文集《探索城市的过去》和会议论文集。① 此后英国城市史领域涌现了一批杰出学者，如 D. 康纳丁、D. 里德、D. 弗雷泽、P. 克拉克、A. 萨特克利夫等。他们承继了戴尔斯的精神和研究方法，拓宽了城市研究的领域与范围，从城市政治、历史领域延伸到城市经济和文化领域。

1985年莱斯特大学成立的城市史中心，成为英国城市史研究的基地。1992年《城市史年鉴》改版为期刊《城市史》，从此成为西方城市史领域的顶尖期刊。主编罗杰等还着手出版"城市历史研究"系列丛书，至今已出版几十部著作。克拉克则积极筹划城市史研究的全欧性合作，编纂了三卷本《剑桥英国城市史》。该书作者达90余位，内容覆盖了城市共有的经济、社会和政治主题。

英国的城市史研究大致有描述性和分析性两类。"城市史的描述性或叙事性流派在很大程度上是无理论区域。在某种意义上，城市史的互动法对描述法反映了研究者的两种差异，即理论对资料、数据累积对地方差异性。"②

研究英国农村城镇化的第一个视角是小城镇研究。英国小城镇早在中世纪和原工业化时期数量就较多，但对其的研究却一直较少，只是在城市史、地方志中会有所涉及，而且往往是研究城市化进程或研究大城市的附属物。直到20世纪80年代英国学界才逐渐关注小城镇，克拉克堪称小城镇研究专家。他总主编的《剑桥英国城市史》有专门篇章论及小城镇。他对工业革命期间的小城镇分析，主要从地域类型、人口机制、经济趋向等方面展开。总体而言，有关小城镇的研究分散在综合性论著中，如斯托巴特所著《乔治王时期英国小城镇的休闲与购物》、科菲尔德所著《英国城市的影响：1700~1800》、博尔齐主编的《18世纪英国城市》和沃尔顿所著《英格兰滨海圣地：1750~1914年的社会史》等。③

研究英国农村城镇化的第二个视角，则是乡村经济与人口。虽然大多数研究

---

① Seymour J. Mandelbaum. "H. J. Dyos and British Urban History", *The Economic History Review*, New Series, 1985, Vol. 38, No. 3, pp. 437 – 447.

② Richard Rodger, "Urban History: prospect and retrospect", *Urban History*, 1992, Vol. 19, No. 1, pp. 10 – 11.

③ J. Stobart, "Leisure and Shopping in the Small Towns of Georgian England", *Urban History*, 4, 2005; P. J. Corfield. *The Impact of English Towns*, 1700 – 1800, Oxford University Press, 1982; P. Borsay. *The Eighteenth Century Town: A Reader in English Urban History 1688 – 1820*, Longman, 1990; J. K. Walton. *The English Seaside Resort: A Social History 1750 – 1914*, Leicester University Press, 1983.

着眼的是乡村本身①，但在研究乡村变迁时，一般都会论及城市化对乡村的影响，以及乡村小镇、市镇的变化。也有站在城市化角度研究乡村发展的，如劳工史家萨维尔指出："英国农村问题的研究已经由农业经济学家、人口统计学家和其他专家先一步着手，但目前依然有迫切需要让一个历史学者履行农村社会学家的责任，来分析农村地区生活的全部，以及城市和农村、整体和各个部分的关系。"②萨维尔认为农村发展在于小城镇的城市化以及工业化带来的农业机械化。他把英国城市分为四级，第一级为首都伦敦，第二级是区域城市，第三级是郡城，第四级是作为农村地区中心的市镇；认为小城镇是英国近代城市体系的基础，虽然处于城市体系底端，但数量多、分布广、功能全。"作为工业化时期英国城市体系建设的基础层次，以及连接英国城市与农村地区的过渡体，其发展既受到城乡二元结构的双层制约，又受到城市化发展规律的影响，既对大城市的城市化有积极作用，又为农村地区发展为小城镇并演变为大城市奠定了基础。"③ 不过，工业化时期农村地区人口下降的幅度较大。

国内对英国城市和城市化的研究，20世纪八九十年代主要有庄解忧、郑如霖、刘景华、王章辉等学者。庄解忧④和王章辉⑤开启了中国最早的英国城市化研究。刘景华⑥和张卫良⑦主要论及工业化前的英国城镇，而工业化英国小城镇的研究者主要有李明超、陆伟芳、陆希刚、孔祥智等。⑧ 此外，本课题展开后发表的系列论文，是研究英国农村城镇化的最直接成果。⑨

总之，国外对英国农村城镇化的研究相对成熟，当然也存在研究时空、研究重点等方面的差异。国内的研究也取得了一定成就，研究领域从宏观的城市化进

---

① Paul Milbourne. *Rural Poverty: Marginalisation and Exclusion in Britain and the United States*, London & New York: Routledge, 2004; Alun Howkins. *The Death of Rural England: A Social History of the Countryside since 1900*, London & New York: Routledge, 2003.

② John Saville. *Rural Depopulation in England and Wales*, 1851–1951, Routledge and Kegan Paul, 1957.

③ John Saville. *Rural Depopulation in England and Wales*, 1851–1951, Routledge and Kegan Paul, 1957, P. 15.

④ 庄解忧：《英国工业革命时期的城市发展》，载于《厦门大学学报哲学社会科学版》1984年第3期。

⑤ 王章辉：《近代英国城市化初探》，载于《历史研究》1992年第4期。

⑥ 刘景华：《城市转型与英国的勃兴》，中国纺织出版社1994年版。

⑦ 张卫良：《前工业化时期英国中小城镇的发展》，载于《杭州师范学院学报》2005年第6期。

⑧ 李明超：《工业化时期的英国小城镇研究》，华东师范大学博士学位论文，2009年；陆伟芳：《小城镇在英国工业革命中的发展》，载于《学习与探索》2006年第5期；陆希刚：《前近代时期英格兰城市系统的演变》，载于《世界地理研究》2006年第4期；孔祥智：《小城镇在英国的发展历程》，载于《中国改革》1999年第6期。

⑨ 陆伟芳：《1851年以来英国的乡村城市化初探——以小城镇为视角》，载于《社会科学》2017年第4期；《20世纪新格局：行政区划分与英格兰城市化的深度发展》，载于《经济社会史评论》2017年第2期。张卫良：《工业革命前英国的城镇体系及城镇化》，载于《经济社会史评论》2015年第4期。刘景华：《欧洲城乡史研究方法三题》，载于《经济社会史评论》2017年第1期。

程，演变到城市体系、小城镇、乡村城镇化等。

二、对法国农村城镇化的研究

与英国和荷兰相比，法国的城市化和农业现代化进程相对滞后，农村城镇化进程也相对迟缓。农村城镇化研究实则为乡村史和城市史交叉的领域，历史学家间或涉及这一问题。20 世纪七八十年代，杜比主编的四卷本《法国乡村史》① 和五卷本《法国城市史》②，以及布罗代尔和拉布鲁斯主编的三卷本《法国经济和社会史》③ 作为综合性著述，研究法国农村和城市的历史发展及不同时期的特质，其中都有章节论及农村与城市的关系，以及城市化向农村地区的扩展。

从现代化角度研究 19 世纪法国农村最负盛名的著作，当属尤金·韦伯的《农民成为法国人：1870～1914 年法国乡村现代化》④ 以及普莱斯的《法国乡村现代化：19 世纪的交通网络与农业市场结构》⑤。前者从城乡关系、农民的政治态度、思想观念、人口流动、教育、信仰等方面，探讨 1870～1914 年法国农民在物质生产、社会生活以及思想心态上的转变，即农民如何演变成为现代人、跟上现代化步伐；论述了 19 世纪下半叶农村人口外流现象，及其在城市中的生活和对农村地区的反馈性影响。后者围绕 19 世纪中叶出现的交通革命和市场变革，探讨法国农业从传统农业向现代农业转变的过程。

19 世纪以来工业化和城市化对农村的深刻影响也吸引了社会学家、经济学家和空间规划学者的关注。社会学家孟德拉斯出版的《农民的终结》⑥，以法国农村的现代化为背景，分析农村社会在"二战"后的变迁。孟德拉斯认为传统意义上自给自足的农民到 20 世纪 60 年代已不复存在，在农村从事家庭经营的是以营利和市场交换为生产目的的农业劳动者，这种家庭经营本身已属一种"企业"，传统意义上的农民走向终结，随之而来的是新型城乡关系和乡村生活方式对城市的影响，并带动了 80 年代后乡村社会的复兴。

---

① Georges Duby (dir.). *Histoire de la France Rural*, 4 tomes: des origines à 1340; de 1340 à 1789; de 1789 à 1914; depuis 1914, Paris: Le Seuil, 1976.

② Georges Duby (dir.). *Histoire de la France Urbaine*, 5 tomes, Paris: Le Seuil, 1980–1985.

③ Fernand Braudel et Ernest Labrousse (dir.). *Histoire Economique et sociale de la France*, 3 tomes, Paris: PUF, 1977.

④ Eugen Weber. *Peasants into Frenchmen. The Modernization of Rural France*, 1870–1914, Stanford University Press, 1976.

⑤ Roger Price. *Modernization of Rural France: Communication Networks and Agriculture. Market Structure in Nineteenth Century*, London: Hutchinson, 1983.

⑥ Henri Mendras, *La fin des paysans. Changements et innovations dans les sociétés rurales françaises*, Paris: S. E. D. E. I. S., 1964.

茹雅尔关注20世纪六十七年代的农村城镇化问题，并从理论层面对西欧和法国的农村城镇化进行探讨。他区分了19世纪以来西欧，尤其是法国城乡关系以及乡村城镇化的不同类型。[①] 还有许多学者从地区个案出发，探讨工业化和城市化进程中乡村社会与城市化之间的关系，尤其是20世纪下半叶城市化浪潮对农村生产生活空间的影响，以及如何确立更为良性的城乡互动关系等。

国内学者对法国农业现代化、城市化及乡村社会转型等也有不少研究。沈坚探讨了"一战"前法国的工业化进程，强调法国工业化道路的特殊性。[②] 马生祥阐述了直至20世纪70年代法国现代化的历史进程，总结了法国现代化的经验教训。[③] 许平探讨19世纪至20世纪初法国农村和农民的现代化道路。[④] 张丽、冯裳等从文化角度研究法国现代化道路并总结其成败得失。[⑤] 端木美、周以光、张丽等探讨法国现代化进程中出现的社会问题。[⑥] 汤爽爽论述了战后法国城市发展，包括农村城镇化问题。[⑦] 总之，已有的多维度探讨，为研究法国的农村城镇化进程提供了比较充分的背景资料和研究基础。

三、对德国农村城镇化的研究

德国联邦统计署2016年公布的统计年报显示，至2015年底，德国共拥有大小城市2 060座，城镇人口占全国总人口的77.2%，其中有约41.6%生活在介于大城市和农村之间的"中等人口密度地区"，即人口密度低于大中城市、农业人口数量低于农村的广大城镇（统计署给出的官方定义）。这一数据从侧面反映了德国在21世纪已基本实现区域经济均衡发展与城乡同质化的目标，这正是德国自19世纪"工业化时代"以来逐步形成与调整的城镇化模式的体现。

尽管以J. 罗勒伊特、H. 马策拉特、W. 克拉贝为代表的德国城市史学界先驱，早在20世纪七八十年代就开始对德国工业化时代的城市化加以研究，但主要是研究大城市，这一范式延续至今。K. 费恩最早指出城镇研究是空白，他批

---

① Etienne Juillard, "L'urbanisation des campagnes en Europe occidentale", *Études rurales*, N°1, 1961, pp. 18 – 33; Etienne Juillard, "Urbanisation des campagnes", *Études rurales*, N°49 – 50, 1973, pp. 5 – 9.
② 沈坚：《近代法国工业化新论》，中国社会科学出版社1999年版。
③ 马生祥：《法国现代化》，河北人民出版社2004年版。
④ 许平：《法国农村社会转型研究（19世纪~20世纪初）》，北京大学出版社2001年版。
⑤ 张丽、冯裳：《法国文化与现代化》，辽海出版社1999年版。
⑥ 端木美、周以光、张丽：《法国现代化进程中的社会问题：农民·妇女·教育》，中国社会科学出版社2001年版。
⑦ 汤爽爽：《法国快速城市化时期的领土整治（1945~1970年代）：演变、效果及启示》，南京大学出版社2016年版。

评德国学界20世纪90年代以前不重视中世纪以来的城镇及类城聚落,原因在于搜集小城镇的资料难于大城市。作为城市地理学家,费恩并没有考察城镇起源与发展中蕴含的内在动力。2003年,C.齐默曼组织编纂了有关德国城镇化历史进程的论文集。其在明确了"城镇"概念的同时,在现代化语境下讨论城镇的发展动力,以及它作为连接城乡间媒介的作用。

有关德意志城镇化进程如何起步的讨论,有两种主流研究范式。[①]

一种可称作"特殊论"。其论者试图在城镇化历史中强调德意志特性,即"城镇自治"传统(而不仅仅是工业化)也是城镇化的动力,城镇化问题必须借助政府手段。19世纪初,历史法学派首先举起了"特殊论"大旗。他们从中世纪德意志城镇的自治传统出发,批判肇始于启蒙运动的自然法理论。一些学者认为城镇改革割裂了传统,而他们则要"创造一种完整的社会和政治建构"。这种浪漫主义的城镇研究很快得到了保守派学者的积极回应。如里尔严厉斥责城镇化运动,认为它破坏了"家庭"这一基本元素,进而影响到"自然"。

19世纪后期随着城镇化的加速,资产阶级议会民主制相继出现在德意志各城镇,19世纪初的城镇改革在历史学家笔下居然逐渐转变为继承德意志特性之举,如奥托·辛策与弗里茨·哈尔滕在1806年以来普鲁士的城镇自治史研究中便是如此表述的。地方史还着意渲染城镇自治的延续性。魏玛共和国成立后,为抵制调高中央与地方税收比例的财政改革,保障所谓地方利益,一批历史学家以城镇自治传统来批判魏玛国家的"集中化趋势"。纳粹上台后,里尔的"反城镇主义"得到了官方支持。纳粹历史学家以"鲜血与土壤"理论,颂扬农民是"北欧种族的生命来源",贬斥城镇。

20世纪70年代,"特殊论"再次兴起,但意识形态已让位于学术导向。1989年克拉贝的经典著作《19~20世纪德国城镇史引论》主要从城镇内部权力变革与行政体制现代化的角度,展示德意志城镇化运动的延续性。类似选题同样出现于许多博士论文,尤其得到了地方史学家的拥护。后者以南德历史为例,批评城镇化研究中的普鲁士倾向,强调多样性。

另一种范式可称作"普遍论"。其支持者大多从社会经济史视角,强调德意志城镇化进程的普遍性特征,亦即工业化是城镇化的主要推动力、城镇化是现代社会的基本导向。德意志帝国成立后,国民经济学派使用分类统计数据关注城镇

[①] 以下若无特别注明,均引自下列经典研究综述:Jürgen Reulecke, Gerhard Huck and Anthony Sutcliffe, "Urban history research in Germany: its development and present condition", in: *Urban History*, Vol. 8 (1981), pp. 39-54; Hans Jürgen Teuteberg, "Historische Aspekte der Urbanisierung: Forschungsstand und Probleme"; Horst Matzerath, "Lokalgeschichte, Stadtgeschichte, Historische Urbanisierungsforschung", in: *Geschichte und Gesellschaft*, 1989, Vol. 15, S. 62-88; Adelheid von Saldern, "Die Stadt in der Zeitgeschichte. überlegungen zur neueren Lokalgeschichtsforschung", in: *Die alte Stadt*, 1991, Vol. 2, S. 127-153.

中的问题，如移民浪潮、住房短缺等。G. 施默勒直截了当地批评历史法学派以"人为建构"的模式来叙述城镇史。后来，社会政策学会的学者开创了现代城镇研究的基本路径，特别是韦伯、桑巴特、滕尼斯和齐美尔四人。前两人强调城镇的经济与市场功能，后两人关注"大城市的精神生活"。

"二战"结束后，"普遍论"在年鉴学派和康策提出的"结构史"影响下，首先，把城镇史置于现代社会结构变迁的框架中反思，其中最著名的莫过于1960年科尔曼的《19世纪巴门社会史》。20世纪70年代后，东德历史学界也开始关注这方面的问题。其次，在反省纳粹历史的基础上，城镇自治史被视为西方社会民主化进程的普遍经验，如1950年黑福特尔的《19世纪的德意志自治：观念与制度的历史》。最后，在60年代末"新城市史"的量化浪潮推动下，德国学界在三方面做出了探索：（1）城镇规划史；（2）城镇日常生活史；（3）比较城镇史。

中国史学界基本上沿循"普遍论"范式。[①] 20世纪90年代起，德国城市化（并非城镇化）进程逐渐进入中国学者的研究视野。由于历史上的德国工业化与城市化进程在诸维度上均不同于欧洲其他国家，尤其表现了后发赶超与迅速推进的特征，这使得史学界兴趣浓厚。邢来顺、肖辉英分别从人口因素、经济结构角度对19世纪德国城市化特征及发展阶段加以归纳，得出了"城市化速度快，中小城市且分布均匀，城市发展与资源配置、产业结构密切相关"的结论。申晓英注意到了快速城市化进程与社会变迁及政治转折之间的内在联系，深化了对城市化进程内涵的研究。孟钟捷着重探讨从中世纪至19世纪中叶欧洲政治秩序的改变与德意志城镇化的互动关系。徐继承对德意志帝国时期的城市化发展动力与功能变化进行了探讨，选取具有典型意义的普鲁士城市为主要研究对象，分析经济政治发展对德国城市化的推动作用。近年德国以"中小城市为主"的可持续发展模式对中国城镇发展方向更具借鉴意义，这一模式日益成为社会学、城市学及城乡规划等学科的研究对象，并涉及政府职能、制度设计等方面。

学界对德国城市（镇）化进程的研究，虽已全面把握了这一进程的主要特征，但仍存在探索空间：首先，对19世纪德国城市化进程的大量研究，主要依

[①] 中国学界的主要成果有：肖辉英：《德国的城市化、人口流动与经济发展》，载于《世界历史》1997年第5期；邢来顺：《迅速工业化进程中的德意志帝国人口状况》，载于《世界历史》1996年第4期；邢来顺：《德国工业化时期的城市化及其特点》，载于《首都师范大学学报》2005年第6期；吴友法、黄正柏主编：《德国资本主义发展史》，湖北大学出版社2000年版，第150~151页；邢来顺：《德国工业化经济—社会史》，湖北人民出版社2004年版，第382~389页；申晓英：《城市化与社会变迁——以19世纪初至一战前的德国为例》，载于《德国研究》2004年第2期；姜丽丽：《德国工业革命时期的城市化研究》，华中师范大学硕士学位论文，2008年；徐旭华：《德意志帝国城市化影响因素分析》，西北师范大学硕士学位论文，2012年；徐继承：《德意志帝国时期城市化研究——以普鲁士为研究视角》，中国社会科学出版社2013年版。

据普鲁士模式,尽管普鲁士是德国城市化的最早发祥地,代表了德国城市化的最高水平,但不能否认德意志城市化进程的多样性。其次,尽管政府职能与城市(镇)化之间的关系已被关注,但就德国的城镇化模式而言,恰恰需要对20世纪上半叶由不同的政权规划、主导的城镇发展及其背后的政策连续性进行深入探讨。

四、对意大利农村城镇化的研究

意大利的城市化水平是欧洲的一块"早熟之地"。1861年统一前意大利长期处于分裂和自治状态,因而各地区城市化发展水平不一,城市化的地域性差异明显。传统上,意大利的城市化研究主要讨论城市形态发展、城市居民聚居区向周边乡村动态扩展,以及现代城市群、城市带的形成和致密现象等理论问题,也关注半岛不同地区、不同政治形态和近现代城市化的不同道路,城市向乡村扩张、乡村就地城镇化等方面,尤其是城镇化与地方经济、人口迁移和政治社会变迁间的关系。意大利学者基于地方档案材料所做的大量前期研究,尽管一方面有助于厘清近现代意大利城镇化过程中的城乡关系、区域差异的总体趋势,但另一方面,传统研究强调农村城镇化过程中的城乡对立、城乡二元结构和城市单边特惠发展,越来越引起晚近研究者质疑。多维度的研究方法,既挑战和修正着传统观点,又进一步推动了意大利农村城镇化和城乡一体化进程的研究。

19世纪,随着现代城市定义和城市化理论的初步形成,真正意义上的城市史研究得以展开。研究重心转移到中世纪晚期至近代早期,"现代意义"的城市形成和扩张,以及在扩张过程中,不同圈层的乡村地区如何逐步被纳入城市中心统治的体系框架内。由此,城乡间的社会和经济关系,城市化的模式、路径以及特点成为重要切入点,并逐步形成了两种主要的研究和阐释路径。

一种是"经济—司法"学派,代表人物有加萨尔维米尼[1]和卡杰斯[2]。他们认为自12世纪中期至13世纪,意大利中北部自治城市的兴起与扩张改变了中世纪传统的城乡关系。自治城市利用人口和商业优势,将城市周边乡村腹地(contado)纳入其经济和司法管辖范围之内,从而实现从封建特权向城市特权的转移。这种转移也意味着乡村农民进一步失去其司法和经济上的自由。这一派观点后来被不断扩充和修正。目前普遍接受的观点认为,中世纪晚期,意大利中北部城市

---

[1] Gaetano Salvemini. *Magnati e popolani in Firenze dal 1285 al 1295*, Florence, 1899; 2nd edn. Milan, 1966.

[2] Romolo Caggese. *Un Comune Libero Alle Porte de Firenze Nel Secolo XIII: Prato in Toscana*, Florence, 1905.

国家通过不平等的赋税制度,以及中心城市在贸易和手工业上对农村从业人员诸多严格的规定和强制的劳役,特别是14~15世纪,随着城市市民对其乡村所有土地上耕作着的佃农不断施加司法特权,共同促成了城市对乡村的剥削。中世纪晚期意大利城市化规模和水平之所以高于欧洲其他地区,正是建立在这种城市对农村单边特惠的基础上,造成了城乡关系中城市的绝对优势地位。

费尤米等修正主义史学家对此提出质疑和发起挑战。他于1956年发表的论文《论城市自治共同体时期的城乡经济关系》中指出,城市共同体的集权统治对乡村大有裨益,城乡之间不是单边的剥削和利用,乡村通过承接城市手工业的相关生产环节,吸收城市转移的第二、第三产业,实现农村生产经营模式的近代化转型。[①] 尽管费尤米对这一时期佛罗伦萨城乡赋税收入的考证数据有待商榷,但他将意大利城乡关系研究和争论的焦点,从传统的对城市统治方式和制度性质及特性的分析,转移到对城市在中世纪晚期的经济职能分析上来,从而构建了前工业时期以城镇为基础的城乡整体发展模式,改变了传统模式中的城乡二元对立局面。修正主义史学家也改变了中世纪史研究者的普遍观点,认为意大利城市在近代早期为近乎"一潭死水"的乡村提供了资本和市场,同时还注入了现代化的经济和行政管理理性。费尤米认为乡村经济如果离开城市的资金和企业,反而会发展不好。这就为后来学者研究原工业化时期意大利乡村手工业提供了一定的理论支撑。

上述两派观点都证明,中世纪至近代早期意大利自治城市对周边乡村的统治,不仅加速了自身的城市化进程,也成为乡村发展的重要推动力量。这为后来的计量经济史学家所证实并进一步推论——前工业化时期如果城市周边乡村经济不发达,生产力落后,不仅会限制城市发展,还会拖累区域经济和城市化水平。[②]

意大利学者关于中世纪至近代早期意大利城市化状况,以及城乡关系中的经济和市场的研究,得到了社会经济史家的积极回应。意大利经济从中世纪商业革命至16世纪的繁荣时期,也是意大利城市化高速发展的时期。在17世纪意大利失去在欧洲经济格局中的优势地位之际,其城市化进程也随之减速,部分地区甚至出现了"再乡村化"和"再封建化"。罗曼诺、齐波拉等经济史家对近代早期意大利经济发展周期变化的研究,进一步证明了这一点。[③]

社会经济史学家的观点在20世纪七八十年代同样遇到了修正主义史学家的

---

① Enrico Fiumi, "Sui rapporti economic tra citta e contado nell'eta comunale", *Archivio Storico Italiano*, cxiv, 1956, pp. 16–68.

② Paolo Malanima, "Urbanisation and the Italian economy during the last millennium", *European Review of Economic History*, 2005, Vol. 9, No. 1, pp. 110–111.

③ Ruggiero Romano. *Tra due crisi: l'Italia del Rinascimento*, Torino: Einaudi, 1971; C. M. Cipolla, *Le tre rivoluzioni e altri saggi di storia economica e sociale*, Bologna: Il Mulino, 1989.

质疑和挑战。在后者看来，前工业化时期，整个欧洲的经济和城市化水平都处在一个相对稳定的发展平台期，意大利只是在中世纪相较其他地区发展略快一些，因此，17 世纪后意大利所谓的经济衰退和城市化减缓，只是横向对比而言，就其自身来讲，意大利的城市始终处在一个发展的上行区间，并借由城市手工业向周边乡村转移的契机，不仅促进了乡村工业，更拉开了意大利乡村城镇化的序幕，帮助意大利克服了时代造成的困难，维持了意大利的经济实力和财富水平。①

20 世纪末至 21 世纪初，随着基于计算机新计量和统计方法的运用，关于城市和城市化的诸多衡量指标和理论都出现了变化，意大利的城市化研究也向更量化和微观化的方向发展。21 世纪以来，对于意大利城市化与经济间的互动关系，研究者已不再纠结于"衰退"抑或"繁荣"，而是将目标转向更细致的内生因素考察。传统研究关注的地理大发现和国际格局演变等外因，开始让位于区域劳动生产率的周期性变化、城乡间的经济关系，如粮食配给政策和城乡赋税制度，以及劳动力资源的跨区域流动等分析，看有哪些因素对意大利城市化起决定性作用。②

意大利作为西方城市兴起和发展最早的国家，城市化过程积累了较多经验教训，目前也走着一条有别于他国的新城镇化道路。受限于语言和资料因素，国内学界对意大利的城镇化关注不少，但研究不足。关于意大利城镇化的专题研究寥寥，且多是从建筑与城市规划或经济学视角对意大利城镇化模式进行考察，历史维度的探讨主要是意大利城市的"衰落"与"发展"等传统命题③，而对其中小城镇及农村城镇化问题尚未见到重量级成果。

五、对荷兰农村城镇化的研究

关于荷兰城市化的专门研究较少，专门探讨农村向城市转化历程的研究更是

---

① 关于近代早期意大利的经济"衰退"和城市化发展状况研究，可参见：Richard Tilden Rapp. *Industry and Economic Decline in Seventeenth – Century Venice*, Cambridge University Press, 1976; Domenico Sella. *Crisis and Continuity*: *The Economy of Spanish Lombardy in the Seventeenth Century*, Harvard University Press, 1979.

② Paul Bairoch. *Storia delle città. Dalla proto-urbanizzazione all'esplosione urbana del Terzo Mondo*, Milano: Jaca Book, 1992; Masahisa Fujita and TomoyaMori, "The role of ports in the making of major cities: Self – agglomeration and hub-effect", *Journal of Development Economics*, 1996, Vol. 49; Paolo Malanima, "Urbanisation and the Italian economy during the last millennium".

③ 刘景华：《中世纪意大利城市衰落的经济结构因素分析》，载于《世界历史》1996 年第 1 期；侯丽：《意大利城镇化的社会经济与空间历史进程及模式评述》，载于《国际城市规划》2015 年第 S1 期；曹萍：《意大利近代城市衰落的经济原因探析》，载于《社科纵横》2013 年第 8 期。

凤毛麟角。包括荷兰在内的尼德兰城市源起何时，又因何故？这是探索尼德兰城市化的重要问题。对于城市初兴的动力，皮雷纳认为早期乡村或非城聚落的城市化源于商业的推动，与罗马化并无多大关系。① 这一观点在20世纪50年代受到质疑和挑战，因为西北欧考古新成果揭示了罗马文明与8世纪低地国家工商聚落复兴之间的联系。② 不过，荷兰城市的罗马起源论后来仍不乏反对者。③

若将城市起源问题搁置，那么尼德兰地区大规模的城市化则始于9世纪末，缓于14世纪，这一点无多大争议。中世纪尼德兰城市化的主旋律表现为非城市聚落向城市聚落转变。除地理因素外，这次城市化浪潮的推动力在哪里？皮雷纳认为与商业发展密切相关："显而易见，商业愈发展，城市愈增多……尼德兰的例子在这方面是很典型的。"④ 而商业发展得益于工商群体的努力，商人尤其是坐商和手工业者对城市化做出了不可替代的贡献。同时皮雷纳也在一定程度上否认贵族参与了早期城市化。与皮雷纳在这一点上闪烁其词相反，也有学者极力强调贵族在早期城市化过程中的重要角色。⑤ 全面看待贵族对城市兴起的作用，可以更清楚地认识当时工商阶层与贵族阶层之间既合作又冲突的关系。

近代早期荷兰乡村的城市化较为低迷。这时城市基本延续中世纪晚期的格局，城市化则表现为乡村与城市的联系日益紧密以及乡村经济商品化。荷兰史研究大家伊斯雷尔1995年所著《荷兰共和国的崛起、繁盛与衰落》，向世人呈现了荷兰共和国从形成到强盛再到衰落之演变的丰富多彩的画卷，城市和乡村是这部著作的重要论述内容。伊斯雷尔指出，近代前夕虽然尼德兰北部大城市经济体量和繁华程度不及南尼德兰，但北方的城市化水平却远高于南方。⑥ 他还将荷兰分为沿海的西部和内陆的东部两大部分。西部城市数量多，乡村经济的非农属性也多；东部则在城市数量和乡村经济非农化两方面均落后于西部。18世纪后，城市的颓势与日俱增；农业也出现了危机，18世纪下半叶微弱复苏。这种现象出

---

① 亨利·皮雷纳：《中世纪的城市》，陈国樑译，商务印书馆1985年版，第37～49页。
② Adriaan Verhulst, "An aspect of the question of continuity between antiquity and middle ages: the origin of the Flemish cities between the North Sea and the Scheldt", *Journal of Medieval History*, 1977, 3; Adriaan Verhulst, "The Origins of Towns in the Low Countries and the Pirenne Thesis", *Past & Present*, 1989, No. 122; Adriaan Verhulst. *The Rise of Cities in North - West Europe*, Cambridge University Press, 1999.
③ H. H. Van Regteren Altena, "The Origins and Development of Dutch Towns", *World Archaeology*, 1970, Vol. 2, No. 2, Urban Archaeology, pp. 128 - 140.
④ 亨利·皮雷纳：《中世纪的城市》，陈国樑译，商务印书馆1985年版，第85页。
⑤ Oscar Gelderblom. *Cities of Commerce, the Institutional Foundations of International Trade in the Low Countries, 1250 - 1650*, Princeton University Press, 2013; Adriaan Verhulst. *The Rise of Cities in North - West Europe*, Cambridge University Press, 1999.
⑥ Jonathan I. Israel. *The Dutch Republic: Its Rise, Greatness and Fall, 1477 - 1806*, Oxford University Press, 1995, pp. 113 - 115.

现的原因，在于外部环境大不如前，资本外流也造成了不容忽视的伤害。① 在一些学者看来，从历史角度研究区域经济发展的推力和拉力，若不从整体上考察区域产业结构和产业部门的演变，很可能会一叶障目。德·弗里斯认为以往对近代荷兰经济的解读存在重商贸而轻农村的弊病，因此他在《黄金时代荷兰的乡村经济》中，从市场、投资及城乡关系等方面对近代早期荷兰乡村经济的演化进行了细致论述。② 比勒曼的《五百年农业耕作：荷兰农业简史》，将近代荷兰农业发展分为四个阶段：1500～1650 年的扩张；1650～1850 年的危机与复苏；1850～1950 年的新发展；1950～2000 年农业完全商品化。③ 他认为，由于国家内外交困，荷兰乡村在第二阶段遇到了巨大挑战，呈现衰落趋势，城市也处于危机之中，自顾不暇，未能有效吸纳从农业中溢出来的劳动力。④

国内学者陈勇关注农村经济商品化及商品经济发展下的城市化。对于 16、17 世纪荷兰乡村经济的变化，他提出"乡村工商业"概念，认为基于农业分工和专业化生产的乡村工商业兴起，改变了荷兰乡村经济结构和人口结构。⑤ 换言之，荷兰乡村经济非农化较为突出。陈勇还指出，近代早期荷兰城市化有三种表现：城市人口比重增加；既有大城市继续发展，小城市快速成长跻身于大中城市之列；城区扩展和建设。⑥ 孙海鹏对黄金时代荷兰内陆烟草种植与市场的关系作了分析，指出内陆农业商品化程度同沿海的差异并不像通常认为的那样明显。⑦ 这一分析为认识和思考近代早期荷兰内陆乡村非农化提供了思考空间。

由工业化推动城市化，在 19 世纪中叶前的荷兰几乎难觅踪迹。不少学者认为 1670～1820 年荷兰出现了一定程度的"去城市化"。19 世纪中叶后，得益于轨道交通发展，荷兰城乡经济得到了一定复苏，农村城市化也有起色，其中较显著的是休闲旅游城市兴起。⑧ "二战"后的重建中，荷兰城市的规划更为科学，乡村也构建起不弱于城市的发展体系，并与城市建立了有机联系。

---

① Jonathan I. Israel. *The Dutch Republic：Its Rise, Greatness and Fall*, 1477 – 1806, Oxford University Press, 1995, pp. 998 – 1005.

② Jan de Vries. *The Dutch Rural Economy in the Golden Age*, 1500 – 1700, Yale University Press, 1974.

③ Jan Bieleman. *Five Centuries of Farming*, *A short History of Dutch Agriculture 1500 – 2000*, Wageningen Academic Publishers, 2010.

④ Jan Bieleman. *Five Centuries of Farming*, *A short History of Dutch Agriculture 1500 – 2000*, Wageningen Academic Publishers, 2010, pp. 79 – 85.

⑤ 陈勇：《商品经济与荷兰近代化》，武汉大学出版社 1990 年版，第 27～57 页。

⑥ 陈勇：《商品经济与荷兰近代化》，武汉大学出版社 1990 年版，第 94～97 页。

⑦ 孙海鹏：《黄金时代荷兰共和国内陆地区的烟草种植与商品化农业的发展》，载于《中国农史》2016 年第 2 期。

⑧ Michael Wintle. *An Economic and Social History of the Netherlands*, 1800 – 1920：*Demographic, Economic and Social Transition*, Cambridge University Press, 2000.

总之，有关荷兰农村城镇化的专论并不多见，相关领域均有进一步充实的空间：首先，8世纪至中世纪晚期，荷兰聚落城市化的动力需要予以明确；其次，荷兰虽在18、19世纪工业化浪潮中落伍，然而由于乡村经济非农化，彼时荷兰经济并未掉队；最后，19世纪以来荷兰农村城镇化的重要内容——休闲旅游新产业兴盛带来乡村城镇化。本书将在这些方面予以研究。

第二章

"城镇化"诸概念辨析

认识农村城镇化问题,首先须了解"城镇化""城市化"等相关词汇。本章拟结合中西城市化历史,对"城镇化"等若干相关语汇的含义及源流做些辨析。

第一节 "城市""城镇"及"都市(会)"

在汉语词汇里,"城市"最初有"城"和"市"两层含义。"城"在古代中国是人口集居之地,是政治中心,是权力的象征;是防卫设施,"筑城以卫君"(《吴越春秋》)。建"城"的地点是依政治和军事的需要而决定的。①"市"者,集市也。"市"是交易行为,如多用作交易的度量衡"市斤""市尺"等;也是交易场所,工商业活动地,"日中为市"(《易经·系辞下》),"争利者于市"(《战国策·秦策一》)。早期简单的物物交换,导致集市的出现,而经常化的集市交换固定在一定地点,便形成了以交换为主的城镇。在这个意义上,特定城市起源也有"市"在先、"城"在后的。② 总之,一般是先有"城",后在城里或周围有"市";也有先有"市",后设"城"的。中国最早的城市形态还是"城"。按《礼记·礼运》的说法,商代以前是"城郭沟池以为固"的时代。而

---

① 费孝通:《乡土中国》,上海人民出版社2014年版,第263页。
② 顾朝林:《中国城镇体系》,商务印书馆1996年版,第6页。

"市"直到明清时期还是指"市场"所在地，如长沙、芜湖等所谓"四大米市"，又如江南一带常见的"市镇"。"市"作为中国城市的指称，到近代引进西方语汇后才有，并出现了第一批现代意义上的城市。20世纪初期开始将"市"作为行政建制而设立，如"汉口市"于1926年底设立，上海、天津等于1928年正式设立"特别市"，1930年改称"市"。在当代中国，"市"的行政建制级别尤为复杂，共有5类，即省级市（四大直辖市）、副省级市（15个）、地级市、副地级市（如湖北省的天门、潜江）、县级市。

中国古代就有了"镇"，最初是否与"镇守"有关，需考证；如是，"镇"为防卫场所。而后来的"镇"则是商业含义，是"从商业的基础长成的永久性的社区"①，如四大商业名镇——河南朱仙镇、广东佛山镇等。苏松杭嘉湖地区的小型工商中心也叫"镇"，如盛泽镇、同里镇等。明代中后期江南的重要市镇达50多个，居民以工商业者为主，还有一些纯消费人员。② 从生活方式看，镇往往介于城市和乡村之间，有城市和乡村生活的双重特点，或者说是沟通城乡联系的中介。因此它和城市连在一起时可以叫"城镇"，和村庄连在一起时又可叫"村镇"。我国当前设置"镇"作为一种行政建制，正是看中了"镇"的这种双重性质。

有学者在总结中国古代城市体系特征时，比较强调镇所具有的经济中心功能：秦汉中国是以政治中心为主的城市体系；魏晋南北朝隋唐时期是政治中心和经济中心互相促进的城镇体系；五代宋元时期是以经济中心为主的城镇化体系；明朝和清前期以大城市为中心，包括周围中小城市群和农村小城镇经济网。③

西方有不同。古代希腊城市分为"上城"和"下城"两部分，"上城"指政治和生活中心，"下城"指"卫城"，防卫上城。以城市为中心，联合周围农村，组成"城邦"（polis）。④ 现代北美许多城市也有"上城""下城"之分。"上城"是居住区，下城（down town）往往是商业金融中心，如著名的华尔街就位于纽约曼哈顿的"下城"区，波士顿、迈阿密、加拿大的多伦多等都有"下城"。

中世纪西欧城市最初一般都称"城镇"（town）。中世纪城镇是交换中心，都有交易市场"market"，所以在英国被称为"市镇"（market town）。16世纪英

---

① 费孝通：《乡土中国》，上海人民出版社2014年版，第265页。
② 陈忠平：《明清江南市镇人口考察》，载于《南京师范大学学报》1988年第4期。
③ 顾朝林：《中国城镇体系》，商务印书馆1996年版，第46~131页。
④ 也有学者认为，英文将希腊语"polis"译成"city state"（城邦）并不妥当。参见 A. E. J. 莫里斯：《城市形态史——工业革命以前》，成一农等译，商务印书馆2011年版，上册，第103页。

国有 700 多个市镇。① 欧洲城镇不单是居住地，更有工商业中心的含义。"城镇"作为总称，也可译为"城市"。对于单个城镇，不能将"this town"译为"该城镇"，而只能译为"该城"或"该镇"。中世纪不少城镇起初也是作为设防城堡而建造的（先有"城"），后来逐渐获得商业功能（再有"市"），其名称则有"burg""borough""burk""bourg""burgo"等。② 这类词语含义更为复杂，如"borough"就是一个含有经济、法律和文化意义的复杂社会体③，不只是人文地理意义。

中世纪里，主教坐落地的"大教堂城市"（cathedral town），吸引人口多、规模大，于是在英国，就取这两个英语单词首个字母（c、t）的连读作简称，即"city"。④ 后来，规模较大且人口多的城市都称作"city"。英国从中世纪至 16 世纪只有伦敦这一个城市够得上"city"。例如，有篇论文题目叫"The City and the Crown"（城市和国王）⑤，这个"city"就是伦敦，不会引起歧义。欧洲大陆的"city"则很多，如意大利有几十个。工业革命后欧美城市大发展，大中工商城市都叫"city"。

现代欧美国家中"city"还有行政建制的意义，其行政层级各国不尽相同。有些城市里"city"还有"市区"的含义，如伦敦的威斯敏斯特"city"。不过 city 和 town 的区分还是很明确的，一般都以人口和城区规模为标准，规模较大城市用"城市"，市中心叫"city centre"；小城市用"城镇"，镇中心称"town centre"。

"都市"作为中文语汇，顾名思义，似是"首都城市"之意。但古代中国起初并不如此，如春秋战国时期以城市大小、居民多寡划分城市等级，人口多、规模大称"国"，人口少、规模小则为"都"，所谓"万室之国千室之都"。⑥ 欧洲的"都市"（metropolis）或"都会"是近代才有的称呼，原意指极大的城市，只有伦敦、巴黎这种首都级别的大城市才够得上。现代许多大城市、特大城市如纽约、芝加哥、洛杉矶、上海、迪拜等常被形容为"都市（会）"。与此相联系，现代还出现了许多"都市（会）区"，它们或是以某个特大城市为核心所组成的城市化地区，或是几个大城市结成群，从而形成都市（会）区，以美

---

① Joan Thirsk. *The Agrarian History of England and Wales*, Vol. 4, 1500 – 1640, Cambridge, 1967.
② A. E. J. 莫里斯：《城市形态史——工业革命以前》，商务印书馆 2011 年版，上册，第 247 页。
③ Rosemary Horrox and W. Mark Ormrod eds. *A Social History of England*, 1200 – 1500, Cambridge University Press, 2006, P. 134.
④ Norman Pounds. *The Medieval City*, Santa Barbara：Greenwood Press, 2005, P. 18.
⑤ J. L. Bolton, "The City and the Crown, 1456 – 61", *London Journal*, 1986.
⑥ 《管子·乘马篇》。

国最为典型。①

第二节 "城市化""农村城镇化""逆城市化"

"城市化"（urbanization）概念是学术用语。"urban"这个词是"城市的"（也译"都市的"②）意思，往往与"乡村的"（rural）对应使用，含义抽象化，指两种不同形态的人类聚居方式，两种不同的社会样态，两种不同的生活方式。所谓"城市化"，不仅指乡村区变成了城市区，农村人口变成了城市人口，也应该包括乡村生活像城市一样。"城镇化"就是城市化，只是为了避免误以为城市化就是"大城市化"，以免把发展方向误以为发展大城市，因此我国政府及学界就特意使用"城镇化"，其意在于主要发展中小城镇，特别是在农村地区发展小城镇。此外，"城市化"本来主要是从经济和社会意义上使用，但"城市"这个词在现代往往又有行政中心之类的政治意味，特别是今天，"市"在中国成了独立的行政层级，所以，用"城镇化"代替"城市化"可以减少歧义。

研究者认为，除了"原始城市化"（proto-urbanization）③之外，欧洲的城市化运动大致有三次高潮。其一是古代希腊罗马时期，其二是11~13世纪中世纪城市兴起，其三是18世纪中叶工业革命以来近现代城市涌现。④至20世纪末，欧洲人口绝大多数（70%以上）成了市民，城市化运动完成。⑤中国城市发展亦有三个时期，不过时间断限完全不同于欧洲，即古代中国城市、19~20世纪近代工商业城市的涌现、改革开放以来的城市发展和城市化进程。

然而，对于古代和中世纪的城市发展，无论东方还是西方，都不宜频繁使用"城市化"概念，那样容易混淆古代城市、中世纪城市与近现代城市的质的区别。无论怎么说，"城市化"概念实际上隐含着现代性意味，因此，有不少学者认为

---

① 王旭：《美国城市史》，中国社会科学出版社2000年版。
② 保罗·M. 霍恩伯格、林恩·霍伦·利斯：《都市欧洲的形成》（The Making of Urban Europe, 1000 – 1994），阮岳湘译，商务印书馆2009年版。
③ 这也是欧美学者喜爱用的词语，如意大利学者P. 贝罗奇的著作《城市史：从原城市化到城市化在第三世界的迅猛发展》（P. Bairoch, Storia delle città, Dalla proto-urbanizzazione all'esplosione urbana del terzo mondo, Milano: Jaca Book, 1992）。
④ Norman Pounds. The Medieval City, Greenwood Press, 2005, pp. 2 – 17.
⑤ Tony Champion. The Changing Nature of Urban and Rural Areas in the United Kingdom and other European countries, New Castle University, Centre for Urban and Regional Development Studies, 2005.

工业化以来才算有真正的"城市化"运动。①

所谓城市化过程，有两种意义上的视角。一是从全局看，指城市人口在总人口中所占比例。二是从农村这个角度看，指"农村"的"城市化"或"城镇化"过程，也包括两种表达：一是社会学意义上，农村人口变成城市人口，要么是人口就地市民化，要么前往外地城市或附近城市工作生活变成市民；二是人文地理意义上，要么是农村变成城镇，要么是农村地区生活方式城市化。农村城市化主要是中小城镇的发展，所以更适合用"农村城镇化"来指称。"农村城镇化"着眼于地理意义上"农村"怎样"城市化"的过程，即"变"村庄为城镇，或推进城市生活方式的过程。至于当今我国有大量农民工生活、劳动在大中城市，"他们"如何能真正地"市民化"，则是城市在发展中必须完成的任务。

因此，"农村城镇化"（rural urbanization）有多种情形，包括：（1）村庄最终发展为大中城市的，其初期阶段即村庄变城市城镇的过程（如18世纪中叶前的曼彻斯特、伯明翰等），可视为"农村城镇化"；但后期阶段即由小城市或城镇成长为大中城市的阶段，则不能再视为"农村城镇化"，只能看成该城市（城镇）的继续发展和成长。（2）村庄就地变成中小城镇的，其变为城镇后的早期阶段涉及其城镇管理体制和基础设施的建立与完善，因此还属于"农村城镇化"范畴。（3）村庄虽未变成城市或城镇，但村庄居民已经以从事非农职业为主。（4）村庄未变城市或城镇，居民中农业人口较多，但其生活方式已类似城市，或者说具有"城市性"，这点类似"新农村建设"。此外，另有几类情况也得注意：（1）大中城市扩展时，把郊区农村变成城区，当然也是"农村城镇化"，但郊区不能算典型农村，因此样本意义不足。（2）农村人口流动到大中城市，成为其居民，也属于"农村城镇化"，但只考察到人口"流"出农村、"变"成城市居民为止，其后则应属于城市发展和管理问题。（3）从中世纪过来的位于农村地区的大量中小城镇，其实也有功能的转型问题，即城市自身的现代化改造。

"逆城市化"（counter-urbanization，deurbanization）现象也涉及农村，但主要是城市周边农村。"逆城市化"是城市化高潮后的产物，20世纪后期首先出现在欧美发达国家。简言之，"逆城市化"的表现就是城市人口向乡村迁移。② 当然这些乡村地区大多是城郊（suburb）。与"逆城市化"不同，卫星城建设是指在大城市周边建设若干城镇，这些城镇一般都具有独立的工商产业，居民日常工作和生活都在该城镇内或附近，同时也经常去中心大城市进行消费活动。建设卫星

---

① 参见孟钟捷：《刍议19世纪上半叶德意志地区城镇化的"起步"》，载于《经济社会史评论》2015年第4期。

② K. Halfacree, "The importance of 'the rural' in the constitution of counterurbanization: evidence from England in the 1980s", *Sociologia ruralis*, XXXIV (2), 1994, P.164.

城是对大城市工商功能的一种分散或疏解，缓解大城市因工商业过度集中所带来的压力和问题。当然，由于卫星城基本都选址于大城市原有的远郊农村地带，因而加速了这些地方的农村城镇化进程。而"逆城市化"现象则主要指城市人员工作在城市，生活在周边小城镇或生活条件城市化的村庄。有的是白天在城市工作，晚上回到附近村镇居住和生活；有的是工作日在城内租住，周末回附近的乡村住房生活休息；有的是退休后搬到自己心仪的农村居住生活。"逆城市化"的前提是乡村必须具备与城市差不多的生活条件，那么工业化后期和后工业时期的农村城镇化就是在乡村创造这样的条件，从而吸引越来越多的城市人到乡村生活居住。不少学者认为，在"逆城市化"这种居住模式下，住在乡村的人口可能还会超过城市，逆城市化有可能代替城市化而成为主流居住模式。[1] 在某种意义上，"逆城市化"也是一种借助城市资源促使农村城镇化的形式。

第三节 "就地城镇化"的含义及演变

"就地城镇化"（local urbanization）是个热词。从一般意义上理解，所谓就地城镇化，就是农民在本地从事非农行业；乡村改造为城镇，具备与城市一样的居住和生活条件；原有农民就地转变成市民，而不是大量涌入异地城市。[2] 以最早实现农村城镇化的英国为例。1891 年，英国人口城镇化率超过 72%，农村基本实现城镇化[3]；2001 年，英伦三岛（英格兰、威尔士、苏格兰）城市化率为 92.9%[4]。就地城镇化是英国城镇化的主要途径之一，但其含义演变具有明显的三阶段。这一演变也可为中国农村城镇化的阶段式推进提供比较和参照。

第一阶段："原工业化"时期，部分农民离土不离乡，就地非农化。

在英国，15~18 世纪即近代早期的"原工业化"（乡村工业）时代，就地城镇化以部分农民"离土不离乡"、就地非农化为特点，部分村庄演变为手工业村镇。这一进程大致有如下几步，往往也有多步并存的状况。

---

[1] B. Berry, "The counterurbanization process: urban America since 1970", in B. Berry ed., *Urbanization & counterurbanization*, California: Sage, 1976, pp. 17–30.

[2] 学界还有"就近城镇化"的提法（《光明日报》2015 年 6 月 21 日 05 版），讨论居村农民就近城镇化。

[3] Adna Ferrin Weber. *The Growth of cities in the Nineteenth Century*, *A Study in Statistics*, New York: Cornell University Press, 1967, P. 46.

[4] Tony Champion. *The Changing Nature of Urban and Rural Areas in the United Kingdom and other European countries*, 2005.

第一步，农民以农业为主业，以非农业为副业，所谓亦农亦工。英国乡村毛纺业初始期就是这种样态。毛纺业作为英国的民族工业，15世纪后期起遍及全国乡村。从事毛纺业者主要为农民，一是因为他们原本都有一定的家庭纺织劳动技能；二是此时农奴制已废除，农民可以自由支配自己的劳动；三是随着人口增长，原生家庭析产继承，每个农民家庭保有的土地越来越小，农业收入不足以养活全家，必须从事工副业来补充家用。从事方式有二，一是农民本人忙时务农、闲时务工；二是农民家庭中妇女儿童从事纺纱等工作。

第二步，农民以手工业为主业，以农业为副业，所谓亦工亦农。随着农民家庭拥有的土地日益缩减，农业在家庭收入中的比重变小，纺织等非农工作在家庭收入中占比越来越大，最终超过农业收入。因此早在16世纪，英国就形成了"以种地为副业，而以工业劳动为主业"的"一个新的小农阶级"。①

第三步，部分农民不再从事农业，完全从事乡村工业及服务业。这就是农民非农业化，在16、17世纪英国的两大毛纺区，即西南部各郡和东盎格利亚非常突出。西南农村出现了许多专业的毛纺业者（clothier），他们由兼营毛纺业的农民演变而来，兼有组织外销呢绒的功能，因此还在一定程度上支配着村庄里兼作毛纺工作的邻居。东盎格利亚乡村的"新呢绒"生产者大多不擅长农业生产，因此当17、18世纪本地毛纺业出现颓势时，他们中很多人并没有返回农业，而是转移到北方的约克郡西莱丁毛纺区。

第四步，乡村工业趋向工场化，吸附了大量乡村手工业人员，劳动力开始集中，于是在诸多乡村工业区出现了手工业村庄和手工业城镇。手工业村镇如西南毛纺区的纽伯里、陶顿、斯特劳德、卡斯尔库姆、比斯利等，东盎格利亚的拉文翰、沃斯提德、克西村等。传说纽伯里的温奇库姆开办的毛纺工场雇工上千人；多尔曼家的毛纺工场一关闭，致使许多人失业。马尔梅斯伯里斯顿普家的毛纺工场，雇工也达几千人。拉文翰的斯普林开办毛纺工场，家族因此兴旺了一个多世纪。绒线呢（worsted）得名于发源地沃斯提德村（Worstead）②，萨福克郡克西（Kersey）村则成了英国一种最普遍的廉价低质呢的名称。不过这些乡村工业仍是手工生产，生产手段没有发生变革，因此当毛纺业丧失竞争优势时，这些手工业村镇很快衰落。今天的沃斯提德村仍有一个巨大的教堂，见证了其毛纺业兴旺、人口聚集的辉煌过去，而几条简陋的街道则表明这一辉煌早已是明日黄花。

在中国的明清时代，江南五府（苏松杭嘉湖）以市场为导向的乡村纺织业（棉纺业、丝织业）发达，颇似西欧的"原工业化"，也都经历过上述英国那样

---

① 马克思：《资本论》第1卷，人民出版社2004年版，第858页。
② 位于诺里奇以北20英里，笔者曾于2011年12月亲往考察。

的四步行程。无论是以纺织为副业的农民，还是以手工业为主、以农业为副业的小农，抑或完全脱离农业、从事乡村纺织业的人员，以及手工工场、乡村手工业城镇，都出现过。但由于没有在生产技术上出现突破，尤其是封建政府重农抑商政策的压制，江南乡村纺织业和工商业新市镇没有能推进城市化，其自身没有成长为工商业城市，也没有带动周边农村走上城镇化道路。[①]

20世纪70年代，一面是中国各地兴办县级"五小"工业，地方国营性质，从当地农村和城镇招工。另一面则是农村开始发展"社队企业"，有小农机、小水电、小水泥、小煤矿、制砖瓦、农副产品加工（如磨面、碾米、加工粉丝）等。这些企业机械化程度不高，但能部分满足本地需要，同时也消化了不少剩余农业劳动力。社队企业中，公社级企业员工基本脱离农业，只是在"三夏"（北方）、"双抢"（南方）季节才放"农忙假"，算是"离土不离乡"。大队级企业职工则是"半离土"状态，甚至是农闲时才开工。笔者曾在农闲时到大队红砖厂做过砖坯。社办企业员工工资均收归生产队，换算成工分，参加年终决算分配；队办企业则以计件工分为主，给予适当的现金津贴，年底发放。江苏等地社队企业较为成功，如著名的华西村就是这期间起步的。总的来说，这一时期我国的乡村工业，在政策限制下只是作为集体副业存在而已，并未朝城镇化和工业化方向迈进。

第二阶段：工业化启动期，工业村镇就地成长为工商业城市。

英格兰西北乡村工业区与南部的传统毛纺区命运不同。这里有兰开夏棉纺区、西密德兰"黑乡"铁制品生产区、约克郡西莱丁毛纺区、"哈兰夏"金属品加工区，以及东密德兰西部乡村纺织区。作为乡村工业区，其发展晚于南方的两个传统毛纺区，多是16、17世纪起步，17世纪晚期进入高潮，最初也出现了许多手工业村镇。18世纪，这一地区乡村工业率先发生工业革命，乡村工匠演变为工厂老板或工人。随着工业化的深入和机器工厂的出现，这些工业村镇就地成长为工商业城市，对资源和人口的吸附力大为增强，不但促使周围农村走向城镇化，其农民就地转变为城镇市民，还吸收了大量区域外的城乡人口。

兰开夏棉纺区。原工业化时期，兰开夏成长为英国重要的纺织区，最初包含三个纺织业地带，即以曼彻斯特和波尔顿为中心的中部棉纺和棉麻混纺业地带；以普雷斯顿和斯托克波特为中心的西部南部麻纺业地带；以罗奇代尔为中心的东部毛纺业地带。三个地带都诞生了许多手工业村镇。工业革命最先在兰开夏乡村的棉纺业中发生，因生产需要更多劳动人手，从而聚集了大量人口，原有的手工

[①] 傅衣凌：《明清时代江南市镇经济的分析》，引自南京大学历史系明清史研究室编：《明清资本主义萌芽研究论文集》，上海人民出版社1981年版；李伯重：《江南的早期工业化（1550～1850）》，社会科学文献出版社2000年版；樊树志：《明清江南市镇的"早期工业化"》，载于《复旦学报》2005年第4期。

业村镇就地成长为工商业城市。曼彻斯特虽然在18世纪末仍被议会视为"大村庄",但实际上已是英国第二大城市、第一大工业城市;为本区工业服务的利物浦成为英国第二大港口城市;工商业城市星罗棋布在兰开夏中部和南部。这里成了世界上第一个现代工业化城市化地区。

西密德兰"黑乡"铁制品生产区。该区位于西密德兰,铁制品生产的较快发展始于17世纪,伯明翰和达德利等是铁制品业城镇,区内还有达拉斯顿、蒂普顿等一大批手工业村庄。该区也是工业革命发祥地之一,瓦特蒸汽机最早就是在伯明翰投入应用的。工业革命中,资源和传统工业优势使西密德兰成为英国最重要的煤铁基地、包括枪炮在内的金属制品生产基地,就地城镇化速度加快。伯明翰逐步成长为英国第二大城市(20世纪),达德利和伍尔夫汉普顿都是一流的工业城市。这个工业化城市化地区,今天叫做西密德兰都市区。

约克郡西莱丁毛纺区。这是18世纪英国最大、最重要的毛纺区,利兹、布雷德福和哈利法克斯等为著名手工业城镇。由于毛纺业的传统优势惯性,西莱丁区最初对工业革命有一定抵触,19世纪初采用机器新技术,毛纺业快速发展。以利兹和布雷德福等为中心,西莱丁形成英国又一个重要的工业化城市化地区。

"哈兰夏"金属品加工区。以设菲尔德为中心的乡村地区,中世纪晚期形成了刀剑五金等手工品制造业。它虽然并不在工业革命中领先,但很快成为英国最重要的钢铁生产中心,设菲尔德成为英国最著名的工业城市之一。

东密德兰西部乡村纺织区。该区依靠原有城市诺丁汉、莱斯特和德比而发展,主要有乡村棉纺业、丝织业、织袜业等,世界上第一批工厂就出现在德比郡的德文特河谷①,处于山区的克朗普顿因此而成长为工业小镇。

随着手工业城镇发展为工商业城市,需要吸纳更多的劳动力。因此,新城区所覆盖的原有乡村,以及城郊农村,人口大多演变为城市人口,或为城市服务的人口。离城市稍远的乡村区,也因工商业城市就业机会多、生活条件好,农民们纷纷向城市迁移,而不一定以"就地"非农化为主。

在中国,20世纪80年代社队企业改称乡镇企业。农村小型工业的发展,激活了农村地区的人力、资源等要素,同时又吸纳了较多的农业剩余劳动力,不少农民转向非农化,促进了农村城镇化进程。乡镇企业填补了工业化早期我国城市工业的发展缝隙,具有独特的生长点和生命力,因此在一段时期里势头颇旺。1983年,费孝通先生发表《小城镇 大问题》一文,全国对发展小城镇开始高度关注,农民"离土不离乡"、就地城镇化似乎成了一大趋势。

---

① 世界第一批工厂遗址现为世界文化遗产,包括约翰·隆贝兄弟在德比城郊德文特河畔开办的丝织厂、阿克赖特在克朗普顿开渠引德文特河水而建立的水力纺纱厂,笔者多次前往考察。

然而，乡镇企业和县办企业技术水平低，对资源浪费较大，同时又造成严重的环境污染，不少乡镇企业还管理混乱、腐败丛生。另外，在各种因素作用下，各类重要经济资源逐渐向大中城市集中，因此在乡镇企业基础上实现就地城镇化未能成为我国农村城镇化的继续发展方向。只有江苏等少数省份取得了成功。一方面，一些基础较厚实的工业村镇引入先进技术，以市场为导向，发展了竞争力强的现代工业，也升级了城镇化水平，如华西村。另一方面，一些农村地区主动与现代大都市工商业对接，成为大城市产业链条中的上下游环节，借助外部力量提升自身水平，从而成长为工商业城市，如江苏昆山市。

第三阶段：工业化高潮后就地改造乡村，使其生活方式具有城市性。

英国工业化进入高潮后，城市人口已居多数，余下的乡村区有两类。一类是工业地区城市间的农村，它们实际已变成附近城市的从属物，差不多与附近城市一体化。另一类典型乡村区，仍以农业和农民为主体，如英格兰东北区、东密德兰、东盎格利亚和西南部等。工业化高潮后的就地城镇化主要发生在第二类乡村区。

在工业化启动期，工业主要坐落于乡村，乡村的竞争力不逊于老城市，甚至更具优势，因此村庄就地成长为城市、农民就地演变为工人不会受到大的阻碍。而到工业化高潮后，大中城市优势已十分明显，与农村拉开了很大差距，普通农村基本不具备与城市竞争、发展现代工业的能力。同时，城市的地理布局也呈饱和状态，因此在典型农业区，走村庄演变为工业村镇、再成长为城市的就地城镇化道路，走农民离土不离乡、就地转化为非农人员和市民的途径，已是困难重重。

这样，工业化完成之后，英国农村"就地城镇化"的主要任务是让乡村生活条件城市化，依照城镇标准因地制宜改造乡村。早从19世纪中期起，英国就开展了大规模的"乡村改造"运动，在乡村人口的生活方式中引入城市性，使其生活状态和管理体制"就地"城市化，缩小城乡差别。改造工作涵盖面广：构筑商业、金融、邮电等服务体系；建设道路、交通、供排水、供电等基本设施；发展教育文化事业，提高农村人口的文化素质和现代品质，使其有能力从事现代化工作；建立和健全医疗卫生、体育、福利、养老保障等社会公益事业；构建适应于乡村社区的管理体制，人口可以自由流动；等等。

同时加速农业集约化、专业化进程，如19世纪中期后东盎格利亚成为肉奶产品基地，伦敦周围农村成为花草苗木供应基地，东密德兰和西南部成为商品粮食生产基地。农业实现机械化、规模化，则大大减少了农业对劳动力的需求。为了经济发展的地区性平衡，19世纪后期又出现"工业南下"运动，在东部、东南部、西南部地区大力发展消费品工业，提供大量就业机会，消化农村剩余劳动力，乡村居民职业逐步非农化。在农村扶持旅游业等新经济部门成长，增加乡村就业机会，增强乡村经济实力。西部科茨沃兹山区旅游业发展最为成功，目前该地区人均收入在英国各区中名列前茅，远超多数大城市。①

英国农村就地城镇化的阶段性进程带来了许多可资借鉴的经验和启示。如通过实现机械化等现代生产手段，减少农业劳动力需求；在城乡大力发展轻工业和第三产业，提供大量就业机会，消化农村剩余劳动力，使乡村居民逐步非农化；在管理上大胆改革，取消户籍制度，让人口自由流动；着力提高农村人口的文化素质和现代品质，使其有能力从事现代性工作；在农村扶持旅游业、养老业、服务业等新的经济增长点，增加农村就业机会等。

我国当前已进入工业化高潮期，大中城市具有越来越多的资源和经济优势、发展机会，但大城市不应为消除"城市病"而反对人口流入。要特别防止以"就地城镇化"为标签而硬性将农民固着在本地，改变只让农民在本地非农化的做法，转变让农民"离土不离乡"的观念。农民为了实现个人愿景，既可留在本地，也可就近进入周围城镇，更可迁徙至远方城市。如果农村生活条件、就业和创业机会等都与城市一样了，农村居民就业创业的机会和能力都与市民相等了，他们自然会"就地"发展。乡村条件改善了，还会吸引城市人口下乡居住、生活，我国的浙江省就已出现了这种"逆城市化"趋向，具有现代生活水平的农村城镇普遍兴起。所以，必须结合本地农村的不同情况，对自身的发展水平和资源条件予以准确评估，探索符合本地实际情况和发展阶段的城镇化道路。

---

① 刘景华：《科茨沃兹：城镇化进程中成功转身的美丽乡村》，载于《光明日报》2014年12月24日。

第二篇

宏观考察
与理论探微

第三章

欧洲农村城镇化的宏观进程

第一节 欧洲农村城镇化的长期性和阶段性

农村城镇化从社会学意义上讲，是一个农村人口城市化的过程，农民可能因为本地出现了城市，或村庄变成了城区，从而就地变成了城市居民；也可能移居附近或外地城市，在城市工作生活从而转变为市民。从人文地理角度看，"农村城镇化"似乎更指村庄变成城镇，或农村生活类城市化，这主要着眼于地理上农村变成城市或城镇的过程，或乡村流行城市生活方式的过程。无论是哪个视角，欧洲农村城镇化是一个自11世纪至20世纪的漫长过程，可分为四个阶段。

第一，中世纪中晚期（11~15世纪），这是欧洲农村城镇化的准备阶段或奠基时期。11世纪后，中小城镇在农村普遍兴起，它们最初是农本经济的依附者和补充物，其主要功能是为所在农村提供工商服务。反过来，这一功能也制约了中世纪城镇的持续发展，因为农村市场的有限性也决定了城镇成长的有限性，故而城镇人口占总人口比例始终很小，总之，中世纪欧洲农村产生了城镇但并未普遍"城镇化"。但城市兴起尤其是取得自治后，形成了城乡两种对照鲜明的社会体，城市和乡村有明确的分野。而城市的"自由"、城市较多的工作和发展机会，以及城市生活方式的优势，则为农村人口所仰慕、所向往，成为来自农村的移民的"愿景"，成为吸引农村人口的"拉力"，这是农村（包括人口）城镇化的最初动力。

第二,原工业化时期或近代早期(1500~1750年),这是欧洲农村城镇"化"的起步阶段。近代早期,由于旧有中世纪城市的保守性,欧洲工业生产从城市向农村转移,乡村工业蓬勃兴起。乡村工业被门德尔斯等学者称为"原工业化",认为是工业化的第一阶段,或是"工业化前的工业化"。① 乡村工业的发展和集中,使得农村形成一些新的工业城镇,同时也加快了农村的商品化生产和非农业生产。由于此时乡村工业仍是手工劳动,因而集中的人员有限,工场的规模从而比城镇的规模小,经济也相当脆弱,相互之间竞争激烈。劣势地区的原工业化遇到困境,影响城镇的发展甚至生存。而在具有竞争优势的乡村工业区,则奠定了通往工业革命和工业化的基础,有利于城镇进一步聚集资源并向城市方向发展。在乡村工业不甚发达的地区,城镇仍停留在中世纪的格局和水平。

第三,工业革命和工业化时代(1750~1900年),这是欧洲农村城镇化的高潮阶段。随工业化而来的是现代化和城市化。第一次工业革命的工厂化生产,第二次工业革命的流水线生产,均需要生产环节的分工协作,需要高度的劳动力集中;工业化也需要产业集群化从而使相等资源产生更大效益,因此需要大量劳动力集中居住,也需要大量为工业人口服务的人员,这样就加速了人口聚集过程亦即城市化过程,在某种意义上就是加速了农村城镇化过程。经历了两次工业革命,西欧的工业化基本完成,人口城镇化率达到50%以上(英国在1850年时达到,德法等国在19世纪末20世纪初达到),其中很大比例是农村人口的城市化。从中世纪状态转型成功的乡村中小城镇,在原工业化中产生的农村城镇,因发展工业而成长为大中城市。同时,由于现代工业在欧洲的分布趋向于均衡化、区域化,故而在适合建设现代工厂的地方,基本上都形成了城市和城镇。

第四,后工业化时期(20世纪以来),农村城镇化继续多样态推进,农村的生活条件和生活方式类城市化。多样态包括:在政府政策指导下,有意在农村兴办工厂,以缩小城乡差距;大城市的"摊大饼"式扩张,将近郊农村变成城区;卫星城建设使更多的远郊农村演变为城镇;"逆城市化"出现,逆城市化又是以农村具备城市性条件为前提的。当城镇布局已经饱和时,剩余的农村不可能再变成城市,便主要依照城市进行改造,乡村便在最大限度上具有了城市性和现代性。这一过程在英国开始较早,大约始于19世纪后期。在欧洲大陆国家则晚许多——虽然这里20世纪初的城市化已达到19世纪中期英国的水平,但由于20世纪前期两场世界大战,直到20世纪中期才真正展开乡村改造运动,农村的生

---

① F. F. Mendals, "Proto-industrialization: The First Phase of the Industrialization Process", *Journal of Economic History*, 1972, No. 32, pp. 241-261; Peter Kriedte, H. Medick, J. Schlubohm. *Industrialization before Industrialization*, Rural Industry in the Genesis of Capitalism, Cambridge, 1981, pp. 6-7.

活水平逐渐城市化。进入21世纪后,农业在欧洲农村经济中不一定占主导,乡村兴起了旅游业等新经济部门。

这是对整个欧洲的粗线条认识,各国因国情和资源而呈现不同特点。如德意志城镇化进程,有的学者将之分为四个阶段:(1) 19世纪初到1840年,是城镇化"起步"准备阶段;(2) 1840~1871年,工业化推进城镇化加速和全面启动;(3) 1871~1918年,城镇化飞速发展;(4) 1918年至今,城镇化进入平缓与完善期。[1]

在上述划分的基础上,拟对欧洲农村城镇化的历史进程做更深入的考察。

第二节 中世纪:城市和乡村的结合与分野

不少研究者认为,"城市化"属现代话语,只有现代才有真正的"城市化"。而"农村城镇化"将农村和城镇化相联系,因此往传统农业社会追溯亦无不可。可以说,中世纪时期是欧洲农村城镇化的准备阶段或奠基时期。

在西罗马帝国灭亡、原有城市大部分被日耳曼人毁掉,经过五六个世纪沉寂后,11世纪后欧洲兴起了新型城市。至14~15世纪,全欧约有1万个城镇。[2] 即使依照有的学者的较高标准,中世纪西欧的城市数量也有两三千座。[3] 研究者将这些城市按人口分为五个等级:5万人以上是巨大城市,西欧也就10个上下,如威尼斯、佛罗伦萨、巴黎等;2.5万~5万人是特大城市,西欧也仅20来个,如伦敦、里昂、科隆、博洛尼亚、巴塞罗那等;1万~2.5万人的大城市约七八十个;2 000~1万人是中等城镇,2 000人以下是小城镇。[4] 中小城镇分布于全西欧,每隔二三十公里就能看到一个。例如英格兰,1300年时有大约600个市镇(market town)[5],即平均200平方公里左右就分布有一个中小城镇。

在中世纪欧洲各级各类城市中,以中小城镇与农村的联系最为密切,它们兼具城市和乡村两种社会特质。中小城镇兴起,是周围乡村发展的趋势和要求,因此中小城镇的工商业是乡村农业经济的补充,仍属于乡村经济范畴。城镇中充满

---

[1] 孟钟捷:《简析19世纪上半叶德意志地区城镇化的"起步"》,载于《经济社会史评论》2015年第4期。
[2] 萨马尔金:《中世纪西欧历史地理》,俄文版,高等学校出版社1976年版,第95页。
[3] Norman Pounds. *The Medieval City*, Greenwood Press, 2005, P. 18.
[4] N. J. G. Pounds. *An Economic History of Medieval Europe*, Langman, 1994, pp. 257–268.
[5] 张卫良:《工业革命前英国的城镇体系及城镇化》,载于《经济社会史评论》2015年第4期,第16页。

乡村气息：从景观看，住宅后面一般都有菜地，多数居民都饲养有牲畜，而且多为放牧形式；春耕秋收时，城镇居民往往还停下工作，去农村帮助亲友做农活。哪怕是16世纪中期，当英国利兰奉亨利八世之命游查全国来到伯明翰时，这个因铁制品工业繁荣而颇为喧闹的小镇，在农忙季节也是寂悄无声。中小城镇还有不少工商业者在农村有地，如1381年英国西部格罗斯特郡沃德河畔斯托镇里，就有酿酒匠、羊皮商、铁匠和转运商在附近农村占有土地。还有一部分人以农业为主要生计，如斯托镇有11人直接耕种土地；彭克里齐镇的农民数量（23人）甚至还超过了手工业者的数量（20人）。① 在苏塞克斯郡，即使到17～18世纪，中小城镇里农业人口比例平均也超过20%，最高的超过了50%。② 而中央高原罗阿纳这座"法国最了不起的集镇"，1700年还有9.5%的居民从事农业和种植业。③

中小城镇是以为周围农村提供工商业服务为存在条件的。从商业方面说，它是所在地区的交易市场。交易类型包括农村居民相互交换剩余农产品、周围农产品与城镇工商产品相交换、本地产品同外地产品交流、国际贸易进出口商品集散等。市场是中小城镇的商业标志，因而中小城镇常被称为"集镇"或"市镇"。年鉴学派的布罗代尔说："集镇的存在只是因为四周的大小村庄利用其规模不一的集市，使之成为服务和聚会的中心。集镇既是村庄不可或缺的补充，它又从交流活动中吸取财富（以及它存在的理由），并因此而兴旺起来……归根到底，集镇的职能在于它是当地各个村庄的共同的'市场'。"④ 中小城镇有一些"基本"行业，为周围农村居民提供手工业产品以及手工服务，这也是中小城镇得以"存在的理由"。由于村镇居民的需求多样化，中小城镇的工商行业也多而杂，但每个行业的从业者又不多，如英国塔姆沃斯小镇（斯塔福德郡），居民不过1 000人，行业有30多种。瑞士莱茵菲尔登1 000多居民中，2/3的人从事为周围乡村服务的手工业，尤其是日用品制造业和劳务行业等。⑤

中小城镇与农村的关系极其密切，两者实际上在一定意义上结成了较为完整同时也略带封闭性的经济活动圈。布罗代尔曾描绘过法国各地这种经济圈的构成方式：在一个集镇四周，在一定距离内，团团围绕着几个村庄。集镇和村庄加在

---

① R. Hilton. *The English Peasantry in the Later Middle Ages*, Oxford, 1979, pp. 79 – 81.
② 如巴特尔为51.6%，库克菲尔德为52.9%，详见 John Patten, *English Towns* 1500 – 1700, Folkstone, 1978, pp. 170 – 171.
③ 布罗代尔：《法兰西的特性》卷1，引自《空间和历史》，顾良等译，商务印书馆1994年版，第181页。
④ 布罗代尔：《法兰西的特性》卷1，引自《空间和历史》，顾良等译，商务印书馆1994年版，第127～128页。
⑤ N. J. G. Pounds. *An Economic History of Medieval Europe*, chapter 6.

一起，形成一个一个的"区"。在这些"区"中，"集镇居高临下地支配着整个管理区的乡村，乡村需要集镇的服务，但集镇有赖乡村为生；没有乡村，集镇便不能生存。集镇以控制乡村为基本特征"①。而且集镇所能控制的乡村范围还在不断扩大，如法国阿尔萨斯的坦恩小镇，其领主不断扩大地盘：1344 年兼并了一批村庄；1361 年又兼并一批村庄；1497 年取得了 10 余块滩涂地的牧羊权。②

集镇和周围农村通常要在一定比例上达成平衡。布罗代尔设定了一个人口比例。他将集镇的人口设定为 1，那么集镇所能控制的四周村庄的人口比例约在 1~4 之间，比值越小，集镇越可能上升为城市。但比值较大的话，如周围村庄人口超过了 5，那么说明集镇仍"深陷于乡村社会生活之中"③，因此中小城镇在中世纪经济社会总格局中往往处于从属和受动的地位。受乡村经济低水平的制约，一方面是原有城镇成长缓慢，另一方面是功能型的中小城镇数目增加幅度较小。因为一个乡村地区的人口不多，它对工商产品的需求是有限度的，有一个城市存在就能满足这些需求，再在本地区或邻近多建几个城市，其结果要么是有的城市"流产"，要么是所有几个城市都衰微。市场需求就这么大，要么是有些城市分不到，要么是所有城市分到的份额减少。英国德文郡托特内斯就是个典型例子。该城由领主建于 1100 年左右，规划得很好，领主收益也不错。邻近领主见此，便在托特内斯的对岸也先后预建了两座城市，但其中只有一座取得了小小的成功，另一座还未建成就夭折了。到后来，欧洲许多地方有了这样一种做法，即在授权建立新的城市或市场之前，多要进行"危害质询"，即弄清楚这座要新建的城市或市场，会对邻近城市的工商业有多大危害，最终形成了一个普遍规则，即任何新建城市离附近既有城市不能少于一天路程。④ 由中小城镇的功能所决定，只要乡村没有发生显著变革，中小城镇也就难以获得成长动力，农村城镇"化"的进程也就难以启动。当然，那些较大的区域性城市、国家级城市直至国际性城市，工商业面向的范围更大，攫取资源和市场的范围也更大，但它们也要同周围农村发生经济联系，促使农村的社会经济生活逐渐受到城市的影响。

更重要的是思想观念的影响。城市作为自由的圣地，自然被农村居民视为效仿的样板目标。当农村还处在封建制下，农奴对领主尚具有人身依附关系时，"自由"的欧洲城市则成为农奴心中的圣地、向往的天堂。"城市的空气使人自

---

① 布罗代尔：《法兰西的特性》卷 1，引自《空间和历史》，顾良等译，商务印书馆 1994 年版，第 128 页。
② 布罗代尔：《法兰西的特性》卷 1，引自《空间和历史》，顾良等译，商务印书馆 1994 年版，第 129 页。
③ 布罗代尔：《法兰西的特性》卷 1，引自《空间和历史》，顾良等译，商务印书馆 1994 年版，第 136 页。
④ Norman Pounds. *The Medieval City*, Greenwood Press, 2005, pp. 13–15.

由",这是人人熟知的德国谚语。一年零一天,成为农奴进城后获取人身自由的时间标识;而"自由人"(freeman)则是早期城市市民的正式称呼。这种自由体现在多方面,最重要的是人身自由和经济活动自由,这是具有人身依附关系的庄园农奴所不能具备的,也是城市市民与庄园农民社会地位的最大区别。"自由是城镇居民必要而普遍的属性。"[①] 能够自由地从事工商业,就会有更多的谋生及发展机会,这不但吸引了农村移民,也强化了农民们心理上城市好于农村的意识,刺激着他们的向往欲。城市的城墙象征着与农村相分割,强化了城乡之间的对比,也强化了城市在农民心目中的神秘感甚至神圣感。总之,虽然中世纪欧洲农村并没有城镇"化"起来,然而:其一,城市真真切切的存在[②],市民生活与工作的优越性,为农村居民勾画了一幅理想愿景,是农民向往的"希望之地",这就为农村居民向城市迁移变成市民,为后来的农村城镇化奠定了一定心理准备;其二,城市作为一种"陌生人社会",更能掩饰个人的隐私,无论是日常生活、发家致富还是挫折失败,甚至流浪、犯罪,都不会像在农村那种"熟人社会"中引起关注,或嫉妒,或侧目,这也是城市吸引农村居民的心理因素之一,这种心理在后世甚至今天都有存在;其三,中世纪形成的农村中小城镇,大多数仍能作为后来乡村区的经济聚核和中心活动地;其四,中世纪的农村中小城镇,也给欧洲农村留下了许多标志性的地貌景观遗产。

第三节 近代早期:原工业化促使农村城镇化起步

照经济史家庞兹的说法,从中世纪到近代早期,欧洲工业发展经历了"乡村(庄园手工业和农民家庭手工业)—城市(行会手工业)—乡村(乡村工业)"三个阶段。大约从15世纪起,西欧工业开始从城市向乡村转移。这一转移有城市的"推力"和乡村的"拉力"。城市的推力主要在于手工业行会的封建性、保守性和垄断性,它既抵制商人资本侵入手工业,也窒息行会内有进取心的工匠扩大生产规模,还千方百计阻止满师学徒独立开业,因此造成商人资本、手工工匠和满师学徒都有向农村转移的趋向。乡村的拉力主要在于农村封建关系已经松懈,农民有较多人身自由,同时农民家庭析产继承制流行,农户土地越分越小,少地

---

① 亨利·皮雷纳语,转引自 M. M. 波斯坦等主编:《剑桥欧洲经济史》第2卷,钟和等译,经济科学出版社2005年版,第16页。
② 可领会一下亚里士多德的名言:城市"起源于生活的基本需要,继续存在则是为了生活更美好",转引自诺尔曼·庞兹:《中世纪城市》,刘景华等译,商务印书馆2015年版,第1页。

的小农需要在农闲时做些工副业,或由妇女孩童从事工副业补充家用,这样就为商人资本深入乡村发展工业提供了廉价劳动力资源;其时水力作为动力已广泛运用,而农村尤其是偏僻山区水力资源更为丰富;农村本是羊毛等原材料产地,在那里取得工业原料更为容易;经历了封建关系变革的农村,农民生活条件也有所改善,大众市场正在培育,在乡村生产面向农民市场的中低档手工业产品,更便于接近市场。

这是一个螺旋式的上升。虽然生产者还是在自己家里进行劳动(被称为"家内制",domestic system;有的称为外放制,putting-out system;还有的称为委托制,commission system),但这是面向市场的商品生产,与自给自足经济农民家庭中的手工业完全不同质。这种面向市场的乡村工业,几乎遍及西欧各主要国家。如英国,早在16世纪亨利八世时期,"无数呢绒工人散居在英格兰的农村,散布在自坎伯兰至康沃尔、自伍斯特至肯特的数不清的农舍和村庄之中"①。最重要的乡村毛纺区有15~16世纪西南部优质宽幅呢绒制造区,16~17世纪东益格利亚的"新呢绒"制造区。英国最为大众化的两类呢绒,即绒线呢(worsted)和窄幅且质地粗糙的克西呢(kersey),就是来自诺福克郡和萨福克郡两个村庄的名称。工业革命发源地兰开夏的棉纺业,以及最早工厂化的西密德兰铁制品工业、约克郡西莱丁区的毛纺业,都是16~17世纪作为乡村工业起步的。

尼德兰地区的乡村工业也很兴旺。美国学者门德尔斯就是以尼德兰南部佛兰德尔乡村工业为研究样本而提出"原工业化"概念的。② 佛兰德尔城市毛纺业在14世纪走向衰落时,一部分毛纺工匠转移到了附近乡下,乡村毛纺业因此还遭到了旧纺织城市的极力压制,如1428~1431年,伊普里斯城驱逐农村毛纺业者并罚款达140次,1483年也超过了100次。③ 邻近的布拉邦特和埃诺等地区也从14世纪兴起乡村纺织业。16世纪,佛兰德尔许多小村庄兴起麻纺业。布鲁日附近村庄还发展了棉纺业。16世纪后,列日一带乡村成为重要的铁制品中心,1602年查诺伊林村的40个农民,都是制铁钉工匠。④ 尼德兰北部即荷兰乡村也有许多特色手工业,如弗里斯兰的奶品、泥煤采掘,泽兰的制盐和砖瓦烧制,乌特勒支郊区的丝织,赞恩地区的漂布和造纸等。在意大利,14世纪一些乡村独立毛纺工匠受到佛罗伦萨控制。⑤ 17世纪中期,托斯卡纳乡村年产呢绒超

---

① W. G. Hoskins. *The Age of Plunders*:*The England of Henry VIII*, 1500 – 1547, Longman, 1979, P. 151.

② F. F. Mendals, "Proto – industrialization:The First Phase of the Industrialization Process", *Journal of Economic History*, 1972, No. 32.

③ 齐斯托兹沃诺夫:《尼德兰资本主义的起源》,世界中世纪史学会1982年昆明年会材料。

④ P. Earle ed.. *Essays in European Economic History 1500 – 1800*, Oxford University Press, 1974, P. 55.

⑤ S. R. Epstein, "Town and Country:Economy and Institutions in Late Medieval Italy", *Economic History Review*, New Series, 1993, Vol. 46, pp. 466 – 467.

过1万匹。① 法国乡村工业的兴盛期是18世纪到19世纪初，尤其是法属佛兰德尔、阿图瓦、皮卡迪、诺曼底、布列塔尼和朗格多克地区，以及巴黎附近、里昂地区和多菲内地区，受到影响的乡村工业有纺织业、伐木业和小五金品生产等。② 德国、瑞士③、西班牙等，都兴起了乡村工业。

乡村工业促使农村城镇化起步，特点是农民"离土不离乡"、就地非农化，部分村庄演变为手工业村镇。例如前面讲到英国这个过程一般有四步：第一步，农业仍是农民主业，乡村工业是其副业；第二步，乡村工业成为农民主业，农业反变为副业，由此如马克思指出，16世纪英国形成了一个"以种地为副业，而以工业劳动为主业"的"新的小农阶级"④；第三步，部分农民完全从事乡村工业，不再从事农业，农民实际上非农化；第四步，乡村工业生产趋向集中工场化，吸附了大量人员，诸多乡村工业区兴起了手工业村镇。⑤

在乡村工业兴旺地区，一些精细加工环节、产品最后完成环节逐渐集中在一起，促成了新工业城镇兴起。由此，整个乡村工业区逐步形成了城乡分工，农村从事初级品、半成品生产，新城镇则聚集熟练工匠，进行产品精加工、深加工或最后整合，城乡互为呼应：城市主导着市场和生产，乡村是配角、起辅助作用。每个成熟的乡村工业区都有若干起控制或主导作用的中心城市，如英国兰开夏乡村纺织区的曼彻斯特和利物浦，西密德兰铁制品区的伯明翰和达德利，约克郡西莱丁毛纺区的利兹和布雷德福，"哈兰夏"铁制品区的设菲尔德。它们支配和辐射整个乡村工业区，从而奠定了进一步成长的基础。而在法国，1750~1850年城镇化主要体现为中小城镇数目及其人口比重的大幅增长。1700年，法国2 000人以上居民点为509个，1806年为801个，1836年为1 100个，其中近900个被视为真正的"城市"，5万人口以上城市则屈指可数。⑥ 这与乡村工业发展分不开。

第四节 工业化时代：农村城镇化进入高潮

欧洲的工业化时代开始于18世纪中期，以英国工业革命发生为起点。英国

---

① Judith C. Brown and Jordan Goodman, "Women and Industry in Florence", *Journal of Economic History*, 1980, Vol. 40, No. 1, P. 76.
② 熊芳芳：《原工业化时期法国的城乡关系与城镇化》，载于《经济社会史评论》2015年第4期。
③ P. Earle ed.: *Essays in European Economic History* 1500 – 1800, Oxforal University Press, 1974, pp. 67 – 72.
④ 马克思：《资本论》第1卷，人民出版社2004年版，第858页。
⑤ 参看本书第二章第三节"'就地城镇化'的含义及演变"。
⑥ 熊芳芳：《原工业化时期法国的城乡关系与城镇化》，载于《经济社会史评论》2015年第4期。

工业革命有三波浪潮，第一波是棉纺业机械和机器的发明。从1733年凯伊发明飞梭，中经哈格里夫斯发明多轴纺纱机（珍妮机），阿克莱特建立第一个水力纺纱厂，克隆普顿制成"骡机"，最后到1785年卡特赖特发明了机器织布机，棉纺业革命基本完成。第二波浪潮是带动机器的动力发生革命，即蒸汽机的发明和应用。1705年纽康门制成了蒸汽机，1782年瓦特改进了杠杆和活塞杆的连接，蒸汽机成为可牵动机器的动力机，"万能蒸汽机"出现。1800年，英国建造蒸汽机500台左右。蒸汽机是第一次工业革命的标志，从此人类社会迈入工业化时代。交通工具革命构成第三波浪潮。1815年史蒂芬森发明机车，1825年英格兰建造了第一条铁路，1830年第一条客运铁路运营，英国进入铁路时代。1851年，英国铁路总长度达11 000多公里。[①] 铁路有利于工业原材料和产品的运输，还方便了劳动力的流动和聚集，从而推动了工业化和城市化进程。

此期间英国的城市化运动主要出现在工业革命发祥地和工业化地区。工业革命发祥地多是近代早期的乡村工业区演变而来，即兰开夏棉纺区、西密德兰"黑乡"铁制品区、约克郡西莱丁毛纺区、"哈兰夏"金属加工区、东密德兰西部纺织区。随着机器工厂出现，原有的乡村工业城镇成长为城市，对资源和人口的吸附力大为增强；原有的乡村工业村庄演变为工业城镇，原有的农民要么就地转变为城镇居民，要么移居本区新兴的工商业大城市，如兰开夏的曼彻斯特和利物浦，西密德兰的伯明翰和伍尔夫汉普顿，西莱丁区的利兹和布雷德福，"哈兰夏"的设菲尔德，东密德兰的诺丁汉、莱斯特和德比等。此外，英格兰东北以纽卡斯尔为中心的采煤区，威尔士南部以加的夫和纽波特为中心的采煤冶金区，苏格兰南部以格拉斯哥为中心的工业区，也是城市化和农村城镇化最快的地区。这些地区后来一直是英国最重要的工业区，也是英国主要工业城市分布区。1851年，经过约一个世纪的工业革命后，英国城市人口超过50%。城市化的早期高潮也就是农村城镇化的高潮，因为在此期间城市人口的增长主要依靠农民的移民。

近代城市化和农村城镇化是工业化的产物。一方面，由于机器生产的进行，需要集中大量工业劳动力，也需要集中大量的为工业服务、为工业劳动力服务的各类人员。另一方面，工业化既促进了农业生产的机械化，又促进了农业生产的专业化[②]，还促进了农业的科技化（如开始使用化学肥料），这些都使得农业劳动力需求减小，从而在农村产生了大量的剩余劳动力。他们必须要谋取新的生计

---

① Mortimer Chambers, Barbara Hanawalt, Theodore K. Rabb, Isser Woloch and Raymond Grew. *The Western Experience*, seventh edition, Boston: McGraw-Hill College, 1999, pp. 775–776.

② 例如19世纪后期丹麦的农业开始集中发展高投资、高利润的奶牛业，法国则减少了小麦种植和羊的饲养，增加了葡萄栽培和糖料甜菜种植。Mortimer Chambers, Barbara Hanawalt, Theodore K. Rabb, Isser Woloch and Raymond Grew. *The Western Experience*, seventh edition, Boston: McGraw-Hill College, 1999, pp. 875–877.

和出路，从而转化为工业劳动力，或转化为城市人口。这就是工业化推动城市化的基本规律，在第一次工业革命中表现得最为典型。

工业革命在大陆欧洲启动比英国晚半个世纪。至1850年，大陆的工业化区域仅限于法国北部、比利时、德国西部和意大利北部。原因在于：其一，工业革命效益的体现有一定的时间差，19世纪初才在英国较为显著，进而为大陆所效仿。其二，18、19世纪之交大陆欧洲正经历着巨大的政治动荡。在拿破仑的"铁蹄"下，欧洲各国以拯救民族存亡为当务之急，经济发展特别是技术革新还未提上日程。其三，大陆社会变革较慢，旧的生产关系还在阻碍着生产力。如17、18世纪的法国反倒由国家指定建立城市行会，维护阻挡生产变革的旧制度。其他国家，要么处于封建王朝统治下，如西班牙；要么处于分裂状态，如德国和意大利。其四，大陆市场容纳力较大，传统手工业品还有较充分市场，因此进行生产手段革命的内在动力没有英国那样强劲和迫切。其五，英国政府阻止新技术、新发明、新机器向大陆扩散，阻止技术工匠迁居国外，某些出口禁令一直维持到1842年。① 这些因素的综合作用，使得大陆的工业革命姗姗来迟。

18世纪晚期，大陆零星地出现了技术革新和建立工厂的现象。如法国，1790年有了900台珍妮纺纱机。在比利时，至1790年马斯河流域共安装了39台大气式蒸汽机②。在德国，1791年独立制造了第一台机器即纽康门蒸汽机。大陆国家的工业革命最初是模仿英国，但"模仿最快的国家也只是在1830年代和1840年代才进入高潮时期"。各国工业化和城镇化成就到19世纪中期才有所显现。③ 如法国，骡机开始在米卢斯、里尔、马耶纳、拉瓦尔、绍莱、卡尔瓦多等地推广。马赛、波尔多、里尔、南特等老城市的人口，在19世纪上半叶分别增长了75.6%、43.9%、38.1%、29.7%，原因得益于工业向郊区扩展。同期新兴的工业中心或原工业较发达的城镇，如鲁贝、圣—康坦、米卢斯、圣—埃蒂安等，人口增长率则高得多，分别为337.5%、150%、262.5%、250%。圣—埃蒂安是里昂地区重要的工业中心，1800年有1.6万居民，1846年增至5.6万居民，快速增长的人口主要来自附近山区的劳动力移民。里尔东北的鲁贝被誉为"法国的曼彻斯特"，它是从大村镇发展为工业城市的成功典型，其人口在不到一个世纪里增长了15倍，19世纪末居民高达12.5万人。④

19世纪后期又进行了第二次工业革命。这次工业革命推动城市化有其特殊

---

①② H. J. 哈巴库克和 M. M. 波斯坦主编：《剑桥欧洲经济史》第六卷，王春法等译，经济科学出版社2002年版，第355页。

③ H. J. 哈巴库克和 M. M. 波斯坦主编：《剑桥欧洲经济史》第六卷，王春法等译，经济科学出版社2002年版，第347～353页。

④ 熊芳芳：《原工业化时期法国的城乡关系与城镇化》，载于《经济社会史评论》2015年第4期。

规律。新能源即石油、新动力即电力的发现和使用是这次工业革命的主要标志，由此带动了电器工业、石油工业、汽车制造业、化学工业等新工业部门的出现，并促使传统工业如机器制造业、钢铁工业等部门的升级改造。到 19、20 世纪之交，重化工业成为核心工业部门。重化工业的特点是规模性生产，需要大量的资本投入，这就促使企业向超大规模发展，如钢铁工厂和化学工厂，最终形成卡特尔等垄断组织。另外，在规模生产中，生产工序逐渐成为流水线，分工更加细致，劳动过程单一化，管理更为精细，这就使得工人必须集中居住，以便于生产管理和劳动调配，从而为工人的规模化聚集进而城市化创造了前提，如 1900 年，在英国、德国和比利时，产业工人的一半以上集中在 20 个劳动力以上的工厂或公司。[1] 因此 19 世纪后期是欧洲城市化的又一个高峰时期。

  大陆欧洲国家的城市化，早期有一定的政治和政策推动因素。如德国，各邦国出于政治需要，一直扶持城镇的发展。至 1800 年，德国约有 4 000 个城镇，一般规模较小，与周围农村整合性强。19 世纪上半叶德意志城镇化能够"起步"，主要来自政治领域的推动力，包括拿破仑战争后法国城镇制度的模板效应在莱茵同盟中扩散，1803 年后神圣罗马帝国结构调整所导致的城镇法人地位变动，1808 年普鲁士《城镇规程》（*Stadtordnung*）所推动的改革运动及其铺展，1815 年维也纳会议后德意志联盟成立及其对城镇法人地位的影响等因素。由于工业化并未大规模开展，因此 19 世纪"起步"阶段的德国城镇化主要表现为内涵、结构和地位的变化，而非城市数目增多和城市人口增加。[2] 19 世纪后期德国统一后，帝国政府强力推进工业化，德国的城市化包括农村城镇化进入高潮。

  工业化大大推动了城镇化，欧洲农业人口纷纷转化为工业劳动力。到 19 世纪末，欧洲以农业为生的人口比例大为下降，英国降到了 8%，比利时只有 22%，德国为 35%，仅法国还有 43%（相近的还有瑞典和荷兰）。[3]

第五节 后工业时期：农村城镇化多样态推进

  20 世纪前期两次世界大战，欧洲是主战场，因此欧洲的城市化包括农村城

---

[1] AP Euro Lecture Notes: "19th Century Society: Urbanization and Intellectual Movements (1800 – 1914)", P. 1.

[2] 孟钟捷：《简析 19 世纪上半叶德意志地区城镇化的"起步"》，载于《经济社会史评论》2015 年第 4 期。

[3] Mortimer Chambers, Barbara Hanawalt, Theodore K. Rabb, Isser Woloch and Raymond Grew. *The Western Experience*, seventh edition, Boston: McGraw – Hill College, 1999, P. 875.

镇化的水平没有上升。战后欧洲城市化进程从 50 年代开始加速，直到 90 年代才放缓。这样，欧洲城市化总体水平从 1950 年的 50% 左右，达到 2015 年的 75% 以上，其中西欧城市化水平达 80% 以上（1950 年为 60% 以上）[①]，见表 3-1。

表 3-1　　　　　2015 年欧洲各国人口的城市化水平

人口城市化水平	国家
90% 及以上	荷兰、比利时、丹麦、冰岛、英国、卢森堡、马耳他
70%~89%	芬兰、瑞典、挪威、瑞士、奥地利、德国、法国、西班牙、捷克、希腊、意大利、匈牙利、保加利亚、拉脱维亚、蒙的内哥罗
50%~69%	爱尔兰、葡萄牙、爱沙尼亚、波兰、乌克兰、立陶宛、塞尔维亚、亚美尼亚、阿尔巴尼亚、斯洛伐克、罗马尼亚、克罗地亚、塞浦路斯、白俄罗斯、格鲁吉亚
30%~49%	摩尔多瓦、斯洛文尼亚、波斯尼亚和黑塞哥维那

注：BBVA Research Team：*Urbanization Report：Europe Urbanization Trends*，2016，P. 9. Spain：Madrid，www.bbvaresearch.com.

工业化后，农村城镇化仍然是城市化的重要内容，并呈现多样化局态。

其一是为了城乡平衡，政策层面有意加强农村地区的工业化，缩小农村与城市已经形成的差距。如英国从 19 世纪中期起，反而在农村地区发展大工厂。这时英国最大的棉纺厂雇用工人 1 500 人左右，而最大的工厂通常都在农村地区的中小城镇。1841 年，英国最大的棉纺厂位于兰开夏的普雷斯顿，而大城市曼彻斯特棉纺企业的雇工平均只有 260 人。[②] 从那时起到 20 世纪，英国的大型工厂分散建立在农村，而大城市扩张则放慢甚至收缩了。[③] 因此 19 世纪后期至 20 世纪英国城市化水平的不断提高，主要是农村工厂化、城镇化的贡献。地理上的农村变成城镇，在 20 世纪欧洲还有一个趋势，即大中城市工商业的扩展，把城郊农村变成城区，特别是 20 世纪风行一时的卫星城建设，大大有利于大城市远郊农村的城镇化进程。

其二是 20 世纪后期开始出现的"逆城市化"趋势。在"逆城市化"趋势

[①] BBVA Research Team：*Urbanization Report：Europe Urbanization Trends*，2016，P. 3，4. Spain：Madrid，www.bbvaresearch.com.

[②] V. A. C. Gatrell, "Labour, Power, and the Size of Firms in Lancashire Cotton in the Second Quarter of the Nineteenth Century", *Economic History Review*, 30 (Feb. 1977), P. 118.

[③] Curtis J. Simon and Clark Nardinelli, "The Talk of the Town：Human Capital, Information, and the Growth of English Cities, 1861 to 1961", *Explorations in Economic History*, 1996, 33, P. 389.

下,住在乡村的人口可能还会超过城市,逆城市化有可能代替城市化而成为居住模式的主流。① 但在本质意义上,"逆城市化"是借助城市资源促使农村城镇化的一种形式,其推动力仍然来自城市。

其三,要使乡村生活能够城市化,就必须对原有乡村进行改造。这种改造在英国从19世纪后期就开始了。欧洲其他国家则多在20世纪下半叶进行。农村形成城市生活方式的过程,显然是城市的样板作用迫使农村追随。由于早期工业城市生活的不舒适性,19世纪的英国城市人就向往乡村生活。"在英国人的脑海里,英国的灵魂在乡村。"② 英国人坚持认为他们不属于城市,城市在他们眼中只是个聚会场所、工作场所,经过一阵城市生活的喧嚣后,人们更愿意返回乡村生活。乡村不仅居住环境舒适宜人,空气也比城市好,教育环境好,甚至收入都比城市高。乡村走出来的精英,发迹后还想着把乡村变得更美好。英国还建立了专门的乡村保护协会。因此,看起来英国人喜欢乡村甚于城市,实则是乡村得到了彻底改造,生活条件和生活方式已与城市无异。

19世纪末以来的交通革命和通讯革命,对乡村改造起到了关键作用。例如交通成本的下降,使得从外地购运现代建材越来越容易,这就利于乡村住宅的改造升级。交通革命也使人员和产品的流动日益便利。尤其是汽车出现后,服务业和原本属于城市的工作也能适合乡村居民。结果,越来越多的人选择住在乡村。旅游者、退休者、城乡通勤者(在城市工作、住在乡村)开始组成新的社区模式。这种郊区城市化(suburbanization)和乡村城市化(rurbanization),改变了乡村居民结构,使之越来越像城市社会。通信革命则拉近了城乡之间的联系,电报、电话、收音机、电视机(以及现代网络),使得乡村也形成了消费空间。③

农村城镇化使城市生活方式扩展到乡村地区,消除了城乡在基础设施与公共产品供给方面的差异,城乡生活质量基本同质化,乡村的面貌大为改观。乡村成了城市的后花园,因此对乡村的管理也随之变革。如英国,在郡之下创立了城镇区和乡村区两种行政区,既反映了城市化深入乡村的状况,也反映了乡村生活与城乡观念的改变,这是一种城市化深入乡村的新格局。④ 两种行政区设立,并不表明城乡被分割,只不过是管理的侧重点不同而已。德意等国则完全实现了城乡

---

① B. Berry, "The counterurbanization process: urban America since 1970", in B. Berry ed., *Urbanization & Counterurbanization*, California: Sage, 1976, pp. 17 – 30.

② 杰里米·帕克斯曼:《英国人》,严伟明译,上海世纪出版集团2000年版,第3页。

③ Paul Claval, "European Rural Societies and Landscapes, and the Challenge of Urbanization and Industrialization in the Nineteenth and Twentieth Centuries", *Geografiska Annaler. Series B*, *Human Geography*, 1988, Vol. 70, No. 1, *Landscape History*, pp. 31 – 32.

④ 陆伟芳:《20世纪新格局:行政区划分与英格兰城市化的深度发展》,载于《经济社会史评论》2017年第2期。

一体化管理。意大利的行政区划分为"大区—省—市（镇）"三个层级①，德国的行政区划以"州—市（镇）"体系架构，均以市（镇）为基础层级。

当然，受城市化影响的乡村，并不只是被动的被改造者，否则乡村就会变成城市的附庸。随着工业化的进行，特别是随着服务业等第三产业的兴起，农业作为第一产业在国民经济中的比重和地位越来越低，这就要求以往以农业为主的农村改变经济生产方式，寻找新的经济生长点，打造新的经济部门，为农业人员以外的乡村人口增加工作机会和谋生方式。这样，在20世纪工业化完成后，欧洲农村充分利用历史文化资源和自然资源，普遍兴起了旅游业。联合国欧洲经济委员会报告说，2001年，英国乡村旅游业创造了将近140亿英镑产值。旅游业为英格兰提供了38万份工作，而农业部门仅提供37.4万份工作。② 乡村新兴经济部门还有房地产业、农产品深加工业等。

20世纪末以来，欧盟认为农村可以提供促进社会认同、环境保护、历史文化传统延续等诸多无形的"社会资本"和"文化资本"，能够进一步推动经济增长和社会进步。由此，从欧盟组织到各成员国，出现了一种政策转向，将农村视为保存欧洲文明特性的重要资源，将农村景观、传统和文化作为当下发展有益的遗产而加以保护。因此，农村有可能从以往城镇化的"被动受益者"，变成促进欧洲未来发展的贡献者。③ 这是欧洲农村城镇化的一个最新动向。

---

① 陈晓晨：《让文化在历史长河中流淌》，载于《光明日报》2017年1月24日。
② Jeremy Burchardt, "Agricultural History, Rural History, or Countryside History?" *The Historical Journal*, 2007, Vol. 50, No. 2, pp. 465–481.
③ 李友东：《欧洲农村城市化的新趋势》，载于《经济社会史评论》2016年第4期。

第四章

欧洲工业革命和工业化全面推进

　　工业化是城市化包括农村城镇化的前提和动力，没有工业化就没有真正意义上的城镇化。欧洲的工业化是随着18世纪英国工业革命的发生而逐步展开的，由此，本章主要探讨欧洲工业革命发生和工业化全面推进的原因、背景和过程。

第一节 工业革命和工业化的原因探讨

　　工业革命的特征表现为人均产出的持续增长，而非简单的总量增长，这是有史以来真正的经济增长。阿诺德·汤因比（以下简称"老汤因比"）将自由视为工业革命经济发展的根本。在他看来，个人自由的崇高价值"是国民财富获得其魔力的工业自由的信条……存在于每个渴望它的政治家、亚当·斯密和重农主义者心里的这一原则同样适用于工业和贸易。他们声称这是人类最惊人的权利之一：不仅有思想和言论的自由，而且还有生产和交换的自由"[1]。"工业革命的本质就是竞争替代了早先曾经控制了财富的生产和分配的中世纪管制。"[2] 这句话是老汤因比对工业革命最精辟的总结。

---

[1] Arnold Toynbee. *Lectures on the Industrial Revolution of the 18th Century in England*, Rivingtens, 1884, P. 13.

[2] Arnold Toynbee. *Lectures on the Industrial Revolution of the 18th Century in England*, Rivingtens, 1884, P. 85.

工业革命是一个有关经济变迁的历史问题，关注于此的历史学家极少有不了解、不利用经济理论的。20世纪早期的新古典增长理论，就特别关注资本对经济增长的意义，其突出代表是哈罗德—多马模型。该理论认为投资与国民收入的增加之间存在着正比例关系，即投资增长时，国民收入也将按一定比例增长。[①]英国著名史家艾什顿指出，储蓄和投资对解释工业革命是必不可少的因素，"储蓄的增长（即资本的积累）使得不列颠去收获其天份的硕果成为可能"[②]。国内所熟知有关英国圈地运动的理论与新古典理论有极大相似之处。该理论的核心是认为英国通过圈地运动大规模地剥夺小农，实现了原始资本积累，从而为资本主义发展奠定了基础。可以看到，两者共同之处是资本积累是现代经济发展或资本主义经济的起源。不同之处则是，圈地运动理论还关注了这一过程的不道德性。

1959年罗斯托出版的《经济增长的阶段》，提出了迄今仍有较大影响的理论体系——经济增长阶段论。罗斯托将经济发展历程划分为传统社会、起飞前提条件、起飞、走向成熟和大众高消费五个阶段。工业化或工业革命是经济体处于从起飞到走向成熟的阶段。资本成了是否能开始工业革命的决定因素，一旦资本积累到一定数量，投资达到一定比例，工业革命（"起飞"）就会自动发生。这一资本的量就是"有效的投资率和储蓄率从大约国民收入的5%提高到10%或10%以上"[③]，英国在1780年左右达到了这一临界点，故工业革命率先出现。[④]霍布斯鲍姆显然也借鉴了罗斯托理论，他谈到："很明显，直到拥有了适当的资本财货的能力时，工业经济才会发展到超出某一点（即'起飞'）的程度。"[⑤]罗斯托的"起飞"和经济增长阶段理论提出后，成为西方学术界争论的焦点，对其理论模型的怀疑也出现了。1963年罗斯托主编的《从起飞进入持续增长的经济学》，汇集了有关经济学家、历史学家、统计学家的十几篇论文。一些学者对罗斯托的论点提出了质疑，如经济史家哈巴库克和迪恩就不同意"起飞"概念，认为18

---

① 20世纪三四十年代，英国学者罗伊·哈罗德提出了一个以资本为关键因素的经济增长理论，差不多同时美国学者E.D.多马也独立提出了基本观点完全相同的理论，这样西方理论界就将他们的理论合称为哈罗德—多马增长模型。参见：罗伊·哈罗德：《动态经济学》，黄范章译，商务印书馆2003年版；海韦尔·G.琼斯：《现代经济增长理论导引》，郭家麟等译，商务印书馆1999年版，第三章。

② T. S. Ashton. The Industrial Revolution：1760 - 1830, Oxford：Oxford University Press, 1980, P. 76.

③ W. W. 罗斯托：《经济增长的阶段》，郭熙保等译，中国社会科学出版社2001年版，第8~10、18页。

④ 罗斯托认为具备"起飞"的前提条件同样是必不可少的，17世纪末到18世纪许多西欧国家都处在为"起飞"创造前提条件的阶段，都有可能第一个实现"起飞"，但英国在地理、自然资源、贸易机会、社会政治等方面具有其自身的独特优势，这使得它最先具备了"起飞"的前提条件。见《经济增长的阶段》，郭熙保等译，中国社会科学出版社2001年版，第6、31~32页。

⑤ E. J. Hobsbawm. The Age of Revolution，1789 - 1848, The World Publishing Company，1962, pp. 61 - 62.

世纪最后 20 年的投资增长速度远没有罗斯托假设的那么快。①

20 世纪六七十年代一些关于西方经济兴起的理论，实际上是更为宏观、跨时更长的历史解释理论。"商业起源论"虽然有更早的渊源，但在 60 年代是作为一个系统理论出现的。"商业起源论"将西方现代经济的兴起归因于商业的扩张。这种理论的代表人物是英国经济学家和经济史家希克斯，他于 1969 年出版的《经济史理论》系统阐述了这种观点，认为"按现代经济学的看法，这一转变似乎更加重要。这就是市场的出现，交易经济的兴起"②。希克斯将"转变"作为资本主义兴起、或现代经济增长出现、或工业革命发端的前提。

对资本—增长逻辑最彻底的颠覆来自诺斯。他最大的与众不同，是完全摆脱了新古典理论的樊篱。他认为以资本为核心的分析理念不适合经济史研究，因为"从经济史家的观点看，新古典的这一公式似乎是用未经证实的假定来解释一切令人感兴趣的问题"③。新古典经济学对分析增长的基本假设前提是认为制度是不变的，完全可以忽视。④诺斯却认为这一假设前提完全不适合于历史，因为在历史过程中制度是变化的。诺斯认为西方之所以最先出现现代经济增长，关键不在于资本，更不在于技术，而在于制度。"有效率的经济组织是经济增长的关键；一个有效率的经济组织在西欧的发展正是西方兴起的原因所在。"⑤

20 世纪八九十年代以后，有关经济理论的进一步发展对工业革命的解释提供了更多新的工具，在历史学界也影响颇大。

内生增长理论（endogenous growth theory）形成于 20 世纪 80 年代中期，它是对早期新古典增长理论的修正和升级，而非否定。内生增长理论在技术进步方面扩展了新古典理论，考虑技术创新及投资共同引发和维持经济增长的作用。所谓内生增长，指的是经济增长由经济体系内部因素自身的运转所决定，这些内部因素包括工资、物价、市场需求、资源供给、海外贸易状况、城市化等。该理论的

---

① H. J. Habakkuk and Phyllis Deane, "The Take–off in Britain", in Ed., W. W. Rostow ed., *The Economics of Take–off into Sustained Growth*, Macmillan, 1974（first edition 1963）, pp. 63–82.
② 约翰·希克斯:《经济史理论》，厉以平译，商务印书馆 1999 年版，第 9 页。
③ 道格拉斯·C. 诺斯:《经济史上的结构和变迁》，厉以平译，商务印书馆 1999 年版，第 7 页。
④ "制度"一词的英文为 institution，《新牛津英汉双解大词典》（上海外语教育出版社 2007 年版）解释为：已确立的规则、惯例习俗。制度经济学家约翰·康芒斯将制度定义为集体行动控制个人行动，表现为习俗、习惯法等形式。见康芒斯:《制度经济学》，丁树生译，商务印书馆 1997 年版，第一章。诺斯把制度定义为 "为约束在谋求财富或本人效用最大化中个人行为而制定的一组规章、依循程序和伦理道德行为准则"。道格拉斯·C. 诺斯:《经济史上的结构和变迁》，厉以平译，商务印书馆 1999 年版，第 195～196 页。本章讨论所涉及的 "制度"，定义如下：所谓 "制度" 或 "社会制度"，是指已经形成的社会传统、道德、观念、习惯以及固定的思维模式等，在为人处事时人们往往会自觉或不自觉地遵循其所依赖的"制度"采取行动。
⑤ 道格拉斯·诺斯、罗伯特·托马斯:《西方世界的兴起》，厉以平、蔡磊译，华夏出版社 1999 年版，第 5 页。

最初创建者是卢卡斯、罗默、格罗斯曼和海普曼等人。① 阿吉翁和霍维特于 1998 年出版的《内生增长理论》,"相当完整地综述了增长理论的最新进展"②,被学界称为第二代内生增长理论。在他们看来,资本积累和技术创新同样重要,两者相互补充,相互促进。更多的资本积累和利润可以刺激创新,更多的创新又可以刺激资本积累。缺乏任何一个因素,增长都是不可能的。③ 简而言之,阿吉翁和霍皮特主张,现代经济增长是技术创新和资本积累相互作用的结果。

艾伦是英国当代著名史学家,因圈地等问题的研究而学术声望鹊起。他对工业革命原因的解释算得上是标准的内生增长理论的应用。他在 2009 年出版的专著《近代英国工业革命揭秘》④ 中,系统表达了其对工业革命原因的解释。2011 年他又对自己的观点进行了新的集中阐释,开张明义道:"经济刺激的重要性是工业革命的一个原因,工业革命的本质是新技术。"⑤ 2015 年,他又为自己的观点补充了新的证据。艾伦将相关经济因素的形成放在近代早期,并阐述了下述因果逻辑。与欧洲大陆相比,英国自那个时代起出现了两个很重要的因素,其一是高工资。英国在 16、17 世纪的商业扩张中获得了成功,毛纺织品等出口不断增加,国内制造业和农业蒸蒸日上。但由于人口少,劳动力需求过大,结果造成长期的高工资现象。17 世纪后期开始,英国的工资水平是欧洲乃至全世界最高的,男工、女工、童工都如此。⑥ 其二是丰富而廉价的能源煤。煤是一种自然资源,许多地方都有,欧洲大陆也不缺少,但煤在当时对英国有独到的意义。由于国际贸易的成功,伦敦人口在 16 世纪后期激增,造成燃料需求上升。这样,英国的煤工业因伦敦的发展而"起飞"了。⑦ 煤工业的发展为经济提供了低廉能源。艾伦将高工资和低价能源因素作为驱动技术创新动力,由此导出工业革命的致因。他说:"如果我们对比当时主导经济体中工资率和能源价格,就容易理解为什么工业革命发生在 18 世纪的英国。通过比较,不列颠明显是一个高工资、廉价能

---

① 罗伯特·M. 索罗:《经济增长理论:一种解说》(第二版),朱保华译,格致出版社、上海三联出版社、上海人民出版社 2015 年版,第 135~184 页。
② 罗伯特·M. 索罗:《经济增长理论:一种解说》(第二版),朱保华译,格致出版社、上海三联出版社、上海人民出版社 2015 年版,第 185 页。
③ P. Aghion and P. Howitt. *Endogenous Growth Theory*, Massachusetts:The MIT Press, 1998, P. 99, 114.
④ Robert Allen. *The British Industrial Revolution in Global Perspective*, Cambridge University Press, 2009.
⑤ R. C. Allen, "Why the Industrial Revolution was British:Commerce, Induced Invention and the Scientific Revolution", *Economic History Review*, 2011, Vol. 64, Issue 2, P. 358.
⑥ R. C. Allen, "Why the Industrial Revolution was British:Commerce, Induced Invention and the Scientific Revolution", *Economic History Review*, 2011, Vol. 64, Issue 2, pp. 359 - 360;罗伯特·艾伦:《近代英国工业革命揭秘》,毛立坤译,浙江大学出版社 2012 年版,第 32~33 页;Robert C. Allen, "The High Wage Economy and the Industrial Revolution:a Restatement", *Economic History Review*, 2015, Vol. 68, Issue 1, pp. 1 - 22.
⑦ R. C. Allen, "Why the Industrial Revolution was British:Commerce, Induced Invention and the Scientific Revolution", *Economic History Review*, 2011, Vol. 64, Issue 2, P. 366.

源经济。"① 由于高工资和低煤价，英国的生产者愿意更多使用煤炭燃料、少使用劳动进行生产，或者更宽泛地说，更愿意多用资本而少用劳动，由此"带来对能源利用技术的需求"，并最终"导致了18世纪的技术突破"，最突出的代表就是蒸汽机的不断改进。② 总之，一场利用煤的技术革命引发了工业革命。

里格利则指出，16世纪英国经济还落后于欧洲大陆，但此后两个世纪中却变得越来越成功。最初影响变化趋势的"主要因素是农业生产中出现的巨大优势"。到17、18世纪，英国的农业和工业都获得了很大发展。农业产量的增加为越来越多的非农业人口提供了食物，城市因此扩展，而城市增长又反过来刺激农业生产更多的粮食和有机燃料。由此，"城市增长和农业变化间"形成了"良性反馈"，这个特征对于未来经济的方向是"决定性的"。③ 但是，城市化和工业发展最终受到有机能源的上限扼制。突破的关键因素就在于煤的利用。英国的煤丰富而廉价，而且不占用农业土地。17世纪英国很多产业已转向用煤提供热能，1700年约一半的能源消费来自煤。英国的能源消费模式与欧洲大陆开始出现明显差异，里格利称之为"能源革命"④。能源依赖方式的改变，使大规模生产的限制消除了。生产增长，对煤的需求也就不断增加。以煤为能源产生了两个重要连带结果，一是对交通设施的投资，因为必须将煤运往市场；二是必须改善煤矿排水技术。⑤ 这两项需要都导致了蒸汽机技术的改进。煤与蒸汽机技术的互动导致了"对有机经济的最终突破"⑥。工业革命就是这一最终突破的具体展现，突破原因就是工业革命的原因。

诺斯的新制度理论在20世纪90年代又有了新的进展。他一方面坚持原理论的基本内核，另一方面着重对制度形成做出系统解释。他利用认知心理学、人类学等最新成果，在人类思维生成与制度形成间建立起逻辑联系，从而将其制度变迁理论拓展到人类心智的本源。诺斯的新理论认为，人类进化过程中形成了语言和文化，文化影响人们的认知和意识；认知和意识决定信念，即人们对外部事物、他人等的看法、观念、态度等；由于历史经历不同，不同社会会形成不同的

---

① R. C. Allen, "Why the Industrial Revolution was British: Commerce, Induced Invention and the Scientific Revolution", *Economic History Review*, 2011, Vol. 64, Issue 2, P. 359.

② R. C. Allen, "Why the Industrial Revolution was British: Commerce, Induced Invention and the Scientific Revolution", *Economic History Review*, 2011, Vol. 64, Issue 2, P. 359, 365.

③ E. A. Wrigley, *Energy and the English Industrial Revolution*, Cambridge University Press, 2010, pp. 26 – 32, 35.

④ E. A. Wrigley, *Energy and the English Industrial Revolution*, Cambridge University Press, 2010, P. 36, 38, 41.

⑤ E. A. Wrigley, *Energy and the English Industrial Revolution*, Cambridge University Press, 2010, pp. 42 – 45.

⑥ E. A. Wrigley, *Energy and the English Industrial Revolution*, Cambridge University Press, 2010, P. 38.

信念或信念体系；人们根据信念创造制度，因信念有差异，制度也就会不同；不同的制度对经济效绩会造成不同的影响。① 可以看出，诺斯新理论是对早期理论的逻辑延伸，重点解释了制度形成的心理认知源泉。

在解释工业革命原因或西方兴起上，诺斯把眼光放到中世纪。中世纪欧洲的封建主义"政治上是碎化的""缺乏大规模秩序"，但却使人们具备了选择上的多样性。② 这就构成了欧洲最终能形成其独特制度的必要条件。一系列有利于现代经济增长的因素在中世纪欧洲逐渐显现，包括相对自由的城镇经济、黑死病后庄园制的瓦解和生产市场化、能强化财产权的代议制产生、有益技术进步的基督教信念等。③ 当然，所有这些因素都与欧洲的共同经历造就了公共的认知和信念有关。问题是，这些因素并没有导致欧洲各地同时出现工业革命和现代增长。原因在于，近代早期欧洲各地区的信念差异开始出现，其发展道路和制度选择也就分化了。关键的信念差异反映在代议制走向上，"一些代议机构保持和扩展了它们的地位，其他的则衰落或枯萎了"④。这最终决定了国家是否对财产权提供保障。16 世纪起，尼德兰和英格兰为一方，西班牙和法国为另一方，欧洲走上了不同的道路。诺斯将这一变化的逻辑总结为："信念结构与存在于尼德兰和英格兰的特殊条件产生了良性结合，由此导致了经济和政治的制度演进。这种结合孕育了思想变迁，从而不仅产生了新教改革，而且产生了一种演化的信念结构，后者引致了既有利于经济增长又有利于自由演进的行为方式。"⑤ 这一演变过程最终导向了西方世界的兴起和工业革命。可以看出，新解释在逻辑链条前端强调了信念决定制度变迁，后端则突出了政治制度的作用。

有关工业革命和现代经济增长起源的最新理论是统合增长理论（unified growth theory）。该理论最初由加洛尔于 20 世纪 90 年代末提出⑥，2005 年他的《从停滞到增长——统合增长理论》一文是其理论的系统表述。统合增长理论是在质疑内生增长理论中产生的，但它并非另辟蹊径，而是整合和完善过去的理论

---

① Douglass North. *Understanding the Process of Economic Change*，Princeton University Press，2005，pp. 1 – 49，103 – 116. 参见道格拉斯·诺斯：《理解经济变迁过程》，钟正生等译，中国人民大学出版社 2013 年版。
② Douglass North，*Understanding the Process of Economic Change*，Princeton University Press，2005，pp. 137 – 138.
③ Douglass North，*Understanding the Process of Economic Change*，Princeton University Press，2005，pp. 130 – 132，137 – 139.
④ Douglass North，*Understanding the Process of Economic Change*，Princeton University Press，2005，P. 142.
⑤ Douglass North，*Understanding the Process of Economic Change*，Princeton University Press，2005，pp. 143 – 145.
⑥ Oded Galor and Dacvid N. Weil，"From Malthusian Stagnation to Modern Growth"，*The American Economic Review*，1999，Vol. 89，No. 2，pp. 150 – 154.

体系。加洛尔将历史上人口、技术进步、人力资本形成、父母对后代在数量上和培养上的选择，共同考虑为现代经济增长出现的综合因素。加洛尔将"马尔萨斯陷阱"考虑为人类长期无法实现人均财富增长的原因，实际上也是现代经济增长无法出现的原因。马尔萨斯陷阱，意指人口的增长经常超过生产的增长，故而人类无法变得更富有。而仅有英国出现了"人口调整滞后"，即在技术和人均财富有所增长的情况下，人口却没有相应增长。技术和人均财富较长期增长的趋势，促使人们可将增加的财富用于提高自身技能，进行人力资本投资。更高的技能水平就有利于更多的人均产出，以及更多的资本积累。由于这一状态只有英国具备了，所以英国是唯一率先开始工业革命的国家。

历史学家也开始将统合发展理论用于解释工业革命的原因。2007 年，克拉克出版了《告别贫困：世界经济简史》，认为工业革命的起源要回溯到几百年前，它是渐进发展的结果，他把关注时段锁定在 1200～1800 年。这个时段内人类经济普遍处于"马尔萨斯陷阱"状态，人口出生率与死亡率相等，平均生活水平停滞不前。虽然有一些技术进步，但所带来的收入增加导致人口增长，从而使收入重返维持生存的状态[①]，这就是加洛尔定义的"马尔萨斯阶段"。但在此过程中，英格兰具备的一些特征孕育了工业革命。这些特征包括：英格兰的富人与穷人存活的数量多，这使社会变得更为中间阶层化；利息率，即资本收益率下降；人口的识字和算术能力相对较好；劳动者工作时间较长等。由此，1600～1760 年英格兰的经济效率缓慢而持续的提升，每年平均增长 0.2%，但这 160 年里积累的进步却是也处于马尔萨斯阶段的其他经济体所没有的。[②] 经过这一个半世纪的积累，英格兰迎来了人类历史上的第一次工业革命。

总之，西方学者的这些探讨，有助于对工业革命原因和特征认识的深化。

第二节　工业革命：英国与大陆的步伐

迪恩和科尔较早对英国经济增长进行全面估算。他们估算，1745～1785 年英国国民实际产出年增长率为 0.9%，年人均增长率为 0.3%，1780～1800 年的平

[①] Gregory Clark. *A Farewell to Alms*: *A Brief Economic History of the World*, Princeton University Press, 2007, pp. 19, 28－29.

[②] Gregory Clark. *A Farewell to Alms*: *A Brief Economic History of the World*, Princeton University Press, 2007, pp. 239－243.

均增长率为1.8%，人均产出增长率为0.9%。① 从估算可以看出，1780~1800年的英国经济以两倍于此前的速度增长，人均产出更达过去的三倍。他们认为，进入19世纪无论是总产出还是人均产出增长都比18世纪更为加速。19世纪前30年总产出的年增长率估计为2.9%，人均产出增长率为1.5%；19世纪中期总产出年增长率有所下滑，约在2%~2.5%。② 在迪恩和科尔研究的基础上，克拉夫茨对18~19世纪的经济增长估计作了修正，得出的平均增长率比迪恩和科尔的数字低，人均产出增长率更低：1760~1780年年均增长率为0.7%，1780~1801年为1.32%，1801~1831年为1.97%，同期人均国民生产总值（GNP）年均增长率分别为0.01%、0.35%、0.52%。③ 后来的研究表明，工业革命时期的经济变化并不如原先认为的那样剧烈，而是更为平稳。所谓"工业革命"，从词义上讲是在强调发生了一种"急剧的变化"。但目前的研究认为这场"革命"已不显得那么剧烈了，而是更多地体现出渐进的经济变化趋势。从整体状况看，渐进趋势很可能更符合历史原貌。虽说工业革命已经开始，但19世纪前英国社会的工业特征并不突出。无论乡村还是城镇，厂房、烟囱之类工业景观都是罕见之物，雇用几人到十几人的小作坊生产更为常见。以往研究所关注的工厂制出现、工业中机器生产代替手工生产等标志性变化，并不是明确地在某一个时期出现的，特别不是在18世纪工业革命开始时一下子就涌现出来的。工厂制代替家庭生产制是一个相当漫长的过程，直到19世纪前期这两种生产制度依然是共存的。机器生产的出现过程也大致相似。只是到了19世纪20年代后，现代工业的某些面貌才开始清晰地显现出来。

尽管工业革命时期经济在总体上是以比较渐进、平稳的速度在发展，但同时的确也有"革命"发生。从克拉夫茨的估计可知，工业的增长速度明显快于整体经济水平的增长。尤其在1760~1780年，工业的年增长率为1.51%，是经济整体增速的两倍多。④ 可见"革命"的确在工业中发生了。然而，即使工业中也不是所有部门都出现了明显扩张，各部门的发展速度很不一致。快速增长主要出现在纺织业，以及冶铁、采煤及交通建设这四个行业中，正是这四个部门构成了经济增长的发动机和主导部门。"革命"首先表现在这少数的"主要增长部门"，

---

① Phyllis Deane and W. A. Cole, *British Economic Growth 1688 – 1959: Trends and Structure*, Cambridge, 1969, P. 280.

② Phyllis Deane and W. A. Cole, *British Economic Growth 1688 – 1959: Trends and Structure*, Cambridge, 1969, P. 283.

③ N. F. R. Crafts, *British Economic Growth during the Industrial revolution*, Oxford: Clarendon, 1985, P. 45.

④ N. F. R. Crafts, *British Economic Growth during the Industrial revolution*, Oxford: Clarendon, 1985, P. 32.

"在这些部门中，创新或利用新的有利可图或至今尚未开发资源的可能性，将造成很高的增长率并带动经济中其他部门的扩张"①。主导部门的规模开始都不大，产出份额也有限，但却是最具革命性的产业，现代经济增长正是从这里发端的。这些部门具有较高增长率，如棉纺织业产出 1780~1801 年年增长率为 9.7%，1801~1831 年为 5.6%，同期冶铁业为 5.1% 和 4.6%。② 相对而言，其余工业部门则没有表现突出的"革命性"特征。

虽然现代经济增长发自前述主导部门，但工业革命大部分时间里对增长做出最大贡献的部门却不是工业，而是农业。1811 年农业产出在国民收入中的份额占到 35.7%，而同时工业仅为 20.8%。直到 20 年代工业产出才超过农业成为产出比例最大的产业。换言之，20 年代以前农业为经济增长贡献了最大份额，即使在 1851 年还要占到 20.3%。③ 从生产率变化看，农业的重要性更为突出。克拉夫茨估计，农业的全部要素生产率增长在 1760~1800 年为年均 0.2%，1801~1831 年为 0.9%，1831~1860 年为 1.0%；同期制造业的全部要素生产率增长 1760~1800 年年均为 0.2%，1800~1830 年年均为 0.3%，1830~1860 年年均为 0.8%。④ 可见工业革命中除少数主导工业外，农业生产率的进步是所有部门中最快的。在一个世纪的工业化历程里，农业劳动力份额不断下降，同时农业的产出还要养活日益扩大的工业、服务业人口并提供原材料。因此，如果没有农业生产率的持续增长，工业和服务业也就不可能扩张，也就不会有工业革命。

生产的革命性变革既不是在整个经济中同时出现，也不是在所有工业部门中同时出现，只是少数几个行业起到了经济增长"发动机"的作用。

纺织业是英国的传统产业，工业革命开始以前毛纺织业一直是主力。18 世纪大部分时候棉纺织业都是小行业。1770 年棉纺织业净产出只有 60 万英镑，是棉、毛、亚麻、丝四个行业中规模最小的，而毛纺织业净产值为 700 万英镑。然而棉纺织业成为工业中最具"革命性"的行业，在 1779 年后不到 30 年时间里，就由纺织业中一个微不足道的部门一跃成为仅次于毛纺织业的第二大部门。1821 年净产值达 17 500 万英镑⑤，超过毛纺织成为纺织业中第一大行业，此后直到第

---

① W. W.·罗斯托：《经济增长的阶段》，郭熙保等译，中国社会科学出版社 2001 年版，第 54 页。
② N. F. R. Crafts, "The Industrial Revolution: Economic Growth in Britain", in Anne Digby and Charles Feinstein ed., *New direction in Economic and Social History*, Macmillan, 1989, P. 67.
③ Phyllis Deane and W. A. Cole. *British Economic Growth 1688–1959: Trends and Structure*, Cambridge, 1996, P. 166.
④ N. F. R. Crafts, *British Economic Growth during the Industrial revolution*, Oxford: Clarendon, 1985, P. 84.
⑤ Phyllis Deane and W. A. Cole. *British Economic Growth 1688–1959: Trends and Structure*, Cambridge, 1969, P. 212.

一次世界大战都保持这种领头地位。长期以来国内学界一谈及工业革命大多从纺织业的技术革新开始,这种论证强烈地暗示工业革命起始于技术上的革新,但激活棉纺织业如此迅猛扩张的直接原因是英国国内与国外市场需求的激增,而不是技术创新。多数技术上的革新是在需求压力下为提高生产率才出现的,而且19世纪前这些技术革新并没有广泛应用。行业内普遍使用的技术仍是18世纪前期甚至更早的传统技术,动力织机的使用也是在19世纪20年代才逐渐推广。工业革命初始时棉纺织业对整体经济增长的贡献几乎可以忽略,而1802年棉纺业的增加值就占到国民收入的4%~5%,1812年上升到7%~8%。[1]尽管毛纺织业的地位随着棉纺织业迅速崛起而相对衰落,但其产出总量仍维持上涨势头。在纺织业四个行业中,棉、毛生产通常占全行业的70%以上。1805年纺织业的增加值占国民收入的10%,1821年占14%,1845年占11%。[2] 纺织业尤其是棉纺织业的快速增长贯穿了工业化过程的始终,称其为经济增长"发动机"恰如其分。工业革命发端于纺织业有其独有意义。纺织业是一个普通消费品生产行业而不是奢侈品生产行业,它面向大众消费市场。这一方面形成了其快速扩张的基础,另一方面它的扩张又形成对原料、食品、机械等生产的刺激,带动了其他行业。

交通设施方面,英国在工业革命前已开始领先于欧洲大陆,主要体现为收费公路的建设和通航河流的增加。私人企业可以得到政府授权投资修建和维护公路设施,并收取费用。陆路交通由此得到改善。疏浚河流的工程使得英国内陆通航里程大大增加。交通改善的影响是多方面的,包括增加市场规模、改变分配模式、获得更低廉原料、技术创新等。20世纪的研究者斯佐思塔克甚至认为,英国能够最先开始工业革命是因为它在当时拥有了世界上最好的交通系统。[3] 1814年史蒂文森发明了火车机车,但铁路并不是因火车才出现。恰恰相反,火车机车是因为铁路存在才诞生。铺设路轨运输矿石在英国是很古老的生产方式,只不过拖动车厢的是马而不是蒸汽机车。19世纪初已有较长的铁路用于矿山外的运输,其动力依然是马匹。蒸汽机车是因为可提供更低廉的运输成本才代替了马匹,也正是因为这一优势,铁路才在与运河的竞争中胜出,成为运输业的主角。铁路建设狂潮在工业革命后期才出现,可以说它与工业化开始时的经济增长无关。铁路时代始于1825年,19世纪30年代中期增长速度明显加快,1847年达到顶峰。1838~1840年每年铁路建设支出约900万英镑。1844~1846年则年均高达1 650

---

[1] Phyllis Deane and W. A. Cole. *British Economic Growth 1688-1959: Trends and Structure*, Cambridge, 1969, P. 184.

[2] Phyllis Deane and W. A. Cole. *British Economic Growth 1688-1959: Trends and Structure*, Cambridge, 1969, P. 212.

[3] Rick Szostak. *The Role of Transportation in the Industrial Revolution: A Comparison of England and France*, McGill-Queen's University Press, 1991, P. 5.

万英镑，这个数字相当于当时国民收入的 3%，出口值的 28%。[①] 巅峰期 1847 年修建铁路 6 455 英里，雇佣 25.6 万人，相当于男性劳动力的 4%。[②] 铁路作为新的增长源，为现代经济增长起到了推波助澜的作用。首先，铁路建设的扩张意味着可将产品以更低廉的成本、更短的时间、更简便的程序运达市场，引发市场进一步扩大，增加的需求反过来再刺激生产增长。其次，铁路建设本身所产生的后向联系又为其他部门发展提供了更大空间。其后向联系主要涉及冶铁、采煤、机械制造等行业。铁路建设大大增加了对铁的需求，1844～1851 年铁路建设所消费的生铁占英国生铁生产的约 15%，占国内市场消费的 24%。[③] 铁路建成后，其运营又对煤炭、机械形成了持续需求从而为这些行业开拓了新的市场。

　　冶铁业的转变开始于 18 世纪。19 世纪初英国的用铁还要部分依赖进口，然而生产的转变是迅猛的。1805 年铁产出为 25 万吨，1825 年以后受铁路发展的刺激铁产量增长加速，1835～1839 年年均产出为 115 万吨，1845～1849 年为年均 200 万吨。1805 年冶铁业总产出占国民生产总值的 5.9%，拿破仑战争后出现了滑坡，19 世纪二三十年代占 GNP 的份额约为 3.6%[④]，仅次于棉纺织业，1820～1850 年的年均增长率达 5.2%。冶铁业的重要性还体现在它产生的前向和后向联系上。从前向联系看，它直接影响机械制造、铁路建设。只有当冶铁业的生产能力能够满足这些行业需要时，它们的发展才能得到保证，否则只能依赖进口。冶铁业最直接的后向联系是采煤业，其对煤的需求在煤产出中占有较大比例。1800 年时采煤工业还算不上英国的重要基础工业，它的产出主要是用作家庭取暖。刺激煤矿工业增长的因素在于大量消费煤的行业，如冶铁、铁路运输及使用蒸汽动力的行业。19 世纪后采煤工业明显地高增长，1801～1805 年采煤量年均约为 1 300 万吨，1846～1850 年年均约为 5 100 万吨，19 世纪 20 年代到该世纪中期的平均年增长率达 3.7%。[⑤] 除上述少数部门外，大多数工业行业的发展是缓慢的，保持着传统生产方式，生产率没有明显进步，而多数工业劳工在这些行业中就业，如建筑业。

　　现代经济增长出现前后，资本和劳动都是经济活动中不可缺少的生产要素。工业化开始后人均固定资本存量持续增长是现代经济增长的特征之一。工业

[①] Phyllis Deane and W. A. Cole. *British Economic Growth 1688 – 1959: Trends and Structure*, Cambridge, 1969, P. 231.

[②] T. R. Gourvish. *Railways and the British Economy: 1830 – 1914*, Macmillan, 1980, P. 20.

[③] T. R. Gourvish. *Railways and the British Economy: 1830 – 1914*, Macmillan, 1980, P. 23.

[④] Phyllis Deane and W. A. Cole, *British Economic Growth 1688 – 1959: Trends and Structure*, Cambridge, 1969, pp. 225 – 226.

[⑤] B. R. Mitchell, *Economic Development of the British Coal Industry: 1800 – 1914*, Cambridge, 1984, P. 3.

资本是不断膨胀的。以往认为工业资本的形成最初来自海外殖民掠夺，贵金属等资源流入为工业提供了必要的资本前提。然而这种观点至今仍是个假想，历史证据不足。海外经营所得的流向用于工业投资的例子是极个别的。罗斯托认为："在起飞时期有效的投资率和储蓄率可能从大约国民收入的 5% 提高到 10% 以上。"① 只有具备了可用于新兴工业的投资基金，工业革命才能"起飞"。罗斯托的观点在一定程度上可能是正确的。17、18 世纪英国的利率一直是趋于下降的，从 1688 年到 1815 年英国对外战争支出的 33% 来自贷款②，这些都证明 18 世纪并不缺乏可用于投资的基金。然而另一方面罗斯托却是错的，这些社会储蓄并没有流向工业形成投资，而是流向上层社会的消费、战争开支及资本出口等。

工业革命初始时固定资本即工业设备通常都简单而廉价，纺织业尤其如此。织机构造简单，几乎所有部件都是木制的，所需资本不大。这时即使在纺织业中心兰开夏郡也不存在现代意义上的工厂，生产的组织形式不是集中的"工厂制"，而是分散的"外放制"。制造商并不需要拥有厂房、机器等固定资产，也就不必进行大规模的固定资本投资。他们所做的是将棉纱、羊毛等生产原料分发给织工，织工在自己家里进行生产。待生产完成后，制造商收取成品并支付报酬。多数制造商原本就是织工，他们做过学徒、帮工直至成为独立织工，积累了一点资本后便开始了自己的营生。如詹姆斯·麦克康奈尔 1781 年来到兰开郡时只是做学徒，20 年后他却拥有英国最大的棉纺织厂。这个时期资本的主要形式是用于支付原料、工资等的流动资本。但通常制造商并不拥有完全以现金支付原料和工资的能力，尤其是在需求突然增加时。故而他们经常以信用方式得到原料开始生产，待产品售出后再偿付原料供应商的债务。信用期长短不一，工资也时常以信用等方式支付。这样，一个制造商开始自己的事业时并不需要具备雄厚资本。当然这也说明，尽管全社会可能并不缺少资本，但在最需要的行业里资本却是最缺乏的。纺织业是工业革命中最具活力的部门，它的扩张是工业革命的起点。可见，工业革命的开始并不是因为社会具备了可支持"起飞"的资本，更不是因为有足够的资本流入工业，而是因为有效率的生产组织形式使得工业在缺乏资本的情况下开始了现代经济增长，并将挣得的利润不断转化为资本，进行扩大再生产。纺织业中，"工厂制"和机器生产在 19 世纪 20 年代后才逐步成为主流，这时固定资本在资本构成中的比例也不断增加，但直到工业革命结束时纺织业资本依旧依靠自身积累。制造商将经营的利润不断回投到生产中，这样，几张、十几张织机的小工厂，最终发展成了雇佣几十上百人的真正意义上的工厂。

---

① W. W. 罗斯托：《经济增长的阶段》，郭熙保等译，中国社会科学出版社 2001 年版，第 8 页。
② F. Crouzet ed.. *Capital Formation in the Industrial Revolution*, Methuen & Co Ltd, 1972, P. 40.

制铁业比纺织业需要的资本要多，但仍然是有限的。同纺织业的起点很相似，事业往往开始于一个铁匠或几个铁匠合伙，通过自身的资本积累来扩张企业。一些固定资产的投资源于大地产主，如熔炉、水车等，但18世纪前期来自土地的投资却日益减少。采煤业与前两者有较大不同，18世纪该行业的投资几乎主要源于土地所有者。但18世纪中期后土地所有者往往不再自己经营煤矿，而是出租给工业家和商人。工业革命以前及工业革命前期土地资本的确是采煤业的重要来源，但生产规模大多很小，煤矿常常只雇佣几个到十几个工人。因此，后来的资本投入、生产扩张仍主要靠矿主自身的积累。除了上述来源外，有些企业的开端是依靠借贷，借贷的对象往往是同行业的成功者。其他发展缓慢的工业部门，资本形成也同样基本靠自身积累。

工业革命结束时，英国银行的经营范围主要是商业汇兑和票据结算等，并不将向工业贷款作为自己的营业项目，因而工业企业不可能通过向银行贷款的方式扩大固定资本投入。但银行资本与工业资本之间确实存在着一定联系。工业中的许多交易，无论是原料还是成品买卖大多不用现金即时结算，而是使用汇票。持票人如果在汇票到期前就想得到现金的话，他可以拿汇票到银行去贴现。这样，持票人就等于得到了一笔银行的短期贷款。因此，银行对工业中流动资本的运行起到了一定的支持作用。英国的资本市场形成于17世纪末，伦敦证券交易所建立于19世纪初，但资本市场交易的是国债、银行股票等，工业企业通常很难从资本市场上筹集到资本。当然铁路建设是最大例外，它的资本是通过资本市场得到的。不过这已是工业化后期，与18世纪相比经济已发生了极大的变化。

英国率先开始了工业化，而不是欧洲大陆，这一点一直为许多学者所关注。欧洲大陆资源并不逊色于不列颠岛，煤、铁都能生产，农业同样能提供足够的工业原料如羊毛等。18世纪早期，欧洲大陆的一些生产技术还优于英国，许多新机械，都是其先发明出来的。在金融领域，英国也不比大陆更有优势，股份银行方面大陆发展得还要更好，如荷兰。以往学者们给出过多种解释。如亨德森综合了经济和政治因素，认为大陆很多地方都缺乏资本，政府也没能将资本需求方与闲散的个人资本联系起来；一些地方交通状况差、关卡林立、通行税过多；一些地方行会限制仍很严格，阻碍了制造业扩张；直到1789年，农业生产还未产生英国那样的变化。这些都是大陆无法率先开始工业革命的阻碍因素。近些年的观点融合了过去的解释和新的成果。戈尔德斯通主张，资源的限制或优势不能解释英格兰、中国、荷兰在发展道路上的差异，蒸汽机的发明也不足以改变一切。造成欧陆与英国差距的原因在于"16世纪和17世纪发展起来的新科学"，包括从培根到牛顿的各种科学知识的进步。尽管新科学当时并没有与经济发生关系，但长期的传播在企业家和工匠中产生了深远影响。[1] 由此造成了社会的"文化转型",使英格兰走上了不同的发展道路。[2] 罗伯特·艾伦以内生增长理论为工具做出了解释。他对比了荷兰,认为尼德兰也经历了城市的扩张,同时也不缺乏煤的储藏,却没有起到像英国一样的作用。因为荷兰就近开采了泥炭作为替代性燃料,而不是获得鲁尔的煤。这就阻止了燃料价格上涨,从而没有必要改善煤的运输技术。若不是这样的话,工业革命会在荷兰和日耳曼发生,而不是英国。[3]

19世纪之前,英国工业革命的生产和技术优势已经为一些欧陆人士所察觉。学习和引进英国技术的行为已在一些地方发生,但欧洲大陆的工业化起步总体来说要晚于英国50年以上。19世纪是欧洲普遍开始工业化的时期,其间学习和追赶英国是一个重要特征。只要区域之间存在人员流动,就会形成文化、技术等方面的交流。欧洲大陆通过多种方式获得英国的知识和技术。18世纪英国一些刊载和讨论各领域技术知识的出版物,很容易带到大陆,成为传播媒介。有些人为了生意和利润直接去英国学习生产方法和机械技术,甚至将英国的机器模型和图纸运回大陆,也有人高薪聘请英国工程师。英国各地当局曾试图阻止技术传播,以保持本行业或本地的优势。不少禁止规定相当严厉,甚至有人还因此被罚款和坐牢,但这种限制并不能挡住技术外传。1824～1825年和1841年英国议会曾有两次调查,讨论是否有必要禁止技术和技术工人出口。英国政府最终取消了这方面的禁令,缘由与难以控制有很大关系。亨德森曾系统总结过英国人影响欧洲工业化的三种方式:其一,英国技术工人指导欧洲人安装和使用新机器,如教法国人使用飞梭和骡机等,英国技师驾驶火车机车;其二,英国工程师和管理人员帮助大陆修建铁路、开办工厂;其三,英国人向大陆实业投资,包括铁路、河流航运工程、各类纺织厂等。[4]

要强调的是,欧洲大陆尤其是西欧的落后只是相对英国而言的。迈克尔·文托指出,17世纪后期起荷兰经济发展开始放缓,没能从曾经的繁荣过渡到现代工业和资本主义经济。这种观点得到学界普遍认同,但对此要有恰当认识。研究表明,从人均产出角度看,19世纪的荷兰仍然是世界最富有的国家之一,与英国、法国、德国、比利时同处于最前列。"17世纪中期荷兰经济是世界的领导

---

[1] Jack A. Goldstone, "Efflorescenes and Economic Growth in World History: Rethinking the 'Rise of the West' and the Industrial Revolution", *Journal of World History*, 2002, Vol. 13, No. 2, P. 365.

[2] Jack A. Goldstone, "Efflorescenes and Economic Growth in World History: Rethinking the 'Rise of the West' and the Industrial Revolution", *Journal of World History*, 2002, Vol. 13, No. 2, pp. 364 – 366.

[3] R. C. Allen, "Why the Industrial Revolution was British: Commerce, Induced Invention and the Scientific Revolution", *Economic History Review*, 2011, Vol. 64, Issue 2, P. 366.

[4] W. O. Henderson. *Britain and Industrial Europe 1750 – 1870: Studies in British Influence on the Industrial Revolution in Western Europe*, Leicester University Press, 1965, pp. 7 – 8.

者，此后仍保持在这一档次……但没有典型的工业化，充其量只有无力的、滞后的工业化。"①霍恩同意法国工业落后的看法，同时也提醒人们："英国中心论者忽视了这个事实，至少就总产出而言，1820 年前法国仍是世界上最大的工业国。"②

  法国大革命对其 19 世纪工业化形成了诸多制度性影响。大革命中外国入侵，为了应付紧急局势，1793 年 4 月国民大会组成了 12 人的公共安全委员会。5 月，政府建立谷物和面包的价格控制，对哄抬价格者甚至处于死刑，后来又强行规定工资水平。1791 年建立新的专利制度。继续采取更多的国家主义政策，鼓励企业家追求利润，保护国内市场，培育与英国的竞争力。这一派政治家虽然相信自由市场的重要性，但强调国家需要培育市场。因而，大革命时代国家对工业发展的推动成了一种法国式方式。1798 年政府组织了法国工业品博览会，从中央到地方都鼓励工业家和工匠参加，由政府多个机构进行选拔。巴黎西南修建的展览馆里，展出的产品从钢制剃刀、陶瓷、挂毯到棉衬衫，各色产品都有，尤其注重机器纺织品、优质的金属器件、新技术等。后来的政府也多次组织类似的博览会。因此霍恩认为，大革命对形成法国式工业化道路产生了很大影响，国家指令经济为长期的工业发展提供了一个潜在的替代性模式。③

  有的学者认为，19 世纪法国经济增长并非像过去认为的那样缓慢。从 20 年代到 1860 年，工业产出增长年均 1.9%，国内生产总值年均也可达 1.3% ~ 2.0%。但从 60 年代到 90 年代，工业产出增长下降至年均 1.2%。工业化初始时劳动力并不缺乏，受教育水平也不过低。乡村的家庭工业普遍存在，为制造业提供了大量技术劳动力。1840 ~ 1880 年乡村人口生活水平也有所提高，人均实际收入与英国的差距并未扩大。铁路建设在法国工业化中发挥了很大作用。铁路不仅将市场联结起来，还带来了巨大投资，1913 年法国每 10 万人的平均铁路里程在欧洲首屈一指。经济增长呈现出周期性，1856 年和 1882 年分别成为两个经济巅峰，这两个年份前后都有 20 多年的增长起落。④ 19 世纪后期法国发展速度加快，缩小了与英国的差距。因此，霍恩指出："法国的经验显示，存在不止一种工业

---

① Michael Wintle. *An Economic and Social History of the Netherlands*, 1800 – 1920: *Demographic, Economic and Social Transition*, Cambridge University Press, 2000, pp. 71 – 72, 75.

② Jeff Horn. *The Path Not Taken*: *French Industrialization in the Age of Revolution* 1750 – 1830, The MIT Press, 2006, P. 3.

③ Jeff Horn. *The Path Not Taken*: *French Industrialization in the Age of Revolution* 1750 – 1830, The MIT Press, 2006, pp. 8 – 9, 180 – 190.

④ Maurice Lévy - Leboyer and Michel Lescure, "France", in Richard Sylla and Gianni Toniolo, eds., *Patterns of European Industrialization*, London: Routledge, 1991, pp. 154 – 156.

化路径……工业道路的真正分歧开始自法国大革命的激进阶段。"①

　　荷兰早在 1787 年就引进蒸汽泵用于围海造田，19 世纪 20 年代蒸汽泵开始在农业上替代风车房。同时蒸汽机也开始引入棉纺、羊毛织造业中。但直到 1837 年，总共也只有 37 台蒸汽机，且大多用于排水。纺织技术的引进在 19 世纪前期一直滞后，到四五十年代才开始较快的引进新技术。② 其中威廉一世政府对经济的态度曾被称为"重商主义"式的。但到 19 世纪 40 年代以后逐渐放松，50 年代时更是如此，放松的结果是商业扩张。威廉政府直到 1845 年都控制着茜草，但在与法国竞争中反而不利，因此取消了管制。19 世纪三四十年代，榨糖、造船、酿酒、蒸馏酒也曾接受补助和管制，结果是前两者在保护下发展良好，后两者却逐渐萎缩。荷兰贸易公司在 30 年代培育棉纺工业发展，试图与印度产品竞争，但其经营效率低下。50 年代后这一保护也开始放松。1849 年，荷兰制造业劳动力占比还不到 1/5，而比利时已有差不多 1/3。制造业企业的规模很小，大多数企业不到 10 人。③ 直到 19 世纪后期，荷兰的工业化速度和进程都是缓慢的。

　　在现代德国形成之前，日耳曼工业化已现端倪。学界通常将 19 世纪 40 年代的经济发展称为"大喷涌"，以此作为工业化开端。国家在日耳曼工业化中的作用比英国大得多。政府直接支持企业创造社会分摊资本，如铁路建设。农业改革则是政府建立银行支持将封建权利转变为私人财产权。商业上实行关税保护政策等。然而，政府也有许多政策并不有利，如限制企业家进入银行业、交通业。因此理查德·缇利指出，政府的全面作用使日耳曼工业化与经济落后和军事意向有间接联系。④ 日耳曼工业化中银行业的作用非常大，对工业增长尤其是大工业的发展很有贡献。这一特征与英国的工业化明显不同。50 年代股份银行出现，为工业提供风险投资。在金融资本支持下很快就出现了大型的工业企业、工业组织联盟（cartels）以及各类新型企业。从 70 年代开始，金融资本支持工业发展模式造就了德国的快速工业化。到第一次世界大战前夕，德国已具备了最突出的工业实力。

　　正是在 19 世纪工业化的浪潮中，欧洲的城市化运动也全面推进。

---

① Jeff Horn. *The Path Not Taken*: *French Industrialization in the Age of Revolution* 1750 – 1830, The MIT Press, 2006, P. 3, 8.

② Michael Wintle. *An Economic and Social History of the Netherlands*, 1800 – 1920: *Demographic*, *Economic and Social Transition*, Cambridge University Press, 2000, pp. 130 – 131, 134.

③ Michael Wintle. *An Economic and Social History of the Netherlands*, 1800 – 1920: *Demographic*, *Economic and Social Transition*, Cambridge University Press, 2000, pp. 77, 153.

④ Richard Tilly, "Germany", in Richard Sylla and Gianni Toniolo, eds., *Patterns of European Industrialization*, London: Routledge, 1991, P. 191.

第五章

欧洲工业化与农业现代化的互动

一般认为，人类社会城市的前身是农耕者居住区。农业的出现，标志着人类由利用自然到改造自然的重要转变。考古发掘表明，早期城市都以农业为主导，都有防护城墙，都建造了大规模的宗教或公共建筑。因此，农业是城市文明之母。而在近代，诚如亚当·斯密所言，劳动专业化和劳动分工程度的提高促进了生产增长过程，亦即工业化与农业现代化。随着农业现代化和工业化水平不断提高，欧洲各国城镇成了经济增长的起点和中枢。深入理解工业化和农业现代化的作用，可从一个侧面思考城镇化进程启动的要素和内涵。

第一节 "工业化""农业现代化"释义

关于工业化，有狭义和广义两种理解。狭义的工业化专指工业尤其是制造业在国民生产中占据主导地位。西方学界最初阐释"工业化"时，将其与英国"工业革命"联系在一起，时间节点也是从18世纪中叶向后延伸。[①] 这一现象被认为有三点核心内容：（1）技术领域出现革新；（2）大量使用新能源；（3）工

---

① Rondo Cameron, "A New View of European Industrialization", *The Economic History Review*, New Series, 1985, Vol. 38, No. 1, pp. 1–2.

厂大量出现。① 广义的工业化则指一种社会转变过程。《不列颠百科全书》将"工业化"定义为"转变为以工业为主的社会经济体系的过程"②。按照经济学家张培刚的理解，工业化是"国民经济中一系列基要的生产函数（或生产要素组合方式）连续发生由低级到高级的突破性变化（或变革）的过程"③。这一过程，涵括了生产技术的变化、生产要素组合方式的变化、新行业不断创立、生产组织不断演进等内容，也涉及社会、经济、政治结构的变化以及公众舆论等，基本特征是：第一，首要的和最本质的特征就是以机器生产代替手工劳动，同时它还包含着生产组织和国民经济结构多层次的相应调整与变动，突出表现为工业产值占据主导地位。第二，它包含了整个国民经济的进步和发展，不仅包括工业本身的机械化和现代化，而且也包括农业的机械化和现代化。第三，工业化必然促成农业生产技术的革新和农业生产量的增多，但一般来说，农业在国民经济中所占的相对比重，不论就国民生产总值来衡量，还是就劳动人口来衡量，都有逐渐降低的必然趋势。这是"工业化"带有普遍性或规律性的特征。④ 正如美国学者格尔申克隆所指出："无论在何处，工业化都意味着增加固定资本数量；意味着在技术上、组织规模上、农业劳力和小手艺工人向工厂工人转化上的种种变革；意味着愿意并且能够从事企业家活动的人的出现。"⑤

　　农业现代化指传统农业向现代农业转变的过程。这一过程在欧洲不同国家、不同时期虽然表现各异，但实质都是在农业劳动生产率不断提高的基础上，农民和农村社会实现现代化。从基本特征看，农业现代化就是改造传统农业，推进农业产业化、农村城镇化、农民市民化；从过程来看，农业现代化是不断提高农业机械化、电气化、科技化、适度规模化、专业化以及生产者知识化；从结果看，农业现代化是提高农业劳动生产率、土地产出率和商品化率，实现城乡一体化发展。马克思在《资本论》中论述农村资本主义时，曾明确肯定并特别强调农业劳动生产率增长对工业化的意义："重农学派的正确之点在于，剩余价值的全部生产，从而一切资本的全部发展，按自然基础来说，实际上都是建立在农业劳动生产率的基础上的。如果人在一个工作日内，不能生产出比每个劳动者再生产自身所需要的生活资料更多的生活资料，在最狭窄的意义上说，也就是生产出更多的农产品，如果他全部劳动力每日的耗费只够再生产满足他个人需要所不可缺少的生活资料，那就根本谈不上剩余产品，也谈不上剩余价值。超过劳动者个人需要

---

① 于尔根·科卡：《资本主义简史》，徐庆译，文汇出版社2017年版，第103页。
② 《不列颠百科全书》国际中文版（修订版），中国大百科全书出版社2007年版，第8卷，第378页。
③ 张培刚：《发展经济学通论》第1卷，湖南出版社1991年版，第191页。
④ 张培刚：《新发展经济学》，河南人民出版社1993年版，第102页。
⑤ 格尔申克隆：《对现代工业化"前提条件"概念的反思》，引自塞缪尔·亨廷顿：《现代化：理论与历史经验的再探讨》，上海译文出版社1993年版，第180页。

的农业劳动生产率,是全部社会的基础,并且首先是资本主义生产的基础。"①马克思特别强调农业劳动能够提供多少剩余产品,就会有多少人从农业中脱离出来,从事工业等部门的劳动。他说:如果撇开对外贸易,"从事加工工业等等而完全脱离农业的工人(斯图亚特称之为自由人手)的数目,取决于农业劳动者所生产的超过自己消费的农产品的数量。'显然,不从事农业劳动而能生活的人的相对数,完全取决于土地耕种者的劳动生产率'"②。因此,农业劳动生产率的高低在某种程度上决定着农业剩余劳动力向城市和非农部门转移的速度和规模,也就影响着该国的工业化进程。

农业现代化是现代化的重要组成部分,自然要遵循现代化的普遍规律,但它有其特殊性,这是由农业生产的特殊性决定的。西方学者发现,影响农业生产的因素有很多,它们之间的关系较为复杂。据统计,不包括天气、政治、政府决策等因素,影响农业生产的要素就有73个。③首先,农业生产具有很强的地域性和季节性。土地是农业的基本生产资料,土地的固定性和有限性,决定了农业生产的地域性。农业劳动要随生物生长阶段循序渐进,因而具有较长的周期性和季节性。其次,农业生产的风险很大。其经济风险主要来自市场的波动;自然风险主要来自自然灾害,如干旱、洪水、冰冻等。若遇上灾年,农作物就可能大幅减产,甚至颗粒无收。这样,农业生产既受生物体繁殖周期的限制,又受自然环境变化的影响,具有多变性和灾损性。最后,农业发展往往需要大量的固定资本投资,如兴修水利和道路,兴建仓储设施,购买农机设备和运输工具等。这些投资属于中长期投资,而且一次性投资数额巨大。这些特殊性表明,农业生产比其他生产部门所受市场、环境、生态和技术的影响更直接,因此,农业现代化是一个独特的、动态的复杂演进过程,也是一个无数因素长期耦合的发展过程。

第二节 工业化与农业现代化理论再探讨

自从老汤因比对"工业革命"作出专题研究④以来,"工业革命"和"工业

---

① 马克思:《资本论》第3卷,人民出版社2004年版,第888页。
② 《马克思恩格斯全集》第26卷,人民出版社1972年版,第22页。
③ C. H. Wilson ed.. *The Cambridge Economic History of Europe*, Vol. 5, Cambridge University Press, 1977, P. 48.
④ Arnold Toynbee. *Lectures on the Industrial Revolution of the 18thCentury in England*, Rivingtens, 1884.

化"成为经济和历史学科的重要课题。经济学家希克斯认为:"工业革命是现代工业的兴起而不是工业本身的兴起",其主要变化在于"用于生产而不是用于商业的固定资本货物的种类,开始显著增长了。这种增长并不是仅仅在一个阶段发生之后就过去了,而是不断的增长"。① 美国全球史家麦克尼尔强调,18 世纪末至 20 世纪初的"工业革命"和"民主革命"使西方"陈旧的社会、文化和政府模式得到了彻底改变",引发了西方文明的转型。②

随着对前工业革命时期的理论认识不断深入,20 世纪中叶,学界提出了一些富有启发性的概念和思想,如罗斯托的"起飞"模型、门德尔斯的"原工业化"理论。在"原工业化"术语提出前,"传统社会""前工业"或"前工业化"是学术界使用比较普遍的概念,它们一般指西欧工业革命前的社会或文明状态。布伦纳的《前工业欧洲的农业阶级结构和经济发展》,引用了法国学者拉杜里的《法国前工业时代社会经济史》(16~18 世纪)。按照布伦纳的观点,前工业时代包括欧洲的中世纪晚期和近代早期。而克罗纳在专著《前工业社会》中分析说,经济史家区别欧洲工业化前夕与其他没有工业的社会,标签式地称前者为"前工业社会",后者为"农业社会",而他在书中则将"前工业的"与"农业的"两个术语作为同义词使用。他说工业是首先出现于 18 世纪晚期英国的一种生产方式。"前工业的"是"前工业的文明类型"的缩语。综上所述,学术界对"前工业"或"前工业的"并没有确切的定义与界线,多是一种泛称。③

20 世纪 50 年代起,相关的理论探讨在经济学界和历史学界形成热潮。经济学界普遍认为,工业化是现代化的重要标志与产业基础,工业化与技术进步密切相关,在工业化的不同阶段,工业从劳动密集型、资本密集型向技术密集型转变,农业份额持续下降,其土地产出率、劳动生产率和科技进步率则不断提升。工业化和农业现代化之间存在着非常紧密的关系,两者关系处理得好,现代化进程就协调,反之就会失衡。总之,农业是整个国民经济的基础,农产品和农业劳动力的剩余是工业化和城镇化的前提,农业不仅能向非农产业和城市提供原料、食品和劳动力,还能向城市居民提供良好的生态环境、休闲享受和市场。工业化则通过吸纳农业剩余劳动力、先进技术等途径对农业发展起支持和推动作用。

人均国内生产总值(GDP)是衡量经济发展水平的重要指标,也是判断一个经济体工业化所处阶段的重要标准。一般而言,人均 GDP 水平与工业化程度呈

---

① 参见约翰·希克斯:《经济史理论》,商务印书馆 1987 年版,第 128~129 页。
② 威廉·麦克尼尔:《世界史》,施诚、赵婧译,中信出版社 2013 年版,第 378 页。
③ 参见陈钦庄:《原工业化理论及其相关争论》,载于《史学理论研究》2002 年第 2 期。

正向关系。美国经济学家 H. 钱纳里根据人均 GDP 增长将经济发展划分为三个阶段、六个时期，其中第二阶段是工业化阶段，细分为初期、中期和成熟期三个时期。① 人均 GDP 达 400 美元（1970 年价格）为工业化初期，第一产业所占比重持续下降，第二、第三产业份额持续上升；人均 GDP 为 1 000 美元时，工业化处于中期，当人均 GDP 为 2 000 美元时，工业产值比重上升到最高水平；当人均 GDP 超过 2 000 美元时，工业化处于成熟期，第二产业在 GDP 中的份额逐渐下降，以服务业为主的第三产业地位进一步提高，即工业化后期开始步入"经济服务化"阶段。

美国经济史学家罗斯托的"起飞"模型是西方发展范式的典型。他认为经济增长基本是一个内生化过程，由一系列阶段构成，这些阶段是连接传统社会与现代社会的纽带。他在《经济增长的阶段》中提出人类社会发展要经过五个阶段，其中"起飞阶段"就是指工业化的开始。它是一个国家摆脱贫困和落后的关键和核心，也是"一个社会具有决定意义的过渡阶段"。一个国家只有跳出"贫困的恶性循环"，实现经济"起飞"，才能实现工业化。罗斯托认为，在为"起飞"创造前提的第二个阶段，"农业生产的增长率可能决定着向现代化过渡的限度""一个以生产率增长为基础的农业实际收入不断增加的环境，可能是一种推动起飞所不可缺少的新的现代工业部门发展的力量"。农业现代化在这一阶段具有特殊重要性，"农业必须为现代部门提供更多的粮食、更大的市场和更多的可贷资金"。② 由此可认为，农业革命和圈地运动是英国由传统农业社会迈向工业社会的重要阶段。圈地运动将大量土地圈占为大牧场，增加了羊毛产量，推动了乡村工业发展，乡绅阶层与新兴资产阶级获得利润后投资于再生产，同时失地农民投身于手工业活动，促进了工业革命。因此罗斯托认为，一个国家要实现经济"起飞"，必须具备三个相关条件：第一，要有较高的生产性投资率。经济"起飞"需要有大量的投资，因此必须大力提高资本积累率和生产性投资率，使其在国民收入中的比重从 5% 或以下增加到 10% 以上。第二，要建立一个或多个能带动经济高速增长的重要制造业部门。第三，要进行政治、社会和经济制度的改革。③

---

① 霍利斯·钱纳里、谢尔曼·鲁滨逊、摩西·赛尔奎因：《工业化和经济增长的比较研究》，吴奇、王松宝等译，格致出版社、上海三联书店、上海人民出版社 2015 年版，第 72~78 页。
② W. W. 罗斯托：《经济增长的阶段》，郭熙保等译，中国社会科学出版社 2001 年版，第 22~23 页。
③ W. W. 罗斯托：《经济增长的阶段》，郭熙保等译，中国社会科学出版社 2001 年版，第 39~40 页。对于"起飞"所需的投资率，历史学家的估算也从一个侧面支持了罗斯托。如布罗代尔估算，"英国 1750 年的投资额约为 600 万镑（国民生产总值的 5%），1820 年为 1 900 万镑（7%）"，详见费尔南·布罗代尔：《15~18 世纪的物质文明、经济和资本主义》第 3 卷，顾良等译，生活·读书·新知三联书店 1992 年版，第 674 页。

在罗斯托看来,"起飞"是人类生活的一次"突变"。其特征在于以机器代替手工生产,通过"主导部门"发展带动整个经济增长。罗斯托认为一国"起飞"所需的时间约为二三十年。他的"起飞"模型,在国际学界产生了巨大影响,起飞一词成为流行术语被广泛引用。国际经济学会还就"起飞"问题举行了学术讨论。如1963年出版的《自起飞进入持续成长的经济学》一书中,西方经济学家围绕"起飞"是否意味着一国产业革命或工业化开始的特定经济变革过程、工业化究竟是渐进过程还是非渐进的等展开了研讨。一些学者认为按照罗斯托"起飞"模型,德国、比利时工业化开始时有过经济剧烈变革过程,也有学者认为对于以蒸汽为动力的机器大工业建立这一特定经济现象,不宜简单运用"起飞"一词,笼统称之为"英国的起飞""法国的起飞""德国的起飞"等。无论如何,罗斯托的"起飞"模型是对人类社会为了摆脱贫困落后的处境、突破马尔萨斯陷阱而实现持续增长的重要理论概括之一。从"陷阱"走出的每一个国家都需要像飞机起飞一样的巨大推力,罗斯托在分析形成推动力的要素时,不仅强调主导部门要随着一国经济情况而有所变化,而且认为要关注工业化进程中农业的特殊作用。

在美国学者门德尔斯等人看来,以往的工业化研究忽视或低估了工业革命前欧洲乡村工业的发展。1972年他发表《原工业化:工业化的第一阶段》一文,第一次公开其原工业化理论。门德尔斯指出,原工业化是工业化的第一阶段,或称为"工业化之前的工业化"。它以市场为导向,以农村家庭工业迅速发展为特征;它由地区专门化相伴随的农村工业,与商品农业共存。[①] 1982年第八届国际经济史年会上,原工业化是主要论题之一,门德尔斯在《原工业化:理论与实践》的总报告中,指出原工业化理论有五个主要特征:(1)原工业化讨论的基础不是国家或国际,而是比较小的区域性现象。(2)原工业化主要是发展于农村的工业,它以适应于农业的季节性为特征,以家庭手工业补充农业的收入;其极端形式则是全日制家庭工业。(3)原工业化生产的产品的销售市场在该地区之外,并且经常是国际市场。(4)在原工业化地区,商品农业往往和农村家庭工业并存。(5)在原工业化地区,城市具有重要作用;它们为原工业产品提供市场和"外放式"系统的商人,由他们管理分散在周围的农村家庭工业。[②] 从这一理论出发,显然工业化发展之初就与商品化农业密不可分,就依赖外部市场。虽然农村家庭手工业者所得工资还仅仅作为补充收入,各地向工业化的转型也未必都能

[①] Franklin F. Mendels, "Proto – Industrialization: the First Phase of the Industrialization Process", *Tournal of Economic History*, 1972, No. 32, P. 241.

[②] Franklin F. Mendels, "Proto – Industrialization: Theory and Reality, General Report", in *The English International Economic History Congress*, Budapest, 1982.

成功，但农业商品化水平在稳步提升，农民、农业与工业化的联系在不断加强，农民、农村的生活方式与意识形态将发生相应变化。正如德国学者森哈斯所言："在这里，十分重要的是，在所谓'工业化之前的工业化'期间，上述社会的此项要素与商品市场先期实行商业化。在这种情况下，关键不在于能否证实在农村的商品生产一方面与相应的资本主义性质的贸易活动之间，另一方面与后来的工业化之间，有个不成问题的过渡——这情况决不是个通例；重要的是这个原始工业化阶段有助于摧毁过时的封建结构。"① 原工业化理论被许多学者接受，普遍认为欧洲原工业化开始时间为16、17世纪，有的则说在英国开始于14、15世纪。

第三节 工业化与农业现代化的历史反思

现代化研究关注社会的长期变化，因此对欧洲工业化和农业现代化的分析，就是对其经济史或经济社会史的研究。如罗荣渠所言："工业革命以前的近代与中世纪的历史连续性是明显的，社会各方面的变化是缓慢而渐进的，唯有工业革命以来的变化是跳跃而加速的，构成一个具有共同特征的新的转型过程。"② 历史经验表明，任何人都不能完全否认工业化和农业现代化是一个长期的经济社会发展过程，两者同为现代经济社会发展模型的重要构件。

从历史上分析欧洲工业化与农业现代化的关系，须回到这一进程的时间起点，即公元5世纪西罗马帝国灭亡后。当时的欧洲经受着苦难，经济退化成了生存经济。大约在950年，西欧开始进入复苏阶段，社会经济复兴的第一要素是人口增长。学者对这一时期的人口估计有一定的准确性。罗素认为，1100年前后法国人口为620万，是当时英格兰人口的将近五倍（据《土地丈量册》统计，英格兰1086年人口为130万）；1328年法国人口约为2 000万，增长了三倍多。英格兰人口临近1346年时达370万，其增长幅度同样接近三倍。根据意大利、丹麦等国的人口资料，可以得出结论：整个欧洲人口几乎增长了两倍。③

---

① 迪特尔·森哈斯：《欧洲的发展与第三世界——对发展问题的过去与前景的考察》，引自塞缪尔·亨廷顿：《现代化：理论与历史经验的再探讨》，上海译文出版社1993年版，第244页。
② 罗荣渠：《现代化新论》，北京大学出版社1993年版，第17页。
③ 费尔南·布罗代尔：《法兰西的特性：人与物》上卷（2），顾良等译，商务印书馆1997年版，第116页。

在延续了三个世纪的欧洲人口增长中①，大量农村人口涌进城市。1050 年，西欧约 2 000 万总人口中，仅有几十万人生活在几百个城镇中（很少有城镇居民超过几千人），而 1200 年，西欧约 4 000 万的总人口中，约有几百万人生活在几千个城镇和城市中（许多城市人口超过 2 万，有些在 10 万以上）。总之，总人口大致翻了一番，城市人口则从总人口的 1% 增加到 10%。②

工业化的起点在何时？传统观点认为中世纪西欧整体上是一个农业社会，城市人口少，且带有强烈的农业性质。马克思、韦伯、波斯坦等都将 16 世纪乃至工业革命作为进入资本主义或工业社会的分水岭。马克思说："在英格兰，现代农业是在 18 世纪中叶出现的。"③ 20 世纪中期西方史学范式发生转变。以经济社会史为代表的修正史学主张欧洲自 11 世纪以来取得了前所未有的巨大进步，是一种长期的、缓慢的经济社会发展。中世纪经济结构也不是唯一的农业和农村经济，还包括长期向好的工业贸易和城市经济。社会结构形成了中世纪晚期至近代早期的三等级架构，即出现了包括乡绅、城市工商业者和专业人士、富裕农民等在内的社会中间阶层。这些表明中世纪晚期已与传统社会渐行渐远。

学界普遍认为，工业革命是一个复杂的历史现象，是 18 世纪以前几百年里经济社会变化的层累。诺斯曾指出："工业革命并非与我们有时所认为的那种过去根本决裂；恰恰相反，它是以往一系列渐进性变化的积累。"④ 布罗代尔强调："任何工业革命都要依靠众多潮流的汇集，整体经济的协调发展，几股力量的推动，并且要'持之以恒'。"⑤ 在不少学者看来，漫长的五六个世纪里，欧洲曾多次出现"工业革命"。卡勒斯—威尔逊认为，在英国城市行会工业衰落时，农村工业获得前所未有的扩张，以至于毛纺织业中发生了一场以漂洗机普及为标志的"13 世纪工业革命"：漂洗实现机械化，一名漂洗工使用漂洗机的效率等于 40 ~ 60 名劳动力工作，因此英国毛纺业很早就从城市转移到农村，为英国带来了工业革命，把欧洲大陆甩在身后。⑥ 内夫则指出，"英国工业革命不是一次，而是

---

① 卡梅伦和尼尔估计，1000 年西欧人口大约在 1 200 万 ~ 1 500 万，到 14 世纪，西欧人口规模自然增长至 4 500 万 ~ 5 000 万。详见龙多·卡梅伦、拉里·尼尔：《世界经济简史》，潘宁等译，上海译文出版社 2009 年版，第 53 页。
② 哈罗德·伯尔曼：《法律与革命》，贺卫方等译，法律出版社 2008 年版，第 329 页。
③ 《马克思恩格斯全集》第 23 卷，人民出版社 1972 年版，第 738 页。
④ Douglas North. *Structure and Change in Economic History*, New York：W. W. Norton & Company, 1982, P. 162.
⑤ 费尔南·布罗代尔：《15 ~ 18 世纪的物质文明、经济和资本主义》第 3 卷，顾良等译，生活·读书·新知三联书店 1992 年版，第 627 页。
⑥ 参见罗德尼·斯达克：《理性的胜利》，管欣译，复旦大学出版社 2011 年版，第 117 ~ 119 页。

有两次，第一次发生在 1536 年和 1539 年修道院解体后一百年间"①。

  在一项对 1000~1800 年欧洲经济的估算中，采取的新估算法是估计一个最低收入水平（生存水平）。麦迪森对 1820 年英国人均 GDP 的估计为 2 121（1990 国际元）美元。如果用 1990 年的国际元测算，米拉诺维克对 1000 年拜占庭的收入和不平等情况的研究中，估计人均 GDP 的绝对最低水平可能是大约 400（1990 年国际元）美元。他还估计此时拜占庭人均 GDP 水平在 640~680 美元，这个数值处于当时欧洲人均收入的上限，表明拜占庭是欧洲最富裕地区之一。范赞登对英国、荷兰、意大利、西班牙、比利时和波兰六国的人均 GDP 做了估算，英国的人均 GDP 在 1086 年大约是 550 美元，高出最低生活水平的 40%，1500 年约为 910 美元。把西欧作为一个整体看，1000 年人均 GDP 水平略高于英格兰，为 550~600 美元。1500 年前后，西欧平均水平是 1 100 美元，翻了将近一倍。这些数据显示中世纪晚期欧洲很有活力。范赞登甚至认为 18 世纪的工业革命不是现代经济增长的开始。② 从长期看，以农业现代化为基础的荷兰与英国经济一直领先至 1800 年。总之，对于欧洲历史上的农业现代化和工业化的认识可做以下结语：其一，农业在工业化进程中发挥了基石作用。"农产剩余的长趋势增长，是农本经济孕育工业世界的前提。没有这个前提，或有了而付之无益的耗蚀和专暴的剥夺，也就没有工业世界的孕育，即使孕育了也难产。"③ 其二，欧洲农业现代化和工业化的最初阶段具有普遍性和渐进性。公元 1000 年时，技术水平已不低于古代。1086 年，即使是相对落后的英格兰，约 3 800 个村庄里也有 5 624 个水磨坊。在工业化以前，欧洲大部分地区都拥有大量家庭式工业，例如佛兰德尔和意大利北部，乡村工业兴起在西欧是一个普遍性现象，英国、法国、尼德兰、意大利等国都存在着原工业化。其三，欧洲"工业化的过程是具有极大的弹性和多样性的"。④ 工业化在总体推进欧洲经济社会发展的同时，内部也一直存在不平衡的情况。从欧洲内部来看，1750 年，西欧（不含英国）与东欧人均收入的差距大约为 15%；1800 年，略高于 20%。1860 年，差距升至 64%；20 世纪时，几乎是 80%。⑤

---

  ① J. U. Nef. *Industry and Government in France and England*, 1540–1640, New York: American Philosophical Society, 1940, P. 1.
  ② 扬·卢滕·范赞登：《通往工业革命的漫长道路：全球视野下的欧洲经济，1000–1800 年》，隋福民译，浙江大学出版社 2016 年版，第 314 页。
  ③ 吴于廑：《吴于廑文选》，武汉大学出版社 2007 年版，第 148 页。
  ④ 塞缪尔·亨廷顿：《现代化：理论与历史经验的再探讨》，上海译文出版社 1993 年版，第 190 页。
  ⑤ 戴维·S. 兰德斯：《国富国穷》，门洪华等译，新华出版社 2010 年版，第 266 页。

第四节　农业对工业革命和工业化的推动

学界一般注意工业革命后工业化与农业现代化的关系[①]，但对这一互动关系形成的历史过程关注不够。马克思、恩格斯最早思考工业化、农业现代化与城市化的关系。他们不仅认为现代城市与现代农业和工业化生产密不可分，而且进一步认为现代社会就是乡村的城市化。马克思指出："古典古代的历史是城市的历史，不过这是以土地所有制和农业为基础的城市；亚细亚的历史是城市和乡村的一种无差别的统一（真正的大城市在这里只能看作王公的营垒，看作真正的经济结构上的赘疣）；中世纪（日耳曼时代）是从乡村这个历史舞台出发的，然后，它的进一步发展是在城市和乡村的对立中进行的；现代的〔历史〕是乡村城市化，而不像在古代那样，是城市乡村化。"[②] 简而言之，"现代历史是乡村城市化"。马克思是最早使用"乡村城市化"或"农村城市化"概念的人。恩格斯说："农村建立的每一个新工厂，都含有工业城市的萌芽"，"于是，村镇就变成小城市，而小城市又变成了大城市"。[③] 在马克思恩格斯《共产党宣言》中，关于共产主义建设实践的第九条是"把农业和工业结合起来，促使城乡对立逐步消灭"[④]。欧洲历史表明，随着工业化与农业现代化的互动，到19世纪末，农村人口大多数转移到城市，这就是马克思所说的"乡村城市化"。这种农业与工业相结合的互动，有一个复杂的历史过程，在很长时期里表现为农业对工业化的孕育。早在20世纪40年代末，哈佛大学张培刚的博士论文《农业与工业化》就讨论过这个问题。他从食粮、原料、劳动力、市场四个方面探讨了农业与工业的相互依存关系，提出农业对工业化，以及对整个国民经济的推动和不可替代的基础

[①] 速水佑次郎、弗农·拉坦等经济学家在论述工业化对农业现代化的推动作用时指出："工业化可以在许多方面影响农业。非农产业部门的增长增加了对农产品的需求；较有利的要素—产品价格比例提高了农业生产者对机械和生物投入品的需求；工业化对要素市场的影响也许比对产品市场的影响更加显著，工业发展增加了非农产业部门的劳动需求，由于工业专业化和分工的进一步发展以及新知识的应用，造成效益提高，其结果使工业部门生产的现代农产品投入，如化肥、农药、机械等的成本降低。不断进步的工业经济由于以下几种能力的增强也对农业劳动生产率的提高做出了贡献：(1) 支持农业研究的能力；(2) 扶持农村地区普通教育和生产技能教育的能力；(3) 支持发展更有效的交通和通信系统的能力；(4) 服务于农村地区的物质和社会基础设施其他方面能力的进一步提升。"参见 Yujiro Hayami and Vernon W. Ruttan. *Agricultural Development: An International Perspective*, Johns Hopkins University Press, 1985, P.132.
[②] 《马克思恩格斯全集》第30卷，人民出版社1995年版，第473~474页。
[③] 中央编译局：《马克思恩格斯文集》第1卷，人民出版社2009年版，第53页。
[④] 中央编译局：《马克思恩格斯文集》第2卷，人民出版社2009年版，第53页。

作用。

  20世纪80年代，吴于廑先生强调："一个平凡的道理常常被人们忽视。要得到工业和商业的兴盛，在一个以农为本的社会里，首先必须有农业生产的足量剩余。有了足量的农产剩余，才有可能养活那一部分不再需要自给衣食的商业和工业人口……城市之所以逐渐减少以致最后放弃农耕，其居民之所以终于能专力于工商，一个必不可少的前提是周围农耕地区发展到有为城市提供足够的剩余粮食和某些必要原料的可能，有以农业剩余交换城市产品的可能。乡村自身也有工业，乡村工业的发展，同样必须以增加农产剩余量和不断扩大这个量为前提。不然，乡村工业将永远不能突破农本经济的闭塞，永远成为农本经济的附庸。所以没有农产剩余的增长，也就没有农耕世界的工业的发展，这是经济史上的一个平凡而又无可置疑的道理。"① 实际上，农业进步对欧洲工业化的贡献，"这个过程始于中世纪，始于农奴的超前解放以及种植业和销售业两者的商业化"②。下面拟从产品、市场、资本和劳动力四个方面讨论这种贡献。

  一般而言，工业革命前农业在欧洲居于绝对统治地位。农业的产品贡献集中表现为粮食。在工业化前的欧洲，一个人收入的60%~80%要花在食物上。③ 美国全球史家斯塔夫里阿诺斯在考察人类社会发展史时，发现朝贡社会或传统社会有一个普遍特征：周期性的破产，其原因在于在农业劳动生产率较低的阶段，"每供养一个城市居民，就需要10个农民生产的剩余。剩余农产品的大部分都在战争、修建王宫和陵墓以及养尊处优上面被统治集团挥霍掉了"④。从最能代表农业水平的农作物产出率（种子与收获之比）来看，中世纪欧洲的农产量十分微薄，增长是一个缓慢的过程。加洛林时期，阿普纳王室庄园的谷物产出仅为种子的2~2.7倍。9~14世纪出现了显著进步，但产量仍旧低下。根据13世纪英国农学家记载，正常的水平是：大麦8倍，黑麦7倍，豆科植物6倍，小麦5倍，燕麦4倍。实际情况可能更糟。⑤ 曼达勒纳估算，16世纪前期尼德兰和英国的小麦平均收获比例是8.7。14世纪以后的200年中，尼德兰的这一比例增长较大。⑥

  布罗代尔整理了近代早期欧洲各国农产量数据，发现16~18世纪英国和尼德兰的谷物平均收获率为7左右，法国北部大农场约为6.8或6.9。农业欠发达

---

  ① 吴于廑：《历史上农耕世界对工业世界的孕育》，载于《世界历史》1987年第2期。
  ② 戴维·S.兰德斯：《国富国穷》，门洪华等译，新华出版社2010年版，第298页。
  ③ L. S. Stavrianos. Lifelines from Our Past: A New World History, New York: Random House, 1989, P. 192.
  ④ L. S. Stavrianos. Lifelines from Our Past: A New World History, New York: Random House, 1989, P. 91.
  ⑤ 雅克·勒高夫：《中世纪文明》，徐家玲译，格致出版社2011年版，第230页。
  ⑥ C. M. 奇波拉主编：《欧洲经济史》第2卷，商务印书馆1988年版，第238~291页。

的法国南部，谷物平均收获率不足5。① 从整个欧洲看，只有英国、尼德兰和巴黎盆地三个地区的农产量水平一直保持增长态势。13世纪末，英格兰农业尤其是东南部具有很高的生产力，如经济史家坎布尔所作的最新估计："在那些情况下，领主直领地和佃农持有地都保持着持续的高产，农业技术与17世纪末相比，只是在细节上不同，本质上已无区别。"② 麦克法兰也认为："13~14世纪，英格兰'中世纪'的农耕生产力已达到18世纪的可能水平。"③ 根据美国学者的最新估算，"13世纪一个农民一英亩只能生产6至12蒲式耳小麦，伊丽莎白时期的农民能生产16至20蒲式耳"④。也就是说，三百多年的时间里农产量大体翻了一番。英国农业生产力的增长势头并没有就此止步。里格利关于谷物产量的最新估算显示，"1600~1800年谷物净产量的总量翻了将近3倍，同期人口则从416万提高到867万，意味着人均谷物供应量增加了将近40%"。1800年，英格兰已能做到由1/3的人口向其余2/3的人口供应食物。⑤ 至17~19世纪，英格兰的现代化农业更提供了充足粮食，养活了大量非农人口。在尼德兰，弗里斯兰省的农业生产率颇为突出。如富裕农民哈姆马的农场在16世纪70年代小麦平均收获比率达到13.6，谷物平均收获率也有10.3。⑥ 美国学者霍夫曼提供了另一种农业生产估算方式——全要素生产率（TFP），同样证明这一时期巴黎盆地的农业生产水平有提高；他估算16世纪上半叶巴黎盆地农业全要素生产率的年均增速达0.3%~0.4%，与18世纪的英国相当；胡格诺战争期间有所下降；17世纪增长也较为缓慢；18世纪中期后，当地农业的全要素生产率的年增速再度达到0.3%以上。霍夫曼认为，虽然巴黎盆地农业生产率增长较为曲折，但总体来说还是在发展，并在16世纪前期和18世纪中后期达到过较高水平。⑦

以农民和农村为基础的国内消费市场形成，是农业推动工业化的一个重要前提。市场需求扩大是工业革命的必要条件。英国市场的扩大有两条途径：一是扩大国内市场；二是扩大海外市场。在工业化孕育之初，国内市场的作用更为明

---

① Slicher van Bath. *The Agrarian History of Western Europe*：500 – 1850, translated by Olive Ordish, London Edward Arnold LTD, 1963, pp. 328 – 334.

② Bruce M. Campbell, "Agricultural Progress in Medieval England: Some Evidence from Eastern Norfolk", *The Economic History Review*, 1983, No. 36, P. 27.

③ 艾伦·麦克法兰：《现代世界的诞生》，管可秾译，上海人民出版社2013年版，第41页。

④ 戴维·罗伯茨、克莱顿·罗伯茨、道格拉斯·R. 比松：《英国史（上册）：史前–1714年》，潘兴明等译，商务印书馆2013年版，第347页。

⑤ 艾伦·麦克法兰：《现代世界的诞生》，管可秾译，上海人民出版社2013年版，第43页。

⑥ Slicher van Bath. *The Agrarian History of Western Europe*：500 – 1850, translated by Olive Ordish, London Edward Arnold LTD, 1963, pp. 330 – 331.

⑦ Philip Hoffman. *Growth in a Traditional Society*：*The French Countryside*, 1450 – 1815, Princeton University Press, 1996, pp. 99 – 104.

显。哈特韦尔指出，"是国内需求的不断增长在广泛的领域内刺激了工业的增长"①。布罗代尔也认为，"英国农村形成国内市场的主体，而国内市场是正在起步的英国工业首先与天然的销售场所……农业是炼铁工业的最佳主顾。农具——马蹄铁、犁铧、长柄镰、短柄镰、打谷机、钉耙、土块粉碎机的圆辊——用铁数量极大；1780 年有人估计英国每年在这方面消耗的铁达二、三十万吨"②。

  荷兰③是世界经济史上第一个现代农业经济体，曾被视为西方农业现代化的"麦加"，与英国并称为现代西方农业的鼻祖。15 世纪末，荷兰农业生产率就已超出欧洲平均水平。16 世纪，荷兰省的谷物（小麦、大麦和燕麦）的综合产出比例大致是 10，最高者达 13.6，豆类的产出率更高。尼德兰从 16 世纪起实行四圃制，有些地方甚至实行六圃制，进一步提高了土地利用率和产量。④ 荷兰农业的商品化程度较高，市场较为发达。其经济作物种类繁多，有亚麻、茜草、啤酒花、油菜、甘蓝、烟草等。例如，茜草作为重要的染料植物，1325 年荷兰省开始种植，16 世纪年产量达 1 000 吨，18 世纪中叶达到 5 000 吨。⑤ 荷兰因此成为西欧最重要的染料作物种植中心。荷兰农业与城镇市场密不可分。16、17 世纪城市的快速发展和繁荣产生旺盛需求，农业须为邻近城市和纺织业工人提供粮食。荷兰农村筑堤防护和排水需要大笔资金，因而常由城市商人等投资组建公司填海造田，然后出售或租赁给农民。农业不仅在 17 世纪荷兰经济的"黄金时代"发挥着重要作用，而且当 18 世纪荷兰失去海上殖民霸权、经济陷于低谷之时，其高效农业一直成为支撑国民经济的支柱。

  农业还为工业化积累了大量资金。英国工业化启动的资金多来自农业。地主每年所收的地租、农业资本家所获的高额利润，都成为乡村银行的主要资金来源，而且农业资金通过乡村银行源源不断流向工业和城市。1760 年，农业资金是 6 亿英镑，占整个国民资本的 74%，1860 年下降到 36%；1760 年，工业、商业和交通资金是 6 000 万英镑，占整个国民资本的 10%，1860 年增到 36%。⑥ 如

---

① R. M. Hantwell. *The Causes of the Industrial Revolution in England*, London: Methuen, 1967, pp. 74 – 75.

② 费尔南·布罗代尔：《15 – 18 世纪的物质文明、经济和资本主义》第 3 卷，顾良等译，生活·读书·新知三联书店 1992 年版，第 652~653 页。

③ 中世纪晚期至近代早期欧洲农业进步最快的是尼德兰，尤其是以荷兰省为核心的北部，这里简称荷兰。

④ De Vries, J.. *The Dutch Rural Economy in the Golden Age*, 1500 – 1700, Yale University Press, 1974, pp. 148 – 152.

⑤ De Vries, J.. *The Dutch Rural Economy in the Golden Age*, 1500 – 1700, Yale University Press, 1974, P. 153.

⑥ R. Floud and D. McCloskey. *The Economic History of Britain Since 1700*, Cambridge University Press, 1981, P. 129.

18世纪初期密德兰中部和北部积累的资金,被工业家们所吸收。为了吸收英格兰东南部农业区的剩余资金,用来发展北部的工业,每年在农产品收获上市后的几个月里,乡村银行都要在农村吸收大批存款,然后提交给伦敦的交换银行(clearing bank),借贷给生产商。伯尔纳德在贝德福德的银行,就是通过这个渠道从农村吸纳存款、向兰开夏的棉纺织业和伯明翰的冶炼工业提供资金的。①

随着农业生产率的稳步增长,西欧社会大多数人包括农民的收入不断增加,口袋中的货币使得他们变成有消费能力的人。17世纪英国思想家洛克说:"美洲的国王都不如英国的一个劳工。"② 人们的传统饮食习惯开始改变,多方面的需求开始得以满足,这也从一个侧面反映了农业剩余的资本贡献。经济史家奇波拉描述了西欧先进地区的居民要求在饮食中增加肉类、乳类等其他消费的愿望和实践。他说:"在我们叙述的时期里,对于高质量酒的需求不断增加;城市扩大,住房建筑、船舶建造、金属制造、硝皮革、纺织全部都需要数量不断增加的木材和柴火、皮革、羊毛、纱线(包括麻类)和染料如番红花。于是首先是富人,不久小康之家也紧跟着——因为贵族式的享用方式广泛普遍化,到14世纪时甚至达到农民阶层——养成在吃面包基本食品时,要增加补充食品、特别是肉类的习惯。一俟我们手头的资料开始让我们知道13世纪末前后的主要生活状况时,我们就发现社会中每一个阶层都重视混合搭配食物(咸猪肉、咸鲱鱼、乳酪),甚至在农奴和受救济的人中也是这样。有许多理由可认为对动物食品的消费到15世纪时又有进一步的普遍增加,当时每个乡镇都已经有它自己的屠户(他同时又是企业家、牲畜商人、肉商和皮革商),所有的屠户的业务都很兴旺:他们成了畜牧经济的新人物,也是它的绝对主人。"③ 这种情况在近代早期英国最为突出。有西班牙人记录了伊丽莎白时期英国农民的饮食:"这些英国人用枝条和泥土盖房子,可他们通常却像国王般生活得那样好。其中一个原因是将鸡肉、鹅肉、野兔肉和家兔肉等'白肉'添加到日常饮食中。"④ 在18世纪末的伦敦,琳琅满目的消费品吸引了英国的每一个阶层,甚至多少令人惊悚:穷人把"下午茶"称为必需品;而农民的妻子则在伦敦的商店中购买钢琴。⑤

欧洲农业的长时段增长,有了足量的剩余,不仅可以为趋向专业化的纺织地区提供粮食,还可使乡村更多的人手从农业转移到其他生产部门,为乡村地区工业和城镇化提供充足的劳动力。马克思说:"使小农转化为雇佣工人,使他们的

---

① E. L. Jones. *Agriculture and the Industrial Revolution*, Oxford: Basil Blackwell, 1974, P. 106.
② 黄仁宇:《资本主义与二十一世纪》,生活·读书·新知三联书店1997年版,第242页。
③ 卡洛·M. 奇波拉主编:《欧洲经济史》第1卷,徐璇译,商务印书馆1988年版,第151页。
④ 戴维·罗伯茨·克莱顿·罗伯茨·道格拉斯·R. 比松:《英国史(上册):史前-1714年》,潘兴明等译,商务印书馆2013年版,第363页。
⑤ 伊恩·莫里斯:《西方将主宰多久》,钱峰译,中信出版社2011年版,第3页。

生活资料和劳动资料转化为资本的特质要素的那些事件，同时也为资本建立了自己的国内市场。以前，农民家庭生产并加工绝大部分供自己以后消费的生活资料和原料。现在这些原料和生活资料变成了商品；大租地农场主出售它们，手工工场则成了他们的市场。纱、麻布、粗毛织品（过去每个农民家庭都有这些东西的原料，它把这些东西纺织出来供自己消费），现在变成了工场手工业的产品，农业地区正是这些东西的销售市场。以前由于大量小生产者独自经营而造成分散各地的许多买主，现在集中为一个由工业资本供应的巨大市场。"① 工业革命前，乡村工业的发展虽然规模有限、技术水平不高，但还是为工业革命培养了最早的"雇佣工人"。从整个英国来看，布莱恩特这样总结："1600~1800年，英格兰人口从大约400万增长到大约850万，但是从事农业者的百分比却下降了将近一半，从总人口的70%降至36%"②，许多人一手扶犁，一手纺织，如拉特兰郡许多居民在一处被称为工匠，在另一处却被称为农夫③。布罗代尔发现，在欧洲许多地区，农业与前工业并不绝对分割。无论是城镇还是村庄，在任何地方，每逢夏季，农活压倒一切，一到冬季，大量手工业活动便代替农业活动。④

　　工业革命后，农村劳动力转移掀开了新的篇章。据哈里森统计，现代英格兰从中古时期发展而来的城市仅占很小的比例，多数是1801~1851年迅速成长起来的。例如曼彻斯特从95 000人增加到303 000人，利兹从53 000人增加到172 000人，布拉德福是工业革命期间人口增长最快的城镇之一，1801年只有13 000人，1821年增加到26 000人，1851年增加到104 000人。19世纪初，伦敦是英国唯一一个10万人以上的城市，到1851年，英国有9个城市人口超过10万人。1851年，英格兰和威尔士已有一半人住在城市里，可谓初步实现了城市化。

---

① 《马克思恩格斯全集》第23卷，人民出版社1972年版，第816页。
② 艾伦·麦克法兰：《现代世界的诞生》管可秾译，上海人民出版社2013年版，第43页。
③ 谷延方：《中古英国农村劳动力转移和城市化特点》，载于《世界历史》2008年第4期。
④ 费尔南·布罗代尔：《15~18世纪的物质文明、经济和资本主义》第2卷，顾良等译，生活·读书·新知三联书店1992年版，第320页。

第六章

欧洲农村城镇化与农民生活水平变迁

第一节 1850年以前欧洲农村的原工业化

欧洲农村城镇化是欧洲城市化的深入,是城镇向农村的延伸。

20世纪70年代,门德尔斯、麦迪克等人将15~18世纪中期工业革命以前的西欧乡村工业命名为"原工业化",用它来解释工业革命何以发生、封建主义为何转化为资本主义,以及农民因何从农业转向现代制造业等重大问题。这种特殊形式的制造业,其特点是农村小规模的家内生产,产品主要是纺织品,针对"出口"市场,利用的是农村季节性劳动力。原工业化阶段为城市化和工厂工业奠定了基础。它为工业革命提供了资本积累和投资机会,也推动了农村制造业发展,并导致农村人口在统计学指标上的显著变化(第一次结婚年龄下降,生育率上升,较大的家庭规模)。这些转变激起了农村人口持续增长,从而刺激了农村的商品需求,农村从事乡村工业的工人尤其像是食品的购买者,而非生产者。[①]

与"原工业化"相配合的,是同期西欧乡村发生的"农业革命"。圈地运动改变了土地制度,保障了土地经营者对农场的独占权,并保护他们的牲畜不与公有牧群杂交。这为农业革命创造了条件,耕作技术、作物品种都发生了实质性变

---

① Stefan Berger. *A Companion to Nineteenth - Century Europe*, 1789 - 1914, John Wiley & Sons, 2008, P. 37.

化，农民通过种植苜蓿、三叶草、马铃薯和芜菁之类作物，取代了土地的休耕。这些新作物既为牲畜提供了更多饲料，牲畜粪便增加了土壤肥力，而且通过豆科植物的氮固定特性而保持了地力。萝卜除了作为动物饲料外，还能抑制杂草生长。18世纪上半叶的英国农村转型，为其更大的变化做了准备。[1]

农业革命大幅提高了农村劳动生产率，也使大量农民与土地分离，农民变成雇佣劳动者，为原工业化提供了大量劳动力、原材料和消费市场。而土地复垦和农业改良又需要大量农村劳动力。钱伯斯指出，随着大量未开垦的土地投入使用，反而提高了当地的农业人口数量。与新农业相关的生产要求更多的劳动力，或在农田、谷仓、养殖场和奶牛场劳动，或进行开垦、挖沟，安装土地边界围栏等工作。[2] 17、18世纪，英国农业连年丰收，农产品剩余大量增加。1650年，英国一个农业劳动力可以供养1.5个非农人口，1700年供养1.7人，1800年则能供养2.5人[3]，1860年为6人[4]。19世纪40年代，施肥新方法使土地不再需频繁休耕。1830年公地所剩无几，到1880年几乎完全消失了。[5]

原工业化阶段，农村和小城镇人口参与了乡村工业，资本亦渗透到了农村。[6] 即使到19世纪，北欧和西欧还有大量依靠出卖劳动力的农村工人。1800～1850年欧洲增长的7 000万人中，有5 000万生活在2万人以下小城镇，其中4 000万都是雇佣劳动者，而且多从事农业劳动。[7] 原工业化改变了欧洲农村的经济性质、家庭结构，使传统农村在土地利用模式、继承、商业化农业、人口流动等方面出现制度性变化。[8] 它打破了农村与商业间的挡隔，为大规模工业化扫清了道路。

18世纪中期后，欧洲城市化以乡村工业城镇兴起为起点。工业要求各生产环节靠拢，工人移居生产点附近，从而形成最早的工业城镇。工业也要求工厂、仓库、商业、写字楼、运输网络、劳动力市场和消费市场等集中，这也只有城市能提供，由此加快了城市的发展。如英国曼彻斯特1800年只有约7.5万人，到1900年则发展为拥有211.7万人的大都市区。19世纪欧洲城市人口增长幅度远

---

[1] Stefan Berger. *A Companion to Nineteenth - Century Europe*, 1789 - 1914, John Wiley & Sons, 2008, pp. 32 - 33.
[2] H. D. Clout. *Rural Geography：An Introductory Survey*, Elsevier, 2013, P. 12.
[3] 唐庆：《近代英国农村人口的迁移与城市化》，载于《人文论谭》（辑刊）2010年第10期。
[4] 杨杰：《英国农业革命与家庭农场的崛起》，载于《世界历史》1993年第5期。
[5] Harry Hearder. *Europe in the Nineteenth Century*, Routledge, 2014, P. 94.
[6] Rab Houston and Keith DM Snell, "Proto - Industrialization? Cottage Industry, Social Change, and Industrial Revolution", *The Historical Journal*, 1984, Vol. 27, No. 2, pp. 473 - 492.
[7] Barry Wellman, S. D. Berkowitz, and Mark Granovetter, *Social Structures：A Network Approach* (CUP Archive, 1988), P. 343.
[8] Stefan Berger. *A Companion to Nineteenth - Century Europe*, 1789 - 1914, Tohn Wiley & Sons, 2008, P. 37.

超乡村。如英国城市人口增长 30 倍,而农村人口同期只增长了 1 倍。欧洲其他地区也大多如此。① 在观念上,人们普遍蔑视乡村,认为那里是落后农民的故乡,进入城市是向"文明进军"。② 这是城市发展的心理基础。

第二节　19 世纪后期农村的城镇化和生活水平

一、农村人口的转移

从 1789 年法国大革命到"一战"前夕,欧洲农村一直处于深刻的变革和持续的动荡之中,尤其在 19 世纪 70~90 年代经历了"农业大萧条"。20 世纪初,农业在各国经济中不再占主导。1913 年,意大利农业占国民生产总值的 37%,法国在 1908~1910 年为 35%,丹麦 1910 年为 30%,匈牙利 1911~1913 年为 57%。③ 同时欧洲工业生产速度加快,更快的交通和通信形式诞生,城市快速发展。但就人口城乡分布比例而言,大多数欧洲人仍住在乡村,仍是农民,耕种土地,照料牲畜。小规模农场、小型作坊和小额交易仍是欧洲社会的显著特征。④

19 世纪工业经济快速增长刺激了农业发展,农村提供的劳动力、食品、原材料和资本等生产要素,很快转移至工业或基础设施建设。农业以一种"供给侧"方式,促进了欧洲向工业化阶段转型:首先,农业生产力发展提高了生产水平,从而释放更多的剩余人口向城市制造业和服务业转移。其次,通过利润、储蓄和税收的再分配机制,农业积累成为工业发展所需资本的重要源泉。最后,农业扩张也为工业提供了"需求方"市场,农村对城市生产的消费品有大量需求,还有农业机械等产品需求。⑤ 这样,欧洲农村的性质和面貌不断改变。

---

① Leif Jerram, *Streetlife: The Untold History of Europe's Twentieth Century* (OUP Oxford, 2011), P. 2.
② 刘易斯·芒福德(Lewis Mumford):《城市发展史起源、演变和前景》,宋俊岭、倪文彦译,中国建筑工业出版社 2005 年版,第 495 页。
③ Stefan Berger. *A Companion to Nineteenth-Century Europe*, 1789–1914, John Wiley & Sons, 2008, P. 34.
④ Stefan Berger. *A Companion to Nineteenth-Century Europe*, 1789–1914, John Wiley & Sons, 2008, P. 32.
⑤ Stefan Berger. *A Companion to Nineteenth-Century Europe*, 1789–1914, John Wiley & Sons, 2008, P. 33.

工业革命中，欧洲城市化多为"推—拉"人口转移模式。所谓"推"，是指随着农业生产率提高，特别是农业机械大量采用，不再需要大量的农村劳动力。所谓"拉"，则是指工业提供了大量就业机会及较高工资，吸引劳动力。这种良性互动快速推进了城市化。以往的乡村工业工人也随着城市工业兴起向城市迁移。

人口迁徙的推动力有很多。第一是城市与农村工资之间的差异。如1861～1881年是经济繁荣和工资上升期，大批劳动者从农村向制造业和采矿业区转移。劳动者受城镇、铁路、乡村警察等更高工资的诱惑而离开农业，也渴望在城镇中获得更大的独立和自由。[①] 农业人口的这种转移是长期性的，转移速度与经济景气正相关。以瑞典为例，20世纪30年代初经济衰退时，每年只有1.5万人离开农业；战后即40年代末经济繁荣期，每年转移的人口超过4万人。[②] 第二是农业危机的影响。19世纪下半叶连续发生的农业危机，迫使乡村人口大量外流。如1840年爱尔兰马铃薯大饥荒，又如1865年后法国南部葡萄种植业的灾荒，都加速了这两个地区农民向外转移。第三是工业革命导致的产业模式变迁。随着工业革命的进行，原工业化那种依赖能源（水、木炭）和本国原料（谷物、羊毛或皮革）的产业模式，转型为依赖煤田和进口原材料，由此曾广泛分布的农村工业，开始向港口、公路、运河和铁路沿线转移。第四是交通技术的发展。公路和铁路建设本身需要大量劳动力。铁路也提供了去城市的更便捷方式。萨维尔曾指出，英国铁路的重要性在于加速从土地上迁移人口。1830年曼彻斯特—利物浦铁路开通后，英国人口流动很快迎来了"铁路时代"。铁路的意义不仅在于在全国范围内建立了商品、新闻和创新意识的市场，还加大了运输迁移人口的能力。[③]

1830年，英格兰和威尔士仍有一多半人生活在农村；1870年，55%的人口是城市居民。1900年，农业人口在奥地利、匈牙利、葡萄牙和西班牙仍占60%以上，而荷兰和比利时的农业人口比例不到1/3，英国不到1/10。[④]

当越来越多的农村人口离开土地向城市迁移时，导致城市人口过度拥挤，开始出现疾病的流行和成片的城市贫民窟，城市又无法有效管理这些社会、经济和健康问题。这成为后来"反城市化"思想的现实基础。这种思想把城市化视作一种破坏性过程，认为如果城市化（农村向城市的移民）无法停止的话，那农村地

---

① H. D. Clout. *Rural Geography*: *An Introductory Survey*, Elsevier, 2013, P. 15.
② H. D. Clout. *Rural Geography*: *An Introductory Survey*, Elsevier, 2013, P. 16.
③ H. D. Clout. *Rural Geography*: *An Introductory Survey*, Elsevier, 2013, P. 28.
④ Stefan Berger. *A Companion to Nineteenth - Century Europe*, 1789 - 1914, John Wiley & Sons, 2008, pp. 33 - 34.

区就应该受到保护,免受城市扩张和城市生活方式的侵害。①

二、19 世纪农民生活水平

19 世纪欧洲的农民生活状况呈现多样化。西欧和中欧大中产阶级的生活标准有明显提高,农村生活标准也在缓慢上升。英国、法国、德国和比利时工业城镇中的工人,却度过了一段困难时光,尤其是 19 世纪前 20 年。②

19 世纪 40 年代后,法国农民的生活水平普遍提高。人均食品的消费量和质量不断提升。面包不再是由各种杂粮和蔬菜混合而成,而更多是白面包。消费者可选择的种类和价格更多。由于其他食物如马铃薯的引入,人均消费面包的数量有所下降。50 年代后,肉类消费量有所增加;葡萄酒和糖的消费量显著增加。1840 年法国人均喝葡萄酒不到 50 升,到 70 年代中期,每年人均几乎喝酒 90 升;从 1840 年到 1880 年,人均糖消费量增加了 1 倍多。

德国农村普遍比较贫穷,农民相较法国农民的生活水平要差:食物上更依赖马铃薯,喝少量价格低廉的自制蒸馏酒。人口增长太快,工业和农业无法提供充分就业。特别是在集约工业化开始的前几十年里,农村出现了较大困难。1830~1880 年有 100 多万德国人移民美国。1845 年因马铃薯歉收,还出现了饥荒。③

意大利的农民生活状况更糟。1860 年,当加里波第率军来到西西里时,惊讶地发现,当地穿着兽皮的年轻男孩就像野蛮人一样。那不勒斯王国农民更穷。此地人口密度高,但自然资源贫瘠。1835 年,某些省有 1/13 的人靠乞讨为生。1861 年意大利统一对南方贫苦农民也没有明显助益,他们还常常陷入波旁土匪与新当局之间长期战争的危险中。④

19 世纪中叶俄国约有 6 000 万人口,3/4 以上是农民。1830 年,俄国农民占欧洲总人口的将近 1/5。他们中大多数在 1861 年前是农奴,其中约 2 000 万是国家所有或雇佣的。1861 年亚历山大解放农奴,但解放了的农奴债务负担沉重⑤,生活状况恶劣。一个离莫斯科仅 80 英里的村庄就显示了俄国农民生活的简陋。每个家庭仅住一所约 16 英尺宽的茅草顶小木屋,人多睡在地面的秸秆上,没有烟囱,烟雾弥漫房间。但俄国农民认为自己是文明的,还学会了西欧社会的某些

---

① Simin Davoudi and Dominic Stead, "Urban – Rural Relationships: An Introduction and Brief History", *Built Environment*, 2002, Vol. 28, No. 4, pp. 269 – 277.
② Harry Hearder. *Europe in the Nineteenth Century*, Routledge, 2014, P. 113.
③④ Harry Hearder. *Europe in the Nineteenth Century*, Routledge, 2014, P. 114.
⑤ Harry Hearder. *Europe in the Nineteenth Century*, Routledge, 2014, P. 115.

习惯。他们吃东西时常用木头做叉子，在特殊场合也使用瓷盘。女性为家庭制作衣服，也穿亚麻印花布。男性穿蓝色亚麻衣裤，假日穿红衫。在寒冷的天气里，男人们的夹克衫由未鞣制的羊皮制成，鞋则是桦树皮做的。农民们每十年左右买一双皮靴。70年代，茶作为奢侈品引入，他们开始使用茶壶。农民们主要食用黑麦面包、卷心菜汤、芜菁、豌豆和粥。和欧洲其他地方的穷人一样，他们很少吃肉。这个村庄可能还强于许多偏远村庄。①

东欧农民生活水平差异较大。塞尔维亚人生活在原生态状态下，生活条件可能好于俄国农民，甚至好于英德的农村人。山区农人多有石基房子，屋面覆盖木瓦。塞尔维亚人食用豆子、洋葱和玉米面包，冬天是泡菜和肥肉，夏天有牛奶、奶酪和鸡蛋，平时饮用一种由李子制成的淡白兰地，在一些特别场合还能喝葡萄酒，吃烤羊肉或猪肉。②

爱尔兰农民的生活条件不比俄国人好。住的小屋用泥土做成，仅四、五英尺高，没有窗户、烟囱和家具，唯一的光和热都来自炭火，猪和鸡都与人同住一屋。爱尔兰许多地方的人不知道有面包和绿色蔬菜，马铃薯是农民主食，有时以胡椒水作饮料。爱尔兰的饥荒主要是因为没有足够的土地。人口过剩使土地价格居高不下，租金也远高于英国。19世纪30年代，爱尔兰几次马铃薯歉收导致饥荒。1836年，爱尔兰800万人中有200多万人依靠救济。1839年、1845~1847年又数度遭受饥荒。尽管人口减少了一半，但也没能改善农民的生活。③

即使像英国这种经济快速增长的国家，农村发展也存在问题。如整个19世纪里，英国农业工人的住房短缺问题一直存在。农村住房条件普遍不佳，一个家庭几代人共用一所房子是常见现象。④ 1815~1830年，由于手工业与农业分离，大量小农变成了靠工资过活者。农业劳动者中贫困人口增加。1830~1850年，英国农业工人生活条件有所下降，1834年的新《济贫法》并没有得到普遍执行。农村贫困造成了高犯罪率，由于饥饿，即使严厉惩罚也起不到威慑作用，致使19世纪三四十年代英国乡村偷猎行为非常普遍。混乱的农村经常骚乱。威尔士农民们还抗议公路收费，1843年发生了针对收费站的暴力事件。成群的人把脸涂黑，用女人的衣服伪装自己，摧毁了收费站和收费员住所。⑤

---

① Harry Hearder. *Europe in the Nineteenth Century*，Routledge，2014，pp. 115 – 116.
② Harry Hearder. *Europe in the Nineteenth Century*，Routledge，2014，P. 116.
③ Harry Hearder. *Europe in the Nineteenth Century*，Routledge，2014，pp. 119 – 120.
④ H. D. Clout. *Rural Geography: An Introductory Survey*，Elsevier，2013，P. 20.
⑤ Harry Hearder. *Europe in the Nineteenth Century*，Routledge，2014，P. 118.

第三节 20世纪前期农村生活水平日趋城市化

19世纪末以后,大量农民移居城市,但很少有城镇居民返回农村。20世纪大部分时候,大多数欧洲国家的人口变化格局是"农村人口流失和城市化增加"。农村人口不断减少,年轻和有能力的人前往城市寻找更好的就业机会。农村人口日益老龄化,生殖潜力下降,是该时期农村人口结构的基本特征。

20世纪的两场大战,致使欧洲城乡经济衰退,人员和财产蒙受重大损失,城市人口不断向农村疏散,对城市发展产生了不利影响。战后欧洲农村进入机械化阶段,劳动生产率大幅提高,拖拉机、收割机、挤奶机急剧增加,农业剩余人口增多,妇女和青年人开始进入城市。同时交通的改进、城市基础设施的发展、工业对劳动力的需求,使欧洲农村人口向城市的流动达到历史的最高峰。[1]

战后初期至20世纪70年代的重建中,西欧国家都经历了经济扩张。如意大利从一个农业国家迅速成为世界主要工业化国家之一,服务业和工业的就业迅速增加,农业劳动力转移加速:数以百万计的农民外流:首先去国外,然后到意大利北部工业集中的地方。国内生产总值高速增长,1958~1963年GDP增长率超过6.5%,人均收入增加,生活水平提高,意大利进入消费社会。1921年,意大利农业部门工人数占劳动人口的59%。1950年下降为43%,农业工人数量持续减少。[2]

一、"第二次农业革命"及对农村社会的影响

传统农民因其经济利益互补及生产相互协作,往往具有紧密的社会联系。生产需要多个生产环节的配合,如种植农业中的犁耕、播种和收割,畜牧业中的放牧和剪羊毛。农民们还具有公共责任,如需要共同维护农村道路等公共设施。依靠血缘关系联系的村民还有相互扶助的义务,以对抗和减轻灾难。每一次互助和服务交换,都巩固和加强了村民与社区的联系。这就是农村社交网络。[3]

工业化完成后,欧洲出现了以机械化、化学化为标志的"第二次农业革命"。

---

[1] B. Tomka. *A Social History of Twentieth-Century Europe* (Routledge, 2013), P. 317.

[2] Fiorella Marcellini et al., "Aging in Italy: Urban-Rural Differences", *Archives of Gerontology and Geriatrics*, 2007, Vol. 44, No. 3, pp. 243–260.

[3] H. D. Clout. *Rural Geography: An Introductory Survey*, Elsevier, 2013, P. 36.

19世纪起矿物肥料出现，有利于补充地力。机械化也在西欧和北欧农业中加速发展，尤其是荷兰、比利时和丹麦等较小国家。20世纪40年代末和50年代，政府关心如何提高粮食产量。农业开始使用杀虫剂，但也增加了农产品污染的威胁。60年代以来，矿物肥料（硝酸盐、磷酸盐和钾）广泛应用于东欧、南欧。西欧一些国家（如比利时、荷兰、西德）则过度施肥现象增多，食品化学污染日益严重。但为保证农业产出持续增加，农药、化肥又不得不大量使用。[1]

农业技术进步还包括新家畜品种和新作物品种的引进，尤其是耕作方法的重大技术变革即机械化。19世纪下半叶，农业开始使用蒸汽犁和蒸汽脱粒机。不过到20世纪上半叶机械化程度仍处于低位，拖拉机只在西欧和北欧流行。1939年，整个欧洲大约有27万台拖拉机。1945年后发生了根本变化。80年代初，拖拉机超过800万台，并且由一个简单的牵引车辆发展成一种集成的工作机器，能够完成多种任务。[2] 播种机、收割机、脱粒机等农业机械也广泛应用。21世纪还应用了可以自动执行特定任务的微处理器。不过，欧洲农业机械化仍存在巨大的地区差异。西欧和北欧先进得多，东欧和南欧则较为落后。

机械化和化学品大量应用，一方面，的确提高了劳动生产率，促使农村继续向工业转移劳动力。略举两例。20世纪初的德国，一个单位的劳动可为5个人提供足够的食物，20世纪中期为6人，1980年为35人。在英国，1900年一公顷地小麦生产需要120工作小时；20世纪中叶需要80小时，1980年只需15小时，与此同时，每公顷小麦产量还大幅提升。战后欧洲各国的农业生产率都有5~6倍增长，特别是50年代的北欧和西欧、60年代的东欧和70年代的南欧。[3]

另一方面，农业的资本密集度迅速上升，甚至超过许多工业部门，农民的生产成本越来越高。[4] 而机械化、化学品使用、生物创新、产业结构和生产组织变革，导致农业和非农业生产方法之间的界限消失了，只有东欧和南欧农业仍沿着传统的路线进行。[5] 由此农业社会也发生了变化。如法国，传统农村有三个主要阶层：大地主、小农、农业劳动者和由农村手工业者组成的农民阶层，以及相对独立的半自给农民。而在农村人口减少之后，这种传统社会结构从20世纪60年

---

[1] G. Ambrosius and W. H. Hubbard. *A Social and Economic History of Twentieth - Century Europe*, Harvard University Press, 1989, pp. 174-175.

[2] G. Ambrosius and W. H. Hubbard. *A Social and Economic History of Twentieth - Century Europe*, Harvard University Press, 1989, P. 174.

[3][5] G. Ambrosius and W. H. Hubbard. *A Social and Economic History of Twentieth - Century Europe*, Harvard University Press, 1989, P. 180.

[4] G. Ambrosius and W. H. Hubbard. *A Social and Economic History of Twentieth - Century Europe*, Harvard University Press, 1989, P. 175.

代后在巴黎盆地等发达农村地区消失了。取而代之的是城市化了的农场主和管理人员、技术熟练的农业技术人员和运输、商业等部门的服务人员。①

20世纪70年代，西欧各国开始考虑减少粮食产量，以避免粮食过剩，保证农民收入，于是对碎片化农田和林地进行土地整理。在此之前的60年代，西欧以小型农场居多，平均占地12公顷，其中2/3小于10公顷，只有3%的农场超过50公顷；有3/4的农场规模太小，无法让劳动力得到合理利用。② 1963年，西欧完成3 800万公顷的土地整理，占可耕地面积的1/4。1969年，法国600多万公顷土地被整合。70年代，土地整理在各国纷纷立法，如奥地利、比利时、德国、挪威。③ 土地整理的目标因国家而异。在此过程中，各国政府通过支付年老农民年金、为年轻人口提供就业培训，同时也为因土地整理而转移出的农场人口修建新的农场建筑和公共设施，如为分散的每个农场铺设硬化道路、自来水和电力管线等，进一步改善农村地区的基础设施和生活水平，增加农民收入等。④

二、农村生活水平的变迁

对农村人口来说，机械化、农业商品化和城市化的不断推进，给日常生活带来了根本性变化，最终打破了农民的传统生活方式和习俗。农村社会生活转型也得益于大规模的人口外迁，以及城市价值观向农村的传播。到20世纪70年代，至少在社会经济功能方面，欧洲社会都接近于城市化。⑤

1945年以来的农业现代化和工业扩张，使得农村后备劳动力转移到城市，从根本上改变了城市和农村人口的分布格局。20世纪五六十年代，南欧和东欧的城市人口年均增长率为2.5%左右。这时期东欧有2 000多万人从农村转移到工业城市。从1961年到1970年，西班牙有将近450万人口离开农村，定居于马德里、巴塞罗那和毕尔巴鄂等城市。⑥ 至80年代初，比利时、丹麦、西德、法国、英国和荷兰等国家，城市人口达到75%以上。

---

① H. D. Clout. *Rural Geography: An Introductory Survey*, Elsevier, 2013, P. 40.
② H. D. Clout. *Rural Geography: An Introductory Survey*, Elsevier, 2013, P. 105.
③ A. Vitikainen, "An overview of land consolidation in Europe", *Journal of Surveying and Real Estate Research*, 2004, Vol. 1, No. 1, pp. 25–44.
④ H. D. Clout. *Rural Geography: An Introductory Survey*, Elsevier, 2013, P. 112.
⑤ G. Ambrosius and W. H. Hubbard. *A Social and Economic History of Twentieth-Century Europe*, Harvard University Press, 1989, P. 43.
⑥ G. Ambrosius and W. H. Hubbard. *A Social and Economic History of Twentieth-Century Europe*, Harvard University Press, 1989, pp. 39–40.

20世纪50年代时，城市和乡村在生活水平和生活方式上尚存在巨大差异。[①]随着各国通向农村高速公路的开通，大量通勤者涌入农村，服务设施增加，原来因为人口减少而面临关闭的商店、学校等基础设施得以维持，村庄面貌也因此改变，村庄性质也发生着变化。人们在农村酒吧里的谈话往往是生产数字而不是农业收成。至六七十年代，欧洲发达国家城镇和乡村的生活习惯基本趋同。[②]

20世纪60年代的学界就已观察到英国农村社区在观念上的城市化。以1963年小约翰对切维奥茨的韦斯特里格教区研究为例，这里并没有很多家庭农场，而巨大的养羊牧场拥有数百或数千公顷的土地，地主所有，由牧羊人和农场工人经营。这样的农场相比传统农场，血缘关系的意义要小得多。他们有更广泛的社会关系和网络，只是因为工作关系"住在"教区，但并不"属于"这个教区群体。这些农场工人的观念与生活，与城市工人具有强烈的社会相似性。[③]

20世纪六七十年代城乡生活水平趋同的趋势普遍出现于欧洲各国，只是在偏远和欠发达地区要慢些。60年代以欧洲北部和西欧的这种平级过程最为迅速，东欧则到70年代才发生。不过这种"富裕"消费的民主化在南欧相当碎片化。除西班牙和意大利外，最具象征意义的消费符号——汽车，1980年时南欧和东欧的普及率只有西欧和北欧的一半。

第四节　20世纪中后期欧洲的逆城市化发展

20世纪60年代以后，城市居民进入农村的趋势更加明显，大多数欧洲工业国家都出现了所谓的"逆城市化"（counter-urbanisation）、"乡村再人口化"（rural repopulation）或"人口逆转"（population turnaround），具体表现为"住在乡村""乡村旅游""第二套房"三大现象。

一、逆城市化出现

自20世纪六七十年代开始，越来越多的人口不愿意在城市里生活，他们更倾向于选择居住在交通便利的农村地区，每日通勤上班。这种"逆城市化"是欧

[①] G. Ambrosius and W. H. Hubbard. *A Social and Economic History of Twentieth - Century Europe*, Harvard University Press, 1989, P.75.

[②] H. D. Clout. *Rural Geography: An Introductory Survey*, Elsevier, 2013, P.46.

[③] H. D. Clout. *Rural Geography: An Introductory Survey*, Elsevier, 2013, P.38.

洲发达国家的普遍趋势，也是欧洲许多地区农村人口再增长的主要原因。媒体对农村优良环境的宣传，乡村公路网的发达，汽车的较高拥有率，推动了乡村人口的增加。自50年代以来汽车拥有率的上升，也使城市生活方式在乡村得以传播，从而改变了城镇与乡村的关系。到60年代，如英国，农村人口减少的趋势被扭转，围绕某个较大城市30公里以内的农村地区，定居人口都在增加。[①]

自20世纪60年代初以来，欧洲非城市地区的人口增长速度超过了城市。这种增长大都发生在城市边缘的农村。在英国，其逆城市化表现为人口从北部向南部迁徙。在英格兰低地区和靠近威尔士地区，1961~1980年农村人口增长率在5%~15%，其中尤以从诺福克到伯恩茅斯的"阳光地带"人口增长率最高。即使更偏远的农村，如威尔士中部，发展也相当迅速。寻找能够承受经济负担的住房，是城市人口向农村溢出的一大驱动力。[②]

随着经济和体制活动的分散化，以及交通基础设施改善，产生了一种新的城市扩张，逐渐消弭着农村和城市的区别。20世纪60年代，欧洲发达国家农村出现了很多"都市村庄"（metropolitan village），村庄中居住着越来越多的城市中产阶级，他们每天在大城市里通勤上班。这种都市村庄实属一种"伪农村"（pseudo-rural）居民点。例如1966年，伦敦北边的"都市村庄"中，居住有以下人群：富豪、工薪阶层、有一定积蓄的城市退休工人、收入有限的城市工人（因城市房价高而被迫离开城市住在农村的通勤者）、农村工薪阶层的通勤者（在农村有自己房子，但去别处工作）。这与在当地工作的农业工人和商人居住的传统村庄不同。由此形成一种"分散的城市"（dispersed city），由老城镇、新城镇、村庄和小村庄组成，超越了中心城市的建设局限，越来越带有城市中产阶级的生活方式特点。[③] 通过这种从城市扩展出的"分散"的新城镇、市镇，最终将农村区域合并形成城市。

许多逆城市化发达的西欧"农村"，特别是大城市附近人口密集的农村，或区域中心城市附近的农村，虽然景观上是"农村"，但其居民的行为或心理已经"城市化"，即"心理城市化"，思想、工作和习惯已不同于传统农村，而与城市有更多的共同之处。由此也出现"新农村经济"，即"新农村"的主要产业已非狭隘的农业，而是在经济、结构和文化意义上与城市有更多共同之处。

农村人口的中产阶级化和"城市化"，表明农村社区开始向城市价值观和生

[①] H. D. Clout. *Rural Geography: An Introductory Survey*, Elsevier, 2013, P. 44.
[②] Michael Bunce. *The Countryside Ideal: Anglo-American Images of Landscape*, Routledge, 2005, P. 76.
[③] H. D. Clout. *Rural Geography: An Introductory Survey*, Elsevier, 2013, P. 38.

活方式转变。① 自 1971 年以来，英格兰农村人口增长了 17%，而总人口仅增长 4%。② 增长的主要原因是人们搬离城市，以及退休人口更乐意在农村居住。据估计，平均每周有 1 700 人从城市迁移到农村。这些农村新移民中许多人是富裕的城市人，他们在城市工作，在农村生活，以欣赏风景为主要追求，而不是在农村工作。2001 年人口普查中，英国从事农业的人口只占劳动力人口的 1.6%。城市—农村的迁移导致农村逐步中产阶级化，特别在住房方面。③ 同时也对农村地区的社会、经济和环境等提出了新挑战。以英格兰东南部农村为例，这个地区是英国优秀的高收入人群，如高级雇员、企业家和决策者们的最爱，他们在繁忙的工作之外，喜欢到这个离伦敦较近的乡村区，体验平静的生活。城市居民和游客把这里变成了最富裕的农村地区。但这种繁荣也有不利之处：城市迁来的富翁对农村经济的需求很少，却令房价不断上涨，使当地社区居民难以承受，过去为当地人提供工作的活动也受到威胁。年轻人为寻找工作机会不得不搬出去，让农村的人口结构更加不平衡。④

随着逆城市化，以及富裕的城市通勤者涌向依赖汽车的住宿村 (ar-dependant dormitory villages)，农村产业结构发生变革，农村土地利用和景观格局发生深刻变化。这威胁到农村的"乡村性"，有些国家如英国甚至视其威胁到独特的国家身份认同。⑤ 英国人有一种乡村生活理想，热衷于复制乡绅生活方式。虽然普遍缺乏规划，但农村土地常被转化为修建这种侧重于空间、隐私、景观和地位的现代乡村庄园别墅。这种分散的住宅开发成为大多数城市附近的乡村景观。⑥ "二战"后的英国规划即是受到这种逆城市化影响，它将城市和乡村区分，限制城市边界的发展，保护乡村不受城市扩张的影响。

二、乡村旅游

铁路通行之前，乡村旅游只限于少数人，直到 19 世纪 50 年代，休闲仍主要为富人所特有。但也有证据表明，在 30 年代，对于那些刚刚进城的英国城市工人来说，在当时尚不存在城市公园的情况下，星期日徒步几小时，就可以离开肮脏、拥挤、充满敌意的城市和工厂，享受农村开阔、优良的自然环境，获得短暂

---

① Andrew K. Copus and Philomena de Lima. *Territorial Cohesion in Rural Europe: The Relational Turn in Rural Development*, Routledge, 2014, pp. 101 – 102.

② Charles Reynell. The Countryside: Poverty And Plenty. *The Economist*, 5 December.

③④⑤ Simin Davoudi and Dominic Stead, "Urban – Rural Relationships: An Introduction and Brief History", *Built Environment*, 2002, Vol. 28, No. 4.

⑥ Michael Bunce. *The Countryside Ideal: Anglo – American Images of Landscape*, Routledge, 2005, P. 76.

的休闲。① 但随着城市的扩大,乡村变得越来越难以接近。

随着大众对公共卫生以及工厂条件的关注,以及相关的工人运动开展,人们对待工作和休闲的态度发生了改变。19 世纪 70 年代周六开始放半天假。正式的节假日工人们可以到乡下度假。火车票价下降和服务更完善,铁路公司推出农村休闲旅游项目。最初,最受欢迎的目的地是海滨度假胜地,旅游列车夏季周末从兰开夏纺织城开往英格兰湖区,从设菲尔德开往德比郡峰区。② "一战"前夕,法国、意大利和瑞士也从中产阶级和上流社会的旅游度假中获得可观收入。③

战后初期直到 20 世纪 50 年代,这一趋势重现。随着经济高速增长,人们的收入增加了,汽车保有量也不断上升,1960 年西欧 16 个国家的汽车数量为 215 万辆。1967 年增加到 503 万辆。越来越多的城市居民选择在农村度过周末和假期。各国带薪假期普遍延长。1960 年,法国有 22 天节假日,西德为 19 天,比利时为 15 天,英国最短,但也有 10 天。周平均工作时间也呈现缩短趋势。1960 ~ 1967 年,西德从 45.6 小时缩短至 42.0 小时,荷兰从 48.8 小时缩短至 45.3 小时,英国从 47.4 小时缩短至 45.3 小时。道路现代化和农村休闲设施增多,加速了变化的幅度和速度。④ 1964 年的一项小样本抽样调查,展示了一个比较粗疏的英国户外和乡村旅游发展水平。在 3 000 户抽样调查中,有 34% 的受访者最近一次旅游去的是乡下。1969 年在苏格兰做的一项抽样调查中,31% 的受访者表示最近一次郊游是去乡村,22% 的人是参观某个风景区。这表明约有一半的人每年至少有一次到农村旅游。1984 年的一项数据也显示,受访者中有 38% 是乡村旅游的常客,尤其在夏季。这意味着每年都有数百万人涌入农村消夏。⑤

伴随旅游的发展,农村增添了更多的娱乐功能,体育设施、公园、旅游景点、治疗机构、自然保护区和博物馆增多。高尔夫球场和赛马场占据了大片农田,满足狩猎、悬挂式滑翔的户外活动侵入了乡村和森林、灌木和荒野。作为景点的农村已日益商业化,有为满足旅游的各种景观:风景如画的村庄、古迹。有露营地、床位,有早餐小屋、小吃店、茶室、餐厅和路边店等。农村人行道、马道,因为拥有开放空间和保存完好的风景,也成了观赏资源。农村还是自然和文化历史的宝库,建立了越来越多的保护区和乡村博物馆。可以说,因其景观和土地利用于休闲,农村成了巨大的户外休闲基地,其经济和社会结构也随之适应性改变⑥,反而让人忘却了乡村生活的本性。

---

① Michael Bunce. *The Countryside Ideal*:*Anglo - American Images of Landscape*,Routledge,2005,P. 90.
② Michael Bunce. *The Countryside Ideal*:*Anglo - American Images of Landscape*,Routledge,2005,P. 92.
③ H. D. Clout. *Rural Geography*:*An Introductory Survey*,Elsevier,2013,P. 62.
④ H. D. Clout. *Rural Geography*:*An Introductory Survey*,Elsevier,2013,pp. 63 - 64.
⑤ Michael Bunce. *The Countryside Ideal*:*Anglo - American Images of Landscape*,Routledge,2005,P. 99.
⑥ Michael Bunce. *The Countryside Ideal*:*Anglo - American Images of Landscape*,Routledge,2005,P. 112.

为发展旅游，农民开始从事酒店餐饮业和纪念品生产，观念也改变了：传统的农业活动如今被视为一种工作，开始有了"工作"和"休闲"之分。为满足游客需求，农民还接受一定的专业培训。以往农民之间多是合作关系，如今则变成相互竞争的对手。[①] 旅游鼓励农民的心态城市化，加速农村城市化进程。

为应对农业面临的生产过剩与环境问题，欧洲委员会于1988年出版了《农村社会的未来》一书，这标志着农业政策方向的改变。书中提出了"农村发展"的新概念，农业已不再被视为简单的食品生产，还应包括旅游业。这份文件首次将乡村旅游看作发展的一种选择，一种"经常被提及具有潜在的农村社会未来潜力"的活动。乡村旅游因此成为农牧业的补充，并作为一种手段来制止农村人口减少，增加农村家庭收入，使经济多样化。乡村旅游可以多种方式造福于当地居民。它建立了城乡居民之间的联系，抵消着人口老龄化、文化价值丧失和传统以及遗产退化等农村所面临的主要问题。农村发展项目也集中于刺激农村旅游目的地的拉动因素上。21世纪以来，欧盟实施农村发展政策，开发了新的床位、餐馆、设施、旅游产品、营销和规划活动。[②]

1991年欧洲通过"经济与农村发展计划"（又称"领导人计划"，LEADER[③]），旨在激发农村地区的发展潜力。该计划设定了一些项目，有切实可行能达到的临界质量，设有较高的门槛值。参与者组成地方行动小组，负责管理基金和设计发展战略。通过向农村注入公共资金，达到振兴当地工艺，促进旅游、中小企业、农产品发展，保护和改善环境的目的。

第一个领导人计划执行于1991~1994年，目的是促进农村发展，减轻诸如人口老龄化、失业和低收入等问题。旅游业振兴农村的潜力首先需要资金，许多成员国为此做了较多投入。第一个领导人计划执行阶段结束后，1995年欧盟委员会对执行效果做了评估，指出了执行中的弱点，如地方行动小组对当地基本情况、来访游客的信息、当地接待能力信息掌握不够等问题。

第二个领导人计划执行于1996~1999年，将农村发展项目的监测和评价移交给各个国家和地区。欧洲委员会公布了《关于第二个领导人计划的事后评估文件准则》。在旅游业方面，新影响因子在前一个计划指标的基础上，将考核指标具体细化，包括旅游部门实施的具体措施，如提供基础设施和服务，发展路线，建立预订中心，推广旅游产品，加强农村文化遗产保护，以及制订营销计划等。

---

① Clout. *Rural Geography*: *An Introductory Survey*, Elsevier, 2013, pp. 65 – 69.

② J. G. T. Ballesteros and M. H. Hernández, "Assessing the Impact of EU Rural Development Programs on Tourism", *Tourism Planning & Development*, 2017, Vol. 14, No. 2, pp. 149 – 66, doi: 10.1080/21568316.2016.1192059. 以下欧洲农村发展计划资料均出自该文。

③ 即 Liaisons Entre Activités de Developpement de l'Economíe Rural。

此外，还出台了一本关于如何评估地区旅游潜力的指南。针对地方行动小组，则提出了制订战略旅游计划时要考虑的基本要素，包括供需关系分析、农村旅游市场竞争和消费趋势的评估，以及市场营销计划的关键等。

"领导人加计划"（LEADER Plus，2000~2006年）于1999年6月推出。此计划尝试以加强自然和文化遗产的新方式，改善农村社区的经济和组织能力。在旅游领域，深入分析了全欧893个项目中10个项目的具体经验和良好实践，如德国罗斯区酒店入住率、西班牙杰特山谷旅游产品引入创新元素等。

此后欧盟又出台了《2007-2013乡村发展规划》。该文件有助于确保欧洲农业农村发展基金赠款的规模与经济社会凝聚力的目标相一致，重点关注新增旅游项目数和新增旅游床位数，量化指标再次成为农村发展项目评价的一部分。

三、第二套住房

在农村拥有第二套住房，是1945年之后的现象。所谓第二套住房，一般指以运动、娱乐和休闲为目的而购买的第二套住房。[①] 以往能在乡下拥有第二套住房的，仅仅是少数富裕阶层。早在17世纪，英国、法国、瑞典等国的贵族和资产阶级就有在周末和夏季度假的习惯。"二战"后，随着越来越多的中等收入家庭有足够的收入和闲暇，拥有第二套住房的家庭比例逐年上升。1970年，估计有18万~20万人在英格兰和威尔士的非城市地区拥有第二套住房，其中70%位于海岸。1962年，瑞典哥德堡、斯德哥尔摩等主要城市周边，大约有30万套第二套住房，1969年上升到45万，平均每5个家庭就有一个有第二套住房。1971年，法国第二套住房的家庭比例也达1/5，即约160万套。[②] 在许多国家，特别是学校放假的两三个月里，母亲和孩子们几乎整个夏天都居住在第二套住房，而平时周末和正式带薪休假期间，父亲也加入这一行列。许多第二套住房配备了家用电器，使在农村能够享受城市的生活。[③] 以1967年的调查为例，法国第二套住房的85%有自来水，96%有电力供应，56%有冰箱，64%有广播，34%有电视机。[④]

第二套住房同样也是个"逆城市化"现象。它对农村发展的益处在于，新来的居民愿意为剩余土地和建筑物付出更多的金钱，从而带来了资金，增加了农村

[①] Kjell Overvåg, "Second Homes: Migration or Circulation?" *Norsk Geografisk Tidsskrift - Norwegian Journal of Geography*, 2011, Vol. 65, No. 3, pp. 154–64, doi: 10.1080/00291951.2011.598237.

[②] H. D. Clout. *Rural Geography: An Introductory Survey*, Elsevier, 2013, pp. 81–82.

[③] H. D. Clout. *Rural Geography: An Introductory Survey*, Elsevier, 2013, P. 70.

[④] H. D. Clout. *Rural Geography: An Introductory Survey*, Elsevier, 2013, P. 73.

税收和当地商店、汽车、车库的数量，也增加了建筑商的就业。但农村的驾驶环境变得危险，农业用地被侵占。第二套住房对道路、电力、供排水等基础设施的需要，间接加强了农村的基础设施。在一项对瑞典东部的逆城市化研究中，根据家庭访谈数据，可从移民的价值观和以往经验中分析移居农村的原因："自由""和平与安静""社区意识"和"独立"，是导致迁往农村的重要因素。①

从 1991 年到 1996 年，大约有 4 000 名德国人在瑞典购买了别墅。到 2001 年，总共有 5 500 名德国人在瑞典有第二套住房。有 30 万名德国人在西班牙拥有第二套住房，在法国拥有 10 万套，在意大利拥有 10 万套，在葡萄牙拥有 6.5 万套。调查者采访的 91 名德国人中，有 15 人表示曾考虑购买丹麦的房产，只是由于法律禁止才作罢。② 20 世纪 90 年代，英国第二套住房的拥有率虽然落后，但也拥有 20 万套第二套住房。第二套住房均在非城市地区，满足城市人的假期度假和周末度假所需。③

拥有第二套住房的现象在北欧国家普遍存在。挪威人有大约 230 万套"第一套住房"和 42 万套"第二住套房"。在 21 世纪的前 10 年里，挪威每年修建 5 000～6 000 所新住房。瑞典、芬兰、丹麦等北欧国家类似。挪威大多数人的第一套住房在城市中，第二套住房多集中在大城市的休闲腹地。一般在周末逗留，85%～90% 的第二套住房车程在 3～4 小时内。21 世纪初期建造的第二套住房，其基础设施包括电力、暖气、水和污水方面已经有相当高的标准，且这些地区全年都可使用汽车。不过，第二套住房的居民区虽然位于农村，却通常与该地原有的农村居民点分开。④

随着闲暇时间增加和生活水平提高，第二套住房的利用时间更长。2007 年的相关调查显示，挪威人在第二套住房中度过的平均时间是 36 天，其中 7.9% 的人超过了 3 个月。随着平均寿命增长和健康改善，退休人员在第二套住房待的时间更长。较高标准的第二套住房也会鼓励长期停留。21 世纪初期，第二套住房显著改善。居住空间通常在 100 平方米左右，现代家用电器（如洗碗机）可以在特制小木屋中使用。较老的第二套住房改造后，有自来水、电、冰箱和电视机，而且有明显的"从不方便的原始度假屋，日益向舒适和便利的住宅"转变的趋势。大多数第二套住房由城市居民拥有，也有一部分是农村的人。由于挪威拥有

---

① N. Gallent, M. Shucksmith, and M. Tewdwr-Jones. *Housing in the European Countryside: Rural Pressure and Policy in Western Europe*, Routledge, 2003, P. 48.

② N. Gallent, M. Shucksmith, and M. Tewdwr-Jones. *Housing in the European Countryside: Rural Pressure and Policy in Western Europe*, Routledge, 2003, P. 50.

③ Michael Bunce. *The Countryside Ideal: Anglo-American Images of Landscape*, Routledge, 2005, P. 70.

④ Kjell Overvåg, "Second Homes: Migration or Circulation?" *Norsk Geografisk Tidsskrift – Norwegian Journal of Geography*, 2011, Vol. 65, No. 3.

第二套住房的人日益增多,有学者认为,度假屋已经是挪威社会和文化不可或缺的一部分。[①] 第二家庭旅游的国际化引发人们对农村的关注。英国和德国人购买了法国和瑞典的乡村住宅,还让当地居民产生了不满和被殖民的感觉。[②]

从城乡关系考察第二套住房现象是当下欧洲城市化研究中的一个热点。建设于农村地区的密集的"第二住宅区"及其附属设施,展现了一种浓缩的城市化景观。这一发展被欧洲学者描述为农村城镇化和逆城市化的一种新形式,它为农村和城市之间提供了新的联系。

[①] W. G. Ellingsen and K. Hidle, "Performing Home in Mobility: Second Homes in Norway", *Tourism Geographies*, 2013, Vol. 15, No. 2, pp. 250–67, doi: 10.1080/14616688.2011.647330.

[②] D. K. Müller, "Second Homes in Rural Areas: Reflections on a Troubled History", *Norsk Geografisk Tidsskrift – Norwegian Journal of Geography*, 2011, Vol. 65, No. 3, pp. 137–43, doi: 10.1080/00291951.2011.597872.

第三篇

乡村改造
和乡村建设

第七章

欧洲城乡基础设施的发展与演进

城镇和乡村作为聚居地，是居民从事各种经济社会活动的载体。城乡居民生产和生活需要具有若干基本条件，诸如交通、能源、供水、排水等。上述基础性条件是城乡赖以存在和发展的基础和前提。在欧洲城镇化进程中，其基础设施的发展经历了明显的三阶段，即前工业时期、工业化时期和后工业时期。

第一节 前工业时期欧洲城镇的基础设施

基础设施是城镇形成的重要条件。前工业时期欧洲聚居地多为小城镇和村庄，城乡基础设施主要表现为道路、交通、供排水。地理学家安托洛普曾指出，可达性和专业化是城市发展或衰退的重要因素。[1] 前工业时代（1000～1750年）人员交通半径有限，主要通过步行往返于居住地与特定地点（如工作地、市场等），出行距离短、速度慢。若城镇靠近通航河流或海洋，与腹地或外界的联系则便利些。

一、中世纪时期

道路。道路是城镇与外界连接的通道。前工业时代道路铺设相当粗略，只有

---

[1] Marc Antrop, "Landscape change and the urbanization process in Europe", *Landscape and Urban Planning*, 2004, Vol. 67, P. 10.

英法等国一些地区以及低地国家的路面平整度和干湿度维持了较高水平。在许多欧洲国家，道路立法和道路检查处于初步阶段。中世纪街道改善很普遍，城镇中心地都有铺装道路或者木板通道。① 威尼斯13世纪晚期已设立专职人员负责管理公共秩序和街道交通。1246年，阿维尼翁设立了街道管理员。就路况而言，平整和拥有排水系统的主干线不普遍，人造碎石铺就的路面十分稀少。广阔的乡村也常发现有人工路基。通过荒原和沼泽的道路还包括堤道、路基。例如，英国波士顿附近的堤道由30座桥组成，格拉斯顿伯里附近塞奇默的道路是由石头建成的，其地基是由橡木梁支撑的灌木和桤木枕木。②

供排水。提供饮用水是城镇的基本功能。中世纪人饮用水源主要是天然泉水、人工井、溪水和河流。城镇首先要保护好水井或泉源，把它们围好，然后在主要公共广场设置喷泉。水源和喷泉有时设在街区内，有时设在公共道路旁。教皇马丁四世修复了罗马的输水沟渠，为日益增长的人口供水。人口增加常常需要寻找新的水源，同时亦须将已有水输送到更大的辖区内。例如，将蒂庞河的水输送到伦敦的输水管修建专利权是1236年批准的，德国境内的齐陶河输水管是1374年兴建的。1479年，布雷斯劳（波兰）抽取河水再通过水管送往全城各处。这些输水管或许是用中空的木头做的。15世纪伦敦的输水管是一种私人办的慈善事业，而不是公用事业。公共澡堂用水和公共喷泉的水也是由输水管送来的，各家各户再从喷泉取水提回家。公共喷泉的作用有二：一是作为一种艺术品，供大家观赏；二是供取水解渴，这在意大利和瑞士的城市里尤其如此。③

意大利城镇供水无疑走在欧洲前列。就像古罗马时期一样，供水系统一度成为城市的明显标志之一。意大利城市建造了很精美的喷泉，作为城市象征和骄傲的体现。佛罗伦萨城39%的居民都有公用或私家水井。锡耶纳有由地下水渠组成的供水网络。该城装设了一系列喷泉，不仅城区，连郊区和邻近村落都有喷泉装置。别的城镇也有公共供水事业，由大型公共水井、喷泉，或修建水渠从外部供水。1260年后，巴塞尔城有了供水系统，法国中部的佩里格城1314年也有了喷泉。教会尤其修道院在供水方面经验颇多，在不少地方建立了供水系统。在英国剑桥，圣方济各修士从城外水井里取水，用倒虹吸方法穿过剑河。各城镇间供水差别甚大，且水源供应难得充裕，泉水和井水很难满足哪怕是一个小城市的需要，如14世纪时英格兰小镇彭里斯抱怨水源不足，类似情况不胜枚举。④

---

① Peter Clark. *European Cities and Towns* 400 – 2000, Oxford University Press, P. 87.
② M. M. Postan, eds.. *The Cambridge Economic History of Europe*, Vol. 2, Cambridge University Press, 1987, pp. 192 – 195.
③ 刘易斯·芒福德：《城市发展史：起源、演变和前景》，倪文彦、宋俊岭译，中国建筑工业出版社1989年版，第315页。
④ 诺尔曼·庞兹：《中世纪城市》，刘景华、孙继静译，商务印书馆2015年版，第62~64页。

早在1200年，巴黎就有了排放雨水与生活污水的露天排水道，地下排水系统则是1370年建造的。中世纪巴黎城的生活用水取自塞纳河，废水污水则直接通过泥土小巷的街面排到附近的田野或荒地。公元1200年左右，国王腓力二世下令在巴黎铺设石块路面，并在路中央设置排水用的阴沟。

环境卫生。一般而言，中世纪城乡的卫生状况与聚落规模成反比。乡村聚落和小城镇居民的卫生设施非常简陋，需要到附近旷野中解决。在人口稠密的城镇，各家则挖掘家用粪池，盖上木板。在管理良好的城镇，粪池能定期得到清理，污物用车运走，有时倒在附近河里，有时散播在郊区土地上。巴黎和伦敦的这种清污工作组织得很周密，大大有利于花园和园艺工作，也有利于城市卫生。1388年，英国议会通过法案，禁止向沟、河、水中抛掷污物和垃圾。中世纪末时，随着住房楼层变高，城镇卫生越发糟糕，高层住户不大愿意下楼到户外厕所去。

总体而言，中世纪城镇在当局和民间社团的共同努力下，兴建了道路、供排水等设施，但其完善程度不可夸大，其动机虽有改进民生，但更多的是面子工程。

二、近代早期

水路交通。前工业时代的交通运输与通信主要依靠水路。16世纪时，沿主要商道的滨海港口和沿河流的城镇，如那不勒斯、巴勒莫、里斯本、法兰克福、利物浦等，兴旺繁荣起来。低地国家开始建设运河，第一次定期的运河船只航运开始于17世纪，在德尔夫特和鹿特丹之间每小时有一次航班。码头、仓库、装卸设施缓慢地发展起来，如17世纪的阿姆斯特丹和18世纪的利物浦。[①]

陆路交通。近代早期，由于国内外贸易拓展和中央集权，欧洲各国的道路建设取得了新进展，主要是轮式交通的增加。改善城市间的交通得到了越来越多国家的支持。法国于1599年设立了总路政官，集中管理所有道路的建设和维修。18世纪中叶开始的政府修路浪潮使得主要行政城镇受益。约1720年，法国开始有规划地建立挖有沟槽的等级道路系统。英国政府出台了许多法令，力图改善道路通行状况。与法国不同，英国道路维护一般由地方负责。原有的教区体制越来越不适应道路运输量的增长。从18世纪开始，收费道路在英国逐渐普及。1750年，从伦敦通往地方都会的收费道路已形成13条主干道，加上地方的道路建设，

[①] 刘易斯·芒福德：《城市发展史：起源、演变和前景》，倪文彦、宋俊岭译，中国建筑工业出版社1989年版，第435~436页。

此时英国收费道路总里程超过 3 300 英里。① 1751～1770 年收费道路建设进入高潮期。欧洲其他地区的道路建设则要迟慢些。18 世纪的专制君主政治和民族主义高涨也促进了道路建设,如德意志和奥地利。低地国家的道路修筑受到奥地利当局的鼓励。意大利和西班牙等地,道路建设要么很少要么很晚。

随着商品经济的活跃以及人员流动性增加,运输服务越来越普及。能运货运人的四轮马车出现于 16 世纪的低地国家、法国和英国。17 世纪下半叶,四轮马车十分普遍,以至于在英格兰,伦敦与地方都会有固定运输的公共马车往来。法国国营马车运输业务在 1664 年建立起来。在边远地区和山区,驮马更占优势。

街道。城镇核心区域的街道不仅是交通衢地,同时也是城市景观的重要组成部分。正如克拉克所指出,景观创造的核心理念是把城镇中心区改造成人们喜闻乐见的社会活动空间以及人们从事文化活动、愉悦身心的物质设施和场所。② 城镇景观的主要变化包括:街道拓宽并铺好路面,设立了人行道,城镇中心地区安装了路灯。巴黎等地率先拆毁城防工事,改造成林荫大道。从 17 世纪开始,许多西欧城镇道路两旁都有树木,城镇近郊的道路畅通,可供精英们散步、会面和交谈。18 世纪 50 年代,更加开放的网格结构成为城镇规划标准,替代了老城区迷宫般狭窄拥挤的街道。里斯本在 1755 年地震之后,拜萨地区的规划采取了矩形格局,拥有不同等级的道路和排水系统,旨在使整个城市更安全、通风并且文明。1752 年后柏林设置了负责进行类似改进的"街道拓宽专员"。18 世纪 80 年代的柏林街道宽广。像斯坦福和利奇菲尔德这样的英国小城镇也新铺设了街道。除西欧外,欧洲其他地方也可看到城镇道路建设,虽然速度缓慢。例如华沙,1742 年后街道委员会开始工作:铺设道路和排水渠,修建人行天桥等。

供排水。快速城镇化、住房短缺和周期性传染病引发了环境问题,但直到 18 世纪末还在沿袭中世纪晚期的做法。城市对改善水质和水量做出了努力,特别是对富裕阶层供水。地方当局接手早期教会的供水系统或建立新的基础设施。

近代早期,荷兰的控水和抽水技术推进了城镇供水事业的发展,水泵出现使得城镇能更好地为重要街区供应自来水。一般是私人开设公司,铺设水管,从远处将水引来输送到用户家中。近代早期英国伦敦发展迅猛,供水事业起步也较早。伦敦的第一家供水公司是 1581 年建立的伦敦桥水厂。通过水车驱动水泵,将水从泰晤士河中汲上来。水厂完全建成时,据说每天能供水近 400 万加仑。1613 年,该公司建成了一条名为新河的引水渠,将赫特福德郡的泉水输送到伦敦。③ 最初每个公司供水范围有限,故伦敦城不止一家供水公司。约克大厦供水

---

① William Albert. *Turnpike Road System in England* 1663 – 1840, Cambridge University Press, P. 42.
② Peter Clark. *European Cities and Towns* 400 – 2000, Oxford University Press, P. 195.
③ Peter Clark. *European Cities and Towns* 400 – 2000, Oxford University Press, P. 203.

公司成立于1691年，其将泰晤士河水通过马匹带动的机器提升到水塔上，并输送到皮卡迪利、肯辛顿花园、怀特霍尔以及其间街道。它是伦敦第一家利用蒸汽泵抽水的公司。汉普斯特德供水公司起源于1692年，供水区域从汉普斯特德的南面直到卡姆登城。切尔西供水公司创建于1723年，它最早进行净化河水的尝试，水取自从皮姆利科至切尔西附近河岸的运河，利用水车将水提升上来。①

伦敦供水事业处于欧洲前列，城市政府曾为此花费30万英镑，修建的设施包括泰晤士河上的水车（与为住宅供水的管道相连）。早期水管水流细小，很难持续，供水公司面临激烈竞争。乔治王朝时期，伦敦试图将相互竞争的供水公司进行整合。其他国家也认识到了供水是城镇基础设施的重要组成，中央政府和城镇当局都为此付诸努力。法国西部布列塔尼新的公共工程包括30座广场和桥梁以及14眼公共喷泉。巴黎计划在城市议会下设立专门机构保证供水。18世纪后期起，布鲁塞尔的宫廷地区供水由一家私人公司负责。在格但斯克，政府雇用意大利和荷兰的工程师来改善供水，他们建立了一座大型水塔来解决这一问题。②总体来看，城镇在供水等设施改善上也存在着不平衡，富有的城镇和城区，居民往往获益最多，如尽管伦敦供水条件较好，但富有的西区其供水条件显然好于贫穷的东区。欧洲还有许多城镇的供水条件还有待改善。

在排水方面，值得称道的是，17世纪路易十四时代，塞纳河右岸兴建了一条环形下水道，但左岸仍利用小小的布利耶弗尔河作污水道。到拿破仑一世时代，巴黎已形成了30千米长的第一个下水道系统。

环境卫生。随着城镇人口增长和各类工业活动的开展，环境卫生问题不断恶化。政府试图控制环境卫生习惯，清理街道和集市上的垃圾与障碍物，维修道路，处理工业污染以及引发疾病的臭气。环境改善的措施还包括将墓地和市场移出城外。不过这些改善行动多集中在城市中心区，而不是在贫穷的城区或近郊区。③

第二节　工业化时期城镇基础设施的发展

18世纪下半叶，随着工业化进程加快，欧洲城镇的增长和扩张开始加速。

---

① 辛格主编：《技术史》（第四卷），引自《工业革命1750－1850》，辛元欧等主译，上海科技教育出版社2004年版，第332~333页。
② Peter Clark. *European Cities and Towns 400－2000*, Oxford University Press, pp. 203－204.
③ Peter Clark. *European Cities and Towns 400－2000*, Oxford University Press, P. 213.

工业化时期是欧洲城镇快速发展时期,到20世纪上半叶,西欧国家的城镇化率超过50%,英国更是超过80%。工业化时期,许多问题随人口和工商业活动的集中而出现,诸如饮用水、下水道、垃圾处理、照明等。在已具规模的城镇和街区,常见的是街道拥堵现象或排污和用水系统长期供应不足。粪便通常在夜间被运往郊外,但随着城区不断扩大,路程变得很远,同时又缺乏大规模的排污系统。英国的情况尤为严重。针对严重的城市问题,各国政府纷纷出台法令,开始着手建立符合现代化城镇管理的要求,如实施城区改造工程、拓宽市中心的街道、改善公共卫生环境。工业化时期欧洲的城镇化是一个自然而复杂的历史过程。从城镇景观的角度看,大多数城镇的新街两旁都盖满了房子,工厂散落其间。在形状各异的"块状"结构上,覆盖着连接各交点(码头、车站和车场)的铁路和水陆网络。为之服务的基础设施(供水和排污管道,随后是煤气和电线)通常在建设完工后铺设而不是预先设计。①

工业化时期欧洲城乡基础设施较前工业化时期复杂得多。城镇的数量增加和规模扩大,英国无疑走在欧洲前列。快速的人口增长以及城市和周边的工商业发展,导致旧城范围内的拥挤,并沿着可达的路线逐渐"溢出"到周边区域。交通模式很大程度上决定了流动性和可达性,技术的发展使交通速度和旅行者人数快速增长成为可能。工业化时期,人们的流动性和日均交通距离大大增加,步行和畜力交通已无法满足旅行和通勤需求,机动交通日益重要。

水陆交通。从18世纪下半叶起,欧洲道路系统普遍改善。1760年后,道路和桥梁的数量开始增加,质量也变得越来越好。19世纪初,英国通过收费信托,在道路维修方面的支出已超过200万英镑。经梅特卡夫、特尔福德和麦克亚当等道路工程师的不懈努力,道路状况不断改善。1876年蒸汽压路机的使用可以将道路压得更实。道路改进促使马车速度提高。1834年,英国的马车速度平均每小时9~10英里,显著高于法国邮车6英里的时速。英国的运河兴建,起步虽晚于低地国家和法国,却发展迅猛。英国的重要河流,如泰晤士河、塞文河、特伦特河和默西河经运河相互贯通。英格兰通航河流里程由1700年的约960英里,增加到1790年的2 200英里(运河超过1 000英里),1830年的近4 000英里。②

铁路。1825年,英国从斯多克顿到达林顿的世界上第一条铁路正式通车。1830年,利物浦—曼彻斯特铁路公司成立,使用蒸汽机车在干线上既营运货物又营运旅客。1883年,英国第一条电气铁路开通,它位于布赖顿的海滨。紧接

---

① 霍恩伯格、利斯:《都市欧洲的形成(1000 – 1994年)》,阮岳湘译,商务印书馆2009年版,第274页。
② T. S. Willan. *River Navigation in England*, 1600 – 1750, Oxford University Press, 1936, P. 133; P. S. Bagwell, *The Transport Revolution from* 1770, Batsford, 1974, P. 14.

着又在爱尔兰建成了电气化运输线。① 继英国之后，德国等国家很快跟进。

火车（蒸汽机和内燃机）广泛应用于城市交通，把新的工业中心集中到煤田附近：法国的里尔区、德国的梅泽堡区和鲁尔区、英格兰中部以伯明翰为中心的工业区。19世纪工业革命时期，煤区人口普遍增加。铁路沿线地区人口明显增加，特别是沿铁路干线的工业中心以及交通枢纽城镇和交通终端港口城市。拥有站点的乡村快速发展为类似城市的中心，其周边地区随之变化。② 铁路网大大促进了城市的扩张和拥挤，导致远郊区的出现。这些郊区紧挨着铁路沿线，铁路车站间的距离为3~5英里，居民离火车站在步行距离之内。③

城市公共交通。公共交通在19世纪后期经历了大规模扩张。早先城市社区相当紧凑，因而徒步旅行依然胜任。但中心城市不然，19世纪20年代启用公共马车，60年代建立了有固定轨道的马车公共交通（如柏林于1865年，利物浦于1868年）。19世纪后期，基本由私人运营的公共汽车和轨道公交车为主的传统交通体系，已无法满足城市高速发展的需要。城市中心区面临严重的交通堵塞，而人们对廉价出行的需求与日俱增。各国政府不断增加对公共交通的投资。电车路线远达郊区，通勤汽车的班次更具弹性。1880年有轨马车将上班族从郊区接到柏林市中心，19世纪末柏林城区开始使用电车。90年代，城市交通出现了突破性进展。1890年，海牙建立了荷兰最早的有轨电车线路。德国的哈雷市在1891年开始对轨道公交系统进行统一管理，并引入电气化运营。格拉斯哥于90年代末建成了电气化的有轨电车系统。1863年，英国伦敦"大都会地区铁路"正式营业，这是世界上第一条地铁。巴黎1900年建设了第一段地下铁路，1929年地铁线路延伸到市郊。在19、20世纪之交，许多城市建立了市政公交，包括新兴有轨电车和地铁网络，使用公共交通的乘客人数激增。1904年，欧洲有174个城市拥有自轨道公交系统。④ 公交、电车和地铁的出现，促进了近郊区的形成。

供水。供水等公用事业起初由私人经营，旨在为富裕家庭提供服务。由于单纯追求利润和缺乏规划，常常问题成堆。其一是水源易受污染，危及居民健康。起初，同城同区甚至同一条街道上，往往有数家公司经营自来水，而水质得不到保障。其二是供水不足。19世纪四五十年代，英国城市里的私人公司向愿意出钱买水的用户供水，并逐渐形成定制。而穷人不得不到水井或公用水龙头取水，这些水龙头一天也仅开数小时。饮水是英国最早实现城镇政府经营的项目。1852

---

① 辛格主编：《技术史》第五卷，运德玉等主译，上海科技教育出版社2004年版，第240页。
② Marc Antrop, "Landscape change and the urbanization process in Europe", Landscape and Urban Planning, 67 (2004), P. 13.
③ 刘易斯·芒福德：《城市发展史：起源、演变和前景》，倪文彦、宋俊岭译，中国建筑工业出版社1989年版，第471页。
④ Peter Clark. European Cities and Towns 400-2000, Oxford University Press, P. 272, pp. 341-2.

年法令强制规定水必须过滤,并禁止在泰晤士河潮汐区域取水。[①] 1846～1865年,共有51个城镇政府新建或购买了私人供水公司。60年代起,供水的市营过程加快,1866～1895年,又有176个城市实现了自来水市营。[②] 19世纪中叶后,伦敦除最穷的住户以外,几乎每栋房子都装有在规定时间充水的水箱。19世纪末,英国以供水市营的方式大体上解决了城市用水问题。

英国的供水经验为其他国家所效仿。在比利时,直到18世纪,政府才有积极的兴趣建立公共水井,19世纪才开发出地下水集水处、地面水坝和配水系统。丹麦于1853年在欧登塞港建立起第一座装备有泵和铁管的中央供水系统,其他城市几年后也仿效了这套方法。芬兰的第一座水厂于1876年在赫尔辛基建立。19世纪初,巴黎的供水部分来自泉水,但主要来自塞纳河。1856年,法国开创了双重供水系统,其中公用事业用水取自塞纳河和乌尔克运河,家用水则取自远处的泉水。德国在1770年已有大约140座能间歇供水的中央供水系统,到1867年有140多座大城镇使用新式的供水系统,多半为市政府所有。[③] 19世纪后期,城镇公共事业的投入逐渐增多。荷兰的饮用水供应系统发展得比较晚,阿姆斯特丹水厂成立于1853年,虽由荷兰人创办,但得到了英国专家和资金的帮助。同期瑞士一些城镇建立了中央供水系统。供水系统的发展不宜高估:1870年德国只有3%的城镇拥有集中供水,欧洲绝大多数城镇居民没有管道供水。[④]

环境卫生。19世纪30年代,霍乱等传染病引发了公众的担忧和恐慌,人们认为恶臭熏天的污水沟和肮脏的街道是罪魁祸首,公共设施的缺乏直接威胁着人们的健康和生命。40年代的英国首都伦敦,还没有多少像样的下水道系统,污水池随处可见,其他城市更为落后。直到19世纪下半叶,欧洲城镇一直没有足够的排水系统,甚至像伦敦和巴黎这样富庶的大城市也是直接把废水排进河道,同时又从河中取水。19世纪80年代中期,谢菲尔德建立起一个有效的排水系统和污水处理厂。第三共和国时期,里尔广设地下排水系统。19世纪40年代,英国兴起了公共卫生运动,致力于卫生设施改造。伦敦的都市工程委员会建造了新的排污系统,但位于泰晤士河下游的排污口与城市相距过近。汉堡修建了一套供水与排污一体的城市水道系统。奥斯曼为巴黎设计了与伦敦相似的供水和排水系统,前者付诸实施了,旧排污系统则一直应用到了19世纪80年代。排水解决了

[①] 辛格主编:《技术史》第四卷,引自《工业革命1750-1850》,辛元欧等主译,上海科技教育出版社2004年版,第333页。

[②] 陆伟芳:《英国公用事业的现代化轨迹》,载于《扬州大学学报》(人文社会科学版)2004年第6期。

[③] 辛格主编:《技术史》第四卷,引自《工业革命1750-1850》,辛元欧等主译,上海科技教育出版社2004年版,第336页。

[④] Peter Clark. *European Cities and Towns* 400-2000, Oxford University Press, P.272.

一部分卫生问题。19世纪的城市住房大多有茅厕和粪池，而不是和污水管道相连的抽水马桶。废水处理能力不足导致饮用水不时受到污染、地下室被淹、茅厕臭气熏天。柏林到19世纪70年代才修建了新的供排水系统。里斯本改造规划直到80年代才取得一定进展。19世纪末，新的排污系统和大型输水管道建立起来。地方城镇的改造进程显然落后于中心城市，甚至在1900年，一些稍大城市的贫困城郊区还无法得到充足的卫生设施和清洁供水。①

燃气。烧煤会引发烟雾，用燃气取代煤炭是清洁能源的重要一步。18世纪末，燃气成为欧洲街道和房屋照明的主要燃料。伦敦于1814年成立了第一家燃气供应公司，英国其他的主要城市随后也相继建立。西欧的主要城市也随后建立燃气公司（布鲁塞尔于1819年，鹿特丹和柏林于1826年）。19世纪中叶，北欧和地中海地区也开始建立燃气供应。② 此时燃气炉灶和家用取暖装置逐渐普及。燃气起初由私人公司提供，只有支付了管道安装费，才能在家里使用汽灯照明。1850年，尽管英格兰广场和街道灯火通明，但穷人家里仍一团漆黑。19世纪下半叶，煤气作为城镇居民生活和生产的基本要素日见重要，燃气市营成为趋势。1867年，格拉斯哥市政府购买两家私营燃气公司。1875年，全英已有76个市政府拥有燃气公司。③ 19世纪中叶，英国每年公用事业投资额达500万英镑，主要集中于自来水和煤气的供应。19世纪末，燃气市营使自来水日益在工人家庭中普及，因为煤气不仅用来照明，而且可用于炊煮了。

供电。19世纪70年代，欧洲进入了电力革命时代，大小企业纷纷采用电能为动力。最初，一台发动机只供应一栋房子或一条街上的照明用电，人们称这种发电站为"住户式"电站，发电量很小。随着电力需求增长，开始提出建立电力生产中心的设想。电力广泛应用于家庭照明、工业生产、交通领域（有轨电车），电梯使高楼大厦成为可能。19世纪末，随着电力事业的发展，英国在市内轨道交通、电灯照明、电力供应等方面年投资高达800万英镑。1884年，柏林政府特许德国爱迪生公司为首都一大片城区提供照明。19世纪末，电力公司不断建立。1900年以后，能源传输愈发标准化。在较大的城区里，大电厂生产和输送费用相对低廉，电力在电厂间转换传递在技术上可行，20世纪初出现了让城镇电力厂相互合作的提议。1933年英国已建成全国性的电力网。但英国电力供应并没有能够完全实现全国范围的经营，地方和私营电力公司仍然存在。

公用事业市营化。公用事业发展最初主要是城镇现象，因为最初的公用设施

---

① Peter Clark. *European Cities and Towns 400–2000*, Oxford University Press, pp. 334–335.
② Peter Clark. *European Cities and Towns 400–2000*, Oxford University Press, P. 272.
③ 陆伟芳：《英国城市公用事业的现代化轨迹》，载于《扬州大学学报》（人文社会科学版）2004年第6期。

如煤气管道、自来水管线等技术比较适合于人口稠密的城镇，也比较经济划算。基础设施起初大多为私人公司控制和提供。19世纪七八十年代以前，很多城镇不能有效地应对城市化所引发的社会、环境等问题。人们逐渐认识到公用事业的特殊性，对其经营管理有一个逐渐集中的过程，先是在某些城区，接着在城市里，然后发展成区域性乃至全国性的。①

19世纪的公用事业市营主要在城镇展开。即使城市里也还存在庞大的私营公共事业。大型煤气管、水管为住房提供服务，居民可以选择购买这些服务。英国的公用事业以私人企业为主，以市营为辅。19世纪晚期开始，基础设施中市营比例不断增大。英国对天然气和供水的投资在19世纪50年代和90年代之间至少翻了一番，对新兴电厂投资从19世纪80年代的30万英镑飙升至1911~1920年的520万英镑。1885年，英国的地方政府已控制了燃气供应总量的30%，到第一次世界大战时，该比例提升到了近40%。② 其他国家也类似。这一时期德国城镇中3/4的能源企业受政府控制。到1907年，德国有超过80%的电力设施由地方政府运营。在供水行业也有同样的趋势。1914年，英国有326家市属供水企业（私人企业则有200家）。德国的供水企业90%归地方政府所有。瑞典所有的自来水厂都受地方议会管理。20世纪初，城市的现代化步伐明显加快。卡尔·鲁伊格（1844~1910年）在1897~1910年担任维也纳市长期间为市民办了大量实事，如供应自来水、煤气，建发电厂等。在欧洲其他地区，私营企业的主流地位则一直延续到两次世界大战之间。直到第二次世界大战，城市服务中的很大一部分仍然由非市政机构（包括各种志愿组织和私人公司）提供，但地方当局在这些服务中所占的份额稳步增长。③

基础设施的不平衡。19世纪欧洲城镇基础设施的明显发展，与一系列技术发明有关。先是铁管，接着有了抽水马桶，最后有了煤气灯、煤气灶、水龙头及排水管的固定浴缸。一整套的供水网使家庭有了自来水，还有一整套排水管网。19世纪的英国作为第一个工业化国家，在兴建复杂的基础设施方面（铁路和有轨轨道、蓄水池和配电系统、煤气工程和管道、电站、电缆和电网等）无疑在欧洲领先。④ 1830年以后，这类设施逐渐普及到中产阶级阶层，成为中上层社会的必需品。但19世纪大部分时候，普通群众没能享用这些设施。房产主建造房子时，尽量不安装新设施，只求凑合过得去。在郊区的工人聚居点，下水道、供水

---

① 陆伟芳：《英国城市公用事业的现代化轨迹》，载于《扬州大学学报》（人文社会科学版）2004年第6期。

②③ Peter Clark. *European Cities and Towns 400-2000*, Oxford University Press, P. 342.

④ Robert Millward. *Private and Public Enterprise in Europe：Energy, Telecommunications and Transport, 1830-1990*, Cambridge University Press, 2005, P. 15.

管道或交通规划基本上都被忽视了。城市服务远远落后于需求,往往只集中于市中心。意大利米兰市区的公共马车服务开始于 1841 年,煤气管道于 1845 年后铺设。同时市区以外却缺乏足够的道路、水源和排污系统。工人们拥挤在多层公寓里,缺少自来水、冲水厕所和照明设施。即便是到 20 世纪初,基础设施的普遍现代化也未能与聚居地的发展、扩张保持同步,而生活的城市化水平虽有所提高,但各地极不平衡。截至第一次世界大战,所有的荷兰城镇都拥有燃气供应,93% 的柏林家庭享受着自来水供应。[1] 北欧城市在公共事业建设上效仿了西欧模式,其他地区的公共服务则仍然落后。

第三节 后工业时期城乡基础设施的完善

战后欧洲步入后工业社会,城镇化进程加快,城镇化率普遍在 70% 以上。战后欧洲(尤其是西欧)农村城镇化进程大致可分为三个阶段:(1)乡村改造和村庄基础设施建设阶段,通过土地整理、村庄更新和建设村庄基础设施,改变居住模式和提高生活水平;(2)乡村郊区化阶段,在城镇核心区 5~15 公里半径范围内,提高和改善乡村基础设施和公共服务设施,使乡村变为城镇郊区;(3)城乡一体化和区域化阶段,不断缩小城乡差距,解决城乡发展不平衡,如保护饮用水源、发展公共交通等。

基础设施起初只能供应相对狭小的城镇区。在两次世界大战之间,英国民众已经意识到燃气、电力和自来水是生活必需品,而不是高收入阶层的奢侈品。[2] 水电供应逐渐扩展到农村。1948 年英国将全国的铁路、燃气、电力供应收归国有并统一收费。市政工程和公共交通的国有化遍及西欧和北欧各国。[3] 这都有利于基础设施向乡村的推广。

一、乡村改造与基础设施建设

欧洲各国在"二战"后采用了相似的乡村城镇化方式。它们在建设了一个个乡村居民点的基础设施后,通过空间规划,以填充式方式适当提高乡村居民点容

---

[1] Peter Clark. *European Cities and Towns* 400 – 2000, Oxford University Press, P. 272.
[2] Martin Daunton ed. . *The Cambridge Urban History of Britain*,Vol. 3,1840 – 1950,Cambridge University Press,2000,pp. 347 – 348.
[3] Peter Clark. *European Cities and Towns* 400 – 2000, Oxford University Press, P. 347.

积率，在乡村居民点增加新住宅，提高乡村基础设施和公共服务设施的使用效率。

(一) 英国

英国人素有热爱乡村生活的传统，但收入低以及享受基础设施不足等原因导致农村居民涌入城镇。"二战"前，英国中心城镇的基础设施条件已难以承受更多的外来者，乡村也难以容忍更多的人口流失。为保护乡村，英国于1942年制定了《斯库特报告》，在乡村地区推行中心居民点政策，其目标就是逐步把大部分乡村人口纳入城镇体系，在较大的村庄中建设完善的基础设施和公共服务设施，提高乡村居民的生活标准，同时吸纳外来非农人口搬到乡下居住。

在英国，道路、电力、供水排水被认为是地方政府应当提供的最基本服务。随着非农产业和人口向乡村的转移，地方政府有义务提高基础设施和公共服务设施水平。不断上升的电力需求导致大规模的电力建设，电站和矗立在田间的高压电网改变了乡村地区的自然景观。

1945~1975年，非农产业在乡村地区扩张，非农人口进入乡村地区居住和工作，扩大了生活消费需求。居住在乡村的人必须依靠公共交通或私人小车上下班和获得教育，其最佳距离大约在10英里左右。城镇工业和服务业也开始再次沿公路或铁路向乡村地区转移。① 乡村的基础设施逐渐向城镇看齐。

(二) 法国

战后初期的十多年间，法国在全国范围内开展了大规模重建工作。政府约束巴黎的发展，把大量财力用于乡村发展新城，发展地方的新"增长极"，进而带动周边的乡村建设，形成一种政府主导下的分散城镇化模式。1950年，法国颁布"国家城乡规划"，目标之一是推进所有地区建设未来发展所必需的基础设施，如道路、供电、供水和通信等。

1955~1965年，法国大规模修建了公路网，加速实现铁路现代化、电气化、内燃化，还大力发展海运、航运，并使农村的公路、铁路、航运同发达的工业区相沟连，这使农村交通大为方便。在第四个"经济计划"期间，着重发展农村电讯事业，电讯线路增加了40%，农村小型水力发电站也有较大发展，电气化和自来水供应扩大到边远乡村和山区农村。②

---

① 叶齐茂：《发达国家乡村建设考察与政策研究》，中国建筑工业出版社2008年版，第168~169页。
② 夏宏嘉、王宝刚、张淑萍：《欧洲乡村社区建设实态考察报告 (一) ——德国、法国》，载于《小城镇建设》2015年第4期。

公社是法国的基层行政管理单元，负责维护道路、垃圾收集、公共卫生、交通等。公社难以承担基础设施和公共设施的规划与建设，需要公社间合作以及中央政府集中领导。自19世纪以来，公社间在道路、垃圾和路灯等基础设施的建设和管理上的合作就已存在，"二战"后进一步发展。私人资金也进入政府主导的乡村发展项目，特别是基础设施建设项目，形成"混合投资公司"。2004年，法国1 158个混合投资公司中约半数从事公共服务设施建设和日常运行。在资金结构上以政府占主导，在管理上则采用私人公司的运行模式。①

按照法国人的统计，如果一个区域的住宅间距离不超过200米而人口超过2 000人，该区域就是一个城市。在乡村基础设施和公共服务设施的建设基本完成后，为了提高使用效率，必然会填充式开发并增加居住人口，一个村庄由此在空间规划上被划归为城市，这一过程即是乡村的城镇化。

（三）德国

德国的村庄建设被纳入国土规划体系之中。战后德国通过土地整理和村庄更新，改造原先村庄的基础设施和公共服务设施。村庄公共基础设施的规划建设和管理均是政府的职责。作为一种建成区，村庄的开发建设须服从于国家、地方和部门制定的各类建设法规。

在德国，政府负责提供给建成区的公共基础设施包括：供水（水源、管网和所有设施），排水（下水道、下水设施和污水处理设施），道路（车行道、绕道、人行道、道路建设和维护、车道建设和维护），垃圾收集和处理，能源（电力、长距离供热、供气），通信（线路、交换站），邮政、铁路等。在均衡发展的思想指导下，根据中心地理论，通过各级区域中心来配备公共基础设施和市政设施。公共基础设施通过区域规划和县域规划统一安排，并由政府出资修建，污水处理、垃圾处置等实行像城市一样的收费管理制度。几乎所有的农村都配备了相应的污水、固废处置设施，这为农村的环境和生态建设提供了切实保障。村庄的水、电、燃气等设施由市民向市政管理部门申请要求配备，私人企业也可向居民提供类似服务。对边远村庄和经济欠发达的农村，政府给予特殊的资助。②

二、郊区化与基础设施建设

与早期城镇产生时一些农村因工业发展和人口集聚而自发地变为城镇不同，

---

① 叶齐茂：《发达国家乡村建设考察与政策研究》，中国建筑工业出版社2008年版，第210~211页。
② 常江等：《德国村庄更新及其对我国新农村建设的借鉴意义》，载于《建筑学报》2007年第11期。

乡村郊区化是指政府为根治"城市病"而进行的一系列政策调整,使一部分农村加快发展和提高内生能力,最终实现"变身"、就地转变为新城镇的过程。"二战"后,汽车在欧洲大量进入家庭,并在20世纪六七十年代达到高峰。汽车的到来成为城市蔓延的最重要因素。汽车的普遍推广,一方面改变了城市的大小规模、形式、不同空间和社会阶层的分布。古老城市往往被环城公路、宽阔的马路重重包围。另一方面汽车路程的计算时间变得不确定。交通拥堵、人口密集的地方时速低,郊外时速高。因此,离开城市迁住远郊便占据优势。在大多数国家,传统城市逐渐失去吸引力,城郊不断延展,以解决城镇就业者的居住、生活和交通问题,第二产业和仓储业的用地问题等。

(一) 英国

英国的公共交通始终相当发达。最初是马拉的轨道车,然后出现火车,使郊区和城市中心在时空上的连接从没有阻断过。"二战"后,英国实行城市绿带政策,启动新城计划,推动了郊区化进程。郊区的发展得益于铁路网和公路田间的改善,尤其是汽车的普及。汽车交通创造了现代郊区,也彻底改变了郊区。郊区成了经济和技术增长的基本区域。越来越多的商务活动不再发生在中心城市里,而是发生在郊区的城镇里。

郊区是绝大多数英国人居住的地方。据2003年统计,英国人口有9%居住在城市核心区、5%居住在乡村、86%的英国人生活在郊区。[1] 英国的郊区居民点与邻近中心城镇的距离相当近,通过公共汽车或火车可以到达。在20世纪70年代,英国人开始有计划地发展郊区大型购物中心,导致零售商业扩散,也刺激了对小汽车的使用。在英国人的历史记忆中,郊区是城镇中最稳定和最安全的部分,那里有城市的基础设施却有着乡村的风貌,中产阶级一般聚居在那里。

战后英国还推行了新城建设,期望阻止无规划的郊区发展。战后30年英国开发了34个新城,除少数新城人口在20万上下外,绝大多数都在10万左右。[2] 水电、污水处理等公用设施由地方政府配套建设,高速公路作为通勤设施拉近了城镇间的距离。

(二) 法国

法国规划新城的规模要比英国新城大得多。在20世纪50年代中期,中央政府规划建设9座新城以容纳210万人,每座新城平均人口为26万,而巴黎周边

---

[1][2] 叶齐茂:《发达国家郊区发展系列谈之一》,载于《小城镇建设》2008年第4期。

每个新城的规划人口都超过30万。① 进入70年代后,这些新城开始向外扩张,许多人开始向城市边缘地区转移,以寻求乡村风格的居住环境。

随着城郊区向"城市中心"发展,即一个郊区单元拥有了5 000个就业岗位,导致法国城镇化的后30年城区面积的扩大,这个过程即是郊区的再城镇化,是城市郊区本身内在的和聚集的发育过程,城市中心与其郊区一起构成一个城市区域。按照欧洲人和法国人的做法,已经建成的基础设施的利用效率会因郊区的中心城镇化有所提高,公共财政支出的比例降低。

(三) 德国

汽车交通的增加直接推进了德国郊区化的程度。由于汽车保有量增加和道路建设,公寓式住宅不再只是沿铁路线发展,而是在居民点之间的地区开发。郊区的就业集中在交通便捷地区,以后逐步散开,以致就业者的上下班距离逐步缩短。伴随民众居住和就业的郊区化,购物中心和娱乐设施也进入了郊区,形成新的商业中心,易于驱车到达。郊区的居民不再涌入城市核心区工作、购物和寻求服务了,而是在区域范围内选择他们所需要的服务和工作岗位。自20世纪80年代末以来,德国一些城市已经在郊区开发了多种形式的居民点("新城区"或"新郊区"),人口约在1万人,如柏林、法兰克福和汉堡的新郊区。

德国郊区化模式下的城镇规划传统,城乡基础设施和公共服务设施的均等建设和管理模式,特别是它在郊区化过程中采取土地整理的做法,深刻影响了欧洲其他使用德语的国家(奥地利、荷兰、比利时、卢森堡、丹麦、挪威)。②

三、城乡一体化与基础设施建设

20世纪七八十年代以来,欧洲城乡一体化的趋势日益凸显,在基础设施方面实现了均等化,如道路、供水、污水管网、垃圾处理、电力、电信、信息化等,让农民和市民一样享受现代文明生活。居住在农村社区的居民总数正在日益增加,他们使用的基础设施甚至比城镇社区更优越。

近些年来,我国一些学者对欧洲国家(如德国、法国、英国、意大利、西班牙、葡萄牙、奥地利、荷兰、比利时、卢森堡)的农村社区进行了实地考察。考察表明,西欧国家农村社区型公共服务水平较为不足,而农村社区型基础设施水

---

① 叶齐茂:《发达国家乡村建设考察与政策研究》,中国建筑工业出版社2008年版,第204~205页。
② 叶齐茂:《发达国家乡村建设考察与政策研究》,中国建筑工业出版社2018年版,第215页。

平（供水设施、排水和污水处理设施、村庄内部道路）趋近城镇。[①] 这使得农村的人居环境优于城市，并有广阔的可持续发展空间：农村处于广袤的绿色开放空间中，集中供水，拥有集中的雨水排放水系统，住户自备家庭化粪池和污水处理系统，使用卫生厕所，粪便由市政集中处理；生活垃圾由市政集中收集和处理。[②]

欧洲农村与外界联系的主要行车道路以沙混、沥青或水泥铺装。主要交通道路一般绕开了社区居住核心区，社区内部道路实现了沙石化，并设置路灯和交通安全标志。21世纪以来，欧盟把发展乡村公共交通列为重要项目，这从一定程度上改善了就业和减少了小汽车的使用。农村社区的厕所都是城市型的，污水进入家庭的污水处理系统（庭院中的化粪池、污水处理器），经过处理后进入村里的排水系统。经过处理的中水被居民用来浇灌花园草坪，进入湿地的污水，可以补充地下水源或浇灌农田、草场和树木。家庭污水处理系统也对居住区内部道路网络合理化，以及开放空间和农村社区的总体布局起到关键作用。

尽管欧洲城乡在基础设施及公共服务方面的差别不断缩小，但各国家各地区发展参差不齐。21世纪以来，各国大力缩小基础设施方面的城乡差距。如英国虽有法律保障水电供应没有城乡差别，但燃气在农村地区还没全面普及。2009年有430万户家庭尚未接通管道燃气，政府通过价格调控机制，引导企业为400个社区2万户家庭接入管道燃气。在北部边远农村地区试点引入管道燃气和微型发电设备。目前仍有50万户农村家庭没有私家车，政府补贴4.13亿英镑，扶持农村公交亏本经营，满足农村居民出行需要。政府还拨专款改建农村火车站，并规定在2013年前不得关闭农村铁路线。[③]

总体而言，基础设施的发展与欧洲城镇化进程基本一致。基础设施的内容不断丰富，由起初的道路、交通、供排水延伸至供电、供气；覆盖范围不断扩大，由大城市核心区扩展至郊区，由大城市扩展至中小城镇，由城镇扩展至乡村；基础设施的性质也在变化：由最初的慈善事业，发展为为少数人提供服务的经营性事业，最后到全体民众都有权享用的公用事业。

[①] 叶齐茂：《欧盟十国乡村建设见闻录（三）》，载于《国际城市规划》2007年第1期。
[②] 《光明日报》2017～2018年刊登了一系列欧洲国家如何处理城镇和农村垃圾的报道。
[③] 李亚丽：《英国城市化进程的阶段性借鉴》，载于《城市发展研究》2013年第8期。

第八章

19世纪晚期迄今欧洲的乡村改造

随着工业化的发展和城市化的推进,农村出现和成长起越来越多的大小城镇,农村人口越来越多地转化成城市居民。剩余的乡村地区居民虽少,如目前欧洲乡村人口约占总人口的20%,但地域广阔,如21世纪初欧洲农村占有大约80%的国土面积。[1]

同时也由于功能需要的局限,城市布局已经饱和,这些乡村不可能再变成城市。因此乡村地区也需要跟上工业化和现代化的步伐,必须进行改造,使乡村生活像城市一样,适应现代化基调和节奏;并且还应根据资源优势和分工需要,创造出在某些方面超越城市的魅力,振兴乡村。在工业化完成后,欧洲各主要国家都有一个乡村改造运动。英国的工业革命完成较早,因此乡村改造从19世纪后期就开始了,直到20世纪末还在不断调整。而欧洲大陆的乡村改造则多在20世纪下半叶进行,其基本路径与英国大同小异,当然也各有特色。经历了改造和建设的欧洲乡村,因各种因素和参数的不同而呈现着千姿百态。

第一节 工业化对农村造成冲击

伴随工业化和城市化进程,乡村因受到城市经济的强力冲击而演变为城市的

---

[1] BBVA Research Team. *Urbanization Report*:*Europe Urbanization Trends*,2016,P.9.

从属物，并且还在某种意义上成为落后的代名词。

一、乡村跌落至生产链条的低端

乡村逐渐下落至生产链条的低端，从原工业化时代的欧洲就开始了。在欧洲城市普遍兴起后的最初几个世纪里，城乡在生产上的分工事实上是以乡村农业为主的，城市工商业是乡村农本经济的补充物和附属物。城市赖以生存的基本功能就是为乡村提供服务，所以，凡是能为乡村提供手工业消费品和劳务的行业才能看成是城市的"基本"行业。① 而当原工业化时代乡村工业普遍兴起后，由于受到商人资本家的控制，乡村工业区的城镇和乡村逐步形成了生产链条上的高端与低端分工。农村的家庭工人从事初级产品、半成品生产，城镇则聚集熟练工匠，从事产品精加工、深加工环节。城乡在生产中互为呼应，而市场和生产的主导者是城市，乡村只是生产中的次要角色，是辅助者、从属者。工业村庄的生活条件也很差。② 而在另一极，每个成熟的乡村工业区都有若干个控制或支配这个乡村地区的中心城市或城镇。

原工业化时代乡村工业区的这种城乡高低端分工模式，基本上是工业化时代生产链的预演。到了工业化时代，城市和乡村的高低端分工更为分明。就工业来看，如英国的各大工业区多由三个经济层次来架构。首先，每个工业区都有自己的一个或多个中心城市。例如兰开夏的曼彻斯特和利物浦，西密德兰的伯明翰、达德利和伍尔夫汉普顿，约克郡西莱丁区的利兹和布雷德福。又如南约克"哈兰夏"金属工业区的设菲尔德、东北部采煤工业区的纽卡斯尔、东密德兰西北纺织区的诺丁汉、莱斯特和德比。在生产上，这些中心是本区工业的最后环节或高级环节，最终产品特别是高级产品通常都是在这些中心成型；在商业上，它们一般是本区工业品的主要市场中心，工业主要原材料的输入窗口（如利物浦为兰开夏棉纺业大量进口棉花）或交易分配中心。其次在中间层次，是工业区内广泛分布的中小工业城镇，它们是区域工业生产的主力军，基本生产环节多在这些地方完成，生产初级产品，但对中心城市有很强的依附性，向它们送交产品供应市场，送交初级产品供中心城市做最后加工，从中心城市取得生产的主要原材料。最后在基础层次，则是许多的工业村庄和农业村庄，工业村庄在生产链条中的低端地位且功能与中小工业城镇相似，农业村庄则担负起为本工业区供应部分农产品的

---

① N. J. G. Pounds. *An Economic History of Medieval Europe*, Longman Ltd., 1994, P. 264.
② 如 1848 年帕森斯谴责道，在奥特利、利兹和威克菲尔德一线以西的西莱丁区，那些毛纺业村庄到处破败不堪、肮脏、拥挤和混乱，无一例外。详见 E. Parsons. *History of Leeds and Adjoining Towns*, Leeds, 1848, P. 3.

功能，只不过工业区的非农业人口太多了，本区域的农业村庄难以完全担负这一功能，因此工业区所需生活品大多从外地农业区调进。

就商业来看，新工业区的出现使国内的城乡经济联系往往形成多面网络覆盖。如英国，16、17 世纪以伦敦为核心的向心型城乡联系网到工业化时代发生了变化：一方面伦敦能直接辐射的远方乡村区域被新工业区挤占，另一方面则是附近乡村对伦敦的依附更强。由于伦敦人口飞速增长（19 世纪初达 100 万人），周围地区均以满足伦敦的需要为生产方向：东盎格利亚供应粮食和奶制品；近畿诸郡（Home Counties）供应粮食、奶制品和果品；西部各郡（West Country）供应粮食和肉类等。而由于北部工业区发达，不仅伦敦难以再深入北方农村，就连密德兰农村也主要变成北方工业区的生活品供应基地了。例如 19 世纪后期，莱斯特郡向西莱丁及纽卡斯尔供应牛奶，柴郡牛奶则输往曼彻斯特和利物浦等地。①

二、乡村受城市的强力冲击及影响

乡村地区所受到的城市化和城市经济冲击及其影响是多方面的。

首先，工业化和城市化进程的初始期，在一定程度上是以牺牲乡村发展为代价的，或者说，全社会的资源快速向城市聚集，而乡村资源很快被抽空，乡村发展空间被挤压。其一是人力资源，即农村劳动力大量向城市迁移和聚集。如在法国普罗旺斯大区，其阿尔卑斯山区农民在 19 世纪后期至 20 世纪中期成批离开，乡村人口大量外流，迁往阿尔卑斯省和普罗旺斯阿尔卑斯省的人口在 1850 年左右约为 28.5 万，其中 3/4 是农业人口，到 1950 年，这两个省的人口仅剩不到 18 万，100 年里减少了 1/3 多，而属同一大区的马赛城人口则从 19 世纪中期的 15 万增加到 1946 年的 60 万，尼斯从 1870 年的 5 万增加到 1911 年的 15 万。② 这些城市增加人口中肯定有不少来自附近阿尔卑斯山区。20 世纪 50 年代，法国山区经济相对落后仍在导致大量山区人口涌向城市。③ 其二是财富资源，农村的财富和资本流向城市和工业部门。其三是农村大量土地资源变成城区，乡村所据空间愈来愈小。其四，由于主要工业部门再次从农村转向城市，乡村只剩下一些为当地人服务和纯乡村特色的微小手工业。如 19 世纪中期后的英国，1850 年乡村在制造业中的地位已远不如 1820 年前，19 世纪 80 年代中期后更是明显地普遍下

---

① Edward Royle. *Modern Britain*, *A Social History* 1750 – 1985, London: Edward Arnold, 1988, P. 4.
② Lucien Tirone. Valérie Ellerkamp etc., "La région Provence – Alpes – Côte d'Azur à l'aube du XXIe siècle", *Méditerranée*, 2003, Vol. 101, Numéro 3, pp. 90 – 91. 转引自熊芳芳：《重返乡村：法国普罗旺斯地区休闲旅游业的发展》，载于《经济社会史评论》2018 年第 2 期。
③ 黄昊：《在萨瓦省感受阿尔卑斯山地文化的魅力》，载于《光明日报》2018 年 8 月 1 日。

降，虽然直至 1914 年英格兰和威尔士农村还有一定工业存在，但多是些低附加值的工作。① 资源被抽空后，乡村在一段时期内显得相当的萧条破败。不过从另一个角度看，工业革命和工业化也使部分乡村能够谋生的人口增加了。如北威尔士卡纳封郡的南特康维百户区，1830 年后，这里的农户因男子从事本地采石业、妇女承担家庭农场作业而收入增加，生活标准大有提高。②

其次是乡村经济结构发生变化，唯城市需要为转变方向。看起来似乎是传统农业演变为现代商品化农业，实则为乡村变革是城市发展推动的结果，乡村经济变成了城市的从属物。这和中世纪城市兴起是乡村经济的从属物和补充物恰成相反趋向。工业化和城市化后乡村经济结构的改变，最典型的就是粮食种植业在乡村经济中的地位逐步降低，许多耕地转为永久性草地，或作牧场，或作体育娱乐场地。这种调整几乎颠覆了农村面貌。③ 为适应城市居民生活多样化，乡村农牧产品比例升高，生产专业化。如苏格兰东北部及英格兰坎伯兰郡，19 世纪最后 1/3 世纪里粮田面积减少，而牛的饲养量大增，从 1867 年的 10.4 万头上升至 1899 年的 14.9 万头。苏格兰移民将英格兰埃塞克斯郡农田转向生产牛奶输往伦敦市场，从铁路输入伦敦的牛奶从 1866 年的 700 万加仑增加到 1880 年的 2 000 万加仑。剑桥郡查特里斯沼泽地专种胡萝卜，埃塞克斯郡种豌豆，康沃尔种花椰菜和早熟土豆，林肯郡斯帕尔丁一带专种鲜花。19 世纪 90 年代，利亚河 (Lea) 河谷曾有 300 多英亩地的温室，向伦敦供应西红柿、葡萄和鲜花。从西部到肯特再到剑桥，到处都栽培水果，以满足城市需要。④

最后是促发乡村改造，使乡村变成城市居民的"后花园"，这虽是有利的影响，但却主要在于城市的推动和财富投入。英国自 19 世纪中期开始的"乡村改造"，以及 20 世纪中叶后大陆西欧国家的乡村建设，其驱力不是来自乡村自身，而是来自工业化和城市化。第一，它是被工业化和城市化的负面影响所促发的。工业化使得快速发展的城市人口拥挤，环境喧闹，雾霾弥漫，水源污染，疾病流

---

① John Charters, "Chapter 18: Rural Industry and manufacturing", in Joan Thirsk general ed., *The Agrarian History of England and Wales*, Vol. Ⅶ, ed. by E. J. T. Collins, Cambridge University Press, 2011, pp. 1101 – 1102.

② Frances A. Richardson. *Rural change in north Wales during the period of the Industrial Revolution: livelihoods, poverty and welfare in Nantconwy*, 1750 – 1860, Thesis (Ph. D.), University of Oxford, 2016.

③ 1696 年，英格兰和威尔士国土面积中，可耕地占 1/4 多，牧场和草地占 1/4。1801 年，可耕地面积没多大变化，牧场和草地面积增加了 20%。19 世纪后期，英国西部和北部牧场面积已多于耕地。见 Edward Royle, *Modern Britain: A Social History* 1750 – 1985, London: Edward Arnold, 1988, P. 1, 4。1988 年，英国农村可用地面积中，耕地仅占 37%，永久性草地（包括牧场和娱乐场地）则占 63%。农村如同绿毯覆盖，改良后的草甸即使冬天也是绿草茵茵、生机盎然的感觉。Hugh Clout, "The recomposition of rural Europe: a review", *Annales de Géographie*, 1991, 100e Année, No. 561/562, No du centenaire, P. 716.

④ Edward Royle. *Modern Britain*, *A Social History* 1750 – 1985, London: Edward Arnold, 1988, P. 4.

行。在城市里对公共卫生问题的讨论远远多于人口少的村庄。① 中等以上社会阶层不能忍受,遂产生返居乡村的意愿。由于城市危机加深,哪怕是伦敦、牛津、剑桥和诺里奇等城市都有 30% 以上的人口生活在贫困线下,从而激起了人们对乡村生活的怀念。② 古老的乡村虽然自然风光好③,但居住条件和卫生环境却极端落后,必须对其彻底改造。第二,工业化和城市化所积累的财富,为乡村改造提供了资金准备。这些财富主要集中于社会中上层,同时他们又有返居乡村(别墅式住宅)的强烈意愿,因此自然成为乡村改造包括住宅改造(19 世纪后期英国流行宽大舒适的"维多利亚"住宅)的主力。第三,技术革命促进了乡村改造。交通条件的改善,即 19 世纪铁路时代到来,20 世纪迈进汽车时代,使城乡联系极为便捷,不但社会中上层频繁来往于城乡之间④,城市普通阶层也开始工作于城市而歇宿于村庄。因此,舒适的宜居环境使 19 世纪末开始英国人就将乡村视作"真"英格兰。⑤ 大约从 19 世纪 80 年代起,英国赞颂乡村特别是南方乡村的文学和艺术作品蜂起。经过 W. 哈德森、E. 托马斯、H. 贝尔洛克等作家的描绘,英国人越来越把村庄当作"家",把南方乡村当作"真英格兰"。⑥ 20 世纪来临之时,越来越多的人从城市"逃亡"农村,同时也引起了与农村土地所有者的冲突。⑦

三、城市"中心地"对乡村的单向辐射

20 世纪 30 年代,德国地理学家克里斯塔勒提出了"中心地"(central place)

---

① J. Landers. *Death and the Metropolis Studies in the Demographic History of London* 1670 – 1830, Cambridge, 1993; J. Landers and A Mouzas, "Burial Seasonahty and Cause of Death in London 1675 – 1825", *Population Studies*, 1988, Vol. 42, pp. 59 – 83.

② Joan Thirsk ed. . *The Agrarian History of England and Wales*, Volume Ⅶ, 1850 – 1914, ed. by E. J. T. Collins, Cambridge University Press, 2011, P. 1352.

③ 如 1876 年卡德沃思(W. Cudworth)在其书中对西莱丁的卡尔弗利村的赞美。他称该村古老而又风景秀美,树木葱茏成林,自 18 世纪就保留了乡野特色。详见 W. Cudworth. *Round about Bradford*, Leeds, 1876, P. 446。

④ 19 世纪后期英国城市新富阶层也效法女王和贵族,常赴苏格兰高地乡村进行体育、打猎、射击、钓鱼等活动。这些乡村教区的地价由此大涨。详见 Edward Royle. *Modern Britain*:*A Social History* 1750 – 1985, P. 5.

⑤ Bob Snape, "Resource Guide in: Rural Leisure and Tourism", *Hospitality*, *Leisure*, *Sport & Tourism Network*, December 2004, P. 1.

⑥ Joan Thirsk ed. . *The Agrarian History of England and Wales*, Volume Ⅶ, 1850 – 1914, pp. 1352 – 1363.

⑦ Peak District National Park – Home Page – Learn more – About the National Park – History of our National Park, http://www.peakdistrict.gov.uk/learning-about/about-the-national-park/our-history.

理论，认为近现代城市是一个地区的中心，"中心地"所服务的范围的大小、服务的档次以及交通的便利程度等因素，决定了"中心地"城市的等级，进而在宏观上又决定着"中心地"城市的数目、规模和分布格局。[①] 经一些学者的解释和补充，"中心地"理论很快成为西方学界流行的一种理论范式。若仔细琢磨，可以发现中心地城市与周围地区（即乡村）的经济交往关系是单向度的，是不对等的、不平等的。周围地区需要城市提供各种工商服务，而城市却不一定需要周围农村提供产品或资源。因为在工业化条件下，城市所需要的生活品、原材料甚至劳动力等资源，都可以依靠发达的交通系统和商品质量、价格比较优势而从外地甚至外国输入。而周围农村要想交换城市提供的工商产品或服务，只有自己去努力适应城市的需要而生产，从而成为城市发展的从属物。正所谓我（中心地城市）可以没有你（周围农村，除了部分市场需求），你却不能没有我。例如，中心地城市可以不需要周围乡村供应粮食和果蔬，从外地市场调进此类物品；但反过来，周围农村却必须依靠和适应中心地城市的市场，发展有特色、有品质的新农业和新经济（如乡村旅游），去满足中心地城市居民的需要。总之，当周围地区需要产品和服务时，中心地城市是卖方市场，是主动型的供给侧；当周围农村能提供产品或服务时，中心地城市又成了买方市场，是主动型的需求侧。这种不平等的关系，就是乡村经济依附城市的一种表现，工业化冲击下的乡村莫不如此。

第二节　乡村改造的启动者——英国

就英国而言，工业化对乡村的影响不能简单地以"挑战—应战"或"冲击—回应"模式来解释。在不少学者看来，工业化第一阶段本身就是从乡村起步的，即以乡村工业为标志，工业化与乡村经济社会发展形成了特有的共生与互动关系，英国乡村自一开始走的便是一条内发性变迁道路。不过，随着工业化高潮阶段即工业革命的到来，以及工业化与城镇化的推进，农业则持续衰落，英国乡村开始了新的调整与改造。

自16世纪至18世纪，英国各地普遍经历了乡村工业化历程。乡村工业的发展是这一时期英国令人瞩目的社会经济现象，它又被称为"原工业化"，是一种早于或先于工业革命阶段的工业形态。英国乡村由此而出现第一次转型。

英国乡村工业化是在农业劳动生产率持续提高，城市要素向乡村转移，同时

---

① 沃尔特·克里斯塔勒：《德国南部中心地原理》，常正文等译，商务印书馆2010年版。

借助乡村大量剩余劳动力、丰富的原料来源、有利的自然动力条件下发展起来的。当时英国各地都有乡村工业，涉及面广泛，包括毛纺织、棉麻纺织、编织、服装、酿酒、粮食加工、皮革加工制作、玻璃、造纸、建材、制陶、冶炼、金属制造、采煤、制盐等。乡村工业的地理分布与英格兰工业中心的分布几乎一致，乡村工业化最发达的地区成为民族工业中心。

乡村工业化进程首先促进了乡村人口向工业部门的转移，工资劳动成为劳动力转移的最早途径。在英国乡村工业地区，"产生了一个新的小农阶级，这些小农以种地为副业，而以工业劳动为主业"①，是亦工亦农的工资劳动者。以毛纺织业为例，根据17世纪初的估算，整个英格兰从事该行业的全部人口约在百万以上。考虑到当时英格兰全国城镇人口达不到此数之半，况且其中最多不过1/5的城镇人口从事毛纺织业，因此全英格兰的毛纺织业从业人口中，当有90%以上是乡村人口。② 随着乡村工业化的开展，从事农业的人口比例持续下降。据估计，1520年乡村农业人口约占全国总人口的76%，到1600年约占70%，1670年占60%，1700年占55%，1750年占46%。乡村非农业人口比例相应持续上升，1520年约占乡村总人口的20%，1600年约占24%，1700年约占34%，1750年上升到约占42%。③

乡村工业促进了农村小城镇的发展。在乡村工业发达地区，兴起了一批介于村庄和城市之间的过渡形式的工业集镇，如利兹、伯明翰、曼彻斯特、设菲尔德等新兴工业城镇。1500~1640年，英格兰地区的集市和小城镇共计780个，其中2/3为乡村集镇。根据格里戈利·金的统计，到18世纪初，这样的乡村小城镇在英格兰保持在700个左右。④

与大城市不同，小城镇的发展自一开始就与乡村工业保持着协调同步的关系，承担着向外输出本地农业、工业产品，同时为本地周围乡村服务的功能。如萨默塞特郡东部的布鲁顿和温坎顿两个小镇，一方面负责输出周围乡村生产的毛纺织品，另一方面从外地运进粮食以供周围从事毛纺织业的乡村人口需要。就整个英格兰而言，乡村小城镇的地理布局颇为合理，农民到小城镇赶集的平均距离只有7英里，可在一天内较为轻松的往返。

因此，乡村工业发展不仅让每个农民家庭都与工商业发生了联系，更使英国乡村呈现出新的面貌。乡村经济产业结构发生了较大变化，传统的农业在乡村工业的推动下，生产更趋专业化和商品化，工业以及与其协调发展的小城镇吸纳了

---

① 马克思：《资本论》第1卷，人民出版社2004年版，第858页。
② 刘景华：《城市转型与英国的勃兴》，中国纺织出版社1994年版，第49页。
③ 江立华：《英国人口迁移与城市发展》，中国人口出版社2002年版，第215、220页。
④ 杨杰：《从下往上看——英国农业革命》，中国社会科学出版社2009年版，第103页。

农业剩余劳动力，这些都为18世纪中叶开始的工业革命打下了基础。

18世纪中叶至19世纪中叶是英国工业革命阶段。英国在这一时期基本完成了工业化和城镇化，与之相伴的则是传统乡村不断缩减与衰落的过程。不过，顺应工业化与城镇化趋势，充分利用良好生态环境，探索乡村发展定位、调整产业结构也成为该阶段的主旋律，英国乡村由此走上了新的改造之路。

工业化的深入，直接推动英国在19世纪中叶实现了城镇化。18世纪早期，英国城镇人口约占总人口的20%~25%，1801年占33%，而到1851年工业革命完成时，城镇人口已占总人口的50.2%，城镇人口首次超过乡村，英国至此基本上实现了城镇化，成为世界上第一个实现工业化与城镇化的国家。1881年，英国城镇人口达到乡村人口的两倍。[①]

截至19世纪中期，英国的农业保持着良好的发展势头，与工业革命几乎呈现并驾齐驱的态势。在英格兰，1700年耕地面积为956万英亩；1750年为1 051万亩；1801年为1 135万亩；1836年达到有史以来的最高峰，为1 387万英亩；1870年总耕地面积略有减少，为1 383万英亩。[②] 农业的发展也可从各类荒地和休闲地面积的逐渐减少方面体现出来。格里戈利·金曾统计，17世纪末英格兰和威尔士各类荒地占全部土地的25%左右，但到1873年时已下降到占6%~7%[③]；休闲地的面积，17世纪90年代占全部耕地面积的20%，到19世纪30年代下降到12%，1871年下降到只占4%。[④] 农业劳动生产率持续增长。1650年时一个农民生产的粮食大约可供养1.5个非农业人口，1750年能养活2.19人，1800年为2.5人，到1860年为6人。这一时期英国人均产量比爱尔兰、荷兰、德国、比利时、法国高出40%~50%[⑤]，成为农业劳动生产率最高的国家。在非农业人口日益增长的情况下，粮食还可以出口。例如1700年，英国出口的谷物和面粉为4.9万夸特，1750年上升至95万夸特。只是在1785年后，粮食产量的生产才跟不上人口增长速度，进口粮食的比例逐年攀升。1851年工业革命完成前后，农业仍是国民经济的重中之重，从事农业的人口在全部就业人口中的比例超过20%，农业在国民收入中的占比也超过20%。[⑥]

不过，随着工业化和城镇化的深入，英国农业也开始了由盛而衰的过程。从

---

① G. E. Mingay. *Rural Life in Victorian England*, Gloucestershire: Alan Sutton, 1990, P. 14.
② Stephen Broadberry, Bruce M. S. Campbell, Alexander Klein, Mark Overton, Bas van Leeuwen. *British Economic Growth 1270–1870*, Cambridge University Press, 2015, P. 74.
③ Mark Overton. *Agricultural Revolution in England*, Cambridge University Press, 1996, P. 92.
④ Mark Overton. *Agricultural Revolution in England*, Cambridge University Press, 1996, P. 99.
⑤ 赫德森：《工业革命》，第76页。转引自杨杰：《从下往上看——英国农业革命》，中国社会科学出版社2009年版，第170页。
⑥ G. E. Mingay, *Rural Life in Victorian England*, Gloucestershire: Alan Sutton, 1990, P. 19.

19 世纪 70 年代中期开始，英国农业进入难以遏制的衰退阶段。1875～1884 年、1891～1899 年，爆发了两次农业大萧条，致使农业劳动力向工业和城镇的转移加快，从事农业的人口数量逐年大幅下降。资料显示，1846 年时英国农业工人将近 150 万人①，而 30 多年后的 1881 年下降到 983 919 人，1891 年时再下降到 866 543 人，1901 年更是下降到 689 292 人。② 到 19 世纪末，英国从事农业的劳动力还不足 10%，而农业占国民收入的比例则下降为不到 1/15，即 6.7%。③ 当时很多人认为，乡村人口将会继续减少，英国农业甚至有面临崩溃的危险。

　　一般认为，英国农业大萧条与 1846 年废除《谷物法》也有很大关系。实行自由贸易以后，农业发展失去了保护屏障，来自国外的粮食与食品竞争的后果开始显现出来。尽管 19 世纪英国人口持续增长，粮食与食品需求市场在持续扩大，但面对来自国外的农牧产品竞争，英国自身农牧产品市场反而趋于萎缩。以小麦的进口为例，据统计，在《谷物法》废除前夕，英国每年进口小麦略少于 50 万吨，占小麦消费总量的 7%～8%；《谷物法》废除后不久，小麦年进口量超过 50 万吨，在小麦消费总量中的比重为 20%；19 世纪 50 年代时，每年进口小麦超过 80 万吨，比重上升到 25%。④ 从 60 年代起，英国进口谷物的数量开始激增，每年达到 150 万吨；70 年代，每年进口在 200 万～250 万吨之间；到 80 年代，进口数量上升到接近 300 万吨。⑤ 来自包括美洲和俄国在内的国外谷物的涌入，使得小麦价格降到 150 多年来的最低点。在伦敦，4 磅面包的价格从 1867 年农业歉收时的 10 便士降到 1901 年的 5 便士；来自丹麦的黄油和熏肉占据了中产阶级的消费市场，来自美洲和澳大利亚的牛羊肉占据了劳工阶级的消费市场；来自欧洲大陆的水果和蔬菜也占据了相当大的市场。⑥

　　与工业化和城镇化进程相伴而行的运河、铁路体系建设，进一步吸纳了乡村人口，对乡村变革也产生了极大影响。1745 年英国开通了第一条现代意义上的运河，到 1830 年运河总长达 7 510 英里。随着运河的开凿与通行，一些新城镇建立起来；运河也创造了就业机会，1851 年运河解决了大约 37 000 名男性和 2 500 名女性的就业问题。⑦ 1825 年从斯托克顿到达灵顿的铁路建成通车，标志着铁路

---

① G. E. Mingay, *Rural Life in Victorian England*, Gloucestershire：Alan Sutton, 1990, P. 18.
② Report on the Decline in the Agricultural Population of Great Britain, London：Darling & Son, Ltd, 1906, P. 115.
③ G. E. Mingay, *Rural Life in Victorian England*, Gloucestershire：Alan Sutton, 1990, P. 19.
④ M. E. Turner. *Agriculture Rent in England* 1690 – 1914, Cambridge University Press, 1997, pp. 245 – 246.
⑤ M. E. Turner. *Agriculture Rent in England* 1690 – 1914, Cambridge University Press, 1997, P. 248.
⑥ G. E. Mingay. *Rural Life in Victorian England*, Gloulestershire Alan Sutton, 1990, P. 16.
⑦ John Cannon. *A Dictionary of British History*, Oxford University Press, 2009, P. 116；"canal system".

时代的到来。到 1855 年，英国已经铺设了 8 000 多英里的铁路。进入 19 世纪 70 年代时，一个完善的铁路交通网络已经在英国形成。铁路所及之处，乡村面貌随之发生根本变化。如 1837 年时的特丁顿还是一个"幽静的村庄，那里有'小树林'，有'庄园'，有在泰晤士河边傍水而立的小教堂，还有大片空旷的草地"，而到 1884 年则已面目全非："一排排漂亮的别墅和整齐划一的房屋平地而起，一些'大旅馆'和'豪华商店'也同时涌现出来，把小客栈和担惊受怕的小商贩都挤走了。"① 铁路还解决了大量乡村人口的就业问题。70 年代，英国从事铁路行业的人员达到 100 万左右，其中不少于 1/4 来自乡村；到 1914 年，乡村人口中从事铁路行业的有 60 万人。②

面对工业化和城镇化不可逆转的趋势，英国乡村此时面临着再次调整与改造的问题。一方面，农业不会消失，乡村作为农业生产的场所不会消失，因为需要农业供给一个国家人口基本的吃饭问题。从可持续发展的观点来看，农业还有保持和改善生态平衡，创造良好生活环境的功能，是人类生存和发展必不可少的行业。另一方面，这又并非简单意义上的恢复或重振传统农业和乡村，需要走出一条新的改造与发展之路。由此自 19 世纪中后期起，英国乡村改造的进程就开始在各个层面展开。

其一是调整农业结构，重点发展畜牧业。基于自然条件，英国自古以来就有农牧混合经营的特点，加之农业劳动力严重下降的现实，发展畜牧业开始成为重点。到 1871 年，英国农业耕地占比为 59%，永久性草地占 41%。如果将临时性草地也计算在内，则草地面积超过全部农业用地面积的一半，为 53%。事实上，农业结构的调整在工业革命发生时就已开始了。从 18 世纪 50 年代起，粮食种植业产出的市场价格份额占比一路下降：18 世纪 50 年代占 57.8%，19 世纪初占 48.5%，50 年代占 44.8%，60 年代占 40%。畜牧业产出的市场价值份额占比相应攀升：18 世纪 50 年代占 42.2%，19 世纪初占 51.5%，50 年代占 55.2%，60 年代占 60%。③ 1913 年谷物播种面积比 1870 年减少 25%；1931 年谷物播种面积减为 196.3 万公顷，又比 1918 年下降 41.7%。

其二是发展兼具提高农业商品化和保护生态环境的替代农业。所谓"替代农业"（alternative agriculture），指传统粮食种植以外的种植农业，包括为日常生活所需的水果、蔬菜、花果，为园艺服务的园艺农业，工业生产所需的原料如亚麻、菘蓝和茜草等。发展替代农业既可以合理利用自然资源，提高农业的商品

---

① 阿萨·勃里格斯：《英国社会史》，陈叔平等译，商务印书馆 2015 年版，第 273~274 页。
② G. E. Mingay. *Rural Life in Victorian England*, 1990, Gloucestershire Alan Sutton, 1990, P. 3.
③ 以上数字，见 Stephen Broadberry, Bruce M. S. Campbell, Alexander Klein, Mark Overton, Bas van Leeuwen, *British Economic Growth* 1270–1870, Cambridge University Press, 2015, P. 49, 116, 117。

化，同时对生态环境也具有明显的保护作用。从19世纪末开始，替代农业在英国盛行起来。1906年，埃德温·普拉特在其《农业的转型》一书中评论说，家庭农场主明显转向"替代农业"，制定了新的耕种目标，奶牛业、园艺业、家禽业开始稳步发展。①

其三是近代郊区的出现。工业化与城镇化是一把"双刃剑"，它在使人们充分享受现代生活的同时，也带来了严重的社会与环境问题等负作用。工业对环境的污染，城镇住房的拥挤和卫生条件的恶劣，使人们开始怀念、向往乡村的田园生活。18世纪英国乡村田园诗人代表威廉·考柏对自然风光和乡村生活极尽赞美之词，称"上帝创造了乡村，而人类创造了城市"②。19世纪很多作家把眼光转向乡村，或表达对童年的怀念，或以感伤的笔调描写乡村在工业文明侵袭下出现的悲剧性事件，批判工业与城镇文明对乡村的渗透、对传统文化和道德的破坏。

从19世纪下半叶起，人们开始反思工业化、城镇化带来的社会与环境问题，并向郊区迁移。英国著名历史学家阿萨·布里格斯认为，维多利亚时期的英国中产阶级形成了自己独特的价值观念，其中一个重要方面就是强调私人住宅应当远离闹市街道的喧嚣嘈杂和脏乱忙碌，因此"家庭就代表了与工作场所完全不同的——尽管可能是相互补充的——价值观"③。城市史学家罗伯特·费什曼更是直接把郊区的兴起归因于中产阶级对一种理想生活方式的追求：他们试图建造一个居住空间上的乌托邦，因此"郊区是中产阶级文化价值观所创造的完美结果"④。这些价值观，包括家庭的隐私性、居住场所和工作场所的分离、乡村舒适环境与城镇便利生活条件的结合等，都从道德理想层面推动了近代郊区化的进程。可见，郊区的出现在很大程度上与以富有商人、店主和专业人士为代表的中产阶级的兴起及发展密切相关，"这部分人能够负担得起每天乘车前往他们位于伦敦城市办事处的费用，因此他们是最有意愿选择居住在郊区的人"⑤。受此影响，郊区这种在世界大多数城市占特殊地位的地理结构形成了。可以说，近代城市郊区在英格兰的出现，是现代"逆城市化"（城市居民返回农村居住）的前奏曲。

其四是开展乡村保护运动。在乡村逐渐走向"消失"之时，人们开始思考乡村的存在意义。"乡土"这个古老的文学体裁成为19世纪英国人最热衷表现的对象之一，人们试图在乡间寻找"古老快乐的英格兰"，寻求英国的文化身份。斯坦利·鲍德温爵士曾说："对我来说，英格兰就是乡村，乡村才是英格兰。"⑥ 19世纪英国首次有人提出建立国家公园的建议。1895年英国成立了全国信托基金

---

① 杨杰：《从下往上看——英国农业革命》，中国社会科学出版社2009年版，第137页。
②③⑤ 转引自欧阳萍：《论18、19世纪英国郊区兴起的道德推动力》，载于《湖南科技大学学报》（社科版）2015年第2期。
⑥ 陆伟芳：《1851年以来英国的乡村城市化初探》，载于《社会科学》2017年第4期。

会（National Trust），1912年成立了自然保护区保护协会，1926年成立了英国乡村保护委员会。在这些组织的推动下，英国兴起了乡村保护运动。

英国乡村保护委员会尤其贡献卓著。1926年，英国城镇规划委员会主席帕特里克·艾伯克隆比爵士出版了《英国的乡村保护》一书，强调乡村的传统风景应予保护，城镇的无限制扩张必须得到遏制，他同时呼吁成立一个相关的委员会，作为与城镇无限制扩张抗争的手段与组织。1926年10月，英国乡村保护委员会宣告成立。该组织促成了很多涉及乡村保护法令的颁布。1932年英国政府颁布了第一部《城乡规划法》，首次提出要遏制城镇向乡村扩张，确保乡村农业和林业用地不受发展规划影响，同时对乡村地区的历史建筑进行保护。英国政府认为，乡村地区多样化发展是保证乡村活力和可持续性的前提，因此在乡村规划及控制管理中，应鼓励乡村采取多样化的发展模式。

英国乡村保护委员会与那些充满了浪漫主义、试图将传统乡村原封不动保存下来的理想主义者有着本质的不同。它承认现代化的发展趋势不可逆转，肯定其带来的全新生活方式，他们所试图保护的，是能与现代化融为一体的乡村；他们所反对的，也只是不加限制的城镇扩张。也许正是努力将眷恋美好传统和现实变革联系起来这种冷静而明智的态度和做法，才使该组织的理念得以贯彻执行，并取得了显著成效，英国大部分传统乡村景致因此得以保存下来。

其五是充分开发和利用乡村丰富的历史文化资源与优美的自然景观，大力发展旅游业。在今天，英国乡村已经被赋予了太多的期望与价值。它不仅为人们保留了历史记忆，让人们徜徉于历史的长河中回味民族与国家的过去，承载着国民教育与传统教育的功能，而且在精神上使人们有了一种归属感，为人们提供了精神创造的活力。对于每个公民来说，乡村是寻找自身根源的直接土壤；对于国家而言，乡村是保持自身民族特性的重要载体。当然，利用乡村历史资源与自然景观来发展旅游业，也是发展方向之一。所以，英国乡村的改造与发展并非表现在如何恢复农业人口增长，如何再现乡村历史上的辉煌，而是表现为既能享受城镇一样的现代生活和文明成果，又能享受自然美景；表现在对乡村地区历史资源与自然景观的保护及其开发利用方面。

如今，旅游业已成为英国重要的支柱产业。2008年，全英格兰就业2 293.2万人，其中旅游业就业者为186.3万人，占总就业人数的8.12%。乡村旅游业既在旅游业整体中占有重要地位，又是乡村经济中最重要的部门之一。按照英国政府统计，2015年，全英旅游业中有42.1%的企业、25.7%的收入、44.4%的就业机会来自乡村旅游业，乡村旅游已成为旅游业最大的分支部门。在英格兰乡村中，有10.6%的经济单位与旅游业相关；乡村旅游业年收入超过290亿英镑，提供乡村12%的工作岗位。而且，早在2001年时，乡村旅游业就为英格兰提供了

38万份工作,超过了农业所提供的37.4万个岗位。①

随着城镇经济生活方式向乡村的延伸,乡村各种基础设施和公共服务逐步完善,英国乡村独有的生活风味也显示出诱人的吸引力。20世纪晚期以来,英国出现城镇人口向乡村迁移的"逆向流动"现象。1991~2002年,英国每年有6万人净迁移到乡村或以农业为主的地区。据相关资料统计,进入21世纪后,英国从城镇迁入乡村的人口较之于从乡村迁往城镇的人口,多出35.2万人,而且迁入乡村地区的人口中,年龄在25~44岁者占了五成。② 正因为如此,2004年英国议会在讨论城镇规划时,有人如此提道:"小镇或村庄规模突然增长20%或30%是一个新近的现象。"事实上,现在"在乡村地区,在本地镇上工作的人常常住在乡下,而生活在镇上的人常常在乡村工作"③,乡村与城镇之间似乎更多地呈现出一种特殊的融合关系趋势。

第三节 欧洲乡村生活类城市化

工业化时期城市发展以牺牲农村为代价,广阔的乡村大地变成城市的从属品。而到后工业化时代,经过改造的乡村逐渐"类"城市化,即具有与城市一样的生活条件、生活方式和生活理念,以及相似的社会关系;在此基础上,乡村被当作与城市一样的独立实体,能与城市平等地融合,像城区一样成为城市主导的城乡一体化格局的有机组成部分。正如有些西方学者所论:农村城镇化不只是改变土地用途(乡村用地变为城市用地),也是社会经济功能和生活方式的改变,并且不一定仅显示为景观面貌的变化。而社会经济的内涵变化一方面包括了相关乡村地区人口的收入水平、教育标准、工作机会、土地收益等,另一方面则是针对相关乡村人口构成特点而提供充分公共服务,如基础设施、健康、教育等,同时还可指乡村地区逐渐具有了城市功能。④

一、乡村生活条件和生活方式城市化

英国自19世纪末开始,欧洲其他国家大多从20世纪中期开始,都对乡村生

---

① 刘丹青:《英国:乡村旅游业的先行者》,载于《经济社会史评论》2018年第2期。
② 杨丽君:《英国乡村旅游发展的原因、特征及启示》,载于《世界农业》2014年第7期。
③ 陆伟芳:《1851年以来英国的乡村城市化初探》,载于《社会科学》2017年第4期。
④ Mette Fabricius Madson, "Urbanization of Rural Areas: A Case Study from Jutland, Denmark", *Geografisk Tidsskrift – Danish Journal of Geography*, No.1, Vol.110, P.48.

活条件进行了大幅度改善，既包括私人房宅的改造修建，更包括各种公共产品，如道路交通、供排水、供电、供气、广播电视、互联网络等基础设施，商业、金融、邮政、文化、体育、娱乐、教育、酒吧咖啡室等服务体系的完善甚至逐步升级，总之，这些公共产品基本上按照城市标准来建设，目的在于使乡村与城市生活条件无异，并还留有乡村社区的一定特色。如德国的"巴伐利亚试验"将"城乡等值化"理念融入村庄发展的总体规划中，通过片区规划、土地整合、基础设施建设和发展教育等措施，使农村与城市生活达到"类型不同，质量相同"的目标。① 即使乡村的宜人景观，也多有人类改造的痕迹。如"英格兰乡村的魅力多来自人工修造和经营的景观，主要由农业和反映了历史与文化的聚居场所而构成"②。在乡村居民逐渐形成与城市居民相同生活方式的同时，他们的生活理念也渐渐地与城市居民没有差别。加上完全放开户口制度，以居住登记为管理模式，城乡之间人员完全自由流动，又使乡村各种生活理念、思想观念与城市逐步趋同，从而缩小了城乡差异。

不仅如此，在生活条件方面，乡村还有许多城市所不具备的优势，最主要的是经过改造的乡村可以当作现代城市人憩息休闲的绝好去处。乡村环境清静、空气新鲜、风景宜人，而且还保留着不少传统的乡情习俗，更多的历史风貌，因此往往是许多城市人首选的宜居之地。大约从 20 世纪后期开始，西方国家出现了"逆城市化"（counter-urbanization）现象，其人口流动模式有两种。一是指劳动者白天工作在城市，晚上回到周边的小城镇或村庄居住休息，形成所谓通勤区。二是指在远离城市的纯粹乡村里，有人从城市搬过来。村庄里或有他们的"第二套住房"，专供节假日休憩居住；或是年老退休者干脆购租住房，当作养老处所。"逆城市化"的前提是乡村具有不差于城市的生活条件。逆城市化运动之所以在 20 世纪后期才形成气候，正是战后初期欧洲乡村改造和改善的结果。另外，这些移居乡村的城市人，带来了城市的生活方式和生活观念，促进了乡村改造，加速了生活设施城市化和乡村生活具有城市性之进程，城乡生活质量逐渐同质化。由于乡村生活环境可能优于城市，因此还有学者认为，"逆城市化"甚至有可能代替城市化而成为居住模式主流，乡村人口可能还会超过城市。③ 当下欧美国家似乎就显现了这一趋势。例如英国，据其政府环境、食品和农村事务部报告，20 世纪末英国乡村人口增长超过城镇人口增长，1991~2002 年，每年到完全乡村区

---

① 黄季焜：《借鉴国际农村发展经验促进我国乡村振兴》，载于《光明日报》2018 年 10 月 15 日。
② Chris Parker, "Rural Tourism in the South East: A Strategy for Future Action", *The Countryside Agency*, P. 9.
③ B. Berry, "The counterurbanization process: urban America since 1970", in B. Berry ed., *Urbanization & counterurbanization*, Beverley Hill, California: Sage, pp. 17-30.

或乡村主导区的移民净增6万人。[①] 平均每年有42万人迁住乡村,超过乡村迁入城镇的39万人。1981~2003年,英格兰乡村人口增长了14.4%,而城镇仅增长1.9%。[②] 从20世纪80年代起,法国阿尔卑斯山区由于发展旅游等新经济,实现了地区经济新的跨越,再一次经历了大规模的人口净流入,城市人口纷纷回迁到乡村。[③] 不过,当城市一些农业公司的先进观念、方式、技术等进入农村时,也引起与农村原有居民的传统方式的冲突,例如在葡萄牙居兹德佛拉地区的维拉阿尔梅达村。[④] 这种"逆城镇化"引起新的矛盾值得重视,如交通问题。随着越来越多的人移居城市边缘,交通拥堵会变得更严重。很多人须开车到市中心去工作,当高速公路进入城市,与城市中心小而狭窄的老路相连接时,更容易形成交通"瓶颈"和拥堵。

所以,即使是不宜以建设卫星城为目标,城市附近作休憩睡眠的乡村城镇也应有规划地建设,甚至还应超出旧城市的生活标准。如近些年欧美推出了可持续发展城市理念,其关键特征有:城市的资源和服务,所有人都可以利用;公共交通安全可靠,且基本替代小汽车出行;步行和骑自行车是安全的;开放空间区是安全、方便和愉快的;在可能的情况下,可再生资源代替不可再生资源;垃圾被视为一种资源,尽可能地回收;新的节能型住宅;居民能住上经济适用房;社区联系纽带强,各社区一起来对付诸如犯罪和安全问题;文化和社会福利设施所有人都可利用;外来投资进入中央商务区(CBD)等。2009年,英国政府还资助建设了4个"生态城镇"(eco-town),力图实现高层次可持续发展的潜力。建设内容包括提供经济适用性住房、可持续的生活、碳排放降低、较高的废物利用率和回收率,能够就业、当地人也能发展,当地有足够的服务和学校,使使用汽车的需求减少等。[⑤]

二、乡村经济社会结构与城市同质化

到20世纪后期,欧洲大多数国家乡村的经济社会结构发生了根本变化。以往以农业为主的乡村经济,以农民为主的乡村社会,不再是现代欧洲乡村的本质

---

① *Rural Strategy* 2004, P. 8; Sarah Neal and Julian Agyeman, eds.. *The New Countryside*: *Ethnicity, nation and exclusion in contemporary rural Britain*, Bristol: The Policy Press, 2006, P. 232.

② Michael Wood, ed. *New Labour's Countryside*: *rural policy in Britain since 1997*, Bristol: The Policy Press, 2008, P. 67.

③ 黄昊:《在萨瓦省感受阿尔卑斯山地文化的魅力》,载于《光明日报》2018年8月1日。

④ De Souza Guedes, "Urban Rationality and Rural Areas: the unline Agricultural Company and Vila Almeida in Juiz de Fora", Abstruct (English), *Geo UERJ*. 2018, Issue 32, pp. 1-20.

⑤ Michael McCarthy, "Creeping urbanisation'could destroy rural England in 30 years", 2005.

所在。经济部门的多样化，人口构成的多元化，成为现代欧洲乡村的基本特征。表 8-1 所列 21 世纪初英国乡村人口的从业结构及其与城市的对照，能非常典型地说明这一转变结果。

表 8-1　21 世纪初英国乡村人口从业结构及与城市的对照

项目	在乡村从业人口中所占比例（%）	在城市从业人口中所占比例（%）
农业、狩猎和林业	4.5	0.7
渔业	0.1	0.0
采矿和采石	0.4	0.2
制造业	14.6	14.9
供电、供气和供水	0.7	0.7
建筑业	7.5	6.6
批发、零售贸易和汽车修理	15.8	17.1
酒店和餐饮	4.9	4.7
运输、仓储和通信	5.9	7.4
金融、媒体	3.6	5.1
地产、租务活动	12.4	13.4
公共管理和社会治安	6.2	5.5
教育	8.2	7.6
卫生和社会工作	10.3	10.8
其他方面的社会与个人服务	4.6	5.1
其他	0.3	0.1
合计	100.0	99.9

资料来源：Matthew Taylor. *Living*, *Working*, *Countryside*, *The Taylor Review of Rural Economy and Affordable Housing*, London：Department for Communities and Local Government, 2008, P. 123.

表 8-1 反映出乡村经济社会结构已与城市同质化：（1）大部分行业城乡差别都在 1% 以下。（2）农业渔业主要在农村，但城市居然也有 0.7% 的居民从事农业，说明交通便捷也可使农业从业者居于城市。（3）批发、零售贸易和汽车修理，运输、仓储和通信，金融、媒体等城市高于乡村 1.3%~1.5%，说明城市作为商业中心、金融中心、交通中心、物流中心、信息中心的职能更突出一些；地

产、租务活动高出 1.0%，说明城市流动人口比例比农村更高。（4）教育人员比例农村比城市高，说明农村居民居住相对分散，学生班级规模相对较小，需要的教育工作人员更多一些；公共管理和社会治安人员比例农村比城市高，也说明农村居民居住相对不集中，治安和管理难度要大一些，需要更多的人手。不过，虽然乡村从业人员比例与城市相似，但其经济重要性仍然远不如城市，因为占英国面积 80% 的乡村，人口仅占全国的 20%。[1] 但乡村经济也有在经济总体中地位上扬的趋势。例如乡村环境宁静，更能保持商务的独立性、私密性，进而增强工作效率，因此不少公司企业将工作场所（workplace）设于乡村。如英国约克郡，该地商务工作场所的 39% 位于乡村；从整个英格兰看，设于乡村的工作场所也占 37%。[2]

某些新发展的经济部门成为乡村地区的支柱产业，如乡村旅游业。以英国为例，以休闲观光动机为主的乡村旅游在 20 世纪 80 年代开始大力发展，乡村旅游从业者增多，20~30 人规模的乡村旅游企业普遍出现。[3] 政府的政策引导、学界的认识、民众的需要、条件的改善，是英国乡村旅游发展的主要推手。21 世纪初，乡村旅游既在英国旅游业整体中举足轻重，又是乡村最重要的经济部门之一。据联合国欧洲经济委员会报告，2001 年全英乡村旅游业创造了 140 亿英镑的收入。乡村旅游业提供了 38 万份工作，超过了农业提供的 37.4 万个工作岗位。[4] 英国政府统计，2015 年，全英旅游业中有 42.1% 的企业、25.7% 的收入、44.4% 的就业机会来自乡村旅游业，乡村旅游成为旅游业最大的分支部门。而乡村中则有 10.6% 的经济单位与旅游业相关[5]，乡村旅游业提供乡村 12% 的工作机会。[6] 英格兰西部科茨沃兹乡村区，旅游业在 21 世纪成为第一大经济部门。[7]

乡村居民结构向多样化发展。今天欧洲的村庄和小镇上的居民，大多不是从事农业的人员。家庭农场是欧洲农业的主要组织形式，多有自己单独的农舍、住房、车库、农具库、畜厩、饲料库和仓库等，一应俱全，有的还有初级的农副产品加工厂。而居所集中的村镇上，居民包括在乡下有第二套住房的城市人，从城

---

[1] "A Strategic Framework for Tourism 2010–2020", https：//www.visitengland.com/sites/default/files/downloads/strategic_framework_for_tourism_document_1.pdf.

[2][5] Gina Ionela Butnaru and Alina Petronela Haller, "Perspective of Sustainable Rural Tourism in the United Kingdom of Great Britain and Northern Ireland", *Sustainability*, 2017, No. 9, P. 525.

[3] Jonathan Edwards, "Rural Tourism in Great Britain", *I Encontro Nacional do Turismo de Habitação – Ponte de Lima*（12 e 13 de Março de 1993）.

[4] Jeremy Burchardt, "Agricultural History, Rural History, or Countryside History?" *The Historical Journal*, Vol. 50, No. 2（Jun., 2007）, P. 465.

[6] "Rural Economy Growth Review：Supporting Rural Tourism", https：//www.gov.uk/government/uploads/system/uploads/attachment_data/file/183289/rural-economic-growth-review.pdf.

[7] *Latest Wealth Survey of England* 2007, www.cotswolds.info/Cotswolds History and Heritage, home page.

市退休、住农村养老者，短期居住的自由职业者、旅游者，在村镇从事社区工作的服务业者，村镇的房产主等，他们的日常活动基本与周围土地上的农业无关。农民（农场主）们则多住在自己单独的农舍里。① 例如，比利时埃诺省贝尔吉勒村几百名"村民"里，绝大部分是附近城镇的居民，真正从事农牧业的只有几户人家。小农庄主吕克所在的村子也只有百余户，居民主要来自周边城镇。他们白天在城镇工作，晚上回到村子生活休息。吕克拥有 30 公顷土地，6 公顷种植饲料，24 公顷草场饲养牛马。他家的公鸡晨鸣，农机具在道路上留下泥土，牲畜在街上随地大小便，还遭到了住在村里的城里人抗议。邻村的菲利普·素多耶一家则经营占地 150 公顷土地，拥有 350 头奶牛和肉牛的中型农庄。贝尔唐和赛佛丽娜的农庄还有查收土鸡蛋、自酿酸奶、果酱和鲜榨果汁的小店。整个比利时的农业就业人口不到全国人口的 2%。② 在占欧洲总人口 20% 的乡村中，包含了大量非农业人口。

但即使是今天，乡村受城市化的冲击仍然巨大，故而目前欧洲农村又面临新的危机，如有学者忧心忡忡，认为城市化"将在 30 年内摧毁英国乡村"③。其援引"保护英格兰乡村运动"组织的说法，认为随着住房、工业、交通、道路和机场建设的无情扩张，而传统农业地位又逐步下降，可能意味着珍贵的、传统的农村将在 2035 年消失。而在 2005 年前的 30 年里，无论是出于偶然还是刻意设计，英格兰大部分地方都同质化了，到处都是一个样子。英格兰乡村面临着许多严重的长期威胁。最大的威胁是住宅建筑在城市之间的扩张，整个英格兰一年内就建造了 15 万所住房。④ 其他的威胁还有，主要用于货运的公路建设大规模扩张，噪声使乡村的宁静渐失；国家级和地区级的主要机场及其相关基础设施的扩建；农村道路交通增长速度快，每年都要损失 21 平方英里农村土地，其面积大小相当于南安普敦；"宁静的乡村"总面积在 20 世纪 60 年代和 1994 年之间已减少了 20%。⑤ 而农业的大幅度衰落，又导致土地经营的极端化，要么是更集约化的农业，要么放弃土地经营。

三、城乡一体化下乡村资源再发掘

进入 21 世纪时，西欧已经没什么城乡差别了；如果要说有差别，也只是居

---

① 笔者实地考察过英国莱斯特郡一家小型家庭牧场，其设施齐备的农舍居于牧场之中，远离村庄。一家三口（夫妇为 60 多岁老者，女儿 30 多岁单身）劳动，专为牛奶公司将牛犊养大，家庭年收入 3 万多英镑。也考察了伍斯特郡塞文河上的阿普顿小镇，其居民生计以旅游、运输、商业服务业为主。

② 刘军：《比利时埃诺省农村采访记》，载于《光明日报》2018 年 2 月 9 日。

③④⑤ Michael McCarthy, "Creeping urbanisation'could destroy rural England in 30 years", 2005.

住地点选择取向的不同。城乡功能区和居住区的分布特征基本是：中心城区为商业中心区，城区居民除房产主外，多为收入较低者，或工作需晚上和节假日轮值者（如零售商业、社区管理和治安管理）；近郊以工厂、物流企业、大型商业综合体等为主，居住者多为朝九晚五的通勤族，收入水平处于中产阶级下层；远郊为乡村，居民结构如上文所说的多样化，收入水平处于中产阶级中上层（白领），拥有第二套住房者较多；僻远的乡村，是城市的后花园，休闲度假者居多。

由于乡村越来越具有城市性、城乡差别缩小，以及乡村在经济社会生活中的比重降低，因而对乡村的管理被绝大多数西欧国家纳入城镇体制之中。如在意大利，行政区划分成了"大区—省—市（镇）"三个层级，市（镇）作为基础层级，共达7 987个。[①] 德国的行政层级分成"州—市（镇）"两级，全国的大小城市（镇）也有2 000多个。英国为适应乡村城市化进程，行政治理体系几度演变。19世纪末，曾将郡之下的二级行政区分为城镇区和乡村区两种。[②] 1894年，英格兰和威尔士共有690个乡村区、773个城镇区，几经增减，1899年城镇区达813个。[③] 这种行政区划分虽然反映了乡村城市化进程，但却把应该融为一体的城乡拆散开了，弊病不少。因此早在20世纪中期就出现了将城市和乡村结合起来的改革主张。[④] 1972年废除原有的1 086个城镇区和乡村区，设立296个区，即都市郡下设都市区，非都市郡下设非都市区。20世纪90年代，郡、区都为一体性当局（unitary authorities），包含了城市和乡村两类地区。[⑤] 乡村腹地与城镇中心由此相联结，虽以城市为主导，但顺应了城乡一体化趋势。

现代城乡一体化不同于工业化时期城市对乡村的剥夺和控制，而是统一体内的城乡无地位高低之分，城市和乡村都是统一体中地位同等的有机成分。这犹如今天我国的郊区改为城区：未改之前，郊区的功能被明确为为城区服务；改叫城区后，尽管发展程度有差距，但这个新城区必须有自己的独立性，与老城区的地位是平等的。乡村纳入城乡一体化管理也同此理，当然，发展的差异性使统一体须以更先进的城市为主导，由城市带动乡村，乡村成为受益者。随着乡村资源进一步被发掘，乡村也可能成为推动社会的主动者、贡献者。近年欧洲的实践正在表明这一点。如欧盟推出促进农村发展的"领导者"计划，认为农村的传统、文

---

① 陈晓晨：《让文化在历史长河中流淌》，载于《光明日报》2017年1月24日。
② Local Government （England and Wales） Bill, HC Deb 21, March 1893, Vol. 10, c684.
③ 陆伟芳：《20世纪新格局：行政区划分与英格兰城市化的深度发展》，载于《经济社会史评论》2017年第2期，第11~12页。
④ John Davis, "Central government and the towns", in Martin Daunton ed.. The Cambridge Urban History of Britain, Vol. 3. 1840-1950, Cambridge University Press, 2008, P. 285.
⑤ 陆伟芳：《20世纪新格局：行政区划分与英格兰城市化的深度发展》，载于《经济社会史评论》2017年第2期。

化、乡野等因素具有"生产""增值"功能①，可视为"社会资本"或"文化资本"。传统、价值观、符号、建筑、古迹等地方性文化和环境可成为商品，而文化多样性对后工业时代消费者有强烈的吸引力，能产生可持续收入和就业机会；利用这些文化资本，还有利于形成基于地方文化认同的农村社区，有助于社会管理。

当然，对乡村资源的利用重在文化和社会资本，而不能对乡村空间和实体资源无度地占用，这是许多有识之士的共识。如英格兰乡村保护运动组织就敦促政府对农村应实施新的政策目标：促进高效利用住房用地，将至少75%的新住宅建在已开发的土地上；地区开发应尊重环境承受力，而不是最大限度地利用环境；鼓励采购本地食品和商品，减少对物流运输系统的依赖；资助农民管理农村资金，既要保留乡村景观特征，又要节约土壤和水等自然资源。委员会研究乡村政策的负责人汤姆·奥利弗说："我们不能继续把农村当作一个无限的资源，以为这种无尽的损伤可以恢复。农村是为我们所有人的。如果我们想保持它，大家就都应为自己和孩子们来保护它们尽一份职责。"②

---

① Ray, "Culture, Intellectual Property and Territorial Rural Development.", *Sociologia Ruralis*, 2010, 38 (1): 3–20.

② Michael McCarthy, "Creeping urbanisation' could destroy rural England in 30 years", 2005.

第九章

欧洲农村的观念转变与创新发展

第一节 最近时段欧洲农村面临的新挑战

进入20世纪90年代后，欧洲农村地区面临许多新的挑战。

首先，欧洲农村的人口结构、经济结构和社会关系等方面，出现了空前的重大结构性变化。虽然农业依旧离不开土地，但农业在农村就业中已不占主导，其他经济部门，如制造业、服务业和旅游业，在农村发展迅速。[①] 各农村地区在经济结构、功能定位以及社会关键指标方面呈现较大差异，这在一定程度上反映了处在生产和消费链条不同位置的农村与全球化市场的联系。同时，受农村环境、良好社区生活、充足休闲空间、宜人风景、健康生活方式和传统文化等因素的吸引，乡村的非农业人口持续增加。而农村的空余建筑、可靠和低成本的劳动力、低成本住房也吸引更多企业向农村搬移。农村更加开放，与外界建立起更广泛的联系。逆城市化而来到农村的非农村人口，成为"重塑"农村生活的重要社会力量。与此同时，受到乡村新居民、开发商、游客、食品消费者的需求影响，农村越来越呈现一种"消费空间"而非"生产空间"的特点。乡村与城市的联系更紧密，农村地区的物质和社会形态逐渐改变。整体而言，20世纪末以来的欧洲农村，因其自身结构变化而日益呈现出多样性与异质性，农村的社会凝聚力有碎片化趋

[①] Terry Marsden, "Rural Futures: The Consumption Countryside and Its Regulation", *Sociologia Ruralis*, 1999, Vol. 39, No. 4, pp. 510–511.

势。综合来看，欧洲"农村地区"的定义已发生重大改变，更多指主要产业依赖于对土地的广泛利用，散布于村庄和小镇，以及人口密度低和分散的地区。[①]

其次，20世纪90年代以后，受《马斯特里赫特条约》《共同农业政策》《关税与贸易总协定》、欧洲货币联盟等政策、协定和机构出台，以及欧盟东扩的影响，欧洲的"农村"语境也在发生变化。[②] 欧盟对农民的补贴设置了上限。这增大了农村人口面临经济和社会排斥的风险。[③]

再次，20世纪90年代以后，欧盟各成员国受新保守主义的影响，尽管农村中非农产值、非农劳动力比率持续增加，但农村政策却长期没有调整。欧洲的政策制定者认识到，从农村条件的多样性出发，必须取消"泛欧洲"式的国家干预。农村的独特就在于多样性，政策必须适应这种多样性。故而90年代后出台的很多农村战略文件，更多地强调多样性，而非沿用综合性或整体性的办法来管理。[④]

最后，20世纪70年代以来欧洲从福利国家体系向新自由主义的市场化社会服务体系转变、日益强调个人及家庭提供保健和社会保障的政策，90年代开始在农村显现严重的社会后果。例如英国，1997年有42%的农村教区没有商店，43%没有邮局，75%没有日常公共汽车，91%没有为老年人提供日托服务，80%的人没有住宿照顾。这样，从90年代起，欧洲开始了一系列区域、国家等层级的农村政策调整[⑤]，通过政策改革、观念转变、实践创新等途径进一步改造农村。

第二节　欧盟改进农村公共服务的新思路

一、从福利国家向服务整体、服务公民的观念转变

19世纪社会学的研究表明，贫困是由低工资、工作不安全感、健康不佳、

[①] Malcolm J. Moseley, "Innovation and Rural Development: Some Lessons from Britain and Western Europe", *Planning Practice and Research*, 2000, Vol. 15, No. 1 - 2, pp. 95 - 115.

[②] Mark Shucksmith and Pollyanna Chapman, "Rural Development and Social Exclusion", *Sociologia Ruralis*, 1998, Vol. 38, No. 2, pp. 225 - 242.

[③] Mark Shucksmith and Pollyanna Chapman, "Rural Development and Social Exclusion", *Sociologia Ruralis*, 1998, Vol. 38, No. 2, pp. 226 - 227.

[④] Terry Marsden, "Rural Futures: The Consumption Countryside and Its Regulation", *Sociologia Ruralis*, 1999, Vol. 39, No. 4, pp. 510 - 511.

[⑤] C. Phillipson and T. Scharf, "Rural and Urban Perspectives on Growing Old: Developing a New Research Agenda", *European Journal of Ageing*, 2005, Vol. 2, No. 2, pp. 67 - 75.

缺乏公共服务、恶劣住房和缺乏教育等结构性因素导致的。20世纪初有西方学者主张国家干预,确定最低生活标准。二三十年代经济危机造成社会动荡,使战后在凯恩斯主义和福利国家观念影响下,西欧出现了一个政治共识,即贫穷和失业是结构性和系统性的,可以通过政府管理经济、达到充分就业而加以克服,同时政府也应承担照顾公民"从摇篮到坟墓"的义务和责任。当然,每个国家的福利制度各不相同。① 西欧大多数国家与美国相似,即政府只向个人提供和监管最低限度服务,并不明确规定服务的所有权、资金和控制权。②

到了20世纪六七十年代,福利国家政策遭到了挑战。反对者强调:(1)虽然实行了福利国家政策,但贫困并未消失;(2)货币主义和新经济自由主义提倡向个人责任回归;(3)1973年后经济危机对凯恩斯主义产生了疑问。上述质疑虽然程度不同,但影响了每个西欧国家,各国在不同程度上采取了新自由主义政策,取消部分福利国家政策,将公共部门市场化,并削减社会保障预算。③

20世纪80年代,欧盟将越来越多的公共服务市场化,放开行业政策,放松管制,引入竞争。90年代后,欧盟大多数国家将公共服务私有化,电信最激进,能源较慢,水务行业最慢。④ 以法国为例,90年代遵照欧盟推动自由化改革后,连续几届法国政府都倾向于以市场竞争的方式提供社会服务,以实现更低价格和更好的经济增长。但最后结果却是,改革严重削弱了法国的传统福利。⑤

基础设施和社会服务的私有化、自由化和市场化,令企业不考虑社会责任,不考虑消费者对社会服务的可获得性和可负担性。偏远地区和农村地区获取社会服务的途径和能力随之而恶化。如在互联网使用方面,欧盟的城乡就存在巨大的"数字鸿沟"。⑥ 这凸显了单一市场规则与区域发展不平衡间的紧张关系。⑦

农村地区服务质量下降,实际上是"市场失灵"。市场化了的社会服务,可能产生一些无法通过价格机制来调节的后果,导致市场无法提供充分的公共产品,或滥用对市场的垄断等。因此,在社会服务质量、信息不对称、服务获取和供应安全以及通过社会服务实现特定发展目标等方面,国家干预仍有其合理性。为应对这一困局,欧盟主要通过区域凝聚力政策、社会包容政策、社会服务创新

---

① Andrew K. Copus and P. de Lima. *Territorial Cohesion in Rural Europe：The Relational Turn in Rural Development*，Routledge，2014，P.195.

②⑤ K. A. Eliassen and J. From，"Deregulation，Privatisation and Public Service Delivery：Universal Service in Telecommunications in Europe"，*Policy and Society*，2009，Vol.27，No.3，pp.48–239，doi：10.1016/j.polsoc.2008.10.001.

③ Andrew K. Copus and P. de Lima. *Territorial Cohesion in Rural Europe：The Relational Turn in Rural Development*，Routledge，2014，P.196.

④⑥⑦ J. Clifton，D. Díaz-Fuentes，and M. Fernández-Gutiérrez，"Public Infrastructure Services in the European Union：Challenges for Territorial Cohesion"，*Regional Studies*，2016，Vol.50，No.2，pp.358–373，doi：10.1080/00343404.2015.10 44958.

政策等予以弥补，以保证广大农村的生活水平和服务质量。

二、区域凝聚力与一般经济利益服务

"区域凝聚力"（territorial cohesion）是欧盟城乡发展的目标与政治概念，是一套协调、平衡、有效、可获得发展的原则。它为公民和企业提供了平等机会，使他们能充分利用本区域潜力。区域内的凝聚力强调团结原则，以促进富裕地区经济与发展滞后地区之间的趋同为目标。① 为何要特别强调"区域"？原因是：第一，通过植根于地方性，强调地方身份认同，强调乡村地区发展的自主性，以对抗发展中的不平等②；第二，地方当局对提供农村服务更具关键角色，它们可控制卫生和教育服务预算，在制定地方战略规划和发展中发挥更重要作用。③

2007 年的《里斯本条约》将"区域凝聚力"视作欧盟领土发展的政策范式。欧盟希望能形成最具竞争力和活力的知识经济，实现可持续的经济增长，拥有更多、更好的就业机会和更大的社会凝聚力。同时，在欧盟扩大的背景下，加强社会凝聚力至关重要，它是改善生活条件、培养文化多样性、最终促进一体化的一种方式。欧盟的社会政策旨在促进社会凝聚力，使人们能够利用社会变革来提高生活质量。④ 公共基础设施服务即"一般经济利益服务"（SGEI），是欧盟"区域凝聚力"政策的重要内容，指的是在那些市场化的社会服务中，也需要体现公共服务义务和公共利益原则。《里斯本条约》附带的《欧盟基本权利宪章》强调，公民能够负担得起的"SGEI"是"区域凝聚力的基本要素"。区域内聚的核心目标是，公民不能因为居住地差异而在获取公共设施服务方面存在障碍。⑤

欧盟用"一般经济利益服务"来取代"公共服务"概念，主要是因为后者定义并不明确。有时它指为一般公众提供服务的事实，有时又强调服务具有公共利益，有时还指称服务供应者的所有权或地位。而"一般经济利益服务"中的"一般"通常指所有公民都应享有同样的服务——不管他们住在哪里，都要克服

---

①⑤ J. Clifton, D. Díaz‑Fuentes, and M. Fernández‑Gutiérrez, "Public Infrastructure Services in the European Union: Challenges for Territorial Cohesion", *Regional Studies*, 2016, Vol. 50, No. 2, pp. 358 – 373, doi: 10.1080/00343404.2015.10 44958.

② Andrew K. Copus and P. de Lima. *Territorial Cohesion in Rural Europe: The Relational Turn in Rural Development*, Routledge, 2014, P. 199.

③ N. A. Powe and T. Shaw, "Exploring the Current and Future Role of Market Towns in Servicing Their Hinterlands: A Case Study of Alnwick in the North East of England", *Journal of Rural Studies*, 2004, Vol. 20, No. 4, pp. 405 – 18, doi: 10.1016/j. jrurstud.2004.07.003.

④ Mark Shucksmith et al., "Urban‑Rural Differences in Quality of Life across the European Union", *Regional Studies*, 2009, Vol. 43, No. 10, pp. 89 – 1275, doi: 10.1080/00343400802378750.

社会服务中的"邮编彩票"（不同邮政编码区的社会服务存在差异）现象。① 其总体目标是在市场化条件下，公共部门要求服务提供者确保能满足从欧盟、国家到区域各级的公共利益目标，如空气、铁路和道路交通及能源。一般经济利益服务涵盖了大的公共服务行业，如运输、邮政、能源和通信等，但主要侧重经济活动。②

2011 年，欧盟通过了"一般利益服务质量框架"，将"一般利益服务"定义为必须遵守特定公共义务的社会服务。按照是否市场化原则，"一般利益服务"可粗线条分为经济服务和非经济服务两大类。"一般经济利益服务"，专指那些需要支付报酬的基本服务，如公共交通、邮政服务和医疗保健等，整体上按市场和竞争规则运行，但要保护公民获得基本服务的权利。"一般非经济和社会利益服务"，则指如警察、司法和法定的社会保障，不实行市场和竞争，既可由国家提供，也可由私营部门提供。欧盟委员会 2014 年的《第六次凝聚力报告》，特别强调公民能更多地获得包括电信、能源和交通在内的"一般经济利益服务"，认为获得负担得起的 SGEI，能促进区域竞争力、公平和平衡、经济发展和农村社区可持续发展等。③

三、贫穷与社会排斥问题

1984 年，欧盟用"社会排斥"取代了"贫困"概念，强调"贫困"是由于人们受制于自己的物质、文化和社会资源，以致被排除在最低生活标准之外，也就是"社会排斥"。贫困与社会排斥的区别是：（1）从关注收入或开支的"贫困"，转向关注"贫困人口"多维劣势的"社会排斥"；（2）从静态描述"贫困"，到动态分析致"贫"的过程；（3）从关注"贫困"人口个人或家庭，转向关注"贫困"人口所处的当地环境。④ "社会排斥"被写入 1992 年《马斯特里赫特条约》，被称为"积极的福利政策"，重点是帮助人们工作，而不是强调"个人失败"。在 1997 年的《欧洲就业战略》《国家行动计划》，后来的《国家改革方案》《欧洲 2020 年智能、可持续和包容性增长战略》中，反复强调了这

---

①② K. A. Eliassen and J. From, "Deregulation, Privatisation and Public Service Delivery: Universal Service in Telecommunications in Europe", *Policy and Society*, 2009, Vol. 27, No. 3, pp. 48 – 239, doi: 10.1016/j.polsoc.2008.10.001.

③ Clifton, Díaz - Fuentes, and Fernández - Gutiérrez, "Public Infrastructure Services in the European Union".

④ Mark Shucksmith and Pollyanna Chapman, "Rural Development and Social Exclusion", *Sociologia Ruralis*, 1998, Vol. 38, No. 2, pp. 226 – 227.

一 概念。①

如何解决社会排斥？它更强调"社会融合"和"公民融合"。在一份1990～1994年爱尔兰《向社会排斥开战》的报告中，若以下四种促进公民社会归属感的制度中有一项或多项失败，就被界定为"社会排斥"：（1）促进公民一体化的民主和法律制度；（2）促进经济一体化的劳动力市场；（3）促进社会融合的福利国家制度；（4）促进人际融合的家庭和社区系统。四点各有其含义。第一点意味着民主制度下平等的、被赋予权利的公民，有机会接触政策制定者和政治权力中心。第二点意味着公民能有一份工作，履行一定的有价值的经济功能，能够支付生活费用。第三点意味着公民能够获得国家提供的社会服务，而不是耻辱。第四点意味着公民能够有家庭和朋友、邻居和社交网络，在公民需要时能提供照顾、陪伴和精神支持。只能依靠福利救济，却有一大部分人处在社会排斥中的，是"二元社会"；而以上四种制度都保持正常运转，能保证公民正常参与的，则被称为"活跃的社会"。"社会排斥"与"贫困"的关系是，社会排斥是多维的、动态的，它主要指因为社会系统崩溃或故障，无法保证个人或家庭的社会融合。贫穷是社会排斥的结果，指由于缺乏资源（收入）而无法分享大多数人的日常生活方式。②

研究表明，社会排斥与"贫困"或"低收入"相关，2009年的统计数据中，欧盟人口密集区的贫困比例为15%，人口稀少区的贫困人口比例达21%，人口中等密度区为14%。2011年的统计数据中，中欧、东欧和南欧农村贫困的风险很高，尤其是农村地区的年轻人、妇女、老年人和低技能的人也面临着很高的贫困风险。2012年统计数据表明，老会员国里人口密集区的青年失业率最高，而新成员国则是人口稀少区的青年就业率最低。2010年，欧洲人口稀疏区有12%的居民被严重排斥，相比之下，人口稠密区只有8%，中间区有6%。2011年人口稀少区所面临的社会排斥问题，东欧比南欧更严重。③

值得注意的是，实际中被定义为"社会排斥"的人，常常在主观上并不认为自己贫困。这从另一个侧面反映出欧洲农民生活水平较高。农村人对贫困的主观评价与研究层面对"低收入"的定义不同。大多数人是将"贫困"与饥饿、贫穷和无房可住等无法满足的生理需求联系起来。而欧盟农村的人们在与过去进行比较时，感觉现在的生活好了很多。同时也需承认的是，农村贫困家庭面临的社

---

① Andrew K. Copus and P. de Lima. *Territorial Cohesion in Rural Europe：The Relational Turn in Rural Development*, Routledge, 2014, P. 197.

② Mark Shucksmith and Pollyanna Chapman, "Rural Development and Social Exclusion", *Sociologia Ruralis*, 1998, Vol. 38, No. 2.

③ Andrew K. Copus and P. de Lima. *Territorial Cohesion in Rural Europe：The Relational Turn in Rural Development*, Routledge, 2014, P. 202.

会排斥更普遍。1979年对英格兰农村贫困的研究和1990年的后续研究对此有所揭示。在那里,25%的农村家庭生活在贫困中或处于贫困边缘。在独居老人(以老年寡妇为主)那里,国家养老金是其唯一的收入。低收入的体力劳动者家庭,并不认为(或不承认)自己被社会排斥。研究也发现,农村居民的收入高度分化。大多数受访者认为,生活在农村好处大于坏处。他们觉得自己"精神富足"。许多农村居民对农村生活的非商品化有很高评价,但随着越来越城市化,这种感觉变弱了。① 在一些单一依赖矿产资源的地区,一旦出现衰退,社会排斥就会增加,普遍失业、长期疾病和贫困增多。而在一些逆城市化国家,特别是英国,随着房地产市场发展,拥有土地并毗邻城市的农村出现了一个精英阶层,但其中也隐藏着贫穷和社会排斥。许多地区农业衰落导致了"土地弃置"和人口大量迁移,一些能力较弱的人却受困于缺乏机会和流动性而陷入社会排斥。②

衡量社会排斥的指标还包括失业率和移民的增多。对欧洲发达国家的相关社会调查表明,青年、妇女就业是农村面临的严重问题,而社会福利对其覆盖度也较低。③2000年,人们发现发达国家存在一种"富裕农村中的隐性贫困"。如英国格洛斯特郡的科茨沃尔德,有1/3的人税后年收入只有7 000英镑,只及全国平均水平的一半。穷人所依赖的社会服务丧失:全郡42%的农村没有永久性商店,49%没有学校,75%没有日常公交车。④ 尽管格洛斯特郡曾是英国最富有的郡之一,失业率比全国平均水平低2%,平均收入也高于全国。疯牛病危机(格洛斯特曾是英格兰第二大牛市;现在这个市场每周只开市两个上午)、英镑的强势和农业补贴的削减导致了所谓的"农村危机"。另一个富裕的郡威尔特郡也有类似问题。一份关于"威尔特郡的贫困和社会排斥"的报告说,威尔特郡贫富差距巨大,如南部一个村庄里,40%的家庭年收入超过4万英镑,也有40%的人收入在8 000英镑以下,余下20%的人收入处在"正常"范围。在皮犹西镇一带,有1/4的家庭"生活在贫困中,或处于贫困中"。全郡养老金领取者和长期患病者的比例异常高,14%的家庭没有集中供暖。⑤

在公民融合方面,受访者认为,负责政策制定的人要么是中产阶级成员,要么是土地所有者,要么是具有终身"地方纽带"的人,政策的决定是在当地人民

---

①③ Mark Shucksmith and Pollyanna Chapman,"Rural Development and Social Exclusion",*Sociologia Ruralis*,1998,Vol. 38,No. 2.

② Andrew K. Copus and P. de Lima. *Territorial Cohesion in Rural Europe*:*The Relational Turn in Rural Development*,Routledge,2014,P. 201.

④ *The Economist*(2000):"Clouds over the Countryside",pp. 37 - 38,http://www.economist.com/node/437538.

⑤ *The Economist*(1998):"The Countryside:Poverty and plenty",P. 36,http://www.economist.com/node/178315.

几乎不了解或不关心或无法参与的情况下作出的。许多农村居民认为,他们与地方上的"代表"间存在政治上的认同差异等文化障碍,对自己无法控制的社会变化普遍存在无力感,尤其是偏远地区。[1]

东欧农村的社会排斥更严重,并在 2000 年前后受到较大关注。后社会主义的农业重组、工业私有化和公共开支的削减,导致农村就业率骤跌。农村经济崩溃、土地私有化、规模农业解体,以及大规模失业、不稳定的生计和日益严重的农村贫困使社会排斥加剧。低下的生活水平,迫使许多农村居民外出就业,再汇款回家。如波兰和罗马尼亚,农民大量离开,特别是偏远地区,严重削弱了农村的社会基础。[2] 波罗的海国家类似,随着集体农场解体,农村贫困不可避免。[3] 与男性相比,农村妇女更易受到社会排斥,尤其是东欧、南欧的偏远农村,女性的就业率很低。地方政治也主要由男性主导,由于缺乏社会服务,有能力的农村年轻女性选择了向外移民,这是偏远农村低生活质量和区域排斥的结果。[4]

社会排斥导致大规模移民,造成了许多社会问题,包括区域发展不平衡、两极分化加剧、城乡基础设施及服务的差距拉大,以及地域歧视等,特别是在斯洛伐克、波兰、希腊和匈牙利等东南欧国家。

社会排斥和社会凝聚力是欧盟的核心关切,消除贫困和改善农村福祉都被欧盟列为农村发展的政策目标,主要聚焦于经济增长、竞争力和失业、社会政策中的社会排斥问题。在欧洲一体化进程中,由财政紧缩和减少社会支出而造成的社会排斥加剧。有学者认为,欧盟及各国农村政策的首要目的是支持资本积累,这必然会造成贫困和社会排斥。英国的工党政府则更注意资本积累和社会凝聚力同时进行,认为福利体系应该"为市场的运作提供边界,支持社会凝聚力,并帮助创造维持合作的价值观"[5]。

四、可获得性与社会包容政策

可获得性(accesability)是欧盟农村政策中一个比较成熟的概念,主要指居

---

[1] Mark Shucksmith and Pollyanna Chapman, "Rural Development and Social Exclusion", *Sociologia Ruralis*, 1998, Vol. 38, No. 2.

[2] Andrew K. Copus and P. de Lima. *Territorial Cohesion in Rural Europe: The Relational Turn in Rural Development*, Routledge, 2014, P. 201.

[3] Andrew K. Copus and P. de Lima. *Territorial Cohesion in Rural Europe: The Relational Turn in Rural Development*, Routledge, 2014, pp. 198–199.

[4] Andrew K. Copus and P. de Lima. *Territorial Cohesion in Rural Europe: The Relational Turn in Rural Development*, Routledge, 2014, P. 198.

[5] Mark Shucksmith and Pollyanna Chapman, "Rural Development and Social Exclusion", *Sociologia Ruralis*, 1998, Vol. 38, No. 2, pp. 226–227.

民如何获取和利用相关基础设施服务,以满足正常工作生活所需。它于20世纪六七十年代出现,是社会排斥和社会正义的政策辩论中一个重要话题。[①] 这个术语之所以早为人知,是因为对它的关注较早。早在50年代,人们就注意到英国农村在公共汽车和铁路、学校、医院等公共部门的社会服务能力都下降了,使得农村一些群体的获得机会和活动机会减少,虽然农村的汽车拥有率和基于汽车的通勤都在增加。[②] 1951~1961年关于英格兰东北部人口变化的调查中,人们发现村庄规模与社会服务的可获得性之间有着很密切的关联。在拥有450个以上成年人的村庄里呈现了人口增长,较小村庄却出现了人口与商业设施的衰退。[③] 1965~1990年,英国农村每年都有1%~2%的村庄关闭了最后一家杂货店或食品店,这个时期共有15%左右的农村社区失去了最后的商店和食品店。[④]

  随着观念的进步,欧盟又将便捷使用公共基础设施服务与公民权利联系起来,不过各国的定义不同:在法国、意大利和西班牙,立法上保证公民享有这些服务的权利,而在荷兰和英国,关于服务的可获得性、质量和连续性的具体义务存在,宪法没有规定。2000年,欧盟曾试图制定一个统一的公民权利宪章,但没有成功。因此各国公民获取公共基础设施服务的权利,仍主要由各成员国保证,故而差异比较大。20世纪90年代后欧盟进行市场化改革,各成员国开始面向市场进行公共设施服务改革,但改革的时间、范围以及公共设施服务的历史和体制配置等有很大差异。如英国较早地在80年代开始进行公共设施服务的私有化和自由化,同期西班牙和意大利也在一定程度上放开了能源和电信。就英国而言,除国家监管外,还出台了一些具体政策,以支持弱势消费者,包括农村居民。然而,即使这些国家的政府在权力下放、实行市场化过程中实施了相应的监管,但在部分社会公共服务方面还是出现了较大的城乡差异。

  20世纪90年代以后,欧洲农村地区因为农业衰退,以及经济多样化,缺乏就业、教育机会而导致发展不足。尽管英国农村人口有所增加,但农村的服务却出现了长期衰退趋势。2000年统计,英国大约1/3的村庄没有商店,农村地区的银行、车库和酒吧也在继续减少,农村人口越来越依赖远行来满足日常需求。服务的丧失威胁到农村社区的生存能力,严重影响低收入和失业的年轻人以及老年人的生活。超过一半的村庄没有普通商店、医生或每天的公共汽车服务。1991~

---

  ①② John Farrington and Conor Farrington, "Rural Accessibility, Social Inclusion and Social Justice: Towards Conceptualisation", *Journal of Transport Geography*, 2005, Vol. 13, No. 1, pp. 1–12.

  ③ H. D. Clout. *Rural Geography: An Introductory Survey*, Elsevier, 2013, P. 139.

  ④ "Our Countryside: the future A fair deal for rural England, Presented to Parliament by the Deputy Prime Minister and Secretary of State for the Environment, Transport and the Regions, and the Minister of Agriculture, Fisheries and Food by Command of Her Majesty November 2000". http://www.tourisminsights.info/ONLINE-PUB/DEFRA/DEFRA%20PDFS/RURAL%20WHITE%20PAPER%20-%20FULL%20REPORT.pdf, P. 9.

1997年，农村地区共关闭了4 000家食品店。①

在信息通信互联网使用方面尤其存在数字鸿沟。2013年欧盟的ESPON项目，选取了九个具有代表性的区域，分析了运输、电力、水和电信等指标，以评估欧洲公共设施服务的可获得性、可负担性和质量。结果表明，地区类型与公共基础设施的可获得性间有着密切关系，农村和城市之间存在强烈的两极化。偏远地区、农村地区、人口分散地区、低人口密度地区，使用网络基础设施的成本更加昂贵。而需求集中的地区，同样服务的价格、质量、获取的便捷度则更优。② 以英国威尔特郡为例，由于大多数收入丰厚的工作都在城镇，村民却缺乏到达工作地点的手段，超过80%的威尔特郡村庄没有每天的公共汽车服务，21%的家庭没有汽车。因此即使农村吸引了更多的雇主和办公室，人们也很难找到工作。③

总之，虽然欧盟发达国家城乡生活水平在整体上趋同，但市场化转向、逆城市化、欧盟东扩造成的多样性，都对欧洲农村生活水平提高带来新的挑战。

第三节 观念转变与政策创新的具体实践

一、城乡关系上观念转变与政策创新

欧盟针对社会排斥采取"城乡一体发展"的政策，受到了根深蒂固的"城乡二元对立"思维定式的阻碍。早在20世纪60年代，欧洲学者就反对将城乡关系视为二元对立式。莱昂内尔·马奇提出的"超城市社会"，就意图跨越城市和农村之间的界限："毫不夸张地说，超城市社会是一种超越了城市和农村历史与生活方式区分的社会。"④ 但直到20世纪末，仍有很多人反对在农村建房，认为

---

① "Our Countryside: the future A fair deal for rural England, Presented to Parliament by the Deputy Prime Minister and Secretary of State for the Environment, Transport and the Regions, and the Minister of Agriculture, Fisheries and Food by Command of Her Majesty November 2000". P. 9, 23.

② J. Clifton, D. Díaz-Fuentes, and M. Fernández-Gutiérrez, "Public Infrastructure Services in the European Union: Challenges for Territorial Cohesion", *Regional Studies*, 2016, Vol. 50, No. 2, pp. 358 – 373, doi: 10.1080/00343404.2015.1044858.

③ *The Economist* (1998): "The Countryside: Poverty and plenty", P. 36, http://www.economist.com/node/178315.

④ Simin Davoudi and Dominic Stead, "Urban-Rural Relationships: An Introduction and Brief History", *Built Environment*, 2002, Vol. 48, No. 4, pp. 269 – 277.

这威胁到所谓纯粹的"农村"生活方式。如1998年和2002年，因禁止猎狐而引发的英国乡村联盟的抗议中，就出现了这种声音。① 这些抗议不仅说明了"农村"问题的多样性，也表明城市和农村二分法在英国乃至欧洲仍颇有市场。②

20世纪90年代中期后，"欧洲结构性基金"通过"目标5b计划"，刺激了农村和区域发展关系的逐渐整合，目前的INTERREG项目承认了农村发展对区域经济、社会和环境卫生的重要性，并强调指出，需要城乡和农村之间的合作，才能达到一个像样的服务水平，解决共同的问题。③ 1999年，"欧洲空间发展远景"（ESDP）强调城市地区与周边农村的功能相互关系。ESDP指出，在欧洲，城乡联系是同质性和普遍性的，农村地区的发展模式和前景在不同地区可能有很大不同，因此建议空间发展战略必须考虑各地的条件、特征和要求。ESDP要求重新评估城乡关系，以城市和农村的相互依赖、多样关系为基础，整合成功能和空间实体。它还强烈主张发展"城乡伙伴关系"，指出城市提供的机会往往是农村地区的补充，城镇和城市应该被视为合作伙伴而不是竞争对手。④ "城乡一体发展"战略逐步渗透到欧盟各政策领域，尤其是农业政策。这一政策正逐步转变为农村发展政策，1999年"共同农业政策"（CAP）建立时，农村发展规划已经把环境管理和农村发展措施结合在农村发展计划中。⑤

欧盟城乡关系的未来发展方向是，城市是社会服务、文化活动、基础设施和劳动力市场的主要供给者，农村则除了生产农产品外，还提供休闲潜力和绿色空间，以促进农村可持续发展和城乡伙伴关系。⑥

二、注重中小城镇作用

1994年，欧盟委员会的出版物《欧洲2000＋》，尝试重新定义城市和农村之间的新关系。它特别讨论了中小城镇的作用，以及它们在为周边地区尤其是农村提供行政等基本服务方面的作用。⑦

---

① 英国乡村联盟成员认为政府禁止猎狐破坏了英国乡村群众的传统生活方式。但英国动物保护协会表示支持禁止猎狐法案。

②③④ Simin Davoudi and Dominic Stead, "Urban–Rural Relationships: An Introduction and Brief History", *Built Environment*, 2002, Vol. 48, No. 4.

⑤ Simin Davoudi and Dominic Stead, "Urban–Rural Relationships: An Introduction and Brief History", *Built Environment*, 2002, Vol. 48, No. 4, pp. 269–277.

⑥ ESPON（欧洲空间规划观测网站）："European Spatial Planning Obeservation Network Repo't 2016", https：//www.espon.eu/programme/projects/espon–2006/thematic-projects/urban-rural-relations-europe.

⑦ Simin Davoudi and Dominic Stead, "Urban–Rural Relationships: An Introduction and Brief History", *Built Environment*, 2002, Vol. 48, No. 4, pp. 269–277.

在欧盟城乡发展政策中,中小城镇在区域发展、解决农村可获得性方面具有重要作用。欧盟认识到,中小城镇在国家层面似乎不重要,但在区域和地方层面,其作用不可低估。中小城镇作为偏远地区和周边农村地区的决策中心,在当地发展中扮演多样性角色。于是,欧盟强调加强农村中小城镇作为区域发展和网络建设的重点,通过中小城市维持基本供应服务和公共交通工具,通过联合项目和相互交流经验,促进和支持各国内部的和跨国的中小城镇合作伙伴关系。[①]

中小城镇在为农村及偏远地区提供可持续的、长期的、专业化的社会服务方面具有一定优势。对偏远地区、低密度地区提供社会服务,需要综合考虑地理分布、服务质量和供应成本等问题。一些重要的日常性服务,如邮局、议事厅、公用建筑和小学等,必须通过在村级建立永久性机构来应对。[②] 而市镇的优势在于,它在距离适度且出行方便的前提下,可以提供运营成本较低且更为专业的规模化服务。例如,中小城镇可以提供持续的公共交通,以满足城镇本身及其腹地的需要。虽然在注重质量的全科医生、学校等社会服务方面,中小城镇不比城市更具优势,但在食品零售、超市、夜总会、餐馆、电影院和剧院等方面,因其距离优势,中小城镇要比中心城市更受周边地区欢迎。[③]

从实践来看,中小城镇要想对周边地区发挥服务枢纽作用,交通是一个关键。对那些因流动性受限更容易被社会排斥的人来说,他们可能更依赖于乡村和中小城镇的社会服务。但20世纪90年代的情况表明,农村的公共交通并不令人满意。以英国为例,由于农村汽车持有量增加,公共交通发展受阻。1999年,只有16%的农村家庭可在6分钟内使用30分钟为一班次的公共交通。由于公交系统的不规律和缺乏上门服务的便利,对那些处于社会排斥中的人来说,公交系统变得无关紧要。[④] 对于这种困局,必须要通过政策及实践的创新来加以解决。

三、政策创新

欧盟农村政策制定者意识到,在缺乏规模经济或集聚效益的情况下,农村发展必须依靠个人、家庭、企业和公共机构的大量创新决策,才能应对偏远、快速

---

① ESPON(欧洲空间规划观测网站):"European Spatial Planning Obeservation Network Repo't, 2016", https://www.espon.eu/programme/projects/espon-2006/role-small-and-medium-sized-towns.

②③④ N. A. Powe and T. Shaw,"Exploring the Current and Future Role of Market Towns in Servicing Their Hinterlands: A Case Study of Alnwick in the North East of England", *Journal of Rural Studies*, 2004, Vol. 20. No. 4, pp. 405-18, doi: 10.1016/j.jrurstud.2004.07.003.

社会变革、服务供给、环境冲突和重组经济基础的迫切需要。① 至于政策创新方则可分为两个层次：一是各成员国出台农村创新发展政策，如英国目前仍在采用的"教区评估"社区发展创新政策；一是欧盟在全欧范围内提出创新方案，如领导人计划Ⅰ和领导人计划Ⅱ。它们都在提高农村生活水平可持续性发展方面获得了较高评价。

就前者而言，为提高农村基础建设水平，20 世纪 70 年代，根据 1968 年的《城镇和乡村规划法案》，英国在很多农村社区进行了"教区评估"，以调查当地居民的关切。例如 1990~1994 年对格洛斯特郡和牛津郡 44 个教区的评估，共产生了 420 个"建议和行动点"，如"必须采取措施控制村庄交通""必须采取措施留住或改善乡村学校""让我们在村庄种植些树木"等。②

如果说英国的"教区评估"侧重于自下而上、规模较小的社区发展，那么欧盟的"领导人方案"规模要大得多。如前所论，"领导人计划"意思是"农村经济发展行动之间的联系"，多年来一直是欧盟农村政策的支柱，为农村经济发展重新创造条件。领导人计划Ⅱ包括 850 个特定农村规划方案，如在英国有 59 个，每个大约覆盖 3 000~7 000 名居民。这些方案以当地协商为基础，并有合作机构参与"地方行动小组"，有效地将来自欧盟、国家和地方的预算运用到合适的项目。

欧盟"领导人计划"的核心是"支持创新、示范和可转让的措施，以说明农村发展可以采取的新方向"。在布鲁塞尔建立"领导人计划观察站"，整理、分析和传播各地行动小组的良好创新做法，加强真正创新实践的跨国传播。它所审查的 80 个创新项目，大多数至少要实现以下一个：其一，地方经济的多样化。这来自各种激励，尤其是：（1）新技术，允许更小、地理位置更偏远的生产单位；（2）能满足社会对优质商品日益增长的需求，但又不需要规模化；（3）认识到需要为发展中的农村社会团体提供服务，特别是老年居民和旅游者；（4）愿意为环境保护、管理自然和人造资源提供支持；（5）全球化背景下已有市场的不稳定性日益增长，需要为探索新产品和市场注入新动力。其二，增加当地经济的开放度及其与外地的互动。这些激励由一系列制度、技术和文化变化而激发，如统一的欧洲市场、新交通工具的传播、通信设施和跨国合作方案的增多，扩展了农村决策者的视野。其三，发展新的"内部协同效应"，意味着在地方上要创建新的机构和结构，使必要的"行动者"结成有效率的联盟。③

---

①②③ Malcolm J. Moseley, "Innovation and Rural Development: Some Lessons from Britain and Western Europe", *Planning Practice and Research*, 2000, Vol. 15, No. 1-2, pp. 100-101.

四、实践创新

20世纪90年代，欧盟对农村发展中的各种创新予以鼓励和传播，以重振持续下降的农村经济，提高就业，提供农村医疗保健、零售、运输等服务。这些创新的最终目标之一是如何为偏远地区、人口稀少地区提供服务。"发展"则指"持续的和可持续的经济、社会、文化和环境变化，旨在提高整个社区的长期幸福"[1]。提高农村生活质量是欧盟区域和农村发展政策的关键目标，其2007～2013年农村发展规划中的核心理念是"生活农村"，旨在帮助改善农村社会和经济结构，特别是偏远的农村地区，以抵消人口减少。[2]

为农村社区提供服务的难度越来越大，一个特别应对是，将两种以上不同的服务合并于某单一的建筑或载体，降低服务供应商的成本。这被称作"串联操作"或联合农村服务：由两个以上不同服务机构，共用一个或第三方载体，如乡村商店—邮局的联合、多用途的乡村大厅等。这种服务集成有三种优势。第一，某一种服务的客户，变成另一服务提供商的潜在客户（如客户进入一个酒吧/邮局，使用邮政服务，然后留下来喝杯啤酒）。第二，一种服务与另一种服务协同，两者皆受益（如在多功能的村庄中心内，健康人员和社工人员互相学习）。第三，提供联合服务的"社区论坛"或乡村会场，增加社会互动。[3] 联合服务方式在人口密度较低地区效果明显，得到各国支持，如法国政府推出了"1 000个村庄"计划。

除此之外，还有许多提高低密度人口地区生活水平的创新。例如英国的"灵活运输服务"（FTSs）或需求响应性交通（DRT）。[4] FTSs与传统公共交通不同，它不固定运行线路，以按需预订方式，由用户决定路径和时间，尽可能接近用户需要，绝大多数FTSs提供的是10～18座的小型公共汽车，对大型团体（例如小学生）提供中型车（22～30座）。20世纪70年代以来，FTSs一直为老年人和残疾人提供服务，并为特殊人群提供专门交通服务。2000年后，许多欧盟国家将

---

[1] Malcolm J. Moseley, "Innovation and Rural Development: Some Lessons from Britain and Western Europe", *Planning Practice and Research*, 2000, Vol. 15, No. 1 – 2, pp. 100 – 101.

[2] Nana Zarnekow and Christian ILC. A. Henning, "Determinants of Individual Quality of Life Ratings in Rural Versus Suburban Regions – A Gender Perspective", in Karin Wiest, *Women and Migration in Rural Europe: Labour Markets, Representations and Policies*, Springer, 2016.

[3] Malcolm J. Moseley, "Innovation and Rural Development: Some Lessons from Britain and Western Europe", *Planning Practice and Research*, 2000, Vol. 15, No. 1 – 2.

[4] Steve Wright, "Designing Flexible Transport Services: Guidelines for Choosing the Vehicle Type", *Transportation Planning and Technology*, 2013, Vol. 36, No. 1, pp: 76 – 92, doi: 10.1080/03081060.2012.745757.

FTSs 视作体现社会包容性的手段，以改善农村的可获得性。这一政策实行中也遇到了问题，主要是运营成本较高，乘客数量相对较少，票价又只相当于公共汽车，且总票价收入不包括司机工资，导致这项服务在许多地方被取消或面临取消。英国在引入农村公共汽车的六个郡中，只有林肯郡和威尔特郡仍然为公众提供灵活的服务。[1]

类似的还有：“出租巴士”（公共汽车，负责连接各乡村，可提前20分钟预订），"拨号到门服务"（为永久或长期残疾人提供免费的门到门服务），"本地就业和交易系统"（LETS，本地民间组织，不以营利为目的，为会员提供交换物品和服务），"信息农屋"（提供学习机会，获取技术，获取当地社区工作的农舍），"乡村规划书"（根据当地资源，提供当地未来发展的规划指导，提高地区基础设施水平，后成为"乡村行动计划"的一部分），"生态博物馆"（基于当地参与，专注地方身份，旨在加强社区福利与发展），"好邻居计划"（受过培训和检查的志愿者，定期访问和帮助那些孤独、因身体残疾无法出门的老年人），"绿色审计"（对组织、流程、项目、产品等进行环保评估，以减少能源损耗），乡村信托，酒吧邮局，咨询商店（免费、公正和保密的服务机构，通过咨询、援助和宣传来促进社会包容与平等），训练和重建计划（非营利，帮助退伍军人获得工作和施工培训），直营市场（也叫农民市场，由生产特色食品的农民直接面向消费者的实体零售市场，其大小不等，从一个或几个摊位到几个街区）等。[2]

以英国为例，实施创新之后，农村基础设施服务的萎缩得到了遏制。20世纪农村学校关闭的数量在1983年达到了峰值，共关闭了127所，而1997年仅关闭30所左右，1999年下降到2所。村庄大厅和社区中心增加了。英国全国妇女联盟协会1999年的调查显示，90%的社区有大厅，而半个世纪前的1950年只有54%的社区有。1991~1997年，每天提供公共汽车服务的教区数量减少了3%，但1997~2000年引入了许多新服务，社区交通也显著扩大。[3]

总体来看，20世纪90年代后欧盟减少地区差距，提高农村生活质量，改善农村的社会和经济结构，解决偏远地区基础设施和社会服务的做法，取得了明显成效。

---

[1] Steve Wright, "Designing Flexible Transport Services: Guidelines for Choosing the Vehicle Type", *Transportation Planning and Technology*, 2013, Vol. 36, No. 1, pp. 76-92, doi: 10.1080/03081060.2012.745757.

[2] Malcolm J. Moseley, "Innovation and Rural Development: Some Lessons from Britain and Western Europe", *Planning Practice and Research*, 2000, Vol. 15, No. 1-2.

[3] "Our Countryside: the future A fair deal for rural England, Presented to Parliament by the Deputy Prime Minister and Secretary of State for the Environment, Transport and the Regions, and the Minister of Agriculture, Fisheries and Food by Command of Her Majesty November 2000", P. 9.

第十章

欧洲农村城镇化各类型样本剖析

欧洲虽然面积不大，但气候温差较大，自然地貌复杂，乡村形态各异；国家众多，制度多样，传统多元，治理方式各有千秋；等等。这些都使得各国的农村城镇化进程与道路、方式、程度等千差万别、千姿百态，我们不妨选取若干类型的样本予以考察分析，总结其普遍规律，寻找其特征差异。

第一节 区域城镇体系：丹麦米德捷兰农村地区

乡村地区受城镇化的影响，存在程度上的差异。有些研究者以离城市远近来划分。有些则以交通设施来区别，即对城市发展的有利程度。有的强调空间维度，强调乡村的区位不同推进城市化过程和受城镇影响的程度也会不同。有的认为从城市到乡村的是一个连续统一体，按区域可划分成城市核心（core）、城市内部边缘（inner fringe）、外部边缘（outer fringe），到城市辐射区（zone of urban shadow），最后是乡村腹地。

有的西方学者认为除城市城区外都叫乡村，乡村区又可因与城市的关系及距离分为若干层次。比较常见的一种区分是将乡村分成5类地区。

（1）外城区（ex-urban）。这是20世纪50年代由美国学者提出来的。此为乡村地区的富人区，居民一般在城市上班。据估计，20世纪90年代，美国这样的人有6 000万之多。也有人认为这与郊区化（suburbanization）没什么区别。此外，它的发展主要是基于人口居住倾向，不是社会经济或行为因素起作用。

（2）逆城市化区（counter-urbanisation）。这是指城市市民移居乡村，20世纪六七十年代在美国和西欧出现。除了部分服务业和工业转移到乡村地区外，还开发了季节性农业。移民成分复杂，有穷人，更有中产阶级，退休后住第二套居所，移居乡村。还有许多人在城内工作，每天上下班穿梭于城市和驻地之间，离城市距离适中。也有学者认为这不是一个普遍性运动，而只是一种去中心化倾向。移居动机既有推力也有拉力，如生活方式选择（逃离城市的污染和噪声、喜欢绿地和慢节奏等）和经济考虑（乡村地区生活成本更低）。由于交通等技术发展，逆城市化不只出现在大都市附近，也出现在中等城市（1~3万居民）和小城镇（3000居民以下）的四周。

（3）近城区（peri-urban）。最近几年使用较多，主要用于描述乡村地区城市化。但在各地含义不同，欧洲与发展中国家不同，欧洲内部也有不同。有些认为只是在大城市四周。有些则认为是受到附近城镇影响的乡村地区，常以出现了休闲农场和第二住所为标志。出现这种变化的根源，即城市向乡村移民的原因可能在各个近城市化地区各不相同。"近城市化"的出现可能与"隐城市化""类城市化"，即功能的变化、建筑的转换相关。这意味着一种新型的乡村居民从城市流入，与逆城市化相似，但也引起当地人口生活方式的转变。城市化也是乡村生活方式转变为城市生活方式时一种文化和社会学意义上的变化。因此，不同地区的社会经济特点和人口向乡村迁移的类型，在很大程度上决定着自身的"类"城市化模式具有极大的重要性。

（4）农业区。农业也是乡村城市化的重要指标。在传统意义上它在乡村土地利用和就业中起着主要作用，也是乡村文化的承载者。乡村城镇化自然会影响农场和农业生产。20世纪后期以来西欧农业逐渐引向了生产的集中化、专业化和集约化。不过不同乡村地区的驱动力（包括城市化）所给予的强度和程度不完全一样。农业结构也有变化，休闲式农业（horsiculture）成分增大，也就是生活方式趣味胜过生产需要。而传统的、全天候的农场（包括牲畜饲养业）则高度集中在更远的乡村地区。

（5）边远乡村区（remote rural areas）。该地区离城市很远，属传统型乡村，人口密度低，城市化土地极有限，高度的第一产业生产。人口、收入水平、工作机会等的下降是长期趋势。被归类为外围、边远或深度乡村区，离城市中心远。要么偏远，要么是岛屿，要么是山区，交通不便。例如威尔士、丹麦等地专设乡村事务局，用与城市的距离来划分，看是否属于乡村地区，根据实情制定具体发展规划。但它们也受到城市化的间接影响，如它们可以变成旅游休闲目的地，或某种第二住所集中地、消夏场所等。

丹麦日德兰半岛中部的米德捷兰地区（Midtjylland）正可作为以这五层次法分析农村城镇化的样本。① 它是丹麦面积最大的行政区，人口达120万，其中20.7万即17.3%居住在城市以外的乡村地区。按丹麦2009年的统计法，200人口以上的聚落就可称为城镇，属于城市地区，但农业仍是该地区土地利用和就业中的重要因素。作为一个地区，它既包括了许多乡村，也包括了许多辐射乡村腹地的大中城市。例如奥胡思（Arhus）是丹麦第二大城市，拥有居民23.7万，其周围的城市功能区里还有若干中等城镇。该区内的农业潜力差异较大，中部和西南部是贫瘠的沙地，其余地区则比较肥沃。这些差别对经济模式产生了很大影响。直至19世纪后期，中部和西南部覆盖着石楠，城市发展极有限。而东部则有一些老城镇，通过工商业与外界联系。地区差异也反映在道路网上，东部稠密。中部和西南部的农业主要是畜牧业。初级产品生产（即农牧业）只在整个地区所有工作中占4%，而该地区乡村区则有20%的劳动力在这个部门就业。相反，乡村只有15%的劳动力在第三产业就业，而整个地区从事第三产业的则达35%。西部、东北部一些边远乡村则在经济上和人口上长期呈下降趋势。

米德捷兰乡村地区位于中等城市奥胡思的近郊，这是一个具有城市功能的乡村区，既可连接离城市中心更为遥远的乡村，也可连接外地城市。这一乡村区共有555个堂区（parish），按上述五类地区划分的结果是：外城区，126个；逆城市化区，78个；近城区，118个；农业区，90个；边远乡村区，140个。

从五类乡村区的经济社会各参数项及其平均值（见表10-1），可对该城市化乡村区有全局性了解。

表10-1　丹麦米德捷兰乡村五类地区555个堂区经济社会参数平均值

参数项	外城区	逆城市化区	近城区	农业区	边远区	全部
人口密度（人/平方千米）	25.4	15.4	19.9	13.6	18.0	18.6
有子女的家庭（%）	50.1	48.0	50.1	54.6	39.9	49.4
30~59岁人口	47.8	46.8	46.0	44.1	44.2	45.8
60岁以上人口	14.2	17.0	16.3	14.2	23.7	15.6
独立经营者	10.5	13.2	11.5	15.6	12.4	12.7
被雇佣者	63.9	61.3	62.1	60.7	50.8	60.2

---

① 这一分析样本的材料均源于：Mette Fabricius Madson, "Urbanization of Rural Areas: A Case Study from Jutland, Denmark", *Geografisk Tidsskrift – Danish Journal of Geography*, No. 1, Vol. 110, pp. 48–58.

续表

参数项	外城区	逆城市化区	近城区	农业区	边远区	全部
社会福利受益人	6.8	5.3	5.4	4.9	7.7	6.0
养老金领取者	14.0	15.6	16.1	13.4	24.1	16.2
低收入者	13.0	13.0	12.6	14.3	11.6	13.0
高收入者	14.8	14.1	12.7	10.8	9.7	12.4
小学文化程度者	37.3	37.9	42.4	43.3	43.5	41.0
职业熟练程度者	50.6	50.7	47.5	47.4	44.9	48.2
第一产业人员	10.0	12.1	10.8	18.7	11.2	12.8
第二产业人员	19.1	19.3	23.6	21.4	15.0	20.1
第三产业人员	41.5	39.2	36.0	34.0	33.7	36.8
往返城乡作息者	48.0	39.3	45.5	37.3	41.2	42.4
交通便利程度	42.7	50.6	64.2	39.8	39.3	47.2
休闲农场	30.3	28.2	40.0	22.2	28.6	29.8
季节性农场主	23.7	39.4	22.5	21.6	23.6	25.1
全职型农场主	46.0	32.6	37.0	56.3	48.3	45.1
畜牧场主	1.0	0.6	1.0	1.2	0.9	1.0
从城市移居乡村者	13.6	15.0	3.0	9.0	7.3	9.3

从表 10-1 数据可以发现，凡与城市化成正比的参数，如被雇佣者、高收入者、往返城乡作息者、第二产业人员、第三产业人员等，虽然外城区、逆城市化区、近城区比较高，但是农业区和边远区也不是很低，这说明城市化已深入每一个角落。同时，五类乡村区亦各有特点：外城区，高收入、高通勤率（往返城乡）、城市型工作、高教育水平、人口密度大；逆城市化区，居民主要为城市移出的人员，其多数特点与外城区相似，只是程度略低一点，如人口密度，但是，凡是城市区附近，都有逆城市化区，可见逆城市化已经是普遍趋势；近城区，大多位于城市功能区域与城市影响较小区域的接壤地带，这一乡村区的城市化影响主要表现为出现许多小型休闲农场，说明农业对大多数家庭的重要性已不太大，这个区域的道路交通极其便利，远胜所有其他地区；边远乡村：人口收入低，教育程度低，许多人依赖社会福利，有子女的家庭数量低于平均值，交通不便，对其他社会经济参数负面影响较大；农业区，全职农民比例高，高度集中的畜牧业，实行集约型农业战略，有子女的家庭多，享受社会福利者较少。

丹麦米德捷兰乡村各层次区域的经济社会城市化水平，可以说是西欧发达国家地区级农村城镇化状况的一个缩影，非常具有样本意义。

第二节　传统城镇重振：法国两个乡村城镇考察

法国是一个农业和乡村大国，农村城镇化进程具有典型意义。鉴于法国从中世纪以来经济社会发展特征和水平就有明确的南北之分，我们选取了法国境内一南一北两个乡村城镇进行实地考察，力图获得对法国农村城镇化的直观认识。

一、西南城镇空中科尔德

空中科尔德镇（Commune de Cordes‐sur‐ciel）位于法国西南部奥克西塔尼大区塔恩省阿尔比区，因文学家拉麦尔—卡尔斯1947年描绘其春秋季节清晨云海环绕的景象而得"空中的科尔德"之名。该镇几乎完整地保留了中世纪的风貌，它以特殊的历史、典型哥特建筑、传统的手工业和优美的乡村景色而成为法国南部重要的度假胜地，2014年荣获法国最受欢迎度假村称号。

根据对空中科尔德镇及附近图卢兹、阿尔比城的考察调研，本节将从政治、人口、经济与交流以及社会生活等层面，总结其历史沿革，分析其现实状况，展望其未来发展前景。

（一）历史沿革

空中科尔德位于塞鲁河左岸河谷地带，西南距大区首府图卢兹市约85公里，东南离区政府所在地阿尔比城约25公里。它处在一座岩石构成的丘陵之上。全镇占地827公顷，最高处海拔320米[1]，相对于塞鲁河河谷的高度为126米。[2]

---

[1] 数据来自法国巴黎文理研究大学社会科学高等研究院历史人口学实验室（Laboratoire de démographie historique）创建的名为"区域与人口，两个世纪的变迁：从卡西尼的村庄到现今的城镇"（Territoires et population, deux siècles d'évolution：Des villages de Cassini aux Communes d'aujourd'hui）的学术网站，该网站旨在收集和统计区域与人口的历史数据，展现法国乡村和市镇从18世纪以来的变迁。关于空中科尔德镇，见http://cassini.ehess.fr/cassini/fr/html/fiche.php?select_resultat=10288，最后访问日期：2018年5月15日查阅。

[2] Charles Portal, *Cordes‐sur‐Ciel*：*histoire et architecture*, Cordes：Publication de la Société des Amis du Vieux Cordes, 1997, 14 édition, P.11.

科尔德所在地很早就有小规模人口聚居，从河岸到山脚下开设有皮革小作坊。1222 年图卢兹伯爵雷蒙七世在反对法王的战争中创建科尔德城，授以宪章，同意未来居民自主权和税收、治安和司法等特权。① 随后，科尔德修起了双层城墙，基本奠定其东西长、南北窄的城市空间结构。1271 年雷蒙七世女儿夫妇无嗣而终，法国国王成为科尔德城领主。

在城市内部管理方面，中世纪科尔德受周边城市传统的影响，采用法国南方城市普遍实行的市政官和市政委员会制度。市政官与市政委员通过共同会议实行城市管理，重大事务时召集市民大会，市政官起主导作用。1692 年设立市长一职，按照公务员发放薪酬，此后科尔德首席执政官领任市长之职，代表城市参加三级会议。法国大革命后，三级会议撤销，市长则予以保留。今天，民选市长和市政委员会共同管理空中谢尔德镇事务。

（二）人口变化

从建城之初起，科尔德就因防御工事坚固成为和平之地，不断吸引着移民。移民的涌入不仅带来了经济繁荣，还使城市人口不断上升。13、14 世纪科尔德城超过 5 500 人。为保卫城市安全，科尔德城修建了多道城墙。这些城墙几乎被完整地保存下来，时至今日还能看到西边四道城墙、东边五道城墙的独特景观。

1348 年黑死病给蓬勃发展的科尔德城带来了重创，约有 1/5～1/4 的城市人口丧生。此后因反复不断的瘟疫和自然灾害而使人口不断减少。1766 年下跌至最低点 1 300 人左右。18 世纪七八十年代后有所上升。19 世纪小幅上涨，至 1851 年达 2 925 人。但 19 世纪中期起科尔德人口又再度下跌，该世纪末跌破 2 000 人，1975 年后一直在 1 000 人上下。2015 年，科尔德仅 952 人。人口下降主要在于自然死亡人口远大于新出生人口（-1.5%），镇民迁入略多于迁出（+0.4%）。2015 年和 2010 年相比，科尔德人口下降了 5.84%。这种情况主要在于科尔德人口出现老龄化特征，育龄夫妇减少。科尔德因为自然环境优美、气候良好，吸引了很多法国甚至英国的退休家庭前来定居安享晚年。根据法国国家统计与经济研究所统计，2015 年科尔德有 473 个家庭，平均每个家庭 2 人，可见年长夫妇核心家庭是其主要家庭形式。2016 年，科尔德新出生 2 人，去世人口却高达 29 人。②

---

① 1222 年科尔德城市宪章的手稿原件保存于塔恩省档案馆，手稿索引号为 69 EDT AA2。
② 空中科尔德 1790 年前的人口统计，见 Charles Portal, Histoire de la ville de Cordes (Tarn) (1222 - 1799), Cordes：Publication de la Société des Amis du Vieux Cordes, 2 édition, 1965, pp. 458 - 468 和 id., 《Essai d'étude démographique sur Cordes (Tarn)》, Nogent - le - Rotrou：Impr. de Daupeley - Gouverneur, 1894。1793～2015 年的人口数据见 http：//cassini. ehess. fr/cassini/fr/html/fiche. php? select_resultat = 10288，2018 年 5 月 15 日查阅。

（三）经济社会变革和对外联系

科尔德地区历来以小麦、黑麦、麻、葡萄和各种谷物为主要农作物，捕猎也是重要的经济活动。在工商业方面，科尔德很早就有皮革加工业和制鞋业。在1222年的城市宪章中，科尔德被写作"Cordoa"，一些历史学家认为，该词意指西班牙城市科尔多瓦（西班牙语"Córdoba"），很可能暗示科尔德城像科尔多瓦一样都以皮革制造业为主要产业。麻布纺织是其另一支柱。纺织业带动了以菘蓝（一种染料）为主的染业发展。制呢业也曾在科尔德经济中占有重要地位，1358年市中心修建的市场就是为呢绒和皮革贸易所建。

农作物和工业产品吸引了大批商人和消费者。1272年，科尔德创立圣巴托罗缪集市。以后每年圣巴托罗缪节（8月25日）连续举行三天集市。这一方面促进了本地产品的销售，另一方面也使科尔德变成了重要的商品贸易中转站。14世纪，设立圣卡特琳娜集市、复活节集市，1639年又设立四个集市。18世纪又设立了6个不同时间举行的集市。17世纪法国南部运河修通，连接了加龙河和地中海，沟通了地中海与大西洋，科尔德的经济贸易开始衰落。1730年后，科尔德纺织业开始萎缩。19世纪工业革命后机器纺织业繁荣，科尔德经济得以复兴，但皮革业和制鞋业在工业革命的冲击下日渐衰退。

科尔德建城起就与西班牙有着密切的联系和交往。当地人说的奥克西塔尼语与西班牙语有很大的相似性。中世纪至现代，朗格多克地区，尤其是图卢兹，一直是西班牙移民的重要目的地。科尔德每年不仅迎接数量众多的西班牙游客，还深受西班牙语言和文化的影响。如该镇的景点介绍以及旅游办公室网站的页面都使用三种语言——法语、英语和西班牙语。今天的科尔德因为交通不便和城市规模不大，失去了发展制造业的有利条件。宏观地看，整个法国都处于去工业化状态，制造业迁出，科尔德这种小乡镇更不可能保留。因此20世纪70年代以来，科尔德将发展旅游休闲业作为主导产业。科尔德是法国保存最完好的中世纪设防城市，城区依山而建，拥有6道城墙的独特景观，早在19世纪，科尔德中世纪古城就被纳入法国国家建筑遗产行列。20世纪里，保留中世纪城市风貌的科尔德更成为许多法国人流连忘返的去处，如诺贝尔文学奖获得者加缪探访该镇时，称赞科尔德一切都是美丽的。

科尔德一直努力提升旅游品牌，提高其在法国乃至欧洲的地位，如终于在1993年将科尔德改为"空中科尔德"（Corde sur ciel）。Ciel一词在法语中除了空中，也有天空、天堂之意。镇民还选举曾任法国内阁部长10年之久、在政界和业界均有影响的保罗·基莱斯为镇长，连任至今。此人任职对科尔德的经济和旅游发展非常有益处。科尔德打造历史文化旅游品牌的第一步是修复古建筑，展现科尔德中世纪的繁荣面貌。科尔德镇中心有许多中世纪哥特式石建筑，大多有4~5层高，集商店/住宅和仓库为一体，其修复难度极大，耗资不菲。科尔德采取地方/国家/欧盟三方联合的集资方式，由镇、省、大区、国家文化部，以及欧盟五级联合出资。修复后，观光之地便成了传播科尔德历史和文化的公共空间。镇府庭院内展示本地文物，旅游办公室提供给客人的休息空间则仿照中世纪商行模式修建。另一栋修复后的中世纪哥特式建筑则用于安置现代艺术博物馆。整修完毕的几幢中世纪哥特式建筑，使用者都是本地公共机构，没有私人企业，表明当地经济活跃程度仍然有限。位于镇中心的哥特式大楼，有410平方米一直处在招租状态。走访全镇还发现，全镇保留的石质中世纪建筑数量很多，但多属于无人居住状态。说明科尔德旅游业仍然不够繁荣，现存资源没有得到充分利用。

旅游业从业者也不多。笔者下榻的骑士马厩家庭旅馆位于城西最早的中世纪城门附近，由一对夫妇经营。他们说为保护历史风貌，科尔德不具备发展大型旅馆的条件。现存旅馆大都是家庭运营，只能接待5人以下。因而很少有大巴旅行团过夜，仅将此列为白天旅行的一站。由于都是小旅馆，科尔德旅馆业同质化竞争严重。各家旅馆都打出自己的特色。比如这家骑士马厩家庭旅馆主打中世纪骑士文化，购置很多与骑士相关的服饰、雕像、铠甲等来装饰旅馆，还有小镇唯一的中世纪主题餐厅，在食材和烹饪方式上完全复古。调研中还发现了以猫或亚洲艺术为主题的旅馆。市中心的美景餐厅老板说他的餐厅拥有科尔德镇最好的观景平台，但旺季和淡季生意差距大，中午和晚上差距也大。客栈老板表示，科尔德游客年轻人少，年长游客或家庭游客多。游客主要来自英国、西班牙和日本，中国和美国游客少。英国和西班牙游客多可能是因为历史的关系，英国人长期有在法国南部度假的传统，而西班牙离奥克西塔尼大区近，文化类似。日本游客则对欧洲中世纪古建筑很感兴趣。

目前全城仍有手工作坊30个左右，规模上无法和历史上该镇作为纺织业中心和皮具制造中心时相比。更大的区别在于性质不同，今天科尔德的手工业主要是围绕旅游业发展的地方特色工艺或传统工艺。这些手工作坊大多为前店铺后作坊格局，从业者往往是手工艺传承者或工艺师傅，其制作过程通过玻璃对外展示，本身就是科尔德镇风景线的一部分，同时也宣传了产品。目前科尔德镇的手工业品有传统刀具、彩版图书装饰、传统纺织产品、陶瓷、本地特产靛蓝染料等，实用价值不高，收藏价值较高且价格较高，与科尔德作为历史古镇的身份相符合。不过产品的消费量有限，生意总体平淡，很多作坊营业时间短，有的还在转让中。

在对外联系方面，科尔德距离塔恩省省会阿尔比较近，有公共汽车通行，但班次少，可能和乡镇日常通勤人口少，且人均家用汽车保有量多有关。阿尔比城有联合国教科文组织评定的世界文化遗产——阿尔比大教堂，旅游上其实可以和科尔德联动。但阿尔比地区经济消费水平一般。科尔德距大区省会图卢兹有约一小时火车车程（普速铁路），与镇上有一定距离，搭乘火车前往不是很便捷。

总之，南法小镇空中科尔德拥有丰富的中世纪建筑遗产和独一无二的建筑风景，在制造业衰落后及时转型发展旅游观光产业，取得一定成效。但因为周边类似小镇较多竞争激烈，以及小镇本身地理制约和游客结构单一等因素，旅游业总体发展情况有待改善，小镇收入因此落后于法国平均水平。如果科尔德能够另辟蹊径，寻得吸引青年人观光和就业的新模式，未来发展值得期待，如它目前正在着力打造每年主题各异的中世纪节日，以及引入现代艺术和东方禅修等新观光景点，都是向这个方向的努力。

二、北部索姆河畔圣瓦莱里镇

索姆河畔圣瓦莱里镇（Saint - Valery - sur - Somme）位于法国北部上法兰西大区索姆省阿布维勒区。以海港风貌和中世纪古镇相结合为特色，2017年被评选为最受法国人欢迎的度假村第二名。虽然圣瓦莱里面临港口淤塞、渔业衰落、人口下降等不利条件，但通过经济转型和多元化发展措施，目前其人均收入和经济发展都高于法国平均水平，摆脱了传统产业衰落的负面影响。索姆河畔圣瓦莱里镇无疑是法国城镇化进程中的一个成功典范。笔者于2018年6月前往圣瓦莱里及与之隔海湾相望的勒克罗图瓦镇考察，以政治、人口、经济与交流及社会生活为主题，展现其发展脉络，总结历史和现实，对其未来做出评估。

（一）自然位置和环境条件

圣瓦莱里镇位于索姆湾一个石灰岩海角上，最高处海拔43米，面积为10.5平方千米。历史上，圣瓦莱里镇沿着地势发展，从高向低形成了三部分：上城、下城和修道院街区。上城为中世纪老城，与勒克罗图瓦镇、滨海卡约镇并称为索姆湾三大港口，隔海峡与英国东南相望。当地属于典型的温带海洋性气候，适宜多种植物生长。小镇内部有各种鲜花装点，被法国花城评委会评为四星花城。在环绕小镇的滨海地带，因索姆河携带的泥沙不断堆积而形成了滩涂。滩涂富含营养，滋养了多种植被，牧民在滩涂上放牧羊群。这里还是法国北部最重要的猎场之一。圣瓦莱里镇附近还有水鸟、海豹保护地。如法国最大的港湾海豹栖息地就在离圣瓦莱里约1小时航程的滩涂上，拥有海豹500头左右。而马尔康泰尔国家鸟类公园则位于索姆河口北岸，距离圣瓦莱里大约有1小时火车车程（或1小时轮船再坐 20 分钟汽车）。这个鸟类公园占地 200 公顷，大约 300 种鸟类在此栖息。[①]

圣瓦莱里自然环境不利的一面就是索姆湾的沙洲变化，海湾南北两个沙洲日益扩大，趋势像是要封闭整个海湾，对索姆湾航运带来很大影响。沙洲扩大还将导致海峡潮汐带来更多沉淀物。虽然 18、19 世纪起就通过修筑堤坝包围滩涂的方式来保护航道，但挖掘运河又加剧了海湾淤塞的态势。目前圣瓦莱里和勒克罗托瓦的基本通航条件尚能适应旅游和环保需要，但因沙洲扩大，大型船只（商船、邮轮）很难停泊在两个镇的港口上，故圣瓦莱里很难发展成一个大型转运港，其历史上曾有的转运职能反而因英法隧道和高速公路网的修建而更为降低。

索姆湾是欧洲潮汐涨落幅度最大的区域之一，涨潮和落潮幅度相差高达 10 米，水文条件多变也迫使航道经常改变。笔者在海岸边亲见了此地涨潮速度之快，半小时能吞没整个海岸；也在乘船从圣瓦莱里出发时，仔细观察了河湾的淤积及风浪情况。船员介绍，目前索姆湾的船主要作短程运输、自然观光和捕鱼，吨位较小。航行条件不太好，限制了圣瓦莱里发挥港口职能的潜力。

（二）政治归属与行政体制

索姆河畔圣瓦莱里镇的历史可追溯至希腊人在此建立殖民地，取名"留康嫩斯"。他们在这里，通过海上与不列颠岛进行贸易。611 年，瓦莱里修士奉法兰克国王令来此地传教。627 年他在当地建立修道院。后来人们在修道院周边耕作，圣瓦莱里城逐渐兴起。9 世纪维京人南下，圣瓦莱里两度遭受劫掠。981 年，第一位法兰西国王将瓦莱里遗骨迁到此地，吸引了众多朝圣者，市镇因此发展起来。圣瓦莱里的兴起还有时代和自然因素。首先，维京人入侵的结束带来了西北欧航运的恢复，而圣瓦莱里位于索姆河口，可以由此溯流而上至皮卡第、洛林等地进行贸易，而在海岸线上，圣瓦莱里位于佛兰德尔和诺曼底两个经济区之间，能吸引双方商船。圣瓦莱里处于高耸的石灰岩上，便于建造房屋和防卫，因此发展速度很快。1197 年从领主手中获得自治城市特许状，可知其经济发展和人口聚集已有相当规模。根据多种材料，可推知圣瓦莱里从中世纪到法国大革命前都设有一位市长和若干副市长，航运商人可能是这些市政官员的主要供职者。

从中世纪到近代早期，圣瓦莱里位于法国北部诸侯（佛兰德尔伯爵及后来的勃艮第公爵）、法国国王和英国国王三者势力范围交界处，历史上一直是重要战场。1066 年诺曼底公爵威廉率军征讨英格兰，曾被海风带到圣瓦莱里，修整两周后重新出发征服英格兰。12~13 世纪此地城镇居民发起的公社运动，即从领

[①] 这些数据系笔者在当地考察所得。

主那里争取自治权的运动,得到了法国国王的支持。百年战争爆发后,1346年著名的克雷西战役即在圣瓦莱里北部打响。法军惨败,圣瓦莱里及附近都遭到了英军劫掠,繁荣的渔业和贸易遭到了破坏。法军于1358~1359年围攻圣瓦莱里,这里又一次遭战火波及。15世纪中,圣瓦莱里先是被英国占领,后来被法国收复,旋即又成为对抗勃艮第公爵的战场。16世纪,此处又成为新教徒和天主教徒军队反复争夺的对象。可能正因为常年遭遇战火,圣瓦莱里即使坐拥河口海港的地理优势,也始终没能发展成一座重要的工商业大城市。

19世纪里,圣瓦莱里避开了普法战争,但在20世纪两次世界大战中又成了前线。"一战"中的圣瓦莱里成为英军增援欧陆战场的重要港口,英王乔治五世曾访问此地,慰劳士兵。"一战"期间,约有1 900名来自中国河北和山东的劳工被英军雇佣,其中800余人因感染肆虐于欧洲的西班牙流感而长眠于索姆河湾区,这里专门修筑有"一战"华工公墓。"二战"爆发之初,德军从比利时突破法国北部防线,为遏制法军撤离,德军轰炸了索姆河沿岸所有拥有桥梁的城镇,圣瓦莱里也不例外。

行政归属上,圣瓦莱里自法国大革命后划入索姆省。20世纪50年代,索姆省划入皮卡第大区,大区首府亚眠。2017年,皮卡第大区和北方加莱大区合并为上法兰西大区,大区首府里尔。目前圣瓦莱里有1名镇长,7名镇长助理,15名镇府委员。23人构成了市镇自治委员会,具有一定的财政和司法自治权。

(三) 人口发展

中世纪至近代早期,受战火波及,圣瓦莱里的人口肯定不多。1793年法国首次人口普查,圣瓦莱里镇的人口数量第一次有准确数字。从1793年到2015年,圣瓦莱里的人口基本上在2 500~3 500人波动。目前圣瓦莱里人口处于2 500人左右的低位,而且有两大特点。第一是老龄化趋势严重,60岁以上为36%,远高于全法21.6%的平均水平。① 第二是女多男少,特别是老年女性人口远多于男性。75岁以上老年女性数量为同龄男性的两倍之多,他们多是20世纪70年代的青年就业人口如今成为退休者。圣瓦莱里作为气候适宜、风景优美的宜居之地,也吸引了外地老人(除法国人外,还有比利时人和英国人)前来定居养老,从而加剧了老龄化趋势。而老年男性少与他们早年主要就业集中于海洋航运和渔业,工作艰苦,平均寿命低也有关。

---

① 这些数据系笔者在当地考察所得。

（四）经济生产与社会生活

圣瓦莱里镇的空间布局与其经济发展密切相关。城区沿着河岸及背后的台地发展，沿索姆河湾呈长条状分布，可以分成三大部分。首先是高城区（la ville haute）即中世纪城堡所在地，也是最大的圣马丁教堂所在地。地理位置险要，历史上是当地的政治、军事和宗教中心。今天仍是镇府所在地，公共政治空间的定位得到延续。中世纪城市的遗存也吸引了游客前来驻足游览，城中建筑主要是民居，没有太多商业和休闲设施。

第二个区域是低城区（la ville basse），地势低洼，紧邻索姆河。历史上是渔港、商港、仓库、市场、铁路以及商业区所在地。离河岸越远的高地历史上主要是水手、渔民及水运等行业人员的居住区。今天，航运和渔业都已衰落，这片区域的住宅仍能保存历史住宅的外形和风格，成为城市旅游风景之一。离河岸较近的地带，历史上是圣瓦莱里的经济中心。14世纪，圣瓦莱里作为索姆河流域唯一的出海口，成为英吉利海峡重要商港之一。索姆河流域的特产缆绳和布匹在此交换法国西南部的酒类。16世纪后，下城区成为法国北部远洋渔业中心之一，并且也因殖民地产品进口而使圣瓦莱里提升了贸易港地位。1637年，国王路易十三下令在下城区修建新码头和食盐专卖仓库，巩固了圣瓦莱里的转运港地位，这座食盐仓库至今犹存，可储藏食盐18 000吨以上。19世纪，修建了一条长约6公里的支线，连接圣瓦莱里下城区与巴黎至滨海布洛涅的铁路干线，改善了货物转运条件。但铁路的建成没有扭转圣瓦莱里商港衰落的趋势，因为索姆河口泥沙长时段性淤塞，无法适应蒸汽商船对港口的要求。今天圣瓦莱里港职能已发生很大的变化，商船、渔船极少光顾，港口主要是停靠短程运输船、观光船和科学考察船等小型船只。过去商业区的仓库和商站目前主要用于运营观光和休闲事业，如餐厅、航海用品商店、书店、民宿旅馆等。政府沿河岸修建的一条2.4公里步道，成为居民和游客休闲观赏之地。今天的下城区成了圣瓦莱里镇的休闲区和商业区。

圣瓦莱里的第三个区是修道院区，内有一座拥有千年历史的圣瓦莱里修道院。这块区域的空间布局保持了乡村特色，居民主要是外地养老者和本地农民。

圣瓦莱里镇外的所有地区几乎都是农业区，虽然今天农业在圣瓦莱里经济中所占比重已经不大，但地位仍然十分重要。圣瓦莱里农业同整个索姆湾区一样，以畜牧业为主，渔业和种植业为辅。调研发现，离城镇较近的地方主要放牧奶牛，稍远的地方则饲养肉牛（以白色的夏洛莱牛为主，也有少数黄色的利穆赞牛），同时还放牧马和山羊。种植业以油菜、小麦、卷心菜及用作饲料的大麦、燕麦为主，种植业面积远远比不上畜牧业。这主要在于索姆湾属温带海洋性气候,温和多雨,极有利于牧草生长。区域内湿地多(占牧场总面积60%),土壤盐分含量高的咸草地多,不宜发展大规模种植业。同时,索姆湾距离大伦敦地区、布鲁塞尔、大巴黎地区等人口密集区不远,畜牧产品的销路可以得到保障。

圣瓦莱里周边农业有两大特点。第一个特点是非常注重品牌打造。如对索姆湾区咸草地放牧的山羊品种、饲养方式有严格规定,并于2007年在法国农业部和欧盟为索姆湾咸草地山羊肉成功申请了原产地保护商标(AOP)。第二个特点是把农业发展和生态环境保护相结合。如索姆湾是鸟类重要的栖息地,除了国家鸟类公园划定的区域外,圣瓦莱里及周边在发展畜牧业时,尽可能减少人类活动对野生动物群落的打扰,限制滩涂湿地的放牧承载标准,因此生态环境和物种多样性得到了良好保护。考察发现,当地对生态多样性的保护有生态和经济双重效益,如放牧中的牛群、马群和水鸟群在湿地和谐共存的景观已成为当地名片。

(五) 对外联系

圣瓦莱里地区历史上对外联系最初主要依赖港口和水运,港口淤积后,19世纪以铁路为对外联系的主要方式,这是当时圣瓦莱里休闲业初步发展的有利条件,巴黎富商们被无工业的自然环境所吸引,经常乘坐火车来此地度假。"二战"后,伴随着欧洲高速公路联网,加来海底隧道联通,欧盟居民自由通行的《申根协定》签署,圣瓦莱里的交通优势更加显现。此地距巴黎市中心205公里,距伦敦市中心273公里,距布鲁塞尔260公里,欧洲最重要的三大都会区全在圣瓦莱里4小时交通区内。荷兰和德国西部距离也不远。航空方面,法国第十大机场,即以廉航为特色的博韦机场离圣瓦莱里仅105公里。

圣瓦莱里和周边城镇的联系也同样紧密,铁路连结了它和勒克罗托瓦、滨海卡约等沿海小镇的交通。勒克罗托瓦拥有渔产和国家鸟类公园,滨海卡约则有最好的海滩,这几个小镇相互协作,优势互补,增添了地方的吸引力。

圣瓦莱里还充分发掘本地与外部联系的历史文化资源,增强知名度和吸引力。如举办威廉节(诺曼底威廉出征英格兰纪念日)加强和英国的联系,举办戏剧节来吸引欧洲的戏剧爱好者,笔者调研时得知,当地将建成法国第一座"一战"华工博物馆,这个举措必将增强圣瓦莱里在世界第二经济体——中国的知名度。

(六) 发展展望

综上所述,索姆河畔圣瓦莱里镇在河口淤塞、渔业资源枯竭、转运商港衰落的背景下成功实现转型并非偶然。它充分利用了欧洲联合的大趋势和位于欧洲几大都市圈中心的有利区位,加强和周边城镇合作,在自然、人文、艺术等多个领域同时着手，成为法国近年来新兴的休闲旅行胜地。圣瓦莱里充分发挥比较优势，主动建立文化联系，开发资源优势，从而从衰落市镇再次变成新兴市镇。只要圣瓦莱里能继续贯彻既有策略，未来发展前景广阔。

三、科尔德和圣瓦莱里转型对比

空中科尔德镇和索姆河畔瓦莱里镇都是法国历史悠久的古镇，两者规模相近，都曾有过辉煌的历史回忆。20世纪后，或者因为法国经济的总体调整，或者因为自然原因，两镇的传统优势产业都逐步衰退，都面临着经济转型的挑战。

科尔德镇和圣瓦莱里镇都不约而同地选择往旅游休闲业转型，因为两地都拥有优美的自然环境和悠久的历史文化遗产，并且采取多种措施推销自己的文化品牌，如科尔德镇改名、两个古镇每年定期举办历史节日和文化节日等。尽管两者的努力都收到了一定效果，但转型结果却大有差异，圣瓦莱里镇转型更为成功，无论游客数量、游客花费还是居民人均收入，都要大于科尔德镇，其个人所得税缴纳额，也比科尔德镇多出30%左右。

两者转型的结果不同，主要在于三点。首先是圣瓦莱里镇地理位置更优越，即位于伦敦、巴黎、布鲁塞尔三大都市圈的中心。而科尔德镇地处的塔恩省相对贫穷，周边城市也只有图卢兹消费能力较强，邻国西班牙的游客消费能力也无法和英国、比利时相比。此外，科尔德本身的山城形态对旅游规模也带来了制约。其次，圣瓦莱里善于和周边小镇合作，利用各自特色，形成良好的互补格局，而科尔德和周边孔克、罗卡姆博尔等特色小镇形成的是同质竞争关系，不能产生集群优势。最后，圣瓦莱里善于调动自然、文化、历史等多方面资源为旅游休闲业服务，同时打造本地对特定国家游客的吸引力（如威廉节），扩大游客来源和停留时间。而科尔德目前旅游文化建设只专注中世纪历史和传统手工艺，定位相对单一，缺乏独特竞争力。

第三节　农村经济转型：英国的科茨沃兹道路

在英格兰西部，科茨沃兹（Cotswolds）山系主要位于格洛斯特郡，其区域范围则跨越了沃里克、伍斯特、牛津、威尔特、赫里福德和萨默塞特等郡。通过中世纪晚期以来的几次转型，最终使科茨沃兹成为世界级的美丽乡村代表。

一、原工业化兴起促使早期城镇化起步

由于自然条件的原因,科茨沃兹农村在中世纪早期就是农牧混合型经济,养羊业非常重要,所产优质羊毛闻名西欧。12 世纪有人认为,欧洲最好的羊毛出在英格兰,英格兰最好的羊毛出在科茨沃兹。最初羊毛多输出国外市场。12、13 世纪,由于呢绒生产中应用水力漂洗坊,河流众多而又湍急的科茨沃兹山丘地带,便吸引着城市工匠和外国移民聚集,13 世纪,斯特劳德河谷出现了毛纺业和漂洗坊。14 世纪后英国毛纺织业迅速发展,15、16 世纪成为民族工业,以科茨沃兹为中心的格洛斯特郡毛纺业,与邻近的威尔特郡、萨默塞特郡一道,成为当时英国最重要的毛纺织区。除优质羊毛和充足水力资源外,这里还有斯特劳德河谷的漂白土,也有当地赭红岩石制成的染料,往西南又靠近布里斯托尔港口,便于联系国外呢绒市场。15 世纪,斯特劳德河谷的漂洗坊达到150 多个,出现很多呢绒制造商,"斯特劳沃特"作为优质猩红色宽幅呢,蜚声英国和欧洲大陆市场。16 世纪亨利八世末年,科茨沃兹以漂洗、染色和完成毛纺业最后工序而闻名遐迩。

随乡村毛纺业发展而来的,是城镇化推进和非农业人口增多。1561～1562 年伦敦呢绒出口统计中,列举格洛斯特郡有 26 个呢绒生产中心,其中只有少数几个是老城市。17 世纪初的一个职业普查,搜集了格洛斯特从事纺织业的 2 637 人的材料,其中格洛斯特等三个老城市被调查者 135 人,仅占 5%;源于乡村的被调查者则达 2 502 人,占了 95%。三个城市中从事纺织业者,占其职业清楚者(1 232 人)的 11%;而乡村从事纺织业者,却占职业清楚的乡村人口(15 814 人)的 15.8%。科茨沃兹共 5 个百户区,普查中从事纺织业的比例分别高达 45.2%、39.4%、37.9%、31.6%、28%。[①] 如果再加上乡村中其他非农人员,科茨沃兹乡村的非农业人口当在一半左右。

乡村毛纺业这个典型的原工业的发展,使得科茨沃兹地区遍布新兴纺织小城镇和纺织村庄,它们拥有的财富甚至超过老城市。如科茨沃兹老纺织城市温奇库姆 1523 年上缴税收少于 1334 年,而比兹利这个村庄 1523 年上缴的税是 1334 年的 13 倍。罗德伯罗村 1523 年缴税是 1334 年的 5 倍。赛伦赛斯特这个科茨沃兹首府城市,1334 年缴税是比兹利村的 6 倍,而 1523 年比兹利上缴的税反超过了赛伦赛斯特。1523 年,在比兹利这个毛纺村庄 251 个纳税人中,有 112 个是挣工

---

① A. G. Tawney and R. H. Tawney, "An Occupational Census of the Seventeenth Century", *Economic History Review*, V. 5, 1934, P. 35.

资的人。① 正是大量的比兹利这样的村庄演变为新兴城镇，如到1660年时，比兹利和斯特劳德都拥有3 000多居民。② 这个时期，当地富有制造商还修建了大量豪华住宅，以及一些"羊毛教堂"，这些建筑至今犹存。

二、工业革命落伍刺激经济向多样化转型

但科兹沃兹所在的英国西部毛纺业，从16世纪中期后开始动荡。这主要是由于它生产的传统宽幅呢市场狭窄，竞争不过大众化的东盎格利亚"新呢绒"价格低廉的优势。复辟王朝查理二世国王颁布奇特的"羊毛裹尸法令"，要求死者需用羊毛织品裹尸才能下葬，并在1667年强制推行（苦主家须宣誓执行，否则罚款5英镑），但仍未能阻挡科茨沃兹养羊业和毛纺业的颓势。从1660~1699年格洛斯特城及其腹地的法庭案卷中可以看到，925个职业清晰的当事人里，属于纺织业的为150人，仅占16.2%；其中乡村当事人805人中，属于纺织业的136人，占16.9%，比例不如17世纪初。毛纺业创造的财富也逐渐减少，上述925人中，毛纺业者占有财富的平均值（小城镇47英镑、村庄38英镑），低于非农业者的总平均值（小城镇58英镑、村庄46英镑）。村庄中从事毛纺业者的财富平均值（38英镑），远低于务农者的财富平均值（101英镑）。③

由于纺织业不再是科茨沃兹的优势产业，大量纺织工失业后，迁徙到了东部或成为流浪者。因此，虽然1690~1760年科茨沃兹毛纺业出现了复兴态势，但由于从业人员减少，加上羊毛原料多来自外地，生产自然大受限制，呢绒年产量最高时也只达5万匹。④ 而18世纪中后期约克郡西莱丁区年产量最多时为40万匹，孰优孰劣一望即知。由于没有广泛的生产基础，科茨沃兹所在西南地区不但没有率先发生工业革命，甚至未追随而行。当英格兰西北和东南机器隆隆轰响之时，留在这里的人们只好回望乡野，再次将自己的土地变成青草牧场，变成供应西北工业区和东南工商业人口的肉奶粮基地。

然而，虽然科茨沃兹经济出现波折，但这里的人们并没有消沉，因此从17世纪到20世纪，科茨沃兹有不少创造新经济的例子。17世纪初，特拉西家族在这一带试种烟叶，后被视为不合法而查处。他们不甘罢休，又试种亚麻，同时偷

---

① E. M. Carus–Wilson, "Evidences of Industrial Growth on Some Fifteenth–Century Manors", *Economic History Review*, second series, 1959, V. 12, No. 2, P. 191.

②③ Peter Ripley, "Village and Town: Occupations and Wealth in the Hinterland of Gloucester, 1660–1700", *Agricultural History Review*, 1984, V. 32, No. 2, P. 173.

④ R. P. Beckinsale, "Factors in the Development of the Cotswold Woollen Industry", *The Geography Journal*, 1937, V. 90, No. 4, P. 349.

种烟叶。18世纪,丝织业在这里兴起,丝织工厂主要位于温奇库姆、布洛克利、布劳德威一带。在布劳德威,1810年由曼恩建立了一个丝织工厂,直到1864年才关闭,其遗迹至今尚存。在温奇库姆,今天还有条丝绸巷。布劳德威塔修建于1797年,曾有一段时间用于当地的手套制造业。后在1822~1862年,托马斯·菲利普又将该建筑用作他个人的印刷厂。于是,出版和印刷又成为该地区的传统行业。2011年秋笔者到斯特劳德城考察问路时,指路人大为惊讶:一个中国人居然访问这样一个僻远小镇。当被告知这里几百年前原有兴旺的毛纺织业时,她始恍然大悟。现在这里办有20多家出版社,虽然某些出版社的门脸不忍卒看,但其出版的书籍却发行全世界。19世纪末至20世纪初,威廉·莫里斯在奇平坎登开创了艺术和技艺运动。但这些都不能根本改变科茨沃兹的落伍面貌,它必须凤凰涅槃,在浴火中重生。

三、美丽乡村建设将其提升为世界级旅游区

科茨沃兹地区具有丰富的旅游资源。这里的岩石为侏罗纪石灰石,通体呈土黄色,当地人普遍用这种岩石筑房,从中世纪就留下了这一传统。1966年,科茨沃兹被规划成英格兰和威尔士最大的"卓越自然美区",南北绵延80英里,面积2 038平方公里,其中80%是农田。而村镇上则是大量的传统建筑遗存物。2000年被列为国家公园。除黄石砌成的村庄住宅外,这里还留下了用黄色石头垒砌的土地和道路界墙,当地宣传资料说其长度达3 000英里。为吸引旅游者,这里还精心构筑了四通八达的道路网。尤其值得一提的是,沿科茨沃兹山脊有一条专供游览的国家级远足小道,砂石土路,从东北方奇平坎登,中经布劳德威、温奇库姆、切尔滕纳姆、斯特劳德、德尔斯利、奇平索德伯雷等著名村镇,一直往西南方向延伸到温泉度假胜地巴斯城,全长166公里。① 旅游者身在高处行走,远近风景移步变幻,尽收眼底。

在科茨沃兹发展旅游业的进程中,有件大事值得书上一笔,那就是英国皇家在切尔滕纳姆建立了赛马场,赛马节每年10月举行,吸引着全英及欧洲各地的爱好者们,也扩大了科茨沃兹的知名度,为这里的旅游业带来了更多客源。

这一地区人口也保持着较大的流动性,经常吸引富人们来此购买第二套房,或选择退休后在这里颐养天年。为了保护这里的独特遗产,依照2004年的一条法令成立了独立的公共组织科茨沃兹保护委员会,其资金源于"自然英格兰"组

---

① *Great Britain*: *Road Atlas*, Automobile Association Developments Limited, 2012, P.15; Vikypedia: Cotswolds.

织及该"卓越自然美区"所属的 17 个地方当局。科茨沃兹的美丽景色还被许多文学家、艺术家所关注,将之写入他们的文学或音乐作品中。

现在,科茨沃兹地区居民不过 8.5 万人,是英格兰人口密度最小的地区之一,大约有一半教区的人口密度未达到 300 人/平方英里。旅游业从 20 世纪成为该乡村地区经济新增长点后,21 世纪更成为这里的第一大经济部门,每年接待一日游旅客 3 800 万人,创造收入 1.3 亿英镑,是英国非城市区经济增长速度最快的地方。居民收入也远高于伯明翰、曼彻斯特、利物浦及利兹等大工商业城市。根据英国伯克莱银行 2007 年报告的数据,科茨沃兹区户均收入为 60 800 英镑,在伦敦和英国东南部之外排名第二(另为切郡的塔屯,62 350 英镑)。① 科茨沃兹作为发展乡村旅游业最为成功的样板,极具可借鉴性。

第四节 乡村文化建设:英格兰的"艺术下乡"

虽然说后工业时代欧洲农村经济社会结构、生活方式与城市几乎没有多大差别,但由于农村的分散性和乡野性,以及某些乡村的边远性,因此总的来说,乡村还是给人以景观空旷寥廓、居民社区松散、文化生活落后、乡民精神空虚等感觉。例如在英国,一方面英国人心中的现代乡村是一片绿色和快乐的土地,是英格兰的心脏,虽然十人中有八人住在城市,乡村仍被认为是文化的基石,是情感孕育之源。但另一方面今天的英国乡村既是多元化发展,也在无度地分化:有许多繁荣的旅游中心,也有粗朴的市镇;有工业化的农业,也有原生的茅屋工业。乡村社区常兼有前工业化、工业化和后工业化三重特点,既靠近城市又似乎很遥远,既富裕又贫穷。居民成分也复杂多样。而且乡村仍在不断变化,农业已远非传统模样,以致有人用"后农业社会"来形容。为了维持乡村体的存在,政府的补贴从食物生产延伸到土地经营。视觉的和实体的乡村世界也在演变,商店、邮局、车库和学校关闭了,而细腻的文化和服务业则带来新的工作,乡村生活模式开始转型。而从城市移居农村的现象更为普遍,每年约有 10 万人移居农村。移民们带来了投资和时间精力,但成本代价又太高。而乡村社区居民虽然有着长期共存和合作的传统,却又发现他们自己需要与新聚落、新群体在价值和文化认同方面进行协调。艺术家们认为自己能担此重任,起到这一协调作用。乡村居民面对新的生活方式需要调整自己,而艺术家认为可帮助其调整树立新理念。艺术家

---

① *Latest Wealth Survey of England* 2007,www.cotswolds.info/Cotswolds History and Heritage,home page.

们总能关照身边的现实,包括关注乡村景观及其居民生活的转型。如英国为了应对 2001 年的口足病危机,就有许多艺术工程帮助乡村居民进行精神治疗。

艺术能记载和反映乡村的变革,如格雷汉所摄的《四星》,就是一张乡村车库衰败的纪念照。贝利斯的《边缘上》则是山区农业的图像记录。艺术家还能创造各种符号象征、比喻和经验,来打开人们的心灵,解开心结,聚焦热点问题讨论并付诸行动。艺术能创造机会让人们表达和定义自己的生活,成为变革的主人翁,而不是被动者。艺术也能指导和创造变革。随着农业的多样化,艺术可以为既有的农舍增加新的生意,为零售食物增加附加值。艺术可以丰富乡村旅游经济,特别是在对游客来说自然景点不多的地方。以艺术为纽带还可组织志愿者,支持社区发展,帮助乡民更好地理解文化多样性。艺术可为年轻人创造新的机会,支持教育。艺术可将人们由参加社区节庆而汇聚,减少孤独。艺术家可以与地方当局或企业,打造健康与社会服务方面的合作。

正是在这些思想的指导下,由英格兰艺术委员会①出面组织或协调的乡村艺术活动众多,形式多样。在该委员会看来,艺术没有城市、郊区和乡村的区别,认为乡村有特殊的需要,有独特的艺术生态,能提供一系列独有的机会。因此,要保证乡村居民能平等地得到委员会艺术规划的支持,委员会也将回应乡村的特殊需要,支持在乡村工作的艺术家,与乡村艺术组织一道认可他们的工作。而艺术家在乡村地区创作的作品,不同于城市同行,更有特点,更具独特价值,能针对乡村受众特点,题材也源于乡村各地生活,由此丰富了整体的艺术生活。为此委员会还专门设立乡村工作组,因此,近年英国乡村的艺术活动(大多为艺术下乡活动)大有增长,活动舞台则不论市镇、村庄还是旷野。与此相类似,全国乡村旅游论坛也联合了 35 个以上的组织,促进专业艺术深入农村社区。

在乡村地区广泛开展的艺术活动,首先是满足了乡村民众的精神文化需要。如一个由 3 000 名出资人构成的网络,经常把国内外演员请到乡村来表演,否则至少有 1/3 的乡村观众看不到这种艺术。在诺森伯兰郡基尔德尔森林,1995 年后,由基尔德尔合作协会举办的基尔德尔视觉艺术节,收集了许多艺术家如瓦茨、威尔金森、钦内克等的作品,还与建筑师索福特鲁、阿德加叶和库姆等探索建筑和设计新理念,吸引了成千上万新旅游者来到这个遥远的乡村,有助于保护自然环境和支持地方社区。而北约克郡的青年文化沟通节,则为乡村青年提供了富有创造性的社会交流机会。地区性的舞蹈机构如西南舞蹈协会让数千人分班训练,创造了在海滩和历史遗产地的表演行动。艺术部门的创新理念创建新平台来

---

① 本节材料主要来自该委员会网站 Arts Council England, "Arts in rural England", www.artscouncil. org. uk, http://www.doc88.com/p-1002962359108.html。

吸引新观众。有的将历史遗产与当代艺术结合起来，如当代艺术在巴尔齐厅（诺森伯兰郡）这样的地点举办，变得很普遍。诺丁汉郡政府以"静地之乐"名义组织的教会音乐会，放在那些美观而又少有人知的古老建筑里举行，也有较大的吸引力。

"艺术下乡计划"将专业的戏剧、舞蹈和音乐表演带到了村庄厅堂里，英格兰有3 000个赞助人支持这一计划。志愿者们也用大量时间在乡村进行各种展演，就像是当地的艺术促进者。他们的这些活动，从2000年到2003年就增加了71%。坎布里亚乡村复兴公司则同英格兰艺术委员会、坎布里亚旅游学会和郡议会一道，每年支持60多个以艺术元素为主的节庆，包括新教育工作、研究、出版信息资料，筹集节庆基金45万英镑。举行此类活动的还有英国艺术节庆协会、伯尔·阿普顿雕塑协会等组织。

乡村艺术活动也成了振兴乡村经济的重要途径。如从格拉斯通伯里到格林德堡的艺术节庆，成了地方经济的脊柱。它创造工作机会，支持地方商业，吸引着游客。如坎布里亚所有的21个剧院，每个都为地方上的文化、社会和经济活力做出了贡献。湖区的克斯维克用博彩基金所建设的剧院，成了当地第二大雇主，创造了80份工作，每年为地方上带来200万英镑的收入。艺术还启动了乡村创意经济。许多艺术家在乡村经营事业，从事美术、工艺、设计、广告、音乐和数字媒体等工作。如英格兰西南区（那里有47%的人居住在乡村）至少有5 000个艺人，其中多数在村庄和小镇的家里工作。从1998年到2002年，该地区从事视觉艺术及相关工艺的人员增加了37%，收入增长了11%，艺术创意产业成了乡村发展战略的强劲基石。2001年口足病危机期间的艺术下乡活动凸显了旅游和休闲对乡村经济的重要性。艺术活动将游客带到了农村。在国际性音乐节如东苏塞克斯郡的赖伊音乐节时，三个唱诗班来到当地，还有数千艺人和观众到来，使地方经济获得有价值的暴增。参加德比郡峰区巴克斯顿音乐节的人，3/4来自城外，每年为该城经济贡献130万英镑。

帮助农场资源进行多样化利用，也是乡村艺术活动的目标之一。随着农民们不再规模化地进行食物生产，艺术则为其提供新的机会来增加价值，例如营销有机食物。艺术家的工作室设于农场建筑原址里，而农场本身变成了节庆和展销会址。如在德文郡的密德尔罗康姆，原来的一个奶制品厂和冰淇淋厂转变成了"艺术农场"，每年9月，有近50个艺术家展销作品。2003年9月的艺术节吸引了3 200名游客，卖画收入达13 000英镑。有的农场还成了假日绘画、学习传统技艺的场所。在萨默塞特郡设普顿梅利特附近的格林农场，该家庭将闲置的房子转变成艺术训练和生产的工作室，主要制作石头雕像和青铜铸件，将农场观光和艺术活动展览连接起来。制作时间短则一天，长则一周，夜晚和周末都工作。参与者住在当地的 B&B 旅店里，还增加了村庄居民的旅游收入。

乡村艺术活动也有利于振兴乡村的市镇和村庄建设，有利于常态性的乡村旅游。公共艺术工程和场所如雕塑公园、手艺中心、艺术馆、艺术家的工作坊，每年要吸引数百万游客。商业艺术行为，包括艺术馆、书店和古玩中心，也成了乡村经济的重要组成部分。近年来，乡村小镇面临极大挑战，传统工业衰落，向零售商业等方面转型，但在许多地方，艺术家对市镇复兴作用重大，他们带来了新理念，找到了许多新机遇。他们在旧建筑遗址上创办新的企业，举办节庆，用新的办法来应对地方需要。在格洛斯特郡斯特劳德，一个艺术家团体将老建筑作为工作室使用，装满了 IT 设备。在诺福克郡法肯汉，雕刻家瓦特金森同北诺福克地区议会一道改造市中心。在威尔特郡博克斯，真世界工作室将旧的农业建筑转化成录音棚。而康沃尔的一个原磨坊曾用来录制《或许就是绿洲》。林肯郡斯利福德建立的一个当代工艺中心，成为该城复兴战略的基石。德比郡小镇威克沃斯，农业、采石和纺织方面就业率下降，但却吸引了一群艺术家建立工作室，举办艺术节，将该镇成功地变成了一个艺术、休闲和旅游中心。该城艺术中心设计了一年轮回的各种艺术节，成为最具创意的文化产业部门。

艺术活动还帮助乡村重建社交网络，加强社区建设。乡村社区急剧变化的特征使得无论新老居民都感到孤独，哪怕是在自己的村子里。艺术就是一条享受之路。因为人们按计划工作在一起，增强了认同感。不论是专业组织还是志愿者艺术组织，他们经常一起在乡村工作，用艺术活动来支撑社区共同体。诺福克郡的伯阿普顿就展示了艺术怎样加强社区的凝聚力，怎样丰富这个小村庄的社会生活。来到该村的艺术小组开发了一种独特的雕塑追踪展，在村子里每三年展出一次。他们将 50 个艺术家的作品储存在公园和教区内各处，5 月的三个周末向游客开放。2002 年，这一活动吸引了 8 000 人，卖出的雕塑获得收入 45 000 英镑。诺福克郡另外也有村子如威尔伯受到鼓舞，在该郡艺术机构"东部创意艺术"支持下举办夏日艺术节。乡下年轻人很少接触校外的社会服务，许多人感到孤独。而牛津郡北部的"动画制作站"面对条件不好的年轻人创造了一些多媒体新技术工程。他们同 4 个学校合作，为残疾孩童制作数字动画片，这样的工程后来跟进有 10 个，主要在于帮助这一地区的年轻人克服孤独。北约克郡乡村艺术委员会作为一个艺术开发组织，常同郡内各村的社区合作行动，如与小村庄特灵顿、赖伊戴尔就有长期合作。具体做法有很多，如社区艺术工程、口述历史、业余剧场、成人教育班等。特灵顿有些活动还发展出了一支地方志愿者团体，成员占了整个教区人员的 1/4。这些活动有助于融合原有居民和新居民。

将艺术家和乡村社区整合在一起的，典型者有多塞特、萨默塞特、牛津等郡设立的艺术工作室。它们互相支持，驻村的专业艺术家也成了乡村社区的成员。

一些志愿者下乡的活动也得到了官方和民间组织的认可。在乡村工作的艺术家们还运用新技术、新方法克服乡村人们的孤独。如 2001 年口足疫期间由于实行旅行限制，社区便用播音和网络系统来同村人联系，记录其经历，开发口述史。在格洛斯特郡迪因森林，2005 年 4 月一个社区还开始了收播音工程，来联系喜好艺术的人，加强社区联系，5 个工作室有 5 000 人列入计划，吸引了 20 000 名听众。东密德兰 6 个前卫艺术家也就表达地方需要的艺术工程而与不同乡村社区合作。艺术家们创造性的开放思维鼓励了当地人积极参加讨论，启发新思想。布里奇诺思、什鲁斯伯里和阿奇汉姆等乡村城镇的市政会，还同英格兰艺术委员会一道，开展对乡村艺术开发的咨询评议。许多艺术家同乡村社区一起工作，直面农村一些重要问题，如农民生活的改变、乡村服务业的衰落、食物生产伦理、土地的利用旅游和地方发展的压力等。赫里福德郡的乡村媒介公司创造了一个计划，即年轻人和旅行者可通过数字媒体，制作反映他们生活和关注点的作品。这样，一些从未引起关注的群体就可自我表达自己的处境和生活。艺术家是桥梁，使人们看到了更多的不同于他们自身的生命和价值。

　　当后工业时代乡村生活条件城市化后，由于居住的分散性，居民的老龄化、非熟人化，乡村的社会活动和文化生活依然不如城市丰富有生机，因此"艺术下乡"活动有助于填补乡民的精神空虚，再次调动和激发乡村的精神活力。

第四篇

乡村旅游与经济振兴

第十一章

英国：发展乡村旅游的先行者

工业化完成后，农村的经济结构和经济活动发生了根本变化，怎样在农村培育新的经济部门便成为挑战。英国作为第一个工业化国家，也是寻找乡村经济新增长点、发展乡村旅游的先行者。工业化和城市化促发和推动了19世纪后期的英国乡村改造，奠定了发展乡村旅游的基石。英国学者对乡村旅游（rural tourism）的界定是：既是"各种离家来到主要城镇和海滨休闲地之外的旅行，包括度假、一日行、商务旅行或走亲访友"[1]，更是一种"将欣赏乡村景观作为主要动机的旅游"[2]。20世纪中期后，英国乡村旅游业发展较快，成为乡村最重要的经济部门之一。就旅游资源来说，英国自然风景并不突出，"英格兰乡村的魅力多来自人工修造和经营的景观，主要由农业和反映了历史与文化的聚居场所而构成"[3]。英国发展乡村旅游实际上主要是发掘人类文化产品的价值，具有较大的主观能动性。政府的规划和管理，社会力量的投入，行业组织的自我规范，推动了英国乡村旅游业的良性发展。

---

[1] Countryside Agency and English Tourism Council, "Working for the Countryside: A strategy for rural tourism in England 2001–2005", 2001. See VisitBritain 2004: Rural and Farm Tourism.

[2] English Tourism Council and MEW Research, "Qualitative Research on Rural Tourism in England", August 2002. See VisitBritain 2004: Rural and Farm Tourism.

[3] Chris Parker, "Rural Tourism in the South East: A Strategy for Future Action", *The Countryside Agency*, P. 9.

第一节 工业革命促发大众乡村旅游

旅行观光活动古已有之。近代早期，英国贵族将子弟送到欧洲大陆游历访学，史称"大游学"（grand tour），目的是求教贤哲，增长见识，提炼本领，陶冶性情。在那个社会大众尚为衣食忙碌的时代，观光休闲只是少数人士的雅趣而已。真正的大众旅游开启于工业革命时期的英国。

首先，19 世纪的工业化、城市化，培育了大众的旅游需求。机器生产的紧张节奏，使劳动者除了日常休息、恢复体力外，还需集中一段时间来进行生理调整和心理放松，因此度假式旅游率先在英国出现。工业革命使工人收入提高，这是他们能够度假的经济保障。[①] 西海岸的布莱克浦、东海岸的斯卡博罗、南海岸的布莱顿，19 世纪成了英国著名的海滨度假胜地。1870 年后，生活水平提高促使大量新度假者涌现。最初是商人和白领，随后是熟练工人及家庭，出现在不列颠岛四周海滨。[②] 海滨度假从此成为英国人重要的旅游形式。英国海岸线长而曲折，适宜度假的海滨遍布东、南、西海岸，这是优越的自然条件。

其次，工业革命的技术成果为大众旅游创造了条件。以往将马车作为运载工具的组团最多也就十余人。19 世纪新交通工具发明，大规模组团旅游便成为可能。蒸汽轮船投入使用，使旅游者可跨越海洋前往欧洲。一列火车能载乘上千人。30 年代利物浦和曼彻斯特赛马节的观众，就是一列列火车送来的。1840 年，密德兰铁路公司运送诺丁汉人到莱斯特参加活动，是用 4 个车头拉着 67 节车厢的专列。"整列火车像条运动着的街道，每个房间都装满了人"，乘客超过 2 400 人。稍后一趟在设菲尔德和利兹间行走的专列更长，5 个机车拉 73 节车厢。利用火车的有利条件，各铁路公司还设立了许多铁路旅社[③]，更方便了旅游活动的开展。

最后，为适应大众旅游需要，英国最先开始了有组织的商业旅游方式。1841

[①] 关于工业革命时期工人收入有较多争论，如塔克尔（Tucker）指出 1790～1850 年伦敦手工工人的"实际工资"（real wages）增加了 25%。林德尔特（Lindert）和威廉森（Williamson）则认为工人工资到了 1820～1850 年才有实质性改善，参见 Richard Brown. *Society and Economy in Modern Britain* 1700 – 1850, London: Routledge, 1991, P. 315. 不论怎么看，这两种意见都反映了 19 世纪中期英国工人收入有较大提高。

[②] John k. Walton, "The Demand for Working – Class Seaside Holidays in Victoria England", *The Economic History Review*, New Series, 1981, Vol. 34, No. 2, P. 249.

[③] Jack Simmons, "Railways, Hotels, and Tourism in Great Britain 1839 – 1914", *Journal of Contemporary History*, 1984, Vol. 19, pp. 207 – 208.

年，旅行家托马斯·库克组织游客 500 多人，从莱斯特包租火车来到 35 公里外的拉夫堡观光。很快他成立了世界上首家商业性质的旅行社，现代旅游组织由此诞生。库克还首次编写了旅行指南①，介绍应观赏景物。此外，现代西方语言中"旅游者"（tourist）和"旅游"（tourism）词，其应用都始于工业革命时期。②

  英国近代大众旅游的发端或以乡村为起点，或与乡村有关联：海滨休假最初以渔村为基地；库克组团旅游的目的地拉夫堡是一个乡村小镇。从对促进乡村旅游来说，19 世纪中叶开始的"乡村改造"方为关键因素。乡村改造的驱力来自工业化和城市化。首先，它是被工业化和城市化的负面作用所促发。工业化使得快速发展的城市人口拥挤，环境喧闹，雾霾弥漫，水源污染，疾病流行，中上社会不能忍受，产生返居乡村的意愿。19 世纪最后几十年，英国面临德美等国工业的挑战，城市危机一度加深，像伦敦、约克、牛津、剑桥和诺里奇等城市都有 30％ 的人口生活在贫困线下，更激起了人们对乡村生活的怀念。③ 而古老的乡村虽然自然风光好，也有历史遗迹，但居住环境条件却还极端落后，必须改造才能居住。其次，工业化和城市化积累的财富为乡村改造提供了资金。这些财富集中于社会中上层，他们又有返居乡村（别墅式住宅）的强烈愿望，因此自然成为乡村改造尤其是住宅改造（其时流行宽大舒适的所谓"维多利亚"住宅）的主力。再次，随着工业化的进行，乡村农业的经济地位逐步降低，易于被当作调整对象，许多耕地转为永久性草地，或作牧场，或作体育娱乐场地。调整过程虽然较长，但成就斐然，几乎颠覆了农村面貌④，加之草种改良，绿草茵茵也就成了英国乡村的四季常态，成为赏心悦目的宜人风光。最后，技术革命促进了乡村改造。交通条件的改善，即 19 世纪铁路时代到来，20 世纪迈进汽车时代，使城乡

---

  ① *The Tourist's Guide*：*a Handbook of the Trip from Leicester*，*Nottingham*，*and Derby to Liverpool and the Coast of North Wales*.

  ② 一个叫约翰·秉的英国人最先于 1788 年使用"旅游者"一词。《牛津英语词典》中记载第一例使用"旅游"词是 1811 年。法语这两个词均来自英语，最早使用时间分别为 1816 年和 1841 年。Jack Simmons，"Railways, Hotels, and Tourism in Great Britain 1839 – 1914"，*Journal of Contemporary History*，1984，Vol. 19，P. 219.

  ③ Joan Thirsk ed.. *The Agrarian History of England and Wales*，Volume Ⅷ，1850 – 1914，ed. by E. J. T. Collins，Cambridge University Press，2011，P. 1352.

  ④ 1696 年，英格兰和威尔士的国土面积中，可耕地占 1/4 多，牧场和草地占 1/4。到 1801 年，可耕地面积没多大变化，牧场和草地则增加了 20％。19 世纪后期，英国西部和北部牧场面积已多于耕地。农民们热衷于饲养奶牛和肉牛，如坎伯兰郡在 19 世纪最后 30 年，小麦种植减少，而牛则从 1867 年的 10 万多头增加到 1899 年的 15 万头。Edward Royle. *Modern Britain*：*A Social History* 1750 – 1985，London：Edward Arnold，1988，P. 1，4。1988 年，英国农村可利用地面积中，耕地占 37％，永久性草地占 63％。Hugh Clout，"The recomposition of rural Europe：a review"，*Annales de Géographie*，1991，100e Année，No. 561/562，No du centenaire，P. 716.

联系极为便捷，不但社会中上层频繁往返于城乡之间①，普通阶层也开始工作于城市而歇宿于村庄。机械化则使耕地连片形成大农业，庄稼随地形起伏波动，这是英国乡村最撩人的景观之一。19世纪80年代后，英国赞颂乡村特别是南方乡村的文艺作品蜂起。经过哈德森、托马斯和贝尔洛克等作家的描绘，村庄越来越被英国人当作"家"，乡野南方被当作"真英格兰"。② 由此奠定了发展乡村旅游的基石，不过最初的乡村旅游活动仅限于小部分有钱、有闲人群。议员布鲁斯发起了公众走向农村的运动。1884年他向国会提交了第一个自由漫游法案，虽然未获通过，但运动却开始了。20世纪来临之际，越来越多的人从城市"逃亡"农村，其间也引起了与农村土地所有者的冲突。③

第二节　20世纪英国乡村旅游业发展

20世纪前半期，英国是两次世界大战的首要参战国，战事频繁，经济吃紧，人们无心无暇也无力旅游。战争中和战争间隙主要是解决饥饿问题，故而粮食种植面积还有所增加。如1918年，英国小麦种植达到1884年以来最大面积，而永久性牧场降低到1890年以来最小面积。④

"二战"结束后，随着战争创伤恢复，人民生活水平逐渐提高。同时，战时人民体力疲惫、精神紧张，休闲和放松成了战后初年英国人的一大生活基调。战争幸存者尤觉活下来之幸福，更珍惜生命的可贵和身体的舒适，于是休闲业呈爆发式增长。人们纷纷涌向电影院和运动场所，如1946年，英国有1/3的人每周要去一次电影院，有1/8的人每周去两次电影院。足球联队比赛也招致人们蜂拥而至。那时，几乎所有的衣食都由国家配给，而失业率很低、工资又提高，使得人们钱包鼓鼓无处消费，休闲便是花钱的最好方式之一。⑤ 大众旅游作为一种休闲方式再次兴起。20世纪五六十年代，英国人在经济恢复和建设中，旅游动机主

---

① 19世纪后期英国的新富阶层效法女王和贵族，经常赴苏格兰高地乡村进行体育、打猎、射击、钓鱼等活动。这些乡村教区的地价由此大涨。Edward Royle. Modern Britain：A Social History 1750 – 1985, P. 5.

② Joan Thirsk ed. . The Agrarian History of England and Wales, Volume Ⅷ, 1850 – 1914, pp. 1352 – 1363.

③ Peak District National Park – Home Page – Learn more – About the National Park – History of our National Park, http：//www.peakdistrict.gov.uk/learning-about/about-the-national-park/our-history.

④ Edward Royle. Modern Britain：A Social History 1750 – 1985, London：Edword Arnold, 1988, P. 5.

⑤ R. G. Grant. The History of Modern Britain, From 1900 to the Present Day, London：Carlton Books Limited, 2nd edition, 2010, P. 141.

要是休息，因此仍然热衷于海滨休假。七八十年代，随着经济富足，以休闲观光动机为主的乡村旅游开始发展，市场份额稳步增长。乡村旅游从业者增多，20～30人规模的乡村旅游企业普遍出现。① 80年代开始的乡村旅游业，得到一系列因素的促进：欧洲共同体和英国政府对农业政策的变化；英国对城市化的控制（将大城市人口迁往小城镇和乡村）；政府、学界及民众均意识到可持续旅游和绿色旅游能在乡村很好地实现；政府认识到乡村旅游的经济潜力和解决劳动力就业的前景；教育为乡村旅游领域准备了专业性人才等。② 还有学者认为"逆城市化"也是一个刺激因素。③ 当然，乡村能吸引游客更在于：农村环境好、风景优美，人的友好，安宁和平静，物超所值，人们对农村的认知兴趣。诚如英国旅游协会一个有关乡村旅游的研究项目所说，乡村旅游应该是平静和安宁的，生活慢节奏的，空气新鲜，有充足空间，非城市性。乡村旅游应含有"舒缓"的农村（农场、田野和牛群），也应包含"粗朴"的农村（沼泽、山峦和高山），有海岸，还有非城市化的村镇。④

因此，还在20世纪80年代英国乡村旅游就有上佳表现：全英宿夜旅游中21%发生在农村；乡村度假游（3夜以上）达5 200万次，短休游1 200次，商务游700万次；游客在乡村游中花销30亿英镑（对照：英国人海外游花销仅2亿英镑）。乡村旅游中有8.5亿人次过夜游客，19亿人次一日游客。⑤ 90年代也有较大发展。英格兰旅游协会统计，1993～2000年的八年间，到乡村旅游的次数增加了50%，而且旅游时间也逐步加长。1998年，英国休闲旅游有24%发生在乡村。⑥

21世纪初，旅游业成为英国农村一个至关重要的产业，在一些偏远农村甚至占主导地位。2000年《英国乡村白皮书》提出："我们的农村即未来"，认为旅游业是"关键性的乡村产业"，在许多小城镇及附近的复兴中起着重要作用，有着相当大的增长潜力。它可以为乡村许多存量设施增加收入，包括村庄小店、酒吧、餐馆、交通营运、商品和服务供应等；也可随着游客增加而盘活乡村建筑遗产，如城堡、房宅、花园、教堂及特色村镇等。⑦ 据联合国欧洲经济委员会报

---

① ③ ⑤ Jonathan Edwards, "Rural Tourism in Great Britain", *I Encontro Nacional do Turismo de Habitação – Ponte de Lima*（12 e 13 de Março de 1993）.

② Gina Ionela Butnaru, and Alina Petronela Haller, "Perspective of Sustainable Rural Tourism in the United Kingdom of Great Britain and Northern Ireland", Sustainability, 2017, 9, P. 525.

④ English Tourism Council and MEW Research, "Qualitative Research on Rural Tourism in England", August 2002. See VisitBritain 2004：Rural and Farm Tourism.

⑥ Chris Parker, "Rural Tourism in the South East：A Strategy for Future Action", *The Countryside Agency*, P. 6.

⑦ Chris Parker, "Rural Tourism in the South East：A Strategy for Future Action", P. 9.

告，2001 年全英乡村旅游业创造了将近 140 亿英镑收入。乡村旅游业为英格兰提供了 38 万份工作，超过农业的 37.4 万个岗位。[1] 每年全英成年人共进行 1 400 万次乡村度假游，在乡村休闲总时间达 11 亿天。每年到乡村进行商务活动和走亲访友的过夜旅行达 1 100 万次，这个指数的增长稍快于乡村度假市场。到农村的商务旅行越来越重要。乡村景点在 2002 年增加 13%，2003 年增加 6%，远超全国景点增加的 2% 比例。到乡村的外国人也越来越多，主要来自北美、澳大利亚、新西兰、荷兰、德国、法国和比利时等。1991～2001 年十年间，外国人在英国乡村旅游者人数增加了 25%，高于其他目的地的国外游客增加率。[2]

今天的旅游业是英国重要的支柱产业。从英国旅游业联盟提供的资料看，2014 年英国旅游收入为 1 211 亿英镑，占英国总 GDP 的 7.1%，接纳国际游客人数居世界第 8 位，国际游客花费为世界第 6 位，占全球旅游总收入的 3.6%。[3] 2015 年旅游收入为 1 274 亿英镑。英国环境、食品与乡村事务部统计，2008 年英格兰就业 2 293.2 万人，其中旅游业为 186.3 万人，占总就业人口的 8.12%。[4] 乡村旅游既在英国旅游业整体中占有重要地位，又是乡村最重要的经济部门之一。按英国政府统计，2015 年全英旅游业中有 42.1% 的企业、25.7% 的收入、44.4% 的就业机会来自乡村旅游业，乡村旅游成为旅游业最大的分支。英格兰乡村有 10.6% 的经济单位与旅游相关。乡村一日游客 19 亿人次、过夜游客 8.5 亿人次。[5] 乡村旅游收入每年超过 290 亿英镑，提供乡村 12% 的工作岗位。[6] 乡村地区约占英国全国面积的 80%，全国人口的 20%。[7] 就人口比例而言，乡村旅游业创造的就业岗位不比城市低。如 2008 年英格兰村镇旅游业就业 37.2 万人，正好也占全英格兰旅游业就业人员的 20%。在英格兰乡村就业总人口（323.2 万人）中，旅游业占 11.51%。[8] 英国旅游局官网还显示，2014 年，到乡村旅游的国内过夜游客为 1 708 万人次，占全英格兰的 18%；旅游花费 31.11 亿英镑，占

---

[1] Jeremy Burchardt, "Agricultural History, Rural History, or Countryside History?" *The Historical Journal*, 2007, Vol. 50, No. 2, P. 465.

[2] VisitBritain 2004：Rural and Farm Tourism.

[3] Tourism Alliance. *UK Tourism Statistics* 2016, www.tourismalliance.com.

[4] Defra（Department of Environment, Food & Rural Affairs, 英国环境、食品与乡村事务部）, *Tourism and Local Rural Communities*, A report submitted by GHK, London, 12 August 2010, www.ghkint.com, P. 16.

[5] Gina Ionela Butnaru, and Alina Petronela Haller, "Perspective of Sustainable Rural Tourism in the United Kingdom of Great Britain and Northern Ireland", *Sustainability*, 2017, 9, P. 525.

[6] Rural Economy Growth Review：Supporting Rural Tourism, https：//www.gov.uk/government/uploads/system/uploads/attachment_data/file/183289/rural-economic-growth-review.pdf.

[7] "A Strategic Framework for Tourism 2010 – 2020", https：//www.visitengland.com/sites/default/files/downloads/strategic_framework_for_tourism_document_1.pdf.

[8] Defra（Department of Environment, Food & Rural Affairs）, *Tourism and Local Rural Communities*, A report submitted by GHK, London, 12 August 2010, www.ghkint.com, P. 16.

全英格兰的17%；到农村观光的一日游客3.4亿人次，占全英格兰的25%，旅游花费84.43亿英镑，占全英格兰的19%。2014年，乡村过夜游客中度假观光的占54%（次均住宿3.54晚），高于全英格兰度假观光过夜旅客的比例和住宿长度（44%，次均住宿3.37晚）。2014年，英格兰乡土味最浓的区域吸引旅客最多，如西南区（21%）、西北区（21%）、东南区（13%）、约克郡（12%）和东密德兰（12%）。[①]

英国19世纪以来乡村改造活动的长期化、持续化，使诸多人造景观逐渐自然化。从空中俯瞰，田野牧场好似块块绿毯镶嵌，树木葱茏苍翠，鲜花盛开怒放，移步即景，随处入画。因此，英国乡村旅游的内容极为丰富，除通常的游览观光外，还有远足步行、探险、骑马、打鱼、驾船、文化节庆、观鸟、环保等活动，商务会议、团队组建等事项。旅游场所多样化，有农场、水道、乡村海滨、乡村城镇、村庄、酒馆、历史建筑、考古场地、花园、湖泊、森林、山脉景观、国家公园等。乡村环境宁静，更能保持工作的独立性、私密性，增加工作效率，因此不少公司将工作场所（workplace）设于乡村。如约克郡，该地商务工作场所的39%位于乡村；在全英国，设于乡村的大小公司占了37%。[②] 乡村旅游业经营者也能以最大的投入、极大的热情，提供最好的设施和服务，尤其是在购物、餐饮和娱乐方面，能够结合本地特色，满足游客对风土习俗的欣赏和消费需求。乡村旅游歇宿既有个性化的特色旅馆，也有廉价的青年旅社、背包旅社，还有B&B（床位和早餐）民宿接待，满足游客的多样化选择。农村的旅游接待设施大有改善。21世纪初，英格兰已知接待能力的39%属于农村，农村拥有2.5万个接待设施。乡村还为度假者安置宿营设施提供便利。B&B家庭接待和旅社约占了农村接待设施的40%。乡村设施越来越能满足旅游者对接待质量的要求。[③]

通过英国旅游局官网数据（见表11–1～表11–3），有助于观察其乡村旅游特征。

[①] "Domestic Rural Tourism", VisitEngland, https：//www.visitbritain.org/sites/default/files/vb-corporate/Documents – Library/documents/England – documents/dom_rural_t.pdf.www.visitbritain.org, 英国旅游局官网。

[②] Gina Ionela Butnaru, and Alina Petronela Haller, "Perspective of Sustainable Rural Tourism in the United Kingdom of Great Britain and Northern Ireland", *Sustainability*, 2017, 9, P.525

[③] Countryside Agency and English Tourism Council, "Working for the Countryside：A strategy for rural tourism in England 2001 – 2005", 2001；United Kingdom Tourism Survey 2003, Leisure Day Visits Survey 02/03. See VisitBritain 2004：*Rural and Farm Tourism*.

表 11-1　　　　　2014 年英格兰旅游者的主要旅游行为　　　　　单位：%

旅游行为	全英格兰	乡村	旅游行为	全英格兰	乡村
参观历史遗迹和遗产	23	23	艺术、文化娱乐活动	15	9
游览景点	33	30	游览公园和花园	15	18
参观节庆和展览	11	9	户外运动（含远足）	27	39
游览海滩	20	14	购物	7	6
体育运动	3	2	个人事务	3	3

注：本表的百分比总和并非 100，因为个人选择某种旅游行为并不排斥选择其他旅游行为。

资料来源："Domestic Rural Tourism", VisitEngland, https：//www.visitbritain.org/sites/default/files/vb-corporate/Documents-Library/documents/England-documents/dom_rural_t.pdf. www.visitbritain.org, 英国旅游局官网。

表 11-1 说明，乡村拥有较多资源的旅游行为（游览公园和花园），或更适宜在乡村开展的旅游行为（户外活动），发生在乡村的概率高于全英格兰平均水平。

表 11-2　　　　　　　英国旅游主要年龄群　　　　　　　单位：%

年龄段	全英格兰旅游	乡村旅游
16~34 岁	23	20
35~54 岁	42	43
55 岁以上	35	37

资料来源："Domestic Rural Tourism", VisitEngland, https：//www.visitbritain.org/sites/default/files/vb-corporate/Documents-Library/documents/England-documents/dom_rural_t.pdf. www.visitbritain.org, 英国旅游局官网。

从表 11-2 可以看出，越是年龄较大的人群，喜爱乡村旅游的比例越高。这和年长者怀旧、乡愁或更喜爱自然美的性情有关。

表 11-3　　　英国六类社会职业阶层[*]在乡村旅游中的占比　　　单位：%

社会职业阶层	在总职业人口中占比	在所有旅游活动中占比	在乡村旅游中占比
中高级管理、行政和专业人员（A、B）	27	39	44
普通和初级管理、行政和专业人员（C1）	28	28	29

续表

社会职业阶层	在总职业人口中占比	在所有旅游活动中占比	在乡村旅游中占比
有熟练技术的体力劳动者（C2）	20	19	17
普通体力劳动者（D）、领取养老金者、领取社会福利者等（E）	25	13	9

注：该六类社会职业阶层定义源于英国国家统计办公室（UK Office For National Statistics）。UK Office For National Statistics. Social Grade A，B，C1，C2，D，E，http：//www.nrs.co.uk/nrs-print/lifestyle-and-classification-data/social-grade/，Feb. 23，2014.

资料来源："Domestic Rural Tourism"，VisitEngland，https：//www.visitbritain.org/sites/default/files/vb-corporate/Documents-Library/documents/England-documents/dom_rural_t.pdf. www.visitbritain.org，英国旅游局官网。

从表11-3可以看出，社会中上职业阶层（第一、二阶层）在旅游活动中占比较高，对乡村旅游的兴趣更大，表明经济状况是做出乡村旅游决策的重要因素。

第三节 政府和社会对乡村旅游的投入

英国乡村旅游的发展，也得益于政府机构和社会力量的重视与投入。1895年，英国成立了"全国信托基金会"（National Trust），旨在保护历史遗迹和自然景观。20世纪，英国社会基本形成乡村是最适宜休闲度假的宁静空间的文化认同，1949年颁布《进入国家公园和农村法案》就是这种观念的产物。法案促使全国信托基金会更快发展。它拥有众多团体会员，对保护乡村历史遗产功不可没。[1]

20世纪80年代，英国国家旅游局成立。此外，还出现了一些涉及乡村旅游度假休闲的社会组织，如农场度假协会、苏格兰农家度假协会、沃尔西寄宿协会、棚屋协会。欧盟及一些非政府组织、公司也致力于发展乡村旅游。乡村旅游还受到许多机构、专项工程和基金会的支持。如苏格兰有旅游创新基金会、苏格兰旅游发展基金会、苏格兰乡村开发工程等。[2] 随着旅游与休闲的发展，乡村也面临许多新挑战。2001年，在中央政府层面，英国"农业、渔业和食品部"改

---

[1] Bob Snape，"Resource Guide in：Rural Leisure and Tourism"，Hospitality，Leisure，Sport & Tourism Network，December 2004，P. 2.

[2] Gina Ionela Butnaru，and Alina Petronela Haller，"Perspective of Sustainable Rural Tourism in the United Kingdom of Great Britain and Northern Ireland"，Sustainability，2017，9，P. 525.

为"环境、食品和乡村事务部"（Defra）。这反映了政府乡村发展战略的转变。

英国规范旅游的行业组织"旅游联盟"，自称"旅游业之声"，包括55个旅游业组织，如B&B民宿协会、全英景点协会、全英教育旅行协会、全英假日和国内公园协会、全英酒店协会、全国信托基金会、旅游学会、旅游管理研究所、英国农场度假协会等，代表了英国20万个各类旅游企业，宗旨是确立旅游行业标准、提高质量，与政府就旅游业问题沟通等。[①] 乡村旅游是该组织的重点关注对象。

社会力量中也包括个人。如参加乡村旅游的游客中，不少人是乡村事业发展的潜在参与者，旅游活动可能激发其参与冲动，帮助乡村社区、农场或公司维护环境和提高景观质量。造访者常有人支持改造乡村服务设施，如商店、酒馆、餐馆、运输和邮政服务等。不少造访者志愿参与乡村自然环境的保护，愿意在乡村投资建立新企业，而乡村旅游开展又可增加这类造访者的数量。[②]

为发展乡村旅游，政府还采取许多具体举措。如英国计划投资2 500万英镑促进乡村旅游、提升乡村景点质量：(1) 由"旅行英格兰"网投资1 200万英镑宣传乡村旅游，促使更多人到乡村旅游；(2) 环境、食品和乡村事务部（Defra）建立一个1 000万英镑的基金，支持启动乡村旅游，开发乡村景点、加强乡村旅游企业建设。(3) Defra与34个"英格兰卓越自然美景区"共同努力，帮助它们开发新的可持续旅游项目。(4) Defra拟提供200万英镑帮助地方社区增加旅游项目。(5) Defra拟提供100万英镑给英格兰西北区，启动其可持续乡村旅游项目。据称这一计划可新增乡村旅游1.1亿人次，创造3 000个工作岗位。[③]

在英国制定的2010~2020年的《乡村旅游发展规划》中，提出乡村旅游对地方经济的贡献每年要增长5%。为达到此目标需在三个方面行动：(1) 乡村旅游产品多样化、现代化，在适合地方社区和环境的前提下开创商机，开发全年性旅游项目；(2) 增强消费者意识，促其享受乡村旅游产品和旅游体验；(3) 鼓励乡村社区参与开发、经营和保护乡村资源，让其从乡村旅游中受益。其行动计划则分21个细项，进一步明确行动的内容、目标、合作者等。如努力增加旺季之外的旅游产品；开发国际游客参加乡村旅游的潜力（2009年2 540万国际入境游客中，仅17%在乡村旅行过）等。该《乡村旅游发展规划》还对乡村旅游产

[①] Tourism Alliance. *UK Tourism Statistics* 2016，www.tourismalliance.com.

[②] Gina Ionela Butnaru, and Alina Petronela Haller, "Perspective of Sustainable Rural Tourism in the United Kingdom of Great Britain and Northern Ireland", Sustainablility, 2017, Vol. 9, P. 525.

[③] Rural Economy Growth Review：Supporting Rural Tourism, https：//www.gov.uk/government/uploads/system/uploads/attachment_data/file/183289/rural-economic-growth-review.pdf.

品和旅游体验、乡村旅游资产进行了界定。①

乡村旅游得到了政府和社会力量（机构、公司、社区、个人）的共同支持。在国家以上，欧盟有专门的机构制定乡村旅游发展规划并提供项目资助。在国家层面，有不少专门支持乡村旅游或与之合作的全国性机构和组织：英国农场休憩组织，通过免费指南、网络等在全国范围内宣传服务性的和自助性的接待企业；全国农场景点网，在乡村和农场经济多样化方面为成员提供咨询和帮助；全国农场学校建设协会，为农场主办学提供支持和咨询；全国农民市场协会，主要目的是促进和开发农产品市场；乡村旅游企业规划组织，专门针对未列入欧盟计划但又具有乡村旅游潜力的地方提供援助。在区域层面，有各种地方性或区域性团体，如公私合作的北部高地农场旅游促进协会，覆盖坎伯兰、诺森伯里亚、约克郡和西北区，为乡村旅游业提供市场规划、商业咨询、基金资助和人员培训等。西南区旅游协会，协助欧盟资助本区乡村旅游开发；该区还有一个市场化的"车轮"公司，专为本区乡村旅游产品的品牌化和市场化提供资助。东南区有南部旅游协会、英格兰东南区旅游协会和农村旅游组织等。②

又如，单是峰区国家公园的各种形式论证、投资或合作活动、工程、基金和社会企业就名目繁多。如哥伦布运动服公司，为园区将近 3 000 名管理者和工作人员提供统一的冬夏外穿服装。诺丁汉特伦特大学联合科技装备协会，在园区设立"黑空观测站"。"德比郡游客经济发展和开发部"计划在 2014～2020 年从英格兰的欧洲地区发展基金中筹集 190 万英镑，资助环境友好型旅游企业。"地方可达性论坛"从 2000 年起定期召开，为国家公园当局及德比郡议会评论和咨询怎样进行改进，以便让公众更便捷地进入园区。"地方自然合作"作为个人、企业和组织的合作平台，讨论怎样更好地理解、欣赏、评估和改善本地自然环境。还有"增强对英格兰国家公园的记忆""峰区公园堂区论坛"等行动。"西南峰区景观合作"则是一个遗产彩票基金，资助保护峰区西南部景区的合作者，等等。③

2016 年 6 月，英国公投脱欧，其旅游管理部门及旅游业界未雨绸缪，开始制定脱欧后旅游业包括乡村旅游业的发展对策。如 Defra 从 2018 年起，在其"英格兰乡村发展规划"中每年专设"乡村旅游基础设施发展项目"，鼓励旅游业经营者申报，目的在于为乡村吸引更多旅游者，让旅游者停留时间更长、花费更多。

---

① "A Strategic Framework for Tourism 2010 – 2020"，https：//www.visitengland.com/sites/default/files/downloads/strategic_framework_for_tourism_document_1. pdf.

② Morris, H., *Insights*, "The Farm Tourism Market"，March 2002. VisitBritain 2004：Rural and Farm Tourism.

③ Peak District National Park – Home Page – Looking after – Projects and Partnership，http：//www. peak-district. gov. uk/looking-after/projects-and-partnerships.

项目资助强度较大，获批项目资助最低为3.5万英镑。要求申请者有详细计划，包括怎样扩展业务，提供多少就业岗位，为乡村经济制造多大收入等。项目资助范围较大，如修建步行道、自行车道和骑马道等，在景点周围4～15英里构成循环道路网。在地方遗产博物馆修建第二个艺术馆，增加藏品，艺术馆里有咖啡室，以吸引博物馆（免费）参观者能逗留更久。在原景点旁增建新景点，以吸引更多的游客包括回头客，停留时间一长，游客的消费会更多；新景点应是全季候的，以便伸延旅游旺季的长度。目前英格兰绝大部分郡县均申请到了总计数百个的项目资助，单个项目资助最多达20万英镑。[①] 从这里也可看出，英国乡村旅游业虽已发展了一个半世纪，但政府仍着眼于它的可持续发展。

第四节　英国乡村旅游业发展若干范本

英格兰西南部康沃尔郡和德文郡，最早开展乡村旅游。[②] 这两郡远离英格兰核心区，受工业化和商业气息影响较小，保留了许多原生态特色；它们地处英国最南端，气候温暖，海滨度假地多，是其国内游客最喜爱的地方。[③]

就区域看，"英格兰心脏"地区的乡村旅游可作为范本。这一地区包括格洛斯特郡、赫里福德郡、伍斯特郡、什罗普郡、斯塔福德郡、沃里克郡以及西密德兰兹。从这里出发，1.5小时车程内可达全英一半人口居住地区，英国第二大城市伯明翰处在该地区中心，离伦敦仅2小时车程。这里城市化程度高，但也有人口从城市移居郊区和村庄的趋势。20世纪80年代，该地区边远乡村人口增加了6%。此外，不少旅游活动形式上是城市的，但实际坐落于乡村，如主题公园。该地区南端是美丽的科茨沃兹乡村区一部分，北部斯塔福德郡与峰区国家公园相连，西部是英格兰与威尔士的交汇点，风光绮丽，还有铁桥峡谷（世界第一座铁桥）等世界文化遗产，东部有莎士比亚故乡斯特拉福小镇、沃里克城堡等名胜。总之，区内景点遍布，旅游者的乡村活动也多样化（见表11-4）。[④]

---

① Department For Environment, Food and Rural Affairs. *RDPE Growth Programme*, *Rural Tourism infrastructure Handbook*, 2018.

② Jonathan Edwards, "Rural Tourism in Great Britain", *I Encontro Nacional do Turismo de Habitação - Ponte de Lima* (12 e 13 de Março de 1993).

③ 西南区占据了英格兰度假旅游总天数的23%以及英格兰海滨度假旅游的40%，远高于海滨度假旅游的第二、第三个地区，即东南区的17%、西北区的13%。VisitEngland, Domestic Seaside Tourism.

④ N. Alexander, A. McKenna, "Rural tourism in the Heart of England", *International Journal of Contemporary Hospitality Management*, Vol. 10, Issue 5, pp. 203–207, https://doi.org/10.1108/09596119810227820.

表 11 – 4   1995 年"英格兰心脏"地区乡村旅游各类活动人数

单位：万人次

观赏历史遗产	公园游玩	参观博物馆	野外生活	其他活动	总计
623.1	151.6	438.7	178.9	1 785.8	3 182.6

1995 年，该地区接待旅游者达 1 亿人次，其中 90% 为一日游客，9% 是国内过夜游客，1% 来自海外。旅游收入 21.69 亿镑，其中 45% 来自一日游客，22% 来自国内过夜客，22% 来自入境游客。该地区乡村还有开发新旅游产品的成功案例。如沃里克"哈顿乡村世界"是英国最大的稀有动物饲养中心，占地 284 公顷，以市场化、消费者至上、传统家庭生产的理念吸引游客，1996 年接待游客 50 万人，雇工 100 人。"英格兰心脏"地区乡村旅游当前面临高度碎片化问题，原因在于 75% 的游客选择自驾游。规划中该地区道路到 2025 年要增加一倍，使这一问题尤其紧迫。

乡村区域旅游的另一热点峰区（Peak District）国家公园设立于 1951 年，是英国第一批四个国家公园之一。[①] 该区处于奔尼山脉南段，地跨德比、约克和兰开夏三郡。区内有著名的德文郡公爵查茨沃思庄园，有世界文化遗产——德文特河畔的"世界第一批工厂遗址"（隆贝兄弟在德比近郊创办的丝织厂和阿克莱特在克朗普顿创办的水力棉纺厂），有马特洛克、贝克威尔和巴克斯顿等充满乡俗风情的村镇。区内山峦起伏，沟壑纵横，怪石嶙峋，农田和牧场遍布，林地与荒原交织，步行路网密集，小道崎岖蜿蜒，是户外运动胜地。车行如穿梭画廊，自然美景令人流连，每年来此远足观光的游客达 2 000 万人以上。

伦敦通常是旅游英国的第一目的地，紧靠伦敦的东南部各郡也成了游客最易光顾的区域，就连伦敦居民也有就近一日游或度假的冲动，因此东南区旅游业是一个重要的考察范本。由于伦敦的光晕效应，东南区颇似伦敦郊区，几乎没有大的城市，到这里的旅游都可看成是乡村旅游。该区发展乡村旅游的优势非常明显：有 1/3 的面积位于国家划定的"杰出自然美"区域内，地貌景观丰富；森林覆盖率全英最高；有突出的海岸风景线，如多佛尔的白色峭壁；农村之绿色堪比南欧；有许多极具特色的小城镇和村庄等；有许多历史遗产，如利兹城堡、坎特伯雷大教堂等；步行小道遍布、酒吧等接待设施齐备，因此东南部乡村旅游业成就斐然。据统计，1997 年，东南区旅游创造收入 51 亿英镑，相当于该地区总

---

① 除峰区外，还有"湖区"（lake district）、斯诺多尼亚（Snowdonia）、达特莫尔（Dartmoor）。R. G. Grant. *The History of Modern Britain*, *From* 1900 *to the Present Day*, London：Carlton Books Limited，2010，P. 161.

GDP 的 5%，直接或间接为大约 25 万人提供了工作，相当于该地区劳动力人数的 7.5%；接待国际游客超过伦敦以外任何地区，为当地经济创造了 15 亿英镑价值，占英国旅游总收入的 12%，大致 2 倍于整个苏格兰，5 倍于整个威尔士。1998 年，东南农村接待了 220 万次度假式旅行，其中本国居民 180 万次，还接待了本国居民 5 900 万次一日行，国外游客 10 万次一日行，合起来乡村占了该区域度假休闲活动的 1/5。2000 年，东南区纯粹乡村旅游创造了大约 10 亿英镑收入，工作机会 3 万~4 万个。乡村旅游企业多为小规模家庭经营，主要为离开土地的农民补充收入。①

英格兰北部坎伯兰郡的湖区，更因 19 世纪诗人华兹华斯的颂扬而名闻天下，它是英国最大的国家公园。除在湖上游览风景外，湖畔乡村小镇更是风情十足，五湖地区基本上是农村，因此湖区旅游在某种意义上也可算是乡村旅游。北部苏格兰高地旅游更是久负盛名。威尔士山区也是著名的乡村旅游胜地。威尔士山区海拔并不高，但其地质岩层久远，地质学上古生代第一纪寒武纪（距今约 6 亿~5 亿年）是以南威尔士一座山脉命名的。山上岩石难以风化，地表植被稀薄，紫红色的石楠藤蔓遍布，与夹杂于山峦之间的牧场树林和村庄，构成了一幅幅别样的风情画，也令游人流连忘返。夹于梅斯泰德菲尔城和布勒肯小镇之间的布勒肯山区就是如此，景色极为迷人，是著名的国家公园（1957 年设立）。

就旅游类别看，新近兴起的农场旅游和乡村宿营旅游很有特点，也是比较成功的范例。所谓农场旅游，有点类似中国的农家乐旅游，可定义为一种接待性商业活动，它对游客的吸引力在于农场的工作劳动流程。农场旅游的兴起与纯农业收入的下落有关。2001 年，英国农场收入比 5 年前减少了 60%。2002~2003 年，英格兰东部减少了许多农业企业。虽然英格兰 80% 的土地都投入了大农业，但其直接经济价值不到总 GDP 的 1%。农业是农村经营的基本途径，仍是一个重要产业，但农业收入的减少使农场主考虑生产转向问题，不再满足于"把鸡蛋放在一个篮子里"，开发农场的旅游资源就是选择之一，于是将农场景观以及农场生产流程向旅游者开放，从而兴起农场旅游。2004 年，有 17% 的农场主转向旅游和运动休闲，直接出售和加工农产品，以增加收入和吸引旅游者。有的农户还办起家庭住宿。对旅游者的调查发现，他们在农场停留的主要目的是度假，90% 的农场度假是在农舍过夜，77% 的过夜数属于一次歇宿 4 晚以上。农舍度假的高峰一般是复活节前后、八月、十月，即学校的假期。农场有休闲、教育或娱乐设施，还有家畜、小动物园、葡萄园、苹果园、酿酒设备、活动与游乐中心、博物馆、工艺展示、商店和咖啡店，以及钓鱼、骑马、历史或主题园，还提供一些游

① Chris Parker, "Rural Tourism in the South East: A Strategy for Future Action", The Countryside Agency.

客可亲身参与的互动活动等。农舍参观者比普通乡村旅游者更喜欢步行、骑马和参观历史遗产等活动。乡村的农场游在21世纪推出后，效益日增。2003年，英国农场旅游比上年增加13%，超过了农村公园（9%）和花园观赏（6%）的增长率。这一年，农场旅游门票收入增加也达到最高点，多于8%，占总收入增长额的15%。①

宿营旅游，是个性自由的西方人包括英国人极为喜爱的自助旅游方式，乡间草地空地较多，更具备宿营条件。许多乡村旅游者自备宿营设施，其中有32%使用旅行宿营车，17%使用固定式棚屋。② 2014年，全英约有3 500～4 000个场地供宿营车停放，特别是在东盎格利亚、南威尔士、林肯郡和英格兰北部沿海，包含了33.5万个家庭宿营车，其中21万个为私人所有。根据2010年的统计，每年旅游者共在宿营车上歇宿5 100万晚，消费17亿英镑。有学者还专题论述了埃塞克斯郡东北特恩德灵地区宿营旅游的发展史。度假营地早在"二战"前就出现了，1938年暑期全英有这样的营地150个。1939年有115个永久性营地和60个临时性帐篷营地。也有学者估计1938年英国约有200个营地设施，一周可接待3万人，一年可接待50万人。1946年，营地度假进入黄金时代。战时军营基地也常被用作人们度假休闲的营地，如位于克拉克顿的巴特林度假营。③ 而特恩德灵的宿营旅游出现于1947年，这与战后人民要求更自由的、无拘无束的生活愿望，和战后消费主义思想（包括度假和休闲）盛行，而战后工党政府顺应这种愿望，颁布和制订新的相关计划这样一个大背景相联系。1960年，特恩德灵的两个营地有49个固定宿营场地和22个临时场地满足旅游宿营者的需要。宿营旅游还催生了许多相关行业，如宿营车制造、宿营车出租等。宿营接待共为9万多人提供了季节性的工作岗位。④

英国发展乡村旅游最成功的典型是科茨沃兹地区，第十章已专门论及。一般地说，英国乡村旅游业的发展，将19世纪以来乡村改造的遗产充分利用起来，不但为乡村增加了新的经济增长点，并且通过旅游者进一步贯通了乡村与城市及外部世界的交流，引进了促使乡村发生深刻变化的精神观念元素，推动了乡村社会和乡村生活的现代化，其意义已远远不能用经济效益来考量了！

---

① VisitBritain 2004：Rural and Farm Tourism.
② Countryside Agency and English Tourism Council，"Working for the Countryside：A strategy for rural tourism in England 2001－2005"，2001. VisitBritain 2004：Rural and Farm Tourism.
③ R. G. Grant. *The History of Modern Britain*，*From 1900 to the Present Day*，London：Carlton Books Limited，2010，P. 141.
④ Sean O'Dell. *Post－war Tourism in the Tendring District and Beyond：The Rise of the Holiday Caravan Park*，c. 1938－1989.

第十二章

法国和意大利的乡村旅游业发展

欧洲的旅游资源极为丰富。南部的地中海地区如意大利,从人文历史方面来说,既是古罗马帝国的核心地区,又是中世纪欧洲最为发达的地方,历史遗迹众多;从自然资源方面来说,这里既荡漾着地中海碧绿的海水,沐浴着温暖的阳光,又闪耀着阿尔卑斯山、比利牛斯山雪顶的银光。意大利亚平宁半岛中部的托斯卡纳,是乡村旅游的胜地。风情十足的法国普罗旺斯乡村,更是世界著名的旅游区。只不过这些都是后工业时代发展旅游业的产物。工业化、现代化、城镇化彼此互为影响,也曾造成这一结果形成历程曲折波动。剖析这些样本,有利于认识法国、意大利等国将乡村旅游作为扶植乡村新经济的重要抓手,在振兴乡村上不遗余力。

第一节 法国普罗旺斯乡村的休闲旅游业

法国东南部的普罗旺斯地区自 19 世纪中叶之后遭遇乡村人口的持续外流。20 世纪 60 年代后,丰富的自然资源和人文景观为普罗旺斯乡村的复兴提供了新的契机,滨海区、阿尔卑斯山区和内陆区发展起各具特色的乡村休闲旅游业,推动了乡村就业结构和生活方式的转变。

一、普罗旺斯的地理和历史概况

> 房子地处两个中世纪乡村——梅纳村和博尼约村之间一道土径的尽头，土径两边是樱桃园和葡萄园。其实，它不过是一所农舍，由当地人就地取材建造而成。墙石历经两百年的沧桑，显出一种近乎浅灰与明黄之间的色……房前屋后共有三口水井，掩映在遮天蔽日的庭荫树和挺直的翠柏下，此外还有一丛丛迷迭香和一棵高大的杏树。午后，树影筛出的阳光斜进半开半合的木质百叶窗，如同半梦半醒的眼波，那诱惑令人难以抗拒……石屋背倚拔地而起的吕贝隆山……晴空万里的好天气，登到峰顶极目远眺，可以看到山的一侧是阿尔卑斯雪山的美丽风光，另一侧是地中海的一片宽广蓝……如此一来，我们的后花园仿佛外扩了二十四万七千英亩……
>
> ——彼得·梅尔《普罗旺斯的一年》[①]

英国作家彼得·梅尔笔下的普罗旺斯乡居生活令无数人心驰神往。重返乡村，或许是20世纪下半叶为城市化洪流裹挟的法国人的一种思乡病，也是19世纪以来审美取向的转变，对乡村和自然景观探幽之情日盛的延续。[②] 普罗旺斯这个仅次于巴黎的法国第二大旅游胜地，自19世纪下半叶起，曾遭遇人口大量外流，乡村破败萧条的窘境。但20世纪60年代以来，休闲旅游业的发展让普罗旺斯的乡村面貌焕然一新，也带动了整个地区的经济发展。

在行政区划上，地处法国东南部的普罗旺斯—阿尔卑斯—蔚蓝海岸大区[③]共分为六个省，面积31 400平方公里。其中三个沿海省为罗讷河口省、瓦尔省和滨海阿尔卑斯省；三个内陆省为沃克吕兹省、上普罗旺斯阿尔卑斯省和上阿尔卑斯省。上阿尔卑斯省在历史上隶属多菲内；阿维尼翁和孔塔—韦内森在1791年之前为教皇飞地，后划归沃克吕兹省；滨海阿尔卑斯省的大部分原为尼斯伯爵领，1388～1860年间属于萨伏伊公国。

普罗旺斯南临地中海，东倚阿尔卑斯山，西接朗格多克—鲁西永，素以地貌景观的多样性而闻名。大体可以分为地中海沿岸的海滨区、罗讷河流域平原区，以及南阿尔卑斯山区，后者占全区面积的一半以上。[④] 阿尔卑斯山自普罗旺斯东北部至中部海拔逐渐降低。高山区气候寒冷，以畜牧业为主，也有部分河谷地带

[①] 彼得·梅尔：《普罗旺斯的一年》，王春译，南海出版公司2011年版，第4~6页。
[②] Conan Michel, "Favaron Juliette. Comment les villages devinrent des paysages", *Les Annales de la recherche urbaine*, N°74, 1997.
[③] 为方便起见，下面简称普罗旺斯。
[④] 费尔南·布罗代尔：《法兰西的特性（空间和历史）》，顾良等译，商务印书馆1994年版，第24页。

种植粮食。这里人口密度较低，多为分散居住的小村落。中部和西部为海拔较低的高原、丘陵和平原地带，罗讷河及其支流（如杜朗斯河）带来丰富的水资源。这里是普罗旺斯农业最发达的地区，气候温和，盛产小麦、葡萄和橄榄等。人口密集，小城市和大村落居多。南部地中海沿岸是最富庶、城市最密集的滨海区。

19 世纪中叶，普罗旺斯地区人口约为 150 万。1860~1870 年，铁路网建设推动了内陆与沿海商业、贸易和劳动力的交流。19 世纪下半叶，在马赛、尼斯、土伦、阿维尼翁等大城市工业的竞争下，内陆小型工业急剧萎缩，地方集市和乡村集镇逐渐衰落，乡村人口开始大量外流。第三共和国时期，阿尔卑斯山区农民成批离开，前往沿海或平原区寻求生计。

从 19 世纪下半叶到 20 世纪上半叶，人口流动呈现出两个相对应的现象：以农业生产为主的东部高原和山区人口大幅度下降，沿海地区的人口迅速增长。上阿尔卑斯省和上普罗旺斯阿尔卑斯省的人口在 1850 年约为 28.5 万，3/4 的人口以农业为生。到 1950 年，这两个省的人口不到 18 万，较之 1850 年减少了 1/3。沃克吕兹省的人口为 27 万，仅比 1850 年增长了几万人。在一个世纪的时间里，普罗旺斯地区的总人口从 150 万增长到 250 万，其中 50% 以上的人口集中在西南部的罗讷河口省。沿海地区城市人口增长最为迅速。马赛的人口从 19 世纪中叶的 15 万增长到 1946 年的 60 万，占整个地区人口的 1/5 以上。滨海阿尔卑斯省的人口从 20 万增长到 50 万，尤其是随着海滨休闲热潮的到来，尼斯在 20 世纪上半叶成为欧洲首屈一指的旅游胜地，其人口从 1870 年的 5 万增长到 1911 年的 15 万。[①]

第二次世界大战结束后，普罗旺斯地区人口经历了新一轮增长，从 1946 年的 220 万增加到 1975 年的 370 万。1962~1968 年，年均人口增长速度高达 2.65%。此后增速有所减缓，但仍是法国少数几个人口增长率超过 1% 的地区。[②] 1999 年人口达到 450 万。20 世纪下半叶这一地区人口增长主要归因于移民，既有来自国内其他地区的定居者，也有来自北非和前殖民地的移民。与此同时，乡村尤其是山区人口持续外流，直到 20 世纪六七十年代才开始出现正增长。1950~1999 年，东部阿尔卑斯山区人口从 17 万增长到 26 万。[③] 这一人口流动模式的变化与 20 世纪 60 年代以来普罗旺斯地区乡村旅游业的兴起有着密切的联系。

---

① Lucien Tirone, Valérie Ellerkamp etc., "La région Provence – Alpes – Côte d'Azur à l'aube du XXIe siècle", *Méditerranée*, 2003, Volume 101, Numéro 3, pp. 90–91.

② 费尔南·布罗代尔、欧内斯特·拉布罗斯主编：《法国经济与社会史（50 年代至今）》，谢荣康译，复旦大学出版社 1990 年版，第 351 页。

③ Lucien Tirone, Valérie Ellerkamp etc., "La région Provence – Alpes – Côte d'Azur à l'aube du XXIe siècle", *Méditerranée*, 2003, Volume 101, Numéro 3, P. 92, 93, 95.

二、20世纪60年代"重返乡村"与乡村旅游业发展

就国家政策层面而言，乡村旅游业的兴盛得益于战后法国为解决农业与工业、乡村与城市发展不平衡问题，推出的一系列包括农业现代化在内的国土整治规划。政府从20世纪60年代开始把一些发展薄弱的乡村地区划分为"国家公园""区域公园""乡村更新区"①"山区经济区"②。前两种地区重点关注生态和环境保护，后两种地区则针对发展较为落后的乡村地区，推动其经济发展和基础设施建设。1970年出台地区级别的"乡村整治规划"，着力于优化地方基础设施建设，推动地方农业、林业、手工业、工业、服务业、住房和旅游业的发展，以及自然空间的保护。同时还成立了地区乡村规划公司、乡村更新委员会，并设立乡村改造基金，确保上述政策的推行。③

早在20世纪50年代初，面对人口外流、房屋荒废的普遍现象，在下阿尔卑斯省（即后来的上普罗旺斯阿尔卑斯省）参议员埃米尔·奥贝尔的提议下，家庭农舍得以创立，目的在于对乡村中破旧或被遗弃的房屋进行改造和再利用，以接待游客，为农民提供补充性收入。第一家农舍于1951年开业；1955年，普罗旺斯地区六个省的150个农舍成立法国农舍联合会；1957年联合会成员扩展到600个，遍及30多个省。④ 经营家庭农舍可获得农业部补贴，还可向银行申请优惠贷款。此外，普罗旺斯还成立了专门的地区开发公司，以促进地区经济发展，并推动乡村旅游区的住宅和公共工程建设。在政策和资金的支持下，普罗旺斯乡村地区的交通、住房、服务业等基础和配套设施得到极大的改善，吸引了越来越多的城市居民或外国游客来到乡村定居或休闲。

"重返乡村"首先体现在第二居所购置数量的增长上。20世纪60年代以后，城市中产阶级收入水平逐渐提高，休闲时间增多，对城市以外的空间和景观产生了愈发浓厚的兴趣，从而带动了乡间别墅和第二居所的建设。⑤ 越来越多的本国

---

① 目的在于完善乡村基础设施建设，消除城镇之间的隔离；维护并优化公共服务和信息服务；发展乡村工业和服务业，加强乡村劳动力培训，促进农业现代化。
② 目的在于完善山区基础设施，实现农牧业生产现代化，保护水资源和森林资源，限制非生产性建筑用地，改善山区生活环境。
③ 汤爽爽：《法国快速城市化时期的领土整治（1945—1970年代）：演变、效果及启示》，南京大学出版社2016年版，第30页。
④ 熊芳芳：《重返乡村：法国普罗旺斯地区休闲旅游业的发展》，载于《经济社会史评论》2018年第2期，第84页。
⑤ 汤爽爽：《法国快速城市化时期的乡村政策演变与乡村功能拓展》，载于《国际城市规划》2017年第32卷第4期，第108页。

或外国人来到普罗旺斯地区购置房产，作为退休住所、度假别墅，或是房产投资。普罗旺斯地区第二居所的数量自1975年之后二十多年的时间翻了一番，1999年为41.5万套，占法国第二套住宅比例的16%，位居全国之首，其中2/3位于阿尔卑斯滨海省和瓦尔省沿海一带的村镇或小城市。位于土伦东面12公里处的拉卡蒂耶尔村，第二居所的数量1962年为91套，1968年迅速增长到327套，占该村全部住房数量的35%。[1] 根据2002年的统计数据，普罗旺斯地区接待游客近4 000万人，可容纳游客的床位在260万张以上，其中第二居所提供的住宿比例占地区住宿接待能力的75%以上，旅馆只占5%~6%，露天营地占10%~12%。[2]

除滨海地带外，购买第二居所主要集中在海拔较低的山区和高原地带，以及罗讷河流域平原区的乡村。位于沃克吕兹省的洛里村，1962年第二居所的数量为60套，1975年增加到271套，占该村旅游接待能力的97%。在这里购买第二居所的人61%来自罗讷河口省，尤其是马赛；16%来自巴黎；15%是外国人。上普罗旺斯阿尔卑斯省的巴农村第二居所的数量从1962年的67套增加到1975年的97套，主要得益于马赛的投资者对这一老村进行的旧宅改造或新建别墅。[3] 约翰·梅里曼所钟情的巴拉聚克位于紧邻普罗旺斯的阿尔代什省，同属罗纳河流域。1956年该省仅有7家乡间度假别墅，到1965年达586家，1976年则多达900家，3/4由农民或农业自治村所有；同时期该地区第二居所的数量也翻了一番。[4]

其次，不同于城市的自然人文景观和休闲娱乐方式是吸引游客前往乡村的重要原因。基于普罗旺斯丰富多样的自然地貌和历史人文景观，不同地区结合本地资源开发出各具特色的乡村休闲旅游项目，以吸引游客。海滨休闲娱乐自19世纪下半叶以来便受到城市中产阶级的青睐，50年代之后更是蔚然成风。三个滨海省的游客占普旺罗斯地区游客总数的75%以上。除沿海城镇外，从马赛到尼斯一线靠内陆50公里左右的地带，分布着众多建于斜坡或高处的聚居村庄，其

---

[1] Christine Dourlens et Pierre Vidal Naquet, "Résidences secondaire, tourisme rural et enjeux locaux: Habitat de loisir, économie locale et gestion municipal dans quatre communes rurales de la région Provence – Alpes – Côte d'Azur", Centre d'Etude du Tourisme, Faculté des Sciences Economique de l'Université Aix – Marseille II, 1978, P. 25.

[2] Lucien Tirone, Valérie Ellerkamp etc., "La région Provence – Alpes – Côte d'Azur à l'aube du XXIe siècle", *Méditerranée*, 2003, Volume 101, Numéro 3, pp. 135 – 136, 140.

[3] Christine Dourlens et Pierre Vidal Naquet, "Résidences secondaire, tourisme rural et enjeux locaux: Habitat de loisir, économie locale et gestion municipal dans quatre communes rurales de la région Provence – Alpes – Côte d'Azur", pp. 25 – 26.

[4] 约翰·梅里曼：《巴拉聚克：历史时光中的法国小镇》，梁锎译，上海人民出版社2014年版，第220页。

海水浴场、海滨休闲及独特的乡村风貌吸引了大量的游客和定居者。

东北部阿尔卑斯山区的休闲娱乐以运动和探奇为主，包括滑雪、远足、登山、狩猎、自然探险等。阿尔卑斯山区最具吸引力的无疑是滑雪运动。"二战"之前这里只有三个滑雪场，20世纪60年代开始兴建新的滑雪场或夏季运动场。1975～1980年，由国家出资兴建大型运动场的计划搁浅后，小型乡村滑雪场逐渐兴起。乡村滑雪场规模较小，但有利于保护当地的自然景观和环境，同时还可将冬季旅游和夏季农业种植结合起来，以田园风光和农家生活吸引更多的游客。2000年，普罗旺斯所属的阿尔卑斯山区共有50多个乡村滑雪场或运动场，并建有较完善的配套设施，其中15个滑雪场享誉国内外。100多个村庄每年接待游客1 000万～1 500万人。上阿尔卑斯省日均游客达5万人，占南阿尔卑斯山区游客的2/3以上；上普罗旺斯阿尔卑斯省和阿尔卑斯滨海省占另外的1/3，日均游客约1.5万人。①

一些不具备建滑雪场的高山村庄也发展出独具特色的旅游休闲活动。以上阿尔卑斯省的瓦尔戈德马尔山谷为例。山谷位于法国著名的埃克兰国家森林公园的西部边缘，海拔1 000米左右，周围为众多超过3 000米的山峰环绕，夏季气候宜人，适宜远足和登山。自20世纪五六十年代，这里的游客开始增多，主要集中在夏季。分布在山谷中的5个村镇结合所处地理位置采取不同的方式提高住宿接待能力，修建餐馆、网球场等配套设施，以吸引游客。位于山谷深处的拉夏贝尔村是登山爱好者经常光顾之地。村委会从1970年开始着力于兴建旅馆和宿营地。这里的露营地和中转宿营屋可提供810张床位，其中30%为村镇所有。拉夏贝尔和圣莫里斯两个村镇还分别于1976年和1983年建起低地滑雪场，以吸引冬季游客。圣菲尔曼村因适宜居住，这里修建的第二居所多达240套，度假别墅有275套。1970年，五个村镇的总接待能力为7 200张床位，其中第二居所和露营地各占1/3。②

普罗旺斯中部是海拔较低的高原、山地和丘陵地带，向西延伸至罗讷河与杜朗斯河交汇的平原地带，以农业种植和畜牧业为主。这里夏季干爽，阳光充沛，有适宜远足和狩猎的森林、薰衣草和葡萄园镶嵌的田园风光，以及杜朗斯河沿岸的河流幽谷，吸引了众多游客和定居者。有些村庄还拥有独特的文化遗产，如教堂或小礼拜堂、中世纪城堡或城墙遗址、巴洛克建筑、民俗或艺术博物馆，或举办传统的乡村节日等。这里的乡村旅游集农场接待、乡村度假和空间休闲于一

---

① Lucien Tirone, Valérie Ellerkamp etc., "La région Provence – Alpes – Côte d'Azur à l'aube du XXIe siècle", *Méditerranée*, 2003, Volume 101, Numéro 3, pp. 136 – 137.

② Moustier Philippe, "Le tourisme rural dans une vallée de haute montagne: l'exemple du Valgaudemar (Hautes – Alpes)", *Méditerranée*, Troisième série, Tome 69, 4, 1989, pp. 17 – 23.

体,活动丰富多样,如体验农场生活、品味乡村美食、参观历史文化遗迹、乡间漫步、丛林远足、狩猎、骑马、钓鱼、以及各种水上运动等。优美的自然环境和丰富的文化遗产使这里成为第二居所的主要购买地之一,也是民居最多的地区,后者占到整个大区总数的50%以上。2003年的总接待能力为1 800万张床位,约占全法国的6%。[1]

20世纪60年代以来旅游业的兴起,在很大程度上改变了这一地区乡村的面貌。一些有条件发展旅游业的村庄致力于改善乡村生活质量,通过对文化遗产和自然景观的整理,构建起独具特色的乡居环境。此类接待游客的村庄多达200个以上。2017年普罗旺斯地区被冠以"法兰西最美村庄"的村镇达18个(全法国共157个),其中有7个位于西部的沃克吕兹省,4个位于中部的韦尔登地区森林公园附近。最早入选"法兰西最美村庄"的韦纳斯克村,拥有丰富的宗教和建筑遗迹。19世纪初村里有1 000多居民,到1946年仅剩下407人。自20世纪60年代开始,这里的乡村风貌吸引了越来越多的定居者,1975年增加到526人,1990年为785人,2006年达到1 131人。[2] 入选"法兰西最美村庄"要求极高,比如要拥有优质的建筑遗产或自然遗产,至少为此设立两块正式的保护区;遗产的质量与价值符合建筑学和景观学的条件,如村落周遭环境幽雅,村中建筑在体量、色彩、形制、材质、风格上要和谐一致,并有地方特色,建筑物高低错落有序等。这些要求客观上规范了旅游型村庄建设的质量和标准,尤其强调对文化遗产以及自然生态环境的保护,旨在"重塑各成员村庄的活力……避免其沦为没有灵魂的'村居博物馆'或鄙俗的'游乐园'"[3]。

三、普罗旺斯乡村旅游业发展的意义及面临的挑战

休闲旅游业的发展无疑为普罗旺斯的乡村带来了新的活力。购置第二居所以及乡村旅游热潮推动了乡村土地流转和基础设施的建设与改善,乡村生活环境变得更为便利舒适。尤其是旅游业发展增加了第三产业的就业岗位,在一定程度上改变了乡村的就业结构和生活方式。

贝尔纳对普罗旺斯不同地区的村庄进行的对比研究表明,到20世纪60年代

---

[1] Lucien Tirone, Valérie Ellerkamp etc., "La région Provence – Alpes – Côte d'Azur à l'aube du XXIe siècle", *Méditerranée*, 2003, Volume 101, Numéro 3, pp. 137–138.

[2] 熊芳芳:《重返乡村:法国普罗旺斯地区休闲旅游业的发展》,载于《经济社会史评论》2018年第2期,第86页。

[3] 沈世伟:《法国旅游村落联合体的经验与启示》,载于《资源开发与市场》2010年第9期,第846页。

仍以农业生产为主的村庄，其人口在持续外流；相反，发展旅游业的村庄，人口则呈上升趋势。[①] 比如上阿尔卑斯省的上盖伊拉村一直以农业生产为主。1946年该村居民为2 278人，其中1 752人从事农业生产，占全村人口的77%；1962年人口减少到1 684人，其中1 421人以农业为生，占全村人口的66%。另一个高山村基扎纳自20世纪40年代末开始发展旅游业。1936年该村共2 256人，其中1 188人以农业为生，占全村人口的53%；1954年为2 228人，从事农业的人数减少392人，仅占全村人口的17%；从事第三产业的比例则从1936年的18%增长到1962年的52%。[②] 一半以上的居民（包括新来的移民）转向与旅游相关的第三产业，如建筑与公共工程、商业和服务业等。

乡村旅游业若过度开发也会带来一些问题。如对自然、生态景观的破坏；乡村住宅、休闲娱乐场所以及基础设施的扩建对农业生产和自然空间的侵占；旅游旺季给村镇基础设施带来的压力；地产投机对乡村住宅价格的影响等。梅里曼不无揶揄的写道，"追求利润的旅游业会损害最美丽的遗产景点。在普罗旺斯地区，越过罗讷河往南，壮美的雷伯城堡在19世纪末20世纪初曾经是当地复兴的中心，现在都快被改造得类似普罗旺斯乐园了"[③]。杜朗斯河下游河谷地带也曾遭遇乡村旅游业对自然环境带来的挑战。这里有20多处水源可供垂钓、远足、游泳、狩猎，还有修道院、城堡等诸多建筑遗迹，游客云集。20世纪60~80年代，两条高速公路沿河而建，一条东南向的高速列车也经过这里，部分河域面积被侵占。游客众多而接待能力不足带来的另一个问题是对环境，尤其是对水资源的污染。1976年，河谷一带有12个垃圾场，后来虽逐渐被取缔或管控，但附近村镇私自堆放垃圾的现象仍然存在。[④]

20世纪70年代以来，为更好地保护乡村地区的自然、生态和人文景观，国家和地方层面均出台了相关的法律法规。如全国性的《山区和海滨保护法》《自然和生态区域保护法》。普罗旺斯地方法规也明令禁止在高山或沿海以及村庄外围随意修建住宅；土地整治和建筑工程不得破坏遗产、景观和环境等。部分村庄在区域整体规划的基础上，对住宿方式、可提供的休闲旅游项目、基础设施等进行了调整和改善。比如杜朗斯河谷的部分村庄以农场接待的方式推动对抛荒土地

---

① Barbier Bernard, "Tourisme et emploi en Provence – Côte d'Azur", *Méditerranée*, 7°année, n°3, 1966, P. 213.

② Barbier Bernard, "Tourisme et emploi en Provence – Côte d'Azur", *Méditerranée*, 7°année, n°3, 1966, P. 211, 214, 218.

③ 约翰·梅里曼：《巴拉聚克：历史时光中的法国小镇》，梁镝译，上海人民出版社2014年版，第232页。

④ Bachimon Philippe, "Le tourisme rural sur les friches de la basse vallée de la Durance", *Bulletin de l'Association de géographes français*, 72e année, 1, 1995, P. 56.

的再开发,将农业生产与旅游休闲有机结合于一体。①

就普罗旺斯地区的情况而言,后城市化时代"重返乡村"为传统农业区带来了新的生机。但旅游业这棵"黄金树"能否保证乡村社会和经济发展的持续性,还取决于如何有效协调旅游资源与农业生产、自然环境之间的关系,尽可能降低对土地和自然空间的侵占,实现乡村经济发展与生态环境保护之间的良性互动。

第二节 意大利城镇化及托斯卡纳乡村旅游

一、意大利的城镇化历程

意大利作为西方古典文明的发源地之一,城市发展的历史源远流长。早在罗马帝国时期,其城市化水平就达到了15%~20%。② 中世纪早期,欧洲的城市化水平倒退至历史最低点。公元1000年左右,整个欧洲的城市化水平降至不足10%,意大利的城市化率约8.14%,整个意大利半岛境内只有不到十座城市拥有超过两万居民,而当时意大利的总人口数已经达到了520万人。③ 城市居民在中世纪是名副其实的"少数族群"。公元8世纪左右,一批新型城市出现在意大利半岛,如威尼斯、费拉拉和阿马尔菲等,它们为中世纪意大利保留了城市生活的种子,当时机合适时,便将城市的政治统治和行政管理方式辐射到周边的乡村和邻近的城镇。11世纪自北向南席卷整个意大利半岛的"公社革命"就是这个合适的时机,意大利城市迎来了一波快速增长期。1300年左右,意大利地区的城市化水平达到20%~24%。特别是托斯卡纳地区,13世纪末城市人口比世纪初翻了2~3倍。14世纪初,托斯卡纳的城市化水平已突破26%,成为意大利半岛乃至整个西欧城市化发展水平最高的地区。④

不过,意大利经济发展水平南北差异较大,城市化水平也是如此。当1300年左右意大利中北部城市化水平达到21.4%时,同期的南部地区城市化水平仍维持在18.6%。特别是米兰—威尼斯—佛罗伦萨这三座商业重镇合围的中北部三角

---

① Bachimon Philippe, "Le tourisme rural sur les friches de la basse vallée de la Durance", *Bulletin de l'Association de géographes français*, 72e année, 1, 1995, P. 60.

② Giulio Beloch. *La popolazione del mondo greco-romano*, Milano: Bibliotec di storia economica, 1909.

③ Paul Bairoch. *Cities and Economic Development: From the Dawn of History to the Present*, Chicago: The University of Chicago Press, 1988, pp. 137–141.

④ J. C. Russell. *Medieval Regions and their Cities*, Newton Abbott: David and Charles, 1972, P. 47.

区，出现了欧洲历史上第一个密集的中小城市带。其中有 97 座城市居民超过 5 000 人，26 座城市人口突破 10 000 人，超过 15 000 人的中等城市有 13 座。整个地区的城市化水平达到了惊人的 27%。占意大利中北部地区总面积约 1/3 的托斯卡纳、乌尔比亚和马尔凯三个大区，集中了整个意大利中北部地区城市人口的 40%。[①]

中世纪末至 19 世纪初，随着意大利的衰落和经济衰退，城市化也进入下行区间，直到 1869 年意大利统一。这种衰退在中北部地区尤为明显，其城市化水平从 21% 下降至 13.3%。而同期整个西欧的城市化水平却从 1500 年的 5.6% 上升到 1850 年的 16.7%，意大利城市化率已低于西欧平均水平，尤其远低于英国和荷兰（见表 12-1）。从地区来看，当托斯卡纳地区城市化衰退时，以利沃诺和都灵为代表的意大利北部城市则异军突起，成为意大利城市化发展和经济增长的新亮点。中世纪晚期，意大利中部城市人口约占意大利中北部地区城市总人口的 40%。而到 19 世纪中后期，中部城市仅占中北部地区城市总人口的 21.5%，而北部则占到了 78.5%。

表 12-1　　　1500～1850 年西欧、意大利中北部、英国、
荷兰城市化率比较　　　单位：%

年份	西欧	意大利中北部	英格兰及威尔士	荷兰
1500	5.6	16.4	3.2	15.8
1600	7.6	14.4	6.1	24.3
1700	9.2	13.0	13.4	33.6
1800	10.0	14.2	24.0	28.8
1850	16.7	13.3*	40.8	29.5

注：本表是以 1 万以上居民的城市来计算城市化率；* 表示 1850 年的意大利城市化数据采用的是 1861 年意大利王国建立时的官方数据。

而且，近代早期的意大利主要依靠农业人口聚集成城市，如果将这一因素去掉，18 世纪意大利北部和中部城市化停滞在 13%～14%，远低于中世纪的 18%。意大利 19 世纪 60 年代统一后，进入了工业革命和工业化时代，一定程度上促进了城市的发展。故而到 1881 年时，意大利的城市化率达到 43.43%（见表 12-2），高于法国和德国。不过意大利经济南北发展很不平衡，工业化和城市化主要集中在北方。点缀在南方的大工业和大城市，被人称为"沙漠中的教堂"。因此，亚平宁半岛南部以及西西里岛，除了那不勒斯、巴勒莫等几个大城市外，

---

① Paolo Malanima, "Urbanisation and the Italian economy during the last millennium", European Review of Economic History, 2005, Vol. 9, No. 1, P. 102.

田园风光依旧,主要为粮食等农产品生产基地,农牧业经济占主导地位。

表12-2　1881年意大利各类城市人口及占全国总人口百分比

项目	城市数目	人口总量	在全国总人口中占比(%)
全意大利		29 459 628	100.0
10万人口以上大城市	9	1 974 394	6.9
2~10万人口城市	57	1 811 188	6.4
1~2万人口城市	149	2 084 806	7.3
所有城市(2 000人以上)总和		12 358 430	43.43

注:意大利19世纪70年代才实现全国统一,故而直到1881年才有城市人口统计数字。

资料来源:Adna Ferrin Weber. The Growth of Cities in the Nineteenth Century, A Study in Statistics, P.119.

意大利统一后直至今天,是其城市发展的又一个持续增长期。特别是"二战"后,意大利的城镇化进程延续了自中世纪以来的基本格局:中北部地区围绕中心城市发展中小型城市带,推行分散型城镇化和乡村就地城镇化,实现区域内部较高的城市化水平;南部与中北部存在根本性差异,城市化水平较低,农村地区缺乏一定规模的中小城镇网络。这种发展格局甚至引发了20世纪六七十年代意大利持续的大规模移民潮,移民方向是由农村到城市,由南部到中北部。在这种形势下,一方面是城市化速度加快,今天意大利城市化率略多于70%,在西欧属于中下水平,如图12-1(世界银行数据)所示;另一方面则是城市人口聚集在大中城市,尤其是中北部,如米兰人口战后增长了30%,都灵人口增长了36%。

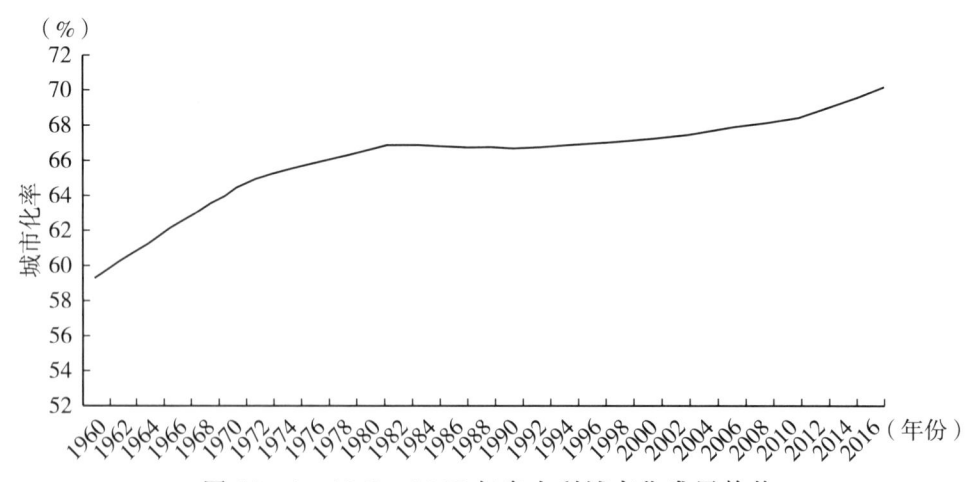

图12-1　1960~2017年意大利城市化发展趋势

二、托斯卡纳乡村旅游的发展

托斯卡纳大区是意大利共和国20个一级行政区之一。它位于意大利半岛中部,西部拥有沿利古里亚海和第勒尼安海自北向南的漫长海岸线,北部与利古里亚大区、艾米利亚—罗马涅大区相接,东部毗邻马尔凯大区和翁布里亚大区,南部与拉齐奥大区接壤,总面积约22 993平方公里。从地理环境看,大区南部多为丘陵山区,约占整个大区面积的2/3,北部亚诺河河谷地带为地势平坦肥沃的平原,虽然这块地区仅占整个大区面积的8.4%,但托斯卡纳地区重要的大城市均分布在河谷两岸,包括托斯卡纳首府佛罗伦萨,以及重要的滨海城市比萨。托斯卡纳地区是典型的地中海式气候,沿海较为温和湿润,内陆则四季分明,夏季气候炎热干燥,冬季湿冷多雨,较大的冬夏温差为地区内的土壤提供了良好的冻融循环环境,使得托斯卡纳地区无论是丘陵山区,还是河谷平原,都较为适宜发展农业生产。自古罗马时期起,托斯卡纳就是整个意大利半岛最为重要的农业主产区。大区内主要种植小麦、大麦、燕麦、黑麦、玉米等粮食作物,以及甜菜、橄榄油等经济作物。作为意大利著名的红酒之乡,托斯卡纳的葡萄种植和酿造技术不仅历史悠久,目前更在现代科技的助力下,实现了产业化生产。此外,大区内城市化程度较高,城市区民对农产品的需求旺盛,这也促进了城郊乡村蔬菜水果种植业和牛、羊、家禽等畜牧业的兴盛。如锡耶纳就依托其邻近佛罗伦萨、比萨等大城市,交通便利,以及坐拥亚诺河谷肥沃平原的优势,大力发展蔬菜种植和家畜饲养业,成为托斯卡纳大区重要的蔬菜粮食等农副产品的生产中心。

托斯卡纳得天独厚的地理条件不仅为农业生产提供便利,更以其独特的托斯卡纳乡村风光享誉全球。区域内丰富的地形地貌等自然条件,以及历史悠久的庄园农场每年为托斯卡纳吸引了120多万本国游客和约20万国际游客前来,体验农场休闲游和绿色观光度假游。这不仅给托斯卡纳大区带来了丰厚的经济收益,还为其乡镇发展注入了持久活力和长期动力。

托斯卡纳大区下设九个行政省和一个大都会直辖市(佛罗伦萨)。截至2018年1月,托斯卡纳大区的总人口数为3 736 968人。作为地区首府的佛罗伦萨,吸引了全区约1/3的人口聚居于此,另有7座人口超20万的中型规模城市,城市人口已占全区人口总数的约89%。[①] 托斯卡纳大区也因此成为意大利城市化水平较高的地区之一。

托斯卡纳大区人口高度集中于城市,以纺织业和旅游业为代表的第二、第三

---

① 数据来源:意大利国家统计局(ISTAT)。

产业是该地区的支柱产业。但作为历史悠久的传统农业大区，尽管其在地区经济总量的比重逐年下降，但围绕农业开展的服务业和旅游业，目前越来越成为托斯卡纳大区新的经济增长点。根据意大利国家统计局最新统计数字，2017年托斯卡纳大区开办的休闲观光农业的农场共有4 568座，位居意大利所有大区首位。若与意大利其他地区横向对比，可以发现托斯卡纳一个大区开办的休闲观光农场数目就占了中部地区（共四个大区）的55%，也与整个南部地区（含6个一级行政大区）的观光农场数目基本持平（见表12-3）。由此可见托斯卡纳在意大利乡村旅游业中的重要地位。

表12-3　　　　2017年意大利各地区休闲观光农场分布　　　　单位：座

国家/地区	住宿	餐饮	观光品鉴	其他	农场总数
意大利	19 115	11 407	4 849	12 986	23 406
北部地区（含8个一级行政大区）	7 552	4 984	1 919	4 682	10 560
中部地区（含4个一级行政大区）	7 674	3 032	1 662	5 277	8 264
南部地区（含6个一级行政大区）	3 889	3 391	1 268	3 027	4 582
托斯卡纳大区	4 395	1 432	766	2 850	4 568

第十三章

德国、奥地利和荷兰的乡村旅游业

德国和荷兰等欧洲北部国家,以及中欧奥地利,也利用本地特色资源,发展乡村旅游业。其中德国东南部的巴伐利亚州、奥地利的阿尔卑斯山区作为地区全域,荷兰赞福特渔村作为乡村聚落,其旅游业的发展非常具有样本意义。

第一节 德国巴伐利亚州的乡村旅游

提起德国的巴伐利亚州,人们就会联想到阿尔卑斯山脚下那保存完好的中世纪小镇。若踏上从维尔兹堡到富森新天鹅堡的浪漫之路,更是仿佛置身于童话世界。巴伐利亚州旅游资源丰富,是德国发展乡村旅游产业的重要区域。

一、德国巴伐利亚州乡村旅游概况

乡村旅游研究涉及面广,经济学、社会学、地理学、旅游学、农业等学科的学者都有自己的"乡村旅游"概念和范围。虽然没有形成最终定论,但通过梳理国外学者的研究文献,仍可简要归纳乡村旅游的类型。

乡村旅游是由当地旅游部门主导开发的区域旅游,可包括农业旅游、农场观光、乡村旅游、休闲旅游及在乡村周围衍生出来的替代性旅游业等。[①] 在欧美发达国家,乡村旅游有三种主要形式:(1) 休闲度假型;(2) 参与劳作型;(3) 科考、修学等其他类型,其中亦包括逐步深入的体验性活动、逐步深入的学习型活动、接受环境教育开展生态环境补偿方面的活动等。[②] 对于乡村旅游,以往学界和政府机构较多关注旅游业与乡村经济发展的关系、乡村在旅游影响下如何保存与发展地方传统文化、乡村旅游业视角下对自然环境的开发与保护等,业界则多侧重于乡村旅游带来的经济效益。

巴伐利亚自由州位于德意志联邦共和国东南部。作为德国面积最大的州,巴伐利亚占德国总领土面积的1/5。根据2015年的统计数据,该州总人口达1 270万人。巴伐利亚州西北与巴登—符腾堡、图林根、萨克森、黑森等州接壤,东与捷克共和国的卡洛维发利、比尔森、南波希米亚地区,南与奥地利的蒂罗尔区、萨尔茨堡区和上奥地利区,西南与瑞士的圣加仑州毗邻。州府慕尼黑是该州最大城市,也是德国第三大城市,第二大城市为埃尔兰根—纽伦堡市,第三大城市是位于西南部的奥格斯堡。其他重要的城市还有维尔茨堡、班贝格、雷根斯堡等。德国境内两条主要的河流多瑙河与莱茵河穿越该州。阿尔卑斯山是德国与奥地利的界山,德国的最高峰、海拔2 963米的楚格峰便位于巴伐利亚州境内。巴伐利亚州分为7个行政区域:下巴伐利亚区、上巴伐利亚区、下法兰克尼亚、中法兰克尼亚、上法兰克尼亚、上普法尔茨、施瓦本。区下为城镇建制,有71个县辖市、25个县级市与2 056个乡镇。[③] 今天的巴伐利亚州包括历史上的上普法尔茨、施瓦本、法兰克尼亚地区。

就区位而言,巴伐利亚州处于欧洲中心地带,是欧洲南北和东西贸易的交汇点。在欧洲一体化的今日,游客凭借欧盟申根签证,可以畅通无阻地穿越德国、奥地利、捷克、瑞士等国,这在一定程度上为巴伐利亚州旅游业的发展提供了便利。

就地形地貌而言,巴伐利亚州森林占地2 558 461公顷,森林覆盖率为36.3%。[④] 全境面积70 550平方公里,49.2%是农业用地,35.1%是森林地带。境内湖泊数量超过160个,位于上巴伐利亚的基姆湖是巴伐利亚州境内最大的湖泊。巴伐利亚州共有18个森林公园,占地面积共计22 900平方公里,占全境的32.5%,其中有两个国家级森林公园:巴伐利亚国家森林公园和阿尔卑斯山贝希

---

① Jarno Suni eds.. *International Conference on Rural Tourism and Regional Development*,2014,P. 3.
② 张祖群:《当前国内外乡村旅游研究展望》,载于《中国农学通报》2014年第30期。
③ Augemeines Ministerialblatt der Bayerischen Staatsregierung,Jahregang 26,Nr3,2013.3.5. 参见 https://www.verkuendung-bayern.de/allmbl/jahrgang:2013/heftnummer:3/seite:65,2017年7月4日查阅。
④ *Federal Forest Inventory* 2,Federal Ministry of Consumer Protection,Food and Agriculture,Bonn.

斯加登国家森林公园。

就文化资源来说，巴伐利亚州拥有丰富的历史遗产（历史古镇、纪念场所、教堂），2015年统计，超过500万游客游览巴伐利亚州的46个古堡和老府邸，超过2 000万人慕名前来参观数不胜数的歌剧院、艺术品收藏机构和博物馆。游客在巴伐利亚州消费超过310亿欧元，有560多万居民的收入依赖于本地旅游经济。巴伐利亚州作为最受游客青睐的旅游目的地之一，旅游经济占全德旅游经济总值的18.5%。该州作为德国经济最强的州之一，善于整合本地自然文化优质资源发展乡村旅游业。

二、巴伐利亚州乡村旅游资源的开发

1806年神圣罗马帝国解体后，巴伐利亚成为一个王国。虽然巴伐利亚在德国统一战争中被并入德意志帝国，但仍然保留了王国称号。早在德意志统一前的19世纪三四十年代，连接纽伦堡和菲尔特的铁路、奥格斯堡和慕尼黑的铁路已经修建完成。随后数十年中，铁路网络得到了不断的建设和密化。20世纪初，遍布巴伐利亚州各地的大部分铁路网络均是在政府的帮助下开发的。

巴伐利亚州的铁路网络铺设早，同时社会上也出版了一些巴伐利亚州游览手册，吸引着一些乡村山地旅游爱好者前来登山、探险。不过，"二战"前的巴伐利亚州只有一些旅游爱好者和社会中上层人士在此进行探险、休闲活动，还没有出现大众式乡村旅游。

20世纪30年代，纳粹执政下的巴伐利亚州成为纳粹党的主要活动地。纳粹党每年在纽伦堡召开党代会，吸引了不少青年人前来巴伐利亚"朝觐"。尽管如此，由于流动限制与经济问题，他们也还不是今天意义上的乡村旅游者。

"二战"后，巴伐利亚州从战争废墟中重新崛起，特别是加大基础设施投资后，真正的乡村旅游便发展起来。1949年以来，巴伐利亚州政府修建的公路长达13.7万公里，其中2 100多公里是高速公路，穿越阿尔卑斯山脉，通往地中海港口。境内铁路长达6 400公里，占全德铁路总长的1/6。莱茵河—美茵河—多瑙河运河开通，成为连接欧洲13个国家的水路运输线。① 交通网络和基础设施的修建，是战后巴伐利亚州经济腾飞的关键，也使乡村旅游业的发展成为可能。

随着经济的发展，游客的金钱和时间充足，社会对乡村地区的要求不再是简单提供农产品了。如何将本土的自然资源和文化资源相结合，成为巴伐利亚州发展乡村旅游的重点。以"浪漫之路"和阿尔卑斯山地旅游为个案，可以探讨巴伐

---

① 戴继强：《德国巴伐利亚州经济腾飞的秘诀》，载于《世界教育信息》2000年第8期。

利亚州开发乡村旅游资源的历程及存在的问题。

浪漫之路：作为巴伐利亚州旅游部门打造的精品旅游路线之一，途径该州多个城市、乡村，将中世纪的历史、传说与自然风光结合起来。该旅游路线让游客们欣赏旖旎风光的同时，仿佛置身于中世纪时代。这条浪漫之路的开发迄今不过70年。"二战"后，处于美军占领区的巴伐利亚州为了发展旅游业，1950年推出"浪漫之路"旅行线路。第一批游客是驻扎在巴伐利亚和巴登—符腾堡州美军士兵的亲朋好友。他们的到访和宣传，引起了世界其他国家游客对这条旅行路线的关注。这条南北向线路将巴伐利亚州境内的历史名城维尔茨堡、奥格斯堡，以及上陶伯河畔的罗腾堡、丁肯斯布尔、诺丁根三个中世纪古镇连接起来，终点是阿尔卑斯山脚下的新天鹅堡。[①] 新天鹅堡是巴伐利亚州维斯巴赫家族末代国王路德维希二世按照自己对中世纪的想象所修建。为了建造新天鹅堡，他耗尽国库，被自己的臣子罢黜软禁，最终死于非命。但他与茜茜公主的传说，一直为巴伐利亚人所津津乐道。

巴伐利亚州拥有许多德国联邦州所没有的特色和传统。巴伐利亚人首先视自己为一个巴伐利亚人，其次才是德国人。而旅游局打造的"浪漫之路"，将巴伐利亚古老而独具特色的传统历史和现代城市连接起来，赋予这些旅游景点新的地区精神，唤起了本土民众对于乡土文化的认同。按照学界定义文化主题旅游路线的标准（本土化、具有特色建筑风格、精神象征意义、艺术性等）[②]，巴伐利亚州打造的"浪漫之路"可视为一条经典旅游路线。

除交通因素外，巴伐利亚州发展旅游业还面临着乡村环境改造问题。1977年后，联邦政府委托国家土地整治管理局开展以"农业—结构更新"为重点的村落更新，并提供了相应的财政补助。以巴伐利亚州为例，进行农村更新包括4个方面的目标：（1）提高当地的农业产业框架基础；（2）为居民提供更好的生活环境；（3）增强村庄文化意识；（4）保存农村聚落的特征。为了达到这些目标，农村更新项目具体包括：村落更新、土地整合管理、基础设施建设和区域合作发展。[③]

也有游客反映，这段"浪漫之路"与其说是探索浪漫历程，倒更像是一次大巴车走马观花式的旅行。客车在重要景点之间快速地周转，也让这段旅行变得更加形式化和商业化，错过了途中许多值得停留的小镇和村庄。[④]

---

① http://www.romanticroadgermany.com/general/index.php，2017年8月2日查阅。
② János Csapó，"The Role and Importance of Cultural Tourism in Modern Tourism Industry"，in MuratKasimoglu and Handan Avdin，*Strategies for Tourism Industry – Micro and Macro Perspectives*，InTech，2012，P. 9.
③ 黄一如、陆娴颖：《德国农村更新中的村落风貌保护策略——以巴伐利亚州农村为例》，载于《建筑学报》2014年第4期。
④ 参见"浪漫之路"旅行网站：http://www.romanticroadgermany.com/general/index.php，2017年6月5日查阅。

与此相似的还有"古堡之路"旅游产品。这一项目虽然广及德国南部多个地区，但巴伐利亚州的乡村城堡特别多，如最能反映中世纪晚期和近代早期历史特色的罗腾堡，就是非常吸引游客的旅游景点。

边境山区旅游：阿尔卑斯山位于德国南部，是德国与奥地利的界山，拥有丰富的旅游资源。现在的德国和奥地利，对于山区的定义基本相同，海拔高于700米的山便可视为山区。只是在细节上，两国稍有不同，德国还考虑气候因素，而在奥地利，高于500米且坡度大于20度便视作山区。海拔2 962米的楚格峰是德国最高峰，是游客们赴巴伐利亚州欣赏自然风光的又一重要旅行目的地。游客在山顶可俯瞰德国的巴伐利亚州与奥地利蒂罗尔区的自然风光。楚格峰同时也是巴伐利亚州冬季的滑雪胜地，山峰两侧修有多条雪道。

楚格峰是德国境内海拔最高的滑雪场，冬季积雪充足。有一条名为"楚格峰铁路"的齿轨铁路，直接从巴伐利亚州的加米什—帕基腾通往峰顶。此外，从德国境内和奥地利境内各有一条索缆车驶向山顶。德国境内的索道建造于1962年，长4 450米，是德国最高的索道基站；奥地利境内的索道于1989~1991年建造。德国和奥地利的国界正好穿过楚格峰，在峰顶曾有边境检查站，现在由于德国和奥地利都是申根国，穿越国境已无须接受检查。齿轨铁路和索道缆车的修建，以及欧洲的一体化进程，使楚格峰成为闻名世界的旅游胜地。

但德奥山区旅游开发面临的问题也不可忽视。原先欧盟曾经给予德奥两国楚格峰山区旅游开发的项目资助，支持德国巴伐利亚州和奥地利蒂罗尔州联合开发边境旅游，推出一日游、两日两国游等旅游套餐，共同分享开发楚格峰所带来的经济效益。近年在金融危机的影响下，原先的资助变成了欧盟的财政负担，项目的可持续性存疑。同时，德、奥两国因为山区旅游发展起来的各类旅游机构，因为旅游定位差异等各方面因素，分歧多而合作少。最后，目前欧洲面临的难民问题，也对两国边境山区旅游提出了考验。因为难民偷渡问题，德奥两国边境的检查站对往来人员的审核更加严格，原先两国之间的许多通勤交通也被取消。①

第二节　奥地利的阿尔卑斯山区旅游

奥地利是阿尔卑斯山区的主要国家之一，也是全球旅游产业最发达的国家之

---

① Ivan Paunovic, Verka Jovanovic. Implementation of Sustainable Tourism in the German Alps: A Case Study. Sustainability, 2017, 9, pp. 7 – 8.

一。奥地利一直把阿尔卑斯山脉所赋予的旅游资源作为开发重点。那么，从旅游开发的角度看，奥地利的山区旅游业是如何发展起来的？从城镇化进程角度看，当代奥地利山区旅游业具有哪些主要特征？

一、阿尔卑斯山区和奥地利旅游业概览

奥地利共和国位于欧洲大陆中部，东连斯洛伐克和匈牙利，南邻斯洛文尼亚和意大利，西接瑞士和列支敦士登，北靠德国和捷克，国土面积为 8.4 万平方公里，人口约 863 万。

在地理上，阿尔卑斯山区是奥地利版图的重要组成部分。阿尔卑斯山是欧洲最大的山脉。山区总面积为 18.1 万平方公里，涉及的国家包括法国、德国、瑞士、奥地利、意大利、摩纳哥、斯洛文尼亚和列支敦士登等。[①] 从国际角度比较，奥地利境内阿尔卑斯山区面积为 5.46 万平方公里，占总面积的 29%，在相关各国中排名第一；奥地利境内阿尔卑斯山区的常住人口达到 400 万，占各国阿尔卑斯山区人口总和的 29%，仅次于意大利。从国内情况来看，阿尔卑斯山脉覆盖奥地利西部和中部的福拉尔贝格州、蒂罗尔州、萨尔茨堡州、施蒂利亚州和上奥地利州等省级行政区，包括因斯布鲁克和萨尔茨堡等城市。山区面积占国土面积总量的 65%，人口占人口总量的将近 50%。[②] 山区森林面积达到 34 万公顷。[③]

在地理上，阿尔卑斯山脉为奥地利提供了得天独厚的自然资源。无论人口还是面积，奥地利只是小国，但其经济上的发达程度却不容小觑。根据 2015 年的统计数据，奥地利国内生产总值约为 3 769.5 亿美元，位居全世界第 29 位，堪称世界上最发达和最富裕的国家之一。[④]

在众多经济部门中，旅游业是奥地利极为重要的支柱产业之一。按照 2015 年数据，奥地利旅游业创造的直接产值达 184.85 亿欧元，约合 195.72 亿美元。旅游业在奥地利国内生产总值中所占的比重达到 5%。若计算旅游业带动的间接产业产值，那么旅游业在国内生产总值中所占的比重达到 7%。[⑤] 从国际比较而言，20 世纪 80 年代以来，在全世界范围内，奥地利旅游业长期领先，人均旅游

---

① Werner Bätzing, *Kleines Aplenlexikon. Umwelt, Wirtschaft, Kultur*, Munich, 1997.
② EURAC/Agralp, 2008 年数据，www.eurac.edu, 2016 年 12 月 5 日查阅。
③ 尹正昌：《阿尔卑斯山的绿色》，载于《小城镇建设》1999 年第 6 期。
④ 根据世界银行的统计信息，参见 http://www.tradingeconomics.com/austria/gdp, 2017 年 2 月 28 日查阅。
⑤ 根据奥地利国家统计局信息，参见 http://www.statistik.at/web_de/statistiken/wirtschaft/tourismus/index.html, 2017 年 1 月 16 日查阅。

业收入一度达到世界第一位。① 目前，奥地利仍能吸引大量的游客：2015 年，奥地利的游客数量达到 3 940 万人次，住宿数据达到 1.354 亿人/晚。

二、奥地利阿尔卑斯山区旅游业的发展

纵向地，奥地利阿尔卑斯山区旅游业可以划分为前后相连的三个阶段。

第一阶段，从 19 世纪 70 年代到"二战"前。

19 世纪以前，奥地利的阿尔卑斯山区相对闭塞。在产业方面，阿尔卑斯山区是农业区。许多村镇交通闭塞，一部分地区甚至与世隔绝。整个山区的人口主要从事农业生产。② 在德意志人聚居区，畜牧业的地位更加重要。③ 个别地区也有其他产业，例如施蒂利亚州施拉德明的矿业。④ 在人口方面，山区人口不断向外迁移，大量农民外出谋生。相反，贵族们则喜欢到山区休闲，如 1849 年，在巴德伊舍，奥地利皇帝弗朗茨·约瑟夫建立了著名的夏宫。1855 年，蒂罗尔地区也出现了一些为这些贵族服务的早期旅游导览类书籍。

自 19 世纪 70 年代起，在工业化进程中，阿尔卑斯山区旅游异军突起。在组织上，民间人士首先自行发起了早期的阿尔卑斯山区旅游。1860 年，在芬特，神父弗朗茨·塞恩最早提出发展旅游活动、改善农民生计的思想。在他的影响下，1869 年，德意志阿尔卑斯山俱乐部在慕尼黑成立。⑤ 该俱乐部的目标是推广阿尔卑斯山登山运动，促进德国和奥地利阿尔卑斯山区的旅游。同时代欧洲登山俱乐部也方兴未艾：1857 年，英国成立阿尔卑斯山俱乐部；1862 年，奥地利成立阿尔卑斯山俱乐部。1873 年，德奥两国俱乐部合并。⑥

---

① 中国在 20 世纪 80 年代曾关注过奥地利的旅游业。参见乐缨：《繁荣的事业——奥地利旅游业浅析》，载于《国际展望》1986 年第 22 期。另见：《1999 年世界各国国际旅游业排行榜》，载于《世界知识》2000 年第 10 期。

② Werner Bätzing u. Manfred Perlik, "Tourismus und Regionalentwicklung in den Alpen 1870 – 1990", in: Kurt Luger u. Karin Inmann（Hrsg.）, *Verreiste Berger. Kultur und Tourismus im Hochgebirge*, Innsbruck – Wien, 1995, S. 45；Herbert G. Kariel and Patricia E. Kariel, "Socio – Cultural Impacts of Tourism: An Example from the Austrian Alps", *Geografiska Annaler. Series B*, *Human Geography*, Vol. 64, No. 1, 1982, pp. 1 – 2.

③ "日耳曼式的山民经济"特点包括：以畜牧业为导向的农业经济，地产规模较大，财产分割较少，参见：Werner Bätzing u. Manfred Perlik, Tourismus und Regionalentwicklung in den Alpen 1870 – 1990, S. 47.

④ Herbert G. Kariel, "Socio – Cultural Impacts of Tourism in the Austrian Alps", *Mountain Research and Development*, 1989, Vol. 9, No. 1, P. 60, 7.

⑤ 弗朗茨·塞恩神父事迹，参见：Herbert G. Kariel etc., "Socio – Cultural Impacts of Tourism: An Example from the Austrian Alp", *GeografiskaAnnaler. Series B*, *Human Geography*, 1982, Vol. 64, No. 1, P. 3.

⑥ 参见奥地利阿尔卑斯山协会网站对协会历史的介绍，http：//www.alpenverein.at/portal/der – verein/geschichte/index.php, http：//www.alpenverein.de/der – dav/geschichte – des – dav_aid_12067.html，2017 年 5 月 13 日访问。

在设施上，工业化进程为山区旅游奠定了物质基础。19~20世纪之交，交通建设迅猛发展。1837年，奥地利修建了第一条铁路"北方铁路"，连接首都维也纳和捷克的布热茨拉夫。1884年，奥地利皇家铁路公司成立。1896年，铁道部建立。1907年，奥地利完成了公共汽车系统的筹建。铁路和公路贯通，山区交通改善，遂使旅游成为可能。① 与此同时，滑雪场缆车作为另一种重要设备也得以推广。20世纪20年代，因斯布鲁克和基茨比厄尔是奥地利首先安装滑雪缆车的地区。缆车的建设让以滑雪为主的冬季山地旅游成为可能。②

从本质上说，山地旅游在组织和设施两方面的基础都是19世纪欧洲工业化进程的产物。在组织上，工业化扩大了中产阶级的规模，增加了资本和闲暇时间，使其成为登山俱乐部的主体。在设施上，工业化的交通工具和电气设备改善了山地交通，它们是山地旅游的基础设施。

第二阶段，从"二战"后到20世纪80年代。

"二战"以后，奥地利的山地旅游蓬勃发展，进入"大众旅游"阶段。20世纪50年代，大众旅游成为奥地利阿尔卑斯山旅游的基本特征。③ 大众旅游的特点是：旅游者不是少数精英，而是普通大众。其具体表现为游客数量急剧膨胀。据统计，1950年、1960年、1970年和1980年，在奥地利停留一天以上的游客人数分别为1 560万、4 200万、7 950万和11 870万。与1920年相比，30年间游客人数增长近8倍。④

究其成因，战后大众旅游的兴起与西欧经济社会发展有着密切关联。首先，国民收入的增多和闲暇时间的增长，促使社会旅游总需求快速上升。其次，现代交通工具发展，特别是民用航空普及化，使得远程游客数量增加，而家用汽车普及化又让周边游客量翻倍增长。最后，旅游地的硬件设施和软件服务逐渐成熟。

在组织上，奥地利政府提供了坚实的制度和政策保障，推动地方自主发展，扶持民间商业运营。1955年，美国、苏联、英国、法国、奥地利签署《奥地利国家条约》，随后奥地利确立了联邦体制和福利国家建设方针。在联邦制下，奥

---

① Werner Bätzing u. Manfred Perlik, "Tourismus und Regionalentwicklung in den Alpen 1870－1990", in: Kurt Luger u. Karin Inmann (Hrsg.), *Verreiste Berger. Kultur und Tourismus im Hochgebirge*, Innsbruck－Wien, 1995, S. 4.

② Mary L. Barker, "Traditional Landscape and Mass Tourism in the Alps", *Geographical Review*, 1982, Vol. 72, No. 4, P. 397.

③ Herbert G. Kariel etc., "Socio－Cultural Impacts of Tourism: An Example from the Austrian Alps", *Mountain Research and Development*, 1989, Vol. 9, No. 1, P. 397.

④ 根据奥地利国家旅游局和阿尔卑斯山协会的统计信息，参见http://www.tourmis.info/cgi-bin/tmintro.pl，http://www.alpenverein.de/der-dav/geschichte-des-dav_aid_12067.html，2017年5月13日访问。

地利经济实现区域平衡和去中心化，省区和地方取得了更大的发展自主权。[1] 在福利制下，政府主持基础建设并且出台行业政策，鼓励民间旅游业者从事经营和更新设施。[2] 在国家层面，1955 年，奥地利政府建立了奥地利国家旅游局。在地方层面，大量当地私营业主参与旅游业经营，出现了大量家庭旅馆和滑雪学校等。

山区旅游内容呈现出多元化和专业化的特点，形成了各具特色的旅游热点和旅游项目。从时间维度看，20 世纪后期，旅游活动由单一的登山运动演进为夏令项目和冬令项目。冬季主要的活动是高山滑雪。夏季游客选择更多，大致分为山地活动和水上活动。山地活动包括登山和徒步，水上活动包括游泳和划船。从空间维度看，地方特色开始形成，如福拉尔贝格州的莱希和施蒂利亚州的施拉德明都是夏季登山和冬季滑雪胜地；蒂罗尔州新施蒂夫特以冰川著名，萨尔茨堡州卡普伦以湖泊著名。[3]

第三阶段，20 世纪 80 年代至今，奥地利的山地旅游进入转型升级阶段。

早在 1979 年，阿尔卑斯山区接待游客的能力达到上限，局部地区发展过热。在奥地利，床位达到 67 万个，占有率为 40% ~ 60%；在蒂罗尔，33 座城镇独占 50% 的游客。[4] 1980 年后，阿尔卑斯山区的游客人数增长趋于停滞，不过，旅游产值继续稳步提高。据统计，1980 年、1990 年、2000 年和 2005 年，在奥地利停留一天以上的游客人数分别为 1.187 亿、1.236 亿、1.137 亿以及 1.192 亿，人数在 1.2 亿高位数上下浮动；旅游业收入为 60.58 亿欧元、11.078 亿欧元、12.361 亿欧元以及 15.428 亿欧元，收入仍在不断上升。[5]

但随着大众旅游的扩张达到限度，旅游产业和当地社区之间的矛盾逐渐浮现。1982 年对奥地利四个旅游地的调查显示，当地居民对于旅游业的态度相对积极。其正面看法主要是：旅游开发带来更高的家庭收入和更多的工作机会。[6] 相反到 1986 年，对这些旅游地的后续调查则显示，当地居民对旅游业的态度日

---

[1] Werner Bätzing u. Manfred Perlik, "Tourismus und Regionalentwicklung in den Alpen 1870 – 1990", in: Kurt Luger u. Karin Inmann (Hrsg.), *Verreiste Berger. Kultur und Tourismus im Hochgebirge*, Innsbruck – Wien, 1995, S. 47.

[2] Herbert G. Kariel etc., "Socio – Cultural Impacts of Tourism: An Example from the Austrian Alps", *Mountain Research and Development*, 1989, Vol. 9, No. 1, P. 2.

[3] Herbert G. Kariel etc., "Socio – Cultural Impacts of Tourism: An Example from the Austrian Alps", *Mountain Research and Development*, 1989, Vol. 9, No. 1, pp. 5 – 6.

[4] Mary L. Barker, "Traditional Landscape and Mass Tourism in the Alps", *Mountain Research and Development*, 1989, Vol. 9, No. 1, pp. 401 – 402.

[5] 参见奥地利旅游局统计信息，http://www.tourmis.info/cgi – bin/tmintro.pl，2017 年 5 月 8 日查阅。

[6] Herbert G. Kariel etc., "Socio – Cultural Impacts of Tourism: An Example from the Austrian Alps", *Mountain Research and Development*, 1989, Vol. 9, No. 1, P. 14.

益复杂。主要负面看法是：旅游导致交通堵塞、物价上涨以及就业选择单一。①

在这一背景下，奥地利的山区旅游业内部开始进行调整：首先，在整体上开始控制旅游业的规模。这种需求主要源于当地社区的两种忧虑：就社会环境而言，当地人关注旅游对社区环境的影响，要求控制外来的投资和游客波动，照顾本地生活，例如生活质量和教育程度；就自然环境而言，当地人关注旅游对本地生态的压力，主张兼顾未来的经济和环境效益，着眼于山区旅游业的可持续发展。②

其次，旅游产业开始注重环境保护。这种趋势的体现是产业保护和国际合作。就产业保护而言，政府出资补贴山区传统产业，推动"农家乐"。在蒂罗尔地区，1/3 的农场兼营住宿业务。由此，旅游胜地的游客密度有所降低。③ 在国际合作方面，1991 年，奥地利等八个国家签署《阿尔卑斯公约》。缔约国达成了共识，共同推动阿尔卑斯山区的可持续发展，兼顾生态环境和人文环境。

三、奥地利阿尔卑斯山区旅游的特点和参数

20 世纪 50 年代后，奥地利阿尔卑斯山区的旅游业已逐渐成熟。在旅游业的视野下，山地旅游的特点可从游客、区域和活动三方面语义予以归纳：第一，在旅游者层面，每年在奥地利停留一天以上的游客的数量达到约 1.2 亿人次。大部分旅客来自国外，主要客源地有所变化：20 世纪 80 年代前，德国和欧洲是主要客源地；20 世纪 80 年代后，日本和美国游客成为主要客源；近年中国游客迅速增加。第二，在旅游地的层面，奥地利西部的阿尔卑斯山地区成为最主要的旅行目的地。各省接待游客数量依次递减：蒂罗尔、萨尔茨堡、克恩腾、首都维也纳和施蒂利亚。其中，除了维也纳在奥地利东部外，其他四个州都处于中西部的阿尔卑斯山区。第三，在旅游活动层面，在阿尔卑斯山区内，主要的旅游活动都与山区环境密切相关。传统旅游的项目主要包括高山滑雪、登山运动和水上活动，具有鲜明的季节差异。现当代新兴的旅游项目则包括农家度假、节日庆典、城市观光和医疗修养等。

综合三个层面，我们可以发现：阿尔卑斯山区旅游业是全球整体趋势和地方特殊环境的碰撞。就地方的微观条件而言，阿尔卑斯山有独特的山区环境，为旅游地的形成和发展奠定基础。就全球的宏观背景而言，在欧洲乃至全球范围内，跨国人员流动的持续加强是游客的来源；技术和资金的流动是旅游地建设的动

---

① Herbert G. Kariel etc., "Socio-Cultural Impacts of Tourism: An Example from the Austrian Alps", *Mountain Research and Development*, 1989, Vol. 9, No. 1, pp. 64–65.

②③ Jörg Wyder, "Multifunctionality in the Alps: Challenges and the Potential for Conflict over Development", *Mountain Research and Development*, Vol. 21, No. 4, 2001, pp. 327–330.

力；旅游活动具有由特定地区向全球范围传播的特点；更深层次的趋势则包括：工业化的进程、中产阶级兴起和社会整体闲暇时间的增加。

在城镇化的视野下，通过人口、功能和区位等基本参数，可以对山地旅游和人类活动的关系进行更深入的分析。[①] 首先，在人口方面，奥地利西部人口出现增长，这是阿尔卑斯山东段的普遍特征。学者认为：联邦国家的非中央化体制和政策是奥地利阿尔卑斯山区人口增长的重要原因。其次，在功能方面，学者们曾提出过10种类型城镇：农业城镇、工业城镇、手工业城镇、旅游城镇、住宿城镇、交通城镇、地区中心城镇、工作场所中心城镇、平衡城镇、小型城镇和中心—交通城镇。在奥地利，旅游城镇很多，农业城镇和工业城镇很少，小型城镇和交通城镇比较多。其中，旅游城镇特指以旅游为唯一功能的城镇。在奥地利，阿尔卑斯山区各州都有典型的旅游城镇，例如萨尔茨堡州的蓬高和施蒂利亚州的萨尔茨卡默古特。最后，在区位方面，共存在四种类型：中心主导区、通勤区、非中心主导区和离散区。在奥地利，中心主导区占人口的41%和面积的35%；通勤区域占人口的33%和面积的27%；非中心主导区占人口的25%和面积的35%；离散区各项比例都很小了。

总体来看，奥地利阿尔卑斯山区旅游体现出"距离"这一概念的复杂性。在常规的观念中，山区旅游的理想形式是远离人群拥挤的大城市和走近原汁原味的大自然。在奥地利案例中，山区人口稳定增长，社区专门发展旅游，中心和边缘的比例更为平衡，在本质上，这是在城市或人口聚集和自然或人口稀疏两个极端之间寻求恰到好处的"距离"，由此，既使旅游者获得亲近自然的体验，也让旅游地分配接近城市的资源。

第三节 一个荷兰渔村怎样提升为旅游城镇

工业革命时期，与欧洲其他地区工业发展推动乡村城镇化模式不同的是，荷兰乡村地区蜕变为城市的主要动力在于旅游业的发展。赞德福特由渔村转变为旅游之城的经历为人们管窥荷兰旅游业发展及推动乡村城镇化提供了样本。19世纪下半叶轨道交通建设加强了赞德福特同外地的联系，使得该地旅游资源得到进一步开发。滨海旅游休闲业发展渐渐改变了渔村的经济结构。20世纪上半叶，

[①] Werner Bätzing u. Manfred Perlik, "Tourismus und Regionalentwicklung in den Alpen 1870 – 1990", in: Kurt Luger u. Karin Inmann（Hrsg.）, *Verreiste Berger. Kultur und Tourismus im Hochgebirge*, Innsbruck – Wien, 1995, S. 43 – 80.

服务多样化和平民化的策略深化了该地旅游产业，使其处于"长青"状态。以赞德福特为代表的荷兰乡村城镇化模式对发展旅游产业的乡村具有较强的借鉴意义。

荷兰是西北欧一弹丸之国，其发展历程中非常抢眼的是它的城市化。前工业革命时期，荷兰乡村城市化在商业的推动下获得了长足发展，其城市化率在中世纪晚期至近代早期的欧洲一直位居前列。工业革命时期，与那个时代工业推动城镇化的普遍模式不同，低调的荷兰乡村城市化主要依赖于旅游业的发展。也许正因如此，前工业欧洲城市史不乏对荷兰城市化的系统探讨，但对工业革命时期欧洲城市化的研究中荷兰则往往缺位。换言之，荷兰在工业革命中发展欠佳，工业带动下的乡村城镇化少有出现，由此颇不为那些研究工业化欧洲城镇化的史家所关注。然而，在研究工业革命"有烟工业"推动城市化的主流趋势时，其实也不应忽视"无烟工业"带来的乡村城镇化。

荷兰旅游业一方面相对其他产业而言起步较晚，另一方面荷兰旅游业在发展过程中又带动了部分地区城镇化的一定发展。若审视荷兰旅游业发展历程，会发现部分地区在发掘本地旅游资源时，旅游业作为当地经济崛起的源点，与当地乡村城镇化呈现互动关系。由旅游资源开发到旅游业发展再到乡村城镇化，尔后再进一步推动当地旅游业发展，那些按此路径运行的荷兰人是如何构建这样一个良性产业系统的？这样一种建构会对当下中国乡村的旅游业和城市化有何启发？荷兰旅游胜地海滨小城赞德福特（Zandvoort）[①] 是一个很好的可探讨对象。

一、赞德福特传统渔村经济及其松动

虽然赞德福德渔村转变为休闲旅游之城的时间较为晚近，但该地历史却较为久远。1304 年，荷兰伯爵约翰一世赐给怀特一块荷兰南部的封地哈姆斯特德。怀特同弗兰芒人作战时居住的沙堡，就是后来的赞德福特。顾名思义，此地原是建立在沙丘之中的堡垒。中世纪晚期布雷德罗德领有。宗教改革时期收归荷兰省，由荷兰省政府统辖。1722 年，保卢斯·努特以 15 442 荷兰盾购得赞德福特。19 世纪初期，赞德福特长期归属于两个家族。[②]

赞德福特最初是一个村落。由于土地不宜耕种，当地村民便利用滨海优势，依靠捕鱼为生，遂成为一个典型的滨海渔村。其渔业经济在 18 世纪 20 年代到 19

[①] 赞德福特地处北荷兰省西南部，西临北海，东距阿姆斯特丹约 25 公里。它拥有长约 9 公里、宽约 100 米的沙滩，以沙子细软以及滩面平缓而著称。

[②] 1824 年巴拉特家族进入；1869 年后范伦奈普家族取代努特家族。Dré van Marrewijk and Ben Olde Meierink. *BADEN in WEELDE, Ontwikkeling Middenboulevard in historisch perspectief*, Utrecht, 2011, P. 13.

世纪初期这段时间出现一些松动。大致在这个时候，赞德福特村与较远地区确立了商贸行为：当地渔民所捕获的鱼被贩运至哈勒姆、贝弗尔维克、登海尔德、海牙、莱顿等地。18世纪末期，由于赞德福特临近哈勒姆，又因其拥有狭长而又平缓的沙滩，故而此地在滨海休闲活动方面的价值已为一些人意识到。只是这种意识在19世纪20年代后才被付诸实践。

拿破仑战争结束后，随着和平来临以及经济快速发展，欧洲大陆旅游休闲之风悄然兴起。这种趋势也推动了赞德福特在旅游休闲方面的发展。在赞德福特旅游休闲业初步发展的过程中，有几个时间节点相当重要。其一是1824年，对赞德福特而言这是个重要年份。[1] 这一年，一个旨在为赞德福特修建公路的委员会成立了。同时，哈勒姆人请范·伦奈普教授为改变赞德福特落后面貌提一些建议，[2] 范·伦奈普教授认为应当修一条从赞德福特通往海姆斯泰德的新道路，并为前来游玩者构建舒适宜人的基础设施。这份计划前一部分被付诸行动，一条经本特维尔德、阿登豪特通往海姆斯泰德的收费公路建成并投入使用。[3] 其二是1826年。这一年赞德福特开始出现海水洗浴中心，为游客提供据说有疗养功效的海水洗浴服务。其三是1851年。这一年赞德福特正式成为一个堂区，有明确的管理区域。[4] 宗教与行政范围的明确对赞德福特后续发展相当重要。

虽然赞德福特—海姆斯泰德的公路缩短了它到莱顿运河的距离，但由于公路对马车收费较高，所以赞德福特在批量输入游客方面收效不佳。受制于此，再加上荷兰经济滞缓，赞德福特的发展在此后半个世纪不尽如人意。[5] 因此，尽管赞德福特经济在19世纪初发生了一些变化，但其主体未变，以致19世纪80年代前的赞德福特仍被称为"乡村"。如一份有关赞德福特轨道交通发展的文献中记载，赞德福特一直到19世纪七八十年代还被称为"渔村"和"村庄"。[6]

总之，赞德福特是个长期靠渔业为生的乡村，直到19世纪七八十年代前都维持着传统经济色彩。

---

[1] H. J. Barnhoorn and Joh. G. Crabbendam eds.. *Gedenkboekje Uitgegeven Bij Gelegenheld van het Honderdjarige Bestaan van de Parochie Sint Agatha te Zandvoort*, Zandvoort, 1951. 该书编者认为1824年对赞德福特而言是一个非比寻常的年份，这一年，这个"贫穷渔村"的开发拉开序幕。详见该书第9页。

[2] "Geschiedenis van staden land ZANDVOORT（Ⅸ）", Published by Genootschap Oud Zandvoort, https://archive.org/details/GOZ-PDF-H00086.

[3] "Zandvoort-Resort Development", www.zandvoort-holland.com.

[4] H. J. Barnhoorn and Joh. G. Crabbendam eds.. *Gedenkboekje Uitgegeven Bij Gelegenheld van het Honderdjarige Bestaan van de Parochie Sint Agatha te Zandvoort*, P. 10.

[5] 居民主要为渔民和马铃薯种植者及一些商人。"Zandvoort 1825-1939", www.zandvoort-holland.com.

[6] 见"De Paardetramte Zandvoort", https://archive.org/details/GOZ-PDF-H00104。

二、转型：轨道交通、滨海旅游休闲与渔村城镇化

从产业发展带动地区城镇化角度看，赞德福特在旅游服务业方面的实质性发展始于19世纪七八十年代之交，表13-1有助于说明这一点：无论是住所还是人口，赞德福特都是在80年代突然暴增，而此前几个世纪则长期徘徊。

表13-1　　　　　　　　赞德福特房屋数量和人口

年份	房屋数量（所）	年份	人口（人）
1475	100	1622	796
1494	50	1722	626
1514	76（其中21所空置）	1795	722
1550	170	1832	920
1632	148	1855	1 170
1732	89	1880	2 022
1832	166		
1881	460		

资料来源："Zandvoort – Resort Development", www.zandvoort-holland.com.

1881年6月，哈勒姆通往赞德福特的铁路开始运营。随着这条铁路线的开通，赞德福特被纳入荷兰铁路交通网之中。赞德福特火车站的设立相当人性化，它距该地绵长而平缓的沙滩仅仅200米，游人出站后即可非常便捷地到达目的地。与外部轨道交通的建立除了为赞德福特输送大量游人之外，也改变了赞德福特的面貌。紧临火车站的道路旁建起了拱街，两旁分布着商铺；两条林荫大道上出现了许多别墅和民宿性质的建筑物；修建了一批旅馆。[①] 1882年6月，社会资本在赞德福特修建了那个时代只有城市才有的轨道交通——有轨电车。[②]

对外交通的改善及区内基础设施质的飞跃，大大推动了赞德福特旅游休闲业的发展，日益改变这个村落的经济形态。首当其冲的是渔业。19世纪初期，捕鱼及相关活动还是赞德福特的主要经济活动，到该世纪80年代时渔业还有所发展，但在那之后便逐渐萎缩，20世纪头两年几乎退出历史舞台（见表13-2）。其次是农耕在经济活动中的色彩经历了较为戏剧性的变化——由清淡到厚重，尔

---

① "Zandvoort 1825 – 1939", www.zandvoort-holland.com.
② "De PaardetramteZandvoort", https://archive.org/details/GOZ – PDF – H00104.

后复又清淡。

表 13-2　　　　　　　　19 世纪赞德福特渔业变化

年份	渔船数量（艘）	备注
1807	11	七成男性依靠渔业为生
1866	14	
1883	16	
1895	7	
1900	1	
1901	0	捕鱼业在赞德福特消失

资料来源：Dré van Marrewijk and Ben Olde Meierink, *BADEN in WEELDE*, *Ontwikkeling Middenboulevard in historisch perspectief*, Utrecht. 2011, P. 15.

这种演变也体现在赞德福特农地数量的变化上。这里适合农业耕种的土地原本稀少。19 世纪后，随着行政区划扩大以及农业发展①，其农地的绝对数量及地区土地占比皆有显著提升，但这种发展在 19 世纪末停止，20 世纪初还倒退了（见表 13-3）。

表 13-3　　　　　　赞德福特农地数量及其在地区土地中占比

年份	农地绝对数量（公顷）	在地区土地中占比（%）
1807	1.7	0.04
1859	500	14.3
1875	760	23.1
1902	233	7.0
1917	210	6.4
1921	118	3.6

资料来源：Dré van Marrewijk and Ben Olde Meierink, *BADEN in WEELDE*, *Ontwikkeling Middenboulevard in historisch perspectief*, Utrecht, 2011, P. 18.

赞德福特农地减少的因素有 19 世纪后期农业危机的大趋势，但更是在于当地旅游休闲业的发展，它通过更为强劲的造富效应将赞德福特的人力、物力和财力从其他经济活动中剥离出来尔后聚之于己身。譬如，消失的农地或成了民用建筑用地——修建酒店旅馆、休闲场所以及民宅等，或成为公共基础建设用地——

---

① 农业发展主要体现为两点：一是 19 世纪下半叶农产品价格普涨，农业利润可观；二是土豆的推广。

修建公园、公路、铁路以及站台等。这可从浏览 19 世纪以来几个时间节点的赞德福特区划图中窥见一斑。

渔业消退与农地减少大致同时发生。1900 年前后，赞德福特的农业和渔业几近消失，当地人们转而依靠旅游休闲业为生。[①] 我们能够从中提炼的信息便是，赞德福特地区的经济这时出现了转型：一个长久依靠传统渔业并开发过土豆耕种的乡村，在一种欣欣向荣的非农产业带动下，无论形式和内容都向着非乡村的区貌形态和经济形态发展。简言之，是旅游休闲业使渔村赞德福特蜕变成城市。

三、旅游服务的多样化与平民化

目前，赞德福特仍是西北欧乃至全欧名闻遐迩的旅游休闲胜地。它在 20 世纪的成功并非昙花一现[②]，尽管受到过两次大战的冲击和摧残。那么，赞德福特在诸多对手竞争的情势下，如何立于不败之地呢？原因有二。

一是充实旅游休闲业的服务内容。赞德福特的沙滩休闲、海水浴具有很强的季节性。由于所处纬度较高以及它所提供服务的户外性，其旅游休闲业很容易受到温度和雨水的影响。每年 6~8 月是赞德福特的旅游旺季，其他则是淡季。[③] 因此，其旅游休闲业若只局限在沙滩休闲、海水浴等服务，那么盈利性便会因为淡季过长而大打折扣，难以可持续性发展。19 世纪末开始，赞德福特人意识到了这一点，他们的对策是，以优良的沙滩和口碑上佳的海水浴服务为名片，尽量充实休闲服务的内容。在这方面的努力包括：1881 年开始，修建了疗养所、剧院、音乐厅、步行公园——考斯特弗洛伦公园、展厅、啤酒音乐厅、有卡巴莱歌舞表演的餐馆等；20 世纪初开始发展博彩业；20 世纪 30 年代后开发机车比赛项目；1939 年举办汽车赛事，1941 年兴建汽车赛车场，1946 年成功举办第一届国际汽车锦标赛。[④] "二战"后，赞德福特人在重建过程中依然秉持多样化服务的理念。

二是服务平民化。这表现在两个层面。一是服务对象的平民化。赞德福特旅

---

① Dré van Marrewijk and Ben Olde Meierink, *BADEN in WEELDE*, *Ontwikkeling Middenboulevard in historisch perspectief*, Utrecht, 2011, P. 17.

② 赞德福特旅游休闲业在"二战"之后，尤其是 20 世纪六七十年代西北欧旅游休闲业不景气时，保持了长青。21 世纪初，赞德福特年均接待游客达到 450 万人次，对于一个小城而言，这是非常了不起的成绩。见 Dré van Marrewijk and Ben Olde Meierink, *BADEN in WEELDE*, *Ontwikkeling Middenboulevard in historischperspectief*, P. 90; Alvaro Moreno etc., "Linking Beach Recreation to Weather Conditions: A Case Study in Zandvoort, Netherlands", *Tourism in Marine Environments*, Vol. 5, June 2008, P. 113.

③ Alvaro Moreno etc., "Linking Beach Recreation to Weather Conditions: A Case Study in Zandvoort, Netherlands", *Tourism in Marine Environments*, Vol. 5, June 2008, pp. 111–119.

④ Dré van Marrewijk and Ben Olde Meierink, *BADEN in WEELDE*, *Ontwikkeling Middenboulevard in historisch perspectief*, Utrecht, 2011, P. 28.

游休闲业发展初期走的是精英路线，主要为王公贵族、达官贵人以及资财殷实者服务。虽然这为赞德福特积聚了良好的声誉，如奥地利皇后茜茜1884年的光顾被奉为佳话，大大提升了赞德福特的美誉度，但在一个工人阶级收入日益提高、专业人士经济条件稳中有升的时代，同时也是一个越来越注重规模化经济的时代，如果固执地偏重精英市场显然会成为赞德福特旅游休闲业的软肋。赞德福特认识到这一点，很快调整了市场方向，开始注重吸引中产阶级和收入较高的熟练技工群体，收费大众化，相应降低收费标准。由此又导致了服务平民化的另外一个层面，即服务提供者的平民化。这一点可从赞德福特两个时间节点的食宿服务提供主体的变化中窥其一斑。表13-4显示，1896年8月13日，光顾赞德福特的游客选择的食宿服务多由酒店或别墅提供，少部分由平民家庭所提供（即现在所谓的民宿）。这种局面在14年后发生了相当大的变化，民宿服务占六成以上，酒店和豪宅提供的服务加起来不到四成。

表13-4　赞德福特食宿服务提供主体所占市场份额两个时间节点的对比

日期	酒店	别墅	民宿
1896年8月13日 （游客总数：2 062人）	33% （680人）	42% （863人）	25% （519人）
1910年8月16日 （游客总数：6 036人）	15% （893人）	24% （1 452人）	61% （3 691人）

资料来源：Dré van Marrewijk and Ben Olde Meierink, *BADEN in WEELDE, Ontwikkeling Middenboulevard in historisch perspectief*, Utrecht, 2011, pp. 31-32.

概言之，赞德福特旅游休闲业的成功固然与其自然条件——狭长而又平缓的沙滩息息相关，但人力因素更为重要，无论是围绕自身优势使服务内容丰富化，还是注重大众消费走平民路线，都体现了"因时因势主动求变"的理念。

作为历史悠久的滨海渔村，赞德福特在19世纪20年代出现了沙滩休闲和海水洗浴的有偿服务；半个世纪之后，依靠产业变革所带来的交通革命，其滨海旅游休闲业开始快速发展，并日益改变着自身的貌态和经济，最终在20世纪初将渔村改造成了城镇，完成了城市化过程。它的成功在于自然的和人文的两方面因素。前者决定了旅游休闲业与乡村城镇化结合的空间，后者则决定了这一结合发生的时间。相对于自然因素，人文因素具有更大的弹性。赞德福特在推动自身城镇化的人文因素中，以下几个方面尤为重要。其一，先有工业的大发展，才会有自然和人文的休闲消费。当西欧工业化不断取得进展时，人类的生活理念也在悄然变化，越来越重视提升生活质量，旅游休闲市场正是在这样一种氛围中被彻底打开的。其二，尽管荷兰工业化差强人意，但赞德福特旅游休闲业快速发展却离不开交通革命的成就。19世纪初期那种不温不火的经济局面在19世纪后期随着荷兰铁路网的建设而大有改观。由此可以看到，在整体经济向好的趋势下，特定地区交通条件的改善与当地经济发展之间具有正向因果关系。其三，赞德福特人尤其是治理者们"因时因势主动求变"的理念，对该地旅游休闲业走向成功并长久保持竞争力的作用不可替代。

这种由旅游休闲业推动的乡村城镇化是近现代欧洲城市化的表现形式之一。赞德福特的嬗变并非是特例，类似变化在荷兰能找到不少，如海牙附近的斯海弗宁恩、北荷兰省海岸的滨海韦克、南荷兰省的诺德韦克、西弗里斯兰的泰尔斯海灵岛等。[①] 人们对工业革命促进的乡村城市化印象多停留在"有烟工业"造就新城市这个层面，而上述地区依靠"无烟工业"带动而实现的乡村城镇化，对认知工业革命时期城市化是一种有益补充。认识到这一点，对于那些着力发展旅游业的地区，尤其是具备旅游资源但旅游业尚未起步的乡村地区，具有一定的借鉴意义。

---

① Dré van Marrewijk and Ben Olde Meierink, *BADEN in WEELDE, Ontwikkeling Middenboulevard in historisch perspectief*, Utrecht, 2011, P. 89.

第五篇

英国农村城镇化进程

第十四章

"原工业化"与英国农村城镇化起步

英国的城市化一直是学术界感兴趣的主题，吸引了大量学者，不断推出的新成果加深着对于现代化的认识，改变了传统的英国城市化观念。[①] 在国内学术界，英国城市化也是一个备受关注的热点课题，既有学术成果为进一步揭示英国城镇化奠定了良好基础。[②] 在原工业时代，英国农村城镇化开启了新的历程，与中世纪的传统城镇体系不同，农村城镇更多地趋于专业化发展，市场城镇、制造业城镇、港口城镇、休闲城镇和滨海城镇成为农村城镇发展的新形式。这一阶段的城镇化是英国城市化的重要基础，为其后的城市化快速发展开辟了途径。

[①] 英国学者的重要研究成果如下：Peter Clark and P. Slack. *English Towns in Transition*, 1500 – 1700, Oxford University Press, 1976; John Patten. *English Towns*, 1500 – 1700: *Studies in Historical Geography*, Folkestone, 1978; P. J. Corfield. *The Impact of English Towns* 1700 – 1800, Oxford University Press, 1982; Peter Borsay. *The Eighteenth Century Town*: *A Reader in English Urban History* 1688 – 1820, London: Longman, 1990; Alan Dyer. *Decline and Growth in English Towns*, 1400 – 1640, Cambridge University Press, 1995; C. W. Chalkin. *The Rise of the English Town* 1650 – 1850, Cambridge: Cambridge University Press, 2001; Peter Clarke. *European Cities and Towns*: 400 – 2000, Oxford University Press, 2009; *The Cambridge Urban History of Britain*, Vols. 2, Cambridge University Press, 2000.

[②] 王章辉：《近代英国城市化初探》，载于《历史研究》1992年第4期；刘景华：《城市转型与英国的勃兴》，中国纺织出版社1994年版；陆伟芳：《英国近代海滨休闲城市初探》，载于《世界历史》2001年第6期；徐浩：《中世纪英国城市化水平研究》，载于《史学理论研究》2006年第4期；刘景华：《英国城市现代化的准备阶段——老城市的转型与新城市的兴起》，载于《天津师范大学学报》2011年第1期。研究成果不一一列举。

第一节 中世纪晚期农村的城镇体系

一、中世纪晚期英国农村的"逆城镇化"

中世纪英国与欧洲其他国家相比,农业条件并非最好,粮食生产集中于英格兰东南部。那个时代农业虽然也有些进步,但粮食供给时有危机。由于农村区域也无法自给自足,因而英国农村的商品交易相对发达,集市、市场和专业市场成为农村生活的重要组成部分,除了少数城市外,在农村区域更多的是市场城镇,也就是市场与农村的关系。正如布罗代尔所指出:"没有市场就没有城市;没有城市就不会有地区性或全国性的市场。"① 然而,中世纪晚期的英国似乎经历了一种"逆城镇化"现象。整体的城镇数量呈现下降趋势,其中农村的市场城镇萎缩最为严重。黑死病之前的农村市场城镇曾经繁荣,数量众多,但之后从未达到过此番景象。有学者对英国21个郡进行了研究,记录显示,1349年,多达1 003个地方拥有一个市场或(非常普遍地)取得皇家特许状所赐拥有一个市场的特权。但这么多的地方,到16世纪只有大约372个地方(仅37%)保留着市场。② 在诺福克郡,中世纪一度拥有130个市镇,但16世纪只剩下31个;格洛斯特郡以前至少有53个市镇,现在不多于34个;在兰开夏郡,曾经把特许状授予不少于85个市场和集市……但在1640年时,这个郡的市镇不超过30个。③

英国农村城镇数量的大幅减少其实并非是一种"逆城镇化",因为中世纪英国还未开始真正的"城镇化"进程,故所谓的"逆城镇化"并不成立。自中世纪晚期至近代早期,英国农村社会遭遇了许多灾变,黑死病使英国人口减少了至少1/3,乡村人口剧烈下降。④ 英国政治局势不稳定,1381年农民起义、15世纪红白玫瑰战争等不仅祸害社会,也阻碍城镇的发展;而长达几个世纪的圈地运

---

① 费尔南·布罗代尔:《15至18世纪的物质文明、经济和资本主义》第1卷,顾良、施康强译,三联书店1992年版,第570页。
② R. H. Britnell, "The proliferation of markets in England, 1200 – 1349", *Economic History Review*, 34 (1981), pp. 209 – 221.
③ Allan Everitt, "The marketing of agricultural produce", in Joan Thirsk (ed.), *The Agrarian History of England and Wales*, Ⅳ, Cambridge, 1967, P. 469.
④ A. R. Bridbury. *Economic Growth: England in the Later Middle Ages*, Harper & Row Publishers, 1975, P. 11.

动则对农村产生更大的影响,加速了农业人口的减少。然而,尽管存在着各种不利因素,但英国农村城镇仍在持续发展。在都铎和斯图亚特王朝统治时期,英格兰大约有760个市镇,威尔士有50个。① 虽然英国的市镇数目减少了,但城镇人口却在增长,城镇规模也在扩大。

二、英国农村的市场城镇体系

中世纪晚期至近代早期,伦敦在英国独大,而农村城镇体系也已基本形成。一般将其分成三个层级:第一个层级是5个比较大的地区中心——英格兰东部的诺里奇、西部的布里斯托尔、西南的埃克塞特、中部的考文垂(也有人认为是北部的纽卡斯尔)和北部的约克,这些城市可认为是地方的首府。在16世纪20年代,这些城镇的人口都不足1万人;第二个层级是郡城、区域次中心城镇和部分港口城市,像科尔切斯特、剑桥、林肯、牛津、格洛斯特、莱斯特、雅茅斯一类;第三个层级是小城镇,这类城镇数量大、规模小、分布广,16世纪一般不足2 000人,甚至只有几百人。威尔士和苏格兰也形成了相似的城镇体系。

在英国的农村城镇体系中,小城镇在数量上占绝大多数,其中市场城镇是最多的,也是最有特色的。市场城镇虽然有时难以进入"城市"这个类别,但却是农村城镇体系中最活跃的一类。彼得·克拉克指出:"大城市一般为大多数人所关注,而小城镇并不为人所重视。在英国地方社会中,较小的城镇尽管具有乡村的层面和缺少围墙,但仍比村庄大,在经济方面更发达。"② 如何界定小城镇,可能有不同的说法,但市场城镇肯定是一个重要的类别。

英国农村市场城镇虽然总体规模不大,但数量众多。这类城镇的人口数量是有差别的,小的城镇有时非常小,大的城镇则有相当大的规模。经济史家霍斯金斯曾指出:"大多数活跃的市场城镇保持着相似的规模,每个市场城镇拥有200～300户居民,总的说在1 000～1 500人。几乎每个郡都能发现几乎一半这样的城镇。"③ 这类城镇因为缺少可靠的资料,一般不计入城镇人口来统计,因而市场城镇实际人口规模可能还要复杂,较大的和最小的市场城镇之间,人口相差也非常大。

---

① A. Everitt,"The marketing of agricultural produce", in J. Thirsk, ed. *The Agrarian History of England and Wales*, Ⅳ, P. 467.
② Peter Clark,"Introduction", in Peter Clark ed., *The Cambridge Urban History of Britain*, Vol. Ⅱ, Cambridge University Press, 2000, P. 2.
③ W. G. Hoskins,"English provincial towns in the early sixteenth century", in Peter Clark (ed.), *The Early Modern Town*, London, 1976, P. 94.

戴尔根据一些市政和庄园法庭的档案记录,曾对西密德兰沃里克郡和伍斯特郡5个毗邻城镇(德罗伊特威奇、珀肖尔、奥尔斯特、埃文河畔斯特拉特福和斯陶尔河畔希普斯顿)做了深入研究,同时还比较了汉普郡的安多弗、约克郡东雷丁的赫登、沃里克郡北部的阿瑟斯通和纳尼顿、牛津郡的泰晤士河畔亨利以及萨福克郡的纽马基特。这些市场城镇的人口数据在1280~1520年是不确切的,有时变化很大。奥尔斯特、纽马基特和希普斯顿的市场城镇规模垫底,每个城镇大概仅300~500人;纳尼顿和珀肖尔在一个时期里大约有1 000人,而德罗伊特威奇和斯特拉特福接近2 000人;在市场城镇的顶部,14世纪早期的格洛斯特或许有超过5 000人,格利姆斯比多于2 000人;埃克塞特由1377年的大约3 000人增长到1520年的7 000人。① 显而易见,英国各地小城镇的人口数量差别极大。

市场城镇的分布也不均衡,有些区域市场城镇密度较高,有些区域却比较稀少。市场城镇的建立主要取决于区位和经济水平。在中世纪,英国设立市场有一项基本原则,即一个市场的设立不能影响邻近市场的生存。例如,爱德华三世1327年给伦敦一个特许权,承诺在这个城市7英里半径内不再授权其他市场;给波士顿的一个授权章程也有同样说法。当然,也有市场被授权在4~5英里半径里建立的。这个原则基于那个时代乡村居民出行的情况,一个乡村居民一天合理的步行行程大约为20英里,一般不会去超过4~5英里远的市场,通常是上午去市场,处理完事情后回家,整个过程在白天进行,晚上回家路途不安全,怕有陷阱或遭遇强盗抢劫。② 农村市场的空间距离直接影响了市场城镇的分布,市场城镇的距离一般在8~10英里。从市场分布来看,英格兰东南部土地肥沃、经济发达,与伦敦距离近,需要供应伦敦,因而拥有发达而稠密的市场网络,市场城镇也比较发达;在英格兰西南部、密德兰地区、约克郡西莱丁地区、威尔士北部和苏格兰部分区域,由于经济比较发达,市场城镇也相对密集。

三、英国农村市场城镇的功能

英国农村市场城镇的主要功能是为邻近的乡村提供商品交换和服务,也有少量生产活动。市场城镇的核心是市场,但有市场并非一定就有城镇;区分市场城镇与大村落的最好办法是看是否拥有一个相对规范的市场;仅以规模和职业结构有时候很难区分,部分小居民点不可避免地也会有买卖存在,但非常有限,故有

---

① Christopher Dyer, "Market towns and the countryside in late medieval England", *Canadian Journal of History*, 1990, Vol. 31, pp. 2 - 21.

② E. Lipson. *The Economic History of England*, Vol. Ⅰ, London, 1937, pp. 238 - 239.

学者说应更精确地称其为"市场村"。① 市场城镇实际上是为乡村居民提供便利，他们可以在市场上出售剩余产品，用获得的现金交付租金，购买所需的用品。每个市场城镇具有定期的每周一日或数日的市场开市，集市则是一年举行1次或2次。② 有些学者认为这些低级交换中心是为地方农民提供商品，但戴尔认为市场城镇也为城镇本身或其他城镇居民供应商品。③ 中世纪晚期，农村城镇的商品化程度有所增强。地方政府为了增加商品的运输能力，地方道路和运河（河道）系统开始有所改善，市场城镇日益成为区域商品贸易网络的重要节点。此外，随着远距离的跨区域贸易和国际贸易的增长，特别是由于原工业迅速增长，农村城镇出现了新的专业化趋势。也有一些市场城镇由于失去专业化优势而趋于衰落，如英国东密德兰和东北地区的市场城镇，索尔兹伯里、什鲁斯伯里和伯里圣埃德蒙兹等传统羊毛出口重镇，由于羊毛出口量锐降，原有市场功能萎缩而趋于没落。另一些市场城镇却因原工业的发展而开始驰名，如英国北部和西部的一些农村城镇因纺织业和金属制造业而崛起。

第二节 "原工业化"与农村城镇化

一、英国的"原工业化"

英国史学中最初并不使用"原工业"一词，人们更多地使用"手工业"（craft）、"前工业"（pre-industry）、"乡村工业"（rural industry）、"农舍工业"（cottage industry）、"制造业"（manufacture or manufacturing industry）和"家内工业"（domestic industry）等概念来表达工业革命以前的英国"工业"。有些学者强烈地反对这一概念，科尔曼认为"原工业化"是一个多余的概念，这个词也是"糟糕的"。④ 休斯敦和斯

---

① Alan Dyer, "Small market towns 1540 – 1700", in Peter Clark ed., *The Cambridge Urban History of Britain*, Vol. Ⅱ, Cambridge University Press, 2000, P. 427.
② AllanEveritt, "The marketing of agricultural produce", in J. Thirsk, ed. *The Agrarian History of England and Wales*, Ⅳ, Cambridge, 1967, P. 467.
③ Christopher Dyer, "The Consumer and the Market in the Later Middle Ages", *Economic History Review*, 1989, Vol. 42, No. 3, pp. 305 – 327.
④ D. C. Coleman, "Proto-industrialization: a concept too many", *Economic History Review*, 1983, Vol. 36, P. 443.

内尔则明确主张抛弃这个概念。① 克拉克森则称其为一个"丑陋的新词"。② 但随着欧美学者普遍地接受门德尔斯提出的"原工业化"概念,英国史学界也发生了变化,有些学者逐渐习惯使用这个术语。在 20 世纪 80 年代初,著名史家爱德华·汤普森明确表达了这个概念的有效性,他说,尽管"原工业"概念带来新的困难,但它比"前工业"更加精确,其说明效果也略胜一筹。③ 如果与现代工业的发展相对应,那么,"原工业"是一个比"前工业"更恰当的概念,"原工业"(proto-industry)主要指原材料以市场为方向转变成工业产品,劳动力主要由乡村农舍劳动者构成,他们在夏天从事农业或其他非工业工作,在其他时间做农舍工业。"原工业化"(proto-industrialization)"主要是一种农村制造业活动的扩张"④。依据原工业化的含义,英国显然经历了这样一个过程,而且很典型,但英国什么时候出现原工业,这是个很难给出答案的问题。⑤

英国的原工业生产虽然很普遍,但其分布却有明显的地区特点,而这些地域性分布又与地方城镇有密切关系。科尔曼认为,英国的原工业地区很多,如果不包括威尔士和苏格兰,单英格兰就大约有 10 个地区,其中有 4 个是主要的毛纺织区:东盎格利亚、英格兰西部、西南地区和约克郡的西雷丁地区;较次要的毛纺织区有什罗普郡—威尔士边界地区,以肯达尔为中心的威斯特摩兰工业区,南部包括肯特郡的威尔德地区和萨里郡、伯克郡和汉普郡的部分地方,以及散落的中部地区,包括在考文垂、北安普顿和林肯这样的城镇及周围的制造业。两个其他纺织区也能清楚地列在一起:兰开夏郡,原来是毛纺织业区,但后来集中生产亚麻布和粗斜纹布;围绕特伦特河谷的针织区,包括诺丁汉郡、德比郡和莱斯特郡的各一部分。最后,还有一个专长于小五金制造的地区,集中于西密德兰地区。⑥ 还可以对这些区域进行更详细的分类,如霍布森把英国的毛纺织业生产划分成三个地区,第一个是东部各郡,以诺里奇、科尔切斯特、桑威奇、坎特伯雷、梅德斯通为主要中心;第二个在西部,以汤顿、迪韦齐斯、布拉德福德(威尔特郡)、弗罗姆、特罗布里奇、斯特劳特和埃克塞特为主要中心;第三个在西莱丁区。⑦ 有些地区可以再细分,如在密德兰的铁钉制造业中,据说存在着 20 个

---

① R. A. Houston and K. D. M. Snell, "Proto-industrialization? Cottage industry, social change and industrial revolution", *Historical Journal*, 1984, Vol. 27, P. 492.
② L. A. Clarkson. *Proto-Industrialization: The First Phase of Industrialization?* London, 1985, P. 4.
③ 爱德华·汤普森:《共有的习惯》,沈汉、王加丰译,上海人民出版社 2002 年版,第 85 页注 8。
④ 王加丰、张卫良:《西欧原工业化的兴起》,中国社会科学出版社 2004 年版,第 2 页。
⑤ 张卫良:《英国商业化社会》,人民出版社 2004 年版,第 127 页。
⑥ D. C. Coleman, "Proto-industrialization: a concept too many", *Economic History Review*, 1983, Vol. 36, P. 441.
⑦ J. A. Hobson. *The Evolution of Modern Capitalism: A Study of Machine Production*, New York, 1926, pp. 46 – 7.

"地区",各自生产不同的铁钉。① 如果把视角放大到整个英国,可列举的原工业区数量会更多。

原工业与传统手工业相比有着鲜明的特色,具体来说,主要有如下特征:(1) 以市场为中心,生产的产品不是乡村手工业者自我消费,也不全是所在地区的人口消费,而主要是输出到本区域之外,甚至到海外市场;(2) 以利润最大化为目的;(3) 生产过程中引入商业机制,商人既作为主要的生产组织者,提供原料或设备,又作为销售者收购成品,出售产品;(4) 实行以分工为基础的专业化生产。另外,原工业也是从传统的家庭手工业发展起来的,但又背离于传统的家庭手工业生产模式,因为原工业的生产过程并不能完全在家庭中完成,它需要市场、分工和协作。② 原工业生产模式事实上介于传统手工业与现代工厂工业之间,是一种中间形态的工业,因而其对农村城镇化有着非常大的影响。

二、原工业区域的农村城镇分布

在英国的原工业化区域,众多地方城镇(包括市场城镇)承担着原材料和产品交易中心的角色,发挥着重要的纽带作用。一方面,组织原工业生产的商人要通过农村城镇来购入原料和一些生活必需品,同时发出需要加工的产品。这些城镇通常有常规的商品交易市场,即一周一次或两周一次的集市,商人在集市上购买用于出口的产品(制造品),而附近的农民或来自商品农业地区的商贩则出售自己的工业产品。另一方面,组织原工业生产的商人为了工作便利,通常就住在这些城镇,就地完成一些终端工序。例如,呢绒的染色工序一般由熟练工人在城镇操作完成。显而易见,英国的原工业主要依托于农村城镇尤其是市场城镇去完成原材料和制造品的交易。

在毛纺织业的发展区域,农村城镇是相对稠密的,最初的发展也是较快的。中世纪晚期,英国毛纺织业生产中心主要位于东部和南部,像约克、贝弗利、林肯、洛特、斯坦福和北安普顿这样的城市就快速发展,而萨福克郡和埃塞克斯郡中的市场城镇,如萨德伯里、拉文纳姆、朗梅尔福德、霍尔斯特德也发展起来,即使像伦敦、牛津、温切斯特这样的城市也因毛纺织业而出名。

在14世纪和15世纪,乡村毛纺织业的主要中心发生转移,英格兰西部和原来落后的北部(约克郡西部及威斯特摩兰郡)山区由于具备应用漂洗机的水力条

---

① W. H. B. Court. *The Rise of the Midland Industries* 1600 – 1838, London, 1938, P. 194.
② 张卫良:《英国社会的商业化历史进程(1500~1750)》,人民出版社2004年版,第3页。

件而逐渐兴旺①，一些与毛纺织业相关的市场城镇也变得知名了，如格洛斯特郡、威尔特郡和萨默塞特郡的那些市场城镇，即斯特劳德和米切安普顿、埃文河畔布拉福德和特罗布里奇、布鲁顿和谢普顿马利特等。15 世纪里，英格兰西部的毛纺织业迅速崛起，大量的农村城镇也涌现出来。旅行家笛福曾记载一大批农村城镇生产呢绒，威尔特郡有马姆斯伯里、卡斯尔库姆、奇彭纳姆、卡恩、迪韦齐斯、布拉德福德、特罗布里奇、韦斯特伯里、米尔和索尔兹伯里；在萨默塞特郡，除了汤顿和布里斯托尔以外，还有弗罗姆、潘斯福德、菲利浦斯、诺顿、布鲁顿、谢普顿马利特、卡斯尔凯里和温坎顿。② 在英格兰西部其他郡，也存在这样的呢绒城镇，大多散布于数量众多的村庄之中。

英格兰北部的毛纺织业也很突出，特别是约克郡西莱丁地区。在 15 世纪中晚期，约克郡的毛纺织业整体呈现扩张态势，但传统的农村城镇发展相对缓慢，而新的城镇却快速成长。希顿曾经通过研究 1468~1469 年、1471~1473 年和 1473~1475 年三个时间段西莱丁地区一些城镇的呢绒产量变化，从中揭示这些城镇的地位变化。他选取的 12 个城镇，第一个时间段的排名是约克、里彭、哈利法克斯、韦克菲尔德、利兹、阿蒙德伯里、赫尔、庞蒂弗拉克特、巴恩斯利、布拉德福德、唐克斯特和塞尔比，其后两个时间段，这些城镇的呢绒产量有了比较明显的变化，其中，哈利法克斯的呢绒产量在 1473~1475 年仅居约克城之后，而利兹、庞蒂弗拉克特、布拉德福德、韦克菲尔德等城镇的产量也有提升。③ 在接下来的世纪里，毛纺织业在利兹、韦克菲尔德、布拉德福德和哈利法克斯这些城镇的发展更加迅速。18 世纪中期后，西莱丁地区的毛纺织业出现了粗呢和精纺呢的分工，而这种分工也在主要城镇反映出来，在一个五边形的区域中，韦克菲尔德、哈德斯菲尔德、哈利法克斯、布拉德福德和利兹主要生产粗呢；而从布拉德福德向哈利法克斯的西边和西北边延伸 15 英里，包括艾尔河和科尔德河的上游流域，主要是精纺呢生产地区，哈利法克斯、基斯利、霍洛斯和科恩是中心。④ 兰开夏郡一些城镇也发展起毛纺织业，像科恩、伯恩利、伯利、博尔顿、罗奇代尔和曼彻斯特这样的市场城镇快速崛起，成就了那些城镇的发展神话。

除了毛纺织业以外，亚麻布的生产也是非常典型的。在英格兰东北地区、西北地区和西南地区，亚麻布的生产也促进了一些农村城镇的快速发展。在东北地区，主要在约克郡和达勒姆郡的部分地方，像达灵顿、斯托克顿、克利夫兰、巴恩斯利和纳尔斯伯勒都生产亚麻布；在西北地区，主要集中于兰开夏郡，像兰开

---

① H. Heaton. *The Yorkshire Woollen and Worsted Industries*, Oxford, 1920, P. 22.
② Daniel Defoe. *A Tour through the Whole Island of Great Britain*, I, London, 1927, P. 280.
③ H. Heaton, *The Yorkshire Woollen and Worsted Industries*, Oxford, 1920, P. 75.
④ H. Heaton, *The Yorkshire Woollen and Worsted Industries*, Oxford, 1920, P. 78, 285.

斯特、普雷斯顿、沃灵顿、威根、布莱克本、曼彻斯特也因亚麻布的生产而成长起来。1769年，阿瑟·扬访问沃灵顿的时候，发现男人纺纱和编经线，妇女卷线，男人、妇女和男孩上浆和织布，大约有1 000人或更多受雇于亚麻的帆布制造。① 在西南地区，尤其是萨默塞特郡和多塞特郡，进入德文郡和威尔特郡，大约在米尔、布里德波特和汤顿之间的地区，可能以约维尔为中心②，亚麻布也是大宗的工业。还有许多较小的亚麻布生产中心分布于英国各地。18世纪苏格兰也出现了一些亚麻布生产中心，除了格拉斯哥和爱丁堡这样的城市以外，福弗尔、法夫、珀斯和邓迪也逐渐发展起来。

在英国的各种原工业中，金属制造业也是特色鲜明的一种。有学者认为，近代早期原工业的典型代表是西密德兰黑乡的五金制造业地区，那里有大量家内制工人就业于在大城市和海外市场销售的铁钉等小金属制品的制造业中。③ 与纺织业相比，金属制造业有更高的技术要求，因而生产集中程度也更高。英国早期最有名的制铁中心位于迪恩森林和威尔德地区，前者在罗马时代就开始炼铁，后者以制造枪炮闻名。在17世纪和18世纪，因为自然资源的优势和市场需求的增加，西密德兰地区的金属制造业迅速崛起，并形成了一些新的制造业中心，其中沃尔索尔、西布罗米奇和伯明翰都是从农村市场城镇成长起来的。"黑乡"的制钉业更是远近闻名，斯陶尔布里奇、达德利、伍尔弗汉普顿、韦恩斯伯里、沃尔索尔、西布罗米奇、布赖尔利希尔、黑尔斯欧文都是一个个生产中心；沃尔索尔、伍尔弗汉普顿、斯陶尔布里奇和韦恩斯伯里之间地区集中生产铸造产品、凹形器皿、利器和其他五金器具以及玻璃器皿。④

三、原工业化与农村城镇人口变化

原工业化实际上是以农村城镇为中心发展起来的。原工业导致传统农村生产方式发生变化，更多的农业人口从农业中分离出来，转而以"二元经济"的方式为生，也即除了农业以外，还有些农业人口转向原工业，从事季节性工作挣得收入补贴家用；另有一些则逐渐变成专业工人。原工业的专业化生产导致集中化的生产方式，也即造就了人口的相对集中、农村城镇扩张以及新工业城镇出现。这

---

① J. K. Walton, "Proto-industrialization and the first industrial revolution: the case of Lancashire", in Pat Hudson, (ed.), *Regions and Industries: A Perspective on the Industrial Revolution in Britain*, Cambridge, 1989, P. 49.
② N. B. Harte, "The rise of protection and the English linen trade, 1690 – 1790", pp. 102 – 3.
③ Michael Zell. *Industry in the Countryside: Wealden Society in the Sixteenth Century*, Cambridge, 1994, P. 4.
④ M. W. Flinn. *The History of the British Coal Industry*, Ⅱ, Oxford, 1984, P. 27.

个过程也可以称为"城市化"。经济史家德弗里斯认为英国从 1500~1800 年开始了一个缓慢而连续的城市化过程。① 显然,原工业化开启了英国农村的城镇化。

在原工业时期,英国从事农业的人口不断下降,虽然原因是多方面的,但原工业吸纳人口是一个重要因素。根据瑞格利的估算,英国乡村的农业人口在 16 世纪呈持续下降趋势,而"乡村的非农业人口"则呈持续上升走向。1520 年,英格兰乡村的农业人口占总人口的 76%,1600 年降为 70%,1670 年为 60.5%,1700 年为 55%,1750 年为 46%,1801 年为 36.25%;而乡村的非农业人口 1520 年占总人口的 18.5%,1600 年增至 22%,1670 年为 26%,1700 年为 28%,1750 年为 33%。1801 年达到 36.5%,与从事农业的乡村人口持平。② 根据科菲尔德的估算,英国 2 500 人以上规模城镇的数量在 18 世纪出现了较快增长,从 1700 年的 68 个增加到 1801 年的 188 个,人口从 1700 年的 520 万增加到 1750 年的 610 万,1801 年约为 889 万。③ 除了有一定规模的城镇有所增加以外,那几个世纪里还存在着数量众多的市场城镇,这些市场城镇的变化是非常大的。霍斯金斯说:"大多数活跃的市场城镇保持着相似的规模,每个市场城镇有 200~300 户居民,一般在 1 000 人到 1 500 人之间。几乎在每个郡都能发现半打这样的城镇。"④ 从 16 世纪始,英国农村人口向"非农产业"转移是一个大趋势,也促进了农村城镇化率的提升。

在一些原工业区域,人口快速地向农村城镇集聚。毛纺织业最初是一种乡村工业,其持续发展会促进当地城镇人口的快速增长。13 世纪,坎伯兰郡的肯达尔仍是一个市场城镇,16~17 世纪依然继续其呢绒的制造和销售,并开始涉入呢绒的远距离贸易。在这个时期,肯达尔的呢绒生产与乡村工业之间存在着一种互补关系,城镇支配染色,乡村控制漂洗。17 世纪后期,长袜编织业又在肯达尔发展起来。⑤ 1730 年后的半个世纪里,肯达尔人口增加至 8 000 人。⑥ 在约克郡西莱丁区,类似肯达尔这样的城镇有很多,其中利兹的发展最为典型。1670

---

① J. de Vries. *European Urbanization* 1500 – 1800, London, 1984.

② E. A. Wrigley, "Urban growth and agricultural change: England and the continent in the early modern period", *Journal of Interdisciplinary History*, 1985, Vol. 15, pp. 683 – 728; in *People, Cities and Wealth: the Transformation of Traditional Society*, Oxford, 1987, P. 170.

③ P. J. Corfield. *The Impact of English Towns*, 1700 – 1800, Oxford University Press, 1982, P. 8.

④ W. G. Hoskins, "English provincial towns in the early sixteenth century", in Peter Clark (ed.), *The Early Modern Town*, London, 1976, P. 94.

⑤ C. B. Phillips, "Town and country: economic change in Kendal c.1550 – 1700", in P. Clark (ed.), *The Transformation of English Provincial Towns* 1600 – 1800, London: Hutchinson & Co. Ltd., 1984, pp. 99 – 124.

⑥ John K. Walton, "North", in Peter Clark ed., *The Cambridge Urban History of Britain*, Vol. II, Cambridge University Press, 2000, P. 129.

年左右，利兹仍是一个地方城镇，仅有 6 000 居民，1750 年上升至 1.6 万人，1801 年为 5.3 万人。① 按希顿的估计，1666～1731 年，利兹的人口翻了一番，在 1760～1801 年又翻了一番。② 其他城镇也有相似的情况。17、18 世纪，约克郡的伍德豪斯、比斯顿、阿姆利、洪斯莱特、霍沃斯、霍尔贝克、丘韦尔和莫利等村落先后发展为地方制呢中心。③ 在伯克利河谷，以市场城镇德斯利为中心，包括周围的伍德曼科特、乌利、奥本、坎姆、科利、斯蒂姆奇库姆、斯利姆布里奇几个村，53%（633 人中的 338 人）是织工。④ 随着其后的发展，这些专长于纺织的村落先后进入了城镇的行列。在"黑乡"，像塞奇利、西布罗米奇、奥尔德伯里、达拉斯顿这样的社区，1799 年发展到 3.5 万～4 万人。1801 年，这些城市和 11 个黑乡教区的村庄容纳了 8 万人，为斯塔福德郡人口的 1/3。有很多制钉者（1800 年密德兰地区的这个行业中共雇用了 4 万人）在这个地区工作，还有很多带扣制造者、链条制造者、钮扣制造者、锡匠和镀金匠、油漆工和制针者。⑤ 古典经济学家亚当·斯密注意到了这种现象，他写道："利兹、哈利法克斯、设菲尔德、伯明翰、伍尔弗汉普顿等地的制造业，就是按照这个方式，自然而然地发展起来的。"⑥ "原工业化"不仅促进了农村城乡经济的发展，而且也促进了农村城镇人口的增长。

第三节　原工业时代农村城镇化特征

在原工业时代到来之前，英国无疑仍是一个农业主导的社会，经济史家利普森曾说："在中世纪时代，工业和商业在英国人的经济生活中起着次要的作用。英国的财富在于其田地，而不在于其作坊或工厂，这个国家的大众跟着犁前进，他们是土地耕作者。"⑦ 与之相应，农村城镇体系也是农业社会性质的。然而原工业时代的英国社会生活开始发生变化，原工业成为社会经济进步的最主要动力。随着原工业的发展，农村城镇化随之发生，但农村城镇体系还未发生本质性

---

① E. A. Wrigley. *People, Cities and Wealth: The Transformation of Traditional Society*, Oxford, 1987, P. 160.
② H. Heaton. *The Yorkshire Woollen and Worsted Industries*, Oxford, 1920, P. 280.
③ Herbert Heaton, *op. cit.*, P. 288.
④ David Rollison. *The Local Origins of Modern Society: Gloucestershire 1500–1800*, London, 1992, P. 21.
⑤ Maxine Berg. *The Age of Manufactures*, 1700–1820, 2nd edition, London, 1994, P. 263.
⑥ 亚当·斯密：《国民财富的性质和原因的研究》，上卷，商务印书馆 1996 年版，第 370 页。
⑦ E. Lipson. *The Economic History of England*, Vol. I, P. 185.

变化，与中世纪晚期仍有着很大的相似性，但对于城镇化来说，这是英国迈出城镇化步伐的肇始期，开启了从传统农业社会向现代城市化社会的转型。

第一，原工业化打破了英国传统社会的生产模式，"二元经济"加速了农村城镇专业化的发展。"二元经济"模式主要指农村劳动者开始双重身份，既是农业劳动者，又是原工业工人。在英国原工业繁荣的区域，农村劳动者"亦农亦工""亦工亦农"的现象逐渐变得普遍。英国农业史专家琼·瑟斯克曾经做过比较充分的论证：农业生产具有季节性特征，农民在耕作淡季有较多的空闲时间，尤其在畜牧业地区，那里比谷物种植地区所需的劳动力更少[1]，这样便于农业劳动者有较多时间从事非农业劳动。如17世纪初，兰开夏郡东北很多地区发达的毛纺业与农业并存。男子一般从事纺织业，把纺织业作为副业，以增加收入。[2] 蒂明斯对17世纪中期兰开夏郡的罗奇代尔、米德尔顿和拉德克利夫三个地方的农业劳动者职业进行研究，发现男子的职业主要分布在两个行业，即农业和制造业（含织布业、纺织及其相关者），在罗奇代尔从事农业的男子为93人，占统计人数（198人）的47%；而从事制造业的男子有74人，占统计人数的37%，如果加上织布等纺织业，则占64%。在米德尔顿，从事农业的男子为26人，占统计人数（50人）的52%；而从事制造业的有18人，占统计人数的36%，如果加上织布业等纺织业，则占60%。在拉德克利夫，从事农业的男子是30人，占总统计数（70人）的43%，而从事制造业的有31人，占总统计数的44%，如果加上织布业和其他纺织业，则占77%。这三个地方的数据比较明显地反映出"二元经济"的特点，农业和制造业成为这些乡村地区最重要的两个行业，农村劳动力在农业和制造业中的比例相对接近。[3] 在英国原工业区域，原工业工人的工资非常低，但乡村劳动者乐意参与乡村工业的工作是有各种原因的。蒂明斯指出："由于土地持续地分化，如果罗森代尔地方的农民不使农业活动与家庭纺织生产结合起来，那么，他们的家庭将缺少维持生存的足够手段。"[4] 而保尔·芒图在其著名的《十八世纪产业革命》一书中指出，"在英格兰西部的村庄中织工们仍然固着于土地，所以生活得相当好。1757年，格洛斯特郡一个得到妻子协

---

[1] Joan Thirsk, "Industries in the countryside", in F. J. Fisher ed., *Essays in the Economic and Social History of Tudor and Stuart England*, Cambridge, 1961, pp. 70 – 88.

[2] J. K. Walton, "Proto-industrialization and the first industrial revolution: the case of Lancashire", in Pat Hudson, (ed.), *Regions and Industries: A Perspective on the Industrial Revolution in Britain*, Cambridge, 1989, P. 45.

[3] Geoffrey Timmins, *Made in Lancashire: A History of Regional Industrialisation*, Manchester, 1998, P. 69.

[4] Geoffrey Timmins, *Made in Lancashire: A History of Regional Industrialisation*, Manchester, 1998, P. 39.

助的织工，工作搞得好时，每星期能够赚到 13 到 18 先令，亦即每天 2 到 3 先令。可是，这比平均工资要高得多，因为周平均工资大约为 11 到 12 先令，这个数字是阿瑟·扬在几年之后记载的。"① 然而，随着原工业化的发展，从事原工业的人口比例快速增加，"二元经济"也逐渐发生变化，专业化生产导致"非农"阶层也即城镇人口数量的扩张。总之，农村过剩人口为了生存只能做出新的就业选择从事原工业，而原工业化导致的人口增长则改变着传统的农村社会结构。

第二，农村城镇的传统功能发生变化，城镇居民的职业选择趋于多样化，农业性质减弱。在中世纪时代，农村城镇具有非常强的农业性质，城镇居民的数量有限，主要是行会商人、商贩和手工业者，"除市民外，还有各种农民，如切奥尔、维兰、茅舍农等，也有骑士。这些居民在城外甚至城内领有土地，进行耕种。一个城市还有公有地、森林、草地等"②。英国庄园的市政法庭案卷也反映了那个时代农村城镇的情形。例如，黑尔斯欧文镇的法庭案卷说明，这个城镇只有 17% 的市民拥有庄园土地，但有充分的证据表明，在该城边界范围内有可耕地存在，并由部分市民耕种。③ 进入原工业时代后，市场城镇虽然仍有农业性质，但从事农业的居民比例持续地下降，而从事制造业、零售业和服务业的居民在增加。有学者以大的市场城镇为样本，归纳出一个典型的市场城镇可能存在 6 个主要群体：第一类是出售商品的各类商人；第二类是手工作坊主；第三类是食品和饮料供应商；第四类是提供服务的人员，如律师、医生、酒店店主、裁缝、理发师等；第五类是建筑工人；第六类是混杂的行业。④ 当然，较小的市场城镇或许不会有如此多的职业群体。市场城镇的职业也与区域经济特征有着密切关系。在传统的农业区域，市场城镇居民更多地由商人、店主和少量服务业人员构成，但在原工业发达区域，市场城镇的职业多样化趋势日益明显。例如，13 世纪的利物浦仅仅是个有特许权的市场城镇。1565 年，利物浦仅有 138 户人家，16 世纪末也不到 200 户，但 1700 年，利物浦的人口达到 5 000 ~ 7 000 人，1720 年达 1 万人，1750 年有 3 万人。⑤ 利物浦与兰开夏郡腹地的原工业有密切关系，它为那些原工业进口爱尔兰的羊毛和亚麻线、西印度的棉花和染料，出口毛纺织品、斜

---

① 保尔·芒图：《十八世纪产业革命》，商务印书馆 1983 年版，第 50 页。
② 马克垚：《英国封建社会研究》，北京大学出版社 1992 年版，第 248 页。此段文中原使用了一个英文词 ceorl，本书音译为"切奥尔"，意思是自由民中的最下层。
③ R. H. Hilton, "Small Town Society in England before the Black Death", *Past & Present*, 1984, No. 105, P. 58.
④ Alan Dyer, "Small market towns 1540 – 1700", in Peter Clark ed., *The Cambridge Urban History of Britain*, Vol. II, Cambridge University Press, 2000, pp. 1 – 440.
⑤ 张卫良：《英国社会的商业化历史进程（1500 ~ 1750 年）》，人民出版社 2004 年版，第 162 ~ 163 页。

纹布、小商品和亚麻布到美洲殖民地，由此，利物浦成为那个时代英国西部沿海的一个重要港口。

第三，农村城镇的原工业发展，打破了传统城镇的封闭格局，促进了新型城乡关系的成长。在中世纪时代，一般城镇具有隔离和自主的特点：（1）极度排斥非市民参与他们的商业特权；（2）或多或少完全地方化的经济控制；（3）城镇彼此有市政之间的联系。[①] 这样的城镇与邻近乡村几乎是一种对立关系，无法促进城乡之间的协调发展。然而从中世纪晚期起，乡村工业的兴起开始打破原有传统的城乡关系，而"原工业城镇"在这一过程中发挥了非常重要的作用。市场城镇的商人老板通常主导着乡村工业，他们提供技术、资金与信息支持，而城镇市场作为国内外市场的网络节点，为原工业产品销售提供了最为有利的渠道。17世纪70年代，莱斯特一群袜商声称在城镇和邻近村庄雇用了2 000名工人。[②] 18世纪末，莱斯特郡的欣克利镇有1 000台袜机，毗邻的村庄也有200台，其中很多是由欣克利镇的老板拥有的[③]，这说明欣克利镇的老板在乡村投入设备，雇用乡村工人，以使利润最大化。在埃克塞特，最大的斜纹哔叽布制造业中心是蒂弗顿。1700年，斜纹哔叽布制造商雇用了4/5的埃克塞特居民。[④] 在西密德兰地区和设菲尔德，直到17世纪工业生产都是围绕市场城镇的小工匠来组织的，原材料、半成品和成品常常依靠城镇市场。[⑤] 原工业成为一种纽带，也使城乡之间的联系更加紧密。亚当·斯密早就观察到了这种现象，他在《国富论》中说："在欧洲大部分地方，城市工商业是农村改良与开发的原因，而不是它的结果。"[⑥] 尽管有学者认为这"可能夸大这些小城镇的工业作用，很多小城镇的经济中仍有大量农业因素，不仅城镇边缘有全职农民，而且很多商贩业余涉足种植"[⑦]，但随着原工业城镇渗入乡村，原工业也自然向城镇聚集，原有的农业人口逐渐成为新型的城镇居民。

第四，农村城镇是商人组织原工业生产的常住地，也是实施"外放制度"的基地。原工业生产是一种新的组织形式，它打破了传统的手工业方式，最终促进

[①] E. Lipson. *The Economic History of England*, Vol. I, London, 1937, P. 265.

[②] Peter Clark. *European Cities and Towns*: 400 – 2000, Oxford University Press, 2009, P. 148.

[③] Peter Clark. "Small towns 1700 – 1840", in Peter Clark ed., *The Cambridge Urban History of Britain*, Vol. II, Cambridge University Press, 2000, P. 757.

[④] Charles Wilson. *England's Apprenticeship*, 1603 – 1763, London, 1965, P. 189.

[⑤] M. B. Rowlands. *Masters and Men in the West Midland Metalware Trades before the Industrial Revolution*, Manchester, 1975, P. 53.

[⑥] 亚当·斯密：《国民财富的性质和原因的研究》，上卷，郭大力、王亚南译，商务印书馆1972年版，第378页。Adam Smith. *The Wealth of Nations*, Books I – III, Penguin Books, 1974, P. 515.

[⑦] Alan Dyer, "Small market towns 1540 – 1700", in Peter Clark ed., *The Cambridge Urban History of Britain*, Vol. II, Cambridge University Press, 2000, P. 444.

了农村城镇的发展。在中世纪时代，城镇是传统手工业生产的集中地。农村城镇也有一套严格的生产管理制度，手工业从业者必须遵守行会的规定。每一个作坊都由师傅、学徒和帮工构成，生产规模严格限制，几乎不存在雇工，这样一种特殊的劳动组织关系体现了农业社会自给自足的经济特征，在当时十分普遍。但在中世纪晚期，英国手工业产品的国内外市场趋于扩大，产品需求刺激着手工业生产，于是"原工业"冲破原有城镇行会制度束缚成为一种必然，这种制度被称为"外放制度"（英国习惯称为"家内制"，domestic system）。农村城镇为这种制度架起了城乡之间手工业生产与销售的桥梁。在原工业的发展过程中，城镇商人常常扮演着双重角色，既是生产的组织者，又是产品的销售者，是原工业生产的核心。这些商人在城镇经营规模化的手工业（制造业）中容易受到行会制度的层层阻碍和束缚，因而转而投资于城镇（或市场城镇）附近的乡村，并开始建立有别于中世纪作坊的手工业生产模式。16世纪中叶，英国原工业中的"外放制度"形式已经十分流行，直至19世纪依然存在。"外放制度"主要盛行于3个毛纺织生产区：英格兰西部、东盎格利亚和程度相对较低的约克郡西莱丁地区；也出现于兰开夏的亚麻布和粗斜纹布工业中；斯图亚特王朝末期，东密德兰的织袜业中也已有了外放制。① 这种制度实施的实际情况是，许多城镇不断扩大自己的生产范围，城镇与乡村逐步连接起来。如西莱丁第二个重要的精纺呢中心韦克菲尔德，也是一个商品交易中心，不但从事毛纺织业的产品贸易，也从事其他商品的交易。韦克菲尔德聚集了大量的羊毛代理人、羊毛商人、呢绒商人、染匠、谷物商以及其他各种商人。1801年，韦克菲尔德有居民10 581人，到1841年居民增加到18 842人。② 在兰开夏西部的亚麻工业中也存在外放制度，柯克姆及周围的乡村通常雇用几百个织工。1765年，在普雷斯科特的帆布和亚麻布制造业中，大量工人散布于"从普雷斯科特到利物浦的乡村，占据着小农场连同他们的制造业"③ 显然，在那一带，外放制度已经是一种普遍的现象。

第五，农村城镇出现专业化和多元化的趋势，市场城镇获得了更加充分的发展。在原工业时代，专业市场城镇、制造业城镇、休闲城镇和滨海城镇等新的城镇形式不断涌现，成为这个时期农村城镇化的新特征。专业市场城镇的形成至少应该具备以下条件：一是农村商品经济有一定基础，乡村已有专业化的生产；二是所在地交通便捷，一般具有能够通航或步行可达的空间，以利于商品运输和交

---

① D. C. Coleman. *Industry in Tudor and Stuart England*, Macmillan Publishers Ltd, 1975, P. 27.

② Peter Clark ed.. *The Cambridge Urban History of Britain*, Vol. Ⅱ, Cambridge University Press, 2000, P. 127, 116.

③ J. K. Walton, "Proto-industrialisation and the first industrial revolution: the case of Lancashire", in Pat Hudson（ed.）, *Regions and Industries: A Perspective on the Industrial Revolution in Britain*, Cambridge, 1989, P. 47, 48.

易；三是有一定的乡村腹地和地方市场网络；四是有宽松的社会环境。在工业革命前，市场城镇与专业化之间已形成紧密关系。在市场城镇中，最有特色的形态是制造业城镇。17世纪中期后，英国一大批制造业城镇异军突起。由于原工业的发展，这些制造业城镇吸引和聚集了大量人口，成为现代工业城市的先驱，城市形态越来越明显。用一些学者的话说："在很多情况下，制造业是如此重要，以至于完全可以称其所在地为工业或原工业城市。"① 英国最为出色的制造业城镇都位于原工业化区域，如前面提及的约克郡哈利法克斯、利兹、庞蒂弗拉克特、布拉德福德和韦克菲尔德等，兰开夏的博尔顿、贝里、奥尔德姆和罗奇代尔，特伦特河谷的诺丁汉、德比和莱斯特，西密德兰的达德利、罗利雷杰斯和塞奇利等，至于伯明翰、设菲尔德和曼彻斯特的快速崛起可以说是市场城镇发展的神话。港口城镇和休闲城镇也由于专业化而获得发展。港口最初为国家所垄断，1558年的一条法律把贸易限制在特别的地点和指定的合法港口②，这些港口大多局限于英格兰的东部和南部，其他港口直到18世纪以后才获得发展机会，利物浦是其中之一。17、18世纪，温泉城镇和滨海城镇也开始兴起，如埃普瑟姆、坦布里奇韦尔斯、斯卡博罗，还有最著名的巴斯，其在1750年有6 000～8 000居民。③ 在18世纪三四十年代，像布赖顿、马盖特、斯卡博罗和韦茅斯这样的滨海城镇也得到了发展，大量游客的到来使城镇声名鹊起。

第六，农村城镇的城市功能逐渐完善，进而成为宜居宜业的地方生活中心。在17世纪70年代，英格兰1/3的小城镇被描述为多功能的，不仅仅是一个市场的角色，这些小城镇中约1/10是有组织的制造业专门化，服务活动也开始增加，大约1/4的城镇自称有学校、酒吧、温泉或具备综合性的功能。④ 这些城镇的新功能不但吸引传统的工商业者及农民，而且也吸引地主、流动工人和专业人员。由于土地出售或租赁，不再需要自己打理田产事务，有大量的空闲，同时又需要处理田产、管理和私人债务等，而法庭几乎都在城镇，因而有些地主经常一年中好几个月住在城镇，包括家眷、仆人等。随着城镇人口的增长，专业人员、服务人员也相应增加。1760年的勒德洛，绅士和专业人员占住户的近10%，食品和

---

① 保罗·M. 霍恩伯格、林恩·雷伦·利斯：《都市欧洲的形成，1000～1994年》，商务印书馆2009年版，第120页。
② Gordon Jackson, "Ports 1700–1840", in Peter Clark ed., *The Cambridge Urban History of Britain*, Vol. II, Cambridge University Press, 2000, P. 705.
③ Peter Clark. *European Cities and Towns*：400–2000, Oxford University Press, 2009, pp. 121–2.
④ Peter Clark, "Small towns 1700–1840", in Peter Clark ed., *The Cambridge Urban History of Britain*, Vol. II, Cambridge University Press, 2000, pp. 748–749.

饮料商占14%。① 农村城镇居民结构的变化也导致城镇居住环境发生变化，一些基础设施得以改进。18世纪后，一些较大的市场城镇开始投入更多资金，建造更好的基础设施，塑造有特色的城镇环境，提升城镇的居住品质。像贝弗利、利奇菲尔德、沃里克、拉德洛、斯坦福这样的城镇，开始营建一系列新设施：砖建住房、地方报纸、管道自来水、城镇步行道、赛马跑道和看台、聚会厅、保龄球草坪、零售商店，社交娱乐场等。对大多数乡村精英来说，地方城镇是日常的和最便利的时尚生活的途径。② 这种发展模式也延伸到温泉城、休闲胜地和滨海休闲城。

总之，在工业革命前，原工业化开启了英国农村城镇化的历程。虽然这一过程是缓慢的，但原工业打破了农村城镇的封闭格局，促使新型城乡关系产生，城镇的农业性质减弱，城乡居民职业趋于多样化。因而，原工业的发展促使农村生产方式转型，加快了城镇的专业化发展。然而值得注意的是，英国农村城镇的变化并不是一个全国性过程，而是一种地方性经验，我们看到的只是一个缓慢的城市体系整合进程。③ 在英国农村城镇体系中，市场城镇是整个体系的基础，是英国农村城镇化最重要的力量。同时城镇功能趋于专业化和多样化，专业市场城镇、制造业城镇、休闲城镇和滨海城镇成为新的城镇类型，特色鲜明。随着产业壮大、人口增加、功能多样化以及社会服务能力不断提升，英国农村城镇呈现出越来越多的现代城市特征，成为农村地区宜居宜业的生活中心。

---

① Peter Clark, "Small towns 1700–1840", in Peter Clark ed., *The Cambridge Urban History of Britain*, Vol. II, Cambridge Univerity Press, 2000, pp. 751–752.

② Peter Clark, "Small towns 1700–1840", in Peter Clark ed., *The Cambridge Urban History of Britain*, Vol. II, Cambridge Univerity Press, 2000, P. 772.

③ Peter Clark ed., *The Cambridge Urban History of Britain*, Vol. II, Cambridge University Press, 2000, P. 28.

第十五章

工业革命与英国农村城镇化全面推进

第一节 工业革命与城市化的区域性

工业革命大大加快了英国的城市发展速度和城市化进程。1776~1811年，英国城市人口年均增长率为2.1%，1811~1846年为年均2.35%；1851年，英格兰城市人口占比为54%[1]，至少为50.08%[2]。同时，随着工业革命使地区分工出现，英格兰形成了三大经济区域：西北现代工业区、以伦敦为核心的东南服务业区、东南与西北之间地带的商品化农业区。各区城市发展呈现出不同趋向和水平。

一、城市功能

西北工业区。西北工业区城市里，工业是主要功能，产品面向国内外市场。几乎所有的城市和城镇都有专业化工业部门，有一个至几个主打工业；或为工业服务的商业和贸易功能。如曼彻斯特是棉纺工业；布雷德福是绒线呢工业；诺丁

---

[1] Jeffrey G. Williamson. *Coping with City Growth during the British Industrial Revolution*, Cambridge University Press, 2002, P. 23.

[2] Kate Tiller. *English Local History: An Introduction*, Stroud: Alan Sutton Publishing Ltd, 1992, P. 178.

汉是机制花边工业；利物浦是对外输出兰开夏工业区产品、对内输入棉花等工业原材料的窗口，也是切斯特所产食盐、西密德兰所产铁器产品的输出港。

蒸汽动力使得机器工业生产在城市里扩张成为可能。蒸汽推动的棉纺厂1786年出现后很快在曼彻斯特、普雷斯顿等城市推广。1800年，毛纺业也应用了80多台蒸汽机，到1840年，蒸汽机已是西约克郡毛纺厂的主要动力。① 城市拥有纺织生产的最后工序，是18世纪纺织业的核心所在，19世纪蒸汽机时代尤其如此。当然，每个城市都具有服务本地的功能，虽然西北工业区中城市这个功能是第二位的。

伦敦及东南。伦敦工商业部门众多，它拥有许多手工行业为本城众多的消费人群服务，从高档奢侈品制作到日用品生产。也有以其特色产品满足国内外市场需要的工业部门，如丝绸、造纸、酿酒②等轻工业。商业方面，伦敦是全国市场体系的核心，也是最大的外贸港口。它是英国主要的金融中心、当时世界最大的金融中心。伦敦也是特大的社会中心，吸引着国内外的人们。伦敦周边城镇的工商业功能基本是服务伦敦，或是伦敦工商业的补充，也有满足本地需要的功能。

中间地带。中间地带城镇主要是为本地区服务。1700年左右，城市所消费的大部分商品都是本地生产的，到1840年还基本上是由本地生产。③ 城市经济与周围乡村密切相关，周围地区也对城市有强烈的依赖性。城市的经济功能表现在：是周围所产生活品的市场中心；是城乡工业品的市场中心；是商业服务业如银行、交通运输业的中心；城市还是本地的社会中心、知识和文化生活中心；城市又是行政中心，有法院、地方政府，公职阶层日益扩大。④ 由于西北工业区的竞争，中间地带原有的一些特色工业衰落了，如东盎格利亚绒线呢工业和西南部毛纺业。只有少量面向地方市场的手工业继续存在。19世纪晚期，英国工业出现了南移趋势，一些地方再次发展了面向市场的轻工业，如东盎格利亚承接了伦敦转移来的丝织业，萨福克郡根据本地需要发展了农机制造业。⑤ 按有些学者的统计，1841~1911年，若将东南农村视为一个整体，其木器行业在全英占有40%的份额，造纸、印刷和出版行业占44.2%，服装行业占37.8%，工具行业

---

① Barrie Trinder, "Industrialising Towns 1700–1840", in Peter Clark, ed., *The Cambridge Urban History of Britain*, Vol. 2, 1540–1840, Cambridge University Press, 2000, pp. 810–811.
② Ronda Cameron. *A Concise Economic History of the World: from Paleolithic Times to the present*, P. 186.
③ Peter Clark ed.. *The Cambridge Urban History of Britain*, Vol. 2, 1540–1840, P. 806.
④ Richard Brown. *Society and Economy in Modern Britain* 1700–1850, London and New York: Routledge, 1991, pp. 396–397.
⑤ Edward Royle. *Modern Britain*, *A Social History* 1750–1985, London: Edward Arnold, 1988, pp. 36–37.

占 48%，发电机生产占 41.4%，各种服务行业占 40.3%，在所有新兴行业中占 31.9%。[1] 它们还负有将本地农产品转运到伦敦和西北工业区的功能。中间地带的一些沿海港口，不但为本城本地区从事进出口贸易，而且还在一定的规模上为西北工业区进口原材料和出口工业品，因此也与国际市场有一定联系。

二、城市规模

西北工业区。工业发展需要集聚大量劳动力，因此该区域中的城市发展极快：一是城镇数量大大增加；二是形成许多大城市（见表 15-1）；三是乡村城镇化水平较高。城市急速成长与大量人口从农村迁入有关。工厂工资较高，因而吸引了越来越多的劳动力。1750~1850 年，工业城镇的工人生活水平逐步得到了改善。[2]

表 15-1　　　　1801~1851 年英国若干大城市的人口　　　　单位：千人

城市	1801 年	1851 年	增长率（%）	城市	1801 年	1851 年	增长率（%）
伦敦	1 088	2 491	229	利物浦	82	376	459
伯明翰	71	233	328	曼彻斯特	75	303	404
布里斯托尔	61	137	225	设菲尔德	46	135	294
利兹	53	172	325	布雷德福	13	104*	800
纽卡斯尔	33	70*	212	桑德兰	24	53*	221

注：* 为 1841 年数据。

资料来源：Leonard Schwarz, "London, 1700~1840"; and Barrie Trinder, "Industrialising Towns, 1700~1840", in Peter Clark ed., *The Cambridge Urban History of Britain*, Vol. 2, 1540-1840, P. 679, 811, 816. B. R. Mitchell and P. Deane ed., *Abstract of British Historical Statistics*, Cambridge, 1962. pp. 20-27.

1850 年，利物浦和曼彻斯特这两个成长最快的城市分别在欧洲的特大城市中名列第 7 位和第 9 位，仅略低于几个首都城市。[3]

中间地带。农业革命使这里产生了大量农业剩余劳动力，他们必须离开家乡去寻找工作。本地城市工业不发达不需要更多劳动力，所以人口增长缓慢。除了

---

[1] The South-East includes 12 counties near London, see C. H. Lee, "Regional Growth and Structural Change in Victorian Britain", *The Economic History Review*, New Series, 1981, Vol. 34, No. 3, P. 450.

[2] Ronda Cameron. *A Concise Economic History of the World*: from Paleolithic Times to the present, pp. 189-190.

[3] Kate Tiller. *English Local History*: An Introduction, Stroud: Alan Sutton Publishing Ltd, 1992, P. 179.

极个别城市外（布里斯托尔①），很难在这一地带发现大城市。许多城市的重要性已大不如前。17世纪诺里季曾是国内第二大城市，埃克塞特曾是第六大城市，而1801年它们分别下降至第8位和第15位。1851年，这一地带只有布里斯托尔的人口超过了10万人，而西北地区超过10万人的城市多达6座（见表15－1）。

随着毛纺业衰落和乡村工业人口迁出，这一地带许多小毛纺业城镇发展停滞甚至衰落了。例如，格罗斯特郡的斯特劳德、温奇康姆，诺福克郡的沃斯特德（这三个毛纺业城镇笔者曾亲往考察），再也没有以往的名声了。沃斯特德现在只有几百人，基本是个小村庄，一个巨大的教堂耸立在几条低矮的街道中，似乎还在诉说着三四百年前该镇毛纺业兴旺的历史。当工业革命使英国城市化加速时，东盎格利亚却呈相反趋势：1603年城市化率高达26%，超过170多年后英格兰的平均水平（1776年为25.9%），但其1801年的城市化水平却低于1670年（见表15－2和表15－3）。该地区城市数目在将近三个世纪里（1520～1801年）没有增加。

表15－2　　　　　1520～1801年东盎格利亚的城市数目

城市规模	1520年	1603年	1670年	1801年
10 000人以上	0	1	2	4
5 000～9 999人	1	4	5	5
2 000～4 999人	5	5	8	11
2 000人以下	43	40	34	29
城市总数	49	50	49	49

资料来源：John Patten. *English Towns* 1500－1700, Folkstone: Dawson Archon Books, 1978, P. 251; Jan de Vries. *European Urbanization* 1500－1750, London and New York: Routledge, 2007, P. 60.

表15－3　　　　　1520～1801年东盎格利亚人口的城市化率　　　　　单位：%

城市规模	1520年	1603年	1670年	1801年
10 000人以上	0	6	10	15
5 000人以上	4	14	7	16
2 000人以上	12	16	20	21
所有城市合计	c. 25	26	32	c. 30

资料来源：John Patten. *English Towns* 1500－1700, Folkstone: Dawson Archon Books, 1978, P. 251; Jan de Vries. *European Urbanization* 1500－1750, London and New York: Routledge, 2007, P. 60.

---

① 布里斯托尔主要因参与大西洋贸易而受益，同时也成英国西密德兰工业区的对外联系港口之一。因此，它虽处于中间地带，经济功能却是面向全国，包括西北现代工业区。

西南区从1660年到1841年城镇数目没有增加。大部分城市都缓慢发展着，并有几个大港口城市，如布里斯托尔、埃克塞特和普利茅斯等。由于缺乏新兴工业，西南城市也就没有聚集大量人口的能力，城市化进程缓慢。结合表15-4看，西南区1660年的城市化水平（26.3%）高于一个世纪后（1776年）全英格兰的平均水平（25.9%），1801年（36.6%）略高于全英格兰平均水平（35.3%），而1841年（40.4%）则远低于全英格兰平均水平（48.3%）。因而城市地位也急剧下降：1832年议会改革指的"衰败城镇"多为西南区城镇。[1]

表15-4　　1660年、1801年与1841年西南区城市化水平　　单位：万人

项目	1660年	1801年	1841年
城市人口	22.48	49.58	87.87
地区总人口	85.60	135.49	217.41
城市占地区总人口比例（%）	26.3	36.6	40.4

注：包括康沃尔、德文、萨默塞特、多塞特、格洛斯特和威尔特六郡。
资料来源：C. M. Law, "The growth of urban population in England and Wales, 1801-1901", *Transactions of the Institute of Britain Geographers*, 1967, pp. 125-143.

伦敦及周边。伦敦是英国最大的商业中心和国际贸易中心，需要众多人员从事商业及上下游行业。作为首都和英国最大的社会中心，伦敦也吸引来自全国的上层社会人才及其财富，以及大量服务人员。因此，伦敦的人口急剧增长（见表15-5）。它对毗邻地区产生了过度吸力，从周边抽走了人力资源，从而抑制了周围城市的成长。以伦敦为圆心的100英里半径内，不再有工商发达的独立大城市。

表15-5　　　　　　1700~1851年伦敦人口估计

年度	人口	年度	人口
1700	575 000	1821	1 247 000
1750	675 000	1831	1 595 000
1801	900 000	1841	1 948 000
1811	1 050 000	1851	2 362 000

资料来源：Peter Clark ed., *The Cambridge Urban History of Britain*, Vol. 2, 1540-1840, P. 650.

---

[1] 参见马丁·吉尔伯特：《英国历史地图》，王玉菡译，中国青年出版社2009年版，第84页。

三、城市体系

西北工业区。这里每个次级的工业区都有一两个居于核心地位的大城市。兰开夏纺织区有曼彻斯特和利物浦，西莱丁毛纺区有利兹和布雷德福，伯明翰和伍尔夫汉普顿是西密德兰铁煤工业区的中心，"哈兰夏"金属工业区有设菲尔德。东密德兰纺织区中心有诺丁汉、德比和莱斯特。曼彻斯特因其拥有100多个工厂，并为本区2 000多个工厂提供市场而著称。各工业区的次级城市既有工厂，也在较小程度上具有与核心城市一样的面向本地工业的市场功能。①

每个次级工业区的中心城市都是聚核，构筑了地区城市体系，包括多层级和多类型的城市城镇。第一类是工业城市或城镇，都拥有专业化的生产部门，相互间还有生产分工。中心城市是产品精加工或最后完成部门的所在地，也是工业品和原材料集散中心。中小城镇从事各种初级品生产。如兰开夏19世纪初期小城纽切奇，80%的新郎是从事初级生产的织工，布莱克本、罗奇代尔和波尔顿的新郎中织工比例也在50%上下。② 第二类是海港城市。它们为整个工业区腹地出口工业品、进口原材料。西海岸港口利物浦是兰开夏纺织区和西密德兰铁工业区的对外口岸，东海岸赫尔是西莱丁毛纺织区的外港。第三类城市是海滨度假城市。这一类城市多兴起于19世纪早期。普通工人可以在这里度假休闲，使身心得到一定放松。西海岸著名的海滨休闲城市是布莱克本，东海岸的主要海滨度假城市是斯卡博罗。

次级工业区之间城市的经济联系也不少。如西密德兰工业区缺乏海港，因此依靠利物浦或布里斯托尔来与国际市场联结。总的来看，西北工业区城市之间的相互联系在18世纪中期至19世纪初期主要依赖运河系统；19世纪由于铁路网络的建立，其交通运输系统进入新阶段。③

中间地带。虽然这一地带有个别大城市，但不是整个地区的聚核。其城市层级系统与前工业时期颇为相似。每一个郡有郡城，但它不一定是能够构筑本郡城市体系的聚核，只有较大的埃克塞特或诺里奇有所例外，是地方性向心型商贸体系中心。大小城镇之间不存在那种主导—从属关系，相互间只是规模大小的不同

---

① Peter Clark ed., *The Cambridge Urban History of Britain*, Vol. 2, 1540–1840, pp. 814–815.
② John K. Walton, "Proto-industrialisation and the first industrial revolution: the case of Lancashire", in Pat Hudson ed., *Regions and Industries*, *A perspective on the industrial revolution in Britain*, Cambridge and New York: Cambridge University Press, 1989, P. 67.
③ 1850年，英国铁路总长度达到1万公里。B. R. Mitchell and P. Deane. *Abstract of British Historical Statistics*, Cambridge, 1962, pp. 225–226.

而已。它们或许有一定的商业联系,但生产上没有达到分工的程度。

伦敦及周边。伦敦是一个特大城市,周围中小城镇只是它的附属物而已。聚集的人口较多:1831年英格兰拥有155个人口过万的城镇,其中38个在伦敦周围。① 略远一点还有海滨休闲度假地,如南边的布莱顿和东边的马尔盖特。

总之,工业革命和工业化不但是英国城市发展和城市化的根本推动力,而且也因地区分工而决定了城市发展的不同方向。工商业地区城市得到较大发展,是工业化的最大受益者。为工业化服务的商品化农业区,早期发展受到一定限制,因而城市化进程缓慢。但到工业化成熟阶段,商品化农业区却显现出新的优势,不但维持了良好的生态环境,而且开展了乡村改造,村庄逐渐变成宜居城镇,农村居民普遍市民化,人均经济水平不低于城市,全国城市的地理布局更趋均衡。

第二节 工业革命与英国小城镇发展

经济史家弗里斯曾经认为,欧洲城市发展经历了三个阶段:中世纪是萌芽阶段,城镇以军事、行政或宗教功能为主;1500~1800年是巩固阶段,城镇的特点是从政治宗教功能转向经济功能;到18世纪晚期起开始形成现代城市体系,经济文化活动逐渐成为城市的重要功能。② 其中第三个阶段,也就是工业化以后,才开始形成现代城市体系。而现代城市体系的形成,是乡村城镇化的必然结果。

18世纪是英国日益城镇化的时期,1700年英格兰和威尔士的城镇人口不到20%,1801年增加到约1/3。③ 人口不仅向大城市迁移,也向小城镇聚集。18世纪初,英国2 500人以下的小城镇大约有930个,其中英格兰有730个。④

18世纪的城镇化,很大程度上是工业革命的结果。在原工业发达的兰开夏纺织区,棉纺织技术的革新,使得偏僻地区出现了较大的水力纺纱厂与织布厂,一批原工业村庄发展为城镇,原有市镇也得到了发展的机会。蒸汽机应用使工厂摆脱了对水力的依赖,工厂也不必局限在溪流附近,以蒸汽为动力的大工厂出现。

现代工厂是一种全新的生产组织方式,它实行大规模的集体劳动,把大量工

---

① Edward Royle. *Modern Britain*, *A Social History 1750 – 1985*, London: Edward Arnold, 1988, pp. 21 – 22.
② Jan De Vries. *European Urbanization 1500 – 1800*, pp. 255 – 265.
③ Peter Borsay ed.. *The Eighteenth Century Town*, 1688 – 1820, P. 6.
④ Peter Clark ed.. *The Cambridge Urban History of Britain*, Vol. 2, 1540 – 1840, pp. 735 – 736.

人集中到同一个空间。工厂制度从农村分离出一部分人力,也使工业与农业彻底分离,形成全新的职业队伍,乃至于全新的社会组织模式。于是,一些条件优越的工业村庄发展成小城镇,许多原有市镇逐渐变成大城市。

工业革命期间形成了许多各具特色的小城镇。大中小城市均成为吸引劳动力的"磁场"。从工业村庄或市镇而成长为大城市者,吸引力最大,增长率惊人。如著名的五金工业城市伯明翰、棉业都市曼彻斯特,原先都只是仅有几百人的村庄或市镇,在原工业化时期获得了大发展。伯明翰1538年只有1 300人,在原工业化时期的1650年上升到5 472人,但仍然只是一个小镇,50年后则发展到15 032人。1801年,上述两个城市人口均猛增到7万多人,1851年达到了20多万或30多万人。有些地方起步相对较晚,如苏格兰格拉斯哥18世纪末还是一个默默无闻的小镇,棉纺织业发展使其在1831年成为大城市。威尔士首府卡迪夫1801年时仅有6 342人,1851年便成长为拥有26 630人的城市了。也有些原工业化时期较发达的城镇,到工业化时期却陷于停滞状态,如诺里奇、约克和切斯特。从1715~1815年的英国工业地图可以看出,发展中的城镇在英格兰西北部最为密集。① 1811年,西北部小城镇的人口有67.4%居于5 000人以上的城镇里。约克郡、西密德兰等地以往的小城镇有一半以上超过5 000人,到19世纪中叶大多发展为大中城市。

农业区城镇化相对迟缓,如东盎格利亚、西南部地区和东南部地区,人口稀少,小城镇不到3 300人。② 如多塞特、威尔特和什罗普等郡,威尔士的安格尔西、卡那封,苏格兰的奈恩和班弗夏等地广人稀的农业区,城镇网络就很稀疏。③ 1851年后,东盎格利亚乡村只有极少数城镇成长。大多数城镇中,从事商业、金融、行政的人与从事工业的人比例约为2∶1;有的城镇工业元素略大,如塞特福德、萨德伯里;有些则是工业主导,如黑文希尔、霍尔斯特德。后两类城镇1851年后有所发展。第一类城镇由于缺少工业,所以大多衰落了。④

有学者将1 000人以上、拥有基本公共服务的乡村城镇分成四类:一是完全城镇,集中了所有的服务,有牲畜市场及3家以上的银行,有剧院、有报社、中学、本地工业,人口一直增加。第二类城镇只有一两项公共服务,市场小甚至衰落,人口处于1 500~4 000人之间;第三类城镇有牲畜市场,但没有其他公共服务,无剧院、报社,只有一两家银行。通常有一两千居民,1851年后人口一直

---

① 马丁·吉尔伯特:《英国历史地图》,王玉凿泽,中国青年出版社2009年版,第75页。
② Peter Clark ed.. *The Cambridge Urban History of Britain*, Vol. 2, 1540-1840, P. 740.
③ Martin Daunton ed.. *The Cambridge Urban History of Britain*, Vol. 3, 1840-1950, P. 158.
④ R. E. Dickinson, "The Distribution and Functions of the Smaller Urban Settlements of East Anglia", *Journal of the Geographical Association*, Mar 1, 1932, Vol. 17, No. 1, P. 24.

增长。还有一类人口仅一两千的城镇，人口处于衰落中，没有工业，失去或从未拥有过市场。①

在工业革命前，英格兰繁荣的市镇主要集中在农业发达的南部。② 工业革命期间，大批小城镇在英格兰西北部这些原来相对落后的地区崛起，改变了英国的城镇格局。而原来农业繁荣兴旺的东南部在经济中的比重则下降，如东盎格利亚有 1/3 的小城镇衰落了，东密德兰和西南部亦是如此。③ 苏格兰小城镇的发展集中在新兴的格拉斯哥附近。在深度城市化时期，一些中小城镇继续成长为城市。1851 年，43 个万人以下的小城镇中，有 15 个在后来半个世纪里人口超过了 1 万人（见表 15-6），20 世纪前期又有 8 个小镇人口突破 1 万人。

表 15-6　　　　　1851 年、1901 年英国的小城镇人口

序号	小镇名称	1851 年	1901 年
1	阿伯加文尼（Abergavenny）	4 797	7 795
2	阿伯里斯特威斯（Aberystwyth）	5 231	8 014
3	阿士比（Ashby de la Zouch）	3 762	4 726
4	班伯里（Banbury）	4 026	12 072（1881 年）
5	班格尔（Bangor）	9 564	10 662
6	博马里斯（Beaumaris）	2 599	2 326
7	贝格尔斯（Beccles）	4 398	6 898
8	布莱纳文（Blaenavon）	5 855	11 737（1891 年）
9	布伦特里（Braintree）	2 836	5 330
10	布里奇诺斯（Bridgnorth）	6 172	6 052
11	布里姆斯格罗夫（Bromsgrove）	4 426	8 418
12	邦吉（Bungay）	3 841	3 314
13	卡菲利（Caerphilly）	1 117	15 835
14	卡迪根（Cardigan）	3 876	8 014
15	唐宁顿（Castle Donnington）	2 729	2 514
16	切姆斯福德（Chelmsford）	6 033	11 008（1891 年）
17	奇切斯特（Chichester）	8 662	12 224

---

① R. E. Dickinson, "The Distribution and Functions of the Smaller Urban Settlements of East Anglia", Journal of the Geographical Association, Mar 1, 1932, Vol. 17, No. 1, P. 27.
② Peter Clark ed.. The Cambridge Urban History of Britain, Vol. 2, 1540－1840, P. 739.
③ Peter Clark ed.. The Cambridge Urban History of Britain, Vol. 2, 1540－1840, P. 740.

续表

序号	小镇名称	1851 年	1901 年
18	科尔维尔（Coalville）	1 449	2 692（1894 年）
19	迪斯（Diss）	2 419	3 745
20	艾尔（Eye）（Peterborough）	2 587	2 004
21	法肯汉（Fakenham）	2 240	2 907
22	弗林特（Flint）	3 296	4 625
23	欣克利（Hinckley）	6 111	11 304
24	泰晤士畔金斯顿（Kingston-upon-Thames）	6 279	15 263（1871 年）
25	刘易斯（Lewes）	9 097	10 753（1871 年）
26	拉德洛（Ludlow）	4 691	4 552
27	卢特沃斯（Lutterworth）	2 446	1 734
28	马基特波斯沃斯（Market Bosworth）	1 058	659
29	马基特哈伯勒（Market Harborough）	2 325	7 735
30	马尔伯勒（Marlborough）	3 908	3 046
31	梅尔顿莫布雷（Melton Mowbray）	4 391	7 454
32	莫尔德（Mold）	3 412	12 237（1871 年）
33	北沃尔舍姆（North Walsham）	2 911	3 981
34	珀纳斯（Penarth）	105	11 103
35	赖盖特（Reigate）	1 640	15 916（1871 年）
36	里士满（Richmond）	9 065	15 113（1871 年）
37	罗姆福德（Romford）	3 791	13 656
38	罗思赛（Rothesay）	7 104	9 378
39	斯托马基特（Stowmarket）	3 161	4 162
40	士瓦福汉（Swaffham）	3 858	3 371
41	斯云顿（Swindon）	4 876	11 720（1871 年）
42	伍德布里奇（Woodbridge）	5 161	4 640
43	恩尼瑟布尔（Ynysybwl, Wales）	4 000（1891 年）	

资料来源：Martin Daunton ed.. *The Cambridge Urban History of Britain*, Vol. 3, 1840-1950, pp. 154-155.

在城镇化进程中，小城镇人口在全国人口中的比例先升后降，与农村人口比例不断下降不同。工业革命前的 1750 年，英国只有 7%~8% 的人居住在小镇。100 年后的 1851 年，小城镇人口上升到 15.5%，也就是说，大约有 276 万人居住在923个小城镇里。但到1901年，小城镇人口所占比例则下降为9%。①

从数量上看，英国城镇数变化不大，1851年全英有923个小城镇，但并不比一个半世纪以前多。原因不难分析。虽然有许多居民点或工业村庄变成小镇，小城镇数量有所增长，但由于城市扩展形成了城市连绵区，许多小镇成为大中城市的一部分。新的小城镇虽有出现，但有些小镇被大城市吸收，如伦敦市区扩大就把原来许多小镇囊括了进去，人们熟知的格林威治原来只是一个村庄，后来成为小镇，再后来成为"大伦敦"的有机组成部分，这就减少了小城镇的数量。所以，总体上英国小城镇数量与规模一直保持着大致相当的水平，并非猛然增减。

工业革命后英国城镇数量在动态上维持平衡，但在本质上发生了巨大变化。

小城镇的区位与布局发生了根本变化。在农业社会时期，小城镇的地理布局与农业国家的经济重心相一致。农业发达的东南部，小城镇也同样发达，所以工业革命前，繁荣的小城镇主要集中在英国东南部。19世纪上半叶，由于工业革命、交通运输革命和城市化运动，英国的经济重心转移到西北部，小城镇布局与重心也发生了变化。西北山区原先那些无足轻重的小城镇迅速成长，尤其是工业小镇崭露头角；而位于传统农业区的小城镇则相对衰落。17~18世纪，人口更少的小城镇占主导地位，如17世纪末绝大多数小城镇人口在2 750人以下。工业革命改变了这一点，从1811年到1851年，3 300人以下小城镇人口由占67%下降到36.7%，5 000人以上小城镇人口则由18.8%增长到33.6%。②

小城镇传统的市场和服务作用继续存在和发展。在农业时代，城镇宛如乡村汪洋中的孤岛，同时又像磁场一样吸引着人口的聚集、市场的交易，为周围的农业腹地提供农产品和手工艺品交易的场所，为乡村提供各种服务，它们是一定交通半径内人和物的集散地。由于人口定期汇聚，城镇自然发展出一定的社交功能，设有酒吧、旅店、杂货铺甚至教堂这些不可或缺的设施。小城镇的集市功能从中世纪以后就比较明确，如19世纪英国作家哈代的《卡斯特桥市长》所描述的，卡斯特桥小镇就是主要农产品——干草和粮食交易的场所。小城镇还充当联系乡村社会和城市社会的桥梁，城市与乡村的联系中介，沟通乡村和城市经济生活的重要渠道，乡村和城市生活方式的交汇点和结合部。③ 对1850年的386个小镇进行分析，发现在工业不太发达的地区，以市场交易为主的城镇占比较高，如东盎格利亚是76.8%，东密德兰有91.8%，而西南部有84.7%的小城镇退化成了市镇，比18世纪末多一倍。④ 北部、西北部小城镇则主要是制造业和矿业。

---

① Martin Daunton ed.. *The Cambridge Urban History of Britain*, Vol. 3, 1840-1950, pp. 159-160.
② Peter Clark ed.. *The Cambridge Urban History of Britain*, Vol. 2, 1540-1840, pp. 740-741.
③ 刘景华：《城市转型与英国的勃兴》，中国纺织出版社1994年版，第83页。
④ Peter Clark ed.. *The Cambridge Urban History of Britain*, Vol. 2, 1540-1840, P. 761.

工业化促进了小城镇经济的多元化发展，即在传统的市场服务外，又增加服务业、港口和工业等。一份对325个小城镇经济功能的调查显示，有一多半的小城镇是多元化的，有市场、服务、工业、港口等经济要素；在西密德兰和西北部，超过2/3的小城镇经济多元化。而在传统农业区，如东密德兰只有不到22%的小城镇有较多经济要素，其余大多是功能单一的市镇。在东盎格利亚，3/4的小镇是市镇，也有些是港口，仅有一两个工业中心；相反，西北部小城镇中3/4以上是工业城镇，只有约1/8是单一市镇。东南部则保持了一批功能各异的集市、港口、服务业和制造业中心。① 在西密德兰和北部工业区，大城市周围簇拥着一批工业小城镇。金属制造业在伍斯特郡和沃里克郡推广开来，斯塔福德郡的莱姆河畔纽卡斯尔成为一群专业小镇的中心，花边织造业则集中在考文垂地区。兰开夏创造了一些棉织业城镇，如伯恩雷和布莱克本，还有一批矿业城镇，如普雷斯科特和沃灵顿。一般而言，大城市生产昂贵的高档产品，而附近小城镇则生产廉价的低档产品，或为大城市进行某几道初级工序，或生产某种半成品。

有些小城镇进一步伸展服务功能。最初的服务业，只是小城镇市场交易的副产品，随着工业化和城镇化进程的加快，对现代服务业的需求增多，于是专长于服务的小城镇成长起来。有些城镇成为时尚的社交城镇，为乡绅和专业人士提供系列服务，如新住宅、报纸、自来水、赛马场、集会厅、保龄球场、杂货铺等。贝弗利、利奇菲尔德、沃里克、勒德洛和斯塔福德都是18世纪的社交中心。如60年代，勒德洛10%的家庭是绅士和专业人士，为其服务的餐饮业占14%。许多市镇也拥有社交设施，如戏剧、舞会、音乐会、俱乐部等。如同大城市一样，淑女们参与小镇舞会，以逃避乡村的单调、乏味、沉闷。如东盎格利亚约十来个小镇，轮流举行舞会与音乐会。彼得伯勒、波士顿等市镇，则汇聚着各种学术沙龙团体，北安普顿郡和牛津郡有园艺盛会和歌咏比赛。18世纪末，英国小城镇中大约有60个学友俱乐部和文学社团，特别集中在密德兰地区。1781年，至少有50个小城镇举行赛马，这是当地的重大社交场合。许多温泉和海滨城镇是休闲中心，它们或是新兴城镇，如巴克斯顿、哈罗盖特和马尔盖特，或是从原先的小镇发展而来，如切尔滕纳姆、马特洛克。不过，工业化早期休闲小镇的发展还很有限，直到19世纪30年代汽船与火车时代才为其腾飞创造了条件。地区间的差异亦日益彰显，在工业地区，如密德兰、约克郡、北部、西北部的城镇充满活力，并结成体系；苏格兰低地、威尔士南部也如此。而农业区小镇则走向衰落。②

可见，工业革命时代英国小城镇的经济功能基本上超越了单纯的市场集市，

---

① Peter Clark ed.. *The Cambridge Urban History of Britain*, Vol. 2, 1540–1840, P. 761.
② Peter Clark ed.. *The Cambridge Urban History of Britain*, Vol. 2, 1540–1840, P. 763.

经济的多元化推动了小城镇发展。小城镇既继承了历史遗产,继续其乡村集市身份,为乡村提供交易和社交场所;或者发扬传统的休闲服务功能,为更多的士绅及专业人士服务;同时又发展出新的经济因素——工业,从而发展出一批工业小镇。不过,各个城镇中这几种经济功能并非截然相分的,而是交叉覆盖,如市场功能与港口功能、服务功能与工业功能可能汇聚在一个小城镇里。从发展趋势来说,小镇的经济作用主要仍然是市场中介,但已趋向于经济多元化。

工业革命期间,英国小城镇经历了各自的兴衰成败。首先,社会转型给小城镇的生存与发展提出了挑战。工业革命使英国从农业国向工业国转变,从乡村国家向城市国家转变,这是一个大的转型。对小城镇而言,由依靠农产品交易生存到依靠工业来支撑,是一个必然选择。由于农业在经济中地位的下降,乡村集镇便失去了原先的优势。在纯农业区,农业收入减少降低了农民的购买力,廉价工业品竞争使传统手工艺日趋没落,交通运输改善使产品交易的范围扩大,许多小城镇因此生计维艰。从某种意义上说,小城镇是依赖乡村发展起来的。但从18世纪末起,继续依赖乡村腹地的小城镇遭遇发展"瓶颈"。乡村工业衰落等导致乡村贫困增加、需求萎缩、乡村农民涌入城镇;而乡村绅士们则宁愿待在新筑的乡间大宅里,或借着便利的交通,去更时髦的城市乃至国外休闲。不少小城镇还面临中上层人士的离去。19世纪30年代后,小城镇的地主和富裕的专业人士纷纷移居城市,因此许多传统小镇,尤其是英格兰南部和威尔士中部、北部和苏格兰一些地方,陷入漫长的衰退之中。[①] 能够认清这种转型的传统小镇,适当地改变战略,将经济重心由农产品交易市场转向工业,那么其生存和发展就有了可能性。

其次,小城镇还面临着大城镇的竞争与压力。工业化发展到一定阶段时,生产的集中与专门化不可避免,生产的地区性集中给小城镇发展带来了机遇与挑战。一方面,18、19世纪工业发展使得许多工业村庄壮大起来成为小城镇;使许多小城镇经济繁荣;还有不少依托大城市发展自己的特色工业,由此成长为城市,跨越了小城镇的界限。另一方面,由于工业发展趋势向大城市集中,在市场、信息、人才、技术、资金等方面,小城镇无法与大城市竞争,所以大城市附近的小镇也须寻找自己的生长点。那些位于工业区边缘的小镇更脆弱,如西莱丁一些纺织业城镇,19世纪二三十年代就陷于衰落。远离工业区域的小镇面临的挑战更大,如远离西密德兰工业中心的小城图克斯伯里,其针织业就停滞不前。即使在工业区域里,如果小城镇不及时采用机器也可能被边缘化,如兰开夏波尔顿在20年代陷于停顿,阿瑟斯顿也因花边业等集中在考文垂等地而遭受打击。

---

① Peter Clark ed. , *The Cambridge Urban History of Britain*, Vol. 2, 1540 – 1840, pp. 772 – 773.

小城镇经济还面临多种挑战。如交通便利与否是小城镇能否可持续发展的重要条件,因此在"运河热"和"铁路热"中,许多小城镇都把运河与铁路线建设作为重大的发展契机。对铁路潜力的认识,传统的南方与工业的北方反应是不同的,所以第一波的"铁路热"有着强烈的地区性。到 1840 年,在西密德兰,在伦敦周围诸郡,2/3 的小镇有铁路,萨里郡 94% 的小镇有火车站,而东盎格利亚却有一半以上、诺福克有 2/3 以上小镇无铁路可通。19 世纪以前,只有极少的运输中心,如运河城镇斯托尔波特等。到 19 世纪 50 年代,运河城镇开始为铁路枢纽中心所取代,如白金汉郡的沃尔弗顿和斯温顿。斯温顿原本趋向衰落了,但 1840 年变成大西部铁路车厢生产中心。交通运输变革同时也是把"双刃剑"。它为小镇提供了交通运输便利,为人们的市场活动创造了更大的活动半径,从而使得某些小镇衰落,某些小镇成长。小镇的布局与人们的旅行半径相关。在农业时代,小城镇的位置大致在人们一天步行路程半径内。而火车等交通工具的普及,运河又方便了大件物品的运输,因此人们的活动半径扩大了,这对小城镇的兴衰产生了重大影响。马车的改进减少了旅途中停顿的次数,这对位于交通要道上、主要以客商为服务对象的小城镇有着负面影响。火车的普及对一些小集镇而言,更非福音,因为火车增加了货物与人员的快速往来,使某些小镇陷入困境,一些较大的小城镇则能获益。

最后,英国小城镇在工业革命期间的兴衰,说明了小城镇经济专业化与多元化是必然趋势。小城镇处于大城市与乡村的夹缝之中,要生存下去,必须要有自己的特色,要在某方面有超出大城市之处。传统市镇经济的单一性,决定了其在工业社会竞争中的弱势地位,如果不能发展特色,那么其生存与发展往往会有更大危机。但也不是有特色小城镇就能长盛不衰。小城镇必须适时进行技术更新,保障自己可持续发展。如 18 世纪末英国传统的手工业受到机械化冲击时,能否及时进行技术改造或发现新的增长点就至关重要了。东盎格里亚纺织小城镇陷于衰落,就在于没有及时转移到机器大生产上。那些能适当进行调整的小城镇,就可能把衰落转变为发展动力。如苏塞克斯一些小镇在失去传统服装业优势后,转向丝织业,承接伦敦因高成本而转移的丝织业。同样,趁着大量工业从伦敦向外转移,贝德福德郡的小城镇专业化生产得到了发展,如卢顿等地的制帽业。[①]

在现代化过程中,小城镇始终是联结大城市和农村的纽结点。工业化和城市化对英国小城镇既是挑战又是机遇,许多新技术出现,既可能冲击小城镇发展,也可能给小城镇提供新的机会。

---

① Peter Clark ed.. *The Cambridge Urban History of Britain*, Vol. 2, 1540 – 1840, P. 751.

第三节　遍布各地乡村的特色城镇

　　工业化开启了城市发展农村衰微的城市化进程。19世纪中叶初步实现城市化后，英国城市的数量、规模仍不断扩大，逐渐向高度城市化国家发展。一方面有繁华大都市，另一方面有与广大乡村紧密连接的众多小城镇。这些乡村小城镇逐渐形成了各自的发展路径，塑造了各自的特色。

　　工业革命促进了专业性小镇异军突起，尤其是在工业革命各地区。

　　南威尔士格拉摩根郡的梅瑟蒂德菲尔镇，得益于丰富的煤铁矿资源。对威尔士无烟煤的需求，使格拉摩根郡人口在1801~1851年增长了227%，1861~1911年增长253%[①]，梅瑟借此而发展起来。虽然梅瑟历史悠久，但中世纪只不过是一个村庄而已。直到工业革命时期，其丰富的煤铁矿石资源才促使它真正向工业小镇发展。工业革命进行到金属制造和重工业阶段后，对铁的需求量增大，使富含铁矿的梅瑟炼铁业大举扩展。工业革命高潮时，该地拥有4个世界级大铁厂，一度是世界上最高效的铁制品生产地。1844年，其中一家铁厂就输出5万吨铁轨，用于铺设西伯利亚铁路。随着梅瑟工业的发展，铁路公司修筑了与港口等地的铁路线，把当地的煤矿、铁厂与外部世界联结起来。由于重工业的属性，这里的工人都是体力劳动者，当时的英国史学家托马斯·卡莱尔（1795~1881年）曾悲怆地描述他们在满面尘土与汗水中煎熬地劳动。采矿与炼铁需求的是男劳动力，因此吸引了许多外来男性移民。1851年，梅瑟蒂德菲尔20岁以上的35 093个成年人中，本镇出生的只有9 120人（25%），只有4 146人来自本地区格雷摩根郡，其余21 827人来自郡外。[②]梅瑟很快成长为工业小镇。

　　位于卡迪夫与梅瑟中间的恩尼瑟布尔开发较晚，一直被称作煤村。该村比较偏僻，位于小山谷中，但它实际上也是一个小镇。1884年，海洋公司启动这里的煤矿开发，在附近建起300所新矿工连排住宅。随后火车支线通达。顶峰时期，煤矿直接雇用了1 500人，附近还有六七千人直接或间接靠煤矿谋生。1891年，小镇人口增至4 000人，新移民来自威尔士各地。男性的主要职业是矿工，

[①] Brinley Thomas, "The Migration of Labour into the Glamorganshire Coalfield (1861–1911)", *Economica*, 1930, No. 30, P. 277.

[②] Brinley Thomas, "The Migration of Labour into the Glamorganshire Coalfield (1861–1911)", *Economica*, 1930, No. 30, pp. 276–277. 近年播放的美剧《倾听心灵》（When calls the heart）《波尔达克》（Poldark）都是描述有关煤矿小镇的历史与生活。

约占 3/4。①

莱斯特郡西北部市镇科尔维尔也成了煤矿业城镇。它是工业革命的产物，是莱斯特郡北部煤矿区中心，今天是莱斯特郡西北区的行政管理治所。该地源于一个叫长街的农业小村庄。1822 年发现了煤矿，深层煤矿开采技术奠定了它的发展基础。当地工程师威廉·斯滕森启动深矿采煤，同时也开始采石场、纺织、面粉、制砖、机械业等，如火车车厢制造业，他因此被尊称为"科尔维尔之父"。不过，直到廉价铁路的修筑，科尔维尔才真正开始了经济转型。1832 年，莱斯特郡第一条铁路莱斯特—斯温宁顿铁路开通，1833 年抵达科尔维尔，可把煤炭廉价运到莱斯特市场。1845 年铁路延伸至特伦特河上伯顿，科尔维尔处于莱斯特与伯顿间的通道上。大量的煤炭运输促进了它与纽尼顿和拉夫伯勒相连接的铁路建设。

时人这样描述科尔维尔的发展速度：1833 年 11 月 16 日的《莱斯特编年史》称，"由于铁路和新煤矿，20 年前每英亩不值 20 英镑的地，现在以 400～500 英镑出售，用来建筑开发。高高的烟囱，地上的无数建筑，大大改变了本地面貌。我们听说人们打算称这块新垦殖地为'Coalville'（意为煤镇），真是恰如其分的名字"②。到 19 世纪中叶，该镇已经稳固地确定了其地位，1851 年已有 1 449 人。③

再看 1851 年莱斯特周围其他几个小城镇：阿什比和马基特哈伯勒是传统市镇，鲁特沃斯也是较为传统的乡镇，仍有 16% 的居民以农业为生，但有 46% 的人从事服务业，包括商业、工业、行政和文化活动。它的星期二集市有着悠久历史。④ 拉夫伯勒也开始工业化了。在低档消费品方面，郡城莱斯特只能吸引约 1/3 本城的人，而那些小镇却能吸引乡村 3/4 的消费者，说明小镇仍然充当了传统的城市—乡村间中介的角色。⑤

莱斯特西南市镇欣克利也是一个相对传统的小镇，是莱斯特郡仅次于拉夫伯勒的第二大城镇。其历史可以追溯到萨克森时代。在 17 世纪发展了针织袜工业，内战期间是双方争夺的对象。18 世纪末，欣克利镇有 1 000 台织袜机，毗邻的村庄也有 200 台，其中多为欣克利镇的老板所有。⑥ 19 世纪初的最大工业是袜子生

---

① D. Gilbert, "Community and Municipalism: collective identity in late – Victorian and Edwardian mining towns", *Journal of Historical Geography*, 1991, Vol. 17, No. 3, P. 262.

② J. A. G. Knight, "The Naming of Coalville". *The Leicestershire Historian*. Leicestershire Local History Council. 3 (1) 1982 – 1983, pp. 13 – 14.

③ S. A. Royle, "Aspects of nineteenth-century small town society: a comparative study from Leicestershire", *Midland History*, 1979, Vol. 5, No. 1, P. 51.

④ Martin Daunton ed.. *The Cambridge Urban History of Britain*, Vol. 3, 1840 – 1950, P. 160.

⑤ Martin Daunton ed.. *The Cambridge Urban History of Britain*, Vol. 3, 1840 – 1950, P. 161.

⑥ Peter Clark ed.. *The Cambridge Urban History of Britain*, Vol. 2, 1540 – 1840, P. 757.

产（莱斯特生产长袜），但这种传统针织袜业也从19世纪初开始衰落。第一次人口普查时，它已有5 158人，但20年后只增长了1 000人左右。卢德运动就是在这里首先发动的。1899年建立起乡村医院并成为主要建筑。"二战"后袜子业逐渐衰落，20世纪中下叶主要进行房地产开发。

莱斯特郡东北部市镇梅尔顿莫布雷最早是撒克逊人的定居点之一，紧靠艾河和雷克河。它是莱斯特郡东北畜牧区的市场中心和农业服务中心，而且还是当时的"猎狐大都市"——狩猎区中心，镇上曾有许多马厩，从18世纪晚期起，它靠给猎狐活动提供服务而获得较多财富。[①] 故其服务业如烹饪业较为发达，尤其是猪肉馅饼和斯蒂尔顿奶酪（世界三大蓝奶酪之一）扬名不列颠，被誉为"农村食物之都"。此外还有酿酒、制革业和牛市。19世纪50年代末，这里接通了铁路。

将莱斯特郡这三个小城1851年的职业结构进行比较（见表15-7），可清楚地看到其特色所在：煤业小镇科尔维尔的第一产业比重最高（66.53%），而擅长织袜的欣克利第二产业占有绝对优势（75.78%），"猎狐大都市"梅尔顿莫布雷的服务业人口占有较大比例（52.68%），其中仆役占15.10%，还有14.63%的商业服务人员。因此三个小镇代表三个产业的特色一目了然：科尔维尔是煤业小镇，欣克利是织袜业小镇，梅尔顿莫布雷是上流社会休闲娱乐的狩猎小镇。

表15-7　　　　　1851年莱斯特三个市镇行业构成　　　　　单位：%

项目	产业	行业	科尔维尔	欣克利	梅尔顿莫布雷
职业结构	第一产业		66.53	3.94	10.58
		矿业	65.13	—	—
		农业	1.40	3.94	10.58
	第二产业		17.84	75.78	26.04
		纺织业	10.42	67.91	11.62
	第三产业		14.23	14.42	52.68
		贸易	4.00	5.70	14.63
		专业人员	2.40	2.20	6.54
		仆役	5.40	4.30	15.10
		马夫	—	1.80	5.71

[①] S. A. Royle, "Aspects of nineteenth-century small town society: a comparative study from Leicestershire", *Midland History*, 1979, Vol. 5, No. 1, P. 51.

续表

项目	产业	行业	科尔维尔	欣克利	梅尔顿莫布雷
职业结构	其他		1.40	5.86	10.70
		劳工	0.8	1.6	3.7
		乞丐	0.4	2.9	2.1
		领救济金者	0.2	0.4	3.9
迁移模式	人口中的移民百分比		80.22	29.79	50.97
	平均"迁移"距离（公里）		32.72	42.48	46.83
	人口		1 449	6 111	4 491

资料来源：Martin Daunton ed.. *The Cambridge Urban History of Britain*，1840–1950，Vol. 3，P. 159；S. A. Royle. *Aspects of nineteenth-century small town society*，Midland History，1979，Vol. 5，No. 1，P. 58.

再者，几个小镇的人口增长在很大程度上依赖于外来移民。不过，对移民的依赖程度也有差异：矿业小镇科尔维尔人口中移民比例最高，占80.22%；休闲小镇梅尔顿莫布雷的移民占一半左右，为50.97%；只有欣克利的移民比例偏低，不到1/3。若考虑移民"迁移"距离，则表现出另一种特色，那就是矿业小镇科尔维尔主要吸引附近的移民，其平均迁移距离最短，只有32.72公里；梅尔顿莫布雷的移民籍贯距离最远，平均46.83公里；欣克利稍近，为42.48公里。若再考虑1851年的人口数量，那么可以看出，移民比例最低的欣克利人口最多，已达6 177人，似乎说明了人口基数大的小镇，可以自我满足对劳动力的需求，或者说其织袜业正在走向衰落，小镇已没有多大吸引力；而煤炭小镇科尔维尔原有人丁少，发展势头又处于上升期，需要大量劳动力，因此吸引了附近许多移民前来；梅尔顿莫布雷的本地人与外来移民正好对半分，参照其休闲小镇的性质，特别是猎狐这样的特殊娱乐，估计虽有发展的空间，但似乎也不是太大。

埃塞克斯郡的切姆斯福德是一个相对传统的小镇。它有着悠久的历史，早在1218年就获得了郡城的地位。直到19世纪初，切姆斯福德仍是一个农业市场和服务中心、休闲与管理中心。其在19世纪上半叶的人口增长相对平缓，拥有充满活力和扩张力的传统手工业经济。据1841年职业情况的考察（见表15-8），切姆斯福德几乎完全缺乏现代制造业，农业也低于全国水平，反映小镇在工业化进程中步伐相对缓慢。不过在手工业方面，男性手工业从业率超过全国水平，女性却又大大低于全国水平，这似乎说明此地手工业可能仍然偏于传统；一般劳工远高于全国水平；女性从事家政服务的百分比（79.7%）远高于全国水平，似乎说明了该镇女性择业的范围极其狭窄，这与此地缺乏现代制造业可能有着强大关联。

表 15-8　　　　1841 年切姆斯福德男女两性职业情况　　　　单位：%

序号	职业	切姆斯福德 男	切姆斯福德 女	英格兰和威尔士 男	英格兰和威尔士 女
1	现代制造业	1.0	0	17.4	16.6
2	农业	9.3	1.7	28.8	3.9
3	建筑	11.9	0	8.1	0.1
4	交通运输	1.5	0	3.4	0.2
5	一般劳工	12.9	0	7.1	0.8
6	家政服务	3.6	79.7	5.4	55.7
7	公共服务与专业人士	7.7	6.8	5.5	3.1
8	手工业	51.8	11.9	24.4	19.6

资料来源：Neil Raven. Chelmsford during the Industrial Revolution, c. 1790 – 1840, *Urban History*, 2003, Vol. 30, No. 1, P. 47.

　　工业化也使一些小城镇衰落为村庄。仅在英格兰，到 19 世纪中叶大约有 100 多个小城镇沦落为村庄，其中大部分在东盎格里亚。如诺福克的梅瑟沃德，在查理一世统治时获得了开办市场的权利，成为一个市镇，但到 1830 年时衰落为一个"大村庄"；而萨福克的梅德尔汉也从一个市镇变成了一个"居民主要从事农业"之地；鲁格希尔本是小有名气的市镇，随后也"仅仅是个村庄"。苏格兰和威尔士一些小镇也遭受了类似命运。

　　此外也有一些其他类型的小城镇崛起。由于运河、公路及铁路的发展，一些位于交通要道上的居民点转变成小城镇，如内陆的斯托尔波特和沃尔夫顿，水滨的船坞城镇希尔尼斯，还有一些休闲城镇如坦布里奇·威尔斯①、巴克斯顿、利明顿和哈罗盖特。② 这些城镇的发展主要得益于得天独厚的区位优势。1901 年，英格兰和威尔士有 249 个海滨休闲胜地，其中威尔士占 57 个，占总数的 23%。而当时威尔士人口为 117.5 万，仅占英格兰威尔士总人口（3 261.2 万）的 5%。③

　　康沃尔郡的鹿港是一个颇具传统特色的滨海古镇，有着 200 多年度假胜地的历史。这里地处不列颠岛南海岸线上，曾是英国重要的渔业基地，特别是沙丁鱼港口。在政治上，早在 12～13 世纪它就获得了自治镇地位。在政治上是两个独

---

① 1766 年，有人描述坦布里奇·威尔斯"现在成了一个时尚繁荣的村庄"，"由 4 个小村庄构成了一个较大的城镇"。T. B. Burr. *The History of Tunbridge Wells*, London：1766, pp. 98 – 99, P. 103.
② Peter Clark ed.. *The Cambridge Urban History of Britain*, Vol. 2, 1540 – 1840, P. 739.
③ 参见 *Seaside Watering Places：A Description of Holiday Resorts on the Coasts of England and Wales…Season 1900 – 1901*, London：Upcott Gill.

立的自治镇,虽然总共只有 10 个选民,却在英国议会一度拥有 4 个议席,是 19 世纪议会改革中所谓的"腐败选区"之一。经济上,19 世纪它逐渐依赖于物资运输业,如石灰、白沙、铜矿、花岗石等,还开挖运河、修建铁路来增加运输能力。1853 年,鹿河上修筑起一座七孔桥连接小镇东西两部分。东镇有渔港、购物中心和沙滩;西镇清静一些,但也有商店、餐馆、旅馆等。它曾充当某种军港的角色,提供船只和船员等。19 世纪晚期,伴随着休闲业的发展,该镇以其独特的双子镇、港外天然的鹿岛、优美的海景,开发出海景旅游业务。绝大部分房屋修建在东西两镇的小山坡上,建筑错落有致拾级而上,与山景、海景融为一体。狭窄街道旁许多朴实的现代新建筑,与乡村田园式的古巷古道交织在一起,半山腰的白色小教堂与东镇的石质木顶博物馆(曾经是市政厅/地方法庭,也作过监狱)一起构成了小镇公共生活的场所。18~19 世纪曾是"走私天堂"的鹿岛,在 20 世纪下半叶成为一对阿特金斯姐妹的家园,给它平添了许多美丽温馨的色彩。①

随着英格兰西北部以及密德兰的工业化,威尔士的海滨成为休闲度假之地,一批小型甚至微型的休闲城镇在威尔士海岸线发展起来,特别是兰迪德诺、普利斯坦丁、里尔、阿伯里斯特威斯、巴里、滕比和珀纳斯等。

兰迪德诺位于面向爱尔兰海的一个半岛上,这是一个古老的城镇,除了农业和渔业外,还一直以铜矿开采著称,1847 年时人口达到千人。1848 年开始向海滨休闲度假地发展,1857~1877 年的发展最快,再加上有铁路相连,因此成为维多利亚中期重要的度假目标地,获得了"威尔士海滨休闲胜地王后"的美誉。普利斯坦丁也是从渔村发展起来的。19 世纪,"阳光明媚的普利斯坦丁"以沙滩、清澈的海水、海滨漫步而著称,符合那时城镇人口海滨洗浴的需要。普利斯坦丁以西的一个海滨胜地叫里尔,也是维多利亚时代的优雅海滨休闲胜地。威尔士中部的阿伯里斯特威斯是一座历史城镇,也是著名的海滨休闲城镇,早在 1767 年就经常有游客光顾,享受海水的益处;1864 年铁路相通;1869 年皇家码头开放那天,吸引了 7 000 名游客。这里一度被称为"威尔士的比亚里茨",由此兴建了大批旅馆。威尔士南部的巴里原来只是一个村庄,1871 年只有 21 座房屋,人口刚过 100 人。由于卡迪夫无法承担大量的煤炭运输任务,因此修建了铁路,并在 1884 年兴建巴里码头,1889 年开始启运,从而快速发展起来,"一战"前是世界上最大的煤炭港口。由于便捷的铁路线,这里也成为一个海滨休闲场所。滕比是一个有城墙的海滨城镇。珀纳斯则被称为"滨海花园",是一个热闹的度假地。

---

① Old Guildhall Museum and Gaol, http://www.eastlooetowntrust.co.uk/looe-museum.php, https://www.cornwalls.co.uk/Looe, 2017/2/1.

第四节 城乡发展与治理模式变革

随着城市化进程和城市等级体系的形成,也就产生了对不同城市/城镇的管理问题。英国从郡级、城市到城镇和乡村的管理机构都逐渐经历了变革。

郡级层面。1888 年英国地方政府改革,在英格兰和威尔士设 62 个郡和 61 个郡自治市。把城市分成两类:一类是 5 万人口以上完全自治的郡自治市(county borough);另一类是自治权力有限的非郡自治市。郡自治市是独立于郡议会的自治市或城市,与郡完全平级。这种改革确认了原来属于郡的大城市独立出来,当然也有城市原本就是独立于郡的。讨论这一改革法案时,最初建议创立 10 个郡自治市,主要是那些原有的郡级大城市,如布里斯托尔、赫尔、纽卡斯尔、诺丁汉,也有原来不是郡级的城市如伯明翰、布莱德福德、利兹、利物浦、曼彻斯特和设菲尔德。最终法案确认的是,除原来的郡城外,新增的郡自治市需要 5 万以上的人口。这样,英格兰共设立了 61 个郡自治市,一些虽没有达到 5 万人口总量要求的城市也获得了郡自治市地位,如以古罗马浴场著称的历史文化名城巴斯、工业革命发源地之一达德利、大学城牛津、宗教城市坎特伯雷等。

在城市管理层面,1835 年有关城镇自治机关的法案中规定,在 178 个城镇里,取消 200 多个陈旧过时的市政自治团体,用选举产生的城市政府取代旧的市政;废除市政官和法院的职权,将司法权交给治安法官和郡法庭,城市实现司法权和行政管理权分离;市府财政公开,市政收入必须用于当地居民,增加市府财政及透明度,杜绝腐败现象;地方政府可以制定必要的法规;市议会的讨论公开,允许公众旁听。自由、公开、民主的城镇政府取代了封闭的旧式城镇寡头的统治,打破了城镇寡头对城镇的行政控制。

不少传统的乡村也已新形成城镇化区域,因此到 19 世纪末,除了已有的城市/城镇外,在广大乡村设立了城镇区和乡村区,给城乡不同的发展机会。英格兰乡村的城市化地区被划为城镇区,余下的传统乡村地区则成为乡村区。1894 年讨论有关地方政府改革的法案时有人说,"在我们的城镇区,据上次数据,每平方英里平均人口是 4 000 人,而乡村区是 158 人。在很大程度上,城市政府机构早已建构,在所有方面对我们的大城市/大城镇而言,除了一两个例外,几乎没有多少改善的空间。在我看来,那些大的城市政府已经做了最好的工作……人们满意,因此本法案可以不考虑大城市。由此,我来处理专门事关乡村区的问题"[①]。因此从某种意

---

① Local Government (England and Wales) Bill, HC. Deb 21 March, 1893, Vol. 10, c684.

义上说，在原有的乡村地带分别划分出城镇区与乡村区，正是从一个侧面确认了英国农村城镇化的发展程度。

1875年《公共卫生法》在英格兰和威尔士建立了卫生区（sanitary districts），成为最早承认乡村城镇化发展的表征。卫生区事实上划分成城市卫生区和乡村卫生区两种。其中城市卫生区的来源复杂多样，基本是原来各种类型的地方政府机构，包括按1835年关于城镇自治机关法案管理的自治市、按议会私人法令构建的任何改善委员会区、按《1848年公共卫生法》或《1858年地方政府法》构建的任何地方政府区。当时大约有225个自治市、575个地方政府区、50个改善委员会区被指定为城市卫生区。严格地说，卫生区还不是完全意义上的地方政府机构，也许可以看作处理卫生事宜的准政府机构，或者是地方政府的雏形。

相比之下，19世纪90年代设立的城镇区和乡村区则是英国完全意义上的地方政府单元了，实际就是乡村城镇化的具体体现。当然，这个单元的出现也经历了一点波折。早在讨论1888年《地方政府法》法案时，就曾提出了在郡下设城镇区（urban districts）和乡村区（rural districts）的二级地方政府机构，用当时存在的卫生区作为划界标准，设立区议会作为管理机构。但这种想法当时没有成为法律。这个任务是由1894年《地方政府法》完成的。

1894年地方政府改革，在郡级之下，除那些按1835年关于城镇市政自治机关法案设立的自治市作为城镇区的特殊类型外，还把那些没有获得自治地位的城镇变成城镇区，与自治市有着类似的权力。在英国人的话语体系中，自治市这个头衔要比城镇区感觉更有尊严且更好听一些，因此有许多城镇区申请获得自治市的地位，获得了成功，虽然其权力并不会相应增加。

这样，1894年的地方政府法结束了英格兰和威尔士的卫生区设置，被更一般的城镇区和乡村区所取代。自由党议员亨利·富勒（1830~1911年）指出，"在相当多的大型堂区里，会有一部分坐落在城镇区里，具有城镇特性，而另一部分则在乡村区里，具有乡村特性。眼下，该城镇部分有其地方委员会及其完全的地方政府元素。该乡村部分构建了乡村卫生区的组成部分，有着那个区的有效政府。如果这部分略去，那么在这个部分在城镇区、部分在乡村区的堂区、就不会有堂区集会或堂区会议了；也就是说，会剥夺乡村区那部分它所享有的所有优势……政府的目标是将整个济贫法区域整合进一个乡村区里，他们要阻止交叉和交错；由此，他们实施将城镇堂区与乡村堂区分离开来的方案"①。

事实上就是这么做的。在自治市，卫生当局合并到所在城市，所有城市卫生区重新命名为城镇区，由城镇区议会管理；乡村卫生区则被乡村区取代，并第一

---

① Local Government (England and Wales) Bill, HC. Deb 20 November, 1893, Vol. 18, c1338.

次拥有了直接选举的乡村区议会。法律规定，尽可能把一个乡村区限定在一个单一的行政郡内，这样也使许多区沿着郡界被拆散成小碎片。有些乡村区的堂区被分散到不同的郡里，这种情况持续到20世纪30年代。

这次改革中特别值得注意的是郡下第二层政府机构城镇区和乡村区，由一个选举产生的区议会管理。城镇区议会管理已经城市化的区域，在诸如公园、墓地和地方规划上拥有广泛的权力。通常来说，一个城镇区包含一个堂区，而乡村区往往包括几个堂区。城镇区比乡村区面临更多的公共卫生问题，城镇区议会也比乡村区议会拥有更多的资金和权力。这些城镇区和乡村区，随着城市化的深入，逐渐向更高层级的机构演进，如城镇区升格为自治市，乡村区转变成城镇区，或者合并到已有的城镇区或自治市当中，也有的被废除、合并或整合进更大的单元中。1894年刚设立时英格兰和威尔士有690个乡村区。

从区域范围来说，城镇区的设立，确认了英格兰地区城市化的深入程度。城镇区往往覆盖了更小的城镇，或通常人口不到3万人的城镇区域。规模大的城镇已经成为自治市，这些市政自治市拥有稍高些的地位，有权任命一个市长。当然也有些被并入周围的乡村区，许多城镇区常常包含一些乡村区域。

1894年地方政府改革时，英格兰和威尔士共设立了773个城镇区，后来又有增加，到1899年时有813个（见表15-9）。城镇区增减有多种情况。例如，1894年成立的城镇区中，有132个从城镇区升格为市政自治市，或并入其他市政自治市；有的合并到都市自治市，如1899年伦敦政府改革中，把南霍恩西城镇区吸收进伦敦，其中大部分划归斯托克·纽温顿都市自治市，一小部分划到伊斯灵顿都市自治市。另有85个升格或合并到其他郡自治市。例如1895年，把雪莉和弗里曼特尔城镇区并入南安普顿郡自治市；1898年，把圣乔治城镇区并入布里斯托尔郡自治市。

表15-9　　1894~1899年间英格兰和威尔士城镇区增减情况

年份	设立	废除	净增减数	城镇区总数
1894	773			773
1895	12	10	+2	775
1896~1899	60	22	+38	813

资料来源：https://en.wikipedia.org/wiki/List_of_urban_districts_formed_in_England_and_Wales_1894%E2%2580%9395，https://en.wikipedia.org/wiki/List_of_urban_districts_formed_in_England_and_Wales_1896%E2%2580%931974。

城镇区的创立，在一定程度上确认了英国乡村地带城市化的程度。当然，也有人认为，这种城镇区不利于乡村本身的发展，因为它把原来融为一体的城乡硬生生地拆散开来。典型的乡村区像一个甜甜圈，围绕着一个城镇，即城镇区或自治市。有人认为，乡村区一般包括围绕市镇形成的方圆5英里范围，而城镇本身获得了特许状或城镇区地位。由此，通常典型的乡村区其城镇中心被挖走。[1] 如莱斯特郡的梅尔顿和贝尔沃乡村区。梅尔顿莫布雷镇以生产馅饼著称，有"乡村食物之都"的美称。梅尔顿莫布雷乡村区源于原先的梅尔顿莫布雷乡村卫生区，几乎包围了梅尔顿莫布雷镇。贝尔沃乡村区面积较小，有9个堂区，环绕着梅尔顿莫布雷镇。1935年，梅尔顿莫布雷乡村区和贝尔沃乡村区重新组合，根据城市化程度，分解成外围的梅尔顿和贝尔沃乡村区，中心的梅尔顿莫布雷城镇区。

乡村区由乡村区议会管理。乡村区议会继承了早先的卫生区当局权力，还拥有对地方规划、廉租房、娱乐运动场地和墓地等更广泛的管理权。在1893年议会上，沃尔特·朗提醒道，"我们承担着事关居住在乡村区的民众未来的重大责任。本法案影响城镇人口和乡村人口是不错，但……它对乡村区的影响要大于对城镇区的影响……这种变革（对城镇）远没有在乡村区的变革巨大和深远"[2]。

也有些乡村区比较零碎，由几个互不相连的部分组成，如威根乡村区。也有几个乡村区每个只含有一个堂区，如廷威索尔乡村区米姆斯狄斯利乡村区。位于大奥斯河西岸、与金斯林镇隔河相对的金斯林乡村区，只有一个西金斯林民政堂区。1935年，按城市化程度，金斯林乡村区进行再划界，其中城市化部分成为金斯林自治市的组成部分，余下部分成为沼地乡村区的组成部分。而柴郡东北部的廷威索尔乡村区，原为阿什顿安德莱恩乡村卫生区的一部分，里面包含了3个民政堂区。

城镇区的建立及其拥有的职能，对迅速改变当地城镇社会面貌起到了一定的作用。以1895年英格兰首批成立的城镇区马基特哈伯勒为例，它几年内就建立了公共浴室，接管了当地的煤气公司，建立了消防站、牛市场、游乐场地，改进了供水和排水设施，布置了一条新街道，清理了一个老的酒吧[3]，把一个古老的市场城镇变成现代的城镇。

---

[1] Gordon E. Cherry & Alan Rodgers, *Rural Change and Planning: England and Wales in the Twentieth Century*, London: Taylor & Francis e-Library, 2005, P. 21.
[2] Local Government (England and Wales) Bill, HC. Deb 02 November, 1893, Vol. 18, c22.
[3] Martin Daunton ed.. *The Cambridge Urban History of Britain*, 1840-1950, Vol. 3, P. 175.

第十六章

20 世纪英国农村的深度城镇化

20 世纪，英国的城市化速度放慢甚至保持稳定。根据人口普查数据，1901年英国的城市化率大约是77%，1911年为78.1%，以后直到1971年，城市化率基本保持在这个水平上（77%～79%）。[①] 20 世纪晚期，英国的城市化率再度提高，2001年达到89%。20 世纪城市发展有着新的特色，城镇化不仅向城市郊区扩展、兴建新的城市，而且乡村也日益城镇化，基本实现了城乡无差别，因此这是英国的深度城市化时期。城市生产生活方式向全域扩展，是这个时代的重要主题。

在 20 世纪的英国城镇化进程中，乡村小镇不断成长为城镇或城市。英国政府通过立法逐渐填平城乡鸿沟，保障国民同等待遇，让乡村不再是传统乡村，而是承接城市居民的居住功能，因此在 20 世纪晚期城市化提高的同时，出现城市居民向小城镇甚至乡村迁移的现象。

第一节 20世纪英国农村城镇化的基础

在高度城市化的阶段，传统的"三农"在英国基本消失，农业在国民经济中的比重越来越小，农民成为技术工人，乡村成为城市的通勤地带，即成为居住

[①] C. M. Law. *The Growth of Urban Population in England and Wales*, P.126.

地。更主要的是，英国的国民保险制度，把城乡所有国民都包括在内，完全没有城乡差异。城乡居民待遇同质化，农村劳动力市民化。城乡基础设施的同质化，特别是"二战"结束以来的城乡一体化发展，又进一步巩固和加强了这种趋势，城乡都成为宜居地，这对英国 20 世纪的乡村深度城镇化起到了基础性作用。

首先，政府运用规划立法手段保障乡村的城镇化进程。

英国是一个法治国家，乡村小城镇建设也以法治为特色。自从逐渐摆脱 19 世纪对城市问题的"自由放任"以来，英国以立法形式干预社会成为一个新的传统。在乡村小镇建设方面，1909 年的《住宅、城镇规划法》是世界上第一部城乡规划立法。后来又颁布了 1919 年的《住宅和城镇规划法》、1925 年的《城镇规划法》等。1932 年和 1947 年的《城乡规划法》，把城市、城镇与乡村都纳入了规划范畴。尤其是 1947 年立法，确定了控制城市向乡村蔓延的程序，规定所有规划必须获得当地议会许可，把小城镇建设充分纳入规划渠道。城乡规划部大臣在议会上说："……不能允许已经太大的城市蔓延、扩展来蚕食我们的农村地区，使得我们更难出入乡村和市中心。在城镇周围一定要留下绿带，留下最肥沃的土地生产粮食……过去，我们忽视了村庄规划，让某些最美丽的村庄被不恰当的开发破坏。必须要使乡村的生活更为便捷，保持其吸引力。"[1]

20 世纪 40 年代后政府主导的城乡规划中，新城的规划建设，郡外、城外市政房地产的开发，也包含了大量远郊甚至农村地带。在城市群（集合城市）的内陆腹地，郊区化进程特别明显，城镇通勤者和退休者与农业人口共同生活在一起。[2] 集合城市的乡村腹地，成为城市和周边乡村移民的目标地。更符合卫生与审美要求的建筑不断向乡村渗透，正如当时一封信所写，"建筑商……正在用无情的方式玷污乡村面貌……到处，建筑商唯利是图的脚踏上处处花园的田地……更糟糕的是，沿着曾经绵延不绝美丽如画的道路，雨后春笋般涌现出零星华美的别墅；每天，人们思索着砍伐新的山楂树篱，砍倒路边的茁壮大树"[3]。

1954 年的《城镇与乡村规划法》促进了小城镇发展，次年的《绿带法》也有利于乡村建设。一方面，战后英国人口高出生率一直持续，核心家庭增多，住宅需求旺盛。另一方面，《绿带法》却限制住房在绿带内开发。绿带阻止了乡村腹地受到城市的侵袭，把住房需求导向绿带以外的乡村地区。所以战后城市圈的郊区蔓延，被乡村的郊区化所取代。这样，战后英国乡村地区便得到了更多的开

---

[1] Town and Country Planning Bill, HC Deb, 29 January 1947, Vol. 432, c948.

[2] Sarah Harper, "Rural‐Urban Interface in England：A Framework of Analysis", *Transactions of the Institute of British Geographers*, 1987, Vol. 12, No. 3, P. 284.

[3] E St George Betts, "A Town Planning in Rural England", *Saturday Review of Politics, Literature, Science and Art*, Apr 25, 1925；140, 3625, P. 436.

发机会。以汉普郡为例，该郡南部在20世纪五六十年代的发展均局限在现有居住区内，七八十年代则是内涵发展，即服务和设施，吸引全国特别是伦敦的人口，成为相当兴旺的退休养老区。这里的农业是混合型的，以大农场为主。西密德兰斯塔福德郡南部，也逐渐成为大城市人口的居住地。这里乡村经济不太稳定，主要是家庭奶牛场，50年代中叶后一直被认为是城镇腹地，为城镇提供农副产品。1967年后建立了一系列定居点，转型为兼具农业与居住功能地，缓解西密德兰人口增长的压力。①

20世纪英国许多立法和条例大多是指导性的，采用与否由各地自行选择。2004年新修订的《城乡规划法》②，将指导性上升为强制性，强化政府的宏观调控，确保政府可以用强制性规定和规划立法来干预、调节、规范和引导城乡建设，这样就为小城镇的健康发展奠定了法律基础。政府还采取多种措施支持小城镇建设和乡村发展。1943年英国就成立了"城镇和乡村规划部"，规划中的小城镇建设肩负着疏散大都市人口的使命，营造优良居住环境。

英国19、20世纪之交美丽小镇建设零星试验与田园城市理念，是城市生活方式向乡村扩散与转移的初步尝试，有1888年利弗的阳光城住宅项目、1893年乔治·坎德伯里的伯恩维尔项目、1901年约瑟夫·朗特里的新爱尔斯维克项目。这三个项目旨在建设一种工业时代新型小镇，展示工业、生活、小镇有机结合，呈现自然街道、开敞空间和花园模式。③ 这是最早的乡村城镇化试验。

以阳光城小镇为例。1887年，实业家肥皂商利弗需要扩大生产规模，考虑到要迁走沃灵顿的肥皂厂，为此在柴郡沼泽购买了23公顷土地。此地位于河流与铁路线之间，交通便捷，有利于原料与产品的运输，而且还具有扩展潜力。利弗在这里修建工厂，还为工人修建了样板住宅。1899～1914年，他亲自参与住宅区设计，修建了800所住宅，为3 500人提供住房。此地取名于品牌阳光肥皂，故叫阳光城。阳光城并非简易的工厂住宅区，注重社会目标，修建有医院、学校、音乐厅、游泳池、教堂、旅馆、美术馆等公共建筑。兴建了工人新村医院。阳光城里不许饮酒，有人犯罪则被撵出；关注运动、艺术、文学、科学和音乐等，创建了许多俱乐部和社团组织，丰富工人的生活。阳光城把模范住宅区、工人体面的居住生活设施，与田园郊区的建筑与景观完美地结合起来。每片建筑区由不同建筑师设计，每幢建筑都是独一无二的，从设计风格到建筑材料都不重复。这样就使阳光城不再是单纯的工业住宅小区，而是功能齐全的小镇。今天的阳

---

① Sarah Harper, "Rural‑Urban Interface in England: A Framework of Analysis", pp. 285 - 286.
② "Planning and Compulsory Purchase Act 2004", https://en.wikipedia.org/wiki/Planning_and_Compulsory_Purchase_Act_2004.
③ Edward Royle. *Modern Britain: A Social History 1750 - 1997*, pp. 29 - 30.

光城仍是英国的"模范村庄",是英国重要的历史保护区。2001年有居民1 450人。

从某种意义上说,阳光城是霍华德田园城市思想的先兆版。19世纪末,由于城市居住拥挤、环境肮脏,英国人推崇田园风光,试图寻找结合城乡优点的生活环境。其中以霍华德(1850~1928)推出的"田园城市"(garden city)最为引人瞩目,20世纪初他还在伦敦郊外建设了两座田园城市——韦林和莱奇沃思。战后英国展开了建设新城运动,小城镇建设提到了新的高度。新城建设整体提升了英国小镇的品质,大城市周边一批小城镇也迅速搭上新城建设的快车。

2000年英国的《农村白皮书》,提出了农村经济、社会、环境可持续发展愿景。环境部提到了五大要素:改善服务、应对贫困、资助农业经济、保护乡村原野与野生动物,给当地人更多选择。为此发表了农村服务标准,确定从教育到保健、从育儿到急救的最低服务标准和目标。为了改善农村的卫生保健,政府提供100万英镑在100个农村社区建设一站式初级卫生保健中心或移动保健单位。投资2.7亿英镑把邮局转变成一站式服务站,包括银行、开处方、地方当局和其他服务。2001年春天起,在莱斯特郡试行该项目,共涉及280家邮局。[①]

2004年英国的《乡村战略》强调城乡共同发展三大目标:经济社会重建,支持农村企业;全员社会公平,让城乡居民享有均等的社会服务和机会;提升乡村价值,保护自然环境。[②] 这种战略的调整更强调社会公正、机会公平,消除社会排斥,真正实现"乡村城市化"。在创造"可持续社区"的五大战略优先项时,将城乡同等看待:提供住房供需平衡;确保人民居住体面;应对不足,复兴贫困社区、应对社会排斥;提供更好的公共服务;倡导区域开发,改善经济。[③]

在地方层面,要求开发商在城镇住宅开发中,修建一定比例的可负担住宅。在2000年的《我们的乡村未来》中,政府提出"使用规划体系来确保更负担得起的住房"[④]。当开发商申请新住宅规划许可证时,地方当局要求修建一定比例的可负担住房。在伦敦以外,建筑25所住宅至少有1公顷单元用于这种要求,有的甚至规定0.5公顷土地或15所住宅就应达到这一要求。[⑤] 1999~2000年,政府批准了乡村地区大约3 800所可负担住房,另有以农村项目提供的3 000人以下定居点的住房。各地地方政府每年提供的市政社会住房约有8 000所。[⑥]

其次,城乡一体的社会保障制度奠定了乡村城镇化的坚实基础。

英国政府很早就致力于通过立法的方式,保障城乡居民同样的基本权利,缩

---

① *Rural White Paper*, HC Deb, 28 November 2000, Vol. 357, cc811-812.
② *Rural Strategy* 2004, P. 5.
③ *Rural Strategy* 2004, P. 25.
④ *Our Countryside: the future*, P. 45.
⑤ *Our Countryside: the future*, P. 49.
⑥ *Our Countryside: the future*, P. 48.

小基础设施城乡差距,实现农村劳动力市民化。早在第二次布尔战争中英国征召新兵入伍时,发现只有 2/5 的身体合格率。虽然英军勉强取得了战争胜利,但此事使英国官方认识到,需要立即改善国内贫民的生存状况,提高民众身体素质,否则大英帝国将无兵可用。从此英国开始将社会事务纳入法制化轨道,初步将社会保障制度覆盖城乡居民。在失业与养老方面,政府于 1908 年通过《养老金法》,规定国家为年满 70 岁、年收入低于 21 英镑的老年人提供每周 5 先令的养老金;1911 年颁布了第一个《失业保险法》,保险范围虽包括建筑、造船、铸铁等 7 个就业状况不佳的行业,但保险却是强制性的、全国范围的。在教育方面,1906 年《教育法》规定,学校应为贫困儿童提供免费膳食。在卫生医疗方面,规定所有工资收入者都应参加医疗保险,在指定医院免费就医。正因为有这种城乡居民通用的保险制度,因此,在英国生活在城市与乡村,待遇上没有区别。也就是说,在英国,无论居住在大都市,还是偏僻山区,在社会福利上均为同等的国民待遇。这种制度,确保了城乡居民的迁移基本上以经济为驱动力。

"二战"后英国政府进一步完善社会保障体系。如果说战前立法是为保障穷人基本生活,那么战后的立法则是保障全体社会成员,实现"从摇篮到坟墓"的社会保障,建成福利国家。1946 年的《国民保险法》《国民医疗保健法》及 1948 年的《国民救济法》,将保险面推及全体公民。这些"社会主义"措施,使英国社会发生了质变,基本达到社会保障的城乡无差别状态。后来虽有些调整,但社会保障已成为英国生活的组成部分。所以整个 20 世纪里,英国城乡劳动力流动稳定,大中小城市发展相对协调,城乡生产率与面貌差距缩小,城镇化水平稳定。

最后,采取措施缩小英国城乡基础设施差距。

在宏观上,21 世纪初的英国不断推动城镇更新,增强小镇活力。2000 年起,政府在 3 年内"用 3 700 万英镑增强对市镇更新的资金,通过 100 个城镇的 1 亿英镑项目,以增强其作为经济机遇、交通联结、休闲与服务的聚焦点角色"[①]。

在垃圾排放、回收、处理等流程上城乡一体,排水是雨污分流,污水排放都经过处理。在民生方面,水电供应早已城乡一体,自来水可直接饮用,24 小时有热水供应。只有燃气在农村还未全面普及。政府通过价格调控机制,引导企业为 400 个社区 2 万户家庭接入管道燃气,至今仍在继续进行。[②]

金融服务方面,应用移动银行服务减少城乡差距。1946 年,皇家苏格兰银

---

① The Minister of Agriculture, Fisheries and Food, *Our Countryside: the future*, Nov., 2000, London: DETR, P. 7.

② 陆伟芳:《1851 年以来英国乡村城市化初探——以小城镇为视角》,载于《社会科学》2017 年第 4 期,第 167 页。

行率先推出车载银行到偏远农村，为居民定时送去金融服务。① 21世纪英国政府推出《金融一体化行动计划》，在2008~2011年投入1.5亿英镑，改善农村金融服务。

在数字通信方面，针对英国城乡网速差异②、有的农村甚至不能上网的情况，2010年，英国政府宣布防止城乡数字鸿沟的"一揽子"计划《英国超速宽带未来》，设计"英国宽带扩展项目"，斥资8.3亿英镑打造最好宽带，改善移动通信服务，具体目标是2015年底实现网络全覆盖，2017年实现95%的楼宇部署超速宽带网络，探索覆盖最偏僻地带的途径。③ 英国电信作为唯一的承建商，为实现这些目标设计了三个相关项目：5.3亿英镑的"农村宽带计划"；2 000万英镑的"农村社区宽带基金"；1.5亿英镑的"移动通信基础设施项目"。④

城市化的推进，逐渐消除了城乡在基础生活设施与公共商品供给方面的差异，使城乡生活质量基本趋同。随着城乡差距的缩小，英国人自18世纪以来怀念不已的"快乐英格兰"，即田园牧歌的乡村，不再只是思恋怀念的远乡和乡愁，而是逐渐成为富裕与高品质生活的地方。

今天，英格兰乡村住房远比城市住房上档次、有品位，是大多数人盼望的宜居之宅。乡村住房代表更高的社会地位、更高的经济收入、更好的生活水平。那些能够迁移到乡村的人，一般是年纪较大、更富裕的自住业主（特别是专业人员和管理层），而那些选择或必须迁移到城市居住的人，一般是更年轻、较贫困的人，包含大量熟练和非熟练工人阶级群体。⑤ 因此乡村住宅成为高品质生活的象征。许多人在城市工作，却居住在乡村小镇或村庄里。这种状况极大地改变了英格兰乡村的面貌，美丽乡村在英格兰不再是一种怀恋和幻景。住在乡村不只是人们头脑中的美丽伊甸园，而是可以实现的现实。

乡村甚至拥有比城镇更为优质的环境、更好的工作和生活。一是乡村创业机会多、就业率高、失业率低。如1980~1997年期间，在交通便利的乡村区，就业人员数量的增长是最大的，以商务、银行、金融、保险配送和娱乐部门的增长为最快，制造业在就业人数上也小有增长（全国数据则是下降）。⑥ 20世纪90年

---

① The Royal Bank of Scotland, First on the Move: Our Six Decades of Mobile Banking, http://www.rbs.co.uk/personal/ways-to-bank-with-us/mobile-bank/history.ashx.

② 目前英国有的城市推行市中心免费宽带服务，如格拉斯哥、布赖顿、巴斯、米尔顿·凯恩斯等。

③ Guidance: Broadband Delivery UK, https://www.gov.uk/guidance/broadband-delivery-uk; Next phase of superfast broadband plans announced, https://www.gov.uk/government/news/next-phase-of-superfast-broadband-plans-announced-4, 2017/1/31.

④ https://www.gov.uk/government/news/next-phase-of-superfast-broadband, 2013.4.27.

⑤ Michael Wood, ed.. New Labour's Countryside, pp. 67-68.

⑥ Paul Milbourne. Rural Poverty: Marginalisation and Exclusion in Britain and the United States, London & New York: Routledge, Taylor & Francis e-Library, 2004, P.63.

代,在遥远可通达的乡村,就业率高于英国平均水平,同时高于城市。如1998年,乡村区成年劳动人口就业率为79%,而城镇为76%,都市区低至70%。乡村区的失业率相应是最低的,1997年在偏远的乡村区域是6%,在交通便利的乡村区只有4%,而英国整体是7%。1997~1999年的长期失业人数,在乡村区下降最多,在交通便利乡村区和遥远乡村区分别下降36%和37%,而英国整体只下降32%。[1]

二是乡村贫困人口比例也低于城镇。乡村领养老金的贫困人口比例,从1996/1997年度的29%下降到2005/2006年度的17%;儿童贫困率从34%降到30%。[2] 2000~2001年乡村区有260万人(18%)生活在低收入家庭中,相比之下城镇区却为24%。乡村贫困人口只占全国贫困人口的25%。[3]

三是乡村拥有健康优势,患病率和死亡率均低于城镇。在所有年龄段中,乡村区的健康比城镇区高,唯一的例外是流感死亡率乡村区高于城镇区。1岁以下婴儿死亡率,1911年乡村区为城镇区的75%。[4] 女性的子宫癌患病情况,1947年每100万人中,在45~64岁年龄段发病者乡村区为321人,而郡自治市却有455人,城镇区有400人,乡村发病率显然低于城镇。1940~1949年,呼吸道癌症死亡率也是乡村区最低,大伦敦最高,[5] 这些都显示了乡村对城镇的优势。

总之,随着城市化不断向广阔乡村推进,乡村得到了发展机遇。乡村发展不仅表现在人口的增长,更是表现在城市生产生活方式向乡村的延伸,表现在小城镇不断发展壮大,表现在各种基础设施和公共服务的普及。由此,英国小镇在某种意义上成为既有城市生活便利,又有乡村生活风味的所在,从而成为吸引周边劳动力和移民的所在,在某种意义上充当了劳动力"蓄水池"。乡村地区建立起现代生活设施与生活方式,也就是说,"工业化完成后的英国农村'就地城镇化',主要转向了让乡村生活条件城市化,依照城镇标准因地制宜改造乡村"。[6]

第二节 20世纪英国农村城镇化发展

20世纪,英国进入高度城市化社会。到1950年,大约80%的人居住在城市

---

[1] Paul Milbourne. *Rural Poverty*, pp. 62 – 63.
[2] Michael Wood, ed.. *New Labour's Countryside*, P. 67.
[3] Paul Milbourne. *Rural Poverty*, P. 67.
[4] G. E. Mingay. *A Social History of the English Countryside*, P. 80.
[5] *Cambridge Urban History of Britain*, Vol. 3, P. 647.
[6] 刘景华:《城市化诸概念辨析》,载于《经济社会史评论》2015年第4期。

里。余下的20%里也有许多其实是通勤到城里上班。① 因此可以说，到20世纪下半叶，传统的城乡区别在英国已失去原来的意义，城乡日益趋同。如果说19世纪英国城市化的主要特征是乡村向城市移民、乡村就业以农林为主的话，那么20世纪英格兰的城镇化特色逐渐转变成城乡趋向均衡，乡村经济结构、就业结构逐渐与英格兰整体趋同，城镇化深入，甚至出现相反的人口迁移现象。

19世纪人口变化的鲜明特色是城市增长乡村减少。伴随着城镇人口飞速增长的是农村人口比例不断下降。一方面是城镇人口增长远超过乡村增长，从1801～1911年总人口增长4倍多，城镇人口则增长了9.5倍多。② 乡村人口比例自然就下降了，1831年农村人口占总人口的55.7%，1861年为41.3%，1901年为20%。③ 仅1891～1901年，乡村人口就下降了12%。④ 不仅相对比例减少，而且农村人口的绝对数、农业工人数量也在下降。从1851年到1911年，农村人口从893.7万减少为790.7万⑤，农业工人从96.5万下降到64.3万。总体上看，英格兰和威尔士乡村的边界，随着城市发展不断退缩，1914年达到了极点。⑥

20世纪英国乡村人口减少的趋势开始逆转。由于乡村在许多方面实现了质的城市化，因此人口增长开始超过城镇区。这种趋势在20世纪三四十年代就露出了苗头。30年代中叶，尽管也有年轻人通勤到附近城市上班，但斯塔福德郡和沃里克郡的乡村人口下降趋势却逆转了。⑦ 虽然1901～1951年，英格兰小镇人口所占比例从9%减少到6.2%⑧；城镇区和乡村区的人口增长比率是5∶1，但在1939～1951年却是1∶5，乡村人口增长超过了城镇。⑨

20世纪下半叶，人口增长更多地发生在乡村区和半乡村区。20、21世纪之交，乡村人口增长超过城镇的趋势更加明显。据英国政府数据，从1991～2002年，每年到完全乡村区或乡村主导区的移民净增6万人。⑩ 平均每年有42万人迁

---

① Martin Daunton ed.. *The Cambridge Urban History of Britain*, 1840–1950, pp. 67–68.

② C. W. Law, "The Growth of Urban Population in England and Wales, 1801–1911", *Transactions of the British Institute of Geographers* (1967), Vol. XLI, P. 132.

③ Asa Briggs. *A Social History of Britain*, pengion, 1985, P. 245.

④ Alun Howkins. *The Death of Rural England: A Social History of the Countryside since 1900*, London & New York: Routledge, 2003, P. 8.

⑤ "Census of England and Wales" 1911, London 1917, P. 35.

⑥ Gordon E. Cherry etc.. *Rural Change and Planning: England and Wales in the Twentieth Century*, P. 13.

⑦ Alun Howkins. The Death of Rural England, P. 100.

⑧ M. Daunton ed.. *The Cambridge Urban History of Britain*, Vol. 3, P. 159. 许多小镇发展成了城市，不再属小镇。

⑨ Elizabeth Gittus, "Review, Rural Depopulation in England and Wales, 1851–1951", *Town Planning Review*, Vol. 29, No. 2 (Jul., 1958), P. 128.

⑩ *Rural Strategy* 2004, P. 8.; Sarah Neal and Julian Agyeman, eds.. *The New Countryside: Ethnicity, Nation and Exclusion in Contemporary Rural Britain*, Bristol: The Policy Press, 2006, P. 232.

入乡村区，只有39万人从乡村区迁入城镇区。① 1981~2003年，英格兰乡村人口增长了14.4%，而同期城镇区仅增长1.9%。② 对此，2004年讨论城镇规划时，议会中有人指出："小镇或村庄规模突然增长20%或30%是一个新近现象。"③

乡村传统农业份额减少，制造业和服务业比重则增加。1900年，农业仍是大多数乡村区的第一职业，某些地方如英格兰北部和西部、威尔士部分地区，采煤和采矿也是重要职业。但随着廉价小麦从北美进口，农业遭遇了巨大挑战，并促使农业转型。1908年，水果、鲜花、家禽和鸡蛋的总价值占英国农业产出的6%，1913年，75%的农业产出是牲畜产品，其中最重要的是肉类和牛奶，羊毛只有1.7%。④ 1931~1951年，柴郡乡村人口增长28%，但农业部门却只增长了3%⑤，显示了农业份额的减少。20世纪60年代以来，农业不再是乡村的主体，乡村旅游和休闲业发展，农户的收入多样化了。据英国农林渔业部⑥数据，农业劳动力从1978年的77万人下降到1999年的不到60万人。20世纪末，没有哪个乡村的农业劳动力比例超过30%。⑦ 这正说明了城市化深入乡村的程度。

乡村经济不再以农业为基础，经济结构与全英格兰趋同。在英国绝大多数乡村区，配送与零售，商业与商业服务，公共管理、教育、培训和健康，制造业这4类关键元素占据了80%以上的就业量。乡村区就业结构还有自身特色，人均更高的多是小微企业，雇用10人以下，在家工作者比例占到了17%。⑧ 1974~1981年，纯乡村区比半乡村化区域有更强的制造业。纯乡村区这种就业增长最快的趋势，无论是在总就业中还是在制造业就业中，20世纪70年代就出现了，80年代在持续。⑨ 1991~2002年，尽管农业仍然是乡村经济的核心，但其就业下降了30%，乡村区的就业更多在制造业（25%）、旅游业（9%）、零售业（7%）中，而不是农业（6%）。⑩ 1998年，乡村就业结构与英格兰整体极为相似，占支配地位的是服务业，占去乡村就业的2/3。制造业也起着重要作

---

① Michael Wood, ed.. *New Labour's Countryside*: *rural policy in Britain since 1997*, Bristol: The Policy Press, 2008, P.67.
② Michael Wood, ed.. *New Labour's Countryside*, P.67.
③ Town Planning, HC Deb, 26 May 2004, Vol. 421, c1642.
④ Alun Howkins. *The Death of Rural England*, P.10.
⑤ Elizabeth Gittus. Review, P.128.
⑥ 2001年改成环境、食品和农村事务部。
⑦ Paul Milbourne. *Rural Poverty*: *Marginalisation and Exclusion in Britain and the United States*, P.63.
⑧ Philip Lowe and Neil Ward, "England's Rural Futures: A Socio-eographical Approach to Scenarios Analysis", *Regional Studies*, 2009, Vol. 43, No. 10, pp. 1319–1332.
⑨ David North and David Smallbonet, "Small Business Development in Remote Rural Areas: the Example of Mature Manufacturing Firms in Northern England", *Journal of Rural Studies*, 1996, Vol. 12, No. 2, P.152.
⑩ DEFRA, *Rural Strategy 2004*, London, Department for Environment, Food and Rural Affairs 2004, P.8.

用，占乡村就业率的17%，而乡村区第一产业即农业、林业和渔业的就业比例仅占2%。①

乡村居民的职业变化显示出乡村经济结构的变化以及乡村城镇化的深入。在20世纪二三十年代，英格兰的经济增长已表现出职业性特征和区域性差异。那些19世纪传统的需要体力的、男性主导的工业走向衰落，而商业和新型工业兴旺起来，这种态势很快影响了职业群体的特性。1921年，乡村区的白领成为仅次于农业和家政的第三大职业群体（19世纪乡村除农业与家政外的第三大职业团体是煤矿工人）。在柴郡，白领占人口的13.2%。如果把该年在农村的商业、公共服务和专业群体加起来，其总人数达到483 656人。伦敦周围各郡的数据对照更为鲜明。1921年，居住在萨里郡的白领工人群体占21.5%，米德尔塞克斯占21%，埃塞克斯占16%。第四大职业群体是交通运输业工人，有177 521人，其中大多在公路交通运输中，铁路工人也是重要组成部分。第五大职业群体是金属行业工人，有168 798人。这个群体既传统又现代，例如有28 860个匠人和熟练熔炉工人，这是传统部分；但有59 637人在现代汽车和机械制造业中。另一个雇用万人的行业是建筑业（135 218人）。② 2001年，英格兰乡村区的工作中仅有3%是农业。③

工业化以后还出现了城市群，以城市群/集合城市为中心的城市化区域，吸引了更多人口。以伦敦地区为例，从内到外分成几个层圈：大伦敦、伦敦城市群、伦敦通勤区。④ 从1891~2001年，大伦敦人口绝对数虽然在增长，从500多万增至800多万，但从占英国人口比例来看，则显示了集中度稳步减少，从24.72%下降到12.93%，这也许从一个侧面说明了人口从大城市向其他地方扩散（见表16-1）。

表16-1　　　　　1891~2011年大伦敦人口占全国人口比例

项目	1891年	1901年	1911年	1931年	1981年	1991年	2001年	2011年
大伦敦（千人）	5 565	6 226	7 157	8 098	6 608	6 887	7 172	8 173
英国（千人）	37 802	38 237	42 082	46 038	56 357	57 439	59 113	63 182
比例（%）	24.72	16.28	17	17.59	11.72	11.99	12.13	12.93

---

① Paul Milbourne. *Rural Poverty: Marginalisation and Exclusion in Britain and the United States*, P. 62.
② Alun Howkins. *The Death of Rural England*, P. 98.
③ Michael Wood, ed.. *New Labour's Countryside*, P. 36.
④ 伦敦城市群，指大伦敦都市区加上附近几个郡与大伦敦绿带（Greenbelt）毗邻的区域，面积16 262.54平方公里，占全国的6.67%，2001年人口为1 394.5万，占全国的23.72%；伦敦城市群区域再加上周边的贝福德郡、东苏塞克斯郡、汉普郡、怀特岛、牛津郡和西苏塞克斯郡等构成英格兰东南区。

伦敦城市群的人口增长，则可进一步说明乡村腹地的人口增长情况。伦敦城市群是官方统计的英国9个区域之一，占全国人口的比例从1891的16.28%上升到2001年的23.59%，而以伦敦为中心的英格兰东南区占全国人口比例则从20.47%提高到31.1%。如果考虑到大伦敦所占英国人口比例在下降，这个数据进一步印证了东南区域乡村腹地人口的普遍增长。

若细致观察1991~2001年的人口变动情况（见表16-2），更可以清晰地看出其中人口增长最快的是毗邻绿带各郡，其增长份额（28.7%）超过了外伦敦（24%），表明人口增长主要发生在远离伦敦的乡村地区。

表16-2　　　　1991~2001年英格兰东南地区人口趋势

区域	1991年（千人）	2001年（千人）	增加人口（千人）	增长率（%）	增长份额（%）
内伦敦	250.4	276.6	26.2	10.5	27.2
外伦敦	417.5	440.6	23.1	5.5	24
毗邻绿带各郡	649.7	677.3	27.6	4.2	28.7
外围各郡	424.9	444.2	19.3	4.5	20.1
英格兰东南部	1 742.5	1 838.7	96.2	5.5	100

资料来源：*Southeast England Population Trend by Area*：1991 - 2001，http：//demographia.com/db-lon9101.htm.

至于小镇人口是自然增长还是移民增长呢？大致可以说，小镇主要是依赖外来移民才保持了人口增长。以1991~2001年为例（见表16-3），人口规模在2 000~4 999人和5 000~9 999人的小镇，居住着几乎差不多的人口数量，都占总人口的4.8%。小镇自然增长率处于负增长，依赖外来移民；相反，凡万人以上的大中城市则人口自然增长率都处于正增长，似乎人口越多的城市，自然增长率越高，如大伦敦就达5.53%。在小镇里，从总体增长率来看，5 000人以上的小镇人口增长最快，增长率为5.59%；从增长方式看，人口规模越小的小镇，自然增长率越低，如1 500~2 000人的小镇，自然增长率为-0.69%，人口增长越要依赖于外来人口迁移，达到6.05%。从一定意义上说，小镇充当了吸引移民的"蓄水池"。现在的小镇与乡村几乎融为一体了。"在农村地区，在本地镇上工作的人常常住在乡下，而生活在镇上的人常常在乡村工作。"[①]

---

① *Rural Strategy* 2004，P. 18.

表 16 – 3　　　　　　1991～2001 年英国小镇人口变化情况表

项目	2001 年		2001 年比 1991 年增长		
人口规模（人）	总人数（人）	占总人口（%）	总体增长（%）	自然增长率（%）	迁移率（%）
1 500～1 999	721 342	1.3	5.36	–0.69	6.05
2 000～4 999	2 728 752	4.8	4.99	–0.47	5.46
5 000～9 999	2 746 740	4.8	5.59	–0.11	5.70

资料来源：Anthony Champion. *The Changing Nature of Urban and Rural Areas in the UK and Other European Countries.*

随着工业的转型，小镇也一样经历了转变。如 20 世纪连接科尔维尔的两条铁路逐渐停运拆除。1964 年，莱斯特到伯顿的旅客列车也停止。科尔维尔的煤矿开采在 80 年代结束。1983～1991 年，有 6 个煤矿被关闭，约 5 000 名矿工失业。不过，煤矿衰落促使科尔维尔经济转型，其周围建立了一系列商业园和工业区。如商业园区的"考尔德色彩"（Calder Colours），是艺术和手工艺品的制造商。斯尼布斯顿关闭的煤矿，转型开发成斯尼布斯顿探索公园，建设了探索博物馆，有互动展览、蒸汽火车、时尚美术馆等，展示技术和设计，以及它们如何影响日常生活。遗憾的是，2015 年 7 月 31 日，由于每年运营成本损失达 90 万英镑，该馆被莱斯特郡议会关闭，2016 年 3 月开始拆除主要建筑。原先的威特克煤矿区域重新开发成威特克工业园和一个莫里森超级购物中心。

今天的科尔维尔是个典型的英国白人小镇。据 2011 年人口普查数据，居住在科尔维尔的人有 91.9% 出生在英国，96% 的人说英语，60.1% 信仰基督教。这里的职业群体不再是矿工群体，而是相当多元，职业群体的大小依次是初级工人 17.4%，初级管理和服务业 14.4%，加工、车间和机器操作 13.8%，技术职位 13.7%，护理、休闲和其他服务 10.9%，行政管理和秘书 10.6%，准专业人员和技术人员 9.3%，专业人员 9.0%，个人护理 8.7%，管理 8.7%。[①]

20 世纪里，梅瑟蒂德菲尔曾是南威尔士最成功的煤矿之一。1998 年煤矿被关闭，煤业消失，随后该镇主要作为一个居住型小镇存在，人们在附近的阿伯德尔、卡菲利、卡迪夫以及梅瑟蒂德菲尔新兴的工厂工作。原来的煤矿被教堂、俱乐部、体育馆等设施取代，教堂、堂区和公司构成了小镇生活的核心。如果说煤矿公司提供了生计、堂区负责行政管理功能的话，那么教堂则是公共生活中心。这里最早对民众产生影响的是非国教小教堂，在该矿业村庄最初的 20 年中，小

[①] Coalville Demographics（North West Leicestershire，England），http://coalville.localstats.co.uk/census-demographics/england/east-midlands/north-west-leicestershire/coalville，2017/1/21.

教堂及其堂区会堂是仅有的两个具有一定规模的公共建筑，它们通过村庄传播并强化对本地生活的影响。1904 年前，小教堂一直起着动员社会的作用，不仅组织圣事活动，而且也组织世俗半世俗活动，如音乐会和诗会/大会，甚至还有足球队。小教堂牧师是村庄长老，德高望重，常常参与仲裁争端。尽管矿业公司管理层是小教堂的长老，但是小教堂相对独立于公司而自治。[①]

英国的美丽乡村小镇类型多样，数量不少。如南威尔士彭布罗郡彩色滨海小镇滕比，人口仅不到 5 000 人，拥有金色的沙滩；北威尔士的童话小镇波特梅里恩，50 多座意大利风格建筑美仑美奂；康沃尔有英国最佳海滨小镇圣伊芙斯；苏格兰有仅 1 600 人的滨海历史小镇阿伯道尔；埃塞克斯仅 4 773 人（2011 年）的小镇赖伊，与鹿港一样有过军港、走私的经历；德文郡的林顿和林茅斯双子镇有"英国小瑞士"的美誉，掩映在山谷与海水之间；威尔士蒙默思小镇是世界第一个维基镇，有免费 WiFi，镇里 1 000 多座公共建筑如学校、纪念碑、博物馆、展览馆等都有二维码。

这些正是城市化深入乡村的进程，也是乡村城镇化的必然结果。

综合起来，英国的城市化进程在"二战"前基本上是传统的向心密集型城市化，是人口从农村、村镇向大城市的不断迁移。随着战后城市绿带政策限制大城市扩张，并启动在大城市附近的"新城计划"，推动了人口从中心城市向郊外小镇、新城的迁移。20 世纪下半叶，铁路网完善，汽车与公路增多，城市居民和企业开始向乡村和小镇迁移，大城市人口外流在一定程度上促进了小城镇与乡村发展。由此，大城市人口出现负增长，而中小城市、城镇人口出现增长。以伦敦为例，1961～1991 年，伦敦大都市区人口处于负增长状态，而且越是城市中心地带，人口流失越多。伦敦人口不断迁出，到达周围小镇甚至农村。虽然政府在 70 年代终止了疏散城市人口政策，但人口向小镇及农村的转移并没有停止。从侧面反映出，人口从大城市向外迁移，正是深度城市化的表现之一，即城市生活方式向乡村和小镇扩散。这种扩散和转移，最终实现了某种程度的城乡一体化发展。

第三节　城镇与乡村的区划新动态

自 19 世纪中叶以来，英国一直保持着高度城市化社会的态势，绝大多数人口生活在城市和城镇里。20 世纪里，英国城市化继续向乡镇和乡村深入，逐渐

[①] Gilbert, "Community and municipalism: collective identity in late – Victorian and Edwardian mining towns", *Journal of Historical Geography*, 1991, Vol. 17, No. 3, P. 263.

改变了乡村的生产和生活状态，乡村不再是农业的同义词，而是城市的后花园。这种变化，也可从地方政府的设置上反映出来。19世纪末的郡级自治市和20世纪下半叶的都市郡反映了全英大城市的发展，而在郡下创立的二级地方政府区划则反映了城市化深入乡村和基层的状况。

随着城市化的不断深入，英国生活中不再简单地使用城市与乡村这样的术语。早在1881年就开始用城镇区（urban district）字样，1951年开始使用城市地区（urban area）术语。其中乡村（rural）郡指成年就业人口中从事农业者超过10%的地区。术语的变迁反映了城市化向乡村渗透和深入的趋势。按此标准，该年英国城镇郡人口总计3 544万，其中务农人口占4.3%，而农业郡有875万人，务农人口为17.6%。[①] 1981年起，人口普查所用的"城市地区"使用全国地理测量图的标准，用的是房屋建成区（bricks and mortar）概念，即1 500人以上并有至少20公顷连绵建成区的居民点。2001年普查数据显示全国总计有2 063个城市地区。[②]

城市化的深入，迫使英国地方政府进行相应的变动。在英国传统的地方政府层级设置中，第一级是郡。随着19世纪市政自治市（municipal borough，简称"自治市"）确立城市自身的地位，20世纪对郡级机构进行革新，设郡级自治市（county borough）。1972年英国把郡级地方单元，按城市化程度进行重新划分定名，分为都市郡（metropolitan county）和非都市郡（non-metropolitan county）两类。郡下的二级地方机构，经历了从设立城镇区/乡村区到非都市区（non-metropolitan district）、单一区的演变，基本对应了乡村城镇化的情况。

1894年地方政府改革主要是对地方基层组织的改革。它把乡村各郡中的城镇地区剥离开来，单独成立了城镇区，而把城镇区外围的乡村地带单立为乡村区。

1894年在英格兰和威尔士共设立了773个城镇区。1909年达到818个，到1974年废除时又降到522个，其中英格兰为448个（见表16-4）。城镇区的增减有多种情况。以1894年成立的城镇区为例，其中132个从城镇区升格为市政自治市，或合并入其他市政自治市；还有的合并到都市自治市中：1918年把奥尔斯托茅斯吸收到斯旺西郡自治市；1928年把索斯威克城镇区合并到桑德兰郡自治市；1966年把科西利城镇区分割到沃尔萨尔、伍尔弗汉普顿和西布罗米奇

[①] Dov Friedlander, "The Spread of Urbanization in England and Wales, 1851–1951", *Population Studies*, 1970, Vol. 24. No. 3, P. 426.

[②] *Census 2001: Key Statistics for urban areas in the Midlands*, P. 2. 1981年，英国基于人口普查数据设计了两种城乡划分方法：按人口密度和土地利用指标来综合界定城市实体地区，或按国家地形测量局提供的城市开发度来界定城市实体地区。英格兰与威尔士采用了第二种方法，仅在判断条件上进行了微调。

几个郡自治市中；1968年布里克瑟姆和佩恩顿城镇区合并组成托培郡自治市。有77个城镇区后来被降格或合并到乡村区。如1935年把克尔比·朗斯代尔城镇区合并到南威斯特摩兰乡村区；1938年把西莱丁的霍尔姆城镇区拆分，其中一部分合并到霍姆弗斯城镇区，一部分合并到佩尼斯通乡村区；1967年把埃尔斯米尔城镇区和惠特彻奇城镇区合并成北什罗浦乡村区。从城镇区降格为乡村区主要发生在偏僻的农业郡，如康沃尔、坎伯兰、德文、格洛斯特郡和林肯郡。

表16-4　1900~1974年英格兰和威尔士城镇区增减情况　　单位：个

年份	设立	废除	净增减数	总数
1900~1909	46	41	+5	818
1910~1919	21	41	-20	798
1920~1929	25	39	-14	784
1930~1939	41	253	-212	572
1940~1974	6	56	-50	522

资料来源：笔者根据相关资料整理。

城镇区的设立，确认了城市化的深入程度。城镇区往往覆盖了更小的3万人以下的城镇。1929年《地方政府法》，废除206个城镇区和236个乡村区，创立49个城镇区和67个乡村区。[①] 较大城镇则成为自治市，地位略高，有权任命市长。有些城镇被并入周围的乡村区，许多城镇区则包含一些乡村区域。

城镇区数量的多寡，在一定程度上反映了各区域的城市化水平。以1973年为例（见表16-5），英格兰各工业和城市化水平相对高的郡，除有郡级自治市外，拥有第二级城镇政府的数量也最多。如兰开夏拥有数量最多的自治市（25个），拥有数量最多的城镇区（69个），约克郡西莱丁有55个城镇区；而城市化水平较低的伯克郡和拉特兰郡仅1个城镇区；多塞特、赫里福德、沃里克、威斯特摩兰等郡只有2个城镇区。

表16-5　1973年改革时英格兰二级地方政府及郡级自治市单元数　　单位：个

序号	郡名	城镇区	乡村区	自治市	独立的郡级自治市
1	贝德福	5	4	2	1
2	伯克	1	10	6	1
3	白金汉	7	8	4	—

[①] Local Authorities (Boundaries), HC Deb, 13 July 1944, Vol. 401, c1906W.

续表

序号	郡名	城镇区	乡村区	自治市	独立的郡级自治市
4	剑桥郡和伊利	4	6	2	—
5	柴郡	22	10	10	4
6	康沃尔	6	10	11	—
7	坎伯兰	4	7	2	—
8	德比	16	9	4	—
9	德文	16	16	8	3
10	多塞特	2	9	10	—
11	德兰	20	9	2	6
12	东萨福克	7	7	5	1
13	东萨塞克斯	6	5	4	3
14	埃塞克斯	19	10	5	1
15	格洛斯特	6	15	2	2
16	汉普	6	12	9	3
17	赫里福德	2	8	2	—
18	赫特福德	18	11	4	—
19	亨廷顿和彼得伯勒	3	7	3	—
20	怀特岛	3	1	2	—
21	肯特	10	17	19	1
22	兰开夏	69	14	25	17
23	莱斯特	9	9	1	1
24	林肯	12	16	6	2
25	诺福克	10	15	2	2
26	北安普敦	9	8	4	1
27	诺森伯兰	11	10	5	2
28	诺丁汉	10	6	4	1
29	牛津	3	6	4	1
30	拉特兰	1	3	—	—
31	什罗浦	4	9	1	—
32	索美塞特	13	16	7	2
33	斯坦福	8	10	4	6

续表

序号	郡名	城镇区	乡村区	自治市	独立的郡级自治市
34	萨里	14	5	4	—
35	沃里克	2	8	6	3
36	西萨福克	3	6	2	—
37	西萨塞克斯	6	6	3	
38	威斯特摩兰	2	2	2	
39	威尔特	5	12	8	—
40	乌斯特	4	8	6	2
41	约克夏、东雷丁	6	8	3	
42	约克夏、北雷丁	9	20	2	13
43	约克夏、西雷丁	55	21	13	
	合计	448	409	228	79

各城镇区发展水平也不尽一致。伦敦的城镇区显然比外地富有,如 1911 年家庭仆人雇用率,兰开夏 6 个小型城镇区最低,而伦敦汉普斯泰德则达 73.7%。[①]

在城镇区外围的乡村地带成立乡村区。1894 年创立了 690 个乡村区;1895~1929 年增设了 2 个,但却减少了 46 个,故乡村区数量为 646 个。1930~1939 年新增 62 个,减少 231 个,乡村区总数为 477 个。1940~1974 年,新增 6 个减少 13 个,乡村区数量仅 470 个。[②] 乡村区规模有大小之分,如 1925 年的 663 个乡村区中,人口从几百人到 7.6 万人不等,有 11 个不足 1 000 人,117 个在 1 000~5 000 人之间,209 个在 5 000~10 000 人之间,370 个在 1 万~2 万人之间。[③]

乡村城镇化进程使英国政府在郡下一级地方政府进行改革,分出了城镇区和乡村区后,还根据发展态势和城市化程度不断分化组合。城市化程度高的城镇区升格为自治市或郡自治市,甚至都市自治市,而城市化程度下降的则调整、合并到乡村区。反之,原有的乡村区,若城镇化进展快,则可上升为城镇区。总体而言,凡是城市化程度高的地区,往往有机会向上升格;在遥远偏僻的乡村郡,则往往有城镇区被分化,或降格为乡村区。

---

① Martin Daunton ed.. *The Cambridge Urban History of Britain*,1840-1950,Vol.3,P.616.
② 陆伟芳:《20 世纪新格局:行政区划分与英格兰城市化的深度发展》,载于《经济社会史评论》2017 年第 2 期,第 11 页。
③ Local Government In Rural Districts,*The British Medical Journal*,1925,Vol.3351,No.1,P.565.

第四节 英国农村城镇化的不均衡性

当然,英格兰的乡村城镇化仍然是不够均衡的。在 20 世纪末,也出现了乡村关停基础服务设施,从邮局、银行到超市等,自然打击了乡村地区的发展;乡村成为都市居民的居住空间也有负面影响。21 世纪以来,英国政府为此做了许多工作。2008~2011 年,在人口不足 3 000 人的农村地区新建住宅,全国至少达 10 300 套,这属于政府总投入 80 亿英镑建设国民负担得起的住宅的一部分。

有些地方是基础设施不足。如 20 世纪 50 年代以前,农村有不少住宅要比城市简陋得多。1951 年,诺福克郡 37% 的住宅没有自来水,40% 没有抽水马桶;在剑桥郡分别是 31% 和 41%;在蒙哥马利郡分别是 44% 和 51%;而当时英国全国水平分别为 17%~21%。诺森伯兰郡有 19% 的住宅没有自来水,但贝灵汉姆乡村区的比率却高达 44%。[1] 2009 年英国还有 430 万户家庭未接通管道燃气。在数字通信方面,英国城乡不仅网速有差异,而且有的乡村还不能上网。[2]

乡村地区公共服务方面水平下降。如诺福克,1961~1971 年外科医生数量下降了近 20%,虽然卫生中心的数量增加了。1952 年到 20 世纪 70 年代,诺福克郡关闭了 50 所村庄学校,使半数村庄没有学校,后来还有更多学校被关闭。[3]

廉租房建设比不上大城市。虽然有乡村区也建造廉租房,如 1945~1949 年多塞特郡温伯恩和克兰伯恩乡村区建造了 180 所廉租房,林肯郡斯霍姆岛乡村区建成了 162 所住宅和平房,20 世纪 80 年代初埃尔姆敦有 21% 的人口生活在廉租房里[4],但总体上,乡村区对廉租房并不太积极。来自大都市的购房客炒高了当地房价,却对当地经济社会贡献甚少。如沃里克郡乡村小镇索尔福德·普莱斯,都市来的富人"蚕食"乡村物业,抬高房价,使当地人反而无力购房。[5]

乡村的城市化也导致传统乡村模式和景观的消失。20 世纪大部分时间里,乡村地区的经济和社会基础设施遭到侵蚀。随着乡村到城镇的公交线开辟,村庄商店的生意逐渐凋零。如边远的兰维杭堂区,虽然有两家日用百货店,但村民多到附近的大村庄购物,甚至到大城市利物浦购物。这自然导致乡村商店的减少。

---

[1] Alun Howkins. *The Death of Rural England*, pp. 183 – 184.
[2] 目前英国有的城市推行市中心免费宽带服务,如格拉斯哥、布赖顿、巴斯、米尔顿·凯恩斯等。
[3] Alun Howkins. *The Death of Rural England*, P. 185.
[4] Alun Howkins. *The Death of Rural England*, P. 184.
[5] 参见康忻冬:《英国田园小镇渐成穷乡僻壤》,载于《乡镇论坛》2004 年第 20 期。

1950~1960年，诺福克郡村庄商店减少了40%，尤其是小村庄。到七八十年代，许多村庄只剩下一半商店。60年代，诺福克北部村庄最后一个酒吧也消失了。[①]

城镇区与乡村区的行政建制变革虽然反映出城市化的扩展与深入，但它也有人为割裂城乡关系的负面影响。因为它把原来融为一体的城乡，硬生生地拆散开来。因此早在1949年，卫生大臣贝文就主张彻底改革地方管理体制，维护城乡的均衡发展。他设想把城镇区和乡村区结合起来，建立238个区当局，确保绝大多数人居住在离行政中心10英里的范围内，极少人超过20英里的距离。[②] 这个想法没有成为现实，直到1972年的《地方政府法》，才废除了原来的1 086个城镇区和乡村区，设立了296个区，在各个都市郡下基本都设立都市区，在非都市郡下则设非都市区。到20世纪90年代，郡和区都被单一当局（unitary authorities）取代，通常包含城市和乡村地区，从而把乡村腹地与城镇中心联结起来，最终顺应了城乡统一均衡发展的基本趋势。

总之，20世纪英国乡村城镇化基本是成功的。英国既有许多繁华大都市，也有美丽的乡村小镇，更有如诗如画的田园村庄。更重要的是，英国打破了"三农"组合，把农村、农民和农业的关系打散，乡村不再只是天然的农业场所，更是城镇居民的高档居所。"住在乡村"成为英式生活追求的最高目标之一。

---

① Alun Howkins. *The Death of Rural England*, P. 184.
② Martin Daunton ed. . *The Cambridge Urban History of Britain*, Vol. 3. 1840 – 1950, P. 285.

第六篇

欧陆国家农村城镇化

第十七章

法国农村城镇化进程及其特征

第一节 原工业化时期法国城乡关系与城镇化

自美国历史学家门德尔斯于1972年正式提出"原工业化"一词以来，尽管存在诸多争议，但西方学界已普遍接受这一概念。不过，对法国乡村工业的研究并非始于"原工业化"概念的提出，早在20世纪上半叶，塔尔莱和亨利·塞等学者便已关注18世纪法国的家庭手工业和乡村工业繁盛之貌。[①] 科尔纳埃尔1946年曾写道，"旧制度时期的法国乡村，工业遍地"[②]。门德尔斯的"原工业化"理论提出时，正值年鉴学派从第二代向第三代转型之际，长时段和心态史尚主导着法国史学界，直到20世纪70年代末，法国学界才开始对这一概念作出回应。1979年和1981年，《北方杂志》两度组织专刊探讨法国原工业化问题。[③] 此

[①] E. Tarlé. *L'Industrie dans les Campagnes en France à la fin de l'Ancien Régime*, Paris：Cornély, 1910；Henri Sée, "Remarques sur les Caractères de l'Industrie Rurale en France et les Cause de son Extension au XVIIIe siècle", *Revue Historique*, CXLII, 1923；Jean Vidalenc. *La Petite Métallurgie Rurale en Haute – Normandie sous l'Ancien Régime*, Paris：Domat – Montchrestien, 1946.

[②] Franklin Mendels, "Des Industries Rurales à la Proto-industrialisation：Historique d'un Changement de Perspective", *Annales. Histoire, Sciences Sociales*, 39e Année, No. 5（Sep. – Oct., 1984）, P. 977.

[③] 参见 *Revue du Nord*, Tome 61, N°240, Janvier-mars 1979；*Revue du Nord*, Tome 63, N°248, Janvier-mars 1981.

后相继问世的一系列著述，以个案研究为基础，对法国的原工业化及特点进行了深入考察，并结合法国情况对原工业化理论作出了修正和发展。[①] 国内学者对法国原工业化的研究不多，大多将其作为西欧的组成部分一笔带过。[②] 那么，法国原工业化状况究竟如何？城市在原工业化中扮演了怎样的角色？原工业化与近代法国的城镇化进程又有何联系？本章尝试对这些问题进行初步探讨。

一、法国的"原工业化"

与欧洲其他地区类似，法国在从传统农业社会向现代工业社会转型的过程中，经历了一个工业发展的中间阶段，即所谓的"原工业化"时期。根据门德尔斯的理论，原工业化有四个基本特征：①为外部市场生产；②农民家庭的参与（表现为乡村工业或分散的乡村手工业的发展）；③商品化农业与生存性农业之间的互补；④同时以一定的区域，如市镇或城市为中心进行。[③] 其中，以外部需求为导向、为国内外市场而生产的乡村工业或家庭手工业是原工业化的显著特征。中世纪也存在农业与家庭手工业的结合，不过家庭手工业主要为满足家庭内部需要。中世纪晚期，乡村中开始出现为外部市场乃至国际市场而生产的手工业活动，这种有别于传统家庭手工业的乡村工业直到19世纪工业化时期仍兴盛于法国部分地区。

在法国，原工业化发展较为显著的地区有北部的法属佛兰德尔[④]、阿图瓦、皮卡迪，西部的诺曼底和布列塔尼，南部的朗格多克等地，其他如法兰西岛附近、东南部的里昂地区和多菲内等地也有乡村工业的零星发展。其中占主导的行业是纺织业，其规模虽远逊于尼德兰和英国，但遍及法国北部、西部和南部各个地区。在森林区，伐木业可能成为农民的第二职业，为城市提供木柴和木炭。如

[①] 主要代表作如：Liana Vardi. *The Land and the Loom*: *Peasants and Profit in Northern France*, 1680 - 1800, Durham, NC: Duke University Press, 1993; Claude Marquié. *L'Industrie Textile Carcassonnaise au XVIIIème Siècle*, Carcassonne: Société d'études Scientifiques de l'Aude, 1993; Line Teisseyre - Sallmann, *L'Industrie de la Soie en Bas - Languedoc*: *XVIIe - XVIIIe siècles*, Paris: école Nationale des Chartes, 1995; René Leboutte (éd.). *Proto-industrialisation*: *Recherches Récentes et Nouvelles Perspectives*, Geneva: Droz, 1996 等。

[②] 杨豫：《欧洲原工业化的起源与转型》，江苏人民出版社2004年版，第83~85、158~159页；王加丰、张卫良：《西欧原工业化的兴起》，中国社会科学出版社2004年版，该书主要以英、荷、意为例。仅个别文章论及法国的原工业化，如薛向君、马爱国：《法国朗格多克地区原工业化解体的原因》，载于《苏州科技学院学报》（社会科学版）2008年第3期。

[③] Franklin Mendels, "Des Industries Rurales à la Proto-industrialisation: Historique d'un Changement de Perspective", pp. 988 - 991.

[④] 法属佛兰德尔包括现法国北部加莱海峡和诺尔省部分地区。下文提到的里尔、康布雷、鲁贝、瓦朗西安纳等城市均属这一地区。

果森林与矿区邻近，则会发展起乡村冶金业，生产各类小五金产品。① 诚如布罗代尔所描述，"在18和19世纪，至少直到1850年前后为止，乡村工业（原始工业）不断从地处中心的城市，像油渍一般扩散。这是一场革命"②。

原工业化发生的时间根据各地的内外条件而定。早在13、14世纪，伴随着社会经济危机，佛兰德尔和阿图瓦等地出现了纺织业向乡村和小城镇的转移。③ 诺曼底、布列塔尼、曼恩和普瓦图等地的纺织业，中世纪主要集中于城市。16~18世纪，随着大西洋市场开辟、民众消费水平提高、农业技术进步，以及亚麻等经济作物的种植，纺织业开始向乡村扩散。商人—制造商（marchant-fabricants）为了避开城市行会限制，降低成本，把织造的诸多环节转移到乡村，这里生产的帆布出口整个欧洲及海外。④ 古贝尔估计，17世纪末，北部皮卡迪和邻近的博韦地区，几乎全部的亚麻布和2/3以上的毛织品都在乡村生产。在奥马勒、格朗维耶等大村镇周围的几百个村庄里，遍布精梳工、纺纱工和织布工，他们农闲时为巴黎、低地国家、法国南部乃至大西洋市场生产各类织物。⑤

在法国大部分地区，工业活动向城镇周围乡村的扩散大多始于17世纪下半叶，18世纪达到顶峰。17世纪中期，出于成本考量以及城市行会的过度管制，西康布雷的纺织业从城市向乡村扩展。18世纪，这一地区的亚麻布主要产自乡村。⑥ 18世纪晚期，约有18万纺纱工和37 500名亚麻织工分布在佛兰德尔、埃诺和康布雷西的乡村中。1800年前后，这里30%以上的人都从事纺织业生产。⑦ 南部朗格多克地区的卡尔卡松也同样在18世纪发展了乡村作坊，成为法国最活跃的纺织工业城市之一。一位巡按使特派员于1731年指出，"卡尔卡松简直就是一个毛料制造工厂，城里住满了从事梳理、织造、纺线和修剪等各项工作的工匠；制造商和工人也密布整个乡村，工业发展过度对农业造成祸害。在毛料加工

---

① Georges Duby et Armand Wallon（dir.）. *Histoire de la France Rurale*，Tome 2：*L'Âge classique* (1340 – 1789)，Paris：Le Seuil，1975，P. 258.

② 费尔南·布罗代尔：《法兰西的特性（人与物）》（下），顾良等译，商务印书馆1997年版，第201页.

③ Marci Sortor，"Saint – Omer and Its Textile Trades in the Late Middle Ages：A Contribution to the Proto – Industrialization Debate"，*The American Historical Review*，1993，Vol. 98，No. 5，P. 1475.

④ Pinard Jacques，"Les Transformations des Industries Textiles de l'Ouest de la France du Moyen Age au XIXe siècle"，*Annales de Bretagne et des pays de l'Ouest*，Tome 97，numéro 3，1990：*Les Industries Textiles dans l'Ouest XVIIIe – XXe siècles*，pp. 284 – 285.

⑤ Pierre Goubert. *Beauvais et le Beauvaisis de 1600 à 1730. Contribution à l'Histoire Sociale de la France du XVIIe siècle*，Paris：S. E. V. P. E. N.，1960，pp. 129，132 – 138.

⑥ Liana Vardi. *The Land and the Loom：Peasants and Profit in Northern France*，1680 – 1800，P. 125.

⑦ Pierre Deyon，"La Diffusion Rurale des Industries Textiles en Flandre française à la fin de l'Ancien Régime et au début du XIXème siècle"，*Revue du Nord*，Tome 61，N°240，Janvier-mars 1979，pp. 87 – 88.

生意兴隆的时候，很难雇到工人去葡萄园剪枝或雇到妇女去麦地除草，除非出高价"[1]。乡村工业的生产成本较低，而且能为农民提供必要的补充收入，黎塞留和科尔伯均鼓励发展此类成本较低的乡村手工业。科尔伯甚至将之看作王国富强、利国利民之举，"可使王国之臣民以多种方式维系其生活"[2]。18 世纪，人口的增长、农业的进步、国内外市场需求的扩大，以及政府的鼓励，进一步推动了乡村工业发展。1762 年法令授予农民不加入职业行会便可自行生产各类布匹织物的权利，要求"破除可能阻挠工业进步，特别是乡村工业进步的各种障碍"[3]。此类法令既是官方对乡村工业的发展态势的认可，同时进一步推动了乡村工业的长足发展。

棉纺织业的兴起及其向乡村地区的扩散主要出现在 18 世纪。该世纪初，棉织业在鲁昂兴起，鲁昂高等法院相继出台法令允许新式织物的生产。[4] 一种被称为"鲁昂布"的棉麻混纺织品生产不仅在市内，而且向"博高原、凯伊一带以及鲁穆瓦和科镇地区发展，以致诺曼底商会 1707 年断言，共有 3 万农户依靠纺棉纱谋生"。许多商人把成包进口的棉花送往小村镇分销。经鲁昂商标登记的各类布匹数量 1717 年为 6 万匹，1732 年为 16.6 万匹，1743 年增至 43.5 万匹，1781 年高达 54.3 万匹。[5] 1722 年，一位巡视官向鲁昂的督办官抱怨说，"乡村之中，上至耕夫、下至佣人，不论男女，无不执迷于暹罗印花布（siamoises，一种丝棉混纺布）的纺纱织造，贻害农事"[6]。由于棉纺织业工序相对简单，与毛织业和麻织业相比工作环境更干净，作为新兴行业收益也更高，在城市商人主导下，整个 18 世纪里棉织业在传统麻织业地区迅速扩展：皮卡迪地区以圣—康坦为中心，莫热地区以绍莱为中心，博若莱和沙罗莱地区以维尔弗朗什为中心，阿尔萨斯地区则由米卢斯的印花棉布商人主导，这些地方棉织业的发展均得到了官

---

[1] 费尔南·布罗代尔：《法兰西的特性（人与物）》（下），顾良等译，商务印书馆 1997 年版，第 201 页。

[2] Georges Duby et Armand Wallon (dir.). *Histoire de la France Rurale*, Tome 2: *L'Âge classique* (1340 - 1789), Paris: Le Seuil, 1975, P. 259.

[3] Henri Sée, "Comptes Rendus sur l'Industrie dans les Campagnes en France à la fin de l'Ancien Régime", *Annales de Bretagne*, Volume 26, Numéro 3, Année 1910, P. 624；费尔南·布罗代尔：《法兰西的特性（人与物）》（下），顾良等译，商务印书馆 1997 年版，第 206 页。

[4] Serge Chassagne, "La Diffusion Rurale de l'Industrie Cotonnière en France (1750 - 1850)", *Revue du Nord*, Tome 61, N°240, Janvier-mars 1979, pp. 97 - 98.

[5] 费尔南·布罗代尔：《法兰西的特性（人与物）》（下），顾良等译，商务印书馆 1997 年版，第 201 ~ 202 页。

[6] Serge Chassagne, "Aspects des Phénomènes d'Industrialisation et de Désindustrialisation dans les Campagnes françaises au XIXème siècle", *Revue du Nord*, Tome 63, N°248, Janvier-mars 1981, P. 48.

方支持。①

作为欧洲的丝都，里昂的丝织业直到旧制度末期都主要集中在城市。受革命和战争的影响，19世纪初丝织业开始向里昂周围的乡村转移。1833年，里昂城有织机1.7万台，郊区和周围乡村的织机则从1824年的3 000台增加到1833年的1.4万台，1840年增至2.5万台。整个19世纪里，这里的丝织业持续向乡村扩展，即便在1850年左右机器织机引进后，新建的工厂也大多位于乡镇地区。②里尔东北的鲁贝也是一个原工业化后发地区。1789年前，这里的工业为里尔所主导，但革命时期的自由化改革为鲁贝商人企业家带来了机遇。19世纪上半叶，棉织业和机械化纺纱厂兴起将鲁贝变成了"法国的曼彻斯特"，其棉毛麻混纺布销路极广。不过，19世纪中叶前鲁贝纺织业实际呈现一种半现代半传统、半原工业半工厂化的特点，纺纱按英国式工厂组织，织布却长期依赖农民家庭的手工织机。③ 直到19世纪下半叶，仍有农民参与其中。

一般认为，原工业化发生在农业资源相对不足、农民需要额外经济来源以维持基本生存的地区。皮埃尔·德永赞同门德尔斯的观点，认为相对于土地资源，人口过剩为乡村工业提供了劳动力来源。人口的增长导致土地的细分和析化，小土地经营者无法完全通过农业维持家庭基本生存需要，不得不寻求额外的劳动收入以补贴家用。④ 早在1910年，塔尔莱便提出了这一观点，认为乡村工业往往在农业无法为农民提供足够收入的地方获得发展。洛茨斯基则认为乡村工业发展主要是在农民土地所有权相对有限的地方。亨利·塞于1923年指出，塔尔莱和洛茨斯基的观点并未反映法国各地区的不同实际，认为18世纪法国有两种类型的乡村工业：一种类型是农业资源不甚充足的地区，这里城市工业发展缓慢，农民为获得额外收入而从事工业生产，如西部的布列塔尼和下曼恩。同时还有另一种类型，如法属佛兰德尔、皮卡迪、上诺曼底等，这些地区不仅农业比较发达，而且乡村工业也获得了较大发展。人口增长和农业进步，使乡村大量的剩余劳动力转向手工业，如亚眠和博韦的毛纺织业，圣—康坦、阿贝维尔和康布雷的亚麻织

---

① Serge Chassagne, "Aspects des Phénomènes d'Industrialisation et de Désindustrialisation dans les Campagnes françaises au XIXème siècle" *Revue du Nord*, Tome 63, N°248, Janvier-mars 1981, pp. 47–48.

② Pierre Cayez, "Une Proto-industrialisation Décalée: la Ruralisation de la Soierie Lyonnaise dans la Première moitié du XIXème siècle", *Revue du Nord*, Tome 63, N°248, Janvier-mars 1981, P. 96, 98, 102.

③ Pierre Deyon, "Un Modèle à l'Épreuve, le Développement Industriel de Roubaix de 1762 à la fin du XIXème siècle", *Revue du Nord*, Tome 63, N°248, Janvier-mars 1981, P. 60.

④ Pierre Deyon, "L'Enjeu des Discussions autour du Concept de 'Protoindustrialisation'", *Revue du Nord*, Tome 61, N°240, Janvier-mars 1979, P. 10.

业，以及上诺曼底的棉纺织业，均出现了向周围乡村的扩展。①

格利克森对上诺曼底科镇地区的研究印证了亨利·塞的观点，并对孟德尔斯等人将生存性农业与原工业化相结合的理论提出了修正。科镇是法国北部肥沃的商品化粮食种植区，同时以乡村棉纺织业而闻名。棉织业自18世纪初向科镇地区扩展，18、19世纪之交，这里是法国最大的纺织品出口区。1782年，鲁昂周围45英里的乡村地区约有188 000名纺纱工和织布工，占上诺曼底人口的1/3，其中绝大多数都是科镇地区的妇女纺纱工。大规模的乡村工业与科镇地区高度发达的商品化粮食种植业并存，表明原工业化并不必然与生存性农业相结合。相反，大农业区经常出现的季节性失业，以及因土地集中造成少地或无地农民大量存在，与生存性农业区一样，也同样需要补充性收入。② 瓦迪对康布雷西的研究表明，乡村纺织业的分布与土地贫瘠程度有一定关系，但并不全然如此。如亚麻布生产的中心区位于康布雷城的东部和南部，其中6个土地肥沃的村庄只有两个村庄没有织机，其他四个村庄几乎每户都有织机；另外13个土地相对贫瘠的村庄，只有3个村庄有少量或没有织机，其他10个村庄都拥有较多织机。土地更为贫瘠的南部和西南部，最为贫瘠的12个村庄有很少的织工，大多从事纺纱；大多数村庄尽管土地贫瘠，却并未受到纺织业的影响。③ 由此可见，尽管土地相对贫瘠地区更易受乡村工业影响，但也不绝对化。在土地相对肥沃的地区，一些境况不佳的家庭也会寻求补充收入；在较贫瘠的农业区，由于置办纺织工具是一笔不小的开支，因此往往是那些相对富裕的群体有能力进入这一行业。

二、原工业化时期的城市与乡村工业

在原工业化时期，工业生产向城郊和乡村扩散，作为传统农业生产单位的乡村承担了部分原属城镇的工业生产职能，那么城镇在其中扮演了什么角色？早期的原工业化论者大多将城市排除在原工业化概念之外，或单纯从否定层面来看待乡村工业与城市的关系。④ 科尔纳埃尔很早便指出，不应将这种工业的城乡分立

---

① Henri Sée, "Remarques sur les Caractères de l'Industrie Rurale en France et les Cause de son Extension au XVIIIe siècle", pp. 48 – 50.

② Gay L. Gullickson, "Agriculture and Cottage Industry: Redefining the Causes of Proto-Industrialization", *The Journal of Economic History*, Vol. 43, No. 4, 1983, pp. 833 – 834, 847, 849.

③ Liana Vardi. *The Land and the Loom*: *Peasants and Profit in Northern France*, 1680 – 1800, pp. 125 – 127.

④ Jürgen Schlumbohm, "'Proto-industrialization' as a Research Strategy and a History Period—A Balance-sheet", Sheilagh C. Ogilvie, Markus Cerman eds., *European Proto-industrialization*: *An Introductory Handbook*, Cambridge: Cambridge University Press, 1996, P. 18.

绝对化，在近代早期，乡村工业和城市工业的发展是并行互补，而非截然对立的。① 皮埃尔·让南在1980年强调城镇在组织原工业化生产中的重要性。② 于尔根·施隆鲍姆进一步明确了城市与乡村工业之间的复杂关系。他指出，在原工业化框架中，城乡之间不仅仅只有竞争关系，也有合作和互补的关系。③ 根据门德尔斯对原工业化基本特征的界定，乡村工业实际上具有一种乡村与城市相结合的二元性和互补性。它既不同于传统的农村家庭手工业，也不同于后来的大工业，而是立足于乡村，以城镇为中心进行，城镇也是原工业化的组成部分。对法国的研究表明，城镇与乡村工业的发展有着多重联系，是原工业化研究不可忽视的一环。④

来自城市的商人—制造商是乡村工业的组织者。原工业化通过多种组织方式进行，归纳起来主要有三种：一是家庭手工业制，即农民作为独立手工业者自行生产、自行在市场上出售产品。二是外包制，这是原工业化最主要的组织方式，即由城市商人—制造商分发原料，农民根据其要求生产，产品由商人—制造商收回出售。布罗代尔认为，外包制把"城市和乡村、工匠活动和乡村活动、工业劳动和家庭劳动，以及商业资本主义和工业资本主义结合在一起"⑤。三是商人—制造商直接在城郊或乡村建厂，招募手工业者进行集中式生产。在各个地区，原工业化可能通过一种方式，也可能结合多种方式，如家庭手工业制与外包制相结合，或者将外包制与集中式工场相结合等。无论哪种方式，乡村手工业者都不可避免地要与城市商人—制造商产生联系，后者在原工业化生产中居于主导地位。

商人—制造商支配着大部分乡镇劳动力以及生产过程。如16、17世纪皮卡迪乡村的哔叽工，参与到由博韦和亚眠商人所控制的呢绒和亚麻布的生产和贸易中。这里主要有两种类型的哔叽工：一种是独立的手工业者，一种为商人进行委托生产。大多数哔叽工都依赖于城市商人—制造商或包买商（大批发商的代理人）。如有位代理商名叫弗雷斯蒂耶，负责将材料分发给亚眠附近十多个村庄的工人。哔叽布织好后，他再收回成品并发给亚眠的批发商（négociants）。生产的

---

① Marci Sortor, "Saint – Omer and Its Textile Trades in the Late Middle Ages: A Contribution to the Proto – Industrialization Debate", *The American Historical Review*, 1993, Vol. 98, No. 5, pp. 1479 – 1480.

② Pierre Jeannin, "La Protoindustrialisation: Développement ou Impasse?", *Annales. économies, Sociétés, Civilisations*, 35e année, N. 1, 1980, pp. 63 – 64.

③ Jürgen Schlumbohm, "'Proto-industrialization' as a Research Strategy and a History Period—A Balance-sheet", Sheilagh C. Ogilvie, Markus Cerman eds., *European Proto-industrialization: An Introductory Handbook*, Cambridge: Cambridge University Press, 1996, P. 19.

④ Maarten Praked., *Early Modern Capitalism: Economic and Social Change in Europe*（1400 – 1800）, London and New York: Routledge, 2001, P. 13.

⑤ 费尔南·布罗代尔：《15至18世纪的物质文明、经济和资本主义》（第3卷），顾良等译，生活·读书·新知三联书店2002年版，第688页。

原材料和织机都由代理人提供，工人靠出卖劳动力来换取低微的报酬。"这些手工业者仍是农民……在打干草和收割时节，他们受雇于大农场，在秋冬农闲的夜晚摆弄织机。"① 瓦龙是多菲内地区的一个小城市，1730年其周围地区"有4 915人从事麻布生产，他们为瓦龙的制造商或种麻，或纺纱织布"，商人德南特家族得到佩里埃兄弟等格勒诺布尔批发商的支持。里昂的丝织业、法兰西岛的花边制造业、格勒诺布尔的手套制造业、圣—埃蒂安②的饰带制造业也大体实行相同模式。③

以畜牧业为主的西部勒芒地区，城里的十多个大商人控制了这里几乎全部的纺织活动，分布在曼恩、安茹和图雷纳周围上百个村庄里的2 000多台织机为他们生产布料。1764年左右，每年生产约1.8万匹布，其中2/3用于出口。④ 在17、18世纪的下朗格多克地区，尼姆的批发商控制了全省的制造业，他们出资扶植当地人种桑、养蚕和缫丝，在城乡间分派亚麻和丝织原料。⑤ 冶金业也是如此。制造商控制着从炼铁到制造工具的全部生产过程。锻铁炉分散在法国各地，依傍河流提供动力，紧靠矿产资源和森林资源，炉主接受制造商的订货或向制造商定期供货。在下诺曼底，制造商在每年的交易会上与曼恩省的锻铁炉主签订合同。商人向炉主提供的铁将分发给"许多工人"，后者"亦工亦农"，在自己家里主要"加工铁钉"，也制造锁和小五金用品。⑥

不过，由包买商所编织的"无形蛛网"⑦并未囊括一切乡村工业活动，不仅存在大量脱离商人控制的个体劳动者，有些制造商为了避开城市行会限制、获取廉价劳动力，还选择在城郊或乡村建厂。如法国著名商人—制造商克里斯托夫·奥贝康普（1738~1815年）。他来自瑞士德语区，最初作为雕版和印花技师在巴黎附近一家印花布厂务工。当时有一种印花棉布深受各个阶层的喜爱，政府也支持这种印花布的生产。于是1760年，小有积蓄的奥贝康普在巴黎郊区茹

---

① Georges Duby et Armand Wallon (dir.). *Histoire de la France Rurale*, Tome 2：*L'Âge classique* (1340 – 1789), P. 258.

② 位于里昂西南面，在近代早期隶属里昂内省（Lyonnais）。

③ 费尔南·布罗代尔：《法兰西的特性（人与物）》（下），顾良等译，商务印书馆1997年版，第258~259页。

④ Georges Duby (dir.). *Histoire de la France Urbaine*, Tome 3：*La Ville Classique de la Renaissance aux Révolutions*, Paris：Seuil, 1981, P. 378, 380.

⑤ Pierre Deyon, "Proto-industrialization in France", in Sheilagh C. Ogilvie and Markus Cerman (eds.), *European Proto – Industrialization：An Introductory Handbook*, P. 41.

⑥ 费尔南·布罗代尔：《法兰西的特性（人与物）》（下），顾良等译，商务印书馆1997年版，第259~260页。

⑦ 费尔南·布罗代尔：《15至18世纪的物质文明、经济和资本主义》（第2卷），顾良等译，生活·读书·新知三联书店2002年版，第335页。

伊—昂—若萨村建起自己的印花布工场，占地约 15 公顷，雇佣上千名工人，这在当时的法国相对少见。奥贝康普还在普罗旺斯的阿尔帕永附近建立了多家集中工场，水力驱动，生产混纺棉织品。这些工场多设在城郊或乡村，工人几乎都是附近农民。不过奥贝康普的生意网仍以城市为中心，如工场所需的毛坯布从伦敦或法国西部的洛里昂运来，部分资金来自鲁昂或卡昂资本，产品主要销往巴黎等地。作为 18 世纪末 19 世纪初法国最大的制造商之一，"尽管植根于大自然，但奥贝康普从一开始就跻身于新的工业世界和城市文明的开拓者之列"[①]。

原工业化在城乡之间形成一定的分工合作，城市与乡村在生产和销售各环节具有互补性。"城市在大多数情况下仍然是贸易、金融和组织的中心。通常只有那些特定的劳动密集型的生产过程发生在农村……凡是使用特殊的熟练劳动力，要求大量资金投入或显然需要监控的事业，城市保有优势。"[②] 如在纺织业中，纺纱和织布等技术含量低的环节多在乡村进行，较为复杂的工序如染色、上浆、印花等，某些特殊布料的生产，则在市镇作坊中完成，产品的销售以及生产技术的选择由市镇商人决定。[③] 如里昂的丝织业，对技术要求较高的织造工序以及提花织机主要在城里，纺制丝线则交给乡村廉价劳动力完成。[④] 在原工业化生产中，城市还会根据乡村生活节奏进行调适，体现出一定季节性。康布雷的蒙蒂尼村发往瓦朗西安纳的布匹数量，高峰期一般在每年的二月、三月、七月和九月，和当地的农时相对应。在南部塞汶山区，养蚕、缫丝主要在夏季进行，秋季采摘葡萄，冬季农闲时则纺纱织布。乡村工业生产的这种季节性影响着城市商人的订单和雇工人数，城市贸易根据乡村工业的节奏体现出一定的周期性和灵活性。[⑤]

城市是原工业产品的销售和集散地，乡村通过市镇与外地乃至国际市场产生联系。在原工业化生产中，村庄、集镇和城市实际上构建了一个如布罗代尔所言的"经济体系"。"集镇（取其广义，即从大村庄到小城市全都包括在内）是通向真正的城市道路上的第一级台阶。对乡村社会来说，集镇单独往往就代表着整个外在世界……毫无疑问，大型贸易正是通过这些'小动脉或小静脉的末梢'向

---

① Georges Duby (dir.). *Histoire de la France Urbaine*, Tome 3: *La Ville Classique de la Renaissance aux Révolutions*, P. 375.

② Jürgen Schlumbohm, "'Proto-industrialization' as a Research Strategy and a History Period—A Balance-sheet", Sheilagh C. Ogilvie and Markus Cerman eds., *European Proto-Industrialization: An Introductory Handbook*, Cambridge: Cambridge University Press, P. 19; 王加丰：《原工业化：一个被否定但又被长谈不衰的理论》，载于《史学理论研究》2002 年第 3 期。

③ 杨豫：《欧洲原工业化的起源与转型》，第 84 页。

④ 费尔南·布罗代尔：《法兰西的特性（人与物）》（下），顾良等译，商务印书馆 1997 年版，第 203 页。

⑤ Gwynne Lewis, "Proto-Industrialization in France", *The Economic History Review*, 1994, Vol. 47, No. 1, P. 154.

偏僻的乡村渗透。"① 18 世纪法国经济由此得以从以前的相对停滞状态中摆脱出来，工业和贸易呈现了新的活力。法国贸易总量有较大增长，尤其是殖民地贸易增长迅速。1726～1775 年，法国进出口总额从 1.9 亿锂增长到 4.52 亿锂。② 1789 年的贸易量是 1715 年的 5 倍，殖民地市场在 18 世纪增长了 10 倍左右。③ 在进出口贸易中，原工业化地区城镇发挥着"中转站"（relay posts）作用，这种以城镇为中心的贸易，其范围呈现出一定的地区差异。如上朗格多克与下朗格多克的纺织品销售范围便有所不同：上朗格多克以图卢兹为中心，主要面向欧洲大陆和法国；下朗格多克则以马赛为中心，面向国际市场。在下朗格多克地区，自 16 世纪起，塞汶山区的市镇便在纺织业生产中充当着马赛、蒙彼利埃、尼姆等大城市与乡村工业之间的中介，产品销往葡萄牙、普鲁士和秘鲁等地。18 世纪 50 年代，圣—康坦的亚麻精纺织工将他们的产品发给在加迪斯、伦敦、阿姆斯特丹和汉堡等地经商的大商人。④ 布列塔尼维特雷、拉瓦尔、圣布里厄、卢代阿克和莫莱等地的织物则通过圣马洛和鲁昂的港口城市销往加的斯。⑤

在原工业化生产中，乡村工业与城市工业的竞争关系也会导致城乡之间出现对立和冲突。昂格朗对皮卡迪的研究表明，城乡之间竞争与互补并存。18 世纪 80 年代之前，皮卡迪以毛织业、亚麻织业和针织业生产为主。1792 年后对外战争爆发导致出口渠道受阻，传统纺织业受到极大冲击，为亚眠和圣—康坦周围地区乡村棉纺织业的兴起提供了契机。传统以城市为中心的毛织业和亚麻织业与新兴的乡村棉纺织业因此形成既竞争又补充的双重关系。⑥ 里尔地区的城乡关系则较紧张，这里的城乡之间是对立和竞争。城市企业主根据城市特权，力求把优质纺织品的制造以及印染、上浆等精加工活动据为己有。尤其是在 17、18 世纪，"乡村工业的发展相当机动灵活，城市拼命防卫，不择手段"。例如在 1670 年前后，城市故意刁难，拒收乡村送来印染和上浆的毛坯布。于是，鲁贝的织布商把毛坯布转送根特，并且上告官府。城乡间的这种对抗一直持续到 18 世纪下半叶，

---

① 费尔南·布罗代尔：《法兰西的特性（空间和历史）》，顾良等译，商务印书馆1994年版，第100、127页。

② Philip Benedict, "French Cities from the sixteenth century to the Revolution: An Overview", in Philip Benedict ed., Cities and Social Change in Early Modern France, London and NY: Routledge, 1992, P. 38.

③ Gwynne Lewis, "Proto-Industrialization in France", The Economic History Review, 1994, Vol. 49. No. 1, P. 155.

④ Gwynne Lewis, "Proto-Industrialization in France", The Economic History Review, 1994, Vol. 49. No. 1, pp. 152, 155-156.

⑤ Pierre Deyon, "Proto-industrialization in France", in Sheilagh C. Ogilvie and Markus Cerman (eds.), European Proto-Industrialization: An Introductory Handbook, P. 40.

⑥ Charles Engrand, "Concurrences et Complémentarités des Villes et des Campagnes: les Manufactures Picardes de 1780 à 1815", Revue du Nord, Tome 61, N°240, Janvier-mars 1979, P. 71, 77.

在官方的支持下，最终取消了对乡村工业发展形成障碍的城市垄断。①

城乡间这种对立也不应过于夸大。在很多情况下，为确保生产和贸易顺利进行，原工业化的组织者往往要向城市行会或官方取得生产某种商品的特许状，或者效仿传统的城市行会建立对产品生产流程和质量监管的制度，规范乡村的工业生产。② 正如德·弗里斯所言，"原工业化与城市经济的关系看似是对立的。它的扩张缩小了城市工业雇用的规模，遭到许多城市的激烈反对。但是同时，乡村生产的资本投资与协调、生产中技术和资本最为集约的阶段以及营销产品所需的商业活动，所有这些都是要在城市进行的"。原工业化需要为地区经济提供服务的城市商业组织，而且其扩张为选择性的城市增长创造了基础。③

三、原工业化与法国的城镇化

原工业化与法国的城镇化进程有何联系？一般而言，乡村工业转变为集中型大工厂后，原有的乡镇发展为地方工业城镇。如果原工业化出现逆向发展，乡村工业萎缩，农民或回归农业，或离开乡村前往城市谋生，乡镇的发展受阻。学者们以往对原工业化与城镇化之间的关系则论之甚少。

论及城镇化，如何界定城市无疑是一个复杂问题。④ 单以居民数量来衡量，法国历史学家一般将2 000人作为区分乡村与城镇的标准⑤，但实际上小城镇很难与大村庄区分。如在法国北部和中部一些地区，不足2 000居民的乡镇在近代也会被看作城市。在南部地中海地区，乡村人口高度聚居，很多居民点人数超过2 000，类似阿居隆所说的"城市化的村庄"，但人们并不将之看作城市。⑥

近代早期的法国是否存在一个城市化时期？这一问题存在较大争议。年鉴派史家勒华拉杜里指出，1725~1789年，法国城市人口增长迅速，其增长速度是乡村的三倍。⑦ 弗里斯则认为，1500~1700年的城市增长主要是特大城市发展，18

---

① 费尔南·布罗代尔：《法兰西的特性（人与物）》（下），顾良等译，商务印书馆1997年版，第205~207页。

② Marci Sortor, "Saint – Omer and its Textile Trades in the Late Middle Ages: A Contribution to the Proto – Industrialization Debate", *The American History Review*, 1993, Vol. 98, No. 5, P. 1482.

③ 简·德·弗里斯：《欧洲的城市化：1500—1800》，朱明译，商务印书馆2014年版，第240页。

④ Stephen Broadberry and Kevin H. O'Rourke (eds.). *The Cambridge Economic History of Modern Europe*, Volume 1: 1700 – 1870, Cambridge: Cambridge University Press, 2010, P. 237.

⑤ Bernard Lepetit, "Urbanization in Eighteenth – Century France: A Comment", *The Journal of Interdisciplinary History*, 1992, Vol. 23, No. 1, P. 76. 也有学者将5 000人或10 000人作为划分标准。

⑥ Philip Benedict, "French Cities from the sixteenth century to the Revolution: An Overview", in Philip Benedict ed., *Cities and Social Change in Early Modern France*, London and NY: Routledge, 1992, P. 9.

⑦ Georges Duby (dir.). *Histoire de la France Urbaine*, Tome 3, pp. 295 – 296.

世纪 10 000 人以上城市的人口比重反而略有下降。① 本尼迪克特认为，1550～1700 年的"危机时期"是近代早期法国城市化进程最快的时期，尤其是政治中心、港口城市、新城②和生产奢侈品的工业城市。相反，1700～1789 年，虽然法国人口迅速增长，但城市人口在总人口中所占比重变化不大。③ 在彼得·克拉克看来，法国城镇发展在 1750 年前总体呈下降趋势。④ 总的来说，与意大利、尼德兰和英国等相比，前工业时期法国的城市化程度不高。2 000 人以上市镇中的人口所占比重从 1550 年的 13%～15% 增长到 1789 年的 20%⑤，10 000 人以上城市的人口所占比重则从 1550 年的 4.3% 上升到 1800 年的 8.8%，而同时期英格兰和威尔士的这一比重则从 3.5% 增加到了 20.3%。⑥

  法国的城市发展呈现出明显的两极分化。18 世纪，法国的城镇数量在欧洲居于首位⑦，但以中小城市居多。1700 年，2 000 人以上的居民点⑧为 509 个，1750 年为 580 个，1806 年为 801 个，1836 年增至 1 100 个，其中 898 个被视为真正的"城市"。⑨ 巴黎之外超过 50 000 人口的城市屈指可数。⑩ 不过，依照弗里斯的数据，18 世纪法国城市数目却有较大增长。从 1750 年到 1850 年，法国的城镇化主要体现为中小城镇数量及其人口比重的大幅度增长，弗里斯将之看作 1500～1980 年这个长时段里城市发展的一个独特现象。⑪ 根据他的统计，1750～1836 年，法国 20 000 人以上的城市数目从 31 个增加到 43 个，其人口比重从 7.8% 微弱地提升至 8.1%；10 000～20 000 人的城市数目从 23 个增至 73 个，其人口数

---

  ① 简·德·弗里斯：《欧洲的城市化：1500—1800》，朱明译，商务印书馆 2014 年版，第 45、78 页。
  ② 新城（villes neuves）主要指 16、17 世纪在王室推动下建立的军事城镇、港口城市和居住地。参见：Georges Duby (dir.). Histoire de la France Urbaine, Tome 3, pp. 110-120；费尔南·布罗代尔：《法兰西的特性（人与物）》（下），顾良等译，商务印书馆 1997 年版，第 178～179 页。
  ③ Philip Benedict, "French Cities from the sixteenth century to the Revolution: An Overview", in Philip Benedict ed., Cities and Social Change in Early Modern France, London and NY: Routledge, 1992, pp. 22-23, 26, 36；Philip Benedict, "Was the Eighteenth Century an Era of Urbanization in France?", The Journal of Interdisciplinary History, 1990, Vol. 21, No. 2, P. 180.
  ④ 彼得·克拉克：《欧洲城镇史：400—2000 年》，宋一然等译，商务印书馆 2015 年版，第 118 页。
  ⑤ Philip Benedict, "French Cities from the sixteenth century to the Revolution: An Overview", in Philip Benedict ed., Cities and Social Change in Early Modern France, London and NY: Routledge, 1992, P. 6.
  ⑥ 简·德·弗里斯：《欧洲的城市化：1500—1800》，朱明译，商务印书馆 2014 年版，第 45 页。
  ⑦ Gwynne Lewis, "Proto-Industrialization in France", The Economic Historty Review, 1994, Vol. 47, No. 1, P. 152.
  ⑧ 根据地区差异，如前所述，有些人口超过 2 000 人的居民点并不被看作城市。
  ⑨ Bernard Lepetit, "Urbanization in Eighteenth-Century France: A Comment", The Journal of Interdisciplinary History, 1992, Vol. 23, No. 1, pp. 76-77.
  ⑩ Philip Benedict, "French Cities from the sixteenth century to the Revolution: An Overview", in Philip Benedict ed., Cities and Social Change in Early Modern France, London and NY: Routledge, 1992, pp. 22-23.
  ⑪ 简·德·弗里斯：《欧洲的城市化：1500—1800》，朱明译，商务印书馆 2014 年版，第 78 页。

量增长了 2 倍，占总人口比重从 1.5% 增至 3.1%；同期 5 000~10 000 人的城镇从 106 个增加到 273 个，人口比重从 3.6% 增至 5.7%。可见，中小城镇在数量和人口比重的增幅上要高于大城市。后来在工业化影响下，大城市发展速度再度超过小城市。①

这些中小城市大多是从中世纪村镇发展而来的。推动近代早期法国城镇发展的因素有很多，如国家行政和官僚机器的膨胀、城市政治文化引力增强、商业贸易扩张等。还有一个因素是原工业化时期工业向乡村的转移。② 弗里斯认为，原工业化的拉动对乡村和城市社会都产生了深远影响，"原工业化的兴起是以城市为中心的投资的结果，它削弱了城市的工业雇佣，但同时又选择性地增强了城市的商业和服务功能"③。毋庸置疑，乡村工业为城市商人带来财富和经商技巧，推动了生产的专门化和集中化。④ 部分农民逐渐脱离农业，专门从事乡村工业，或受雇于乡镇工场，最终转变为城镇居民。1723 年的鲁昂，"工人过去下乡参加收割，如今不再离开织机，因为他们继续生产呢绒和其他织物，能得到更多的利润"⑤。

18 世纪，多菲内的大城市人口增长有限，在总人口中的比重甚至有所下降；相反，小城市和大乡镇的人口分别增长了 54% 和 45.7%。1698 年，这些地方 2 000 人以上的居民点有 8 个，1790 年增至 21 个。位于格勒诺贝尔和里昂之间的小城镇在对外贸易活动的刺激下，城镇人口在 18 世纪翻了一番。其他一些小城镇，如瓦龙、维耶纳等，其人口增长率高于省区平均水平主要得益于地方工业的快速发展。⑥ 对 19 世纪上半叶法国主要城市的统计表明，马赛、波尔多、南特等大城市在这一时期人口分别增长了 75.6%、43.9%、29.7%。得益于工业向郊区的扩展，里尔的人口增长了 38.1%。同一时期，一些新兴工业中心或原工业发达的城镇，其人口增长率更高，如鲁贝、圣—康坦、米卢斯、圣—埃蒂安等，分别为 337.5%、150%、262.5%、250%。圣—埃蒂安是里昂地区重要的工业中心，1800 年有 1.6 万居民，1846 年增至 5.6 万居民，人口主要来自附近山区的劳动力移民。⑦ 里尔东北部的鲁贝是从大村镇发展为工业城市的成功典型，它的人口

---

① 简·德·弗里斯：《欧洲的城市化：1500—1800》，朱明译，商务印书馆 2014 年版，第 72~73 页。
② Philip Benedict, "French Cities from the sixteenth century to the Revolution: An Overview", in Philip Benedict ed., *Cities and Social Change in Early Modern France*, London and NY: Routledge, 1992, pp. 26 – 30.
③ 简·德·弗里斯：《欧洲的城市化：1500—1800》，朱明译，商务印书馆 2014 年版，第 241 页。
④ Philip Benedict, "French Cities from the sixteenth century to the Revolution: An Overview", in Philip Benedict ed., *Cities and Social Change in Early Modern France*, London and NY: Routledge, 1992, pp. 29, 38.
⑤ 费尔南·布罗代尔：《15 至 18 世纪的物质文明、经济和资本主义》（第 2 卷），顾良等译，生活·读书·新知三联书店 2003 年版，第 320 页。
⑥ Philip Benedict ed.. *Cities and Social Change in Early Modern France*, pp. 229 – 230.
⑦ Georges Duby (dir.). *Histoire de la France Urbaine*, Tome 3, pp. 567 – 569.

在不到一个世纪里增长了 15 倍,19 世纪末居民人数高达 12.5 万。①

19 世纪上半叶,以城市为中心的现代工业在法国兴起,但并未立即取代原工业化性质的乡村工业。乡村工业与工业化进程相伴随,在法国一直延存至 19 世纪末乃至 20 世纪初,甚至还抵制新机器和工厂制的推广。19 世纪初,骡机开始在米卢斯、里尔、马耶纳、拉瓦尔等地推广。由于新的动力织布机对技术的要求更高,很多织工不愿接受,因而 19 世纪中叶后才在法国全国范围内推广。亚麻和大麻织业亦复如此,1806～1834 年,手动织机的数量增长。如孔德地区 1824 年只有 200 台手动织机,1851 年增至 5 000 台,1867 年达到 8 000 台。②

门德尔斯将原工业化看作迈向工业化的第一阶段,不过他同时也指出,原工业化并不必然导向工业化,在条件不成熟的地区还会出现逆工业化。③ 乡村工业能否实现向工业化过渡,同原工业化本身的组织方式及其与所处地区农业的关系、外部的各种形势等相关。如在法国北部的里尔地区,乡村工业的发展依托良好的内外部条件,促进了资本积累,丰富了商业联系,促进了市场关系,推动了知识技术传播和农业进步,为里尔向现代工业发展奠定了基础。④ 而大部分地区的乡村工业并未向工业化过渡,或者衰落了,或者与现代工业长期并存。18 世纪 70 年代后,海外市场萎缩,战争和社会动荡,以及城市工业复兴,都对法国大部分地区乡村工业造成冲击。如布列塔尼和朗格多克,家庭手工业和乡村工业日益衰落。19 世纪初,下朗格多克的葡萄种植取代织机成为这里的主要生产活动⑤,而布列塔尼和诺曼底的农民织工也重新拿起犁镐,回归"田园生活"。⑥

---

① Pierre Deyon, "Un Modèle à l'Épreuve, le Développement Industriel de Roubaix de 1762 à la fin du XIXème siècle", *Revue du Nord*, Tome 63, N°248, Janvier-mars, 1981, P. 59.

② Serge Chassagne, "Aspects des Phénomènes d'Industrialisation et de Désindustrialisation dans les Campagnes Françaises au XIXème siècle", *Revue du Nord*, Tome 63, N°248, Jonvier-mars, 1981, pp. 51 – 53, 55.

③ Franklin F. Mendels, "Proto – Industrialization: The First Phase of the Industrialization Process", P. 246.

④ Pierre Deyon, "L'enjeu des discussions autour du concept de 'protoindustrialisation'", *Revue du Nord*, Tome 61, N°240, Jonvier-mars, 1979, P. 9.

⑤ Gwynne Lewis, "Proto – Industrialization in France", *The Economic History Review*, 1994, Vol. 47, No. 1, pp. 161 – 162.

⑥ Serge Chassagne, "Aspects des Phénomènes d'Industrialisation et de Désindustrialisation dans les Campagnes Françaises au XIXème siècle", *Revue du Nord*, Tome 63, N°248, Jonvier-mars, 1981, pp. 46 – 47.

第二节 19世纪的乡村城镇化与城乡关系转变

19世纪工业化时期，欧洲实现了从传统农业社会和乡村文明向现代工业社会和城市文明的转型。[①] 城市最终取得对乡村的支配权。城市化与工业化、现代化相伴而生。所谓乡村城镇化，既体现为城市对乡村的"剥夺"，如原有城市向郊区扩展，或乡村人口外流，农民变为市民；同时也包括乡村自身变为城镇，或乡村生活方式、思想观念的城市化和现代化。[②]

从社会学角度而言，无论是"城市化"还是"乡村城镇化"的表达，均暗含了以城市为中心的论调，将乡村看作城市的对立物，强调乡村对城市的依赖和仿效。[③] 但实际上，城市化过程本身并不能脱离乡村视角孤立的看待，有关城市化的探讨亦离不开乡村这一参照物。另外，乡村社会的变迁也不能简单理解为乡村受城市影响，或为城市所征服的历史，乡村和城市是在相互影响与协调中共同发展的。[④] 与19世纪相比，20世纪下半叶城市化及其内涵的转变充分表明了这一点。因此研究乡村城镇化进程，或许可提供一个反观城市化进程中乡村社会的发展路径及其与城市多重联系的切入点。

这两个时期既是法国城市化快速发展的时期，也是乡村城镇化的关键时期。在前一个时期，除工业乡镇有所发展外，乡村城镇化主要表现为乡村人口的外流。工业发展和城市扩张，将大量农民从乡村中剥离出去，客观上也将乡村与外部世界联系起来。在后一个时期，城市的扩张、基础设施的改善，推动了人口回流农村和"乡村的复兴"，乡村的社会结构和经济功能也出现了较大的转变，城市与乡村的关系从对立走向互动和互利。由是观之，作为一个发展相对滞后的工业化国家，法国乡村是在与城市的互动中共同迈向现代化的。

[①] Stephen Broadberry and Kevin H. O'Rourke, *The Cambridge Economic History of Modern Europe*, V. 1, P. 236.

[②] 刘景华：《"城市化"诸概念辨析》，载于《经济社会史评论》2015年第4期；计翔翔：《近代法国城市化初探》，载于《世界历史》1992年第5期。

[③] Placide Rambaud, "Village et urbanisation. Problèmes sociologiques", *Études rurales*, N° 49 – 50, 1973, P. 14.

[④] Stephen J. Russell. *Agriculture, Prosperity, and the Modernization of French Rural Communities*, 1870 – 1914, *Views from the Village*, Lewiston: The Edwin Mellen Press, 2004, Preface, P. ix.

一、工业化的冲击

在布罗代尔看来,直到 1914 年,甚至可能到 1945 年之前,法国都是一个"古老的、以农立国的法兰西,即表现为集镇、村庄、村落、分散的住所的法兰西"。更确切地讲,是一个"城市—集镇—村庄"共同构建的空间体系,"城市与村庄、城市与集镇、城市与城市的众多联系不厌其烦地在编织法兰西的物质生活网,而城市则在其中起着提纲挈领的作用","作为乡村的寄生者、剥削者,城市支配着乡村,但又把乡村的重要性提高到城市之上"。[①]

如何理解布罗代尔这段看似矛盾、而又意味深长的话?不妨从他对这一空间架构最为形象直观的描述入手:"村庄和集镇的基层居民点是一切经济活动的基础……在一个集镇的四周,中间相隔一定的距离,团团围着几个村庄,就像一些小行星环绕在太阳四周一样。集镇和村庄加在一起,通常同我们现今的一个'区'差不多大小。作为集中居住的基本单位,这些'区'又环绕在一个相当活跃的城市的四周:由此形成的面积不大的整体……称为'地方'。这些'地方'又分别纳入到一个区域、一个省的范围之内,其成功和顺利的程度取决于中心城市是否有足够的向心力……最终形成统一的民族和统一的民族市场。"[②] 在布罗代尔看来,正是城市、集镇和村庄之间的互动与联系,将法兰西从割裂分散的状态粘合为一个整体,其中乡村和集镇长时间里构成传统社会的基石。

作为一个典型的农业大国,整个 19 世纪,法国乡村人口仍占绝大多数。19世纪上半叶是法国人口增长时期。1811 年,法国乡村人口约为 2 340 万,占总人口的 79%;1841 年,乡村人口增至 2 690 万;1866 年达 3 050 万,占总人口(3 800 万)的 70%。[③] 工业化的展开并未迅速改变法国的人口结构。在欧洲早期工业化国家中,法国的城市化程度远落后于英国和荷兰,甚至于后起之秀德国。根据 1866 年统计,法国共有市镇[④]37 548 个,其中乡镇(即人口少于 2 000 的市

[①] 费尔南·布罗代尔:《法兰西的特性(人与物)》(下),顾良等译,商务印书馆 1997 年版,第 184、407 页。

[②] 费尔南·布罗代尔:《法兰西的特性(空间和历史)》,顾良等译,商务印书馆 1994 年版,第 100 页。

[③] Georges Duby et Armand Wallon (dir.). *Histoire de la France Rurale*, Tome 3, P. 60; Annie Moulin. *Peasantry and Society in France since 1789*, Cambridge University Press, 1991, P. 61.

[④] 自大革命后,无论乡村还是城市,法国基层行政单位统一称"commune",即"市镇"。在调查统计中,往往以居民人数为标准(法国的常规标准为 2 000 人),划分为乡村市镇(communes rurales,简称"乡镇")和城市市镇(communes urbaines)。市镇经常会新设或合并,故书中提到的市镇数量不同时期略有差异。

镇）34 767 个，2 000～20 000 人的城镇 2 781 个，20 000 人以上的城市仅 73 个。① 城市人口所占总人口比例，英国在 1851 年便已过半，德国是 1891 年，法国则迟至 1931 年。② 但到 1975 年时，2/3 以上的法国人都居住在城市。法国人口在 1851～1975 年增长了 1 600 万，城市人口增长了 4 倍多，乡村人口反而下降了 1 050 万。③ 可见一个世纪的城市化，已扭转法国传统的城乡体系，缓慢而彻底地改变了法兰西古老的空间结构和面貌。正如克拉克所言，"农业的主导地位逐渐消退。城镇经济生活不再像之前一样依附于农村，而是逐渐由国家和国际势力所主导"。④

不过，尽管相对滞后，工业化和城市化对经历了大革命仍执守农业传统的法国乡村还是产生了较大冲击，乡村在"被城镇化"的过程中开始直面现代化。

一些乡村工业发达的地区逐渐发展为工业城镇。里尔东北的鲁贝是从大乡镇发展为工业城市的成功典型。⑤ 在利穆日的东南面，路易十八的前首相德卡兹公爵于 1826 年建起一座由银行家、贵族和商人共同投资管理的煤矿企业，到 1840 年成为法国第四大工业企业。之前小小的德卡兹维尔则发展成一个 8 000 人口的小城镇，"孤零零的"坐落在乡村世界中。居民大都是矿工，住在简易房屋中，有来自英国的全职工人，也有来自附近乡村、仍从事农业生产的半熟练工人。⑥

城市附近的乡镇随着城市本身急剧扩展，也会转变为城郊或工业中心，被纳入城市共同体范围中。离巴黎 9 公里的阿尔让特伊直到 19 世纪 40 年代仍是一个以农业为主的村庄，只有少数人为巴黎供应石膏，或经营酒店、塞纳河摆渡等。到 70 年代，它已被纳入巴黎的城市范围中，成为工业外郊，这里建起了工厂、船坞和高耸的铁路桥。阿尔让特伊距离新建的圣拉扎尔火车站仅 15 分钟车程，很快也成为巴黎人休闲放松之所，出现了划船俱乐部和供出租的别墅。连大名鼎鼎的印象派画家克劳德·莫奈也为之吸引，1872～1878 年居住于此。⑦ 有些郊区的人口增长速度甚至快于城市本身。1836～1856 年，巴黎、里昂、勒阿弗尔和里尔的城市人口年均增长率在 0.4%～1.3%，郊区却高达 3.9%～7%。它们到

---

① Jacques Boudoul et Jean‑Paul Faur, "Renaissance des communes rurales ou nouvelle forme d'urbanisation?", *Économie et statistique*, N°149, 1982, P. Ⅳ.

② 计翔翔：《近代法国城市化初探》，载于《世界历史》1992 年第 5 期；费尔南·布罗代尔：《法兰西的特性（人与物）》（下），顾良等译，商务印书馆 1997 年版，第 170 页。

③ Jacques Boudoul et Jean‑Paul Faur, "Renaissance des communes rurales ou nouvelle forme d'urbanisation?" *Économie et statistique*, N°149, 1982, pp. Ⅱ‑Ⅲ.

④ 彼得·克拉克：《欧洲城镇史：400—2000 年》，宋然等译，商务印书馆 2015 年版，第 252 页。

⑤ Pierre Deyon, "Un Modèle à l'Épreuve, le Développement Industriel de Roubaix de 1762 à la fin du XIXème siècle", *Revue du Nord*, Tome 63, N°248, Janvier‑mars 1981.

⑥ Peter McPhee. *A Social History of France*, 1789‑1914, New York: Palgrave Macmillan, 2004, P.129.

⑦ Peter McPhee. *A Social History of France*, 1789‑1914, New York: Palgrave Macmillan, 2004, P.188.

1870年左右已与城市中心密切联系在一起，成为城市的一部分。①

乡村人口外流。奥尔良王朝时期，人口增长对乡村资源的压力与日俱增，出现了乡村人口外流的第一个高峰。1830～1850年，年均约有4万～5万人离开乡村迁往城市。② 季节性的人口流动在19世纪中叶则高达50万，这也是19世纪上半叶农村人口迁移的主体。③ 不过，以季节性为主的人口流动"并不是具有现代意义的人口城市化运动，它们本质上是一种在传统社会框架内的人口流动"④。

真正意义上的农村人口向城市迁移，其高峰出现在19世纪下半叶。城市工商业发展提供了更多的就业机会，对劳动力的需求增加；同时，以巴黎为中心的铁路交通网的修建，为劳动力迁移和流动提供了便利。根据勒布瓦耶的统计，1841～1851年乡村移民人数为84.9万人，比上一个十年翻了将近一番，1851～1861年达到126.5万人。19世纪五六十年代是乡村人口外流的高峰，每年约有13万人从乡村流向附近城镇或巴黎。此后，一直到第一次世界大战前，乡村人口外流的规模均保持在年均10万人以上，根据工业发展的节奏略有波动。⑤ 到1911年左右，2 000人以上城镇居住的人口已从1851年的25.5%增加到44.2%。同期不仅乡村人口的相对比重下降，绝对数量也有所下降：从1851年的2 700万人减少到2 200万人。⑥ 虽然季节性移民仍大量存在，但永久性移民无疑是19世纪下半叶乡村人口外流最突出的特征，可以将之看作乡村城镇化的一种表现。

二、"走出乡村"：19世纪下半叶乡村人口外流

对世代而居的农民而言，走出乡村、变为城里人并非易事。背井离乡的理由多种多样，但去往哪里？从事什么职业？如何在城市扎根？这些才是离乡者面临的挑战。根据保罗—罗森塔尔对44 534份婚姻登记样本的分析，在19世纪的人口迁移中，远距离跨区流动只占7.5%，其中1/5前往法兰西岛，而且大都来自北部的诺尔省和巴黎盆地东部省份。布列塔尼、比利牛斯地区和东南部的移民即使跨区流动，也多前往较为发达的邻近城市。铁路的修建在一定程度上推动了远

---

① Jacques Boudoul et Jean-Paul Faur, "Renaissance des communes rurales ou nouvelle forme d'urbanisation?", *Économie et statistique*, N°149, 1982, P. Ⅲ.
② Annie Moulin, *Peasantry and Society in France since 1789*, Cambridge University Press, 1991, P. 66.
③ Georges Duby et Armand Wallon (dir.). *Histoire de la France Rurale*, Tome 3, pp. 71-77.
④ 许平：《法国农村社会转型研究：19世纪至20世纪初》，北京大学出版社2001年版，第114页。
⑤ 转引自许平：《法国农村社会转型研究：19世纪至20世纪初》，北京大学出版社2001年版，第116、118页。
⑥ Georges Duby et Armand Wallon (dir.). *Histoire de la France Rurale*, Tome 3, P. 472.

距离流动。1803～1849 年，跨区流动的比重仅为 3.9%，1880～1902 年达到 12.4%。[1]

乡村人口外流也存在地方差异。1881～1891 年，外流人口比重超过 10% 的地区主要集中在经济相对落后的省区。例如，西部的阿摩尔滨海省，西南部的多尔多涅省、科雷兹省、朗德省、阿列日省，以及南部的阿韦龙省和洛泽尔省等，外流人口均占本省人口的 15% 以上。介于 10%～15% 的省份主要位于法国中部和中央高原南部。北部的法兰西岛和上诺曼底、东部的香槟地区、中部的卢瓦尔河地区、南部的地中海沿岸，以及阿基坦的大西洋沿岸地区则是移民流入地区。卢瓦尔河沿岸的安德尔—卢瓦尔省是一个移民接收区，1906～1911 年移民净流入占人口的比重为 17.8%，而这里 2 000 人以下的乡镇人口净流出高达 19.3%，说明迁流入人口更多；紧邻法兰西岛的马恩省上述比率分别为 2.1% 和 71.7%，可见这里的乡镇人口大量流向城市。[2]

大多数乡村移民都在有限的地理范围内流动，或受雇于乡镇工厂，或前往临近市镇，进一步则以之为跳板进入大城市。南部尼姆地区的乡村丝织业在 1850 年后逐渐衰落，来自塞汶山区和地中海岸的移民转而寻找诸如店员或裁缝之类的工作，或者加入铁路建设大军。有些移民则先学手艺再进城谋生。如来自中央高原的农民会在马尔勒（卢瓦尔省）一类小城镇的纺织工场工作几年，再前往圣—埃蒂安的大工厂。1833 年出生于索姆省罗兹耶尔村的特鲁甘，先被父亲送到亚眠当梳毛工学徒，14 岁时来到巴黎，因卷入 1848 年革命，被迫前往阿尔及利亚，1855 年回国后在里昂定居，成为一名丝织工人。1865 年出生于多菲内的让娜·布维耶，父亲在铁路上工作，母亲种地。由于这一带葡萄种植受根瘤蚜虫害影响，举家被迫迁往里昂南部。让娜 11 岁时进入附近丝织厂当童工，母亲后来在巴黎一家制刷厂找到工作，让娜跟往巴黎。巴黎 92% 的家仆都是穷苦移民。1850 年后，70% 以上的家仆都是女性，每天从早上 6 点工作到晚上 10 点，生存境遇仰赖于主人。[3] 随着城市人口增长，住房、工厂、学校、公共建筑等基础设施需求增加，建筑行业也吸引了大量移民。[4] 生产节奏的加快、工作机会的增加，打破了农民季节性流动的节奏，越来越多的人在城镇中定居下来。

但要真正融入城市并不容易，来自同一地区的移民出于自我保护，往往会在城市中形成一个相对封闭的居住区和社交圈。巴黎最为突出：来自奥弗涅的移民

---

[1] Paul – André Rosental, "L'exode rural. Mise à l'épreuve d'un modèle", *Politix*, Vol. 7, N°25, 1994, P. 60, 63.

[2] Georges Duby et Armand Wallon (dir.). *Histoire de la France Rurale*, Tome 3, pp. 398 – 399.

[3] Peter McPhee, *A Social History of France*, 1789 – 1914, New York: Palgrave Macmillan, 2004, P. 189, 192, 213.

[4] Georges Duby et Armand Wallon (dir.). *Histoire de la France Rurale*, Tome 3, P. 85.

居住在 11 区罗科特路附近；来自布列塔尼的移民则集中于 14 区、15 区的蒙帕纳斯车站附近；阿尔萨斯的移民以东北 19 区的维莱特为中心居住。直到第二帝国末期，利穆赞的移民也未很好地融入所在的城市社区。① 即便如此，移居者的生活习惯和观念多少会受到城市的熏陶和影响。

乡村外流人口通过各种途径与村庄保持着密切联系，这种联系反过来拉近了乡村与城市的距离，并推动了乡村社会转变。不少学者都将 19 世纪下半叶看作法国农业和乡村迈向现代化的重要转折点。普莱斯重点探讨交通革命和市场结构转变如何促使法国农业从传统走向现代。② 韦伯的《农民变成法国人》则聚焦于农民的物质生活和政治、文化心态的转变。在他看来，19 世纪下半叶乡村的生活条件发生了巨大改变，这种改变的刺激主要来自城市，是一种现代化的冲击。③ 第二帝国时期，法国的乡村更为开放。一方面，通畅的公路和铁路网、乡村学校的增多，以及 1849 年后"便士邮局"的普及，使村民可以更便利地接触外部世界；另一方面，前往城市的移民会带回各种新的生活方式和观念，或许带有一些炫耀的成分，对仍居乡土的村民而言也算是一种刺激。

紧邻大城市的地区，富有的农民开始攀比模仿市民的生活。参观过 1867 年和 1878 年博览会的巴黎盆地农民，把铁炉、汽油灯、衣柜、折叠桌、装饰华丽的床具，以及礼拜日布尔乔亚们穿的衣服带回村里。他们开始模仿城里人，早上喝一杯咖啡，晚餐来点葡萄酒，每周吃好几次新鲜肉。④ 很多回乡的人会带回待人接物的新风尚，寄回信件、报纸和各种新奇的玩意，提倡新的生活品位。有些回乡度假，或退休后回乡定居的人，带回城里的各种观念和时髦：他们开始使用餐盘，炫耀新自行车，把房子粉刷一新，装上电灯。在方言盛行的地方，会说几句法语也被看作是"城里人"的象征。⑤

这种影响还体现在城市移民和农民日益重视教育。移居到城里的农民发现读写算不仅有助于工作，还可与家人保持联系，即使他们自己已没机会再学习，也会将希望寄托在子女身上。因此 19 世纪下半叶教育的普及，既有乡村本身的需要，也有政府和教育人士的推动。如 1881 年，中部奥弗涅多姆山省的昂贝尔教

---

① Eugen Weber. *Peasants into Frenchmen. The Modernization of Rural France*，1870–1914，Stanford：Stanford University Press，1976，P. 282.

② Roger Price. *The Modernization of Rural France. Communications Networks and Agricultural Market Structures in Nineteenth-Century France*，London：Hutchinson，1983.

③ Eugen Weber. *Peasants into Frenchmen. The Modernization of Rural France*，1870–1914，Stanford：Stanford University Press，1976，Introduction，P. X.

④ Peter McPhee. *A Social History of France*，1789–1914，New York：Palgrave Macmillan，2004，P. 221.

⑤ Eugen Weber，*Peasants into Frenchmen. The Modernization of Rural France*，1870–1914，Sranford：Stanford University Press，1966，P. 288.

区学校并不多，但入伍登记册上的签字表明这里的文盲很少。当地的学校教员说，那些迁往城里的父母通过信件与家里联系，因此希望在乡的孩子都能读书写字。① 对农民而言，教育是离开穷乡僻壤前往城市的通行证。南部洛泽尔省的蓬—德—蒙特维尔村可能是全法最偏僻的村庄。地方议会1880年成功申请到资金，分别为四个只有20~120人的小村建起学校。中央高原南部一向被看作法国落后地区的典型，到19世纪80年代，这里已有至少852所学校，学生人数达到24 464人，学校与学生比为1:29，居全国之首。1881年，法国85%的男性和77%的女性已能在自己的结婚证上签名，一个世纪前仅为47%和27%。②

乡村人口外流在一定程度上缓解了人口增长对乡村土地和生存空间造成的压力，有利于促进农业生产方式调整，也有利于改善农民的生活条件。马克菲将1852~1880年看作法国乡村文明的顶峰时期。在他看来，这30年里法国农民安稳而富足，教育、外出、接收新观念都变得更为容易，无论是语言、文化、生态，还是生产方式，"此后法国的乡村再没有如此丰富多样的人文和自然环境"③。农业技术的革新、面向市场的专业化生产、农民观念的转变……尽管到19世纪末，法国的土地占有结构并未发生实质性变化，仍以小土地所有为主，但乡村世界已缓缓打开通往现代化的大门。然而，20世纪接连两次世界大战打断了这一进程，直到第二次世界大战结束，法国乡村社会的发展才重回正轨。

第三节　20世纪下半叶法国"乡村的复兴"

战后初期30年是法国经济发展的黄金时期，也是其城市化加速时期。1946~1980年，法国人口从4 000万增长到5 300万，城市人口所占比重从53%提高到75%。④ 尤其是1954~1968年，城市人口大幅度增长，年增长率从1851~1954年的0.9%上升到1954~1968年的2.5%。1975年，50%的人口居于5万人以上

---

① Eugen Weber, *Peasants into Frenchmen. The Modernization of Rural France*, 1870-1914, Sranford: Stanford University Press, 1966, P. 288.

② Peter McPhee, *A Social History of France*, 1789-1914, New York: Palgrave Macmillan, 2004, P. 267.

③ Peter McPhee, *A Social History of France*, 1789-1914, New York: Palgrave Macmillan, 2004, P. 271.

④ Georges Duby (dir.). *Histoire de la France urbaine*, Tome 5, P. 16.

的城市，20%的人口住在 20 万人以上的大城市，1/6 的人口居住在巴黎地区。①

一、城市向乡村的扩展

这一时期城市向郊区的扩张较为突出。尤其是为应对人口膨胀带来的诸多问题，城市不断蚕食和侵占周围的乡村空间和农业用地，城郊地带逐渐被纳入城市范围。巴黎的城市面积在 1962～1968 年扩展了 13%，从 1 457 平方公里增加到 1 651 平方公里。同期，5 000 人以上的城镇总面积从 30 169 平方公里扩展到 46 687 平方公里，增长了 52.2%。② 南部艾克斯的城市人口从 1954 年的 4.8 万增长到 1975 年的 11.5 万。城西南 6 公里的米勒区原是一个 2 500 人的村庄，面积约 3 000 公顷，1967 年被纳入城郊发展规划区。1974 年，已有 700 公顷土地为市政或投资者所购买，另有 150 公顷土地属城市规划带，共占该区面积的 1/4 之多。③

城市用地激增带动了周围地区土地价格的攀升，城郊农民热衷于出售土地。临近巴黎盆地的奥尔良地区本以种植蔬菜、果园和苗圃为主，供应巴黎市场，人口增长很快打破了城乡间的平衡，新的公路、住宅和超市等配套设施向城市周边扩展。奥尔良西北的布罗斯耶尔区，其果园在 1965 年后彻底消失，附近 15 公顷的土地上陆续建起 1 200 套住房。东北的阿尔贡被规划为"优先城市化区域"，原本计划在这里建设四五千套住房，以容纳 15 000～20 000 居民，1966 年改在城东南的奥尔良—拉苏尔斯进行。土地价格上涨使得很多农民售地后改行换业。1968 年，包括奥尔良在内的农业劳动者所占人口比例为 4.5%，到 1975 年下降为 2.8%；奥尔良郊区农业劳动者的比例则从 8.3% 下降到 3.9%。④

同时，城市工业和人口向郊区地带转移带动了乡镇工业的发展和城郊人口的增长。在弗朗什—孔德的卢埃河上游，韦伊拉凡村一个薄板轧制厂在 1955 年提供了上百个岗位；蒙杰索亚村的家具工厂在 1957 年雇用了 35 个工人。这两个村是该地区唯一人口略有增长或保持稳定的村庄。位于城郊附近的乡镇，除原有居民外，也为工薪阶层提供居所。那些不发展工业的乡镇，工薪阶层的人数也在增长。1956 年，2 000 居民以下的乡镇中，在工商企业工作的雇工为 89.4 万人，占法国雇工总数的 15%。1962 年，居住在乡镇中的公职人员、雇员和工人多达

---

① Jacques Boudoul et Jean – Paul Faur, "Renaissance des communes rurales ou nouvelle forme d'urbanisation？", *Économie et statistique*, N°149, 1982, pp. Ⅲ – Ⅳ.
② Georges Duby（dir.）. *Histoire de la France urbaine*, Tome 7, P. 147.
③ Joséphine Richez, "Urbanisation et mutation d'un espace péri-urbain du pays d'Aix", *Méditerranée*, Tome 20, 1 – 1975, P. 73, 74, 78.
④ Serge Vassal, "Urbanisation et vie rurale：le cas de l'agglomération orléanaise", *Norois*, N°95, 1977, P. 224, 227, 234.

233.8万人,分别占乡镇劳动力总数和乡镇人口的33%和13%,到1968年分别增长至39%和15.7%。① 乡镇中水电、住房、道路等基础设施的改善,轨道交通、汽车、摩托车、自行车等交通工具提供的便利,尤其是比城市更为便宜的房租,使工薪阶层更愿意住在远离城市或工厂的乡镇,工作地与居住地相分离。

由此带来的一个显著变化是工业乡镇和农业乡镇职能的分化,"城市化"这一概念也因此得以扩展。不仅出现了"郊区城市化"(périurbanisation)等术语,而且城市规划中专门提出了所谓"工业或城市人口聚居区"概念,专门用来指代在城市或工厂工作、在乡镇居住的人群的聚居区。1962年,有6 544个乡镇被包括在此类聚居区范围内,1968年增加到6 608个。在812个范围较为明确的聚居区中,有479个既包含乡镇也包含城镇,有84个则完全是乡镇。②

20世纪70年代之前,大多数远离城市聚居区的乡镇人口持续外流,从1954年到1975年年均人口增长率为负0.8%。与此同时,位于城市聚居区周围的乡镇人口则呈上升趋势,1954~1962年年均人口增长率为0.27%,1968~1975年增至1.28%,1975~1982年达1.93%。1975~1982年,20万人以上大城市人口平均下降5%之多,郊区人口略有增长,但速度也放缓了,唯有城市周围乡镇人口增长率最高。③

自20世纪60年代中期起,以农业为主的乡村地区也开始悄然发生变化。统计数据显示,1975~1982年,远离城市聚居区的乡镇年均人口增长率从此前的-0.8%变为0.5%。这一时期城市年均人口增长率仅为0.2%,乡村则高达1.07%。④ 部分乡村人口回升出现更早。在罗讷—阿尔卑斯大区,自1968年起,除卢瓦尔省外的几个省外,乡镇人口增长率均从负增长变为正增长。伊泽尔省和上萨瓦省的乡镇人口增长率分别高达1.06%和1.55%。⑤

二、"乡村的复兴"

无论是城郊工业乡镇人口的增长,还是偏远的农业乡镇人口缓慢回升,"乡村的复兴"自20世纪70年代后似乎成为普遍现象。"乡村的复兴"包括郊区的

---

① Georges Duby et Armand Wallon (dir.). *Histoire de la France Rurale*, Tome 4, P. 360, 383.
② Georges Duby et Armand Wallon (dir.). *Histoire de la France Rurale*, Tome 4, P. 361.
③ Jacques Boudoul et Jean-Paul Faur, "Renaissance des communes rurales ou nouvelle forme d'urbanisation?", *Économie et statistique*, N°149, 1982, pp. Ⅵ, Ⅷ.
④ Jacques Boudoul et Jean-Paul Faur, "Renaissance des communes rurales ou nouvelle forme d'urbanisation?", *Économie et statistique*, N°149, 1982, P. Ⅵ.
⑤ Georges Duby (dir.). *Histoire de la France urbaine*, Tome 5, P. 16.

城市化,但更多用来指代与"乡村城镇化"① 相伴而生的人口向乡村回流。②

乡村吸引力的增加得益于乡村地区基础设施和生活条件的改善。法国政府从 20 世纪五六十年代推出一系列农业和乡村改造计划,并设立"乡村更新区""山区经济区",出台"乡村整治规划",主要在落后的乡村地区着力于改善基础设施,推动农业发展,同时注重服务业、住房和旅游业的发展。除道路、交通的改善外,早在 20 年代,电力便已在法国大部分乡村普及。自来水的普及始于 50 年代,1954 年自来水惠及 41% 的乡镇,1966 年达到 68%,1980 年左右,98% 以上乡镇都安装了自来水。③ 商业、邮电等服务体系也日趋完善。西北部布雷斯特附近的吉勒尔村,原以农业为主。1951 年该村有居民 2 161 人,1968 年减少到 1 849 人,劳动力占全村人口的 35%(不满 20 岁的年轻人占 39%)。1954 年有 435 人从事农业生产,到 1971 年仅剩 230 人,农业雇工人数也从 77 人减少到 18 人,大多转向第二产业。1969 年,村委会在老村之外另建 250 所新住宅,形成新的居民区,并致力于商店、学校、运动场地等配套设施的改善。1969 年后,该村的移民数量逐渐超过外流人口数量,人口开始缓慢回升。④

乡村生活条件日益便利,以及胜于城市的自然空间和田园风貌,吸引了越来越多的城市群体前往乡村旅游或定居。1966 年,法国乡村接待游客总数为 440 万人次,1970 年达 706.6 万人次。1969~1970 年的调查中,35 718 个被看作乡镇的村庄,有 17 200 个左右都接待游客,也就是说,50% 左右的村庄都发展旅游业。其中有 5 000~5 500 个旅游乡镇接待的季节性游客超过其常住人口的 50%,海滨乡镇的这一比例更高。⑤ 此外,越来越多的本国或外国人在乡村购置房产,作为退休住所、度假别墅,或是房产投资,称之为第二居所,并将其作为乡村旅游业住宿接待的主体。乡村第二居所在 1954 年为 33 万套,1962 年增加到 63.8 万套,1968 年达 74.6 万套,占乡村住宅总数的 13%。⑥ 法国南部的普罗旺斯是仅次于巴黎的法国第二大旅游胜地,其第二居所在 1975 年之后的 20 多年翻了一

---

① 这两个术语都用来指代城市化向周围地区的扩延。"郊区城市化"(périurbanisation)特指城市郊区地带的城市化;"乡村城镇化"(rurbanisation)是城市化从城郊向周围乡村的进一步展延,尤其用来指代乡村生活的城市化,即乡村生产活动、基础设施、生活方式等的城市化。

② Nicole Mathieu, "La notion de rural et les rapports ville-campagne en France. Des années cinquante aux années quatre-vingts", économie rurale, N°197, 1990, P. 37.

③ Georges Duby et Armand Wallon (dir.). Histoire de la France Rurale, Tome 4, P. 379. 汤爽爽:《法国快速城市化时期的领土整治(1945~1970 年代):演变、效果及启示》,南京大学出版社 2016 年版,第 32~34、174 页。

④ Anaïk Vulquin, "Guilers. L'urbanisation d'un village proche de Brest", Norois, N°69, 1971, P. 39, 42, 45.

⑤ Georges Duby et Armand Wallon (dir.). Histoire de la France Rurale, Tome 4, pp. 380–381.

⑥ Georges Duby et Armand Wallon (dir.). Histoire de la France Rurale, Tome 4, P. 381.

番，1999 年达 41.5 万套，占法国第二套住宅的 16%，位居全国之首。① 一些偏僻村庄也同样受到城里人青睐。中央高原卢瓦尔省小山村圣伯纳，1968～1990 年居民从 145 人增加到 180 人。外地人购买第二居所的数量增长了 45%，本地人新建民居仅增长 15%。村里有 24 家店铺，其中有宾馆及餐厅，70% 的人从事与旅游相关的行业。②

"乡村复兴"带来诸多结构性影响。乡村人口回升，尤其是定居者增加和休闲旅游业发展，对乡镇的基础设施和服务业提出了更高的要求，也促使乡村更注重保护自身特有的自然和文化景观，增强吸引力。1968 年，法国乡村中 80% 以上的房屋都有超过五十年历史，50% 的房子超过一百年。20 世纪 50 年代兴起的"法国农舍"（Gîte de France）运动，使大量因人口外流而空置的房屋得以重新利用。这些旧房也成为乡村的建筑遗产，并在不改变外观的前提下对之加以改造。而新的道路、住宅、服务中心和公共场所的修建，在乡村中又形成新的居住区。乡村因此而获得了新的商业价值，日益成为"逆城市化"时代新的居住、消费和休闲场所。

乡村的社会经济结构也出现了较大转变，乡镇的功能日趋多样化。大多数乡镇的农业生产者比例有所下降，社会结构呈现多样性。1975 年统计，农业劳动者（含农业雇工）占乡村劳动力的比重为 41%，其他职业占 59%，其中工商业老板 15.4%；自由职业者 13.6%；雇员 13.1%；公职人员 6.4%。③ 某些旅游业乡镇或工业乡镇，非农人口所占比重更高。根据凯泽的研究，法国乡镇可以分为三种类型：一是小型的老龄化农业村庄，居民主体是老一代农民和退休者。二是位于城郊、完全从属于城市的工业乡镇，主要从事工业生产或提供居住等服务。在这两者之间，存在一种新型的、与城市有着共生和互动关系的乡村世界：有为市场而生产、农业生产者占主体的农业乡镇；有社会结构多样、非农产业占主体的综合性乡镇；也有以定居或休闲娱乐为主的旅游乡镇。④ 1996 年，法国国家统计局专门调整术语，将法国市镇区分为城市主导型空间和乡村主导型空间。从这一层面而言，到 20 世纪末，乡村似乎取得了与城市相对等的地位。

---

① Lucien Tirone, Valérie Ellerkamp etc., "La région Provence‑Alpes‑Côte d'Azur à l'aube du XXIe siècle", *Méditerranée*, 2003, Volume 101, Numéro 3, P. 140.

② Jean‑François Mamdy, "Le développement local par le tourisme rural：enjeux et conditions", *Bulletin de l'Association de géographes français*, 72e année, 1995‑1, P. 25.

③ Georges Duby (dir.). *Histoire de la France urbaine*, Tome 5, P. 562.

④ Georges Duby (dir.). *Histoire de la France urbaine*, Tome 5, P. 563. 在 1968 年统计的 33 656 个乡镇中，27 000 个以农业生产为主，占 80%。其中 1/3 的乡镇人口不超过 200 人，3/4 的乡镇人口不超过 500 人，居民人数超过 1 000 人的乡镇只占 1/10。参见 Georges Duby et Armand Wallon (dir.). *Histoire de la France Rurale*, Tome 4, P. 362.

总之，19世纪下半叶和20世纪下半叶是法国乡村城镇化的两个关键时期，在乡村社会经济功能转型的同时，城乡关系也呈现出不同特征。19世纪工业化浪潮开启了法国从传统乡村社会向现代城市文明的变迁之路，直到20世纪60年代之前，城市主要以"掠夺者"的形象出现。[①] 工业发展和城市扩张，不断挤压、蚕食农业空间和乡村景观，同时也将大量农民从乡村中剥离出去，为城市发展提供劳动力。不可否认的是，这种"掠夺"客观上缓解了乡村人口过剩、土地资源不足的窘况，也打开了传统乡村社会通往现代化的大门。交通道路的改善、通信工具的日渐普及，以及外流人口从城市带回的新观念，将乡村与外部世界联系起来，在推动农业现代化的同时，也为乡村带来了生活方式、教育文化和思想观念的转变。但究其实质而言，城市在这一过程中居于主导地位，乡村日益成为城市发展的附属空间，城乡关系体现出一种二元的对立性。

自20世纪60年代起，法国乡村在历经一个半世纪的人口外流之后，重新成为人们定居生活、休闲娱乐的偏爱之地。"乡村的复兴"带来了城乡关系的新变化，作为"掠夺者"的城市开始"反哺"乡村，城市和乡村从对立走向互动和互利。过度城市化带来的一系列"城市病"，衍生出一种对乡村生活和自然景观怀旧探幽之情的"思乡病"。"重返乡村"赋予了乡村空间以新的经济、社会和文化功能。乡村生活方式日益现代化，代表着对城市价值观的认同；同时乡村也力求保持特有的生活空间和文化特质，这种独立性正是其魅力之所在。便利快捷的城市生活与休闲放松的乡居时光，共同描画出现代法国人的日常生活图景。

综而观之，若干世纪以来以小城市为中心的"地区"网状布局依然存在[②]，以其为桥梁，乡村世界与城市社会以更密切的方式联系在一起，两者间的"鸿沟"似乎趋于消解，布罗代尔所说的"乡村的重要性"再度被凸显。同时也要看到这种"复兴"给乡村空间带来的挑战。城市的扩张对农村土地的侵占，外来者涌入对乡村自然和人文景观的破坏……乡村如何避免再度为消费主义热潮所"蚕食"？相比于马克菲所说的19世纪下半叶乡村文明的顶峰，20世纪下半叶至今的法国乡村社会无疑更具现代性，但如何保留住往昔乡村"丰富多样的人文和自然环境"，是后城市化时代值得深思的问题。

---

① Etienne Juillard, "Urbanisation des campagnes", études rurales, N°49 – 50, 1973, pp. 5 – 9.
② 费尔南·布罗代尔：《法兰西的特性（空间和历史）》，顾良等译，商务印书馆1994年版，第214页。

第十八章

德国农村城镇化进程及其特征

——主要以巴伐利亚州为例

  德国城镇化进程可分为两种模式、四段进程。所谓两种模式，指的是以普鲁士为代表的大城市化和以巴伐利亚为代表的农村城镇化。所谓四段进程，是指19世纪前的传统城镇化延续发展、19世纪工业化进程中的现代城镇发端、20世纪上半叶城镇化的推进与批判共存、20世纪后半叶伴随产业转型而出现的新型城镇快速成长。[①] 鉴于普鲁士城市化模式国内已有较多研究成果[②]，本章主要以巴伐利亚州为研究对象，兼及其他地区，探讨德国农村城镇化的四阶段。

第一节 工业化前德意志地区城镇化的"起步"

  马克斯·韦伯曾描述了中世纪欧洲城市（"阿尔卑斯山以北城市"）的理想形态：在社会结构上，城市表现为市民"享有建立在集体和平等权利上的自由"，

[①] 关于德意志地区"城镇化"的阶段划分，此处综合了德国史学界的主流观点。参见 Horst Matzerath, "Die Urbanisierung Deutschlands im 19. Jahrhundert", in Bernhard Sicken (Hg.), *Stadt und Militär 1815 – 1914. Wirtschaftliche Impulse, infrastrukturelle Beziehungen, sicherheitspolitische Aspekte*, Paderborn, 1998, S. 11 – 26.

[②] 这方面的研究及最新成果，可参见徐继承：《德意志帝国时期城市化研究——以普鲁士为研究视角（1871—1910）》，中国社会科学出版社2013年版。

建筑起一个区别于农业社会贵族与农民等级的新社会群体——市民阶层。在经济上，城市既是市场所在地，也是生产可跨地区销售物品的原产地。政治上，城市具有世俗或宗教领主所赋予的自治权，并通过堡垒、城墙与护城河构筑起防御功能。[①] 但并非所有中世纪城市都完全符合这种描述；相反，自中世纪晚期至工业革命的几个世纪里，规模较小的完全城市、拥有部分城市权的小城镇，以及以集市为核心并已具备一定城镇形态的居民点，才是德意志城镇的主体。[②] 本节首先讨论19世纪初德意志地区城镇总体格局；其次呈现其第二波城镇化浪潮及成果；最后围绕多样性和互动性讨论德意志地区城镇化起步的独特性问题。

一、19世纪前德意志地区的城镇格局

德意志不是欧洲最先诞生城镇的地区，进入中世纪后，它甚至还极度排斥城镇，以防罗马帝国的奢靡生活消退德意志人的斗志。但自11世纪晚期起的400年中，它却成为欧洲"最杰出的市民国家"[③]。到1500年左右，德意志地区已拥有大小城镇4 000多座。

虽然有些城镇是在罗马边戍城堡废墟上重建的，如科隆、雷根斯堡，但大部分城镇实际上"与过去没有明显的联系"[④]。这股城镇化浪潮之所以兴起，德国史学界的经典回答是：（1）远程贸易所需，德意志处于欧洲经济大通道东西走向与南北走向的交叉点上，由此促成了不少城镇兴起和繁荣，典型者如纽伦堡。（2）需求拉动区域贸易发展，让一些集市（markt）升级为城镇。（3）农耕技术的提高，保证可以供应周边崛起的城镇。（4）新生城镇在政治和法律上拥有特殊的自由空间，一方面它们在皇帝与贵族的斗争中获得了特许状，出现了拥有自治权的帝国城镇（reichstadt），如汉堡、奥格斯堡等；另一方面邦君为显示权力，也着意建设一批邦都，如慕尼黑、不伦瑞克等。[⑤]

中世纪的德意志城镇曾被视作"自治的乐园"，如同谚语"城镇的空气使人自由"一般。这一点特别适用于仅占城镇数量2%左右的"帝国城镇"。它们在帝国管辖地中产生，被邦君认可，如雷根斯堡、康斯坦茨、斯特拉斯堡、沃姆斯等。它们拥有相对自主权，对内推行寡头统治，对外结成同盟关系，如汉萨同

---

① 马克斯·韦伯：《经济与社会》（下卷），林荣远译，商务印书馆1997年版，第591页。
② Wolfgang Köllmann：Von der Bürgerstadt zur Regional – "Stadt". über einige Formwandlungen der Stadt in der deutschen Geschichte, in Jürgen Reulecke（Hg.）：*Die deutsche Stadt im Industriezeitalter. Beiträge zur modernen deutschen Stadtgeschichte*, Wuppertal, 1978, S. 17.
③ 汤普逊：《中世纪晚期欧洲经济社会史》，徐家玲等译，商务印书馆1992年版，第172页。
④ 埃里希·卡勒尔：《德意志人》，黄正柏等译，商务印书馆1999年版，第102～103页。
⑤ Hans–Ulrich Wehler, *Deutsche Gesellschaftsgeschichte*, B. 1, Muenchen, 1987, S. 102 – 108.

盟、莱茵同盟及施瓦本同盟。15世纪末,它们在神圣罗马帝国的等级议会中也拥有代表团。另一些大型城镇虽未获得"帝国城镇"的法律地位,但其自治权并未受到邦君限制。它们被称为"半帝国城镇",如明斯特、不伦瑞克、马格德堡等。①

然而,中小城镇才是德意志乃至整个中欧地区常见的城镇形态。据统计,在15世末,中欧2 500个中小城镇聚集了140万人,大约占到当时城镇人口总量的87.5%。② 500人以下的中小城镇数量也占德意志城市总数的90%~95%。③ 即便在帝国城镇中,也不乏只有800人的如布赫霍伦之类的小城镇。④ 正因如此,谈论德意志城镇的传统,不能仅仅聚焦于大城镇。城镇之所以区别于乡村,体现在它所拥有的法人身份、以商贸为中心的经济活动以及独特的城镇文化。

大航海时代与三十年战争是德意志城镇衰落的起点。前者改变了地中海贸易格局,让德意志城镇的地理优势丧失。后者洗劫了大部分德意志城镇,特别是南部帝国城镇。部分帝国城镇由于受到帝国的过重负担而发展停滞,如美因河畔法兰克福、科隆,直到19世纪初都没有冲出中世纪城墙,吕贝克的人口在300年间毫无发展,而纽伦堡人口甚至不及此前的一半!城镇内部的社会结构也没有发生根本性变化:纽伦堡市议会由该地掌权已达500年的22个家族继续控制;科隆等地城镇上层的比例在1800年几乎与1500年无异。⑤

即便在城镇经济发展最风光的时刻,德意志经济的主体仍然在乡村。到1800年,德意志的整体面貌未发生根本性变化,它依然以碎裂化的邦国分立体制存在,不过,城镇中依然存在正向变化:(1)但泽与汉堡继续发展,前者人口翻了三番,汉堡作为北欧贸易门户的身份未曾改变⑥;(2)城镇数量继续增加,1800年大约比16世纪多400座,其中多是邦君为抵制帝国城镇而在其周围新建的"竞争性城镇",如科隆附近的缪尔海姆、亚琛附近的施陶尔堡以及纽伦堡附近的

---

① Volker Press, "Stadt-und Dorfgemeinden im territorialstaatlichen Gefüge des Spätmittelalters und der frühen Neuzeit", *Historische Zeitschrift*, New Series, Vol. 13, S. 425 – 454.
② Henryk Samsonowicz, "Die kleinen Städte im Zentraleuropa des Spätmittelalters. Versuch eines Modells", Antoni Macak und Christopher Smout (Hrsg.), *Gründung und Bedeutung kleinerer Städte im nördlichen Europa der frühen Neuzeit*, Wiesbaden, 1991, S. 209.
③ Volker Press, "Stadt-und Dorfgemeinden im territorialstaatlichen Gefüge des Spätmittelalters und der frühen Neuzeit", *Historische Zeitschrift*, New Series, Vol. 13, S. 430.
④ 彼得·克劳斯·哈特曼:《神圣罗马帝国文化史:帝国法、宗教和文化》,刘新利等译,东方出版社2005年版,第20页。
⑤ 可参见Hans - Ulrich Wehler. *Deutsche Gesellschaftsgeschichte*, B. 1, Muenchen, 1987, pp. 188 – 193上的三张统计表格。
⑥ Eda Sagarra. *A social history of Germany* 1648 – 1914, pp. 57 – 59.

富尔特[①];(3)在邦君支持下,不少邦的城市明显发展,如波恩、维也纳、柏林、慕尼黑、海德堡、曼海姆、萨尔布吕肯等[②];(4)在少数受到启蒙思想影响的地区,如石勒苏益格—荷尔施泰因,早在法国大革命前(1780 年)便推行了农民解放令。当地农民愿意投身于农业改革,并作为剩余劳动力进入附近城镇。[③]

言而总之,19 世纪伊始,仍有 1/3 左右的德意志人居住在大小不一的 4 000 多座城镇中。其中 1 万人以下的中小城镇容纳着 700 万人,占总人口的 1/4。后来的重要工业城市哈根此时只有 2 000 居民。1 万人以上的"大城镇"有 64 座,其中 35 座有 1 万~2 万人(如巴门),15 座有 2 万~3 万人(如慕尼黑),7 座有 3 万~5 万人(如美因河畔法兰克福),5 座有 5 万~10 万人(德累斯顿、布雷斯劳、柯尼斯堡、汉堡、布拉格),2 座超过 10 万人(维也纳 20.7 万人、柏林 17.3 万人)。[④]可以说,19 世纪初德意志并未远离"第一次城镇化浪潮"的成果,这些成果是其很快启动"第二次城镇化浪潮"的原初条件。

就经济而言,这些城镇的商贸意识继续存在,它们在等待地中海贸易的复兴,同时也做好了未来进入全球经济体系的准备。这一点既反映在城镇的商业和手工业传统并未消失,也体现为 18 世纪后半叶已出现的早期工业化迹象,如克莱菲尔德、索林根或沃普塔尔这些城镇正拥有着日益红火的工厂。[⑤]

从政治上看,这些城镇的自治意识继续存在,它们在等待资产阶级革命之后从"市民城镇"向"居民城镇"的转向。当然,这一过程由于德意志的碎裂化而必然呈现出多样性:在绝对主义王权已经推行的普鲁士、萨克森等邦国,这种转向其实只剩下一个合适契机(即拿破仑战争);而在中世纪帝国城镇相对较多的南德地区(到 1800 年,在吕贝克—诺德豪森—雷根斯堡一线的东部,帝国城镇已经不复存在[⑥]),它们则还需要首先完成现代国家建构的使命。

二、19 世纪上半叶德意志地区的城镇化成果

19 世纪上半叶,德意志地区的第二波城镇化浪潮出现了"起步"迹象。与

---

① Hans‐Ulrich Wehler. *Deutsche Gesellschaftsgeschichte*,B. 1,Muenchen,1987,S. 180.
② Wilhelm Ribhegge. *Stadt und Nation in Deutschland vom Mittelalter bis zur Gegenwart. Die Entstehung der Zivilgesellschaft aus der Tradition der Städte*,Münster,2002,S. 32.
③ Eda Sagarra. *A social history of Germany 1648 – 1914*,P. 339.
④ Hans‐Ulrich Wehler. *Deutsche Gesellschaftsgeschichte*,B. 1,Muenchen,1987,S. 180;Hermann Aubin und Wolfgang Zorn(Hrsg.). *Handbuch der Deutschen Wirtschafts‐und Sozialgeschichte*,Stuttgart,1976,S. 10.
⑤ Helmut Böhme. *An Introduction to the Social and Economic History of Germany. Politics and Economic Change in the Nineteenth and Twentieth Centuries*,translated by W. R. Lee,Oxford,1978,P. 4.
⑥ Hans‐Ulrich Wehler. *Deutsche Gesellschaftsgeschichte*,B. 1,Muenchen,1987,S. 181.

中世纪或 19 世纪下半叶的城镇化高潮不同,该时期城镇化主要体现了政治领域的推动力,特别是拿破仑战争后法国城镇制度的模板效应在莱茵同盟中的扩散、1803 年后神圣罗马帝国结构调整所导致的城镇法人地位变动、1808 年起普鲁士通过《城镇规程》(又译"城镇条例")所推动的改革运动及其铺展、1815 年维也纳会议后德意志联盟成立及对城镇法人地位的影响四大因素。

法国重农主义者在国家监督下推行自治城镇的想法,体现在 1789 年法国《城市法》中,并在大革命时期推行过。1800 年《管理规程》确定了市长—城镇政府—城镇议会的管理体制:市长由国家派遣,掌握实权;后两者由当地市民选举产生,仅拥有咨询权。这套体制很快伴随拿破仑战争传到莱茵同盟和威斯特伐伦等邦国,成为那里城镇改革的参照物。[①] 如巴伐利亚,1808 年的《城镇令》便是完全照搬法国经验,特别是把城镇自治权等收回国有,市镇委员会在政府监督下重新选举,其他部门接受"国家监督"。[②] 1803 年神圣罗马帝国的全帝国代表团会议,也调整了行政管理体系。根据决议,45 个帝国城镇失去了原有的法人地位,归并于大邦。由于一些邦国被取缔或地位下降,城镇发展也出现了不少变数。

1808 年,普鲁士发布《城镇规程》,宣布城镇脱离国家的监护,拥有完整的自治权。市议会由市民选举产生,而市民权的获取则不再根据等级出身或是否属于行会成员来决定,而是与居住年限、住房拥有、教育程度及财产情况相联系。市议会任命市政府成员。[③] 类似做法很快被萨克森等北方邦国复制。1815 年,维也纳会议把莱茵和威斯特法伦两个省份划给普鲁士。普鲁士的城镇改革随后进入当地,与那里已运行数年的法国式城镇体制相融合。与此类似,巴伐利亚的改革方案也在 1815 年后进入施瓦本(如奥格斯堡)和法兰克尼亚(如纽伦堡)。

1800~1840 年,德意志的城镇化大致表现在以下四个方面。

第一,从外在形态来看,除了汉堡、不来梅和吕贝克这 3 个汉萨城镇与美因河畔法兰克福这一帝国城镇[④]外,大部分城镇都或多或少的出现了变化:

(1)吞并郊区。19 世纪上半叶的吞并行动基本上与经济目的无关,而是与两次帝国行政管理体制结构调整相联系,如 1808 年普鲁士的《城镇规程》把郊区也包含在内,1831 年《城镇规程修正案》甚至把城镇区延伸到城外土地;

---

① Wolfgang R. Krabbe. *Die deutsche Stadt im 19. und 20. Jahrhundert eine Einführung*,S. 15.
② Alois Schmid(Hrsg.).*Handbuch der Bayerischen Geschichte*,B. 4,Das neue Bayern. Von 1800 bis zur Gegenwart,München,2003,S. 73 - 74.
③ 吴友法、黄正柏:《德国资本主义发展史》,湖北大学出版社 2000 年版,第 64~65 页。
④ 参见 Wolfgang R. Krabbe. *Die deutsche Stadt im 19. und 20. Jahrhundert eine Einführung*,S. 48 - 49。法兰克福最终在 1866 年被普鲁士吞并,并接受 1867 年颁布的《法兰克福城镇组织法》,推行普鲁士的三级选举制。

1819 年多特蒙德城在普鲁士支持下，吞并了郊外的多特蒙德伯爵领地，1825 年巴伐利亚让纽伦堡与郊区合并。这种趋势在 1840 年后继续存在，而且愈演愈烈。19 世纪 40 年代后马格德堡和不来梅的统计数据已经把城镇及周边的郊区计算在内。[①]

（2）转化定位。在帝国管理体制变动的大背景下，一些帝国城镇被迫转化为一般性邦国城镇，如林道和诺德林这两座帝国城镇被巴伐利亚吞并后，迅速与周边实现合并，成为当地的贸易枢纽[②]；科隆这座帝国城镇则因地处普法边界，在并入普鲁士后，其经济功能不得不让位于防卫功能。[③]

（3）扩大升格。一些大城镇周边陆续出现了小附属区域，如科隆、波鸿、哈根、汉诺威周边出现了 10 平方公里延伸区，汉堡、卡尔斯鲁尔、明斯特周边出现了 5 平方公里延伸区。[④] 巴伐利亚还出现了市镇升格为城镇的现象，如 1814 年的福斯滕菲尔德布鲁克、1818 年的富尔特和奈拉、1819 年的马克特布莱特和马克特施特福特等。[⑤] 这些变化与当地商贸形势变动及邦国政府决策息息相关。

第二，从内部结构看，除奥地利和不伦瑞克等外，多数邦国都加大了重塑城镇社会结构的力度，都促进了城镇从私法属性向公法地位的转型，推行城镇自治和国家干预的双轨体制，但手段各不相同。在普鲁士，1808 年开始的城镇改革 1815 年后才进入西部莱茵等，其主要方针是取消绝对王权的控制，培养城镇居民的责任意识与自治能力。在巴伐利亚、符腾堡和巴登，城镇改革同样以阶段性方式推进到新吞并地区，其主要方针是消除城镇的等级自治意识，推行城镇自治。在汉诺威、黑森等邦国，模仿普鲁士的改革方案在 19 世纪 30 年代初得以推行。[⑥]

第三，从城乡关系和城镇间关系来看，一方面，尽管各邦出台了解放农民令，但并未很快出现大量农业剩余劳动力进入城镇的现象；另一方面，19 世纪

[①] Jürgen Reulecke (Hrsg.). *Die deutsche Stadt im Industriezeitalter. Beitraege zur modernen deutschen Stadtgeschichte*, Wuppertal, 1978, S. 71, 69.

[②] Christian Michael Greiner. *Die wirtschaftliche Entwicklung ehemaliger Reichsstädte und Residenzstädte in Bayern 1803–1848*, 奥格斯堡大学人文历史系博士论文，2010 年未刊本，S. 37–39.

[③] Horst Matzerath, "Die Urbanisierung Deutschlands im 19. Jahrhundert", in Bernhard Sicken (Hg.), *Stadt und Militär 1815–1914. Wirtschaftliche Impulse, infrastrukturelle Beziehungen, sicherheitspolitische Aspekte*, Paderborn, 1998, S. 13.

[④] Jürgen Reulecke (Hrsg.). *Die deutsche Stadt im Industriezeitalter. Beitraege zur modernen deutschen Stadtgeschichte*, Wuppertal, 1978, S. 73.

[⑤] Max Spindler (Hrsg.). *Handbuch der Bayerischen Geschichte*, Band 4, München, 1975, S. 681.

[⑥] Wolfgang R. Krabbe. *Die deutsche Stadt im 19. und 20. Jahrhundert eine Einführung*, S. 10–14; Alois Schmid (Hg.). *Handbuch der Bayerischen Geschichte*, B. 4, S. 73–75; Hans-Ulrich Wehler. *Deutsche Gesellschaftsgeschichte*, B. 1, Muenchen, 1987, S. 371–375; Karl Bosl (Hg.). *Dokumente zur Geschichte von Staat und Gesellschaft in Bayrn*, Band 3, München, 1977, S. 110.

初期，农业人口出生率要高于死亡率，造成农村人口数量继续高于城镇人口数量，后者占总人口的比重未超过 1/3。不过东部城镇人数明显上升，表明周边农业人口流入量较多。在 19 世纪二三十年代的纽伦堡，人们也发现了不少来自农村的农民。①

第四，从城镇政治文化看，从"市民城镇"向"居民城镇"的转型固然是民主化的结果，但伴随"三级选举制"②而来的社会新结构，继续营造城镇内部的不平等态势。据统计，纽伦堡城镇改革完成时，拥有投票权的人不到 30%；科隆 1832 年的 8.5 万人口中只有 4 000 人拥有选举权。③ 在文化保守派威廉·里尔看来，城镇化将使"传统的等级世界和现存的社会转换力量之间产生越来越大的矛盾"，最终引发社会危机。为此，他对城镇化的未来颇为悲观。④

三、在多样性与互动性之间的德意志早期城镇化

从 18 世纪晚期起，传统的德意志城镇开始面临前所未有的挑战：大批农业人口向城市流动，尤其流向邦国首都如维也纳、柏林或慕尼黑等。⑤ 在这一流动中，原本根深蒂固的等级社会面临瓦解，中世纪以来的城市（镇）风貌因此改变。至 19 世纪 30 年代，一些新城市（镇）开始取而代之：可以分为在传统手工业基础上发展新型工业的市民城市，作为政治、交通与服务业中心的城市，围绕工业企业发展起来的工业城市，以及以采矿业为主的城市（镇）。⑥ 70 年代起，德意志帝国统计署将 2 000 人以上的行政区视作具备"城镇"地位。⑦ 1887 年真正将人口作为城市规模分级的评价标准。同年，第一届国际统计学家大会首次明确人口在 10 万以上为大城市，2 万～10 万人口为中等城市；0.5 万～2 万人为城

---

① Werner K. Blessing, "'Stadt – Mission' – Diakonissen in der Urbanisierung des 19. Jahrhunderts am Beispiel Nuernbergs", in Helmut Flachenecke und Rolf Kiessling, *Urbanisierung und Der Beitrag der kirchlichen Institutionen zur Stadtenwicklung in Bayern*, München, 2008, S. 313.

② "三级选举制"指一种按照纳税额度分成三种选民团体的选举制。参见 Gerhard Taddey (Hrsg.). *Lexikon der deutschen Geschichte*, Stuttgart, 1983, S. 288.

③ F. Lenger, "Städtisches Bürgertum und kommunale Selbstverwaltung im 19. Jahrhundert：Die größeren Städte der preußischen Westprovinzen und Bayerns im Vergleich", in Bernhard Sicken (Hg.), *Stadt und Militär 1815 – 1914.*, S. 39.

④ Wolfgang Köllmann, "Von der Bürgerstadt zur Regional – Stadt. über einige Formwandlungen der Stadt in der deutschen Geschichte", in Jürgen Reulecke (Hrsg.), *Die deutsche Stadt im Industriezeitalter. Beitraege zur modernen deutschen Stadtgeschichte*, S. 23.

⑤ Dieter Hein. *Deutsche Geschichte im 19. Jahrhundert*, München：2016, S. 15.

⑥ Wolfgang R. Krabbe. *Die deutsche Stadt im 19. und 20. Jahrhundert. Eine Einführung*, S. 76.

⑦ Jürgen Reulecke. *Geschichtegeschichte der Urbanisierung in Deutschland*, S. 39.

镇。城乡分野也从人口角度界定：2 000～5 000 人的聚居点为乡镇，少于 2 000 人为乡村。[1] 也有学者认为存在着介于城市和乡村之间的聚居形态，因此可将 2 000 人（乡镇）至 50 000 人（中等城市）之间的聚居地单独归为一类，称为"中小城镇"（kleinere stadt），以此与人口更多的大中城市作出区别。

马茨拉特曾对 19 世纪初德意志地区城镇化"起步"得出三点结论：（1）中世纪类型的城镇发展走到终点；（2）城镇类型发生了一些转换，城市空间有所增加，但整体上没有发生根本性变化；（3）尚未出现大城镇。[2] 结合上文所述可以看到，德意志地区城镇化起步阶段还体现了多样性与互动性两大特征。

首先，德意志地区的多样性决定了其城镇化进程的多样性。这里牵涉到工业化"拉力"与农民解放"推力"的多重显现。在普鲁士（老邦），这组动力或许奠定了此后城镇快速发展的基础，但南德地区，以及普鲁士的西部新省，情况复杂得多。一方面，城镇化为工业化提供了舞台。城镇改革使大量工业化的代表者——工厂主取代传统显贵而成为城镇领导者，如科隆在 19 世纪 20 年代中叶时，工厂主已经成为城镇代表会中仅次于商人阶层的第二大利益集团。[3] 另一方面，工业化仅在部分层面对城镇化产生影响。如巴门的工厂主恩格斯家族曾介入市政管理，一位工厂主在 30 年代也提出过限制童工的立法草案。[4] 而且在大多数情况下，工业化或许与城镇化并无直接联系，如在萨克森、西里西亚、威斯特法伦和下莱茵地区，小钢厂和纺织业发展的确推动了居民点人数的增加，但这些居民点最终发展成"乡镇"，而非"城镇"。[5] 农民解放后也不一定能够推动城镇化。除了石勒苏益格—荷尔施坦因所解放的农民愿意成为产业工人进入城镇外，其他农民，如巴伐利亚农民对 19 世纪初一系列农业改革有所抵制，农产量不减反增，以至于他们对城镇化不感兴趣；萨克森农民则在改革中获得了平等权，从而失去了进入城镇的政治动力。[6] 研究表明，19 世纪初期大多数德意志邦国里促成被解放农民涌入城镇、充当产业工人的契机，乃是 20 年代和 40 年代的两次大旱灾，

---

[1] K. Fehn. *Entstehung und Entwicklung kleinerer Städte*, S. 9.

[2] 参见 Horst Matzerath, "Die Urbanisierung Deutschlands im 19. Jahrhundert", in Bernhard Sicken (Hg.), *Stadt und Militär 1815 – 1914. Wirtschaftliche Impulse, infrastrukturelle Beziehungen, sicherheitspolitische Aspekte*, Paderborn, 1998, S. 12 – 14.

[3] F. Lenger, "Städtisches Bürgertum und kommunale Selbstverwaltung im 19. Jahrhundert: Die größeren Städte der preußischen Westprovinzen und Bayerns im Vergleich", in Bernhard Sicken (Hg.), Stadt und Militär 1815 – 1914, S. 38.

[4] Eda Sagarra. *A social history of Germany 1648 – 1914*, P. 293.

[5] Horst Matzerath, "Die Urbanisierung Deutschlands im 19. Jahrhundert", in Bernhard Sicken (Hg.), *Stadt und Militär 1815 – 1914. Wirtschaftliche Impulse, infrastrukturelle Beziehungen, sicherheitspolitische Aspekte*, Paderborn, 1998, S. 13.

[6] Hans-Ulrich Wehler. *Deutsche Gesellschaftsgeschichte*, B. 1, Muenchen, 1987, S. 34, 48.

而非改革本身。①

其次，在德意志地区城镇化的"起步"阶段，城镇化与社会结构变迁间的互动几乎无处不在。在有关"城镇自治"的方案中，普鲁士改革家施坦因参照了英法模式，也研究过帝国城镇的多年自治体制。反之，南德巴伐利亚、符腾堡和巴登的城镇改革则推行"三级选举制"。② 在"自治思想"方面，普鲁士和南德的两个方案殊途同归，最终目标是以"居民城镇"取代"市民城镇"，在强化国家控制的前提下，培养国民意识。但19世纪30年代后，弗莱堡大学法学家罗泰克推导出"自由城镇理论"，认为城镇比国家更古老，城镇组合才形成了国家。这种想法后来成为19世纪后半叶城镇自治运动的理论基础。③

有关"城镇"一词的语义，19世纪上半叶的城镇化运动也走出了决定性一步。1841年，普鲁士推出了《乡村规程》，以此与《城镇规程修正案》相区别。此后这种表述也出现在荷尔施泰因、汉诺威等地。1869年，巴伐利亚还特别区分了"城镇"和"农村"，指出前者拥有市政府和城镇代表大会，后者只需建立一个统一的乡村联合会。④ 这种术语变化表明城镇化运动已产生了一定影响力。

有关德国城市化"特殊论"和"普遍论"的两种研究范式，主要争论点集中于三个问题。第一，19世纪初启动的城镇化浪潮究竟是德意志城镇历史的延续，还是断裂？第二，起步于19世纪中叶前后的工业化与城镇化之间究竟形成了怎样一种关联？第三，人们所熟知的德意志城镇化是否仅仅是普鲁士城镇化的写照，而忽视了德意志历史的多样性特征？由此来看上文描述的"起步"阶段，或许可说两种范式不过是"硬币的两个面"而已。从中世纪以来的城镇发展显示出一种历史延续性，但若没有各邦国的改革，德意志城镇的现代性就不会出现。尽管各邦的城镇化运动各有千秋，但它们最终导向却有着惊人的一致性，即城镇成为国家生活的最重要空间。在这一过程中，德意志既显示出邦国分治带来的特殊性和多样性，也与英法城镇化道路有所趋同，共构西方城镇化的经验。

1840年前德意志地区的城镇化运动，不过是完成了"起步"的使命而已。城镇的绝对优势和社会结构完全转型，要待快速工业化到来与铁路网络形成。

---

① Eda Sagarra. *A social history of Germany* 1648 – 1914，pp. 344 – 347；Alois Schmid（Hrsg.）. *Handbuch der Bayerischen Geschichte*，B. 4，S. 51、61；Helmut Böhme. *An Introduction to the Social and Economic History of Germany. Politics and Economic Change in the Nineteenth and Twentieth Centuries*，p. 22.

② Wolfgang R. Krabbe. *Die deutsche Stadt im 19. und 20. Jahrhundert eine Einführung*，S. 11，13，54 – 55，58；Alois Schmid（Hrsg.）. *Handbuch der Bayerischen Geschichte*，B. 4，S. 45.

③ Wolfgang R. Krabbe. *Die deutsche Stadt im 19. und 20. Jahrhundert eine Einführung*，S. 16 – 18；Wilhelm Ribhegge. *Stadt und Nation in Deutschland vom Mittelalter bis zur Gegenwart. Die Entstehung der Zivilgesellschaft aus der Tradition der Städte*，S. 51.

④ Wolfgang R. Krabbe. *Die deutsche Stadt im 19. und 20. Jahrhundert eine Einführung*，S. 26 – 27.

第二节　工业化时代巴伐利亚州的城镇化进程

一般认为，德国工业革命是铁路建设发端，重工业、煤矿业和机械制造业等"领军行业"共同推动的结果，以莱茵—鲁尔地区为代表的德意志西部便是这样的发展模式。这种也是今天耳熟能详的普鲁士工业化道路和大城市化模式。① 然而这一城市发展模式并不适用于德国南部。尽管德意志第一条铁路1835年诞生于巴伐利亚（纽伦堡至菲尔特），但这里的工业化进程却相当迟缓，一直持续到20世纪20年代②，部分农业区（如上巴伐利亚）直到70年代才得以完成。因此，巴伐利亚城镇化进程与普鲁士城市发展模式迥然相异。

一、巴伐利亚工业化的"迟缓性"

巴伐利亚工业发展迟缓是多种原因综合作用的产物。③

首先，在资源导向即以煤铁为重点的重工业发展时代，巴伐利亚的矿产资源不丰富：铁矿石质量不佳，煤炭储量小，多山又限制了大宗货物的运输。

其次，巴伐利亚人口增长缓慢乃至停滞。1818年巴伐利亚总人口为371万，1840年为437万，1871年为486万④，增长率在德意志联盟各邦中居于末席。⑤

再次，巴伐利亚传统农村结构制约工业发展。巴伐利亚农业人口1840年占全邦总从业人口的40%。⑥ 农民"在中小地块耕作的传统模式依然保持稳定"，

---

① 有关普鲁士城市化进程的阶段划分，参考 Horst Matzearath, *Urbanisierung in Preußen* 1815 – 1914, S. 259f.

② Klaus Tenfelde, "Stadt und Land in Krisenzeiten. München und das Münchner Umland zwischen Revolution und Inflation 1918 bis 1923", in Wolfgang Hardtwig/Klaus Tenfelde（Hg.）: *Soziale Räume in der Urbanisierung. Studien zur Geschichte München im Vergleich 1850 bis 1933*, Oldenbourg, 1990, S. 42.

③ K. Tenfelde, "Bayerische Wirtschaft und Gesellschaft im 19. Und frühen 20. Jahrhundert", in Harmut Mehringer（Hg.）, *Von der Klassenbewegung zur Volkspartei. Wegmarken der bayerischen Sozialdemokratie 1892 – 1992*, München, 1992, S. 10f.

④ 数据来源于 Hans Fehn, "Das Land Bayern und seine Bevölkerung seit 1800", in Max Spindler（Hg.）, *Handbuch der bayerischen Geschichte*, Bd. 2, München, 1975, S. 680.

⑤ Manfred Krapf, *Entwicklung und Verwaltung bayerischer Städte zwischen 1870 und 1914*, München, 1998, S. 33. 德意志联盟成员由34个君主制邦国和4座自由市组成，其中奥地利和普鲁士均仅有一部分领土加入。

⑥ Manfred Krapf. *Entwicklung und Verwaltung bayerischer Städte zwischen 1870 und 1914*, München, 1998, S. 47f.

构成"大量中等规模的农村经济体"对工业的持续压力。①

最后,市民阶层在德国南部影响力始终有限。② 加上手工业团体的压力,资本对工业投资信心不足。德国是一个天主教邦国,创新型企业难以获得发展机会。③

正是受上述条件制约,巴伐利亚只有纽伦堡和奥格斯堡为核心的地区才较早进入第一阶段工业化④,并且其工业还具有传统农村的家庭作坊特征(如纺织业)。⑤ 在德国工业化第二阶段,巴伐利亚依然以农业人口为主。

二、巴伐利亚城镇化的独特性

无论是城镇化的发端时间,还是城镇规模,巴伐利亚都无法与普鲁士相比(见表18-1)。

表18-1　19世纪下半叶普鲁士与巴伐利亚城乡人口率比较(1849~1910年)

行政区 (人口规模)	城镇人口占地区居民总人口的比重(%)					
	1849年		1871年		1910年	
	普鲁士	巴伐利亚 (1852年)	普鲁士	巴伐利亚	普鲁士	巴伐利亚
乡村(0.2万人以下)	—	87.3	62.8	76.4	38.5	55.2
城镇(0.2万~2万人)		6.2	24.2	14.9	24.3	19.0
中等城市(2万~10万人)	4.8	3.7	7.8	5.2	14.8	10.8
大城市(10万人以上)	3.3	2.8	5.2	3.5	22.4	15.0
德意志帝国总人口(百万人)			41.01		64.93	
普鲁士人口(百万人)	16.33		24.64		40.17	
巴伐利亚人口(百万人)	4.56(1852年)		4.86		6.89	

注:这里仅根据地区居民人数加以统计,并不考虑各地区实际行政区划。因此同样5 000居民的行政区,在中法兰克可能是城市,而在下法兰克则可能是乡镇。

---

① 直到1882年,巴伐利亚90%的农庄土地不超过20公顷,20~100公顷的中型农庄仅6.6%,1882~1925年超过100公顷的大农庄始终只占0.1%。Harmut Mehringer, "Die bayerische Sozialdemokratie bis zum Ende des NS – Regimes Vorgeschichte, Verfolgung und Widerstand", in Martin Broszat/Harmut Mehringer (Hg.), *Bayern in der NS – Zeit*, München, 1983, S. 290, Anm. 2.

② 孟钟捷:《刍议19世纪上半叶德意志地区城镇化的"起步"》,载于《经济社会史评论》2015年第4期。

③⑤ Klaus Tenfelde, "Bayerische Wirtschaft und Gesellschaft im 19. Und frühen 20. Jahrhundert", S. 11.

④ Krapf, *Entwicklung und Verwaltung bayerischer Städte zwischen* 1870 *und* 1914, München, 1998, S. 47.

首先从城市人口规模看。1840 年前后巴伐利亚首府慕尼黑的人口为 10.7 万，也是巴伐利亚唯一人口过 10 万的城市；而同期柏林与汉堡人口已分别达到 41.2 万和 17.5 万；1910 年，德国 48 座 10 万人以上大城市中，巴伐利亚仅新增两座，即纽伦堡和奥格斯堡[1]，生活在 2 000 人以下村庄的人口依然超过 381 万。

其次，1852 年，尽管巴伐利亚有 31 座邦国直辖市，但超过 2 万人的仅六座：即慕尼黑（12.7 万人）、纽伦堡、奥格斯堡、雷根斯堡、维尔茨堡和班贝格。城市的空间地理分布呈现非均质趋势，如施瓦本地区尽管有 8 座县级市，但除奥格斯堡外，其余城市（镇）均未超过 8 000 人，多瑙沃特县级市仅有 3 139 人。[2]

19 世纪中叶巴伐利亚数量庞大的乡镇，呈现出分散的缓慢发展特征。这显然与巴伐利亚工业化发展缓慢有关。直到 19 世纪末，在纽伦堡—菲尔特、奥格斯堡周围、普法尔茨（"新巴伐利亚"）等部分地区[3]，大城市如奥格斯堡和纽伦堡与德国其他地区几乎同步进入工业化时代，一些小城镇也依托区位优势发展起特定行业。纽伦堡附近的斯泰因生产辉柏嘉铅笔；法兰克尼亚的塞尔布以陶瓷生产为主，1879 年创立的罗森塔尔瓷器工厂在德意志享有盛誉，是法兰克尼亚最重要的经济支柱之一。[4] 上普法尔茨的茨维泽还获誉为"玻璃之城"。

从行业分布看，尽管慕尼黑的 J. A. 马费公司在 19 世纪 50 年代时跻身于蜚声海内外的火车头制造商行列，奥格斯堡东面三座小城豪斯哈姆、彭茨贝格和派森贝格是沥青煤的重要产地，但巴伐利亚工业的总体特征是以轻工业为主。19 世纪下半叶，巴伐利亚的优势产业是棉纺织业与消费品生产。机械化纺织企业分散在从普法尔茨到上巴伐利亚，从上法兰克到施瓦本的各个地区，既有奥格斯堡这样的早期工业大城市，也有科勒贝莫尔这样的后起小城镇。1863 年，巴伐利亚棉纺织业总资本达到 235 万古尔登。[5] 棉纺织工业发展带动的巴伐利亚纺织机械生产，19 世纪末跃升为巴伐利亚第三大工业。[6] 消费品生产最突出的例子是啤酒酿造。随着巴伐利亚啤酒成为大众趋之若鹜的饮用品，一些小城镇也发展起来，如"啤酒酿造之城"库尔姆巴赫，1857 年成为与大城市纽伦堡平起平坐的

---

[1] Jürgen Reulecke. *Geschichtegeschichte der Urbanisierung in Deutschland*，S. 203f.，Tabelle. 3.

[2] *Historisches Gemeindeverzeichnis die Einwohnerzahlen der gemeinden Bayerns in der Zeit von* 1840 *bis* 1952，S. 218.

[3] Hans Fehn, "Das Land Bayern und seine Bevölkerung seit 1800", in Max Spindler（Hg.），*Handbuch der bayerischen Geschichte*，Bd. 2，München，1975，S. 805.

[4] Jürgen Lillteicher. *Raub*，*Recht und Restitution. Die Rückerstattung jüdischen Eigentums in der frühen Bundesrepublik*，Göttingen，2007，S. 180.

[5] Hans Fehn, "Das Land Bayern und seine Bevölkerung seit 1800", in Max Spindler（Hg.），*Handbuch der bayerischen Geschichte*，Bd. 2，München，1975，S. 802.

[6] Krapf, "Entwicklung und Verwaltung bayerischer Städte zwischen 1870 und 1914"，Müenchen，1998，S. 49.

巴伐利亚最大啤酒出口地。金属制品、玩具等也是知名的"巴伐利亚制造"产品。

19世纪和20世纪之交,巴伐利亚产业结构出现具有革新意义的转变,新兴行业电气工业与化工产业后来居上,取代轻工业及消费品工业成为巴伐利亚两大支柱产业。前者以1903年西门子—舒克特在纽伦堡设立工厂为代表;后者则以1865年巴斯夫在路德维希港成立为标志。1907年,这两家公司雇佣员工超过13 000人。这一转型对城镇化产生了重大影响,特别是路德维希港的崛起。1840年,该地居民仅90人。[1] 1852年路德维希港获巴伐利亚国王许可,成为基层自治单位"乡镇",居民为1 503人。1859年晋升为城镇。1861年居民超过3 000人。1862年巴伐利亚首家股份制啤酒酿造厂在路德维希港诞生,[2] 1865年巴斯夫成立,这里很快成为人口聚集地,1885年超过2.1万人,达到中等城市规模。后随着化工工业的进一步发展,至1910年时,该城居民已超过8.3万人。[3]

路德维希港这样的例子在巴伐利亚实属凤毛麟角,但它恰恰验证了19世纪巴伐利亚的工业化具有分散与缓进的特征,不仅造成这一地区城镇化慢于德国其他地区,其邦内各地城镇化水平亦参差不齐:一方面,工业化进程缓慢使城镇化率无法迅速提高,1910年巴伐利亚农业人口仍占总人口的一半之多;另一方面,形成相对完整工业体系的工业区城镇与发展单一行业的"工业岛屿"型城镇之间差距也在加大:在大型工业企业云集的上巴伐利亚和中法兰克地区,1910年城镇化率为58.0%和58.5%,达到或超过了普鲁士城镇化率的中位数;与此同时,1910年的下巴伐利亚地区仍有近80%的地区为农村或乡镇地带。[4]

德国学界用"缓慢的""迟到的"(甚至"缩水的")[5] 来描述19世纪巴伐利亚的工业化进程。诚然,巴伐利亚的工业至1914年已有较大进步,但形成工业城镇与人口增长区仍主要是以慕尼黑和纽伦堡为中心以及依靠少数边境地带

---

[1] W. Volkert, Richard Bauer. *Handbuch der bayerischen Ämter, Gemeinden und Gerichte* 1799 – 1980, München: 1982, S. 43, 515, 572.

[2] Hans Fehn, "Das Land Bayern und seine Bevölkerung seit 1800", in Max Spindler (Hg.), *Handbuch der bayerischen Geschichte*, Bd. 2, München, 1975, S. 803.

[3] *Historisches Gemeindeverzeichnis die Einwohnerzahlen der gemeinden Bayerns in der Zeit von* 1840 *bis* 1952, S. 91 (Landkreis Ludwig a. R.), 96 (Landkreis Speyer).

[4] Hermann Beckstein. *Städtische Interessenpolitik. Organisation und Politik der Städtetage in Bayern, Preußen und im Deutschen Reich* 1896 – 1923, S. 53f., Tabelle 7 and 8.

[5] Karl Bosl, "Die 'geminderte' Industrialisierung in Bayern", in Claus Grimm (Hg.), *Aufbruch ins Industriezeitalter*, Bd. 1, München: 1985, S. 22 – 39; Krapf, *Entwicklung und Verwaltung bayerischer Städte zwischen* 1870 *und* 1914, S. 46f.; Klaus Tenfelde, "Stadt und Land in Krisenzeiten. München und das Münchner Umland zwischen Revolution und Inflation 1918 bis 1923", in Wolfgang Hardtwig/Klaus Tenfelde (Hg.): *Soziale Räume in der Urbanisierung. Studien zur Geschichte Münchens im Vergleich* 1850 *bis* 1933, Oldenbourg, 1990, S. 42f.

(见图1),其中部的发展仍十分缓慢。即使一些大城市及周边地带与德意志整体同步形成了"新兴工业资本主导下的市场经济",但其全面的经济社会现代化并未实现。这种缓慢的工业化进程与低水平的城镇化率,使得巴伐利亚城乡社会结构呈现保守特征:乡村社会的地方传统、宗族关系等没有受到很大冲击,城市与乡村的联系相对紧密,甚至进城务工群体还有很多人从事与农业相关的副业。[1]

正因为如此,巴伐利亚社会也就形成了"对于新事物的非理性恐惧","在潜在和公开的反进步论思潮中一再混入乡民的特别意识、小城镇的小市民思想,笃信宗教、狭隘的受教育水平以及官僚心态"。[2] 这种对于现代社会及工业化的敌意,在20世纪巴伐利亚工业与城镇全面兴起之际颇为活跃,直至战后初期。

第三节 20世纪上半叶德国城镇化的推进与异化

20世纪是"城市的时代"。德国表现出一种既不同于19世纪,又在特定阶段明显区别于欧洲其他国家的发展特点,其城市化进程深受政治影响,尤其是魏玛共和国(1918/1919~1933年)和第三帝国时期(1933~1945年)。

一、城市更新运动与反城市主义思潮

"一战"后的欧洲各国地方政府推动城市"更新"运动,德国尤其如此。新生的魏玛共和政府迫切需要建立全新的社会秩序,以声张其政权合法性,同时也希望尽快从窘境中恢复过来,复兴德意志民族,这是城市更新的政治基础。这种民族复兴意识首先在大城市得到了热烈响应。"城市前进!"这句由政治家保罗·米茨拉夫于1922年提出的口号,充分体现在大规模市政规划与建设活动中。

除了柏林和美因河畔法兰克福这两个突出例子[3]外,其他城市如科隆、汉堡、马格德堡也在20世纪20年代采取行动。这股被美国历史学家本·利伯曼概括为"市政行动主义"的大规模建设浪潮,需要大笔资金,地方城市政府财力难支。

作为国家派出机构的州政府对于大规模城市更新运动亦有不同看法,如长期担任普鲁士福利部长的希尔费齐尔就将工业化时代突出的种种社会、市政问题——尤

---

[1] Dieter Hein, *Deutsche Geschichte im 19. Jahrhundert*, München, 2016, S. 77.
[2] Klaus Tenfelde, "Bayerische Wirtschaft und Gesewllschaft im 19. und 20. Jahrhundert", S. 12.
[3] 即1925~1930年由法兰克福市政参事恩斯特·迈团队执行的"新法兰克福"方案,及几乎同时柏林两位市政参事马丁·瓦格纳与恩斯特·罗伊特在大众住房与城市轨道交通方面所展开的合作。

其是"特种住房短缺",归咎于地方城市未能有效调控人口过度集中①,他因此特别强调要全力避免巨型城市无序生长,实现城乡均衡发展。在他的方案中,一方面通过州立法调控地方市政建设,另一方面通过州税收入设立特别资金(如"住房救济基金"),资助小城镇甚至农村的经济发展,同时分流大城市人口。

然而州政府的规划并未得到城市当局的认同,如柏林市长伯斯就严厉指责普鲁士州政府不支持大城市发展的做法"完全不知所谓"②。由于城市财政高度依赖国家和州政府,1929年世界经济大危机引发了上下政府间的冲突与地方财政危机。同时,自19世纪中叶肇始的反城市主义思潮③或"大城市批判"也越发激烈。工业化时代的城市因"集聚了大量经济与文化力量,由于人口激增而导致严重社会与经济冲突"而成为被批判的对象,对城市抱有敌意的人们认为城市这种"人工建造的空间现象"④应当为各种社会问题承担全部责任,这些问题祸及市政建设、住房改善、社会福利等,导致违法犯罪、道德沦丧甚至种族退化。⑤

由于"迟到"的工业化,直到1925年巴伐利亚城镇化仍低于德国平均水平,大城市人口比例(18.2%)更与萨克森(34.9%)和普鲁士(29.1%)存在明显差距。⑥由于农民及小市民的生活窘迫,因此农村与乡镇的反工业化、反城市立场更为激进,城市人被认为是"寄生"物,工人阶级以及社会民主主义则被看成是"城里的坏东西,是给农民造成不幸的干扰者与破坏者"⑦。

纳粹党人是反城市主义的煽风点火者。他们猛烈抨击城市是"灭绝德意志种族生命力、瓦解种族文化与道德价值的场所",农业和乡村才是"种族实力的维护者,民族复兴的保障"。⑧他们还将大城市文化同犹太文化及共产主义布尔什

---

① Heinrich Hirsiefer. *Die Wohnungswirtschaft in Preuße*, Eberswalde, 1929, S. 8.
② Gustav Böß. *Berlin von heute*, Stadtverwaltung und Wirtschaft, Berlin, 1929, S. 125.
③ "反城市主义"思想源于德国记者、学者威廉·海因里希·里尔的《作为德国社会政策基础的民族起源说》(1861)。里尔在书中对传统农村及小城镇田园牧歌生活想象加以拓展。概述性介绍可参见 Stefan Muthesius, "Zur Stadtfeindlichkeit in Deutschland ca. 1850–1914, eine übersicht", *Kunstchronik*, 1970, 23, S. 280–281.
④ Dirk Schubert, "Großstadtfeindschaft und Stadtplanung. Neue Anmerkungen zu einer alten Diskussion", *Die alte Stadt*, 1986, 13, S. 24.
⑤ 有关反大城市思潮的主要观点梳理可参考 Von Petz. *Stadtsanierung im Dritten Reich*, S. 11.
⑥ Hartmann. *Bayerns Weg in die Gegenwart. Vom Stammesherzogtum zum Freistaat heute*, S. 466.
⑦ K. Tenfelde, "Bayerische Wirtschaft und Gesellschaft im 19. Und frühen 20. Jahrhundert", in Harmut Mehringer (Hg.), *Von der Klassenbewegung zur Volkspartei. Wegmarken der bayerischen Sozialdemokratie 1892–1992*, München, 1992.
⑧ Matzerath, "Nationalsozialistische Kommunalpolitik: Anspruch und Realität", *Die alte Stadt*, 1978, 5, S. 3.

维克相提并论，以此强化大众对城市的恐惧。[①] 不过纳粹党人这一反城市立场也并非一贯始终，希特勒和纳粹党的城市观念在1933年取得政权后出现了重大转折，以中央集权方式大力推进城市化，这使德国城镇化进入一个新阶段。

二、作为意识形态的城镇改造行动

第三帝国追求的是城市要在"形式上表现为古典建筑的永恒艺术"，尤其是要以古罗马城市为榜样。[②] 这一追求实际上与魏玛共和国一脉相承。[③] 纳粹政权全盘采纳了魏玛共和国作为实现民族复兴手段的市政建设规划，并取代了过去地方政府扮演的角色，在有计划地改变城市面貌时，将之异化为其意识形态的空间表达。

纳粹城镇规划方案的政治内核在于通过重塑城市空间表现其权力及元首本人意志。[④] 希特勒颁布的《德意志城市新建法》，为市政建设及大规模的规划设计奠定了基础。按照希特勒的市政规划设想，德国应重点发展大城市。首先是要建成五座"元首之城"：帝国首都柏林、纳粹党中央所在地慕尼黑、纳粹党党代会所在地纽伦堡、国际贸易中心汉堡以及艺术中心林茨。在次一级城市层面，一方面强调各行政大区（gau）[⑤] 首府的地区权力中心地位，要划出特定区域来建设阅兵广场、大区政府大楼、钟楼以及纳粹党部大楼；[⑥] 另一方面则以古典城市为蓝本建设一批生产企业集中的"新城"[⑦]，如今天大众汽车所在地沃尔夫斯堡。

[①] 纳粹党1933年以前强烈反城市，它是唯一在2.5万人以上城市支持率不及平均水平的党派，1932年其主要支持者集中在小城镇和乡村，因此要迎合农村或小城镇选民要求。不过，希特勒本人1933年之前也并非完全排斥大城市，他曾阐述自己的大城市建设设想。见 Matzerath, "Nationalsozialistische Kommunalpolitik: Anspruch und Realität", *Die alte Stadt*, 1978, 5, S. 4; Joch Thies, "Nationalsozialistische Städteplanung: 'Die Führerstädte'", *Die alte Stadt*, 5 (1978), S. 27.

[②] Joch Thies, "Nationalsozialistische Städteplanung: 'Die Führerstädte'", *Die alte Stadt*, 1978, 5, S. 3, 25f.

[③] B. M. Lane. *Architektur und Politik in Deutschland 1918 – 1945*, Braunschweig/Wiesbaden, 1986, S. 20 – 22.

[④] 希特勒城市思想演变的过程可参考：Einleitung, in Jost Dülffer/Jochen Thies, Josef Henke（Hg.），*Hitlers Städte. Baupolitik im Dritten Reich. Eine Dokumentation*, Köln/Wien, 1978, S. 20f; Joch Thies, Nationalsozialistische Städteplanung: "Die Führerstädte", S. 26 – 28.

[⑤] 大区是第三帝国时期特有的一级行政区，1938年纳粹政权取消了传统的"州"级行政建制，改为大区，并将全国划分为30个大区，其领导人被称为大区长官。

[⑥] Christiane Wolf. *Gauforen: Zentren der Macht. Zur nationalsozialistischen Architektur und Stadtplanung*, Berlin, 1999, S. 11.

[⑦] Paul Nolte, "Jenseits der Urbanisierung. Überlegungen zur deutschen Stadtgeschichte seit 1945", in F. Lenger（Hg.）: *Die europäische Stadt im 20. Jahrhundert: Wahrnehmung – Entwicklung – Erosion*, S. 489f.

纳粹政权的规划还包括对中小城镇规模加以拓展,"建设规模更大的新中心"[①]。这些新中心与历史悠久的老城区相对。纳粹政权意识形态浓烈的总体改造方案得到了部分贯彻,例如至今尚存的纽伦堡纳粹党代会场,及柏林、慕尼黑、汉堡等地保留的若干纳粹纪念建筑,图林根大区首府魏玛也大致形成了权力中心区。纳粹对工业的重新布局,也在一定程度上左右了德国城镇发展方向,在战后仍有影响。

三、巴伐利亚城镇的发展特点

这时的巴伐利亚仍以农业为主,但纳粹政权对巴伐利亚工业的新定位却是"从农业州转变为军事训练场及飞机制造及炸药工业的核心生产地"[②]。这一定位带动了巴伐利亚机械制造、发动机生产及汽车制造业的发展。飞机及机械制造大多分布在大城市,如著名飞机制造商梅塞施密特、大型车辆及机械制造企业MAN的总部设立在纽伦堡和奥格斯堡。武器及弹药生产特性决定了其不能落户大城市,因此多集中在中小城市,如下法兰克福的中等城市什未福特占据了德国70%的球轴承产能;迪那米特炸药公司在巴伐利亚许多城镇建成或规划建设多个工厂,如施瓦本的考夫博伊伦、波宾根,上巴伐利亚的埃本豪森、考夫林,中法兰克的菲尔特。[③] 巴伐利亚从农业区向工业及军备基地转变,一直持续到1945年。

这种力图在市政建设中贯彻政治控制、社会福利与空间规划"一体化"的方针,构成了纳粹德国城市发展的基本特征。纳粹城镇规划方案中还包括了交通及住宅建设规划。最突出的例子是高速公路网络的规划建设。纳粹政权给予巴伐利亚道路线网建设强力资助,形成了围绕慕尼黑的环城公路和以慕尼黑为核心的高速主干道网络,强化了各城市(镇)间的联系。[④] 这一以慕尼黑为核心的公路网络,为巴伐利亚在战后真正实现工业转型奠定了基础。

在住宅建设方面,纳粹上台之初,就产生了规范住房建设、城市改造与区域规划的《居住定居法》。该法案的主要目标是"集体使用优先于个人使用",避免出现小块的投机地产。[⑤] 在这样的城镇一体化规划背景下,巴伐利亚不仅形成了符合纳粹意识形态与现代化目标的大城市景观,也出现了一批"新"城镇,这

[①] Nerdinger. *Bauen im Nationalsozialismus. Bayern 1933 – 1945*, S. 21.
[②] Nerdinger. *Bauen im Nationalsozialismus. Bayern 1933 – 1945*, S. 14.
[③] Nerdinger. *Bauen im Nationalsozialismus. Bayern 1933 – 1945*, S. 429 – 461.
[④] Nerdinger. *Bauen im Nationalsozialismus. Bayern 1933 – 1945*, S. 63 – 67.
[⑤] W. Istel. *Wurzeln und Entwicklung der Landesplanung in Bayern bis 1945. Von der Stadterweiterungsplanung zur flächendeckenden Reichs-und Landesplanung*, Bayreuth, 1993, S. 72.

些规模不等的地区中心,又可通过现代交通方式(尤其是高速公路)联通。上普法尔茨的历史名城雷根斯堡便是按照这一规划发展的典型。位于德奥边境的集镇贝希特斯加登则更充分体现了城镇层面"一体化"结构:小镇拥有兵营、行政机构与服务设施,服务于阅兵广场和人口增长需要。贝希特斯加登还是一个特殊的交通枢纽:希特勒、鲍尔曼、戈林等纳粹高层在离此不远的上萨尔茨贝格拥有度假屋,故这一地区被称为"元首禁地",因此贝希特斯加登修建的新火车站便成为连接阿尔卑斯山区道路与艾因林机场的重要节点。

第四节 战后巴伐利亚产业转型与城镇化道路

巴伐利亚城镇化全面展开还是在"二战"结束后。1946年,自由州巴伐利亚诞生[①],一股更大强度和规模的城镇化浪潮也应运而生。1840年巴伐利亚289个5 000人以上行政区中,至1971年时共有189个取得城市或城镇地位[②],其中多在20世纪50年代后才获得[③]。这一战后城镇化进程不仅是行政手段推进的结果,也是战后巴伐利亚"在乡村土地上的工业化"经济转型和发展的直接反映。

在这一过程中,尤以两类城镇发展模式表现最为夺目:一类是经济转型背景下,巴伐利亚许多乡村(或"集镇")通过迅速实现工业化而获得城镇地位或转型为工业乡镇。另一类则是"二战"后的新生事物"难民城镇",由战后初期进入巴伐利亚的被东欧驱逐的德意志人聚集区(甚至是难民营)发展而来。两者的发展历程有一些共同点。首先,居民已达到城镇标准:普通集镇发展而来的城镇一般有5 000~8 000人,难民城镇则介于1.2万~1.7万人之间,而像大城市如奥格斯堡周边的"新城"人口则介于1.1万~2.3万人之间[④]。这对于战后人口

---

① "二战"后的巴伐利亚面积有所缩小。作为自由州的巴伐利亚由七个大区组成,分别是:上巴伐利亚、下巴伐利亚、上普法尔茨、上法兰克、中法兰克、下法兰克以及施瓦本。Hans Fehn,"Das Land Bayern und seine Bevölkerung seit 1800", in Max Spindler (Hg.), Handbuch der bayerischen Geschichte, Bd. 2, München, 1975, S. 655

② Hans Fehn, "Das Land Bayern und seine Bevölkerung seit 1800", in Max Spindler (Hg.), Handbuch der bayerischen Geschichte, Bd. 2, München, 1975, S. 683.

③ 举例来说,上巴伐利亚在20世纪50年代新增城镇9座;下巴伐利亚仅1951~1954年就有8座集镇被提升为城镇,70年代又新增两座;上普法尔茨1952~1955年新增9座城镇;法兰克地区则在1949~1970年共产生了12座新城镇。数据来源于Hans Fehn, "Das Land Bayern und seine Bevölkerung seit 1800", in Max Spindler (Hg.), Handbuch der bayerischen Geschichte, Bd. 2, München, 1975, S. 681f.

④ Hans Fehn, "Das Land Bayern und seine Bevölkerung seit 1800", in Max Spindler (Hg.), Handbuch der bayerischen Geschichte, Bd. 2, München, 1975, S. 682.

密度最低的巴伐利亚来说，已属人口聚集地区了。其次，从功能上来说，一部分"城镇"或具交通枢纽功能，或处于工业化进程中，因此有进一步发展的前景；许多新城镇在区位上离州府或地区中心较远，从而成为次级区域的中心城镇，因此传统的"乡村—集镇—城市"单一结构崩解，取而代之的是城市地理学家费恩所形容的"标记着小中心、下中心、中部中心和上中心的刻度尺"① 的多中心区域模式。

一、战后城镇化浪潮的形成背景——工业复兴

无论是城镇人口增加，还是传统城乡结构改变，巴伐利亚的小城镇化浪潮之所以会在战后出现，归根结底是战后复兴的体现；若从长时段城市化进程角度考察，则反映了巴伐利亚真正实现从农业地区向工业地区转变的过程。

巴伐利亚经济转型的契机，首先缘于战胜国对德国处置方案的形成及"铁幕"之说背景下的演变。按照1945年波茨坦会议达成的处置德国经济基本原则，不仅德国的军事工业产能被摧毁，那些"经济力量过度集中"的垄断经济体也被强制拆分。② 然而，美国、英国很快意识到，对德国工业过度限制将影响欧洲的恢复，从1946年9月起，美国、英国对德国工业政策转向以扶植、重建为主。1949年起，美国向德国投放援助资金，至1954年，有590多亿马克美援项目资金投入属于美占区的巴伐利亚。③ 这一庞大资金构成了日后巴伐利亚经济发展的重要前提。

随着盟国明确将德国分为英国、法国、美国、苏联四个占领区，德国经济版图也因此被重新安排。美军在此之前即按计划陆续撤出已划归苏联的占领区萨克森，但在撤出的同时还将许多高科技企业的高级管理及技术人员一并带往美占区，例如爱克发公司47人被带往慕尼黑，蔡司公司也类似。④ 而苏联对其控制下的东部占领区采取了极为严厉的非工业化措施，其中许多企业因战时曾作为军备企业等而面临审判，企业以及高管人员的前途岌岌可危。如汽车康采恩"汽车联盟"公司遭苏联军管会解散，其管理人员亦遭反复审问。如此一来，企业领导层

---

① Hans Fehn, "Das Land Bayern und seine Bevölkerung seit 1800", in Max Spindler (Hg.), *Handbuch der bayerischen Geschichte*, Bd. 2, München, 1975.

② 参见《波茨坦会议公报》第11、12、13条，《公报》原文源自http://www.documentarchiv.de/in/1945/potsdamer-abkommen.html，查阅时间：2017年4月28日。

③ Wolfgang Zorn, "Bayerns Gewerbe, Handel und Verkehr (1806 – 1970)", in Spindler (Hg.), *Handbuch der bayerischen Geschichte*, S. 835.

④ Rainer Karlsch/Raul Werner Wagner, *Die AGFA – OREO – Story. Geschichte der Filmfabrik Wolfen und ihrer Nachfolger*, Berlin, 2010, S. 121.

一些人员如董事会主席理查德·布鲁恩先后设法进入美军控制区。① 他们在经过"非纳粹化"审查后即开始着手西占区汽车联盟的重建工作,新的"汽车联盟"于1949年9月诞生,从20世纪60年代末起它以"奥迪"的名字广为人知②,而"汽车联盟"总部所在地因戈尔施塔特也完全转型为汽车城。

许多迁往巴伐利亚的德国中部工业企业也获得了重新发展的机会。这与巴伐利亚当局在战后初期实行的产业转型政策分不开。

1949年的巴伐利亚州依然是一个工业化程度不高、高度依靠资源输入的贫困州。首先,尽管巴伐利亚曾一度出现工业繁荣,但其工业基础或在空袭中严重受损,或因受管制而遭拆解,因此1949年全州人均GDP仅为全德的85%③;30.6%的巴伐利亚人口仍以农业为生。其次,巴伐利亚资源匮乏,煤炭完全依靠鲁尔、萨尔,汽油和石油则依赖更遥远的北部,这就造成巴伐利亚长期处于电力、供暖及燃料供应紧张的局面。与此同时,从1945/1946年入冬起,大批东欧德语人口被驱赶回德奥地区,其中有190万人进入巴伐利亚,与本地居民一起构成了巴伐利亚庞大的人口(1945年:884万人;1950年:918万人)。④ 后来担任州长的施特劳斯曾评论1947年的巴伐利亚"了无希望","许多生产设施被摧毁,到处都缺乏原材料,企业被拆除,生产被禁止,对外贸易毫无机会,国家实行计划经济,黑市和普遍出现的道德崩塌与经济衰退让许多人觉得是无法逾越的困境,只得缴械投降;这些困难,似乎直挺挺地阻挡着我们的经济重建工作"。⑤

面对这样的落后局面,历任州经济部长、州长的基社盟政治家赛德尔提出"中等规模政策"以促成巴伐利亚的经济转型。简单来说,该政策核心是要建成一个"基本由中小企业组成、协调区域发展的混合型产业结构"⑥,要避免巴伐

---

① 有关汽车联盟康采恩迁往美占区的过程,可参见 Vier Ringe für Ingolstadt. Die Anfänge der Auto Union an der Donau。Thomas Schlemmer, *Industriemoderne in der Provinz. Die Region Ingolstadt zwischen Neubeginn, Boom und Krise 1945 bis 1975*, München, 2009, S. 32 – 52, hier S. 33f.

② 1969年汽车联盟与位于巴登-符腾堡州内卡苏尔姆(Neckarsulm)的内卡苏尔姆汽车公司(NSU Motorwerke AG)联合,企业名称正式变更为"奥迪"。

③ Milosch. *Modernizing Bavaria: The Politics of Franz Josef Strauß and the CSU*, 1949 – 1969, P. 13.

④ 数据源于 *Historisches Gemeindeverzeichnis die Einwohnerzahlen der gemeinden Bayerns in der Zeit von 1840 bis 1952*, S. 10f. 1945年的巴伐利亚人口中还包含了超过五万名战俘及被拘禁于拘留营中的各色人等,但24万滞留在联合国善后救济署安置营内的人口未被统计在内,因此巴伐利亚当时的人口超过900万。

⑤ Franz Josef Strauß, "Hanns Seidel – Ein Leben für Bayern". Ansprache des bayerischen Ministerpräsidenten bei der Gedenkfeier zum 25. Todestag des ehemaligen bayerischen Ministerpräsidenten und CSU – Parteivorsitzenden Dr. Hanns Seidel am 5. August 1986, in Hanns – Seidel – Stiftung e. V. (Hg.): *Hanns Seidel – Ein Leben für Bayern*, Wildbad Kreuth, 1987, S. 23.

⑥ Richard Winkler, "Die Bayerischer Landesanstalt für Aufbaufinanzierung 1951 – 1964", in Christoph Daxelmüller, Stefan Kummer/Wolfgang Reinicke: *Wiederaufbau und Wirtschaftswunder. Aufsätze zur bayerischen Landesausstellung 2009*, Augsburg, 2009, S. 163.

利亚形成类似西部德国建立在煤钢基础上的庞大工业集群。① 事实上，这一政策体现了对当时巴伐利亚经济落后且又急需安置近两百万难民的认识。在这样一个背景下，州政府首先致力于支持中小企业落户巴伐利亚，以扩大就业人口、均衡地区发展、安置和救济难民。其次，要让这一"中等结构"全面铺开和"城乡之间和谐融合"，还需加强尚很薄弱的基础设施与能源供应，如重建与改善州内路网。② 直到 1950 年，巴伐利亚仍有 60% 的州道与近 95% 的县道采用碎石铺路；而以往修建的国有高速公路上，却行走着前工业时代运输工具牛车和马车。③ 因此从 20 世纪 50 年代初起即开始巴伐利亚路网改扩建规划。④ 由于缺乏资源，巴伐利亚还致力于推动替代型能源石油、天然气以及后来的核能的发展。

得益于州政府的政策倾向、援助资金的注入，以及交通条件的改善，许多企业得以扎根于农业为主或工业结构薄弱的地区，20 世纪 50 年代整个巴伐利亚工业人口密度因此增长近 57.3%，超过全国平均增长水平 3.7 个百分点。这样，中小型加工厂已"毫无障碍"地融入巴伐利亚产业结构中，并根据自然条件，广泛分布在州内各地区。⑤ 这一"有组织发展"并强调"属于本州基本特色的农业经济和谐共处"的工业化过程，也推动了战后巴伐利亚的城镇化浪潮。

二、工业企业与小城镇发展

1950~1967 年，巴伐利亚乡村地区的工业人口密度增加 36.4%，而城市地区工业人口密度增长却十分缓慢，仅为 17%。⑥ 1950 年，上巴伐利亚农业人口仅占地区总人口的 15.2%；1939 年上巴伐利亚有 26 个农业经济主导县，到 1950

---

① 赛德尔 1954 年 8 月的演讲，转引自 Franz Josef Strauß，"Hanns Seidel – Ein Leben für Bayern". Ansprache des bayerischen Ministerpräsidenten bei der Gedenkfeier zum 25. Todestag des ehemaligen bayerischen Ministerpräsidenten und CSU – Parteivorsitzenden Dr. Hanns Seidel am 5. August 1986，in Hanns – Seidel – Stiftung e. V.（Hg.）：*Hanns Seidel – Ein Leben für Bayern*"，Wildbad Kreuth，1987，S. 24.

② 巴伐利亚总长 3 300 公里的道路中，最初有 60% 的国道禁止拓宽，至 1948 年这一比例提高至 94%。

③ 1949 年时整个巴伐利亚有 34.5 万匹马、约 25 万头牛被用作运输工具，而机动车则为 32.1 万辆。

④ 后联邦政府也通过巴伐利亚州国道改扩建的方案。参见 Alexander Gall，*Gute Straßen bis ins kleinste Dorf!*"：*Verkehrspolitik in Bayern zwischen Wiederaufbau und Ölkrise*"，S. 106.

⑤ Franz Josef Strauß，"Hanns Seidel – Ein Leben für Bayern". Ansprache des bayerischen Ministerpräsidenten bei der Gedenkfeier zum 25. Todestag des ehemaligen bayerischen Ministerpräsidenten und CSU – Parteivorsitzenden Dr. Hanns Seidel am 5. August 1986，in Hanns – Seidel – Stiftung e. V.（Hg.）：*Hanns Seidel – Ein Leben für Bayern*"，Wildbad Kreuth，1987，S. 24.

⑥ Löffler，"Wirtschaftspolitischer Konzeption und Praxis Hanns Seidels"，S. 64f.

年仅留存有 6 个，至 1961 年则已完全消失。① 这种转变在于：由于大多数分布在巴伐利亚的核心工业大城市重建工作尚且面临缺乏资金和场地的重大考验，于是一些小城市甚至乡镇就成了工业再发展的可替代者，加上政府对促进经济均衡发展的努力，这就为巴伐利亚的小城镇在战后发展提供了机会。

对于战后重建及城镇发展做出重大贡献的首先是那些从苏占区迁入巴伐利亚的大工业企业。早在 1945 年，"汽车联盟"曾一度考虑将总部设在慕尼黑，而慕尼黑市政当局以城市面临经济困境予以拒绝，最终这家汽车企业落户因戈尔施塔特。因戈尔施塔特交通便利，战后它还可提供约 300 公顷闲置空地；作为前军事装备生产基地，还拥有大量技术娴熟的金工。② 而爱克发公司也先后在下巴伐利亚的拉贝河畔罗滕堡，上巴伐利亚的施罗本豪森、派廷根和阿尔滕施塔特及前矿业城镇派森贝格设厂，从而使巴伐利亚成为爱克发相机的重要生产基地。③

州政府对本土企业重建的大力支持同样保障和带动了小城镇发展。这首先体现在州政府对位于本州中小城镇的化工类企业有"托底"举动。当美国军管会监管的三家本州独立化工企业④面临企业倒闭、员工失业的情况时，巴伐利亚州通过政府支持的赫斯特集团收购、政府建设贷款乃至州政府直接收购的方式，在 20 世纪 50 年代挽救了它们，直接避免了因数千员工失业对地区经济造成的冲击。⑤

汽车产业是推动 20 世纪下半叶巴伐利亚城镇迈向工业现代化的重要推动力。由小城镇转变为汽车之城的突出例子，是距慕尼黑 100 公里的城镇丁戈尔芬。它作为下巴伐利亚丁戈尔芬—兰道尔县首镇，1939 年登记在册的居民为 24 683 人，而 1950 时增至 35 347 人。⑥ 人口增长的原因在于当地老牌的农用机械公司汉斯·格拉斯有限公司（成立于 1883 年），在 20 世纪 40 年代末、50 年代初拓展

---

① Eva Moser, " 'Das Gesicht des Landes veränderte sich.' – Wegzeichen der industriellen Entwicklung Oberbayerns", in Ariane Weidlich (Hg.), *Moderne Zeiten? Industrialisierung im löndlichen Oberbayern*, Petersberg, 2006, S. 14.

② Thomas Schlemmer, *Industriemoderne in der Provinz. Die Region Ingolstadt zwischen Neubeginn, Boom und Krise 1945 bis 1975*, München, 2009, S. 30, 35.

③ Silke Fengler, Agfa AG, in *Historisches Lexikon Bayerns*（Online – Resource）: https://www.historisches-lexikon-bayerns.de/Lexikon/Agfa_AG#Entflechtung_der_I._G._Farben_und_Streit_um_das_Camerawerk 2017 年 4 月 28 日查阅。

④ 分别是：位于波宾根的人造纤维及尼龙生产商波宾根纺织纤维公司，位于上巴伐利亚东部根多夫（Gendorf）的无机化学公司阿诺加纳（Anorgana GmbH）和毗邻奥格斯堡的莱西化学（Lech – Chemie AG）。

⑤ Richard Winkler, "Die Bayerischer Landesanstalt für Aufbaufinanzierung 1951 – 1964", in Christoph Daxelmüller, Stefan Kummer/Wolfgang Reinicke, *Wiederaufbau und Wirtschaftswunder. Aufsätze zur bayerischen Landesausstellung* 2009, Augsburg, 2009, S. 167f.

⑥ 统计数据源于 *Historisches Gemeindeverzeichnis die Einwohnerzahlen der gemeinden Bayerns in der Zeit von 1840 bis 1952*, S. 51.

新市场转型为机动车生产商。该公司在摩托车、轻便小汽车和豪华轿车研发、生产、销售各环节取得了成功,营业额从1955年的4 200万马克攀升至1965年的1.9亿马克。① 它在丁戈尔芬设有两个工厂,在附近的皮尔斯廷和兰茨胡特②各设一家工厂,雇员超过4 000人。③ 因此这家公司的一举一动都牵动着下巴伐利亚的经济与就业形势,甚至丁戈尔芬50年代的市政建设也多依赖于格拉斯公司的经济支持。然而,格拉斯公司在拓展产品线时也始终受扰于资金短缺问题,最终仍在谨慎谈判中被宝马公司收购,丁戈尔芬又称为宝马公司的生产基地,由此也成为一座可持续发展的"汽车城"。今天的丁戈尔芬是宝马公司24个生产基地中最大的,仅2016年就生产了约34万辆汽车。从1973年9月丁戈尔芬生产出首辆宝马汽车以来,至2017年1月已有1 000万辆宝马汽车在丁戈尔芬下线,如今"每五辆在全球行销的宝马汽车,就有一辆来自下巴伐利亚"④。丁戈尔芬生产基地的员工规模也从60年代的4 000名增长至2017年的22 000名。⑤

从城镇化角度看,丁戈尔芬作为"汽车城"的意义还在于,它所代表的企业(宝马)与城镇(丁戈尔芬镇)及地方政府(下巴伐利亚)的互动,是20世纪60年代以来巴伐利亚小城镇发展的典型,也是经济结构转型带动地区发展的经典案例。五六十年代之前,巴伐利亚城乡存在较大差异,如巴伐利亚50年代新增的工作岗位,多集中在慕尼黑和纽伦堡,由此引发的州内大规模人口流动⑥,造成东部地区人口流失。这些地区的失业率呈现出季节性特征,如下巴伐利亚60年代时冬季失业率高达20%。由大城市人口密度过高与农业地区人口流失所引发的矛盾,对地区产业布局提出了挑战。因此丁戈尔芬的出现,在地区劳动力市场保障及城镇发展可持续性上,无疑对整个巴伐利亚都具有示范意义。另外,丁戈尔芬也是巴伐利亚东部从农业地区向工业地区转型的缩影,"开启了巴伐利亚东部在'二战'后的工业化进程"。它在50年代成为工业城镇,到1987年,尽管行政区范围有所扩大,但农业人口仅190人。与此同时,1967年下巴伐利

---

① Jürgen Seidl. *Die Bayerischen Motorenwerke (BMW) 1945 – 1969. Staatlicher Rahmen und unternehmerisches Handeln*, München, 2002, S. 310.
② 皮尔斯廷为丁戈尔芬—兰道尔下属的一个"集镇";兰茨胡特则是下巴伐利亚地区的首府城市。
③ 1961年丁戈尔芬总人口为12 520人,皮尔斯廷为5 508人,兰茨胡特为54 446人。巴伐利亚统计局的乡镇/城市统计数据,参见 https://www.statistik.bayern.de/statistikkommunal/00185.php,查阅时间:2017年4月28日。
④ BMW Feiert Doppel – Jubiläum in Niederbayern, http://www.bmwgroup-werke.com/de/dingolfing/aktuelles/festakt – 50 – jahre-bmw-niederbayern.html,查阅时间:2017年4月28日。
⑤ 宝马官网,http://www.bmwgroup-werke.com/de/dingolfing/unser-werk/standortinformationen.html,查阅时间:2017年5月20日。
⑥ Ferdinand Kramer, "Wirtschaftswunder in Bayern", in: Daxelmüller u. a (Hg.), *Wiederaufbau und Wirtschaftswunder*, S. 120 – 131, hier S. 125f.

亚农业人口占总人口的 26%，而经过 25 年的工业化发展后，则下降至 9%。进入 21 世纪后，下巴伐利亚更因宝马公司不断的技术创新而成为整个欧洲范围内经济蓬勃发展的地区。2017 年初，巴伐利亚州长泽霍夫在宝马丁戈尔芬基地 50 周年庆典上高度赞扬宝马公司对地区发展所做出的贡献，称其推动了下巴伐利亚的发展，后者能"成长为一个地处欧洲心脏的经济繁荣地区"，与宝马公司"密不可分"。①

三、融入德国：巴伐利亚的"难民城镇"演变

战后初期，巴伐利亚的人口增长很大一部分源于外来人口流入。巴伐利亚是西占区/联邦德国唯一与捷克和民主德国接壤的州，因此自然成为西占区接收被驱逐者最多的联邦州。在大批被驱逐的东欧德语人口中，以来自苏台德的德意志人和喀尔巴阡的德意志人为最多②，还有西里西亚和东普鲁士的德意志人。在总计 190 万难民人口中，苏台德与喀尔巴阡的德意志人占 55.2%，西里西亚的德意志人则为 24.7%，东普鲁士和南斯拉夫的德意志人分别为 4.6% 和 3.5%③；还有部分难民是来自苏联占领下的东德人④，战后初期十年间，这一群体超过了 28 万人。

由于广大农村和小城镇战时未受严重打击，因而成为难民的主要接纳地，这些地区共计划设立 14 个接收中心，各地有义务按人口比例接收。如施瓦本北部原考夫博伊伦县，1945 年底该县约有居民 3.7 万人，按比例接受了 1.5 万难民；同名的县辖市也接受了 4 000 人。⑤ 难民中"同乡"较多，许多难民习惯于按各自原来的家乡而聚居，如苏台德人主要集中在上巴伐利亚和施瓦本，考夫博伊伦人口中苏台德难民高达 75%；西里西亚人则聚集在上法兰克。⑥ 这是难民定居点演变为基层行政区的重要一步。正因为如此，战后巴伐利亚的小城镇形成了一条颇为特殊的发展道路：1960 年，上巴伐利亚的特劳恩罗伊特难民定居点率先获

---

① BMW Feiert Doppel-Jubiläum in Niederbayern.
②③ Walter Ziegler, "Der Beitrag der Vertriebene zu Wiederaufbau und Wirtschaftswunder", in Daxelmüller u. a.: *Wiederaufbau und Wirtschaftswunder*, S. 148.
④ 按照联邦德国 1953 年颁布的《被驱逐者联邦法》规定，"难民"被严格定义为从苏占区/民主德国出逃的德国人，以区别于其他"被驱逐者"，后者指在 1937 年已定居于中东欧各国、"二战"后被驱逐的德意志人。
⑤ Susanne Rössler, "Der Sonderfall Neugablonz. Sein Entstehen aus den Wirrnissen deutscher Geschichte", in Jürgen Kraus/Stefan Fischer u. a (Hg.), *Die Stadt Kaufbeuren*, Bd. 2, Thalhofen: 1999, S. 177; *Historisches Gemeindeverzeichnis die Einwohnerzahlen der gemeinden Bayerns in der Zeit von 1840 bis 1952*, S. 219.
⑥ Walter Ziegler, "Der Beitrag der Vertriebene zu Wiederaufbau und Wirtschaftswunder", in Daxelmüller u. a.: *Wiederaufbau und Wirtschaftswunder*, S. 148.

得"城镇"地位,后又有四座难民定居点取得城(乡)镇地位。[1] 整个西占区六个获得"城镇"地位的难民聚居区,巴伐利亚就占据了其中之五。[2]

难民聚居区之所以能成为独立的行政单位,显然源于它们在经济上的迅速发展,但首先与第三帝国时期城市(镇)用地规划有关。纳粹政权时期巴伐利亚的定位之一是"军事训练场",它的城市规划基本方针是要使城市空间与军事、工业紧密结合在一起,因此许多城市(镇)预留了大片军营驻地,这就为当局安置难民提供了场地。早年的规划还配备了较为系统的基础设施,这就为难民自发组织建设家园活动提供了便利。这些区域逐渐成为巴伐利亚"难民城镇"发展的起点。其次,得益于政府的经济援助与政策扶持。按照1949/1952年《经济援助与赔偿法》,难民可以拿到一定的赔偿,将之用于建造住房,或成为启动小型企业的资金。巴伐利亚当局还从1947年底开始负担了"难民生产贷款"的90%。[3] 1951年后还专门成立了为难民提供资助的州立建设资助银行(LfA)。正是在这些资金的帮助下,巴伐利亚这期间共成立两千多家难民开设的企业,主要集中在纺织、玻璃制品和皮具行业。[4] 这些大大小小的企业仅在1953年就提供了约5.1万个工作岗位,创造营业额达8 370万马克[5],并由此直接促进了地方的经济发展。最后,人力因素同样促进了难民聚集区迅速向工业化小城镇转变。许多难民是具有资质的熟练工人甚至专业人士,他们很快成为推动新家园经济发展的人力资源。

在难民城镇迈向自治行政单位的过程中,最典型者当属施瓦本北部的新加布隆茨。"加布隆茨"原是北波西米亚(今属捷克)尼斯河畔的一座县城。战后大批加布隆茨德意志人遭驱逐,被迫离开故土,其中有将近1.8万人聚居在考夫博伊伦县。难民署将原属迪那米特炸药公司工厂的土地长期租借给难民们,这一区

---

[1] Karlheinz Witzmann, "Die neuen Städte und Gemeinden in Bayern und ihre Entwicklung seit 1963", in A. für Raumforschung und Landesplanung, *Die neuen Städte und Gemeinden in Bayern und ihre Entwicklung seit 1963*, Hannover: 1986, S. 5; Volkert, *Geschichte Bayers*, S. 108; Hans. Fehn, "Das Land Bayern und seine Bevölkerung seit 1800", S. 681.

[2] Walter Ziegler, "Der Beitrag der Vertriebene zu Wiederaufbau und Wirtschaftswunder", in Daxelmüller u. a.: *Wiederaufbau und Wirtschaftswunder*, S. 158, Anm. 30.

[3] Richard Winkler, "Die Bayerischer Landesanstalt für Aufbaufinanzierung 1951 – 1964", in Christoph Daxelmüller, Stefan Kummer/Wolfgang Reinicke: *Wiederaufbau und Wirtschaftswunder. Aufsätze zur bayerischen Landesausstellung 2009*, Augsburg, 2009, S. 160.

[4] Walter Ziegler, "Der Beitrag der Vertriebene zu Wiederaufbau und Wirtschaftswunder", in Daxelmüller u. a.: *Wiederaufbau und Wirtschaftswunder*, S. 152.

[5] Richard Winkler, "Die Bayerischer Landesanstalt für Aufbaufinanzierung 1951 – 1964", in Christoph Daxelmüller, Stefan Kummer/Wolfgang Reinicke: *Wiederaufbau und Wirtschaftswunder. Aufsätze zur bayerischen Landesausstellung 2009*, Augsburg, 2009, S. 162.

域随后就构成新加布隆茨的核心。① 在政策和资金的扶持下,重新开始生活的加布隆茨人一方面建设新家园,另一方面则致力于引进波西米亚"老家"产业——玻璃制品、金属与首饰加工。如1951年成立一家玻璃制品公司,1953年更名为"南巴伐利亚苏台德玻璃制品有限公司"。随着确立玻璃和首饰制造为主要产业,加布隆茨的人口规模与城区范围也逐渐扩大:1947年9月其居民为872人,拥有151家企业;一年后突破千人大关。1952年被并入考夫博伊伦成为一个城区,人口和企业数量进一步增长,1958年居民已超过1万人。今天的新加布隆茨已是以玻璃、人造材料和非贵金属加工为主业的地区,成为"德国的时尚首饰中心",拥有130家首饰企业,有1 200名从业人员;生产的非贵金属制成品和半成品中,超过40%在德国以外销售。2007年行业生产总值为2.6亿欧元,成为以旅游业和农业为主的阿尔高地区中以工业为主的小城镇。②

许多难民城镇在战后发展及融入德国的过程中,原本的"难民"特性逐渐消失,变得与其他城镇并无二致。但这一点上新加布隆茨则迥异于其他四座同期城镇。确切地说,新加布隆茨在致力于发展特种工业的过程中,始终刻意保留其与故土在生活、文化、传统和习俗上的联系,不仅是城镇名称,还有纹章、街道、教堂、喷泉雕塑③,甚至保护原有方言,"重建"故土并系统保留历史记忆。

发端自19世纪中叶的德国城市化进程,在进入20世纪后,经历了魏玛共和国、"第三帝国"及联邦德国早期三个阶段后,大致形成了今天所看到的城市格局。从形态来看,与其他中欧国家一样,德国在20世纪并未新形成人口集聚的大城市(柏林例外),而是突出地表现为以中小城市、城镇为单位的发展模式,稳定地呈现了一种"城市向乡村拓展"④的进程,这一点可以说是德国城市化(城镇化)进程最为人称道的特征。当城市越来越多地成为"第三产业占主导的社会",原先一度在城市占支配地位的第二产业,通过产业转移的方式,使得小城镇(甚至是乡村地区)或在原有的工业化基础上,或者从零开始完成了自身的工业化进程。这一工业布局的规划和调整与战争密切相关,巴伐利亚工业化城镇(包括"难民城镇")在战后的崛起与发展便是明证。小城镇发展也使过去"城

---

① Susanne Rössler, "Der Sonderfall Neugablonz. Sein Entstehen aus den Wirrnissen deutscher Geschichte", in Jürgen Kraus/Stefan Fischer u. a (Hg.), Die Stadt Kaufbeuren, Bd. 1, Thalhofen: 1999, S. 174.

② 考夫博伊伦市官网:https://www.kaufbeuren.de/Stadtleben/Stadtportrait/Chronik-Neugablonz.aspx;新加布隆茨工业协会官网:http://www.gablonzer-industrie.de/industrie/verbundindustrie/technische-produkte,查阅时间:2017年5月10日。

③ 喷泉雕塑"骑士吕迪格"原是加布隆茨的城市象征。1954年起,新加布隆茨一直向捷克提出购买这座雕塑,多次努力后终于达成交易,1970年"骑士吕迪格"伫立于新加布隆茨,成为联系新家与故土的地标性建筑。

④ Paul Nolte, "Jenseits der Urbanisierung. Überlegungen zur deutschen Stadtgeschichte seit 1945", in F. Lenger (Hg.): Die europäische Stadt im 20. Jahrhundert: Wahrnehmung-Entwicklung-Erosion, S. 486.

市"与"乡村"的激烈对立得以缓和,"'乡村(尤其是小城镇)的工业化进程'与农业经济紧密联系"①,尤其像木材与家具制造、农业机械生产与肉类加工一类的行业,它们是无法割裂与农业生产的天然联系的。另外,对于环绕大中城市的城镇与乡村而言,短途铁路线网的完善,以及私家车保有量普遍增长,彻底改变了德国人日常通勤的格局,使"居住在乡村"与"工作在城市"联系起来,于是以往边界分明的城市建成区、乡村定居点、农业用地,在这一过程中不再是泾渭分明,客观上催生了城乡混合地区的形成。同时,"大城市气质"的生活方式、消费模式和精神面貌也深刻影响及改变了小城镇面貌。

战后以来德国之所以既没有出现如北美那样突出的"郊区化"现象,即贫困阶层生活在内城而中产阶级生活在舒适的郊区,也没有如意大利或法国那样呈现相反的趋势②,根本上还在于德国从"一战"后便在地方政策层面贯彻"追求民众集体福祉"观念。魏玛共和国诞生伊始,尽管并未放弃土地私有制原则,但通过宪法明文规定土地社会化,有效避免了将城市郊区作为私人投资的风气。第三帝国的"一体化"政策以及战后初期政府出于尽快重建目的的推动,使土地购置与使用均被纳入基层乡镇政策框架之下,政府还履行着监管责任。

巴伐利亚的城镇化进程,呈现出与德国主流城市化进程相区别的强烈地方性特征,亦即农业地区向工业区的转型极为缓慢,也证明了德国各地城市化存在着与快速推进的"普鲁士道路"不同的路径。同时,巴伐利亚的城镇化又是符合普遍规律的:尽管它在战后的发展很大程度上有赖于德国历史所赋予的特殊机遇,但其推进城镇化过程时能明确注意到这一发展本身的可持续性,并以此来结合本区域协调发展的混合型产业结构,终使以小城镇发展为基本模式的巴伐利亚成为最富经济与社会活力的联邦州。

---

① Paul Nolte, "Jenseits der Urbanisierung. Überlegungen zur deutschen Stadtgeschichte seit 1945", in F. Lenger (Hg.): *Die europäische Stadt im 20. Jahrhundert*: *Wahrnehmung – Entwicklung – Erosion*, S. 487.

② Paul Nolte, "Jenseits der Urbanisierung. Überlegungen zur deutschen Stadtgeschichte seit 1945", in F. Lenger (Hg.): *Die europäische Stadt im 20. Jahrhundert*: *Wahrnehmung – Entwicklung – Erosion* S. 483.

第十九章

荷兰农村城镇化进程及其特征

荷兰城市化历程可分为三个大的时期：前近代；中世纪末至19世纪中叶；19世纪中叶至今。荷兰城市萌发于罗马时期，中世纪出现了快速发展，构成第一次城市化浪潮。在第二个时期，城市化经历了从发展不均衡到快速发展和随后的倒退，城市格局虽未有大变化，但乡村经济农本色彩因农业市场化和乡村非农生产发展而淡化，可谓宽泛意义上的城市化过程。在第三个时期，一方面，在工业革命影响下以及新产业推动下，荷兰出现了一些新城市；另一方面，乡村经济农本色彩进一步弱化并最终在战后彻底消失，农村和城市间的界限越来越模糊。荷兰最终成了一个城市人口占总人口75%以上的高城市化国家。

第一节 前近代尼德兰城市化进程及其特点

前近代尼德兰城市化基本上确立了其在工业革命前的城市格局，要分析近代尼德兰地区的城市化，离不开探讨此前该地区的城市发展历程。

一、罗马化与尼德兰地区的城池

尼德兰地区是罗马行省之一。若将城市设定为行政中心或防御中心的话，那么它在罗马时期便已产生。同时，根据考古新材料①，罗马时期城堡周围也发现不少商业痕迹，在斯海尔德河口一带也发现了一些罗马工商聚落和军事聚落。这些聚落在地形上较为开放，初具城市属性，3 世纪后其防御色彩越来越重。

罗马时期尼德兰地区的城池有：

马斯河流域：通格伦，3 世纪末罗马帝国北部建立的最大城池之一，6 世纪衰败；马斯特里赫特，防御城池，约修建于 333 年；于伊，3~4 世纪出现，最初可能是堡垒；那慕尔，帝国晚期的防御性聚落，延续至墨洛温时期。

斯海尔德河：根特和安特卫普在罗马时期均成为重要聚落。法玛斯，防御性城市，9 世纪衰落；图尔奈，修建于 3~4 世纪的防御性城池，后为行政中心。

北海沿岸出现了一些城堡。斯海尔德河口以西至瓦尔赫伦岛以南，也散布着一些罗马人城堡，如阿尔登堡和奥登堡，后均演变为小城市。它们之间坐落着布鲁日，罗马时期的重要聚落，日后发展为地位显赫之城。②

虽然罗马时期尼德兰地区并未出现真正意义上的城市，但利于城市化的基本要素已被不自觉地准备着，因此罗马化对尼德兰后来的城市化还是有意义的。

二、城市形成：尼德兰第一次城市化浪潮

最早在 8 世纪，尼德兰地区开始生成真正意义上的城市。从这时到 14 世纪，可谓尼德兰第一次城市化时期。一批新兴城市成为西北欧商业贸易的引领者。

（一）中世纪早期的商贸城市

西罗马帝国覆灭，尼德兰陷入两个多世纪的"黑暗时期"，商业交易近乎停滞。7 世纪，尼德兰形成了西北欧第一批新的商业中心：瓦尔赫伦岛的栋堡和莱茵河下游的多雷斯塔德。③ 栋堡渐渐发展为北海重要的贸易中心，同许多地区建立了商贸联系，如英格兰、莱茵河谷、北意大利、马斯河谷、罗讷河谷和卢瓦尔河谷等。④ 多雷斯塔德是作为防御堡垒而存在的，曾是兵家相争之地，由于地处交通要道，7 世纪末成为贸易中心。⑤ 英国与北欧的海上贸易，莱茵河与马斯河

---

① ② Adriaan Verhulst. *The Rise of Cities in North - West Europe*, Cambridge, pp. 1 - 18.
③ H. H. Van Regteren Altena, "The Origins and Development of Dutch Towns", *World Archaeology*, 1970, Vol. 2, No. 2, Urban Archaeology, P. 128.
④ Adriaan Verhulst, "The Origins of Towns in the Low Countries and the Pirenne Thesis", *Past & Present*, 1989, No. 122, P. 20.
⑤ Adriaan Verhulst, *The Rise of Cities in North - West Europe*, Cambridge, P. 28.

之间的贸易，都由它来沟通。① 它缴纳税收，其商人也较早得到王室庇护。维京人对尼德兰发动大规模袭扰，商业贸易中心和城镇首当其冲。多雷斯塔德在834~836年数度遭劫，沦为废墟。② 栋堡的商贸萎缩，9世纪末该城彻底消失。③

9世纪末，随着佛兰德尔伯国、荷兰伯国等军事实力增强，尼德兰基本摆脱北方海盗威胁④，尼德兰商业再次恢复。南部斯海尔德河和佛兰德诸港口演变为商业贸易中心，后转化为中世纪"城市"。⑤ 北部则有瓦尔河畔小港蒂尔、乌特勒支、代芬特尔、弗里斯兰的斯塔福伦和埃姆登等商贸中心。⑥

这些商贸中心的产生反映了商业发展与乡村聚落城市化之间的关系。如多雷斯塔德，考古发现其建筑风格和居住模式与当时农村并无多少差异，手工业产品如布匹、铁制品以及琥珀制品，与乡村也无大的差异。⑦ 从经济功能看，无论多雷斯塔德与栋堡，还是9世纪佛兰德尔及北部的商贸中心，主要是"过境贸易"，即长途贸易中转站。它们与附近乡村的经济互动非常少，几乎没有市场。⑧ 故而它们的生存缺乏区域内部经济支撑。尽管如此，它们仍是具有一定非农属性的商业聚落，这对尼德兰地区的城市化进程而言是一个进步。

（二）11~14世纪城市化：商业聚落向城市演变

商业聚落向城市转变离不开乡村经济的支撑。⑨ 10世纪西欧整体出现了和平局势，社会稳定，人口增加，经济尤其是农耕经济较先前有所发展。⑩

---

① 保罗·阿尔布拉斯特：《低地国家史》，王宏波译，中国大百科全书出版社2013年版。
② 汤普逊：《中世纪经济社会史》（上），耿淡如译，商务印书馆1997年版，第346页。
③ Adriaan Verhulst, "The Origins of Towns in the Low Countries and the Pirenne Thesis", *Past & Present*, 1989, No. 122, pp. 1-20.
④ 保罗·阿尔布拉斯特：《低地国家史》，王宏波译，中国大百科全书出版社2013年版，第35页。
⑤ Adriaan Verhulst, "The Origins of Towns in the Low Countries and the Pirenne Thesis", *Past & Present*, 1989, No. 122, P. 31.
⑥ H. H. Van Regteren Altena, "The Origins and Development of Dutch Towns", *World Archaeology*, 1970, Vol. 2, No. 2, Urban Archaeology, P. 128.
⑦ H. H. Van Regteren Altena, "The Origins and Development of Dutch Towns", *World Archaeology*, 1970, Vol. 2, No. 2, Urban Archaeology, P. 131.
⑧ Adriaan Verhulst, "The Origins of Towns in the Low Countries and the Pirenne Thesis", *Past & Present*, 1989, No. 122, P. 31; H. H. Van Regteren Altena, "The Origins and Development of Dutch Towns", *World Archaeology*, 1970, Vol. 2, No. 2, Urban Archaeology, P. 128; Adriaan Verhulst, *The Rise of Cities in North-West Europe*, Cambridge, P. 46.
⑨ David Luscombe, Jonathan Riley-Smith (eds.), *The New Cambridge Medieval History*, V. IV, c. 1024-c. 1198, Part I, Cambridge University Press 2004, P. 53.
⑩ M. M. 波斯坦、H. J. 哈巴库克主编：《剑桥欧洲经济史·卷一·中世纪的农业生活》，王春法等译，经济科学出版社2002年版，第62~79页。David Luscombe, Jonathan Riley-Smith (eds.). *The New Cambridge Medieval History*, V. IV, c. 1024-c. 1198, Part I, pp. 12-14.

在尼德兰，随着教俗贵族消费需求的增加，商业进一步面向他们。一方面，既有商业聚落与其腹地及聚落附近的教俗当局建立了经济联系，以前承担过境贸易的商业聚落属性在改变，开始具备手工业制造能力，并有助于构建区域内经济联系。如乌特勒支虽是重要的商贸中心，但商人居住之地仍被称为"村庄"。10世纪维京人离开后，乌特勒支注意建立与该地主教的经济关系，后来逐渐成长为尼德兰最重要城市之一。① 类似变化也出现在斯塔福伦、格罗宁根及米德尔堡。同时，越来越多的商人来到修道院或城堡附近寻觅商机，在其附近形成新的商业聚落，或壮大已有商业聚落。教俗贵族亦有意无意地推动着附近商业聚落形成并城市化。尼德兰南部的安特卫普、北部的阿姆斯特丹等城市基本是沿袭这条道路。

后在16世纪成为西欧最大国际商业中心的安特卫普，9世纪以前是农耕区，9～10世纪改种牧草②，表明这时安特卫普仍是村庄。10世纪末，距这个村庄不远构筑了要塞，其南墙外围绕鱼市慢慢形成商业聚落，并不断向东南扩展。12世纪初安特卫普归属布拉邦特公爵后迎来发展契机。公爵推出一系列优惠政策，吸引工商业者来其领地设立集市，安特卫普是集市之一。集市上不乏英国羊毛商和布匹商，还有意大利商人。③ 至14世纪，这个村庄转化成了城市。类似变化也发生于根特、那慕尔、马斯特里赫特、列日、阿拉斯、图尔奈、康布雷等。④

阿姆斯特丹兴起于中世纪晚期。其原是12世纪末形成的渔村。由渔村转为城市，除交通便利外，还离不开世俗权威的扶持。它得名于1275年，荷兰伯爵授予当地居民一份免通行税的权利文书，称他们为"Amsterdammers"⑤，意为居住在阿姆斯特河堤坝上的人们。阿姆斯特丹虽出现较晚，但作为伯爵领地的经济政治中心，发展非常迅速。14～15世纪里，这里曾三次修筑运河，堤防和城墙间一部分空地保留着农业；堤防靠水域的那一面，则出现了快速的有计划城市化。⑥

瓦尔河南的奈梅亨临近德国，查理大帝曾修建堡垒守望此地。人们在离城堡不远处设立贸易集市。12～13世纪，集市与德意志及马斯河上游建立了密切的

---

① H. H. Van Regteren Altena, "The Origins and Development of Dutch Towns", *World Archaeology*, 1970, Vol. 2, No. 2, Urban Archaeology, P. 132.

② Yannick Devos, Barbora Wouters et al., Luc Vrydaghs, "A soil micromorphological study on the origins of the early medievaltrading centre of Antwerp (Belgium)", *Quaternary International*, 2013, 315, pp. 167 – 183.

③ Oscar Gelderblom. *Cities of Commerce, the Institutional Foundations of International Trade in the Low Countries*, 1250 – 1650, Princeton University Press, 2013, P. 26. 安特卫普集市相当繁盛，曾一度威胁到布鲁日的市场地位，故而常遭布鲁日打压。但安特卫普最终在15世纪末还是取代了布鲁日。

④ Adriaan Verhulst. *The Rise of Cities in North – West Europe*, Cambridge, pp. 70 – 88.

⑤ P. Scheltema. *Aemstel's Oudheld of Gedenkwaardighedn van Amsterdam*, Amsterdam, 1863, pp. 5 – 6.

⑥ H. H. Van Regteren Altena, "The Origins and Development of Dutch Towns", *World Archaeology*, 1970, Vol. 2, No. 2, Urban Archaeology, P. 135.

商贸关系。随着集市规模扩大、日益繁华，便筑城墙予以保护，遂形成城外城格局。集市因城堡而设，又因商业发展而最终演变为城市。

总之，当商业聚落的职能丰富到区域内外贸易兼顾及工商并举时，尼德兰城市便形成了。① 经过11～14世纪的较快发展，中世纪尼德兰的城市化水平远高于阿尔卑斯山以北的欧洲各地。概而论之，前近代尼德兰的城市化有如下特点：第一，城市兴起依赖于商业，而商业又依赖于水运，故第一次城市化浪潮均发生在沿海或河畔。第二，城市发展折射出尼德兰存在着一定程度上的地区分工。如佛兰德尔城市发展毛纺织业；马斯河上游城市依赖冶金和采矾；尼德兰北部城市倚重航运业、渔业和制盐业。第三，教俗贵族是城市化的主要推手。

第二节　中世纪末至17世纪晚期荷兰城市化

1581年联省共和国（荷兰）成立前，尼德兰城市发展有地区差异。自共和国建立到17世纪晚期是荷兰的"黄金时代"，城市出现了快速发展，城市与城市之间、城市与乡村之间的联系日趋密切。

一、联省共和国建立前城市发展的分化和区间脱节

16世纪中期前，尼德兰北部（即后来的荷兰国）人口较少，但城市人口比率并不低。如荷兰省城市人口大约占总人口的一半；上艾瑟尔省城市人口占总人口的52%。除东部德伦特省外，即使在北部第二大农业省弗里斯兰，城市人口比率亦有20%左右。再加上乡村的非农业人口，那么非农人口比率更高。1600年，每4个荷兰人便有1人住在万人以上的城市里，而同期英国则小于10%。② 若将小城市算进来，尼德兰北部城市的人口在总人口中占比为31%～32%。③ 但彼时荷兰城市化存在两大缺陷：一是城乡之间经济联系不紧密；二是沿海城市与内陆之间的联系稀疏。

---

① Adriaan Verhulst, "The Origins of Towns in the Low Countries and the Pirenne Thesis", *Past & Present*, 1989, No. 122, pp. 32–33.

② Jonathan I. Israel. *The Dutch Republic: Its Rise, Greatness and Fall, 1477–1806*, Oxford and New York, Oxford University Press, 1995, pp. 113–115.

③ Jan de Vries. *The first Modern Economy, Success, Failure and Perseverance of the Dutch Economy, 1500–1815*, Cambridge University Press, 1997, P. 58.

城乡经济关系方面，16世纪上半叶，城市为了垄断工商业，禁止人们在工商业区域以外从事工商行业。荷兰许多市民有到附近乡村购买土地的趋向，从而形成市民地主，然而他们对乡村的治理方式与封建主并无二样。"城市，即便数量众多、工商业比较发达的荷兰城市，在其逐步蜕去本身的封建属性之前，它们的经济活动也绝不像皮朗所说的那样，能够强有力地刺激乡村经济的活跃。"① 城乡关系如斯，乡村依靠工商发展而演变为城市可谓天方夜谭。

沿海城市和内陆城市间的联系同样存在脱节。16世纪70年代以前，荷兰、泽兰以及弗里斯兰沿海城市的确有所发展。阿姆斯特丹是发展最快的，它是波罗的海谷物和木材的中转站。米德堡自从1523年便开始将法国酒销往尼德兰。1550年，米德堡输入的法国酒在尼德兰进口酒中占6成左右。弗里斯兰西部港口如荷恩、梅登布利克等，这一时期的波罗的海贸易活跃起来。鲱鱼捕捞业稳步发展。1560年，鲱鱼捕捞船约有500艘，从业者超过7 000人。泽兰省的济里克泽、布劳沃斯，马斯河口一些小港以及北荷兰的恩克赫伊森成为鲱鱼捕捞重镇。由于腌制鲱鱼的需要，盐在市场上成为大宗商品，盐精加工业成为荷恩和济里克泽的重要产业。海运或河运成了北尼德兰沿海沿河城市的重要行业，形成了较完整的水运体系。据估算，16世纪60年代荷兰省约有1 800艘海运船只，其中以阿姆斯特丹为母港的约有500艘，要知道，极盛时的威尼斯也不过仅拥有300艘船只。②

但沿海城市的辐射作用有限，没有推动内陆的经济发展。米德堡等城市从事的多是过境贸易，与内陆地区无多大关系。这种局面也与当时盛行的地区保护主义有关，沿海城市并不乐见区域联系或城际联系的加强，它们不希望内陆城市介入相关贸易以分割利益，以致极力阻挠修建东西部运河网。③ 这样来，在16世纪沿海城市有较大发展时，尼德兰北部离海岸线较远的城市却处于停滞状态，有些甚至走向衰落。④ 如多德雷赫特人口在1514~1585年流失了大约1/10，莱登的织造业在16世纪80年代前一直处于萎缩中，同时也未出现替代产业。

---

① 陈勇：《商品经济与荷兰近代化》，武汉大学出版社1990年版，第14~15页。
② Jonathan I. Israel. *The Dutch Republic：Its Rise, Greatness and Fall*, 1477 - 1806, Oxford and New York, Oxford University Press, 1995, P. 117.
③ Jan de Vries. *The first Modern Economy, Success, Failure and Perseverance of the Dutch Economy*, 1500 - 1815, Cambridge University Press, 1997, pp. 33 - 34.
④ Jonathan I. Israel. *The Dutch Republic：Its Rise, Greatness and Fall*, 1477 - 1806, Oxford and New York, Oxford University Press, pp. 118 - 119. 如坎彭、代芬特儿、祖特芬、乌特勒支、格罗宁根、莱登、哈勒姆、豪达、代尔夫特及多德雷赫特等。

二、1581年至17世纪末荷兰快速城市化及乡村非农化发展

荷兰共和国的成立为城市化提供了有利的政治环境,城乡经济快速发展,城市人口出现规模性增长,乡村的农本色彩有所弱化。这种态势持续到17世纪末。

(一) 推动荷兰经济和城市发展的诸多因素

对荷兰人而言,共和国成立不仅解决了政治问题,也为经济复苏及发展创造了条件。进入16世纪90年代后,荷兰的困难时期已经过去,停滞不前的局面开始扭转,城市获得大发展。80年代开始大规模外迁的南尼德兰人口,相当大部分迁往北尼德兰,定居于荷兰和泽兰的城市中。米德堡人口在半个世纪里增加了3倍,达到3万人。莱登人口在20年中增加了一倍,从1581年1.3万人增至1600年的2.6万人,增加者几乎全为南方移民;约有3万南方移民迁往阿姆斯特丹;由于南方移民迁入,哈勒姆人口从1570年的1.4万增加到1622年的3.9万。1600年,移民占代尔伏特人口的17%;弗拉辛从1577年至80年代末人口增加约1/3。[①]

据估算,16世纪90年代从南方迁徙到荷兰的移民约占联省共和国总人口的1/10。当南方工商业移民到来时,北方并没因此而困扰,原因在于北方人的谷物贸易将荷兰变成了粮仓,使其能够远离食物危机。相反,工商业移民涌入带来了北方欠缺的行业,资金的流入也充实了北方城市发展所需要的财力。[②]

当然,推动荷兰经济和城市发展的因素还有很多。

其一,16世纪90年代后,荷兰海外殖民地的高利润贸易兴起,直接推动了荷兰商贸和航运大发展,也带动了制造业发展、城市化进程。

其二,16世纪90年代欧洲局势的变化,有利于荷兰海外贸易体系的重新构建。如西班牙菲利普二世取消了禁止荷兰同西班牙、葡萄牙及殖民地进行贸易的政策;荷兰海军加强了对南尼德兰的封锁。时人对投资荷兰工商业的信心大增。荷兰对境外工商业者更具吸引力。80年代那些从安特卫普迁往德意志的大商人开始青睐荷兰。

[①] Jonathan I. Israel. *The Dutch Republic*: *Its Rise*, *Greatness and Fall*, 1477 – 1806, Oxford and New York, Oxford University Press, 1995, pp. 308 – 309.

[②] Jonathan I. Israel. *The Dutch Republic*: *Its Rise*, *Greatness and Fall*, 1477 – 1806, Oxford and New York, Oxford University Press, 1995, P. 310.

这样一来，荷兰吸引了大量投资。阿姆斯特丹、米德堡、鹿特丹等港口都同西班牙、葡萄牙以及地中海区域建立了商贸关系。荷兰商人将南欧市场上的香料、食糖、丝绸、染料、水果和酒以及西属美洲白银输往北欧。荷兰人输出的北欧产品数量也大幅增加。他们在南欧和北欧的商贸活动区域都有所扩大。

其三，随着交通发展，荷兰国内各地区间贸易趋于便利。经济的需要促使开凿新运河，而运河网络的形成又推动了荷兰地区间的经济合作，成为经济发展尤其是运河流域经济发展的重要保障。① 在解除了地区保护主义的限制后，1631年开始修建新运河，至1665年已将人工河流和自然河流勾连起来，构建起水运网络。② 运河网络建成，荷兰变成"城乡经济联系空前加强过程中一个时间节奏加快的世界"③。由此，城市间的联系、城乡间的联系日趋紧密，推动了城市经济发展，更强化了乡村与市场的联系，利于乡村经济的非农化发展。

（二）城乡经济发展的城市化倾向

黄金时代的荷兰城乡经济都获得了较大发展，城乡关系亦大为改善，越来越多的乡村地区开始接受并践行以市场为导向的理念，乡村经济呈现出明显的商品化。而这一时期荷兰的城市化，可从狭义和广义两个层面分析。在狭义上，城市化就是人口城市化，在荷兰尤其表现为乡村人口向已有城市不断迁移。从广义层面看，城市化还包括乡村地区出现规模较大的非农产业。

1570~1647年，荷兰和泽兰两省城市人口扩量比其他省份更为显著（见表19-1）。

表19-1　1570~1647年荷兰、泽兰两省部分城市人口变化　　　　单位：人

城市	1570年	1600年	1622年	1632年	1647年
阿姆斯特丹	30 000	60 000	105 000	116 000	140 000
莱登	15 000	26 000	44 500	54 000	60 000
哈勒姆	16 000	30 000	39 500	42 000	45 000
米德堡	10 000	20 000	25 000	28 000	30 000

---

① 运河网络覆盖了荷兰大部分区域。详见弗里斯所给出的1665年之后荷兰运河结构图：Jan de Vries. *The first Modern Economy*, *Success*, *Failure and Perseverance of the Dutch Economy*, 1500 – 1815, Cambridge University Press, 1997, P. 36.

② Jan de Vries. *The first Modern Economy*, *Success*, *Failure and Perseverance of the Dutch Economy*, 1500 – 1815, Cambridge University Press, 1997, pp. 34 – 36.

③ 陈勇：《商品经济与荷兰近代化》，武汉大学出版社1990年版，第56~57页。

续表

城市	1570 年	1600 年	1622 年	1632 年	1647 年
鹿特丹	7 000	12 000	19 500	20 000	30 000
代尔夫特	14 000	17 500	22 750	21 000	21 000
恩克赫伊曾	7 500	17 000	22 000	19 000	18 000
多德雷赫特	10 000	15 000	18 250	18 000	20 000
海牙	5 000	10 000	15 750	16 000	18 000
霍恩	7 000	12 000	16 000	15 000	14 000
豪达	9 000	13 000	14 500	14 500	15 000

资料来源：Jan de Vries. *The Dutch Rural Economy in the Golden Age*, 1500 – 1700, Yale University Press, 1974, P103, 107. *The first Modern Economy*, *Success*, *Failure and Perseverance of the Dutch Economy*, 1500 – 1815, Cambridge University Press, 1997, P. 68. J. I. Israel, *The Dutch Republic: its Rise, Greatness and Fall*, 1477 – 1806, Oxford and New York, Oxford University Press, 1995, P. 332.

由于城市卫生环境较差，以及医疗水平有限，近代早期荷兰城市人口出生率远低于死亡率。所以，荷兰城市发展唯有依靠外来移民的不断涌入。从 16 世纪晚期到 17 世纪，荷兰城市所接纳的移民主要来自国内乡村。[①]

相对于荷兰和泽兰两省的快速发展，这时其他五个省的城市虽不见起色但也有所发展。艾塞尔河流域的城市，尤其是原处于西班牙人控制之下的代芬特尔和祖特芬，其人口在 1572 ~ 1590 年流失严重，16 世纪 90 年代开始缓慢恢复。该地城市的治理者非常注重引进"技术型"移民，为此还在政治、赋税以及行会准入方面制定了优惠政策，而西部城市又对此形成了强有力的竞争。1592 年坎彭宣布，该城将免费且即时授予那些新入城者市民权，无论他们来自哪里，信何种宗教。祖特芬则在赋税和行会准入方面给予那些新入城者巨大优惠以吸引移民。[②]

黄金时代的荷兰还出现了部分乡村地区的非农化。"由于农产剩余物的大量增加，乡村人口中有一部分脱离农业，将工商业作为自己的主业，从而使农业内部的分工发展为乡村中农业与非农产业的分工"这样一种"导致乡村经济结构进

[①] Jan de Vries. *The Dutch Rural Economy in the Golden Age*, 1500 – 1700, Yale University Press, 1974, P. 108, 109.

[②] J. I. Israel. *The Dutch Republic: Its Rise, Greatness and Fall*, 1477 – 1806, Oxford and New York, Oxford University Press, 1995, P. 331.

一步改观"的变化,这就是"乡村工商业的兴起"。①

当时荷兰有三个这样的乡村地区:荷兰省的赞恩地区、弗里斯兰的"弗来克"乡村,以及上艾瑟尔省东部的特文特地区。赞恩地区乡村人口稠密,主要产业为造船业,其中心是赞恩丹村。赞恩的榨油业及后来的造纸业规模也不小。②弗里斯兰的"弗来克"是新兴的村庄,家庭户主虽也有耕稼者,但比例很小,约为10.8%,即使加上捕鱼狩猎,依靠第一产业谋生的户主占比也仅11.7%。大部分家庭在耕稼之外谋求生计。从事手工业、商贸、交通运输业以及社会服务业的家庭户主,再加上出卖劳动力谋生的人群,在所有家庭户主中占比达81.6%。③ 由此可见,弗来克实际是一个介于乡村与城市之间的社区,反映了乡村正在向城市转变。上艾瑟尔省特文特地区也差不多,非农业人口占总人口的55.9%。④

这种以工商服务业为支柱的乡村之所以出现,一般认为在于乡村没有行会制度约束且有着充足而廉价的劳动力。乡村工商业一旦兴起,势必改变其所在农村的经济形态和职业结构,从而在荷兰乡村造就了一种介于农村与城市之间的社区。这些社区不断向城市靠近,弗里斯称为半城市化(semiurbanized)。⑤ 陈勇指出乡村人口非农化有两种途径:一种是既离土又离乡,另一种是"离土不离乡"。⑥ 前者指人口离乡入城从而城市化,后者催生了乡村工商业。从城乡二元结构看,一种是人口的异地城市化,另一种实质是人口就地城市化。故此,乡村工商业兴起是这时荷兰城市化的重要内容,不过它反映的是城市化过程而非结果。

(三) 以市场为导向的农业出现

城市化发展为乡村农业生产也带来了契机。城乡之间的互补联系日趋紧密,乡村农业开始出现针对城市市场需求而进行的生产。

经济作物如麻类作物、啤酒花、亚麻、茜草以及烟草等,荷兰乡村在16世

---

① 陈勇:《商品经济与荷兰近代化》,武汉大学出版社1990年版,第33页。这些非农产业有商业及造船、捕鱼加工、造纸、陶瓷、纺织、泥炭采掘、染料等手工业。Jan de Vries, *The Dutch Rural Economy in the Golden Age*, 1500–1700, Yale University Press, 1974, pp. 226–227.

② 陈勇:《商品经济与荷兰近代化》,武汉大学出版社1990年版,第34~35页。

③ 陈勇:《商品经济与荷兰近代化》,武汉大学出版社1990年版,第35~36页;Jan de Vries, *The Dutch Rural Economy in the Golden Age*, 1500–1700, Yale University Press, 1974, pp. 226–227.

④ 陈勇:《商品经济与荷兰近代化》,武汉大学出版社1990年版,第37页;Jan de Vries, *The Dutch Rural Economy in the Golden Age*, 1500–1700, Yale University Press, 1974, P. 232.

⑤ Jan de Vries. *The first Modern Economy*, *Success, Failure and Perseverance of the Dutch Economy*, 1500–1815, Cambridge University Press, 1997, P. 57.

⑥ 陈勇:《商品经济与荷兰近代化》,武汉大学出版社1990年版,第42页。

纪晚期以前种植较少，而 16 世纪末以后在市场需求推动下种植数量大为增加。乌特勒支西部和荷兰省南部克瑞姆派纳瓦得乡村的麻类作物、赫斯顿和阿尔特纳地区的啤酒花、荷兰省南部岛屿上的亚麻、荷兰省北部新圩田上的油料作物、泽兰省部分岛屿上的茜草，都是重要的区域经济作物。[①] 有学者研究了近代荷兰内陆地区烟草种植情况，揭示了此时荷兰沿海城市、内陆城市及乡村在烟草生产和销售上的互动联系，认为烟草种植能够在 17 世纪的荷兰兴盛起来，至关重要的便是大城市的商人资本在内陆乡村积极推介和引导烟草种植，改变了这些乡村的农作物生产内容，并对当地农民的农业生产习惯和理念产生了冲击。[②]

　　得益于交通的改善，荷兰园艺业也在这一时期获得较大发展。据陈勇研究，荷兰园艺业不发达的局面在 17 世纪才被打破，瓜果蔬菜等园艺生产获得快速发展。如莱登附近 3 个村落园艺作物种植面积在 16 世纪 30 年代只有 12 摩根[③]，1632 年便达到 278 摩根，一个世纪增长了 23 倍多！1610 年荷兰省南部贝弗维克和赫姆斯克村借助伊塞尔河河运，发展起蔬菜种植，园艺生产很快取代粮食生产而成为村民的主业。该省的兰德赫蒂克村，16 世纪 60 年代还未有任何园艺活动，17 世纪则以洋葱、芥菜、香菜和各种块根作物种植而远近闻名。弗里斯兰省也有类似村落。[④] 商人通过水路、陆路将园艺作物产品运往城市以及更远的市集。

　　1581 年至 17 世纪末，荷兰部分乡村的畜牧业发展同样能够体现城乡互动发展关系。[⑤] 弗里斯兰的伊达德拉蒂尔地区展示了畜牧业发展与乡村经济蜕变之间的关系。伊达德拉蒂尔地区方圆 69 平方公里，由 8 个乡村组成，中心是赫劳乌村。该地区境内土壤不适宜农耕，冬天常有水灾，以往该地区不能利用的土地占全境面积的 40%。1511 年，该地共 184 户农家，耕种着不到 3 800 公顷的土地。居民曾在 16 世纪中期着手疏浚水道提升通航性，修挖排水沟渠改善土壤，有所成效。更大的变化则发生在 16 世纪末和 17 世纪上半叶，彼时伊达德拉蒂尔通过船运将生产的黄油和奶酪输往荷兰省，两者之间的经济交往越来越频繁。1644 年，赫劳乌与弗里斯兰省府吕伐登之间通航了班船，赫劳乌还开通了与黄油集散

---

① Jan de Vries. *The first Modern Economy，Success，Failure and Perseverance of the Dutch Economy*，1500 – 1815，Cambridge University Press，1997，P. 205.
② 孙海鹏：《黄金时代荷兰共和国内陆地区的烟草种植与商品化农业的发展》，载于《中国农史》2016 年第 2 期。
③ 荷兰历史上的一种面积单位，1 摩根（morgen）约在 2～2.117 英亩之间。
④ 陈勇：《商品经济与荷兰近代化》，武汉大学出版社 1990 年版，第 31～32 页。
⑤ 此时畜牧业主要集中在离河谷和沿海三角洲较远的非重黏土地区。其中轻黏土区饲养以奶制品为主的牲畜，泥炭地区和偏远地区则饲养以肉制品为主的牲畜。见 Jan de Vries. *The first Modern Economy，Success，Failure and Perseverance of the Dutch Economy*，1500 – 1815，Cambridge University Press，1997，pp. 205 – 206；Jan Bieleman. *Five Centuries of Farming，A Short History of Dutch Agriculture* 1500 – 2000，Wageningen Academic Publishers，2010，pp. 26 – 30.

中心斯内克市之间的班船。利润丰厚的畜牧生产、便利的交通以及与外部频繁的商贸，不但使伊达德拉蒂尔招徕了省城吕伐登的投资者，还吸引了阿姆斯特丹的资金。在这种发展中，伊达德拉蒂尔居民的职业结构也发生着变化。地区人口17世纪中叶比1511年增加了250%，而农场主数量却只增加了12%。这就意味着有较多无地居民存在，这些人的谋生手段必定与出卖劳动力或服务相关。①

总之，16世纪末以后，荷兰乡村农业的市场导向性日益鲜明。这种局面诚如德·弗里斯所言，是非专业化、非商品化农业向专业化商品化、农业的转变，尽管整个荷兰农业这时还没有完成这种转型，但其乡村经济性质已经在变化了。②

纵观这一时期荷兰的城市化，可以发现以下特点：第一，人口的城市化，表现为乡村人口向城市迁移。第二，乡村非农化即乡村的初步城市化，表现为乡村工商业兴起。第三，乡村农业出现了商品化倾向，与市场的联系渐趋紧密，城乡之间更加互推互动，农业商品化倾向冲击着乡村的传统生产习惯。第四，地区差异明显。西部沿海地区经济和城市扩张、繁荣成为其主旋律，东部内陆地区整体发展相对而言略显滞缓，但乡村与城市及市场的联系日益增多。

第三节　长的18世纪：城市衰退与乡村发展

荷兰经济发展的黄金时代从17世纪晚期开始褪色，经济萎靡表现在诸多方面，城市衰落便是其中之一，因此17世纪末至19世纪初（可称之为"长的18世纪"）是荷兰的逆城市化时代。其重要标志便是城市人口在总人口中的占比出现了萎缩。这一时期，荷兰人口发展在整体上处于停滞状态。不过，人口整体停滞的背后却仍然有内容较为丰富的变化。具体而言，商业发达的沿海省份以及内陆城市人口有所减少，而内陆省份的乡村人口则有所增加。

从中世纪至工业革命，荷兰城市发展与商业兴衰关系密切。17世纪晚期至18世纪中叶是荷兰商业的衰退时期，城市因此而受到冲击。城市就业机会的减少和谋生氛围的恶化使农民流向城市这种人口流动模式发生了反转，结果是荷兰乡村与城市在人口比重上的此起彼伏。

一方面，以工商业见长的城市化率较高的沿海省份，人口普遍出现了萎缩，

---

① Jan de Vries. *The Dutch Rural Economy in the Golden Age*, 1500–1700, Yale University Press, 1974, pp. 121–124.
② Jan de Vries. *The Dutch Rural Economy in the Golden Age*, 1500–1700, Yale University Press, 1974, P. 120.

如须德海沿岸城市和传统手工业中心都出现了人口下降，北荷兰从 21.1 万人减少到 12.8 万人，弗里斯兰从 1660 年的 16 万人减少到 1744 年的 13.5 万人。而东部以农业耕作为主的内陆城市化率较低省份，人口则增加了。如上艾瑟尔省人口由 1675 年的 7.1 万增至 1748 年的 12.24 万，德伦特省也出现了类似的人口变化趋势。[①] 另一方面，在省区内部，城市人口占比普遍减少，部分省区乡村人口占比反而增加。荷兰省北部城市人口 1650 年为 7 万，在该区总人口的占比为 33.18%，1750 年该区城市人口仅 3.5 万，在区域总人口的占比为 27.34%。在弗里斯兰省，城市人口在该省总人口的占比 1689 年为 33.33%，1744 年为 30.37%，1796 年更是萎缩为 28.57%。乡村人口在总人口中的占比则呈上升趋势。上艾瑟尔省城市人口占比 1675 年为 28.17%，1748 年为 20.49%，1795 年则为 20%，而这三个时间节点的乡村人口占比分别为 71.83%、79.51%、80%。[②]

一方面是城市地区人口占比减少，另一方面是区域内城市人口占比减少，两者综合的结果是荷兰重要城市人口减少（1675 年为 81.5 万人，1815 年虽然城市数目增多，但总人口却降为 76.1 万人）这就是所谓的逆城市化。弗里斯对荷兰重要城市（2 500 人以上）在几个时间节点上人口总量的统计，显示 1525～1675 年荷兰城市化快速发展，而 1675～1815 年荷兰城市化萎缩（见表 19-2）。[③]

表 19-2　　　荷兰重要城市（2 500 人以上）人口总量变化

项目	1525 年	1675 年	1750 年	1795 年	1815 年
城市化率（%）	27	42	39	37	35
城市数量（个）	38	61	60	61	63
城市人口（人）	300 000	815 000	755 000	781 000	761 000

扬·比勒曼指出，沿海省份人口减少主要因为城市人口萎缩，而内陆省份人口增加则在于乡村人口上升。[④] 德·弗里斯甚至认为，1675～1815 年，荷兰几乎所有城市区域都出现了这样一种逆城市化的现象。[⑤]

[①④]　Jan Bieleman. *Five Centuries of Farming*, *A Short History of Dutch Agriculture 1500 – 2000*, Wageningen Academic Publishers, 2010, P. 79.

[②]　Jan de Vries, *The first Modern Economy*, *Success*, *Failure and Perseverance of the Dutch Economy*, 1500 – 1815, Cambridge University Press, 1997, pp. 52 – 54.

[③]　Jan de Vries, *The first Modern Economy*, *Success*, *Failure and Perseverance of the Dutch Economy*, 1500 – 1815, Cambridge University Press, 1997, P. 61.

[⑤]　Jan de Vries. *The first Modern Economy*, *Success*, *Failure and Perseverance of the Dutch Economy*, 1500 – 1815, Cambridge University Press, 1997, P. 71.

城市衰落往往会对周围乡村产生连锁性的负面影响。逆城市化意味着城市对农产品需求的减少，乡村居民也在一定程度上受到了拖累。市场需求衰减冲击了农产品价格。17世纪中叶后，谷物和畜牧产品价格普遍下跌，谷物价格下挫尤为严重。[①] 17 世纪 80 年代，多德雷赫特等主要市场上的小麦价格相较 1650 年左右下降了 60%。小麦价格虽然在几次战争期间有所回升，但总体上的下行趋势不改，1730 年左右达到最低点。[②] 农产品价格下降时，农民的生产费用等并未减少，如劳工报酬、河海堤维护费、税收及其他需要支出的公共设施费用。[③] 在这种"剪刀差"效应下，农民们收入减少，农业生产积极性受到一定打击。但从 18 世纪晚期起到 19 世纪初，乡村经济却逐渐摆脱困境，并获得一定发展，而城市却依然深陷衰落泥淖而不能拔出。[④]

农村何以会先于城市走出困境？这与农业危机中乡村地区或主动或被动的调整有着莫大关系。首先，在危机中，农民依市场而动，根据价格确定作物种植比例。这种调整主要发生在荷兰西南部农耕区和混合农业区，如粮食作物与经济作物种植比率的调整。农业危机时，经济作物价格波动通常小于粮食价格，所以经济作物种植比率有所上升。然而到 18 世纪下半叶，随着欧洲人口增加和食物价格上升，粮食作物比率又有所上升。[⑤] 其次，土地所有权同时出现了分散和集中两种情形，占有 5 公顷以下土地和 50 公顷以上土地的农户同时增加，而占有 5~50 公顷土地的所有者数量却下降了。[⑥] 土地分散与集中之所以会同时出现，原因在于小土地所有者和大规模土地所有者在成本控制方面相对于中等土地所有者更有优势。小土地所有者可以借助家庭成员来耕种而无需另行雇人，大土地所有者则可以采取粗放型规模经营和利用机械化来减少人工成本。大农场增多，不仅增加了农业规模经营比率，还有助于推进农地耕种机械化。最后，乡村土地经营者为减少人工成本，越来越倾向于使用更多的畜力和

---

① Jan de Vries. *The Dutch Rural Economy in the Golden Age*, 1500 – 1700, Yale University Press, 1974, pp. 176 – 180.

② Jan Bieleman. *Five Centuries of Farming*, *A Short History of Dutch Agriculture* 1500 – 2000, Wageningen Academic Publishers, 2010, P. 85.

③ Jan de Vries. *The first Modern Economy*, *Success*, *Failure and Perseverance of the Dutch Economy*, 1500 – 1815, Cambridge University Press, 1997, pp. 211 – 214.

④ Jonathan I. Israel. *The Dutch Republic: Its Rise*, *Greatness and Fall*, 1477 – 1806, Oxford University Press, 1995, pp. 999 – 1005.

⑤ Jan Bieleman. *Five Centuries of Farming*, *A Short History of Dutch Agriculture* 1500 – 2000, Wageningen Academic Publishers, 2010, pp. 90 – 93.

⑥ Jan Bieleman. *Five Centuries of Farming*, *A Short History of Dutch Agriculture* 1500 – 2000, Wageningen Academic Publishers, 2010, P. 87.

机械。①

　　这些调整意义深远,依市场而动,拉近乡村生产与市场之间的距离;土地集中则有助于推动农地经营规模化和耕种机械化。于是可以看到在这个长的18世纪里,荷兰乡村在国内商品经济式微的氛围中反而出现了更多的商品化特质,这为工业革命时代及以后荷兰乡村经济的进一步发展和变革奠定了一定基础。

　　到18世纪上半叶,在那些早先发展了工商业的乡村地区,其经济非农化进一步发展,有些甚至转化为城镇。如赞恩地区虽然在18世纪上半叶有所退步,但其整体工商业化仍非常显著,如1725年其工业风车数量高达600台,1691年的阿姆斯特丹却只有82台。② 赞恩地区人口在1650~1750年反而有所增长。③ 在伊达拉蒂尔乡村区,赫劳乌村成年男性中的农业人口和非农人口比率也发生较大变化。1552年,该村成年男性中非农者只占1/3,而到1749年,直接从事农业者则不及1/3。非农业人口多于农业人口的情形在该乡村区三个较大村庄都存在。④ 有些乡村经过发展演化成小城镇。如弗里斯兰沿海小村马库姆,1546年还是个仅有46户的小村,后来凭借制砖和制陶发展,到1714年成长为拥有775户的城镇。⑤ 虽然这些乡村工商业发达地区在18世纪30年代后也出现了衰落,但其非农化特性却难以抹去。到工业革命时期,这些地区仍是重要的工商业聚集地。

　　概而言之,在这个长的18世纪里,荷兰乡村经济总体呈现出一种先抑后扬的趋势。尽管17世纪晚期至18世纪中期乡村受到城市经济衰退的拖累,但乡村农业也出现了有利于长期发展的调整。到18世纪下半叶,荷兰乡村经济先于城市出现了复苏。乡村工商业地区的发展趋势虽与农业发展趋势有所差异,但前期发展夯实了这些地区的非农特性,有的甚至转化为城镇。

---

① Jan de Vries. *The first Modern Economy, Success, Failure and Perseverance of the Dutch Economy, 1500 – 1815*, Cambridge University Press, 1997, pp. 214 – 215; Jan Bieleman. *Five Centuries of Farming, A Short History of Dutch Agriculture 1500 – 2000*, Wageningen Academic Publishers, 2010, pp. 95 – 96.

② 陈勇:《商品经济与荷兰近代化》,武汉大学出版社1990年版,第34页。

③ Jan de Vries. *The first Modern Economy, Success, Failure and Perseverance of the Dutch Economy, 1500 – 1815*, Cambridge University Press, 1997, P. 52.

④ Jan de Vries. *The Dutch Rural Economy in the Golden Age, 1500 – 1700*, Yale University Press, 1974, pp. 125 – 126. 1749年赫劳乌数据中,可将寡妇人群和未知人群这两项数据排除在外。

⑤ 陈勇:《商品经济与荷兰近代化》,武汉大学出版社1990年版,第37页;Jan de Vries. *The Dutch Rural Economy in the Golden Age, 1500 – 1700*, Yale University Press, 1974, P. 128.

第四节 19~20世纪：乡村经济的非农业化

拿破仑战争结束后的19世纪是西欧大发展时期。工业革命使西欧乡村城市化出现了快速发展。荷兰城市化也获得一定发展，但其路径与其他工业化国家相比却显得有点另类，其主要动力并非源自工业发展，而是服务业和农业。服务业发展主要表现为交通运输业发展和旅游休闲业发展，农业发展则表现为乡村地区生产活动更趋商品化和国际化。

荷兰在工业革命时期的交通发展主要表现为以铁路为主的轨道交通的发展。1860年，政府开始主持铁路修建和运营。截止到1885年，政府主持修建的铁路里程达到1 250公里，同时民间资本又主导修建了700公里铁路。[①] 19世纪90年代，荷兰铁路网基本成形，将各地区经济有机地串联起来，还实现了与邻国铁路网的对接。[②] 20世纪后，荷兰铁路修建仍在进行，20年代还达到一个小高潮（见表19-3）。

表19-3 　　　1840~1939年荷兰与比利时铁路里程对比　　　单位：千米

年份	荷兰	比利时
1840	17	334
1860	335	1 729
1880	1 841	4 112
1900	2 771	4 562
1920	3 606	4 938
1939	3 314	5 140

资料来源：Michael Wintle. *An Economic and Social History of the Netherlands*, 1800-1920: *Demographic, Economic and Social Transition*, P. 201.

交通发展促进了旅游业，从而推动拥有资源的乡村转化成旅游胜地。前面论述的赞德福特，就是完成这一转化的诸多村落的代表。当然，除了交通改善带来

[①] Peter Groot, Jan Jacobs, Jan-Egbert Sturm, "Infrastructure and economic development in the Netherlands, 1853-1913", *European Review of Economic History*, 1999, No. 2, P. 235.

[②] Michael Wintle. *An Economic and Social History of the Netherlands*, 1800-1920: *Demographic, Economic and Social Transition*, P. 203.

的推力外，赞德福特的城镇化及其巩固还离不开当地人的主动求变意识。它在1900年的成功并非昙花一现，即使曾遭受两次大战的冲击和摧残，目前赞德福特仍是西北欧及全欧名闻遐迩的旅游休闲胜地。①

19世纪下半叶，一系列因素推动了荷兰农业的市场化和国际化发展。首先，随着国内外工业人口的增加，消费需求高涨，荷兰农业生产商品化进一步发展。英国对谷物输入的放开，刺激荷兰谷物生产在1850~1890年获得较大发展。其次，铁路交通推动了荷兰农业生产的市场化与国际化导向。19世纪中叶之前，荷兰交通依赖河网，铁路系统建立后，荷兰内部交通日益便利。再次，荷兰人对农业科学非常重视，20世纪初期农业学获得大发展，推动了农业种植科学化，为乡村带来的效益可观。最后，19世纪八九十年代，虽然新大陆谷物涌入欧洲冲击了荷兰谷物生产，但它也产生了积极效应，倒逼农业结构进行调整，园艺业获得较大发展。农业市场化和国际化的表征是农产品出口量。据统计，"一战"爆发前，荷兰出口的农产品占国内农产品总量的一半，甚至更高。②

"二战"后，荷兰乡村彻底摆脱自然经济，乡村农业生产"商品化"得以彻底完成，荷兰农业转变成为"商品农业"。这主要归功于政府对农业的合理规划。在政府主导之下，荷兰农业生产经历了机械化、专业化、严格的市场导向化、集约化改造，最终完成了对乡村经济的非农化改造。乡村农业耕作者同其他产业部门的劳动者在本质上并无二样。从广义城市概念出发，完全可以将荷兰农业生产区域称为"城市性"四溢的"乡村"。③

农业大变革将大量人口挤出农业生产领域，也彻底改变了荷兰人口结构。"二战"前，荷兰农业人口占比虽然下降，但其绝对数量却增加了。"二战"之后，荷兰农业人口数量及在总人口中占比均出现了下降。到20世纪末，荷兰农业人口从1947年的74.7万人下降到1998年的20.7万人；1998年，农业人口仅占总人口的3%。④进入21世纪后，农村人口处于停滞状态，城市人口则持续增

---

① 赞德福特旅游休闲业保持了长青。21世纪初，赞德福特年均接待游客达450万人次，这对一个总面积仅43.97平方公里的小城来说，是非常了不起的成绩。见 Dré van Marrewijk and Ben Olde Meierink, *BADEN in WEELDE, Ontwikkeling Middenboulevard in historisch perspectief*, P. 90; Alvaro Moreno, Bas Amelung, and Lorena Santamarta, "Linking Beach Recreation to Weather Conditions: A Case Study in Zandvoort, Netherlands".

② Jan Bieleman, *Five Centuries of Farming, A Short History of Dutch Agriculture 1500–2000*, Wageningen Academic Publishers, 2010, pp. 150–155.

③ Jan Bieleman, *Five Centuries of Farming, A Short History of Dutch Agriculture 1500–2000*, Wageningen Academic Publishers, 2010, pp. 239–253.

④ Jan Bieleman, *Five Centuries of Farming, A Short History of Dutch Agriculture 1500–2000*, Wageningen Academic Publishers, 2010, pp. 149–150; Jan L. van Zanden, *The Economic History of the Netherlands 1914–1995*, Routledge, 1998, pp. 159–160.

加。截至 2015 年，荷兰城市人口在总人口中的占比高达 75%。根据《尼德兰城市》这份文献的预测，荷兰城市人口在 2025 年前仍将持续增加。①

虽然工业革命时期荷兰的工业化落后于西欧其他国家②，但这一时期在其他产业发展的推动下，荷兰部分地区仍旧出现了乡村转型为城市的演变，因此工业革命时期的荷兰城市化也奠定了现代荷兰城市的基本格局。"二战"之后，荷兰城市重建更依靠科学规划，所以城市基础设施及建筑物布局体现出更强的条理性。而乡村经济进一步商品化，农村最终实现了田园与商业的结合，这种发展带来的影响并不亚于严格意义上的乡村城镇化。

---

① "Cities in Netherlands", https：//www.government.nl/documents/publications/2016/05/30/cities-in-the-netherlands.

② 关于工业革命时期荷兰工业状况，可见 Michael Wintle. *An Economic and Social History of the Netherlands*, 1800 – 1920：*Demographic*, *Economic and Social Transition*, Cambridge University Press, 2000, pp. 75 – 76；Peter Groot, Jan Jacobs, Jan – Egbert Sturm, "Infrastructure and economic development in the Netherlands, 1853 – 1913", *European Review of Economic History*, 1999（2）：233 – 251.

第七篇

中国实际与欧洲之鉴

第二十章

中国东部发达地区农村城镇化样本考察

第一节 大城市郊区——天津蓟州农村城镇化

当代中国的城镇化进程,大体是沿着从东部沿海地区到西部内陆地区的路线推进。与中西部地区相比,东部地区人口密度、经济发展指标和城镇化水平都处于领先位置。近代以来,随着工业和商业活动的发展,东部沿海城市兴起,重新塑造了中国经济和社会的区域格局,也成为农村城镇化进程的重要影响因素,并一直持续到当代。在改革开放的背景下,沿海城市率先参与国际经济循环体系,成为当代中国经济社会发展最为充分的地区。由此,东部地区农村城镇化具有不同于中部与西部地区的特点。

为了具体了解东部大城市郊区农村城镇的发展现状,课题组在天津所辖蓟县(2016年改名为蓟州区)进行了多次实地调研,重点考察了蓟州新城库区农民安置区、穿芳峪镇毛家峪村、出头岭镇东官屯村的城镇化现状,并走访了蓟州区发展和改革委员会(以下简称"蓟州发改委")、蓟州区统计局等单位,通过实地考察、座谈、访谈等形式,与当地村委会干部、村民以及蓟州区人民政府相关部门进行了深入接触,获得了丰富的第一手资料。[①]

[①] 调研中,东官屯村村委会主任刘国田、穿芳峪镇副镇长、毛家峪村支部书记李锁及蓟州发改委、蓟州区统计局等单位为本次调研提供了直接的帮助,课题组在此谨致谢意。

一、天津小城镇的历史回顾

天津郊县地区小城镇的发展，与天津在明清时期的兴起过程基本同步。据统计，清代后期天津府所属城镇已达到26处，包括天津府城1处、所辖县城6处、县辖镇19处（其中天津县辖8镇）。[①] 其中包括了芦台、新集、河西务、杨柳青、杨村、独流等天津著名城镇。19世纪后半期天津开埠通商后，逐渐成长为北方经济中心，对周边地区经济发展的辐射作用开始得到体现，成为部分小城镇兴起的重要因素。以宁河县的芦台为例，该地"东得唐山煤运之缘，西受天津商贸之益"，遂成为当地的著名城镇，民国初年成为宁河县城所在。在蓟县，邦均镇为冀东主要的粮食、山货集散地，城关、上仓、下仓等为水运码头，加上马伸桥、侯家营、下营，在晚清时期已被称为蓟县八大镇。在静海县，1912年全线通车的津浦铁路贯穿该县，并在县城、独流、唐官屯、良王庄、陈官屯五处设站，促进了这些村庄向城镇的发展。一些周边农村城镇成为天津的次级市场，既是本地物产的收购和外运天津的中心，也是天津商品的销售中心。

新中国成立后，天津小城镇的发展大致可分为两个阶段：第一个阶段是20世纪50~70年代末。这一时期在计划经济背景下，行政权力主导资源配置，城镇的发展程度和水平取决于其行政地位的高低。以天津市所属各县级政府所在城镇为例，在经过几十年的发展后，都成为当地人口规模最大、非农产业最集中的城镇。如静海县历史上规模最大的城镇为独流，但经过四十余年的发展后，仅从非农业人口规模看，独流、唐官屯与其他城镇一样，都远远落后于县城所在的静海镇。与此同时，基层行政区划的变动打破了小城镇原有的市场网络格局，取而代之的是以人民公社为纽结的基层政治与行政网络。内河航运业的消失也使该地区不少传统小城镇丧失了其优越地位，而新的公路交通网络的建立，则使另外一些原本远离水路交通线的地方一跃而成公路交通枢纽，从而影响这些地方的发展。

改革开放以后，市场经济体系的建立和农村经济活力的恢复与增长，以及乡镇企业的兴起，成为小城镇发展的第一波推动力量。20世纪80年代，随着乡镇建制代替公社建制，一批传统小城镇重新恢复了原来的身份。蓟县1981年设城关镇，此后又相继设立了一批镇。武清县1982年设立杨村镇，1988年设立城关、河西务、崔黄口、王庆坨镇，1990年又设立梅厂、大良镇。宝坻县1988年已设城关、大口屯、林亭三镇。静海县1988年则设有静海、独流、唐官屯、王口、

[①] 参见陈新海：《清代直隶地区城镇分布的地域特征》，载于《廊坊师范学院学报》2004年第2期。

中旺、陈官屯、台头、子牙八个镇。宁河县1982年已设有芦台、宁河二镇，此后，潘庄、丰台等地也设镇。在天津近郊地区，西青区（西郊区）80年代设立了杨柳青、南河等镇。东丽区（东郊区）则相继设立了军粮城、赤土、新立等镇，津南区（南郊区）在80年代设立咸水沽、葛沽、小站等镇。这些小城镇大多为历史名镇，在改革开放的背景下重新焕发了活力。在乡镇企业兴起的背景下，一批工业型小城镇异军突起。同时，一批自然资源条件优越、生态良好的农村城镇则以现代农业为主导产业，服务于天津乃至更广泛的地区。此外，天津也出现了一批以旅游文化产业为主的小城镇，如静海县的团泊镇、津南区的小站镇、西青区的杨柳青镇等。这些小城镇的发展，是天津城乡经济发展水平的体现，初步形成了工业化时代天津郊县小城镇发展的新格局。

二、蓟州小城镇建设的基础与模式

蓟州位于天津市最北部，南距天津市区115公里，西距北京市区88公里，总面积1 590.22平方公里，地形包括山区、平原、洼地三种类型，山区面积840.30平方公里，平原面积504.72平方公里，洼区面积245.20平方公里，是天津唯一半山区县，基本农田面积为60万亩。[①] 蓟州境内有津蓟铁路、津蓟高速公路及多条干线公路和铁路。该县为传统的农业地区，从1991年起，连续三年被评为全国农村综合实力百强县，1993年被评为中国明星市县，此外还被确定为全国粮食生产大县、全国首家绿色食品示范区、全国能源建设先进县、全国绿化百佳县和经济林建设先进县、全国生态示范县和全国山区综合开发示范县，是国务院确定的全国首批沿海对外开放县。该区目前下辖1个街道、25个镇、1个乡（2013年）。根据统计资料，2013年，蓟县全县户籍人口848 146人，其中农业人口69 056人，非农业人口157 586人，户籍城镇化率约为18.6%；常住人口89.81万人，其中城镇37.34万人，乡村52.47万人，城镇常住人口超过40%。当年全县生产总值3 126 411万元，其中第一产业287 115万元，第二产业987 775万元，第三产业1 851 521万元。财政收入超过70亿元，其中县级财政收入近54亿元。[②]

蓟州小城镇建设的进程，与改革开放背景下农村城镇化的发展过程大体一致。2014年底国家发展和改革委员会等11部委联合印发的《国家新型城镇化综合试点方案》中，确定了64个新型城镇化试点地区，蓟州列入地级市试点名单，是天津市唯一入选的试点单位，一方面表明地方政府对推进城镇化的强烈意愿，一方面也说明该县具有较好的城镇化建设基础。

---

①② 笔者根据相关资料整理。

与其他地区一样，政府督导、市场运作是蓟州小城镇建设的基本指导方针。具体模式大体上包括：（1）文明生态村建设。这种模式以形成农村经济文化与环境良好关系为主要内容，通过改善村庄人居环境，加强街区治理，提高农民素质和生活水准，实现农村经济社会的全面进步。（2）通过失地农民的集中安置建设新城镇。随着当地县域经济的发展和工业化的推进，大型项目或工业园区建设带来了农民失地问题，这种模式将解决农民失地问题和小城镇建设相结合，对涉及村庄村民进行集中安置，形成人口集中的城镇。（3）示范小城镇建设。20世纪90年代，天津市曾先后确定了30个小城镇为农村城镇化试点，其中就包括蓟州区上仓镇等。2005年开始，天津市启动示范小城镇建设试点工作，2006年首批示范小城镇建设正式启动，至2013年共有四批54个示范村镇获得批准。其中蓟州包括泗溜镇、毛家峪村、玉石庄村、田家峪村、蓟州新城库区农民安置区5个试点。泗溜镇、毛家峪、玉石庄、田家峪属第二批示范试点，2008年启动。新城库区农民安置区为第四批试点，2009年启动。

三、蓟州小城镇建设的三个样本

调研组选取东官屯、新城库区农民安置区、毛家峪作为样本进行了实地考察，分别对应蓟州农村城镇化的三个基本模式。

样本1——东官屯村。东官屯村属于蓟州出头岭镇。出头岭镇位于蓟州最东部，距区治28公里，与河北省遵化市相毗邻。该镇设于2001年，由原出头岭乡和官场乡合并而成。全镇辖36个行政村，人口3.6万人。土地面积58.6平方公里，土地类型包括平原、山地、水域。境内分布三条主要公路，其中两条省道为喜邦公路（喜峰口—邦均）、遵玉公路（遵化—玉田），一条县道为淋平公路（淋河—平安城）。

就自然条件而言，出头岭镇缺乏工矿业资源，属于传统农业耕作区。尽管行政上隶属于天津，但与天津其他区县相比，蓟州区距离天津中心城区较远。在蓟州行政区划范围内，出头岭镇又属于该区最偏远的地区之一，因此，天津中心城区的经济活动很难直接影响到该地，甚至蓟州这样的区域性中心市场，也很难对其产生直接的辐射和带动作用。实际上，出头岭镇在改革开放前属于河北遵化县（今遵化市），1979年才由遵化划入蓟州行政区内。在这一背景下，该镇的现代工业和商业活动虽然也有发展，但种植业和养殖业仍然构成了当地的主体经济，包括粮食种植、食用菌种植、林果种植和生猪、奶牛养殖、鱼类养殖等。

该镇最有影响的一项经济活动是食用菌种植。当地的食用菌种植起步于20世纪末年，在政府的有效引导和扶持下，该镇目前已成为蓟州区乃至天津地区最大的食用菌基地。出头岭镇现有温室种植大棚 5 000～6 000 个，是当地最有规模的一项产业。经过多年的发展，食用菌种植从技术、管理到生产、销售各个环节已趋于稳定，成为当地最重要的支柱型产业。课题组本次重点调研的东官屯村，属于半山区地区，全村共有 158 户，450 人，422 亩基本农田。[①] 东官屯村主要经济活动也以种植食用菌为主。该村目前建有标准化温室大棚 70～80 个，每个大棚占地 2 亩，大致平均两户一个，但也有相对集中的种植大户。这些温室大棚除少量种植蔬菜外，其余均用于食用菌种植。食用菌种植不分季节，全年可以连续生产，吸收了大量劳动力，全村青壮年劳力基本无外出打工者。与传统的粮食种植相比，由于食用菌种植提高了单位土地的产出，该村土地流转承包地价每年每亩在 1 000～1 500 元。这一数据与天津城区及蓟州周边相比，属于较低的地区，但与条件类似的传统农业种植用地相比，要稍高一些。

  与其他村庄一样，改革开放以来该村经济水平和生活水平都得到了很大的提高。据了解，该村农户已经较为普遍地使用沼气、水厕及家庭用小型节能锅炉，这些生活设施的变化，表明农民个体生活水平和生活方式的变化。另一个重要的观察指标是能源的消费。在走访过程中，我们注意到该村煤炭消费量的变化。据介绍，该村以往每年消费煤炭只有 5 吨，主要用于冬季家庭保暖，但目前全村每年生活消费煤炭则需要 500 吨。由于温室大棚冬季生产需要通过烧煤保持温度，生产状态中的大棚，每个每年需煤炭约 10 吨。两者相加，该村每年生产、生活消费用煤共需千吨以上。但煤炭消费量的增加，也带来了空气和环境的污染。我们的访谈对象主动提及空气污染问题，表明环境问题已经受到了农民的自觉关注。

  在近年来新农村建设和农村城镇化的政策引导下，土地资源管理已成为农村一项重要的工作，尤其体现在对宅基地的管理上。该村对宅基地的管理已较为严格，但为部分无宅基地户规划有预留地，首期建设的 12 栋两层住宅已经开始施工。据介绍，该项目后续还将建设 10 栋住宅。与该地原有的旧式住宅和村庄格局相比，这种统一建造的住宅可以看作农村城镇化的一个重要表现。在调研中，我们也了解到，相对于农户个体经济的发展，该村集体经济较为缺乏，村干部工资和必要的修理费等，都需要靠财政转移支付来解决，转移支付数额最初约为 2 万元，目前增长到每年 8 万元左右。

  样本 2——蓟州新城库区移民安置区。蓟州新城库区移民安置区是该区最大的城镇化建设项目。该项目兼顾城镇化发展和环境治理两个目标，在扩大蓟州城区规模、进一步推动城镇化的同时，从根本上解决于桥水库的生态环境保护问

---

① 笔者根据相关资料整理。

题。于桥水库位于天津市蓟州区城东4公里处，属蓟运河流域，始建于1959年，总库容15.59亿立方米，正常蓄水位21.16米，兴利库容4.21亿立方米，控制流域面积2 060平方公里，上游主要入库河流为淋河、沙河和黎河，多年平均径流量为5.06亿立方米。其主要功能为防洪、城市供水，兼顾灌溉、发电等。1983年天津市引滦入津工程建成后，于桥水库正式纳入引滦入津工程管理，成为引滦入津重要的调蓄水库，是天津城市唯一的水源地，也是被纳入国家级保护的水源地。于桥水库上游和库区周边长期存在污染问题，特别是生活污染，成为天津城市用水的隐患。按照水源地保护要求，于桥水库周边300余平方公里土地为红线区域，禁止一切与保护无关的建设活动；780余平方公里为黄线区域，各项建设活动需经市政府审查同意。在这一背景下，从保护于桥水库生态和天津市用水安全出发，蓟州启动了新城库区移民安置区项目的建设。根据该区的规划，水库北岸将加强管理，南岸的所有村庄将进行迁移和集中安置，共涉及84个村庄的55 000人。安置区城镇化建设也是蓟州城区建设的一部分。根据介绍，蓟州城区建成面积现为30平方公里，未来将发展到57平方公里，由古城、老城、新城亦即安置区共同组成新的蓟州城区。

新城库区移民安置区面积规划为7平方公里，需要建设310万平方米的住宅，计划投资额为156亿元。对地方政府来说，安置区建设最重要的是资金问题。蓟州区级财政收入有限，天津市财政转移支付每年为20亿元，其中10亿元为专项资金，用于农田建设等方面，10亿元为财政转移支付。安置区建设资金目前主要来源为银行贷款，天津市财政直接投资则不到1亿元。该项目启动期间，蓟州向天津市财政借款10亿元，截至本地调研前（2015年4月），有7.2亿元尚未归还。到2014年底，已有2万余库区移民迁入集中安置区，但等待迁入的尚有3万余人。[①] 从中可见，这一小城镇建设项目已经取得了明显进展，但仍然面临着不少困难。

样本3——毛家峪村。毛家峪村位于蓟州川芳峪镇，距离城区约16公里，是一个以乡村旅游而著称的山区农村。毛家峪村共有72户，256人，国土面积7 777亩，多数为山林地，以核桃等经济林木为主，人均耕地不到200平方米。[②] 该村东南西北四面环山，形成封闭性空间，发展条件原本较差。但毛家峪空气清新，周边林地环绕，空气中负氧离子含量为每立方厘米1 200~1 500个，形成了优良的生态环境。从2002年开始，该村以农家乐作为主要的经营方式，从事旅游业的开发经营，并逐渐产生了较大的影响，吸引了天津、北京的大量游客，获得了较快的发展。由于这一基础，2008年，该村被列入天津市第二批示范小城

---

①② 笔者根据相关资料整理。

镇建设试点项目。

与改革开放以来不少率先发展的中国村庄一样,在当地政府和毛家峪村民看来,毛家峪村旅游业的兴起与现任川芳峪镇副镇长、毛家峪党支部书记李锁有密切关系。在最初的起步阶段,这位经营瓶盖厂的乡村带头人以自有资金投入毛家峪的建设,为村庄完善了道路、水、电等基本设施,从而为旅游业的启动提供了必要的条件。李锁本人先后获得天津市劳动模范、全国劳动模范以及中国旅游业风采人物等荣誉,表明毛家峪村在乡村旅游业上的成功。

毛家峪在近百年历史上出现过四位长寿老人,长寿村由此成为该村旅游业的文化品牌。目前,该村农家乐投资大多在 50 万元以上,一般规模的农家院接待能力达到 40~50 人,最大的可以接待 200 人以上,设施水平也得到了显著提高。该村农家院的经营每年大体从 4 月持续到 11 月中旬,2014 年全年接待游客 38 万人次,最高一天的接待量能够达到 6 000~7 000 人,在农家院住宿过夜的游客则为 3 500 人,每户农家院年收入一般在 20 万元以上。[①] 随着客源市场持续稳定增长,该村旅游业的经营内容和范围不断扩大。借助于当地的自然资源,该村将山石、泉流、松林等作为旅游风景资源进行开发,建设了 2A 级风景区,形成了多个游览景点,与农家院落体验相配合。同时还开发林果观赏和采摘项目,兴建拓展训练基地,吸引投资建立滑雪场,投资 2.8 亿元兴建高尔夫球场和度假别墅等,进一步扩展规模,提升乡村旅游的水平和层次。为此,新的发展规划也正在制定中。

旅游业的发展使毛家峪村的收入水平得到了迅速提高,从 2001 年人均 1 900 元到 2014 年的 62 000 元,使该村成为蓟州最为闻名的富裕村,也有能力为村民提供良好的福利。2008 年,该村为所有符合条件的村民购买了养老保险。目前全村村民均享有合作医疗,60 岁以上的村民每月可获得养老金,其标准为 60~70 岁老人每月可领取 200 元,70~80 岁老人每月可领取 400 元,百岁以上的老人每月则为 2 000 元。[②]

随着乡村旅游业的兴旺,毛家峪村也吸纳了大量的农村劳动力。除了农家院在经营旺季需要额外人手外,与旅游活动相关的交通、餐饮、零售等诸多领域的兴起,也产生了大规模的劳动力需求。毛家峪村没有外出打工的村民,反而吸引了数位本村大学生回村经营,也为周边村庄的村民提供了大量的就业机会。据介绍,该村的农家乐和旅游业带动了周边村庄约 2 万人进入服务业。毛家峪乡村旅游业的兴起,在蓟州具有示范意义。在当地政府的推动下,目前毛家峪村以其旅游品牌入驻该州下营镇的郭家沟,由当地政府投资 1 亿元,对郭家沟的旅游资源进行开发,希望能够复制毛家峪的发展方式。

---

①② 笔者根据相关资料整理。

四、思考和建议

通过对上述三个小城镇样本的实地调研,可以看到,东部大城市郊区小城镇建设的优势和特点体现在以下几个方面:

(1) 大城市郊区的小城镇建设具有相对良好的经济基础和条件。从根本上说,城镇化的进程与经济社会发展水平呈正相关关系。蓟州作为天津郊区,在东部并不属于经济领先地区,但与中部和西部地区相比,其经济社会的发展水平仍然具有较为明显的先发优势,这为小城镇发展提供了必要的基础条件。

(2) 大城市对郊县小城镇建设具有明显的辐射和带动作用,特别是生态旅游类小城镇建设。蓟州距离北京、天津两座大都市不远,生态环境良好,交通条件便利,具有开展乡村旅游的比较优势。从于桥水库、毛家峪等地看,当地游客主要为自驾游类型,以北京、天津两地市民为主。毗邻大都市的便利条件,对旅游型小城镇的兴起和发展起了最重要的支持作用。

(3) 生态涵养与旅游产业相结合的小城镇在东部大城市郊县有良好的发展前景。大城市以其庞大的规模,对所在地生态环境构成了较大的压力,在调节两者的紧张关系上,周边小城镇可以发挥重要的作用。作为天津市水源地,位于蓟州的于桥水库需要保持良好的生态环境,而傍依京、津两大城市的便利又提供了可持续开发的客源市场,将生态涵养和保护与旅游型小城镇发展相结合,既具有经济社会价值,也具有很大的发展空间。

蓟州小城镇建设实践中的一些问题也引发了我们的思考:

(1) 小城镇建设应考虑充分发挥农民集体组织的作用。在小城镇建设的过程中,政府发挥着规划、督导等作用,在以项目引导的一类小城镇中,政府的角色更为突出。但政府不能全面包揽小城镇的建设和发展,特别是小城镇的经济发展,应充分发挥农民个体积极性,使之成为小城镇经济活动的主体力量。与此同时,乡村原有的社会组织形态仍然可以发挥一定的作用。在调研过程中我们了解到,无论是毛家峪这样的旅游型村庄还是上官屯这样的生态文明村,集体经济均十分有限。毛家峪的集体收入仅来自向农家院收取的综合服务费,每个床位每年标准为80元,这在一定程度上限制了集体的作用。农村城镇化之后,乡村社会的习惯和特点仍在延续,小城镇应创新管理模式,与农村原有的组织模式和管理体制适当对接,有效发挥集体在小城镇建设和发展中的作用。

(2) 东部大城市郊县城镇建设应突破行政区划,纳入区域经济发展的整体框架。东部地区具有城市群相对密集的特点,京津地区、长江三角洲、珠江三角洲是三个主要的城市群,郊县地区的小城镇虽然在行政上分属于不同省市和地区,但可借助互不统属的多个城市的资源进行发展。以蓟州为例，该区在行政上属于天津市管辖，但傍依北京的地理位置，为乡村旅游业的发展提供了重要的支持。在京津冀一体化发展的背景下，这一地区旅游型小城镇的发展，在规划、布局、类型等方面可以置于京津冀协同发展的背景下进行探索。

（3）小城镇建设模式应依据不同的条件，进行多元探索。从调研情况看，小城镇建设实践中主要面临着三个问题：

一是资金问题。特别是基于大型项目而实施的农民集中安置区，需要大量的资金投入。以蓟州新城库区移民安置区为例，其设想的资金筹集方式是当代城市建设中普遍采用的土地换资金模式，但调研期间我们了解到，该安置区周边土地均尚未卖出，新城建设面临着较大的资金压力。当地工作人员向课题组介绍了北京市平谷县、上海市崇明县的情况，着重强调上级财政转移支付的力度远远大于天津。在现实问题面前，蓟州区人民政府已明确认识到，小城镇建设不宜大拆大建。为此，当地政府正调整思路，尝试进行生态涵养区新型城镇化建设的探索。

二是土地置换问题。天津市示范小城镇建设启动后，在尊重农民意愿的前提下，将农民集中居住和新型小城镇建设相结合，探索农民以宅基地换房建设小城镇的模式。农民入住集中安置房后，对农村宅基地进行复垦，由此形成的建设用地指标用于小城镇工商业和配套设施建设。这一做法促进了农村人口的聚集，有利于土地集约运用，也改善了农民的生活条件。但与此同时，也面临一些问题，特别是小城镇的产业发展和就业需求，还未能得到更好的解决。从蓟州情形看，如何进一步完善这一制度，需要地方政府做出新的探索。2008年毛家峪在被列入小城镇示范试点后，也开展了宅基地换房的工作，但这项工作进展并不理想。该村有十几位村民在县城购买了住房，但属于个人市场行为。对毛家峪这样以农家乐为主业的新兴旅游型城镇而言，这种做法还缺乏充分的吸引力。因此，应考虑不同小城镇的特点，制定有针对性的政策。

三是就业问题。小城镇实现了农民的人口聚集，但农民的就业问题也是政府的一大压力。蓟州新城库区农民安置区聚集人口达5.5万人，如何解决这一问题，关系到当地的经济发展和社会稳定大局，也关系到城镇化的成败。解决这一问题，应该结合本地的产业优势，明确发展定位，进行综合考虑。

第二节 城镇发达省——浙江省的农村城镇化

浙江地区是随着江南区域的开发而逐渐发展起来的，南宋以后，浙江区域的社会经济达到了一个新的高度。明清之际，江南地区已经是中国社会经济最发达的区域之一，农村城镇体系相对完备，并开始具有自己的鲜明特色。其后，城镇化进程多有曲折。改革开放以后，浙江省农村城镇开始恢复和发展，由全面开花到有重点建设，集镇—中心镇—试点镇—特色小镇，浙江走出了一条具有中国特色的新型农村城镇化道路。因课题研究需要，自 2013 年以后，课题组对浙江省的部分中心镇和试点镇做了比较深入的调研，获得了大量的一手资料。事实证明，从传统社会到现代社会的转型中，农村城镇化由集镇—中心镇—试点镇—特色小镇的发展是有规律的，其中现代社会的工业化、市场化和专业化的分工和发展起着非常重要的作用，否则就难以形成现代的农村城镇化体系。

一、浙江农村的城镇体系

浙江省是一个传统的农业省份，也是中国面积较小的省份之一。全省陆域面积中，山地占 74.6%，水面占 5.1%，平坦地占 20.3%；海域中，海岛达 2 878 个，大于 10 平方公里的海岛 26 个。① 浙江的地形具有鲜明的特征，平原集中于杭嘉湖、宁绍和黄台温区域，浙江中西部属于丘陵地区，特别是金衢盆地，其余区域是山地和海岛。浙江的较大发展始于隋唐时期，集市密度加大，市镇增加，州治、县治开始筑城，会稽、余杭、东阳均有商业城镇，而明州成为东南沿海重要的贸易港口。随着南宋定都临安（杭州），浙江社会经济进入了新的发展时代。在杭嘉湖地区，大量新兴城镇涌现出来，如杭州的塘栖、嘉兴的濮院、桐乡的乌镇、湖州的南浔等。浙江其他区域，城镇也有一定程度的发展。

明清时期，杭嘉湖平原、宁绍平原和东南沿海平原的农业集约化程度迅速提高，粮食生产和商品经济均有较大发展。杭嘉湖平原的蚕桑、棉花、络麻，台州和温州的柑橘，种植面积大、产量高。工商业也相对发达。杭嘉湖平原濮院、双林、菱湖、南浔、新市等小城镇的丝织业负有盛名。在清代，大批草市嬗变成城镇，星罗棋布，非常密集，如嘉兴府的市镇增加到 44 个，湖州府增至 37 个。② 有些市镇规模很大，如吴兴菱湖镇号称"烟火万家"。至此，浙江的农村城镇体系基本形成，从州、府、县、市镇直到集市，市镇是城乡的联系节点。这与整个中国的情况相似，如施坚雅指出，"就中国的情形而言，作为大区域经济的顶级城市的大都市，处在不同程度上整合成一体的中心地层级的最高层。这些层级向下则延伸到农村的集镇。集市体系以这些集镇为中心，一般包括十五至二十个村

---

① 浙江统计信息网，http：//tjj. zj. gov. cn/zjsql/zrdl/，查阅时间：2017 年 10 月 2 日。
② 樊树志：《江南市镇：传统的变革》，复旦大学出版社 2005 年版，第 116~124 页。

庄，组成了构筑经济层级的基本单位"①。浙江的农村小城镇互相依存，互相联系，形成一个相对发达的网络体系。

在平原区域，小城镇分布密集，城镇之间相距不远。除农业生产以外，商品交换非常频繁。邻近市镇之间，经济交往密切，人员流动和文化交流多。樊树志认为从清末民初的航船或汽轮航线就可看到农村小城镇的发达盛况。如乌镇就有许多日常汽轮航班与周边市镇以及外部大城市保持联系。②浙江平原区域的乡村与市镇、市镇与城镇之间密切的经济联系，可参看费孝通在《江村经济——中国农民的生活》中对航船在城乡间往返穿梭的生动描述。③

清朝末年的内乱外患，使浙江的农村城镇出现了明显的停滞与萎缩。民国虽然出现了针织、肥皂、火柴、电池、电力等新兴行业，但抗日战争爆发后，浙江农村的城镇经济大多趋于萧条，进入城镇发展的衰落时期。

新中国成立后的最初几年，城镇经济有所恢复，但浙江省农村的城镇化总体水平仍相当低。第一个五年计划期间（1953~1957年）城镇人口有了较快增长，1957年浙江省城镇人口达到358万人，在全省总人口中的比例由1949年的11.8%提升到14.3%。1958年城市大办工业、大炼钢铁，大量农民进入工厂，浙江城市人口剧增，1960年达到588万人。很快城市人口回落到1962年的480万人。④ 1964年，国家颁发"关于调整市镇建制、缩小城市郊区"的指示，对城乡划分标准做了新的规定，浙江省据此撤销了近百个建制镇，还将嘉兴、湖州、绍兴、金华等改市为镇。文革期间，农村城镇大多处于停滞状态。农产品实行"统收统购"，消费凭券，农民几乎没有农产品的自主权，商业贸易清淡。而知识青年上山下乡使城镇人口迁出大于迁入，城镇化水平不升反降。1978年，浙江省总人口为3 751万人，城镇仅544万人，占总人口的14.5%，低于全国平均比例（17.92%）。⑤

二、浙江农村城镇化的起步与发展

浙江农村城镇化的契机与全国其他地方一样，1978年是一个巨大的转折点，党的十一届三中全会以后的改革开放开启了真正的城镇化历程。

---

① 施坚雅主编：《中华帝国晚期的城市》，叶光庭等译，中华书局2000年版，序言，第2页。
② 樊树志：《江南市镇：传统的变革》，复旦大学出版社2005年版，第195页。
③ 费孝通：《江村经济——中国农民的生活》，商务印书馆2001年版，第211~212页。
④ 中共浙江省委党史研究室等编：《当代浙江城市发展》（上），当代中国出版社2012年版，第5页。
⑤ 浙江省统计局编：《浙江统计年鉴》（2016），中国统计出版社2016年版，第45页。

（一）浙江农村的城镇化恢复与发展

20世纪70年代后，浙江农村的城镇化经历了一个恢复和发展的过程，大量的农村市镇（城镇和集镇）在既有基础上产生新的活力。其中，农村工业化和专业市场是两个最为明显的动力。在国家倡导"四个现代化"的背景下，浙江农村开始兴办乡镇企业。"苏南模式"对浙江有很大影响，乡镇企业遍地开花，每个乡镇或多或少出现一定数量的集体企业。最初，这些集体企业大多集中在乡镇甚至村镇，自发地促进了农村城镇的成长。乡镇企业的出现开始改变传统的农业生产方式，农民由单一的农业生产转向工农业生产相结合，"亦农亦工"现象逐渐普遍。不过，那个阶段国家仍严格控制城镇户口，劳动力的流动仅仅局限于较小范围，直至1989年才稍微放松农村人口流动，少量的农村人口进入城镇。

20世纪80年代初，以家庭工业和专业化市场为主导的"温州模式"异军突起，这种模式不同于"苏南模式"。1981年，浙江省允许各地恢复传统的摊市和开辟新的市场。1982年，浙江全面开放日用工业品市场，一批专业市场在乡镇崛起。1983年，温州创办了全国第一个专业市场——永嘉县桥头镇纽扣市场。当年年底，温州形成了永嘉桥头纽扣市场、乐清柳市五金电器市场、苍南宜山再生纺织品市场、平阳水头兔毛市场、平阳萧江塑编市场、瑞安仙绛塑革市场等十大商品产销基地和专业市场。1984年，浙江省有各类小商品市场2 241个，专业市场63个。著名的义乌小商品市场和绍兴柯桥轻纺城也在这时开始萌发，并迅速成为具有全国性影响的集散型大市场。有人概括"温州模式"是"以家庭工业为基础，以市场化为导向，以购销员队伍为骨干，以小城镇为依托，以一乡一业一村一品为特色"[①]，家庭工业生产与专业市场相结合，实现了商品生产与销售的直接连接，降低了生产成本和交易成本。专业市场吸引了大批的农民、农村个体户和私营企业主，因而是浙江农村城镇化的最重要推手之一。

对浙江农村城镇化的快速发展，学界还有许多其他解释。[②] 第一，20世纪70年代末农村集体经济的迅速增长为工业化和城镇化提供了大量的农产剩余；第二，乡镇企业和专业市场兴起，既为城镇化打下了坚实的产业结构基础，也为城镇化提供了一定建设资金；第三，有关户籍制度改革的尝试、市场制度的恢复、特色工业园区的设立、城镇土地收储制度的制定、行政管理体制的变革和城建投融资体制的改革等，有利于农村剩余劳动力的转移，也促进了农村城镇规模的扩张；第四，浙江有一定的地理区位优势，毗邻上海，地处沿海，对外交往也相对

---

① 许经勇：《温州城镇化道路的成功经验》，载于《浙江经济》2007年第20期。
② 钱陈、史晋川：《浙江城市化研究的回顾与展望》，载于《浙江社会科学》2006年第5期。

便利；第五，浙江有较好的经商人文传统，这是浙江农村城镇化的持续动力之一。

（二）浙江农村城镇化的成长

进入20世纪90年代，浙江农村的城镇化进程随着专业市场迅速发展而加速。专业市场发达的区域，城镇化发展就快，而专业市场稀少的区域，城镇化也相对较慢。浙江大多数专业市场集中于北部和东南沿海地区，因而这些区域的城镇基础也较强，而中西部地区的专业市场相对较少，城镇化水平也就较低。最初，专业市场大多是批发兼零售的市场，交易的产品以农副产品为主，兼有少量乡镇企业产品。很多市场由单一的农产品市场向综合的小商品市场转变，专业市场伴随着乡镇工业和家庭工业快速增长而规模日渐扩大。小商品市场约占总数的70%，纯粹的批发专业市场占30%。1990年，浙江有各类小商品市场3 797个，专业市场1 636个，1994年专业市场达4 207个，是1990年的2.6倍。① 其中，专业品牌市场快速成长，如永康的中国科技五金城（1992年）、嘉兴的中国茧丝绸市场（1992年）、海宁的中国皮革城（1994年）、台州路桥的中国日用商品城（1994年）、余姚的中国塑料城（1994年）等闻名遐迩，浙江省成为名副其实的"市场大省"。

乡镇企业、家庭工业和专业市场的发展，促使人口、资本、技术、信息等要素迅速向城镇集聚，极大地促进了地方城镇的成长。如苍南的龙港镇、乐清的柳市镇、义乌的稠城镇、绍兴的柯桥镇、慈溪的周巷镇等，在短短十多年时间里，居住人口大幅度增长。如根据有关统计，义乌稠城镇在1984年有30 094人，1994年有127 942人，2000年有150 887人；绍兴柯桥镇1984年为11 928人，1994年有85 818人，2000年是92 035人；萧山城厢镇1984年为65 247人，1994年是209 730人；慈溪周巷镇1984年为22 312人，1994年是54 511人，2000年是55 388人。②

20世纪90年代农村土地承包责任制和乡镇企业产权制度改革，促使大批民营企业脱离对原有集体和乡镇政府的依赖，开始走上市场化的舞台独立发展。同时，浙江进行"撤区、扩镇、并乡"的行政区划改革，开展小城镇综合改革试点，借此提高乡镇的管理效率和水平。由此，农村小城镇的数量和规模迅速扩大，大量农村人口转变成为城镇人口。从表20-1可以看出，1978年浙江城镇化率仅14.5%，1990年达31.2%，首次超过全国城镇人口比率，1998年达到36.8%，比1978年增长一倍多。在改革开放最初20多年间，浙江省建制镇增长

---

① 周镇元：《浙江：专业市场推动人口城镇化》，载于《市场人口与分析》1996年第3期。
② 参见《义乌市统计年鉴》《绍兴县统计年鉴》《萧山年鉴》和《慈溪年鉴》的相关数据。

了 6 倍，年均增加 43.7 个。1978 年，浙江省的小城镇（建制镇）仅仅有 167 个，1994 年达到 946 个，1998 年达到最高峰，总数 1 006 个。

表 20 – 1　　　　　　　　浙江的城镇化率和小城镇数

年份	城镇化率（%）	小城镇数（个）
1978	14.50	167
1985	19.80	510
1990	31.20	749
1994	31.88	946
1998	36.80	1 006
2000	48.70	971
2005	56.00	758

资料来源：参见《浙江统计年鉴》(2006)，中国统计出版社 2006 年版，第 16 页。

这时浙江省的城镇体系与全国一样，大体可分为五个层级，即"大城市—中等城市—小城市—中心镇——一般小城镇"，大城市是杭州、宁波和温州，中等城市如嘉兴、湖州、绍兴、金华这样的城市，小城市通常是县城，中心镇是县以下的大城镇，小城镇一般是乡镇所在地。当然，这样的城市体系与实际的城镇化水平并不同步，因为浙江省农村城镇的发展是有区域差异的。杭嘉湖平原、宁绍平原等地，城镇化基础好，农村城镇密度非常高，在交通干线上的县市城镇密度高达 20 个/千平方公里，而浙西经济发展水平较低，专业市场较少，城镇数量不多，城镇规模也相应较小，这些县市城镇密度大约仅为 3~6 个/千平方公里。不过，浙江农村城镇建设总体上仍比较粗放，尽管 GDP 上升、经济增量显著。

（三）浙江"块状经济"与农村城镇化的特色

浙江的城镇工业集群程度较高，而且经常伴随有专业市场，并带有明显的区域特色，因而一些学者称之为"块状经济"。这种经济与浙江的资源环境有很大关系，浙江矿产资源有限，国家直接投资少，集体企业和家庭工业多为中小企业。由于本身规模的限制，中小企业要独立完成生产和销售的一体化相对困难，而专业市场成为这些企业生存的重要手段。根据有关数据，以专业市场为依托的中小企业遍布全省，占全省工业企业总数的 90%，工业总产值的 80%。[①] 专业市

[①] 朱爱萍：《专业市场、小企业与规模经济》，载于《中共浙江省委党校学报》1998 年第 3 期，第 14~17 页。

场是中小企业集聚的纽带，可以为企业节约大量成本，做到"就地采购、就地生产和就地销售"。因此，浙江中小企业的集群发展非常有特点，例如，乐清柳市的低压电器产品、诸暨大唐的袜业生产等块状经济是全国乃至世界的重要加工制造基地。据统计，截至2005年底，浙江共有小企业670 776家，占全省工业企业总数的95.35%，工业产值占47.09%，工业增加值占46.14%，工业企业利润占47.89%，工业税收占35.79%。2005年浙江小企业从业人员595万，占全省企业从业人员的47%，吸纳了浙江近20%的劳动力。① 中小企业的集聚是浙江农村城镇化的动力源泉，也是农村城镇化的一个特色。2005年，全省乡镇工业功能区工业总产值达到4 868亿元，占全部工业总产值的16.1%。②

温州走在了浙江的前列，率先突破传统的计划经济体制，开展小城镇的综合试点工作。温州建制镇从1978年的18个发展到21世纪初的146个，人口占全市总人口的66.5%，工业产值占全市的80%以上。温州农村的中小企业以乡镇为中心，聚集成"块状经济"模式，形成了独具温州特色的"一村一品""一乡一业"模式。温州还逐渐形成了以柳市镇、龙港镇等30个经济强镇为龙头的城镇化集群。伴随着农村工业化、城镇化步伐，农村产业结构也发生了根本性变化，农业总产值占农村总产值的比重由1978年的63.8%下降到2005年的7.2%，而农村工业产值占农村社会总产值的比重由1978年的20.4%上升到2005年的90.3%。2005年农民人均年纯收入6 845元，是全国农民人均的212%，比1978年的113元增长50.5倍。③

在浙江乐清市，沿着104国道形成了一条以低压电器、电子通信设备、机械制造和服装制造业为主的南北向"工业经济走廊"，两侧分别有虹桥镇、乐成镇、柳市镇和北白象镇等，大量中小企业集聚促成了这些城镇的蜕变。例如，仅仅乐成镇就分别建成了金溪、宋湖、万岙、后所、慎海等6个工业小区。至2000年，北白象镇形成了低压电器、家电家具等六大支柱产业和铁皮、建材、家电、服装等十大专业市场。相邻的永嘉县瓯北镇也同样农、工、贸全面发展，形成了阀门、泵类、服装、皮鞋、五金五大支柱产业，瓯北镇被誉为"中国泵阀之乡""中国乌牛早茶之乡"，人称"温州浦东"。

（四） 浙江农村的城镇化模式

浙江农村的城镇化大致可归纳成三大类型：第一种类型是依靠市场机制，由

---

① 《浙江小企业整体发展活力呈下降趋势》，浙江省人民政府网站，http://www.zhejiang.gov.cn，访问时间：2016年12月25日。
② 参见《浙江省中心镇发展规划（2006~2020年）》。
③ 许经勇：《温州城镇化道路的成功经验》，载于《浙江经济》2007年第20期。

自下而上的民营资本推动的农村城镇化。在温州地区，这种类型的城镇化是非常普遍的。龙港镇在建设"农民城"的过程中率先实施农村土地有偿使用政策，鼓励农民集资建城、进城落户和自理口粮，打破传统的城乡"二元分割体制"；积极培育市场贸易体系，促进教育医疗等公用事业的民营化，并创新就业、医疗和住房等社会保障制度，进而推动人口和产业向小城镇集聚。

第二种类型是民间与政府互动的农村城镇化。在地方政府与民营经济之间，存在着一种互动博弈的关系，这种关系可以带来农村的城镇化发展，如果两者关系协调，则城镇化发展较好；反之，城镇化则陷入停滞。浙江台州地区的城镇化可以说明这样一个过程，地方政府利用民营企业、特色工业园区和住宅建设三种途径共同推进，进而实现城镇的地域扩张。例如，温岭市在市区或中心镇附近的边缘地区兴建一系列的特色工业园区，促使汽摩配、鞋服、皮塑、机电、水产品等产业集群发展，形成了新河镇的羊毛衫和汽车坐垫、横峰城北泽国镇的鞋业、大溪镇的水泵等，进而有力地促进了新城区的发展，也即推动了城镇化。

第三种类型是外资拉动的农村城镇化。嘉善魏塘镇（现为魏塘街道，嘉善县城主城区的一部分）是这种类型的典型。20 世纪 90 年代，魏塘镇就注重工业园区的建设，大力实施招商引资。2003 年后，全镇引进外资项目 61 个，实际利用外资 8 307 万美元。外资来自 10 个国家（地区）和各个产业领域，尤其引进了一批大项目和高科技项目。2005 年新批和增资项目 26 个，合同利用外资 4 560.67 万美元，实现外贸出口交货值 7.33 亿元。在农村城镇化进程中，外资和外资企业也起着很大的促进作用。2005 年，魏塘镇 13.24 万人实现国内生产总值 23.75 亿元，财政总收入 2.55 亿元。[①] 魏塘镇以外向型经济为主，走出了一条"以外引外，以商引商"的特色发展之路。

三、浙江新型农村城镇化的实践

从 20 世纪 90 年代后期起，浙江社会经济发展也面临新的问题，农村城镇化遇到了新的挑战，即如何在城镇居民收入水平普遍提高的情况下，完善小城镇功能，提升农村城镇化质量，持续集聚人口，使农村的城镇化可持续发展。

（一）浙江农村城镇化面临的挑战

在 20 世纪 90 年代，随着经济发展的转型升级，浙江农村城镇化开始面临新的挑战。第一，农村城镇集聚的大多是劳动密集型企业，生产的是低端工业产

---

① 嘉善县地方志编纂委员会：《嘉善年鉴》（2006），方志出版社 2006 年版，第 293 页。

品、利润薄，附加值低；第二，生产设备简陋，许多是大城市企业淘汰的设备；第三，生产过程能耗大，环境污染严重；第四，企业规模不大，散布各地，滥占耕地，随意搭建；第五，农村城镇基础设施缺乏，交通不便。与之相关，农村城镇通常呈现"小、散、乱"的现象，"远看像城市，近看是乡村"。乡镇企业和家庭工厂的小规模形式和低档次生产直接影响了农村城镇化的质量。据浙江省农业普查数据显示，至1996年末，全省农村镇897个，每个镇镇区平均占地面积为1.86平方公里，每个镇镇区平均总人口4 984人，非农业人口2 270人；镇区非农业人口占总人口的45.54%。① 小城镇只有达到一定规模才能产生聚集效应；城镇规模偏小，还难以形成完善的供水、排污、供电等基础设施，不利于企业集聚和扩大规模，不利于进一步吸纳人口，推进农业现代化，也难以提供商业、科技、教育等社会化服务体系。总之，难以使农村城镇可持续发展。

（二）城乡统筹的"中心镇"建设

针对农村城镇化进程中出现的问题，1998年浙江省在全国率先提出城市化战略，提出构建全省"35221"的城镇体系，即到2010年，形成杭州、宁波、温州3个人口规模超100万的特大城市，5个左右人口50万～100万的大城市，20个以上人口20万～50万的中等城市，20个左右人口10万～20万的小城镇，培育以县城为重点的100个中心镇。这个城市化战略的目标是城乡统筹、以城带乡、以乡促城，促进城乡一体化融合发展，走城乡统筹的新型城镇化道路。其中有关农村城镇化的具体实践是大力开展以县城为重点的中心镇培育工作，积极开展新农村建设，为农村城镇化开拓新的空间。"中心镇"一般是乡镇党政机关的所在地，位于县（市）域内某一片区的中心，区位好，并有较强的经济实力，往上可连接小城市，向下可辐射一般的乡镇，在城镇体系中起关键的节点作用。在建设规模、基础设施、城镇功能、镇容镇貌等方面，中心镇占有较多的资源要素，因而容易取得进展。截至2005年底，全省有752个建制镇（其中县级政府驻地镇29个），占乡镇总数的60.5%，人口占乡镇总人口的86.1%；镇区面积4.6平方公里，镇区人口1.0万人，建制镇镇区人口集聚率达27.5%。这一年，建制镇创造了全省乡镇经济总收入的90.4%和乡镇财政总收入的85.6%。② 在杭州、宁波、温州、湖州、嘉兴、绍兴和金华等地区，经济发达的县市中心镇快速发展，建成区面积扩大，人口增加，产业发展迅速。作为县市行政所在地的中心镇集聚了更多的权力要素，城镇面貌尤其有较大的改观，相比之下，一般的中心

---

① 浙江统计信息网，http://tjj.zj.gov.cn/tjgb/nypcgb/200801/t20080104_122165.html。
② 参见《浙江省中心镇发展规划（2006～2020年）》。

镇建设仍困难较多,城镇缺乏应有的活力。

2007年,浙江省政府提出了中心镇培育的目标,希望通过政策扶持、体制创新、政府推动、市场运作,赋予中心镇特殊的事权与财权,努力把中心镇培育建设成为产业的集聚区、人口的集中区、体制机制的创新区、社会主义新农村建设的示范区,达到"扩权强镇"的目的。首批选定了141个省级中心镇进行建设。这141个省级中心镇扩大了原"35221"的城镇体系框架,几乎所有的县城都是中心镇。一些发展基础较好的城镇,如杭州塘栖镇、宁波奉化镇、温州龙港镇、湖州南浔镇、金华横店镇等都进入了中心镇培育名单。这些中心镇无论是经济总量还是人口规模,在全省都占有重要的地位。2005年,第一批141个中心镇的经济总收入达8 961.3亿元,占全省乡镇的37.9%;实际利用外资10.4亿美元,占全省乡镇的40.3%;财政总收入251.3亿元,占全省乡镇的38.6%。[①] 中心镇建设助推了农村城镇化,到2010年,浙江建制镇的质量明显提高,而数量则从1998年的1 006个紧缩到732个。2010年,浙江省下发《关于进一步加快中心镇发展和改革的若干意见》,提出到2015年将全省200个中心镇培育成为经济繁荣、生态文明、功能完备、宜居宜业、集聚能力强、体制机制活、带动效应好、管理水平高的小城市。中心镇建设历来是浙江发展的一个突出亮点,同时也是改变城乡二元结构的切入点和统筹城乡经济社会发展的重要平台。

2007年发布的《浙江省中心镇发展规划(2006~2020年)》,明确提出中心镇发展需要特色产业的支撑和发展模式的多样化。事实上,中心镇大多能够寻求自己的特色。在杭州地区,政府把城乡统筹作为一个系统工程,着力培育27个小城镇、200个中心镇和1 200个中心村,开展"千村示范、万村整治"和"美丽乡村"建设。其实,农村中心镇原本都是农村强镇,或多或少都形成了一定的传统和特色定位。如杭州的27个小城镇中,萧山瓜沥镇定位于杭州都市圈的工贸卫星城市、环杭州湾地区的现代物流基地和杭州东南部的家居新城;临浦镇定位于杭州大城市临浦组团的中心,浦阳江生态经济区所在地,具有千年古镇特色的、经济实力强的品质新城;河上镇定位于浦阳江西翼的综合增长极,具有服装业、包装业、五金产业特色和低碳、生态、休闲旅游特色的萧山副中心。在其他县市,城镇定位也有明确的特色方向。例如,桐庐分水镇定位于中国制笔产业基地、杭州西部旅游休闲胜地、生态型绿色小城市,富春江镇定位于桐庐南部卫星城、中国知名的电力设备制造基地、杭州旅游名镇,横村镇定位于桐庐中部区域发展中心、中国针织产业示范区、生态休闲名镇,江南镇定位于以富春江山水风光为特色的现代化宜业宜居宜游的新型小城镇、桐庐东部的经济文化中心和杭州

---

① 参见《浙江省中心镇发展规划(2006~2020年)》。

都市圈小城市。虽然有些中心镇的功能定位有重叠和交叉,但均以自身的一定特色作为基础,以期城镇的可持续发展。

2010 年,杭州市 27 个中心镇实现工农业总产值 2 510.62 亿元,年增长 10.4%;财政总收入达到 97.65 亿元,年增长 12.5%,有 20 个镇收入超亿元,最高的达 7.58 亿元;中心镇农民人均纯收入比所在区、县(市)平均水平高出 10 个百分点以上。中心镇交通日益便利,基础设施及就业、医疗和教育环境不断改善,吸引了越来越多的人口与产业。全市中心镇人口总规模接近 140 万,外来人员 28 万人中有 7 万人落户中心镇。城镇建设投入持续加大,仅 2009 年和 2010 年两年就投入 90 多亿元城建资金。社会事业稳步发展,中心镇共有医院 50 多家,学校 130 多所,文化中心 25 个。[①] 杭州中心镇建设受益于杭州都市圈经济的强劲带动和城乡统筹政策的有效实施,其经济规模、城镇功能和服务能力均有显著提升。

(三)"小城市培育试点"

随着中心镇建设快速推进,浙江农村人口集聚的速度加快了,城镇化率到 2010 年上升到 61.6%(见图 20 - 1),表明城镇人口增加,建成区不断扩大。尽管如此,浙江农村城镇化仍然存在着明显的发展"瓶颈",特别是一些"特大镇"遇到了前所未有的挑战。乐清的柳市镇、苍南的龙港镇和萧山的瓜沥镇等,镇域面积和人口都达到了很大规模,经济总量大。2012 年,柳市镇面积 92 万平方公里,户籍人口 21.9 万,外来人员 23.5 万;实现国内生产总值 171.2 亿元,财政总收入 28.69 亿元;居民人均可支配收入 43 667 元。[②] 龙港镇域面积 172.05 平方公里(建成区 23 平方公里),总人口 36.25 万;生产总值 161.2 亿元,财政总收入 16.3 亿元。[③] 2013 年,萧山瓜沥镇镇域面积 126.92 平方公里,户籍人口 16.09 万人,常住总人口 29.6 万人,生产总值 167.66 亿元,人均净收入 23 593 元。[④] 这些特大镇的收入超过了一些不发达地区的县甚至地级市,但城镇的运行体制基本上仍是传统的乡镇体制,这显然无法适应农村城镇化的发展要求。

调研中发现,多数小城市试点培育镇最关注的问题是:(1)在"强镇扩权"的背景下,建制镇随着一些乡镇的并入,行政范围扩大,但行政权限并未

[①] 参见郎海蕾:《中心镇推进城乡一体化模式与路径研究——以浙江杭州市为例》,浙江师范大学硕士学位论文 2012 年,第 1~2 页。
[②] 乐清市地方志编纂委员会编:《乐清年鉴》(2013),线装书局 2013 年版,第 327 页。
[③] 苍南地方志编纂委员会:《苍南年鉴》(2013),第 25、233 页。
[④] 萧山市地方志编纂委员会编:《萧山年鉴》(2014),浙江人民出版社 2014 年版,第 327 页。

扩大;(2)财税分成方式依然不变,小城镇仍受县级财政的制约,缺乏建设资金;(3)城镇建设用地指标受限制,无法跟上城镇化发展的需要;(4)社会管理任务繁多,责任重大,但管理力量薄弱。镇级体制严重地阻碍了小城镇的发展,基层管理者普遍认为是"小马拉大车"。

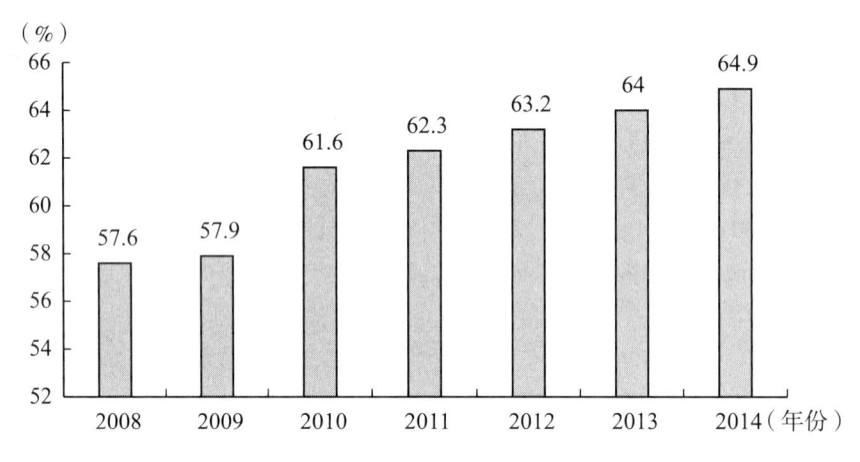

图 20-1 2008~2014 年浙江省城市化率

2010 年,浙江省根据"特大镇"转型发展的强烈需求,审时度势作出了开展小城市培育试点的重大决策,在 200 个省级中心镇中择优选择了 27 个条件较好的城镇作为小城市培育试点。第一批小城市培育试点镇的目标是,GDP 大于 100 亿元,财政收入大于 10 亿元,建成区面积大于 8 平方公里,建立完善的城市基础设施、完备的社会事业和健全的城市管理体制,推进试点镇向小城市发展。第一批试点镇有杭州市瓜沥镇、塘栖镇等 4 个;宁波市石浦镇、溪口镇等 4 个;温州市龙港镇、柳市镇等 4 个;嘉兴市崇福镇等 3 个;台州市泽国镇等 3 个;湖州市的织里镇和新市镇;绍兴市的店口镇和钱清镇;金华市的横店镇和佛堂镇;衢州市贺村镇;舟山市六横镇;丽水市壶镇镇,经济发达区域较多。

经过第一轮长达三年的小城市培育,浙江省一些强镇取得了明显成绩,大大推动了浙江省农村城镇化水平。据统计,2014 年浙江省城镇化率达到 64.9%,高于全国的 53.7%。2014 年度浙江省完成统筹城乡建设类投资 1 210 亿元左右,其中城市功能提升项目 256 亿元、城市综合体项目 318 亿元、小城市中心镇项目 353 亿元、美丽乡村和新农村项目 285 亿元。[①] 一些小城镇快速发展,如湖州织里镇、乐清柳市镇、苍南龙港镇等甚至具备了中等城市的规模和发展水平。

---

① 浙江省发展和改革委员会:《关于浙江省 2014 年国民经济和社会发展计划执行情况及 2015 年国民经济和社会发展计划草案的报告(摘要)》,载于《浙江日报》2015 年 1 月 30 日。

湖州市吴兴区织里镇，2015年镇域面积135.8平方公里，常住人口40余万人，其中外来人口30余万人；城镇建成区面积18平方公里。2015年实现地区生产总值169.78亿元，财政总收入18.94亿元，税收收入12.7455亿元。[①] 2015年，织里镇再度入围全国综合实力百强镇。乐清柳市镇被称为"中国电器之都"，拥有以高低压电器、电子、机械、仪表、船舶修造等为主导行业的较为完整的工业产业体系和便捷的物流体系，生产的工业电器占据国内市场半壁江山。2015年，全镇实现生产总值220亿元，财政总收入34.26亿元，城镇居民人均可支配收入56 142元，农民人均纯收入21 000多元。[②] 苍南龙港镇镇域面积172平方公里，建成区面积19平方公里，城镇化率60.8%。2015年，全镇常住人口43.6万，其中外来人口超过10万，镇区25万人。2015年龙港镇实现地区生产总值226.9亿元；工业总产值407.8亿元；公共财政预算收入23.2亿元；城镇常住居民人均可支配收入39 780元。[③] 龙港镇现在是全国新型城镇化试点镇。

为了扩大小城市培育试点镇的效应，2014年浙江省又择优选择了9个省级中心镇和7个省级重点生态功能区的县城作为小城市培育试点。2016年底，浙江省又选择了24个镇加2个县城作为小城市培育试点镇，至此，浙江省小城市培育试点镇扩大到了69个，几乎覆盖了浙江省的主要区县市，发达地区和后发地区都有试点。

浙江的小城市培育试点属于政府主导型的小城镇建设，这种建设类型易于调动行政资源，快速推进城镇建设步伐。三批试点镇在土地、资金、人才、财税和行政管理体制等方面都获得了政策倾斜，如试点镇通常拥有省市县（区）的建设用地指标分配权重；能够获得专项配套建设资金，有些镇还成立了创业投资引导基金、村镇银行和小额贷款公司；获得了专业技术人才的引进、培养和扶持优惠；在财税分配方面，试点镇获得了一级财政体制，即"核定基数、划分税种、超收分成、三年不变"；还有税费返还机制，即在土地出让金净收益全返的基础上，明确城市基础设施配套费、城市建设维护税等其他税费返还比例，多返少留；重大项目建设资金分担机制。更重要的是，试点镇还获得了体制机制改革的机会，通过"强镇扩权"，获得了与县级政府基本相同的经济社会管理权限；可以开展综合执法改革，以提升执法的效率；可以进行户籍制度改革，加快人口集聚；可以优化机构设置和人员配置，协调县级部门派出机构，提高政府服务效率。

[①] 《织里镇六大举措加快小城市培育试点建设显成效》，吴兴区政府网，http://xxgk.wuxing.gov.cn/c43/20160722/i14200.html。
[②] 乐清市地方志编纂委员会办公室：《乐清年鉴》（2016），线装书局2016年版，第69页。
[③] 乐清市地方志编纂委员会办公室：《苍南年鉴》（2016），线装书局2016年版，第280页。

四、特色小镇：浙江未来农村城镇化的新路径

在浙江小城市培育试点推进的过程中，一个无法回避的现象出现了。这些小城市培育试点进程虽然较快，但城市建设日趋同质化，高楼大厦、宽阔马路和工业园区逐渐取代了原有的农村城镇风貌，小城镇的特色渐趋消失。

在经济发展新常态、供给侧结构改革以及转型升级的大背景下，浙江省从推动全省经济转型升级和城乡统筹发展大局出发，作出了加快规划建设一批特色小镇的重大决策，在原有小城市培育试点基础上，规划建设一批"小而特"的特色小镇。这是新时期的一种新城建设方式，理念先行，特色挖掘，政府推进。在城镇化的理念上，浙江突出创新、协调、绿色、开放和共享发展理念，特色小镇既不是行政区划单元上的"镇"，也不是产业园区和风景区的"区"，而是"产、城、人、文"四位一体有机结合的重要功能平台。

在产业定位上，浙江特色小镇力求"专而强"，聚焦信息经济、环保、健康、旅游、时尚、金融、高端装备制造等支撑未来的七大产业，兼顾茶叶、丝绸、黄酒、中药、青瓷、木雕、根雕、石雕、文房等历史经典产业，坚持产业、文化、旅游"三位一体"和生产、生活、生态"三生融合"发展。在镇域规划方面，特色小镇力求"聚而合"，规划面积一般控制在3平方公里左右，建设面积控制在1平方公里左右，原则上三年内完成固定资产投资50亿元左右（不含住宅和商业综合体项目），金融、科技创新、旅游、历史经典产业类特色小镇投资额可适当放宽，有的县（市、区）可放宽到5年。所有特色小镇在形态上力求"精而美"，建设成为3A级以上景区，旅游类特色小镇按5A级景区标准建设。支持各地以特色小镇理念改造提升已有的特色产业。特色小镇建设力求"活而新"，要坚持政府引导、企业主体、市场化运作，既凸显企业主体地位，充分发挥市场在资源配置中的决定性作用，又加强政府在规划编制、基础设施配套、资源要素保障、文化内涵挖掘传承、生态环境保护等方面的引导和服务保障。每个特色小镇要明确投资建设主体，由企业为主推进项目建设。

2015年4月，《浙江省人民政府关于加快特色小镇规划建设的指导意见》出台。6月，浙江省政府公布了首批37个省级特色小镇建设名单，其中杭州市有玉皇山南基金小镇等9个；宁波市有江北动力小镇等3个；温州市有瓯海时尚制造小镇和苍南台商小镇；湖州市有湖州丝绸小镇等3个；嘉兴市有嘉善巧克力甜蜜小镇等5个；绍兴市有越城黄酒小镇和诸暨袜艺小镇；金华市有磐安江南药镇等3个；衢州市有龙游红木小镇等3个；台州市有黄岩智能模具小镇等3个，包括路桥沃尔沃小镇和仙居神仙氧吧小镇；丽水市有龙泉青瓷小镇等4个。根据规

划，浙江省还将重点培育 100 个特色小镇。

梦想小镇是浙江最早成型的特色小镇。2014 年 8 月，阿里巴巴即将在纽约上市，互联网创业热度上升，浙江省、杭州市和余杭区三级政府决定重点培育一个创新创业的综合服务平台，致力于打造众创空间的新样板、特色小镇的新范式和信息经济的新增长点，以成为世界级的互联网创业高地。规划面积 3 平方公里，梦想小镇定位于"互联网创业小镇"和"天使小镇"双镇融合发展。互联网创业小镇重点鼓励和支持"泛大学生"群体创办电子商务、软件设计、大数据、云计算、动漫等互联网相关领域的企业；天使小镇则重点培育和发展科技金融、互联网金融，集聚天使投资基金、股权投资机构、财富管理机构。梦想小镇以罕见的速度进行建设，仅仅 6 个月的时间就开园入驻，迅速形成一个"产、城、人、文"四位一体的新型空间和社区，为其后的特色小镇树立了标杆。截至 2017 年，梦想小镇已经打造了一个最适宜创新创业的生态系统，汇聚了一大批国内外知名孵化器，聚集创业项目 1 080 个、创业人才近万名，120 多个项目获得了百万以上融资，融资总额 40 亿元。而玉皇山南基金小镇也是最具特色的一个小镇，仅仅两年多就从一个普通"城中村"蜕变为京沪深之外中国最大的对冲基金聚集地。自 2015 年挂牌至 2017 年 6 月，玉皇山南基金小镇已快速集聚股权投资类、证券期货类、财富管理类机构 1 667 家，其中千亿级资本规模的有 3 家，各类资金规模突破 8 750 亿元。2017 年 1~6 月，实现税收 11.3 亿元。①

借余杭梦想小镇、玉皇山南基金小镇等迅速崛起的春风，2016 年 1 月浙江省又公布了第二批 42 个省级特色小镇创建名单；2017 年 6 月公布了第三批 35 个省级特色小镇创建名单。这样，浙江省级特色小镇创建总名单 114 个，实际 108 个，有 6 个被降格。浙江经验迅速被推向全国。2016 年 7 月，住房和城乡建设部、国家发展和改革委员会和财政部联合决定在全国开展特色小镇培育工作，到 2020 年培育 1 000 个左右，第一批 127 个国家级特色小镇中，浙江省有 8 个。②

特色小镇建设似乎代表了农村城镇化的一种方向，然而，它更是现代城镇化建设过程中的一种试验，是对已有中国城镇化道路的一种矫正。就最近几十年浙江的农村城镇化经历来说，尽管获得了成功，但农村城镇可持续发展仍是个需要不断探索的命题。只有遵循城镇化自身发展的客观规律，农村城镇化才能提升到一个更高的层次。

---

① 新蓝网，http://n.cztv.com/news/12622287.html，访问时间：2017 年 8 月 2 日。
② 住房和城乡建设部、国家发展和改革委员会及财政部：《关于开展特色小镇培育工作的通知》，2017 年 6 月。

第二十一章

中国中西部地区农村城镇化样本调研

第一节 中部农业区——湖南邵东农村城镇化

一、基本情况及城镇化建设历程与思路

邵东市地处湖南省中部，1952年将邵阳县东乡析置为邵东县，2019年撤县改市。面积1 768平方公里，2018年人口134万。[①] 境内物产富饶，有石膏、煤、铅、锌、锰、铁等矿产资源。邵东气候温暖，四季分明，雨量充沛，年降水量1 200毫米以上，适宜于水稻、红薯等高产粮食作物生长。传统农作物黄花菜、中药材、柑桔等产量位居湖南省前列。邵东虽然地处内陆，但历来交通便利，早在新中国成立前就有（湘）潭宝（庆）公路、衡（阳）宝公路贯通全境。目前有320国道、沪昆高速、衡邵高速、S315省道过境，还有娄邵铁路、洛湛铁路和怀邵衡铁路，形成了方便快捷的交通网络。20世纪70年代建设的邵东军用机场，正在规划为军民两用。同时，还建立了全覆盖的县域电信通信网络。

邵东每平方公里约有750人，人口密度居湖南省农村县市之首。而耕地只有

---

① 《邵东概况》，中国邵东网，SHAODONG.rednet.cn。

50多万亩，人均不过三四分田。由于人多地少，邵东人为了生存，很早就有外出经商的传统。① 改革开放后，地处内陆的邵东人利用交通优势之便，走出家门，将东部及大城市面临淘汰的小工业品运回，远赴西南（湘西、广西、贵州、云南等）贩卖。县城早在20世纪80年代就建立了当时南方规模较大的小工业品交易市场之一。利用在外邵东人建立的市场网络，邵东从20世纪80年代后期开发与贩售商品相关的上游工业，今天邵东生产的打火机行销世界，占中国总出口的50%以上，也是眼镜、皮品、箱包的生产基地，书包销量占国内市场份额极大。加上传统的小五金制品（如剪刀、菜刀等）生产，邵东被誉为"百工之乡"。曾几何时，邵东成为湖南富裕县的样本之一，曾进入湖南省经济十强县行列。

在初入市场经济过程中，邵东人经历了不少摔打，经济发展时有起伏。1992年改革开放第二轮高潮时，广东等沿海地区很快成为投资热点，吸引了大量外省资本前往。已初步聚集一定财富的邵东，也为这股热潮所激荡，国有企业、民营企业以及大量个人，纷纷将资金投入广东等地的房地产开发，转移全县几十亿财富。20世纪90年代中期大量很快从沿海撤回，立足家乡建设，很早就形成了"以土地换投资"的开发模式来发展商贸、建设县城。90年代末发展民营企业的过程中也出现了曲折，经济形势一度消沉，逐渐被挤出湖南省经济十强县行列。经过十余年的严厉整治和调整，邵东经济走上了协调规范平衡发展之路，县域经济综合实力稳定在湖南省第十一二位。

今天的邵东，经济活跃，市场繁荣，境内有"全国文明市场"之称的邵东工业品市场，"南国药都"廉桥是全国十大药材市场之一，还有湘中最大的家电城、眼镜城、五金城等30多个专业市场和300多个"万村千乡"市场工程网点，2017年市场成交总额达300亿元。外贸进出口突破1亿美元，为全省"出口十强县"。2018年，全县实现地区生产总值430.45亿元、财政收入25.32亿元。② 邵东先后被确定为湖南省民营经济改革与发展试验区、全省农村综合改革试点县、全国基础教育工作先进县、全国民政工作先进县、全国农村社会养老保险工作先进县、全国科普工作示范县、全省首批承接产业转移重点基地县、全国电子商务进农村综合示范县。农业方面，邵东还是"全国粮食生产大县""全国生猪调出大县""全省产油大县"。

---

① 中央政策研究室原主任滕文生同志向笔者回忆，他的家乡在湖南衡阳的常宁市，幼时听过邵东来的小商贩传播徐蚌会战（淮海战役）的消息，并估计解放军很快就会来湖南。
② 《邵东概况》，中国邵东网，SHAODONG. rednet. cn。

邵东还有一笔极大的精神财富——在外经商的 40 万[①]邵东人对家乡的热爱、对家乡建设的执着。他们几十年来走南闯北，视野开阔又极具商业头脑，善于抓住商机，不屈不挠，吃苦耐劳，足迹遍及中国西南部城乡，邵东有 300 多条物流线路通往全国，全国有 256 个县级以上城市有邵东人经商一条街。他们中有 10 万人远出国门，在东南亚一带发展事业，邵东人近年还在泰国、老挝建立工业园区。据估计，在老挝的十几万中国工商业者中，邵东人要占一半。更为难得的是，他们大都与家乡建立了密切的商贸联系，不少人返乡投资产业以及公益事业，反哺家乡。政府也采取了种种优惠措施，动之以乡情，鼓励他们在家乡谋发展。

改革开放以来，邵东的城镇化建设取得了巨大成就。作为一个农业大县，改革开放前夕邵东非农业人口（包括国家工作人员、国有大企业职工、地方企业职工和城区居民等）在 10 万人以下，城镇化率不到 10%。而到 2017 年，邵东常住人口城镇化率达到 53.46%，城镇建成区面积总和达 41 平方公里。[②] 尤其是近几年，城镇建设已被当作邵东的形象、邵东的品牌、邵东的投资创业环境来抓。另一个因素则是自 20 世纪 90 年代邵东就启动了"县改市"模式，对照设市标准加紧城镇化建设，推进城镇化进程。强力实施"兴工旺商"战略，积极推进生态产业园建设，边"筑巢"边"引凤"，园区道路、水电、通信等基础设施建设快速推进，多家国内外著名企业已落户园区。同时，还大力优化投资环境。

面向未来，邵东在推进城镇化进程中有三个工作重点。首先是重视并完善城乡规划，发挥好规划在城乡建设和经济发展中的引导作用，以"双六"规划（城区用地规模 60 平方公里、人口规模 60 万）编制为契机，找准邵东定位，彰显邵东特色，着重统筹城乡协调发展，为邵东未来 20 年构建宏伟蓝图。坚持"一个理念"，即超前思考、靠前服务的规划理念。推进"三个规划"，即科学规划、阳光规划和高效规划。抓好"五个重点"，即"双六"规划编制，尽快实现规划详规全覆盖；"数字邵东"建设，制定地理信息共享、应用和服务等方面的规范性文件及技术标准；研究制定基础空间数据共享的内容和政策，积极推动测绘地理信息服务社会、服务民生；行政审批服务改革；重点项目服务，实行重点项目责任制，对项目规划对口服务；加大人才引进和培养力度，组织乡镇规划培训班，切实增强规划人员业务水平，以科学的规划引领又好又快的发展。

---

① 2018 年，邵东户籍人口 134 万，常住人口仅 91 万，故其余 43 万户籍人口因在外地甚至外国（如老挝、缅甸）经商而成为外地、外国城镇常住人口。而本市 91 万常住人口中，城镇人口近 51 万。如果按户籍人口算，本地加外地的邵东城镇常住人口达 94 万，人口城镇化率当为 70%，远高于全国水平，几乎与欧洲相当。

② 新蓝网，http://n.cztv.com/news/12622287.html，2017 年 8 月 2 日。

其次是推进重点工程建设，夯实城镇建设基础。推进城乡一体化，为全面建设"双六"城市奠定坚实基础。部署了"十大城建工程"和"十大民生工程"，推动各项重点工程稳步前进。推进工业园区路网建设，推进污水和垃圾处理配套项目，推进城乡生活垃圾综合治理项目，启动垃圾焚烧发电项目，提高城镇生活垃圾无害化处理能力。完成水源建设和主水管铺设。启动"气化邵东"建设，完成主城区燃气主管网铺设。用全面规划、分步实施、片区推进的方式，推进乡镇管道燃气建设。完善城市排水与暴雨防治体系，推进各建制镇污水收集系统建设。

最后是合理利用国土资源。找准保护用地红线和促进发展之间的平衡点，保障重大项目、新型城镇化、产业转型升级、民生改善等各类合理用地需求。抓住保障用地和保护资源两个重点，实施国土综合整治、采空区治理等工程，改造基本农田，城乡建设用地增减挂钩。推进土地颁证、土地清理、集约节约用地、非煤矿山治理等，集中查处乱占滥用耕地、土地闲置、土地非法买卖，进行土地管理秩序专项整治行动，规范农村用地管理秩序。推广集约节约用地集中成片建房模式，探索集体经营性用地入市、改革完善宅基地等制度，促进新农村和城镇化建设。建设保障性住房和廉租房，结合新农村建设，扎实开展农村危房改造。

近年来，湖南省政府批复《邵阳市东部城镇群城镇体系规划（2016～2030）》。在这一规划中，邵东被列为邵阳中心城区卫星城，东部城镇群对接"长株潭"的门户节点，列为发展中等城市目标（50万～100万人）。2019年7月，国务院批准撤销邵东县，设立邵东市，邵东城镇化发展即将进入一个新的阶段。

二、不同层级的城镇建设（1）：城区

邵东城镇化建设的铺开，可分城区建设和建制镇建设（镇、村）两个层级。

邵东城区原只有几条简陋的街道，没有广场也没有公园，新城区建设始于20世纪90年代中期，从工业品市场开始向东北方向扩展。在几乎没有财政支持的情况下，邵东敢为人先，制定了大幅扩展县城规模的规划，大胆开创新建企业可免费用地的做法，吸引了大量民间资本，县城面积很快扩大了三倍。目前主城区规划面积扩大到18.8平方公里，设置了三个街道办事处，差不多是再造了三座县城，常住人口已有30万，俨然一座中等城市规模。这在中部内地是极为罕见的，其发展在时间上甚至比一些东部沿海地区还要早。近年邵东城区建设主要从四个方面开展。

加强城区基础设施建设。包括推进城区路网升级改造，近几年投资新修7条高标准道路，拓宽改造升级（铺设重胶沥青）8条道路。城区高标准道路总长达

25公里。推进污水管网泵站，建成城区生活污水处理厂，铺设污水管网，建成区的生活污水实现集中处理，水质达到国家一级B类排放标准。科学规划给排水体系，统筹实施城区的给排水建设，建设第二水源。推进垃圾填埋场及综合配套设施建设，建成无害化垃圾填埋场和垃圾渗沥液处理系统，城区生活垃圾无害化处理率达80%以上。推进重点民生工程。建设天燃气管道，铺设燃气管网，燃气入户。在城区新建两大广场，在改造原有广场基础上新建700亩地的城市公园。建设人工湖、沿江风光带工程。注重产业支撑，"兴工强县"，把发展城镇产业作为推进新型城镇化的重要支撑，坚持以业兴城、以城拓业，引进资金20多亿元，促成几十个工业项目投产，并带动农民工回乡创业和进城务工。[1]

完善市政设施，整治城市环境，全面提振城镇形象。主城区以打造"宜工""宜商"和"宜居"之城为目标，提高承载能力，提升城市整体形象。加强环境卫生秩序整治，加强道路交通、市容市貌管理。强化"门前三包"，加强对城区交通、卫生和治安秩序的综合整治。保障道路清扫保洁，垃圾站和公厕有专人管理，全天候开放，改善城区人居环境。对主城区市政道路、人行道、下水道等基础设施定期改造维修，添置先进的市政维护设备，保障道路全部硬化率。拓展绿化面积，城市绿化覆盖率达到35.2%，人均8.2平方米；主城区道路全部实现硬化，路灯亮化率达99%以上；完成新燃气站建设；新建自来水厂，城市供水率达99%；污水处理率达95%，生活垃圾处理率达100%。

运用经营城市理念，注重市场运作，解决资金难题。资金缺乏可能是城镇化建设中最有普遍性的问题，邵东除努力申报国家项目、争取更多的财政转移支付外，还多渠道筹措资金。出台了《关于鼓励民间资金融入城市建设的规定》等一系列政策文件，在土地、税费等方面实行优惠奖励。一方面规划区土地出让收益，另一方面创新融资模式，进行社会多元化筹资，包括争取中央、省、市项目资金；本级财政收入投入城镇化建设资金；通过融资平台，争取银行贷款和招商引资；立足邵东民间资本雄厚优势，采取BT（建设—移交）、BOT（建设—经营—移交）等模式融资，激活民间资本。例如，城区污水处理厂和垃圾处理场的建设，主要资金即由民营业主投入。

加强规范和制度建设，提高管理和服务水平。在探索推进新型城镇化和城市建设的实践中，一是建立健全项目特别是重点项目建设领导挂点制、定期调度制、督查考核制等一系列工作制度，加大项目推进力度。二是制定文件，促使工作程序、行政行为规范化，提高办事效率和服务质量。三是制定优惠政策，如对特别重大的项目实行"一企一策"，执行最低的行政收费水平和服务性收费标准。

---

[1] 笔者根据相关资料整理。

四是广泛征询意见。定期邀请各级人大代表、政协委员观摩城镇建设项目，积极听取他们对城镇建设的意见和建议，改进工作作风，推进新型城镇化建设。

三、不同层级的城镇建设（2）：镇、村

邵东的建制镇（小城镇）建设也颇有特色。邵东推进新型城镇化的基本思路是，促进小城镇建设梯次群落发展。以主城区为中心，培育扶持一批重点镇，以示范镇、中心镇、特色镇向四周辐射，带动周边乡镇发展。廉桥镇是全国第一批特色小镇，也是湖南省城乡统筹发展示范镇和中心镇。廉桥、佘田桥、团山获批全国重点镇。佘田桥镇列入了省级特色镇建设。火厂坪、牛马司、魏家桥等老牌名镇，焕发出城镇化建设新活力。在村一级，堡面前乡大羊村、佘田桥镇湖山村为全国宜居村；大羊村申报国家特色旅游村；杨桥镇的荫家堂、牛马司镇的洪桥、灵官殿镇的丰盛村申报为中国传统村落。

加强建制镇的建设，依靠市镇两级形成合力。其一，市政府推出推进新型城镇化建设的优惠政策，尽力为乡镇城镇化建设争取项目与资金。其二，市政府和职能机关（城建局）直接指导建制镇加速城镇化步伐，推进和完善基础设施建设，全面提升小城镇承载能力。以提高宜居水平为目标，切实整治城镇环境，促进住宅小区开发，不断提升城镇功能和面貌。其三，市本级直接向各建制镇投入资金，建设和改造路、水、电、气、网络等基础设施。其四，鼓励各建制镇发挥主动性，从旅游、商业、交通等多途径挖掘潜力。不少重点镇设有工业园区，如黑田铺镇的工业园区、火厂坪镇的华龙新城和灵官殿镇的"湘中新城"。火厂坪镇制定了新农村建设布局规划。杨桥镇通过了《杨桥镇总体规划修编（2012～2025）》，打造"生态魅力和谐之镇"。黑田铺创建省级生态乡镇。2017年9月，流泽镇镇区面积由原来不到1平方公里规划扩至5平方公里。

建制镇下的村级建设，典型者如堡面前乡五一村、牛马司镇铁铺村、范家山镇龙江村成功创建省级生态村，牛马司镇楠木村片4个村、石株桥公田村片4个村完成了村庄布局规划。当前全域范围内农村主要以改造危房、保护基本农田、加强国土整治和管理为重点。同时，着力推进危房改造因地制宜连片集中建设。优先解决最贫困户的基本安全住房。统筹建房选址，符合镇（乡）域村镇布局规划，并尊重群众意愿和当地习俗。将集中连片建房、村容村貌整治和特色民居传统村落保护建设有机结合。将农民住宅建设审批权、辖区执法权下放乡镇。

保护基本农田，创新集约节约用地模式，打造社会主义新农村样板工程。树立集约节约用地的样板工程堡面前乡大羊村，黑田铺镇专门成立集约节约用地指挥部。成功申报娄邵盆地基本农田建设重大工程，成功争取土地整治项目、中央

灾毁耕地复垦项目、历史遗留损毁土地复垦项目等。推行耕地保护"一把手"负责制。县乡村三级层层签订耕地保护责任状，加大基本农田保护力度。加强域内国土管理，矿山年检，打击非法采砂，狠抓地质灾害防治，全面排查地灾隐患点，对用地市场严格规范执行"招、拍、挂"制度。

邵东农村一些建制镇的城镇化建设各有特色。

火厂坪镇是邵东重点建制镇。这是一个传统老镇，钢铁制品工业发达，有较多的工业人口。课题组在调查中还了解到，该镇近年又因两个特殊原因而使常住人口增加较快。一是作为湖南省示范中学的邵东三中设在此镇。由于近年中学生读书流行家长陪读的做法，两千多名学生至少伴有两千多位家长在镇区租房陪读。二是该镇居民拥有1 200多辆大货车，多雇请外地专业司机驾驶，司机连同家小又增加了几千人。镇里人丁兴旺，为服务业带来了大量客源，也对镇区扩大、改善环境条件产生了新的动力。在贯穿县境南北的八老公路开始建设后，火厂坪镇抓住过境高标准公路建设契机，制定新镇区建设蓝图，高标准建设便民服务中心、小学、幼儿园等。其中，"华龙新城"项目方坚持"经营城镇"的理念，创新并构建出"产城一体化城市开发与城市运营模式"，建成了目前邵东乡镇中投资最大、功能最全的综合商业服务中心，保险公司、大型医院、商场、连锁餐饮纷纷入驻。火厂坪新城建设受到政府高度重视。2016年县委书记亲临现场办公，确定支持火厂坪镇建设。火厂坪镇抓住机会，实施城建旺镇战略，对镇区道路全面进行沥青改造，2017年，该镇老城区主干道全部白（水泥）改黑（重沥青）。新建的华龙大道宽达36米，为邵东乡镇第一路。为提升城镇品位，镇里统一部署开展拆违行动，镇区面貌焕然一新。如今，火厂坪镇区商铺林立，整洁漂亮，车来人往，生机勃勃。华龙新城里，13层高的华龙大厦鹤立鸡群，彰显着新城镇气派。火厂坪镇很快就以一个商贸繁荣、楼宇林立、安居乐业的新型小城镇而华丽亮相！

牛马司镇很早就因国营大型牛马司煤矿而著名，矿区上万名职工及家属在镇区内与农家交错杂居。近年随着煤层采空和去产能，牛马司煤矿几近停产，经济局促，要在镇区展开新型城镇化改造和建设，极为艰难。牛马司镇从实际出发，围绕"兴工强镇"发展战略，突出工业化、城镇化两个重点。工业方面加大招商引资力度，创新招商方式，吸引企业落户，将构建资源节约型、环境友好型企业作为工业发展主攻方向，淘汰机焦窑等环境污染企业。城镇化工作重点则放到新农村建设，以"生产发展、生活宽裕、乡风文明、村容整洁、管理民主"为建设纲要，以卫生、整洁、绿化、美化为新农村标准。在推进农业产业化、稳定和发展粮食生产的同时，推进结构调整，建立优质稻、蔬菜、精品水果、牲畜养殖等传统优势产业示范基地，以基地带农户，促动农民自觉参与结构调整。抓好农民技能培训，加快农业科技的推广应用，发展无公害农业，发展绿色食品生产。加快生态农村建设，发展沼气池，改圈、改灶、改厨、改厕、改水，植树造林。在坡江村进行新农村建设示范试点，修建花园式广场、篮球场、乒乓球台、凉亭、村级活动中心（内有农家书屋）、休闲健身场所，丰富农民业余生活。引导农民"垃圾入桶、柴垛入院、道路清障、河塘清淤"，开展村庄环境卫生整治，开展村庄绿化，实现村庄洁化和美化，村级主干道路硬化、亮化并节能。而铁铺村的文化会议中心，既丰富了村民业余生活，还能承办相关会议，增加村集体收入。西洋江村的农村保障房连片建设，既解决了部分危房和无房户的住房问题，又置修娱乐与体育设施和场地。洪桥村全面维修古镇街道房宅和古洪桥（省级文物保护单位），既保持传统集市贸易功能，又吸引怀有乡愁情结的八方游客来访。

魏家桥镇虽是普通镇，但有邻近邵阳市城区的优势，以做邵阳市区的"菜园和后花园"为发展战略，坚持"农业强、农村美、农民富"的发展目标，重点围绕"产业兴旺、生态宜居、乡风文明、治理有效、生活富裕"的要求，在产业发展、环境整治、生态保护、农村治理等方面大做文章，着力传承乡风文明，弘扬乡村文化，留住乡愁记忆，推动乡村振兴。鼓励和引导农民参与特色田园乡村建设，做大观光休闲农业，重点扶持若干个"田园综合体"建设和生态观光园工程；打造翰林农庄、桃花节、油菜花节、龙舟赛四张休闲旅游名片；加大土地流转力度，发展壮大精品水果、中药材种植、花卉苗木、油菜基地、桃梨花基地、红花油茶、反季蔬菜等农业基地，打造集循环农业、创意农业、旅游观光、休闲农业为一体的"多彩田园、乡村"。目前，新农村建设成就已初现端倪。

四、特色小镇廉桥镇

廉桥镇是2016年10月国家住房和城乡建设部公布的全国第一批127个特色小镇之一，是邵东第一大镇。境内交通便捷，国家级高速和国道、省道贯通，有普通铁路和高铁经过并设置客货车站。镇区面积98平方公里，总人口8.1万，其中城镇居民4.1万，城镇化率2012年即达50.6%。[1] 廉桥镇是湖南省统筹城乡发展示范镇和生态示范镇，拥有全国排名第四的大型中药材市场，素有"南国药都"之称；还有中南地区最大的木材市场。廉桥镇践行"新农村、新城镇、新药都"的发展理念，致力打造湘中历史、文化、经济重镇，取得令人瞩目的成绩。

---

[1] 笔者根据相关资料整理。

(一) 实现传统产业全面升级

廉桥镇的特色是中药材的种植、加工、交易，是有 150 年历史的传统产业，药业文化深厚。该镇发展战略是，形成以中药材市场为龙头，特色农业为引导，规模工业为支撑的发展格局，产业全面转型升级。

经过近几年的聚能转型升级发展，廉桥中药材专业市场占地达 535 亩，经营户 1 200 多家，年成交额突破 60 亿元，税收 2 000 万元。[①] 在全国驰名商标"松龄堂"中药饮片有限公司的引领下，多个传统中药材商家发展为中药饮片企业。带动了邵东县 15 万亩中药材种植，有的村还成立了药材种植专业合作社。实现了医业产业链集群发展，如药都产业园的仓储物流项目获国家发展和改革委员会立项，总投资达 1.56 亿元。与上市公司海南海药集团合作，投入 10 亿元，打造中药材加工基地。[②]

作为最传统的产业农业，大农业结构不断调整，依托中药材市场，发展木材市场，培植生态农业。全镇有药材种植专业合作社 2 家，专业村 20 多个。有的村形成葡萄、红提或无核石榴种植的生态农业产业园，有的村发展"猪沼果"生态农业产业链，形成规模化农庄；有的村规模化养殖鸡鸭和娃娃鱼。这些特色农业已成为农民增收的重要渠道。

(二) 促进经济社会创新发展，农民身份相继置换

中药材、木材、生态农业是该镇三大支柱产业，全镇有 6 万多农村人口走出土地，走向商业、手工制作、装卸、药材和农产品深加工等领域。如集生态农业、生态旅游、水面养殖、文体活动、休闲度假五位一体的"昭阳生态农业产业观光园"项目，由邵东生态农业科技有限公司开发建设，吸纳 500 名剩余劳动力为产业园的职工，担负起园区种植、施肥、修剪、灌溉等十几道工序，成了名副其实的农业产业工人。

经营手段科学升级。该镇 2011 年即实现工业总产值 21.6 亿元[③]。其中"晨晨"牙刷品牌效应逐渐凸显，天隆打火机厂高档产品远销世界。定期组织对工业企业、药材经营户、农业种养户进行技术与营销培训，注入科技含量。药材经营户观看视频电教片后，转变经营理念，利用电讯和网络减少流通渠道、降低商业成本，将产地、供货商、经销商捆绑到一起，实现网上购销。降低物流成本，实现了销售总量和产品利润大幅增长，网络化经营、销售渐渐成为主要市场手段。

---

①②③ 笔者根据相关资料整理。

(三) 扩充镇区规模、提升城镇品质

聘请省规划设计院设计高起点的规划蓝本，对 2013～2030 年的城镇进行规划修编。镇区面积将达 8 平方公里，居民达 6.8 万人，形成以药材市场为中心的新市场、以饮片加工企业为中心的新园区和以镇政府为中心的新区。用项目建设支撑镇区发展。建成全邵阳市境内第一个坐落在乡镇的中高档小区。还获得农村环境连片治理项目、全国小农水建设项目、土地整理项目、油库建设项目、区内铁路修建和改造项目、镇区自来水管网和污水管网改造项目、中药材仓储、物流及检测中心项目等。

城镇环境更加优美，强化城镇绿化、净化、亮化、美化工作。坚决整治脏和乱，依法治理违章建筑和违法经营。添置各种城市管理和环卫设施，做到镇区和周边村垃圾清运率达 100%，其余村形成"户分类、村收集、镇运转"机制。增强城镇功能，以高标准和新标准来强化市政建设。公共服务和社会事业全面推进。建设农村沼气池、农家书屋、村级活动场所，解决农村安全饮水、增加城镇就业、社会保障逐步健全。全面开展危房改造，执行最低生活保障制度，医疗保险参合率达 100%，养老保险实现全覆盖。增加教育机构和医疗卫生机构容量。

城镇化促使廉桥镇经济发展提速增效、城乡面貌改观增色、人民收入增加、后劲可持续增强，创建文明城镇、卫生城镇、生态城镇、平安城镇的目标正在实现。近几年来，由于成就突出，廉桥镇还被评为湖南省生态示范镇、"湖南省最具民生幸福感乡镇"，邵阳市文明镇、卫生镇、平安镇，成为名副其实的"百年名镇""湘中明珠"。在《邵阳市东部城镇群城镇体系规划（2016～2030）》中，廉桥镇被列入邵阳东部三个特大镇（5 万～10 万人）来建设。

五、思考与建议

邵东城镇化进程取得了傲人成绩，但也存在一些问题，需要进一步解决。

一是如何处理主城区建设和下属镇村建设的关系，找到两者间的平衡点。这个问题在官方的统计数据和工作总结报告中难以见到，但我们在调查考察中有明显的感受，听到了基层的反映。譬如土地使用权问题，受土地政策的一定制约。邵东处于新型城镇化快速推进阶段，土地需求量尤其大，但现行政策严格控制建设用地，建设指标与建设用地需求之间矛盾较大，保红线与保发展之间的矛盾突出。另外，主城用地和镇区用地不平衡。我国的土地使用审批权下放到县级国土局，那么镇区的开发建设用地须县级国土局审批，而国土局大多要贯彻市府意志，把注意力放在主城区建设用地上。特别是像邵东这样一个县改成的市，城区

面积和非农业人口必须达到一定要求，因此用地指标大多留给主城建设，对建制镇开发园区用地则往往控制较紧。调查中，某镇就反映，某大型公司在该镇设立工业园区，其批地过程缓慢，影响园区建设速度。又如镇本级在许多事务上没有财政权、执法权等，影响了相关工作开展。如虽有国土、税务、城管等方面的专门干部或专门机构，但人员在编制和业务上都隶属于市级局；虽然是镇、局双重领导，但人员少、工作多，而且多由局里调动和支配。因此，镇政府每逢处理违章建筑、违规摊贩时，没有执法权，对方也知道镇上无执法权，因而即使被查也坚持不改，镇府只能动之以情，"求爷爷告奶奶"地请对方理解。

二是城镇化建设的资金欠缺问题。邵东城镇化资金一般由三部分组成，一是争取上级项目、获得转移支付；二是市本级财政拨付；三是引入社会资本。从市一级来看，主城区以及开发区摊子铺得较大，建设了大量城市基础设施，但财政支付能力有限，导致欠有银行数亿元贷款，并有大量在建工程资金不足。在镇一级市政建设方面，由于各级财政负责各级建设，因而市住建局无法在资金上对各建制镇予以支持。而镇的财务收入实在有限，即使镇的开发园区有些许收入，也只能用在园区自身的基础建设上，对原有镇区无法改造；而镇区的道路改造、垃圾处理、路灯系统、排水系统等基本属于公益性质，不可能有收益，因而也吸引不了社会资本和民营资本投入。因此在镇级领导对于城镇化理解不是很透彻的情况下，有镇干部反映，如果国家不能大面积拨款支持，农村城镇化就不要大面积铺开，以免造成被动。在镇下的农村里，危房改造工作作为一项民生工程深受群众拥护，但邵东农村危房改造任务重、户数多，中央下达资金有限，而政策规定的省市各级应配套的危改资金及武陵片区配套危改补助都落实不够，导致实际资金难以达到规定要求，大大降低了危改工作的帮困力度。

三是城镇化建设与社会期望值的矛盾。中央号召推进新型城镇化建设，这一战略通过各种媒体传播而深入人心，社会期望值陡然增高。不少群众认为这对个人来说是一重大利好，人心思富，希望在城镇化建设中早受益、多受益，甚至盘算着受益程度，催促镇府早日推进城镇化，这就干扰了正常工作，引起人心浮躁不安，反而要牵扯很多干部和工作人员去进行"维稳"。一些已施工的项目现场，同样社会矛盾复杂，拆迁矛盾、工农矛盾、劳资矛盾时有发生，反复性大，调处难度较大。此外，有的项目开工前未充分进行前期调研论证，脱离实际而主观盲目地设想，结果导致工程进度停滞、停工甚至"流产"。如某镇在镇区旁划出一块地，有社会资本来开发兴建新农村居民小区，小区拟建的八栋住宅楼全部动工，鼓励农民在小区买房居住。但课题组去实地考察调研时，只见到一栋楼已有人入住，底商层有一家小超市营业，还有一栋楼完工但未见入住，其余六栋楼均处于停工状态，成为名副其实的烂尾楼。虽然问题终归要解决，但拖长了时日。

四是邵东的新农村建设和农村的城市化生活步子迈得不大，思路拓展不够。就农村建设来看，除了危房改造在积极推进，个别村建立示范效应外，农村环境等问题未见大的改观。农村既恢复不到过去那种小桥流水、瓜果飘香的田野生活，令乡愁者倍感惆怅，也朝城市化新生活的目标还有相当一段距离要走。既然连邵东这样一个中部较富裕的农村地区都是如此，在中西部地区要全面实现农村城镇化，尚需时日。邵东似乎在创立农村新经济方面尚有不足，譬如乡村旅游业几乎未提上日程，农家乐这种乡村旅游新形式在邵东少见踪影。尽管邵东人口稠密，房宅林立，但也有不少可待开发的旅游资源。境内人文胜地众多。不论是有2000多年历史的"昭陵侯城"遗址、唐玄宗御笔钦题的佘湖山云霖寺、宋濂溪周子洗笔的九龙岭翰墨池、气势恢宏的明清建筑荫家堂和山塘古屋、洪桥等传统建筑，还是民族义士贺金声、五四运动先驱匡互生、新四军政治部主任袁国平、音乐大师贺绿汀、新闻怪杰严怪愚等名人志士的故居家乡，都是游客回望先贤、洗涤心灵的绝佳去处。县域南北的绵延山脉、茂密森林，更能吸引本市及邵阳市区居民前往度假休闲、散心清肺。如果能得到好的开发，邵东定能以既富又美的新形象展现于世间。

第二节　西部农业区——甘肃定西农村城镇化

一、定西区情：落后的西部农业区

定西市位于甘肃省中部，西邻省会兰州市，是中原通向西北的交通要道和古丝绸之路的必经地，素有"甘肃咽喉、兰州门户"之称。面积约2万平方公里，2004年总人口296.99万，其中农业人口270.37万，占91.04%，现辖一区六县、119个乡（镇），耕地面积51.34万公顷，其中山坡地占87%以上。定西属干旱半干旱区，降水稀少，水资源短缺，水土流失严重。定西自产水资源人均仅为668立方米，是全省人均的42%，全国人均的25%，世界人均的6.5%；农田单位面积占有水量为全省和全国平均水平的8.2%和4.9%。[1]

定西地区曾在秦汉时有"畜牧为天下饶"的记载，隋唐有"天下称富庶无

---

[1] 尤飞、董锁成、王传胜：《黄土高原贫困地区生态经济系统良性演化的条件和对策——以甘肃定西地区为例》，载于《资源科学》2003年第6期，第52~59页。

如陇右"之赞誉,而进入近代以来,竟以"苦甲天下"而闻名,总体经济水平落后,在全国属于最贫困地区之一。"山是和尚头,沟里无水流,十年有九旱,岁岁发人愁"曾是定西的真实写照。各种自然灾害频频降临,使定西有"立体自然灾害博物馆"之称。1876年,陕甘总督左宗棠在奏折中称"陇中苦瘠甲于天下"。20世纪80年代,联合国粮农组织专家一行数十人在定西考察,被定西恶劣的生存环境所震撼,因此定西被联合国粮食及农业组织认为是"不适宜人类生存的地方"。2003年定西撤地设市后,辖区1区6县均被定为国家级重点贫困县。2008年,定西市国民生产总值为105.64亿元。全社会固定资产投资总额80.52亿元,完成城镇建设投资70.67亿元,农村固定资产投资9.85亿元。[①] 2013年定西市国内生产总值252.22亿元,人均仅9 103元,约为甘肃省平均水平的1/3,全国平均水平的1/5。全市工业化率为15.86%,仅相当于1984年的全国平均水平,仍处于工业化初期的起步阶段。[②]

定西市1区6县大致可分为三类。第一类为安定、临洮和陇西,竞争力比较强、发展基础比较好。安定区是定西市府所在地,是全市的政治、经济、文化中心,有兰州市"东大门"之称,也是定西打造"中国薯都"的核心区,综合经济实力较强。临洮县自然条件相对优越(黄河上游最大的支流洮河流经县域9个镇),作为"兰白经济区"重要节点城镇,被称为兰州市的"后花园"。陇西县交通便利,工业化和农业产业化水平较高,形成了铝冶炼及铝制品、中医药和特色农副产品加工的工业体系。第二类是通渭县,经济实力处于中间水平。比起第一类地区,通渭县基础差、底子薄,但发展势头强劲。综合排名由"十五"计划末期第六名上升到"十一五"规划末期第四名,2014年仍保持在第四名。通渭县发掘当地优势资源,开发培育出书画、小杂粮、红色旅游、温泉养生等极具特色的优势产业。第三类是渭源县、岷县、漳县,属于生态环境脆弱、基础条件差、产业化水平低和少数民族区域,综合实力较弱。如渭源县以山地为主,农业生产条件差,工业发展水平极低,工业增加值仅占全市的2.5%。作为"中国马铃薯良种之乡"和"中国党参之乡",其马铃薯产业和中医药产业开发程度较低。[③] 由于境内自然条件严酷、资源匮乏、产业开发度低,因此定西贫困人口较多,扶贫攻坚任务重,根据新的扶贫标准,2012年甘肃省核定定西市贫困人口

[①] 定西市统计局、国家统计局定西调查队:《定西统计年鉴》(2009),中国统计出版社2009年版,第20~103页。

[②] 张亮:《新型城镇化进程中的基本公共服务均等化问题探析——以甘肃省定西市为例》,载于《小城镇建设》2015年第7期。

[③] 张陇娟:《甘肃定西地区县域经济:现实考量与发展建议》,载于《新疆农垦经济》2016年第5期。

为 115.83 万人，占农村人口的 43.39%。① 总之，定西至今仍属于西部干旱区典型的贫困落后地区。

二、定西农村城镇化的现状与问题

在社会经济发展水平较低的背景下，定西农村城镇化发展严重滞后。全部 7 个县区都是国家级扶贫开发的重点县，全被纳入六盘山特困片区，境内 60% 以上的国土是山和沟壑，十年九旱，灾害问题和贫困问题相互叠加，因此，扶贫开发是改革开放以来定西农村城镇化发展的主攻方向。

农村城镇化是实现精准扶贫、协调城乡发展、破解"三农"问题的有效途径。从世界范围来看，中国是全球最早实现联合国千年发展目标中减贫目标的发展中国家，扶贫成就世界有目共睹。定西是全省、全国扶贫攻坚的主战场。作为贫困地区的一个典型代表，定西早在 1983 年就被国家确定为"三西"（甘肃河西、定西和宁夏西海固，被称作"三西"）农业扶贫的重点地区。自 2004 年以来，定西实施易地扶贫搬迁工程，以此解决边远山区贫困群众脱贫致富举措，并与统筹城乡发展紧密结合起来。全市先后对 18 万多名边远山区贫困群众实施了易地扶贫搬迁。搬迁群众生产生活条件得到了极大改善。他们迁居到新安置区后，从此告别了资源匮乏、交通不便、干旱多灾、环境恶劣，不具备生存条件的边远山区，在资源较多、交通便利、环境良好，水、电、沼气进家入户的迁居新区安居乐业，从根本上解决了行路难、吃水难、用电难、就医难、子女上学难等问题。在拓宽增收渠道的基础上，搬迁群众按照各自选择确定的增收项目，自觉学科技、用科技，掌握一至二门实用技术，大力发展生产，快速增加了收入。2014 年全市搬迁群众人均纯收入达到 4 700 元，是搬迁安置前的 2.3 倍，而且近几年增幅超过了城镇居民人均可支配收入增幅，城乡居民收入差距明显缩小。②

2013 年、2014 年两年，是定西历史上减贫人口最多的时期，共减少贫困人口 30 万人，贫困面从 2012 年的 36.5% 下降到 2014 年的 26%，有 139 个贫困村实现整体脱贫。同时，这一时期也是农村面貌变化最大的时期，建成农村公路 1 882 公里，村村通公路硬化率达到 67%；解决了几十万人的饮水安全问题。2015 年，全国"三西"地区扶贫开发现场会在定西召开，国务院副总理汪洋指出："三西"开辟了开发式扶贫道路，创造了许多扶贫新思路、新模式、新经验，

---

① 郑彦宏：《丝绸之路经济带上的贫困节点城市现状分析与对策研究——以甘肃定西为例》，载于《发展》2016 年第 7 期。
② 李爱宗：《易地扶贫搬迁与统筹城乡发展问题研究——以甘肃省定西市为例》，载于《河西学院学报》2016 年第 4 期。

丰富了中国特色扶贫开发的内涵,为全国扶贫事业树立了典范。根据相关负责人2016年在首届中国扶贫论坛的介绍,政府建立了精准帮扶、精准投入和精准管理三大机制,为精准扶贫提供有力的制度和组织保障。坚持市、县、乡、村四级抓扶贫,组建了市县区精准扶贫办公室、乡镇扶贫工作站和驻村工作队,加快推动双联行动与精准扶贫深度融合,目前市县乡共有4 200个单位结队帮扶63万贫困人口,双联行动取得了明显成效。另外,大力改善贫困地区的基础设施和生产生活条件,把走水泥路、用动力电、喝自来水、住安全房作为重点建设目标。目前全市将近2 000个行政村都保证通了柏油路。同时大力进行教育卫生文化建设,2015年以来落实教育扶贫资金、医疗救助资金的投入,实现1 500人以上村庄的农家书屋、广播电视、重大疾病救助等全覆盖。[1]

从城镇化率来看,近年来定西农村城镇化开始提速。各县县城和小城镇建设步伐加快,城镇建成区面积由62平方公里扩大到81平方公里,城镇化率2010年提高到24.42%。[2] 2012年,积极推进户籍制度改革,引导农村人口向城镇有序转移,城镇化率达到26%。[3] 2013年,加快城乡一体化发展,城镇化率达到28.1%。[4] 2014年,积极推进以人为核心的新型城镇化建设,有序推进农业转移人口市民化,加快户籍制度改革,全市城镇化率达到29.23%。陇西县被列为全省新型城镇化建设试点县,安定区巉口镇、通渭县马营镇、漳县大草滩(殪虎桥)乡、岷县梅川(茶埠)镇被列为试点镇。[5] 2016年,完成城镇建设投资542亿元,是前五年的2倍,市县建成区面积扩大到93.7平方公里,21万农业人口进城落户,城镇化率达到32.2%。[6] 但也要看到,定西城镇化率仍远低于甘肃省和全国的城镇化率,而甘肃省又远低于全国平均水平,2015年甘肃省城镇化率约为41%,全国约为55%。2015年甘肃省城镇化水平排名为全国倒数第四,仅高于云南省、贵州省和西藏自治区。[7] 总之,定西的城镇化率较低,难以大力推

---

[1] 石亚楠:《激活扶贫攻坚的社会力量——首届中国扶贫论谈综述》,载于《农民日报》2016年10月1日。

[2] 常正国:《定西市人民政府工作报告——2011年11月13日在定西市第三届人民代表大会第一次会议上》,中国·定西党政网,www.dingxi.gov.cn。

[3] 常正国:《定西市人民政府工作报告——2013年1月10日定西市第三届人民代表大会第三次会议》,中国·定西党政网,www.dingxi.gov.cn。

[4] 唐晓明:《定西市人民政府工作报告——2014年1月8日定西市第三届人民代表大会第五次会议》,中国·定西党政网,www.dingxi.gov.cn,2014年2月1日。

[5] 唐晓明:《定西市人民政府工作报告——2015年1月19日定西市第三届人民代表大会第六次会议》,中国·定西党政网,www.dingxi.gov.cn,2015年2月3日。

[6] 唐晓明:《定西市人民政府工作报告——2016年11月15日在定西市第四届人民代表大会第一次会议上》,中国·定西党政网,www.dingxi.gov.cn,2016年11月26日。

[7] 钱国权:《甘肃省新型城镇化发展路径研究》,载于《发展》2016年第2期。

进扶贫开发，支撑定西跨越发展。城镇化的滞后，制约着市场发育和区域总需求，影响城乡协调发展。

21世纪以来，定西打出了"中国薯都""中国药都"等特色产业牌，加快建设特色农畜产品生产加工、有色冶金、矿产建材、现代物流"四大基地"，成效突出。为了做大做强工业，定西市高起点规划建设了4个省级经济开发区和3个工业集中区（园区），扶持本地企业出城入园改造，招引市外企业入驻。马铃薯精深加工、现代制药、铝冶炼及深加工等7大主导产业初步形成产业集群。[①] 马铃薯是全市种植面积最大的农作物，品质好、品种多、用途广，深受消费者欢迎，临洮县康家崖农贸市场被国家农业部确定为全国唯一的马铃薯专业批发市场，安定区和渭源县被中国农学会冠以"中国马铃薯之乡""中国马铃薯良种之乡"。[②] 随着优势资源开发和小城镇建设推进，一批专业性农产品批发市场初具规模，如陇西县文峰镇和首阳镇、岷县城关镇、渭源县会川镇的中药材批发市场（文峰镇是全国四大中药材批发市场之一）、临洮县康家崖村、陇西县文峰镇、安定区口镇、岷县梅川镇的马铃薯批发市场。它们以陇海铁路线、国道和省道为依托，担负起区内外农用物资交流和农产品集散的重任。2011～2016年，定西围绕打造"中国薯都"，推进马铃薯主食化战略先行试验示范区建设，成立主食化产业开发联盟，马铃薯种植面积稳定在300万亩左右，加工和贮藏能力分别达60万吨和350万吨，建成薯香园主食化产品开发等项目31个，国家级马铃薯专业批发市场一期工程建成投用，"定西马铃薯"荣获中国驰名商标，"陇上绿莹"牌马铃薯及其制品被认定为全国首家马铃薯生态原产地保护产品，安定区为全国马铃薯产业知名品牌示范区。围绕打造"中国药都"，推进国家中医药产业发展综合试验区先行先试工作，中药材种植面积稳定在150万亩左右，加工和仓储能力分别达35万吨和85万吨，新建中医药精深加工项目91个，"岷归""扶正"荣获中国驰名商标，陇西县创建为全国中药材种植产业知名品牌示范区。[③] 2017年9月，甘肃省建设国家中医药产业发展综合试验区启动大会在陇西县召开。2016年定西市中药材种植业产值达76亿元，加工业产值达56亿元，市场销售额160亿元。定西市气候干而不燥，凉而不阴，是"天然药库"，已形成"南药北贮"格局。全市中药材静态仓储能力达85万吨。目前，定西市已建成6个中药材交易市场和15个药材主产区产地农贸市场，利用"互联网+中药材"等现代

---

① 银燕：《甘肃定西立足特色实现跨越转型》，载于《人民日报》2012年11月14日第015版。
② 国家统计局农村社会经济调查总队：《中国农村统计年鉴》（2000～2004），中国统计出版社2000～2004年版。
③ 唐晓明：《定西市人民政府工作报告——2016年11月15日定西市第四届人民代表大会第一次会议》，中国·定西党政网，http://www.dingxi.gov.cn。

化营销手段,实现传统交易模式向现代化电子交易转变,与国内主要中药材市场信息资源互通、共享,全方位为药农和企业提供生产、加工、销售、贮存、物流等方面的信息服务。① 文峰药材交易城年交易额突破160亿元,成为全国第二大中药材专业批发市场和北方大宗中药材价格形成与信息发布中心。②

为了实现精准扶贫,定西各级政府在如何利用好现代互联网技术,快速、高效、准确地提高农民收入,推动新兴业态发展方面做了一些探索,其中利用"互联网+"来推动农村现代化的效果最为显著。课题组在2015年8~9月对定西农村的深度调研中,印象最深的是当地利用"互联网+"推动城镇化的两个事例。

一是"一村一电"工程,指每个村建设一个电子商务平台。此工程由共青团甘肃省委推进实施,旨在帮助贫困村贫困户和农村青年发展电商产业,吸引各方资源和社会力量投身扶贫事业。共青团定西市委在团省委统一部署下,在全市选择20多个贫困村为试点,打造"一村一电"网络平台。定西"一村一电"工程计划实现六大功能:创业孵化;网络代购;代卖农特;收发快递;充值缴费;咨询服务。课题组实地考察了属于浅山区的中和村"电子商务平台"。村里设立了专门电子商务室,墙上挂着电子商务流程示意图,几个青年正在进行网上操作。

二是定西市内官营镇的蔬菜种植与销售电子信息中心建设。内官营镇离定西市区较远,但很早就是一个辐射四县八乡的物资集散地。现辖35个行政村、6.2万人。自然条件较好,是定西人眼中的江南。内官营镇先后被列为"全国小城镇建设试点镇""甘肃省小城镇综合改革示范镇"等,是贫困地区农业产业化、现代化、城镇化的先行者。全镇以蔬菜种植销售为龙头产业,2015年蔬菜种植8万多亩,人均蔬菜纯收入1.5万元以上。③ 蔬菜产业带动了劳务、餐饮、住宿业等。每天从事蔬菜采摘、搬运、包装的达4万人,年劳务收入7.2亿元。人口城镇化率高,镇区两个村(内官、锦屏)有2万多人,店铺林立。运用网络信息的作用,建立了高原夏菜信息中心,配备了客户端、触摸屏信息查询机、即时信息电子显示屏等,集高原夏菜产、加、销信息的采集、传输、分析、发布等功能于一体。通过互联网查阅全国各大蔬菜产区市场的出货价格和各大终端市场的销货价格;各大终端市场信息员每天及时反馈价格行情、供求趋势和出进货准确数量。④

从整个定西来看,2015年后,新型业态快速兴起,建成陇西"药财盈"等电子商务交易平台10个,全市网店发展到800多家,50家企业产品入驻"淘宝

---

① 韩静:《贫困农户走出"材"富路》,载于《中国中医药报》2017年11月10日第001版。
② 唐晓明:《定西市人民政府工作报告——2014年1月8日定西市第三届人民代表大会第五次会议》,中国·定西党政网,www.dingxi.gov.cn。
③ 吕亚龙:《定西:安定区内官营镇人均蔬菜纯收入达1.5万元以上》,中国甘肃网,2015年9月10日。
④ 赵继红:《定西市安定区内官营镇菜篮子带动新局面》,载于《甘肃经济日报》2015年7月10日。

网"甘肃馆,实现零售额4 000多万元。①加快发展电子商务、光伏、旅游等富民多元产业,建成7个县级电子商务服务中心、89个乡级服务站和1 070个村级服务点,岷县、渭源县被列入国家电子商务进农村综合示范县。②

新型城镇化的核心是人的城镇化,其本质是在基本公共服务均等化基础上人的自由迁徙。定西农村城镇化的首要任务是要解决农村脱贫问题,解决基本公共服务供给不足问题。近年来,定西市在发展特色产业和新型业态、通过易地扶贫搬迁推进城镇化建设等方面取得了可喜成绩,然而到全面脱贫,完成搬迁,推进农村城镇化,还存在一些困难和问题,主要是:

其一,人均收入水平偏低,基本公共服务供给不能满足农村居民实际需求。2014年,定西城镇居民人均可支配收入17 216.9元,农民人均纯收入4 600元(甘肃:20 804元、5 736元;全国:28 844元、10 489元),城镇居民人均可支配收入是农村居民的3.74倍。城乡居民收入低,城乡收入差距大,城乡二元结构矛盾突出,城市化水平低。从表21-1中可见,四大类15项子类指标中,定西市共有12项指标值低于全国、甘肃省平均水平,其中涉及底线民生的基本医疗卫生、基本社会保障发展与全国、甘肃省差距较为悬殊,集中反映出定西市农村基本公共服务供给总量不足,且处于低水平状态。③

表21-1　　　　定西市农村基本公共服务量化评价指标

类别	所属子类	单位	指标值（2014年）		
			定西市	甘肃省	全国
基础设施	农村自来水普及率	%	70	75	76
	自然村动力电覆盖率	%	89	92.4	—
	行政村通畅率	%	67	70	—
义务教育	学龄儿童入学率	%	99.84	99.8	99.81
	初中阶段毛入学率	%	99.51	105.3	103.5
	小学生师比	—	14.36:1	12.83:1	16.78:1
	初中生师比	—	11.82:1	11.44:1	12.57:1
	小学生均校舍面积	平方米	5.07	7.48	6.85
	初中生均校舍面积	平方米	4.43	10.1	11.98

---

① 唐晓明:《定西市人民政府工作报告——2015年1月19日定西市第三届人民代表大会第六次会议》,中国·定西党政网,www.dingxi.gov.cn。

② 唐晓明:《定西市人民政府工作报告——2016年11月15日定西市第四届人民代表大会第一次会议》,中国·定西党政网,www.dingxi.gov.cn。

③ 张亮:《新型城镇化进程中的基本公共服务均等化问题探析——以甘肃省定西市为例》,载于《小城镇建设》2015年第7期。

续表

类别	所属子类	单位	指标值（2014年）		
			定西市	甘肃省	全国
基本医疗卫生	每千农村常住人口拥有医疗卫生机构数	个	1.38	1.85	1.59
	每千农村常住人口拥有执业医师数	人	1.90	2.86	4.56
	每千农村常住人口拥有医疗机构床位数	张	6.74	7.56	10.54
基本社会保障	新型农村合作医疗参合率	%	97.1	98.3	98.9
	农村最低生活保障覆盖面	%	19.3	31.6	65.2
	新型农村社会养老保险参保率	%	77.3	97	97.5

其二，地方财政困难，金融资源多数流向城市、大型企业，农村很难获得稳定的金融支持。金融资源配置对农村特别是贫困农民存在"挤出效应"，从表21-2可看出缺乏发展资金是致贫的重要因素。金融网点布局不均衡，重复布设网点和支付服务空白行政村同时存在。一方面，金融机构趋利性经营导致助农取款网点集中布设于经济条件较好的行政村，支付服务供大于求。目前定西市有200个行政村布设872个网点，形成过度竞争格局。另一方面，由于农村金融固话线路缺失、无线通信信号差、地区偏远等原因，定西市仍有348个行政村处于基础金融服务空白，支付服务供给严重不足。①

表21-2　　　　　　　定西市贫困人口主要致贫因素

致贫因素	所占比重（%）
因病致贫	28.6
因灾致贫	20.8
缺乏发展资金	19.8
因学致贫	10.7
其他因素	20.1

其三，对"互联网+"提速农村现代化和城镇化的作用认识有待加强。"互联网+"在我国刚刚起步，政府部门和城乡民众对"互联网+"的认识大多停留在传统互联网时代，仅将"互联网+"理解为国家投入巨资铺设宽带满足上网需求而已，忽视了"互联网+"的深入应用与开发。在农村电商的功能设计和内

---

① 赵文瑞：《农村地区银行卡助农取款服务的调查与思考——以甘肃省定西市为例》，载于《吉林金融研究》2016年第9期。

容建设上,"互联网+"与农民的实际生产生活联系不强,只是展示平台和"电商孤岛"。各级政府面向农村电商的财政支持力度有待提高。从定西看,农村电商平台虽已初具规模,形成了"县有中心(园区),镇有站,村有点"的电商网络体系,但其建设资金都出自某民营公司。而农村电商平台的建设是一个长期持续的过程,需要大量资金维护,不能单靠社会力量,政府应有持续的财政支持。

其四,农民文化、技能素质较低,难以有效发挥人力资源优势。物质贫困只是贫困问题的一个方面,导致贫困的深层原因之一是人力资本的贫困。美国经济学家舒尔茨经过长期研究,推断出促使美国农业经济发展的重要因素不是土地、劳动力或金融资本存量的增加,而是人的知识和技能的增加。根据第六次人口普查显示,定西市常住人口为 2 698 622 人,其中大专以上、高中(含中专)、初中、小学、15 岁以上文盲半文盲人数分别占总人口的 3.73%、10.24%、31.94%、38.74%、8.12%,① 大专以上、中专及高中的比重分别低于全省 3.79 个、2.54 个百分点,低于全国 5、3.48 个百分点;而文盲半文盲的比重比全国高 4.13 个百分点。定西市由于长期经济发展水平低,农民文化程度均比较低,山区 35 岁以上农民多为小学以下文化或文盲,平川区域农民文化水平大多为初中或小学文化程度。②

三、定西农村城镇化的努力方向

"一带一路"倡议的实施,为定西发展特别是农村城镇化提供了重大机遇。当前,定西作为丝绸之路经济带甘肃段重要节点的城市,在打赢脱贫攻坚战、全面建成小康社会的决胜期,推进定西农村城镇化具有突出意义。定西要与全省全国同步迈入小康社会③,需立足定西实际,发挥比较优势,细化精准扶贫和产业升级措施,有序推进农村城镇化,宜从以下四个方面努力。

首先,深入实施脱贫产业攻坚,依托马铃薯、中药材发展规模和优势,打造

---

① 甘肃省统计局:《甘肃省统计年鉴》(2011),中国统计出版社 2011 年版,第 221 页。
② 郭涛、李小进:《甘肃省定西市农村贫困:现状、成因与对策》,载于《中国市场》2016 年第 17 期。
③ 甘肃省政府日前印发的《甘肃省新型城镇化规划(2014~2020 年)》(以下简称《规划》)明确提出,到 2020 年甘肃省城镇化率达到 50% 以上。《规划》提出,加快推进形成以"丝绸之路经济带"甘肃段为轴线、以区域性中心城市和城市组团发展为支撑的"一群两带多组团"城镇化布局。一群指依托兰白和兰州新区为核心的兰白都市圈,以定西、临夏等所辖重点县城为节点,建设中部城市群;两带指河西走廊城市带和陇东陇南城市带;多组团则指积极推动酒嘉、张掖、金武、天水平庆等城市组团发展。《规划》同时明确了该省 2020 年新型城镇化建设发展目标:城镇化水平持续提高,到 2020 年,全省城镇常住人口达到 1 350 万人以上,城镇化率达到 50% 以上。(参见《甘肃 2020 年城镇化率超 50%》,载于《中国建设报》2014 年 6 月 13 日。

农产品加工出口基地,提高农民人均收入。2017年8月,甘肃省与重庆、贵州、广西达成南向通道建设合作框架协议,定西成为南向通道承东启西、联南接北的贸易走廊和物流节点。中国科学院地理所高级研究员刘慧教授认为:"兰渝铁路的通车,使定西成为南接重庆、四川、云南、广西,北接新疆、中亚的重要咽喉,定西的贸易通道和物流通道优势凸显,今后要充分发挥定西道地中药材的品牌效应,不断延伸产业链,力争把产品输出去,把成本降下来。"[①]

其次,调动金融机构的积极性,加大普惠金融服务,这是支持定西农村城镇化的重要因素。根据中国农业银行(以下简称"农行")总行课题组[②]2009年在定西进行实地调研和考察后的报告分析,大型商业银行对贫困地区金融服务必须因地制宜,坚持金融创新和风险防控并重。农行"三农"金融服务对农村经济发展起到了重要推动作用,取得了阶段性的效果。但是"三农"金融服务是否有可持续性还需要在实践中进一步检验。一方面,针对农户,定西农行创新贷款担保管理,推行订单质押、地上建筑物估值抵押、仓单质押等多种担保方式。同时,扩大保证人范围,将信用良好、有担保能力的各类客户均纳入保证人范围,对单个自然人提高担保额度,在一定程度上满足了部分农户规模经营的资金需求,对促进培育农村种养殖大户和运输商贸大户起到了重要作用,也为农村产业化发展提供了良好的基础。另外农行通过开办"三农"业务,减轻了农户生产经营的资金成本。调查表明,农行的利率水平比农村信用社低2个百分点以上,极大地降低了农民的利息负担。据估算,在农行"三农"业务试点地区,农户的利息负担水平总体降低20%左右。另外,针对乡镇企业,调查发现,近年在信贷资金及各方面的支持下,农业产业的组织化程度不断提高。在定西,一个集种植、加工、运输、销售及科研各个环节于一体的产业链已初步显现,初步形成了生产布局区域化、种植规范化、营销订单化、价格一体化的产业格局。其中,农产品初级加工已初具规模,一部分特色农产品精深加工发展势头良好。如定西农行支持的定西薯峰淀粉有限责任公司,2008年共收购加工马铃薯4.6万吨,生产淀粉6 475吨,销售淀粉4 236吨,实现销售收入1 856万元,实现利税148万元,形成了银企合作共赢的良好局面。[③]近年中国人民银行定西支行充分调动金融机构的积极性,推动普惠金融发展,报请中国人民银行兰州中心支行出台了金融支持定西扶贫开发和定西市马铃薯和中药材产业发展的两个文件,提升扶贫开发金融

---

① 杨晓军:《定西,打开南向通道的大门——甘肃·定西融入"一带一路"对接南向通道建设发展研讨会侧记》,载于《定西日报》2017年9月30日第001版。
② 该课题组承担2018年国家社科基金重大项目"大型商业银行服务'三农'对策研究"。
③ 中国农业银行总行课题组:《大型商业银行支持欠发达地区农业产业化分析——甘肃定西、临夏农业银行的典型调查》,载于《中国延安干部学院学报》2009年第6期。

服务水平的"政策普惠"合力。截至 2016 年末,全市金融机构各项贷款余额 666 亿元,2010~2016 年年均增速 29.14%,居全省第一位。将农村信用体系建设作为创造农民贷款公平机会的有力抓手,研发了"定西市农村信用信息管理系统",农民可方便地获得小额信用贷款,实现了信息变信用、信用变信贷,数字农村与金融农村的融合互动发展。截至 2016 年末,全市各金融机构已为 58.75 万户农户建立信用档案,占全市农户总数的 96.39%,评定信用农户 49.86 万户,占全市农户总数的 81.81%,累计为 41.96 万户农户发放贷款 138.19 亿元,信用普惠已成为农民获取贷款的有效手段。通过大力实施"引行入市、推行下县、网点到乡、服务到村"支付便农工程,延伸服务网点,下沉服务重心,让城乡居民均能享受便捷的现代化金融服务。设立各类金融便民服务点 3 672 个,金融机构服务半径由 8 公里缩短至 2.4 公里,乡镇、行政村基础支付服务覆盖率分别达到 100% 和 82.16%,在贫困村设服务点 785 个,覆盖率达 90%,为本村及邻村居民提供了极大的方便,成为深受广大农民群众欢迎的金融服务方式。①

再次,政府部门要做好顶层设计,将"互联网+"建设作为推进农村现代化和城镇化进程的重要工作思路与举措。要有针对性地解决农村"互联网+"应用问题,注意培养"互联网+"时代的农村电商人员。党的十八大报告提出要促进工业化、信息化、城镇化、农业现代化同步发展,而在农村推进"互联网+",是使这"四化"同步发展的极佳凝合点之一。政府在保持强农惠农富农政策力度的同时,要加大统筹"互联网+"的城乡发展水平,防止在城乡间形成新的信息鸿沟,让广大农民尽快地、平等地融入现代化进程。对农村电商来说,打通"最后一公里"是当前亟待解决的问题。定西的经验是,进行"村邮站""快递驿站"建设,加快"一村一站"配套,与物流快递公司、物流配送代办点建立合作关系,将物流成本降至最低程度,为"一村一电"创造良好配送条件和物流快递支撑。农村电商发展的成败在人,特别是新一代农村青年。在青壮年大量流向外地打工、中老年农民多不具备上网技能的情况下,可在"一村一电"这种集中设置电商平台的方式中,由政府派出毕业大学生做专职操作员,同时逐步培训中老年农民上网技能;吸引青年回乡创建电商网店,或充任村电商平台专业操作员。

最后,从长期来看,定西农村城镇化成败的关键在于人的文化和知识水平的提升。中国农业科学院农业经发所副研究员李芸认为,长期以来社会各界主要从物质层面解读贫困,而贫困的精神心理特性和社会文化属性往往被忽视。在这方面,政府应启动贫困助学保障工程、农民职业技能培训"阳光工程"。应建立一

---

① 李常武:《贫困地区推动普惠金融发展的实践与思考》,载于《甘肃金融》2017 年第 4 期。

种机制，既保证适龄儿童不因贫辍学，又鼓励农民发展自我教育。要通过不同类型的示范，组织农民现场观摩，进行"田头教育"，使农民一看就懂，一学就会，一干就有效益，从而产生示范效应。因地制宜选择具有地方特色、效益好、辐射面广的龙头项目和技术产业，加快示范基地建设，通过理论和实际的结合，带动农民种养技能和科学素质的提高，促进区域经济格局的形成。

第二十二章

欧洲农村城镇化经验对中国的可借鉴性

考察欧洲农村城镇化进程，结合中国新型城镇化建设实际，可带来一些具有借鉴性的有益启示。在前述各章深入广泛论述的基础上，本章作为全书结论，拟从多个方面结合中国具体实际，阐述欧洲农村城镇化进程对中国的借鉴意义。

第一节 农村城镇化应当努力做到三个平衡

通过对欧洲农村城镇化进程的历史考察，结合现阶段中国的实际情况，从全局出发，我国农村城镇化至少应努力做到三个协调和平衡。

一、时间上注意城镇化的长期性和阶段性

从前面的论述可以看出，在欧洲，城市生活与乡村生活的分野已有千年；农村城镇化的起步也有500多年；农村城镇化高潮和乡村改造运动经历了一个多世纪。总之，欧洲农村的城镇化是以百年来计算的。之所以是长期的，是因为欧洲是从农业社会转型过来的，无论农村还是农民，留有较多的传统烙印，其转变需要一个过程，特别是思想观念、技术运用等非物质"软件"的变化具有滞后性，比生产力等物质性"硬件"变革的节拍要慢。中国的农业社会传统更为久远，因此，在当前快速城镇化、城镇化率每年几乎增长一个百分点的局面下，必须关注

农村居民特别是中老年农民心理上对城镇化的可接受性，关注与城镇化相适应的文化意识土壤的改造，譬如消除故土难离、安土重迁等观念。所以，当城镇化率达到某个节点（如60%）后，城镇化速度应逐步放缓，以理顺和消解快速城镇化所带来的冗结。一味强调城镇化速度，则有可能违背历史发展规律，难免不产生"欲速则不达"的负效应。

长期性中必然包含着阶段性，欧洲农村城镇化的实际历程也展现了这种阶段性：中世纪萌生了人们对城市生活的向往和较高期待，预示着城镇化是社会发展的方向，这漫长的5个世纪（11~15世纪）可以说是农村城镇化的奠基以及心理准备时期；近代早期乡村工业兴起，催生了农村地区一批现代性的新城镇，这是农村城镇化的启动时期；工业革命和工业化运动使农村城镇化达到高潮，农村人口大规模的城市化，并成为城市人口的主要来源。到了20世纪的后工业时代，欧洲农村城镇化仍多样态推进，包括在农村地区新建工厂，催生新的工商聚落（有学者称之为似城聚落）；在大城市周围的农村地区进行卫星城建设；原有城市"摊大饼"式扩张，将近郊农村变成城区；对远郊农村进行由表及里的彻底改造，使其符合城市化生活的大走向，成为工作在城市人员晚上的歇宿地（通勤区），或拥有可供周末休息的第二套房；对余下的偏远农村从景观到条件进行改造，使其成为城乡人民旅游度假休闲的好去处和后花园。

而且，由于国情（包括历史、传统、资源、区位等）的不同，欧洲各国的城镇化进程也各有不同。在英国，虽然中世纪城镇的兴起较晚、影响也较小，但中世纪晚期以来发达的乡村工业，促使原工业化地区产生了最早的近代式新型工商业自由城市，最早启动了农村城镇化进程。正因为如此，英国也成为最先发生工业革命和最早完成工业化的国家，其城镇化进程比欧洲其他国家快了半个世纪以上，1850年左右（城市化水平为50%左右）就达到了西欧其他主要国家1900年左右的水平。在对乡村的改造方面，英国更是早了一个世纪左右，19世纪后期就开始了，其他国家大都是在20世纪中期第二次世界大战后开始。而德国，近代的城镇化进程在19世纪前期才"起步"准备，19世纪中期因工业化而全面启动，19世纪后期至20世纪初的第二次工业革命时期，城镇化才得以飞速发展，尔后平缓地发展着，直到20世纪末。

因此在我国农村城镇化过程中，不论是从全国总体出发，还是从东中西三大地区分别考虑，都必须对本地资源条件和发展水平进行充分评估，确认本身所处的阶段定位，制定中长期战略。不能急于求成，无论是经济支持上，还是观念转变上，都不可能一步到位。农村城镇化如果分阶段地推进，还可以靠时间来消化和淘汰农村旧有的思想观念和生活方式，急于求成反而有可能事倍功半。

二、路径上采取自然行程与强力推进相结合

一般来讲，城镇化应是一个自然行程，是社会发展到一定阶段的自然产物，在作为城镇化先锋的欧洲尤其是英国更是如此。中世纪的欧洲农村城镇是作为为本地区服务的工商业中心而自然出现的，其手工业职能主要在于为农村居民提供庄园不能生产的中高档手工业品；其商业职能一是周围农村剩余农产品与本城工商产品的交换中心，二是城镇周围剩余农产品相互交换的中心，三是本地联系外地市场直至国际市场的窗口。原工业化时期涌现的新型城镇，是乡村工业发展、集中以及生产环节分工的自然结果。工业化的大工厂制生产，需要大量工业劳动力以及为工厂和工人服务的大量服务业人员的高度集中，以及与此相关的资本等资源的大量集聚，从而很自然地促使大量村庄演变为城镇，大量中小城镇成长为大城市。工业化完成后，城乡差距拉大，倒逼余下的农村地区进行改造，城市化带来的喧嚣、污染等问题，也迫使城市部分资源流向农村，投入农村改造，从而加快农村生活的城市化。所有这些环节，最初都是在历史进程中自然出现的。

欧洲是自由经济，市场是城镇化的决定力量，但其经历和经验也表明，政治和社会等要素的适当介入，也能强力推进城镇化进程，关键在于这些要素是出于什么动机和认识。毫无疑问，中世纪的领主主要是出于财政动机，而在自己领地上植入和扶持城市，由此常出现了对城市征收税费竭泽而渔，从而导致城市衰败的情形。近现代欧洲城镇建设以社会资本投入为主，但国家的导向性政策也起到了加速作用，尤其是德国这种追赶型国家，可能还有目的地制定了一些产业政策和城镇化规划。即使是政府的导向，也有经济发展和社会进步孰轻孰重的选择。因此，一定要认识农村城镇化的出发点究竟是什么。农村城镇化不应只被当成推动经济的手段，而更应成为一个社会进步的目标，要强调社会效益，即通过改造农村，使农村居民具有与城市人口一样的素质和能力；使村镇具有与城市一样的生活条件和生活方式；使乡村更加美丽、舒适，成为城乡人民共同的家园。

在依靠政府指令、动用政府资源强力推进农村城镇化的过程中，必须符合当地实际，否则会欲速则不达，或者浪费资源，如本课题组在考察中所发现的甘肃定西市某镇情况。该镇在省市的帮助下，利用靠近高速公路和铁路的优势，在镇区旁边建立了工业园区，引进了不少高新企业。然而问题也来了：一是这些高新企业需要比较多的技术工人，而本镇农民文化素质低根本就不能从事技术性工作，只能充当普通的没有技术含量的体力工人，因此工业园区不能很好消化本镇农村的多余劳动力。第二点与第一点相联系，即那些来自外地及城市的技术工人，一般都是单身一人在工业园区工作，不带家属来，或没有家属；而来自本镇

农村的普通工人，一是人不多，二是他们家就在附近，没有举家迁往镇区。总之，镇区人口没有大的增加。这样，虽然建立了工业园区，但人气不旺，镇区的服务行业包括商业也就不怎么发达，镇领导对此颇感头疼。

厘清欧洲农村城镇化的路径也可看到，自发性也可能带来了一些曲折性。特别是在工业化阶段的农村城镇化高潮时期，城市发展抽走了农村太多的资源，所以它们多有一个农村先城镇化造成人口乡村凋敝，再反过来进行乡村改造、重振乡村的过程，代价太大。而在我国，这一现象也有迹可循，在目前这种政府强力推进城镇化、乡村新一代居民急于城市化但又带有乡愁情绪，而传统农民的乡土意识则相当浓烈的阶段，更适宜采取先振兴乡村，再对农村城镇化徐图之的路径。这样既能尽量减少城镇化的代价，又能对老一代人口予以心理抚慰，减少农村的社会震荡。

三、空间上达到城镇布局的合理性和平衡性

欧洲虽被称为"都市欧洲"，但以中小城镇为主。除特殊地理条件外，区域间城镇分布均衡，大城市和小城镇各有优势和特色，城市和乡村景观同样舒适宜人。虽然这是欧洲城镇化几百年发展、磨合和调整的结果，但其中也饱含着人类的能动性和智慧，可给我国农村城镇化提供有益的借鉴。

我国的农村城镇化是一盘大棋，东部、中部、西部农村的发展水平、自然环境、历史传统等条件和资源千差万别。各地根据自身实际和条件规划城镇化时，有选择地、有梯度地推进，有条件的地方先进行，就会自然而然地体现阶段性、区域性。例如目前进行的特色小镇建设，就是阶段性推进农村城镇化的很好尝试。在全国范围内，在各区域（如省域）内，也有重点是发展大城市还是积极推进农村城镇化之争。有的认为将资金投入农村城镇化，不如投入大城市建设，因为同样的投入在大城市资源积聚产出的效益大得多。这种以GDP为衡量标准的经济账看似合理，但有一个明显的死结，即集中进行大城市建设，那将进一步扩大大城市与中小城镇之间以及城乡之间的差距。若投入到农村城镇化上，则有更大的社会效益，而且也使大城市和中小城镇布局更加均衡合理。

我国的农村，大致包括两类情况。一类是市辖区内不属于城区的近郊、远郊区，这类农村靠近城市，受城市或城区的影响较大，城镇化的比例也比较高，完成农村城镇化的速度相对要快；第二类是县或县级市，现在一般是农村地区的代名词，尽管有县城（有的县城还很大），或县级市有一定范围的城区，但整个县（县级市）都属于农村地区。我国当前所指的农村城镇化，这两类情况都应包括进去。但是，由于市辖区以城市为中心、为主导，因此只有在县域或县级市域里

才有城镇化必须注意城乡协调和平衡的问题。在县域里,大致有三个梯级的农村城镇化问题,即县城(县级市的城区)、镇区和村庄。这三个梯级的农村城镇化发展应该区别方向、各有特征、互有不同、协调平衡。

因此,县以下的农村城镇化,要处理好县城建设与县下镇区建设、镇区与镇下村庄建设的平衡性。在重视县城(尤其是希望改市的县)建设的同时,也应明确镇的责、权、利,以极大地调动和发挥镇的积极性为原则。以此类推,镇也不能只顾镇区,镇与村之间也要协调好,明确各自的责、权、利。目前在这方面尤须加强。如何处理县城建设和下属镇村建设的关系,怎样找到两者之间的平衡点,这个问题在官方统计数据和工作总结报告中难以见到,但课题组在调查中有明显的感受,听到了基层干部的反映。譬如土地使用权问题。县城用地和镇区用地不平衡问题,另如镇本级基本没有财政权、城管没有执法权等,也影响了各镇相关工作的开展。

第二节 着力培育乡村经济发展新的生长点

在传统社会里,农业是农村甚至国家的命脉。但在工业化时代,一方面,农业的机械化和自动化使得对农业劳动力的需求大为减少,亦即农业提供的工作岗位较少;另一方面,即便从满足人们饮食的需要来说,现代社会中粮食替代品增多,由此农业对人类生活的重要性降低(在西欧,只有幅员较辽阔的法国、西班牙农业还占有相当大比重),因此必须为农村居民创造大量非农业岗位,培育乡村经济新的增长点。从欧洲的经验来看,其乡村旅游业、房地产业的发展是比较成功的,可资借鉴。此外,中国正在走向老龄化社会,城乡需要养老的人口多,而乡村养老的环境更好,所以应该大力发展乡村养老业。我国乡村居住的人口众多,这是一个庞大的消费市场,又有利于发展服务业。我国的乡村振兴战略的重点是要构建乡村产业体系。通过近几年对西欧农村和我国东中西部农村的考察调研,我们认为,应该将发展第三产业纳入乡村产业体系的构建,优先发展乡村旅游业、乡村养老业和乡村房地产业。

一、精准把握乡村旅游业发展方向

旅游业无疑是乡村经济的新生长点之一。欧盟很早就体现了这一认识。早在1988年欧洲委员会发布的《农村社会的未来》,就将乡村旅游看作发展的一种选择，是具有"农村社会未来潜力"的活动。① 近几年，我国各地对发展乡村旅游业倾注了极大的热情，也取得了巨大的成就。② 而最近流传的一篇署名文章则对时下普遍兴起发展乡村旅游热敲响了警钟。③ 该文章认为，全国 2 000 多个县，并非所有地方都适合发展乡村旅游。应该说，该文针砭了盲目发展乡村旅游业的热潮，有一定意义，但过于强调乡村性了。殊不知随着农村城镇化进程和乡村人口日益迁出，文化的乡村性正在慢慢褪去，如同西欧，而实体景观的乡村性通过改造，则能长期存在；过于强调只在近郊发展乡村旅游业，然而恰恰是偏远乡村的自然景观更具吸引力；过于从短期经济利益上讨论发展乡村旅游业，而未对其意义进行多维度的综合评估。

若将乡村旅游业作为一个发展方向，其所能起到的作用是多重的。

其一，如将乡村旅游作为发展目标，势必需要创造舒适宜人、赏心悦目的乡村环境和风景，这就倒逼部分乡村改变以往脏乱差的状态，也包括倒逼部分乡村居民改变不卫生、不雅观的生活习惯，从而在总体上提高乡村景观质量和乡村社会文明水平。其实，欧洲地貌除个别地区如阿尔卑斯山区及海滨外，自然资源比较平淡，远不如中国地貌景观奇妙多姿，而现在的欧洲农村景色宜人、环境优美，实际都是人类从 19 世纪以来主观能动改造的结果。

其二，乡村旅游业可以吸纳大量的农业剩余劳动力。旅游是人文的，是机器和人工智能替代不了的，与之相应，旅游业也是人文的，是人对人的个性化服务、有温度的服务，同样也是机器和人工智能替代不了的。因此旅游业所创造的工作岗位，不仅是大量的、稳固的，而且是可持续的。如英格兰，乡村旅游业所创造的工作机会，在 21 世纪初达到了 38 万个，高于英格兰农业所提供的 37.2 万个工作岗位。

其三，乡村旅游业可以获得较好的经济效益。英国就有很好的例子：英格兰"心脏"的科茨沃兹地区，人口密度最小。旅游业从 20 世纪后期成为该乡村地区经济新增长点，近年更成为第一大经济部门，每年接待一日游旅客 3 800 万人，创造收入 1.3 亿英镑，是英国非城市区经济增长最快的地方。居民收入也远高于

---

① J. G. T. Ballesteros and M. H. Hernández, "Assessing the Impact of EU Rural Development Programs on Tourism", *Tourism Planning & Development*, 2017, Vol. 14, No. 2, pp. 149 – 66，doi：10.1080/21568316. 2016. 1192059. 以下欧洲农村发展计划资料均出自该文。

② 如乡村旅游就成了天津市蓟州区（原蓟县）的优势产业。该县早在 2010 年就被评为"全国休闲农业与乡村旅游示范县"，有 1 个全国特色旅游景观名镇，2 处"中国美丽田园"，1 个"中国最美休闲乡村"，4 个全国休闲农业与乡村旅游示范点。2014 年，该县接待中外游客 1 554 万人，实现旅游综合收入 79 亿元，并以每年 24% 的速度增长，一个"黄金周"综合旅游收入就达到 1.5 亿元。见陈建强、闻鹏亮：《天津蓟县：绿水青山创造金山银山》，载于《光明日报》2015 年 2 月 27 日第 11 版。

③ 李昌金：《乡村振兴不要盲目开发乡村旅游》，来自瞭望智库，转引自微信公众号"乡村新时代"，2018 年 6 月 5 日。

伯明翰、曼彻斯特、利物浦等大工商业城市，其户均年收入达到 6 万多英镑，在伦敦以外的英格兰位列第二。

其四，乡村旅游业可以不断开发新产品，达到可持续发展，也能促使乡村生活更为多姿多彩，促进农村的城市化、现代化生活方式。旅游场所多样化，有农场、水道、乡村海滨、乡村城镇、村庄、酒馆、历史建筑、考古场地、花园、湖泊、森林、山脉景观、国家公园等。服务上有的农户家庭还可提供民宿。农场有休闲、教育或娱乐设施，有家畜、小动物园、果园、酿酒设备，活动与游乐中心、博物馆、工艺展示，商店和咖啡店、钓鱼、骑马项目、历史之类的主题园，游客还可亲身参与互动活动等。自驾车宿营旅游也是乡村旅游的重要方向。

既借鉴欧洲经验，又发挥我国的优势条件，可将乡村旅游划分为三种情况。

其一，学习欧洲，着重发展乡村观光游。这种观光游，是指在那种奇异自然风光景点、历史人文景点和风土民情景点之外的随处可见的自然风光。在欧洲，这种自然风光使得人们在乡村移步皆景，心旷神怡，随处都具画面感，皆可摄影入像。实际上，欧洲乡村这种自然风光是人类逐渐"造"出来的，年深日久，也就成"自然美"了。我国乡村原本是有自然美的，但多年来遭到了人为破坏，故而大都破败不堪。乡村这种景观乱象，是发展乡村旅游业的最大障碍。因此若做到了"绿水青山"，不但改善了乡村生存生活环境，也为发展乡村旅游业打下了环境基础。如果再改造乡村的生活条件（如厕所革命、垃圾处理等），那么乡村就能成为旅游者远足光顾的胜地，特别是那些有奇异自然美的地区。

其二，学习欧洲，全面开发乡村休闲旅游产品。在保证乡村风光游的同时，还应不断增加旅游产品特别是城市因条件限制难以发展的项目，以吸引更多的游客，也吸引更多的"回头"游客。如英国乡村休闲旅游项目极为丰富，符合中国人习惯、可供借鉴的有远足步行、探险、骑马、驾船、文化节庆、环保等活动，农场旅游（其所包括内容远超过我国的观光农业）、自家车宿营旅游等。虽然有些项目（如自驾车宿营旅游）不一定在短期内获得较大经济效益，但一方面当地乡村可因提供服务（如宿营场地、餐饮等）而获得即时利益，另一方面也扩大了乡村地区的知名度，有利于吸引更多的旅游者，更重要的是营造了一种乡村旅游文化氛围，提升了人气，激起了乡村旅游意识，这是发展乡村旅游业的重要前提。

其三，与欧洲乡村相比较，我国的乡村旅游发展也有自己的优势所在，那就是文化的乡村性，典型者如农家乐。我国乡村的农家乐主要是让城市居民体验农村的生活，尤其是农家原生态的、原汁原味的农家餐饮和有机食材，农家传统的住宿设施、条件和住宿方式，传统的农具、耕作习惯、劳动方式，各种农作物的现状样态、生长规律，农村传统的婚嫁娶丧、生活和社交习俗等。我国城乡生活差异极大,城市基本上代表现代生活方式,乡村基本代表传统的、原生态的生活方式,而欧洲的农村生活方式和社会习俗几乎和城市完全一样,如餐饮几乎没有差别。这是目前我国乡村发展旅游业的最大优势,应该继续发扬光大,作为现阶段乡村旅游的主打产品来抓。

乡村旅游发展的前提是乡村具有吸引力,有优美宜人的风光,舒适清净的宜居条件,这就需要对乡村进行彻底的改造,使之永远都是绿水青山鸟语花香,到处都是卫生整洁的环境。以此为基础的乡村旅游业也就永远都有市场,具有长期效益和可持续性。这一点是第一产业农业、第二产业工业和加工业都难以比拟的,因为后者须根据市场反应经常进行调整,产业不断调整转向也易于造成较大成本,造成资源的积压及浪费。

但要注意不在乡村旅游中过度消费农村文化资源。目前我国乡村旅游对农村文化的利用多是"快餐"式,这并不利于村落文化和乡土文化的传承与发展。旅游式商业开发变成了千篇一律的雷同模式,并没有深入挖掘传统村落和乡土人文景观所蕴含的文化价值,致使游客的旅游仅停留在"走马观花",难以体验传统村落的原真性文化与生活,无从了解深厚的文化底蕴,结果使乡村旅游者完全只是蜻蜓点水式地浅尝辄止,未能深度体会和体验乡野传统的文化奥妙。

二、大力发展乡村养老业

本书所指的乡村养老业,其养老对象不仅是针对乡村居民,也包括城市一切愿意到乡村养老的老人。社会养老在欧洲比较普遍。我国有一些特殊条件和优势,在乡村发展养老业具有较强的可行性。

发展乡村养老业是具有必要性的。我国已经进入老龄化社会,很快就要进入老龄社会。中国中央电视台2018年6月4日新闻报道,据全国老龄办统计,截至2017年底,全国60岁以上人口达2.4亿,占总人口的比重为17.3%。"十三五"期间老龄化将持续加深,预计到2020年,全国60岁以上老年人将达到2.55亿,其中接近一半是独居和空巢老年人。劳动者在60岁退休后,由于平均预期寿命越来越长,老年人的生命活力较以往也更为旺盛,因此一般都有20年以上的养老期。我国自20世纪80年代初开始实行独生子女政策,独生子女的家长们逐渐进入老龄期,第一代独生子女也渐入中年。传统的家庭养老无论是财力上,还是时间和精力上都已不能满足养老需要。为此,国家将很快形成"养老、孝老、敬老"的政策体系和社会环境,构建"居家为基础、社区为依托、机构为补充、医养相结合"的养老服务体系。

若就目前城市老年人的社会经历、经济境况和居家心态进行分析,谈论更多的是：其一，子女正在为事业、家庭而打拼，工作很忙，家事也忙，因此不愿拖累子女。其二，正在退休和即将退休的"50后""60后"，他们既经历了童年和青少年时代的艰辛岁月，又迎来了改革开放四十多年祖国翻天覆地的变化，既打下了一定的经济基础，有养老金作生活保障、医疗保险作伤病治疗保证，又养成了简朴节俭的生活方式和生活习惯，因此除特大病患外，老年人一般能在经济上自我独立。其三，时代的变革也促生了"代沟"。从"80后"这一代开始，其价值取向、思维方式、生活方式都与老年人很不一样，居家养老难免与子女及孙辈发生矛盾甚至冲突，不少老年人更愿单独居住；而子女们也因生活习惯不同，以及对孙辈的教育方式不同而有时难免"嫌弃"老年人，希望和老年人分开居住。因此同龄老人相对集中的机构养老、抱团养老，是当前的热门话题之一，常见微信同学群、朋友圈有关于抱团旅游、抱团养老的讨论。

无论是养老机构还是抱团养老基地，都有选址的问题。乡村应是较好的选择。从社会宏观层面看，城市用地紧张，交通拥堵，养老设施投资大，不宜把可与城市脱离的养老一类生活型服务业再置于这里，从而增加城市管理难度。从个人微观层面说，城市环境喧闹，空气污浊，出行费时费力，不适宜老人生活。反过来，城市的劣势正好是乡村的长处，乡村天然具有环境清静、空气新鲜、便于购运养老资料等诸多优势，而且建立养老设施所需的投资成本小，当然也使个人的养老费用相对减少，使养老机构的投资回报更高。

由于政策层面不允许城市资本和社会资本在农村购地及买房，因此乡村养老场所需要的土地和房屋建设，主要应由农村集体承担，然后由专门的养老机构（其资本不论其来自城市或农村）承租。乡村养老机构的建设，养老设施设备的购置，养老业的服务和管理，同样主要靠社会资本。养老机构里的人员构成应该是三部分：管理者（投资者）、工作人员和服务人员、养老人。管理者和工作人员由投资者挑选，服务人员则主要来自当地村民（解决了部分农村人口的就业）。只要规范得好，乡村养老业既有眼前利益，又能可持续发展，村集体（村民）、养老机构和养老者三方面应该是"三赢"。

不过，乡村养老机构选址一方面要在空气新鲜的清静之地，另一方面又要靠近通往城市的交通干线，便于出行。乡村养老业最需解决的难题是医疗服务。养老者一般都在65岁以上，老和病是相联系的，老者之所以不愿离开城市，最大原因之一是生了病进城市医院方便，在农村养老碰上了疾病就会束手无策，或者送往城市医院路程遥远，远水救不了近火。其实这个难题容易解决，养老机构应与城市大医院建立日常的医疗保健服务联系，紧急情况下热线联系。

课题组在调研过程中，发现天津市蓟州区农村在发展乡村养老业方面有较好实践。蓟州城区近郊的毛家峪村，在发展乡村旅游业取得了较好成绩后，结合旅游业又发展了养老业。他们以村史上曾出现几个百岁老人为宣传点,又请专家测定空气中的负离子指数超出了普通农村,从而开始兴建养老设施,建立养老机构。目前工作正在进行之中,成效如何尚难预测,但肯定是一个好的思路,因而蓟州区多个村子都在仿效毛家峪的做法。而湖南省长沙市的长沙县在安沙镇白塔村建设青松老年公寓,则由县政府出面重点支持,属于开发性质。国家征地50亩,力图打造全国首个小康养老示范公寓,建设老人住宿区、医院、食堂、护理培训中心、健身活动场所、学习场所等,集生态、休闲、观光、养老、文化传播等功能于一体。分为养老住宅区、养老服务区、综合配套区三部分。其中住宅区为主体,并依老人状况分成全瘫痪区、半瘫痪区、失独区、老年痴呆区、自理区、五保区、候鸟区、夫妻养老区和居家养老服务中心等,可谓规划周密。只不过从规划到建设都是县政府主导的,与村镇几乎没有关系。

三、适时推进乡村房地产业

农村房地产是一个敏感话题。我国目前的政策是在农村集体所有制的前提下,土地所有权、承包权和经营权(使用权)"三权分置",目的是保障农民的土地财产不在城市资本大举"入侵"下流失,同时也是为了保证城市建设用地的价值。如果在城市开发中需要用到周边农村土地,那么也是先由国家出面征收,由国家(地方政府)给予农村集体一定补偿,然而再由国家拍卖地块。因此,不允许农村集体直接出卖土地(卖地所得往往一两个世代就会花掉,不利于后代子孙就业置产),也不允许农村集体进行房地产开发(这种违规开发所建的房宅出卖后,被称为"小产权",国家不颁发不动产证。全国这种情况正在清理阶段,但非常棘手,过程很慢也会很长)。这是过渡期的一个产权矛盾。在主客观条件具备的情况下,适时推进以房屋出租为主的乡村房地产业,我们认为可以解决这一问题。

对此欧洲农村有一定经验可循。当下欧洲农村居民中从事农业者比例很小,如英国大约只有2%左右,而农民大多住在自己的家庭农场里。住在村庄的居民大致包括:(1)白天在附近城市工作、晚上回村庄居住的"通勤族";(2)工作日(周一至周五)在城市工作和租住,周末回村庄"第二套房"休息居住的人;(3)从城市退休的老人;(4)短期居住的旅游者、留学生和访学者及来访者等;(5)在村庄及附近工作的工商业人员,以及村庄里的房产主。这五类人中,前三类大多是在村庄租房住,第四类完全是租房,第五类中也有租房住的。这就是说,在私有产权权重大的欧洲农村,其乡村房屋的权属模式尚且是以租为主,那么在集体公有制为主的我国农村,实行以租为主更有必要了,因为这一做法既能发展乡村房地产业，又不撬动村集体的土地所有权，符合"三权分置"的基本政策。

如果在我国乡村实行以租为主的房地产开发政策，应采取农村集体开发模式，产权所属仍为村里，而租客则可为城里工作者、退休者、访问者等，这就不再产生"小产权"问题。除了居住租客外，房屋还可租给有关机构（如前面所说的养老机构）、公司等。如果农村条件较好，交通方便，业务方便（现在为互联网时代），许多在城市租赁写字楼办公的公司也可办在乡村。乡村租金较城市低廉，环境宁静，更能保持工作的独立性、私密性，增加工作效率。如目前全英国设于乡村的公司就占了37%。

能否鼓励城市居民在农村拥有第二套房，是一个值得研究的课题。从欧洲经验看，这一做法对农村发展的益处是，新下乡的城市居民愿意为土地和房屋付出更高价格，由此可为农村带来资金，并增加农村税收（住房税）。第二套房建设必须提供路、水、电、气、话、网等基本条件，这能间接加强农村基础设施建设。

总之，无论是乡村旅游、养老业，还是乡村房地产业，其发展的前提都是乡村具有吸引力，有优美宜人的风光，舒适清净的宜居条件，这就需要对乡村进行彻底的改造，永远都是绿水青山鸟语花香，到处都是卫生整洁的清静环境。以此为基础发展的乡村旅游业、养老业和房地产业，也就永远有市场，具有可持续性，产生的效益是长期性的。这一点恰恰是发展第一、第二产业都不能比的，因为工农业产品须根据市场反应经常调整，产业不断转向也易于造成较大成本和产品积压及资源浪费。

第三节 新思维、新科技提升农村资源利用度

农村土地广袤，有形和无形资源丰富，在以往的岁月中，不少资源未被充分认识和挖掘。无形资源如农村的"文化资本"，有形资源如乡村特色产品，都有一个利用度如何的问题。在农村城镇化进程中提升农村资源的利用度，是振兴农村的重要途径。借鉴欧洲经验，以新思维或新科技手段结合本土资源来实践。

一、调动农村的"文化资本"因素

20世纪90年代以来，欧盟的农村发展政策进入一个新阶段，自1991年到

2006年，欧盟先后推出了促进农村发展的"领导者"计划，2007~2013年，又将此计划变成面向整个欧盟推行的主流计划。"领导人"计划的主旨是围绕农村发展需求，利用当地包括文化、传统在内的各种资源和技能，促进农村社会凝聚力和发展农村社会经济。欧盟试图通过此计划，从以往注重资金投入、注重基础设施建设的外源式农村经济增长，转变为依靠本土资源，包括当地社会资本和文化资本的内源性增长。

欧盟注意到农村的传统、文化、乡野等因素具有"生产""增值"功能[1]，可称为"文化资本"。传统、文化、价值观、符号、建筑、古迹等地方性文化和环境可成为商品，因为文化多样性对后工业时代消费者有着强烈吸引力，在适当营销下，能产生可持续的收入和就业机会。[2] 通过在农村逐步建立一种文化体系及其网络，构建出一套新的资源，有利于农村实现经济利益[3]，因而可称作农村的"文化经济"。利用农村文化资本不仅可增加经济收入，还有利于形成基于地方文化认同的农村社区，有助于社会管理。基于这些益处，欧盟和各国相继出台了各种政策以鼓励这种将地方文化资源商品化的进程。[4]

这一新的思路，就是在市场经济下，利用农村地方特色，将文化作为一种"文化资本"性质的增值资源，以实现农村内生性发展，并与国内、国际市场产生更多联系的农村发展策略，对我国新农村建设有较大启发和借鉴意义。

鉴于各国农村地区的多样性，欧盟农村发展方案是在设定一个总体一致的框架下，通过放权，确立"自下而上"的参与原则，力图使当地人民都参与农村发展决策。当地人民参与度的高低，被视作农村社会健康、平等发展的社会关键指标，并以此加强农村社区建设。政府建立一个由公共部门、私营部门和民间社会组成的农村发展管理网络。通过多方参与和公共咨询，避免决策失误。在文化资本的开发和利用上也是如此。由此，欧洲利用文化资本发展农村推出了许多具体措施：（1）在发展策略上，提高对农村"文化资本""文化资源"重要性的认识。欧盟将农村"当地"的文化资源视作提升农村社会和经济福祉，建立基于本地资源、自然环境的内生式发展的关键。认为农村文化还是一种地区性认同的标志和伦理道德的源泉。（2）注意保护和发掘农村当地的传统食品、地方语言、工

---

[1][3] Ray, "Culture, Intellectual Property and Territorial Rural Development", *Sociologia Ruralis*, 2010, Vol. 38, No. 1.

[2] T. N. Jenkins, "Putting Postmodernity into Practice: Endogenous Development and the Role of Traditional Cultures in the Rural Development of Marginal Regions", *Ecological Economics*, Vol. 34, No. 3, pp. 13 - 301, doi: 10.1016/S0921 - 8009 (00) 00191 - 9.

[4] Moya Kneafsey, "Tourism, Place Identities and Social Relations in the European Rural Periphery", *European Urban and Regional Studies*, 2000, Vol. 7, No. 1, pp. 35 - 50.

艺品、民间传说、艺术、戏剧、文学、历史和史前遗址。①（3）保护农村"景观"，重视其对文化保存、旅游开发、环境保护和农业发展等的多方面意义。（4）保护农村主流的传统意识，将其提高到建设当地"文化标识"的高度，这些"标识"包括传统产品和生产方式、方言和民俗、历史遗迹和自然景观等。（5）由欧盟和各国政府出面，将各地农村的地方性"文化标识"组成一个创新性的"地方特色网络"。通过差异化营销，销售具有地方特色的食品、手工艺品②同时也通过相应的知识产权，保护地方性产品。促进农村特别是边远农村与国内、国际市场的联系，并避免同质化竞争。（6）将农村的地方性知识变成文化产权，进而促进其变成地方身份。建立基于地方文化和地方认同的新社区。鼓励地方产品具有地方标识，当地使用这一标识者受法律保护，这进一步加强地方认同。（7）注重发现甚至发明本地知识，鼓励社区恢复丢失的地方史、文化史和社会史，以促进本地人的感情和融合，通过社区旅游、社区艺术、本地戏剧、本地人制作的视觉艺术等，鼓励新来者与本地人的交流与认同，并创造新的本地知识。③（8）注意保护和利用地方语言。地方语言是一种强有力的文化手段，可以凸显出本地人与他者的区别，对外能表达一种独特的领土身份。如适当营销，消费者（包括旅游者）眼光中就会添加一种异国情调和族群识别。通过提高地方语言的知名度，可以对外表达一种独特的区域身份。④

按照费孝通先生的观点，"中国的乡土社会中本来包含着赖以维持健全性的习惯、制度、道德、人才，曾在过去百年中，也不断地受到一种被损蚀和冲洗的作用"⑤。也就是说，按照欧洲标准，其实中国农村也有许多"文化资本"，但在工业化和现代化过程中，中国乡村生活模式、文化资本已有所损蚀。这在我们对东部天津、浙江，中部湖南和西部甘肃等地的调研中，可以从多方面看出来。同时，新的农村文化资本建设亦未获足够重视。政府虽然关心农村基层文化建设，亦推出包括全国文化信息资源共享工程、数字图书馆推广工程、农家书屋工程、送书下乡工程、流动舞台车工程等在内的系列文化惠民工程，但这些公共文化服务工程，强调的内容是一般性和普适性，不是地方特色，而且偏离村民的生产生活，不符合村民的欣赏口味，并忽视了村民的主体参与性，无法反映村民自身的文化诉求。

村落文化面临断代危险。随着工业化、城镇化的快速推进，青壮年农民大量

---

① Ray, "Culture, Intellectual Property and Territorial Rural Development", *Soliologia Ruralis*, 2010, Vol. 38, No. 1.

②③④ T. N. Jenkins, "Putting Postmodernity into Practice: Endogenous Development and the Role of Traditional Cultures in the Rural Development of Marginal Regions", *Ecological Economics*, Vol. 34, No. 3, pp. 13 – 301, doi: 10.1016/S0921 – 8009（00）00191 – 9.

⑤ 费孝通：《乡土中国》，上海人民出版社2014年版，第296页。

进城、劳动力过度外流，农田普遍抛荒，老人、妇女和儿童成为村落生产生活的主力军，传统的人际关系"空心"化，维系村落秩序的"血缘关系"与"熟人社会"网络逐渐弱化、松动甚至解构，村落文化建设陷入困境，缺乏组织者、创造者、保护者、传承者，甚至享用者。而且，随着农村公共文化衰落，部分农民的自私自利心态加剧，各种糟粕文化和非法信仰甚嚣尘上，甚至占据了农村文化的主流阵地，不仅不利于农民良好公民精神的养成，还威胁着党和政府在农村的权威，社会主义核心价值观在农村的宣传和教育也受到消极对待。

那么，欧洲农村文化资本发展经验对我国具有借鉴和启示意义。当前我们在新思维框架下，应该：(1)提高对乡村文化对农村内源性和包容性增长的重要性的认识，将农村文化资本视为可以增值的经济资源，使其成为帮助农民脱贫致富的依托之一。(2)认识到农村的文化资本必须精心保护。要鼓励多方参与农村文化资本的建设、发掘、评估和保护。借鉴欧洲经验，建立一套科学的规范标准，对农村的文化资本建设进行评估。(3)保护和发掘当地的传统食品、地方语言、工艺品、民间传说、本地的视觉艺术和戏剧、文学作品、历史和史前遗址。(4)重视利用和编修地方志、村志、县志。中国地方史志资源丰富，其中有大量的地方文化资本，这是欧洲未能有的财富。(5)将构成典型景观的建筑、动植物确立为地区性"文化标识"，并给予知识产权保护。鼓励地方特色商品与文化标识相结合，甚至以此命名，既能增加商品知名度，也能增加地方认同。(6)建立全国性的农村文化标识品牌网络，加以立法保护，并加强与国内外市场的联系。这对于地处边远的农村地区尤为有利。(7)对于城镇化过程中新兴的农村社区，应追溯其历史源流，依据共有的历史文化脉络来重新构建社区认同，并将当地的传统文化与当代所崇尚的价值观相结合。

二、用"互联网+"将农产品直接联结市场

互联网和物联网电商，都是当代的新生事物。将"互联网+"这种新科技手段引入农村，不仅能使各地特色农产品资源得到充分利用、推向外部市场，而且也能推动农村的传统生活方式和农民固化的思想观念向现代性转变。

互联网电商，在欧洲已是一种常规性的日常销售途径之一，不过使用者并不多。课题组在国内进行的实际调查考察中，发现互联网电商即使在中国中西部地区也是方兴未艾的朝阳产业，其发展势头超过欧洲，并很快将成为优势行业。如湖南省邵东县就是"全国电子商务进农村综合示范县"，全县建立村级电商服务站176个，电商从业人员2万多人，电商交易额在2017年突破了150亿元。2015年12月湖南省委书记徐守盛在邵东检查工作时，还特意通过电商在邵东购买了2

斤邵东特产黄花菜。①

　　甘肃定西农村在利用"互联网+"时有两个突出事例。一是实施"一村一电"工程，指每个村建设一个电子商务平台，计划实现六大功能：创业孵化、网络代购、代卖农特、收发快递、充值缴费、咨询服务。二是定西内官营镇蔬菜种植与销售电子信息中心建设。内官营镇是一个辐射四县八乡的物资集散地。作为贫困地区农业产业化、现代化、城镇化的先行者，该镇以蔬菜种植销售为龙头产业，建立了高原夏菜信息中心和电子商务平台，配备了客户端、触摸屏信息查询机、即时信息电子显示屏等设施，集高原夏菜的产、加、销信息的采集、传输、分析、发布等功能于一体，通过互联网实时察看全国各大蔬菜产区市场的出货价格和各大终端市场的销售价格，从而准确掌握市场动态信息。

　　"互联网+"可给农村带来三大变化。其一，"互联网+"有助于提升农民现代意识，加快人的现代化。电子商务开阔了农民的视野，使农民看到了外面世界的现代生活。农民的传统观念发生转变，对改变自身贫困状态的要求更为迫切，这是农村走向现代化的根本动力。网络平台提供的各种信息公开在所有人面前，可促使接触网络平台的人感受一种信息面前人人平等的意识，而平等意识能增强人的自信心。农民得知外面世界对本地产品的旺盛需求，能够增加成功的信心。其二，"互联网+"可促使农村围绕核心产业，发展上下游相关生产，为农民实现"离土不离乡"就业创造条件。如内官营镇的蔬菜种植和销售，高峰时期不仅吸纳了本地农村全部劳动力，还吸引了市区的闲散劳力。人口聚集又促进服务行业发展，有利于提升城镇化水平。而"一村一电"工程的实施，可吸引人才和青年回乡，他们既可通过培训成为村上电商平台的操作员，也可利用该平台自主创业。"一村一电"业务的开展需要人员从事配送、快递、外销货物包装等相关工作，能为农村创造众多工作岗位。其三，"互联网+"可推动相对落后的中西部农村跨越式发展。"互联网+"可使农民获取国内外市场信息，可直接同远方客户建立关系，能知晓他人对自己产品的评价，也可找合伙人一起创业，打造品牌。可以说，"互联网+"是中国农村城镇化的一个重要基础和创新引擎，经济社会效益显著。

　　加强农村"互联网+"建设。首先，要做好顶层设计，将"互联网+"建设作为推进农村现代化和城镇化进程的重要举措。要促进农村的工业化、信息化、城镇化、农业现代化，推进"互联网+"，是使这"四化"同步发展的极佳凝合点之一。政府在保持强农惠农富农政策力度的同时，要加大统筹"互联网+"的城乡发展水平，防止在城乡间形成新的信息鸿沟，让广大农民尽快地、平等地融入

---

① 徐守盛检查工作时，本课题组人员恰恰正在邵东调研，从当地电视新闻上看到了这一报道。

现代化进程。其次，政府要有针对性地推动农村"互联网+"配套基础设施建设，打通农村电商的"最后一公里"问题。甘肃定西建设"村邮站"和"快递驿站"，加快配套"一村一站"，与物流快递公司建立合作关系，将物流成本降到最低，是一个比较好的做法。同时，还要明确农村互联网"+"的具体内容和行动方向。互联网是一个快速通道，通道上承载什么，也就是该"+"什么，需要因地制宜。这个通道本身带来的信息也有利于推动选择"+"的行动方向，即是满足于现有产业条件和资源，还是创造新产品？此外，也急需培养农村电商人员。在青壮年大量流向城市打工、中老年农民多不具备上网基本技能的情况下，可在"一村一电"平台模式中，由政府派出毕业大学生担任专职操作员，并培训中老年农民掌握互联网技术；吸引青年回乡利用平台创业，或充任平台操作员。

第四节　推进政府管理和介入机制多层面化

欧洲农村城镇化原是自发的进程，但从工业化时代起，特别是在"二战"结束以来的后工业化时代，进行各种设计、规划和谋划也成为日常。对乡村的管理各国有各国自己的模式，而对乡村建设和发展的介入则日趋多元化，从超国家的欧洲联盟、各种国际机构和国际组织，到各国的各级政府，还有各种社会力量（非政府组织和个人）。从人口规模和国土面积来说，若把欧洲看成一个整体（其管理机构代表是欧盟），正好与中国是差不多的规模，因此两者进行相似性比较，或许从中可以借鉴一些有益经验。

从管理来说，欧洲政府层次有四到五级构架，地理覆盖宽度可与中国对比，如表22-1所示。

表22-1　　　　欧洲政府层次与中国政府层次的比较

欧盟	中国
欧盟委员会	中央政府
各国政府（英国、法国、德国、意大利等）	一级地方政府（省、市、自治区）
一级地方政府（英国郡、法意大区、德国州等）	二级地方政府（市、自治州等）
二级地方政府（英国都市区、法意省、德国市镇等）	三级地方政府（县或市区）
三级地方政府（法国和意大利市镇等）	四级地方机构（乡、镇或街道办）

欧洲整体的管理机构——欧洲联盟，大致相当于中国中央政府的覆盖范围。

它推出了发展农村指导思想。如 1988 年欧盟委员会出版的《农村社会的未来》提出了"农村发展"新概念,标志着农业政策方向的改变。另如社会排斥(贫困)和社会凝聚力也是欧盟的核心关切,它将消除贫困和增进农村福祉列为农村发展目标,在经济增长、竞争、社会促进政策中注意社会排斥问题。欧盟虽不是一级法律上的政府,管理属于一种松散型,但也出台一些类似于国家政策和法律的规定与原则,指导性的和指令性的都有,成员各国必须遵守。同时,又有较大的自主权和灵活度,如早些年推出的"领导者"农村发展方案,就考虑了欧洲农村地区的多样性,在设定一个总体一致的框架下,通过放权,确立"自下而上"的参与原则,力图使当地人民都参与农村发展决策。当地人民参与度的高低,被视作农村社会健康、平等发展的社会关键指标,并以此加强农村社区建设。政府建立一个由公共部门、私营部门和民间社会组成的农村发展管理网络。通过多方参与和公共咨询,避免决策失误。在文化资本的开发和利用上也是如此,欧盟鼓励多学科参与农村文化资本的发现、发明、利用和研究工作,并制定多学科参与的评估方法。对维系当地景观的典型建筑、传统、历史遗迹、植物和动物进行保护,并通过成立相应的基金会加以鼓励。在农村文化资本的开发和利用上,政府可简政放权,只负责监管与制定总体框架,给予民间社会、农民各层群众以参与权、话语权,充分发挥其积极性,以充分发掘农业文化资本,加强文化认同。鼓励地方政府、私营企业成立农村文化资本保护基金会,对进行保护工作的个人加以鼓励。另外还以欧盟的名义,出资设立一些基金项目,鼓励盟内各国各地区自行申请,由欧盟派出专业人员或专业机构评估验收。

  相比欧盟委员会,我国的中央政府更能制定统一的战略规划,或提出明确的指导思想,譬如在 2020 年决胜消灭农村贫困、实现全面小康;对农村"既要金山银山,更要绿水青山"的绿化和环保要求等。在实践上,我国则是高度集权、统一指挥、全国农村一致行动,譬如近年农村的垃圾处理、"厕所革命"。对农村发展和建设事项几乎是统一部署、统一制度、统筹计划、统一管理,甚至在较大程度上统一资金调配,用中央财政收入进行转移支付,大大有利于扶持落后地区的发展。缺点是在全国"一盘棋"式的管理下,中央部门管理者易于忽略各地区间的差异,而地方管理者则能动性发挥不够,过于依赖中央决策和统一部署,从而常常造成全国"一刀切",原本在资源历史传统存在着千差万别、自然条件丰富多姿的各地城乡,制定的城乡建设规划和呈现的最后面貌反而模式化,千城一面,镇镇相似,村村无别。

  其实就欧洲来说,其城镇化发展最重要的也是各国政府的主导和核心作用。各国中央一级政府对农村城镇化的管理和介入机制主要体现在四个层面。其一,根据本国国情,合理地划分行政层级,而各个国家都以市(镇)为基础层级,所有的农村地区都归入这个或那个市（镇）中，实行城乡管理一体化、无差别化。在几个主要国家中，英国的一级行政区是郡（以及许多自治城市），原本在郡下设城镇区和乡村区，虽然其初衷是根据城市和乡村的不同情况分别治理，但实际效果有将城市和乡村割裂开来之弊病，没有能够利用更好的城市资源帮扶乡村。因此在 20 世纪 70 年代进行了改革，在都市郡下设都市区，在非都市郡下设非都市区，顾名思义，都市郡、都市区以较大城市为主，兼顾附近乡村；非都市郡、非都市区内则遍布中小城镇，同时有大面积的乡村。这样既照顾到各区特色，又推进了以城市带动乡村的城乡发展一体化。在法国，行政区划层级设为"大区—省—市（镇）"三级。意大利也设"大区—省—市（镇）"三级，市（镇）共达 7 987 个。① 德国则设"州—市（镇）"两级，市（镇）达 2 000 多个。其二，中央政府制定全国性的宏观发展规划，树立若干年内的发展目标，并指导各级地方政府。这种规划有全局性的，如法国 1919～1924 年的"城市扩展和美化行动"，1955 年的"区域行动规划"，1966 年的一系列领土整治项目。② 也有针对某一方面工作的，如英国制定 2010～2020 年的乡村旅游发展规划，提出乡村旅游对地方经济的贡献每年要增长 5%，还下设 21 个分规划目标。③ 其三，政府设立专门机构、项目与投资，即设立各类乡村建设项目，由中央级政府拿出专款资助。如英国从 2018 年起，在其"英格兰乡村发展规划"（RDPE）中，每年专设"乡村旅游基础设施发展项目"，鼓励旅游业经营者申报，获批项目最低可获资助 3.5 万英镑，最高者达 20 万英镑，力度不谓不大，目前英格兰绝大部分郡县已申请到了总计数百个这类项目资助。④ 又如英格兰艺术委员会（Arts Council England）作为英国促进艺术发展的官方机构，坚信艺术具有改造生命和社区力量的理念，倡导和力行"艺术下乡"，在乡村举行各种艺术节、文化节，丰富乡村地区的艺术生活，使其更有创造性，更富多样性。2004 年，为了适应乡村艺术的需要，该机构举行了一系列全国性和地区性的大型艺术活动，吸引了 400 多个艺术家和团体参加。2005～2008 年，它从政府和国家彩票基金中获得 17 亿英镑的公共投资，目标在于促进艺术在被视为国家心脏的乡村发展，帮助农业的多样化，扩展旅游，支持教育和年轻人就

---

① 陈晓晨：《让文化在历史长河中流淌》，载于《光明日报》2017 年 1 月 24 日。
② 汤爽爽：《法国快速城市化时期的领土整治 1945—1970 年代》，南京大学出版社 2016 年版，第 24～25 页。
③ "A Strategic Framework for Tourism 2010 – 2020", https://www.visitengland.com/sites/default/files/downloads/strategic_framework_for_tourism_document_1.pdf.
④ Department For Environment, Food and Rural Affairs, *RDPE Growth Programme*, *Rural Tourism infrastructure Handbook*, 2018.

业，帮助乡村组织复兴、促进社区认同。① 其四，中央政府依据欧盟的总体计划，组织对欧盟计划的具体化落实，或根据国情将欧盟大规划在本国细化、深化和本土化，组织对欧盟项目的申报，监管欧盟各项目计划的实施，配合欧盟专家对项目完成情况及效果进行鉴定、评估和最后验收，提出下一步计划或规划。

至于各级地方当局，其实际上是中央政府管理职能的下层复制版。除了无权进行行政区划管理的设计和改革外，其职能首先在于推进各种规划、过程与项目的引入、落实和实施，包括协助申报上级项目（来自欧盟或国家层级），获取国际机构和国际组织项目，创造条件引进外国资本或投资者的项目等，并且负责监管这些项目的具体实施进程、效果评估。其次是对管辖区域内的乡村进行符合国家统筹战略的规划和设计，创设政府性的本区域乡村建设和乡村改造基金项目等。最后是与邻近区域联合，共同建设和管理，共同开发相应资源等。总之，地方政府既是国家意志的体现者、国家规划的执行者和监管者，也要尽可能发挥自身能动性和主动性。与之相比，我国部分地方政府在改造乡村、振兴乡村的工作上，颇多"等靠要"思维，项目往往靠"跑部钱进"，总希望纳入国家战略，依靠中央或省府转移支付来获得资金，因而居然还出现了某地"热烈庆祝我县进入国家级贫困县行列"的咄咄怪事。不过，在目前决战扶贫、全面实现小康社会中，地方和基层的主动性大大加强，各项工作大都能落到实处。

第五节 激发社会力量及其资本助农主动性

无论是哪一级政府，都有指导、督促和监控社会力量投入乡村改造、乡村振兴和城镇化建设活动的职责和功能。由于个体自由等历史传统和价值观念的缘故，欧洲历来社会力量较为强大，而且资金丰厚，创新思路多，行动力强，因此利用社会力量加速城镇化进程，帮助乡村建设，介入乡村管理，加强行业监管，是欧洲的一大优势。事实上，欧洲城乡经济建设、景观建设、文化建设等进程很大程度上是由社会力量推动的。

社会力量至少包括三类：（1）各种协会，主要在行业内部进行各种规范、监管，也出面组织一些公益活动。例如在英国，有关旅游的行业组织"旅游联盟"，就包括55个旅游业组织，如旅行协会、B&B民宿协会、全英啤酒馆和酒吧协会、

---

① Arts Council England, "Arts in rural England", www.artscouncil.org.uk, http://www.doc88.com/p-10029623591 08.html.

全英景点协会、全英教育旅行协会、全英假日和国内公园协会、全英酒店协会、全国信托基金会、旅游学会、英国农场度假协会、铁路遗产协会、历史建筑协会等，其宗旨是提高旅游行业标准及质量，与政府就旅游业问题进行沟通。① 在英格兰"艺术下乡"中，虽然英格兰艺术委员会组织了不少活动，但也有不少艺术活动是在艺术委员会指导下由各协会或社团实施的，也有的是由各协会或社团自行组织进行的，如牛津等郡的艺术工作室组织专业艺术家驻村，格洛斯特等郡艺术家团体利用农村旧建筑创立工作室、举办节庆，德文郡帮助农场资源进行多样化利用等。

（2）各种基金会、公益组织、慈善组织，设立各种基金、项目、工程等，这是乡村改造、乡村建设和城镇化建设资金的主要来源之一，欧洲尤其如此。然而，这在当前的我国虽非空白，但确为短板。原因至少有两点：一是我国经济体制中政府财力较足，民间资金并非厚实，这类公益组织较少。二是已有的不少公益组织并非是为社会谋"益"，而是打着假"公益"的招牌谋取"私利"，因而在社会上可信度不高。只有一些国际机构如世界银行、亚洲开发银行、联合国教科文组织的项目取得显著成就。

（3）公司或个人投资者，也包括外来资本。如在英国，乡村旅游的不少游客就成了乡村事业发展的潜在参与者，旅游活动激发了他们的参与冲动，不但帮助乡村社区维护环境和提高景观质量，有的人还支持对乡村设施如商店、酒馆、餐馆、运输和邮政服务等的改造。还有游客造访后成为乡村自然环境保护的志愿者，或在乡村投资新企业。②

对乡村的关照也不仅限于资金投入，也包括社会力量在各个方面的介入，譬如英国信托基金会对乡村历史文化遗产的保护活动，也如各类民间环保组织对乡村自然环境风物景观的保护活动等。而像本书第九章所论述的英国艺术家及各类艺术组织在乡村开展的各种艺术活动，有如我国的"艺术下乡"活动，极大地丰富了乡村居民的精神文化生活，但其内容和形式更为多样化，起到的作用也更为显著，有助于全面提升经济发展和社会进步水平，尤其值得我国借鉴。

第六节　对欧洲农村城镇化教训的深度反思

几百年的欧洲农村城镇化进程，成绩是巨大的，最终结果是令人满意的。但

---

① Tourism Alliance. *UK Tourism Statistics* 2016，www.tourismalliance.com.
② Gina Ionela Butnaru, and Alina Petronela Haller, "Perspective of Sustainable Rural Tourism in the United Kingdom of Great Britain and Northern Ireland", *Sustainability*, 2017, No. 9, P. 525.

欧洲作为先行者，其前行的道路上免不了不断遭遇新情况，面对新挑战，他们须在没有任何前车可鉴的情况下进行摸索，摸索中也会不断碰到钉子，遇到阻碍，因此他们的农村城镇化进程不是一帆风顺的，经历了颇多的曲折和磨难。对其"进程"进行深度反思，可为我国展开农村城镇化建设提供借鉴。

工业化城市化过程中几度带来乡村破败，是欧洲最深刻的教训之一。欧洲农村城镇化进程中前后曾与其三次工业革命或技术革命相联系。可以说，几乎每次工业革命或技术革命，每次随之而来的城市化运动，都对乡村造成了负面的影响，甚至对农村造成了极大的伤害。在第一次工业革命中，农村的各类资源包括人口劳动力、资金财富、土地资源被工业和城市大量抽吸或占取，结果造成乡村人口锐减、经济凋敝、景观破败，而且在资本和"自由"的旗帜下，乡村无人治理，一派乱象。只是由于"城市病"（城市人口拥挤、环境恶劣等）出现，乡村生活才再次回到人们眼中，从而出现乡村改造运动。

第二次工业革命中借助汽车的使用和道路通畅，城市和农村之间劳动力流动频繁，但这种流动是单向度的，是向着城市这个"心"的，在某种意义上实际是将农村尤其是郊区捆绑在城市经济"战车"上，从而变成城市的附属品。由于国内外市场网络和交通网络的完善，城市所需原材料和生活品都可从外地甚至国外运来，本地乡村对城市的作用已不显重要，城市这个"中心地"只是单向地将自己的服务力实乃控制力伸向农村，而农村则拿不出可供应城市的物品，这种不对称使得农村逐渐丧失经济和社会的独立性。而且随着西方所属殖民地所产大量廉价农产品涌进欧洲，使得欧洲农业丧失竞争力，造成19世纪末年欧洲普遍出现农业危机。另外，欧洲农村的乡土性也被磨蚀，乡村的景观被改变，房屋依道路而修，聚居性的核心型村庄被扭曲成"章鱼须"形状，传统的乡村社区开始瓦解。

第三次技术革命网络和信息体系的建立，城乡之间变得更加零距离，农村毫无竞争优势，有的乡村甚至完全依赖城市。如在生活条件城市化后农村服务业大为减少，人口也随之减少，商业设施衰退。[①] 2000年统计，英国大约1/3的村庄没有商店和食品店，银行、车库和酒吧也不断减少，而远行村外购买日用品又缺乏日常的公交服务。由此对乡村居民尤其是老年人带来不方便，甚至也给旅游者带来不方便。[②] 生活条件城市化后农村青壮劳动力更易外出，村庄里的留守老人，

[①] H. D. Clout. *Rural Geography*: *An Introductory Survey*, Elsevier, 2013, P. 139.

[②] 本书项目负责人在意大利威尼斯附近农村考察时就遇到这种情况。第一次下乡时没带任何干粮和水，以为乡下到处都有服务设施，随时可去餐馆就餐或便利店购买食品，结果出乎意料，农村几乎没有商店食品店，只好回城解决。后来吸取了教训，每次下乡前必带足面包和瓶装水。仔细一了解，是因为村庄居民已像城市居民一样，每周开车去一两次超市，购买食品、蔬菜、酒水，放进冰箱以备好几天之需。

包括移居农村的城市退休老人,更感行动不便、精神孤独。到某个欧洲乡村小镇或村庄小游考察时,这种耄耋老人拉着小拖车,定时登上公交,往返住处与远处商场购买菜蔬面奶的场面俯拾皆是。此外,移居乡村的城市退休老人,也对乡村传统没有那么深的依恋情感,缺乏对乡村社区的认同感,他们同村庄原住民之间也有一定的隔膜,相互间缺乏认同,由此乡村社会有撕裂趋向。

还有,随着城镇化和土地开发,城市人下乡置地购房,推高了农村的房价、物价,农村原居民难以承受;而农村服务业减少,也意味着工作机会减少,村庄原住民收入减少。譬如英格兰东南部的农村,成了伦敦等城市高收入人群如高级白领、企业家们的歇憩之地,他们在周末或假日住进远离喧嚣城市的乡村,享受平静的生活。他们作为城市市民,确实把财富带进了农村,但只是带进了这些富人的别墅里,对周围村民未有丝毫助益,而且还带来了不利之处:这些人的消费品基本上是从城市带来,因而对农村经济的需求亦即贡献很少;而他们的蜂拥而至却使当地房价、地价不断上涨,社区原有居民难以承受,而工作机会又没有增加,因此年轻人为谋求生计不得不搬出去,这就使得农村的人口结构更加不平衡,经济水平更低,加剧了乡村危机。

对照看我国,20世纪90年代以来的快速城镇化运动,在一定意义上是第一次工业革命、第二次工业革命和第三次技术革命所带来的推动力和影响力的叠加。虽然能在一定程度上"弯道超车",免去许多摸索和弯路,但对传统农村的冲击力并没有疏解,甚至可能用三次工业革命及技术革命的负面作用叠加而特别凸显。形象地比喻一下,如果每次的负面作用是100,那么三次负面作用的叠加为300,欧洲至少是在两个世纪中消化这300,每年平均烈度只是1.5,冲击力显得比较和缓。而在我国,要在二三十年里消化这300,每年平均烈度则达10~15;就算这300集中在一起后可以压缩100,那么将尚有的200分摊,每年烈度也会有7~10。再加上快速城镇化本身具有的强烈副作用,因此冲击力和破坏力更会产生累积效应,爆发性地释放出来,由此我们也可阐释近些年我国乡村败落的情形为什么显得那么引人注目。因此,如果我们把农村城镇化的"进程"在时间上人为地压缩得更短,那么对乡村造成的这种震动和破坏就会更剧烈;如果我们在快速城镇化的基础上有意识地将"进程"拉长一些,年烈度就会小一些,农村感受的物理性破坏力也就没有那么强烈。同时,随着老一代农民的逐渐离去,心理痛苦也会自然消失。因此,我们可以放缓一下农村城镇化速度,以物理承受力和心理承受力的限度为底线。

不过,就欧洲来说,由于几个世纪持续的农村城市化,城乡变得越来越同质和同构。如同前面所论,同质指现代欧洲农村生活方式已与城市没有多大区别,同构指现代欧洲乡村的经济结构和社会结构与城市基本上趋于一致。城乡只在自然景观结构上有较大差别,但这个自然景观实际上又使乡村变成了城市的"后花园",是为城市人服务的,不足为道。重要的是,当一切村镇都类城市之后,农村的特色,即乡土性、传统性、地方性文化和风俗等,也会在城市化进程中丧失殆尽,这可能是其欧洲农村最大的损失之一。例如饮食文化的同质化,那种城乡差异完全不存在了,也就少了许多生活乐趣的品味与体验。而对于我国来说,农村那些具有乡土气息的传统,各地农村具有地方性特色的文化、习俗及物质遗产,目前都还有一定存在,理当得到更好的保护和传承。这就需要我们不仅要懂得现代化并不排斥传统事物,而且还需要用历史的积淀来丰富现代化内涵,增添生活色彩。此外,农村的情形也是千差万别的,需要探索不同类型农村(如城市郊区、农业区、或沿海区、平原区、山地区等)城镇化进程的不同目标;不能"一刀切"式地盲目照搬欧洲。当然,在保持城乡之间有差异、呈现多元化的同时,也需要防止可能被掩盖的新的城乡差别出现。

欧洲有一个值得注意的现象,那就是各级政策制定者往往与地方、与农村联系不深,出台的政策有不少与农村的实际脱节,或者并不能真实反映农村各群体的心声。如有受访者认为,负责政策制定的要么是中产阶级成员,要么是土地所有者,要么是具有终身"地方纽带"的人,决策往往是在当地人民几乎不了解或不关心或无法参与的情况下作出的。许多农村居民认为,他们与地方"代表"间存在政治上的认同差异等文化障碍,对自己无法控制的社会变化普遍存在无力感,尤其是偏远地区。[①] 此外,由于女性的就业率很低,因此地方政治也多由男性主导,从而不能真切地反映女性的处境、感受和利益。这些也应当引起重视。决策者和智库不能总在庙堂上高谈阔论,应该沉下基层,了解最基本情况,掌握第一手材料,体验各群体农民的心理和处境,这样才能做出更精准的决策,有条不紊地推进农村城镇化进程。

总的来说,近现代欧洲农村向城镇化的转型是成功的。不论它与中国国情有多大不同,从互鉴目的出发,我们还是能从其农村城镇化进程中得到许多启发。同样,欧洲农村城镇化进程自发摸索中的教训,所走过的弯路,无疑也能成为我们的前车之鉴。

---

① Mark Shucksmith and Pollganna Chapman, "Rural Development and Social Exclusion", *Sociologia Ruralis*, 1998, Vol. 38, No. 2.

参考文献

[1]《1999 年世界各国国际旅游业排行榜》，载于《世界知识》2000 年第 10 期。

[2] A. E. J. 莫里斯：《城市形态史——工业革命以前》，成一农等译，商务印书馆 2011 年版。

[3] 埃里希·卡勒尔：《德意志人》，黄正柏等译，商务印书馆 1999 年版。

[4] 艾伦·麦克法兰：《现代世界的诞生》，管可秾译，上海人民出版社 2013 年版。

[5] 爱德华·汤普森：《共有的习惯》，沈汉、王加丰译，上海人民出版社 2002 年版。

[6] 保罗·阿尔布拉斯特：《低地国家史》，王宏波译，中国大百科全书出版社 2013 年版。

[7] 保罗·霍恩伯格等：《都市欧洲的形成》，阮岳湘译，商务印书馆 2009 年版。

[8] 彼得·克劳斯·哈特曼：《神圣罗马帝国文化史：帝国法、宗教和文化》，刘新利等译，东方出版社 2005 年版。

[9] 彼得·梅尔：《普罗旺斯的一年》，王春译，南海出版公司 2011 年版。

[10]《波茨坦会议公报》第 11、12、13 条，原文详见：http://www.documentarchiv.de/in/1945/potsdamer-abkommen.html。

[11] 布罗代尔：《法兰西的特性》（3 卷），顾良等译，商务印书馆 1994 年版。

[12] C. M. 奇波拉主编：《欧洲经济史》（6 卷），商务印书馆 1988 年版。

[13] 曹萍：《意大利近代城市衰落的经济原因探析》，载于《社科纵横》2013 年第 8 期。

[14] 常江等：《德国村庄更新及其对我国新农村建设的借鉴意义》，载于《建筑学报》2007 年第 11 期。

[15] 陈建强、闻鹏亮：《天津蓟县：绿水青山创造金山银山》，载于《光明日报》2015年2月27日。

[16] 陈钦庄：《原工业化理论及其相关争论》，载于《史学理论研究》2002年第2期。

[17] 陈晓晨：《让文化在历史长河中流淌》，载于《光明日报》2017年1月24日。

[18] 陈新海：《清代直隶地区城镇分布的地域特征》，载于《廊坊师范学院学报》2004年第2期。

[19] 陈勇：《商品经济与荷兰近代化》，武汉大学出版社1990年版。

[20] 陈忠平：《明清江南市镇人口考察》，载于《南京师范大学学报》1988年第4期。

[21] 戴继强：《德国巴伐利亚州经济腾飞的秘诀》，载于《世界教育信息》，2000年第8期。

[22] 戴维·S. 兰德斯：《国富国穷》，门洪华等译，新华出版社2010年版。

[23] 道格拉斯·C. 诺思：《经济史上的结构和变迁》，厉以平译，商务印书馆1999年版。

[24] 道格拉斯·诺思：《理解经济变迁过程》，钟正生等译，中国人民大学出版社2013年版。

[25] 道格拉斯·诺思、罗伯特·托马斯：《西方世界的兴起》，厉以平等译，华夏出版社1999年版。

[26] 端木美、周以光、张丽：《法国现代化进程中的社会问题》，中国社会科学出版社2001年版。

[27] 樊树志：《江南市镇：传统的变革》，复旦大学出版社2005年版。

[28] 费尔南·布罗代尔：《15～18世纪的物质文明、经济和资本主义》（3卷），顾良等译，生活·读书·新知三联书店1992年版。

[29] 费孝通：《江村经济——中国农民的生活》，商务印书馆2001年版。

[30] 费孝通：《乡土中国》，上海人民出版社2014年版。

[31] 谷延方：《中古英国农村劳动力转移和城市化特点》，载于《世界历史》2008年第4期。

[32] 顾朝林：《中国城镇体系》，商务印书馆1996年版。

[33] 郭涛、李小进：《甘肃省定西市农村贫困：现状、成因与对策》，载于《中国市场》2016年第17期。

[34] 哈罗德·伯尔曼：《法律与革命》，贺卫方等译，法律出版社2008年版。

[35] 海韦尔·G. 琼斯：《现代经济增长理论导引》，郭家麟等译，商务印

书馆 1999 年版。

[36] 韩静：《贫困农户走出"材"富路》，载于《中国中医药报》2017 年 11 月 10 日。

[37] 亨利·皮雷纳：《中世纪的城市》，陈国樑译，商务印书馆 1985 年版。

[38] 侯丽：《意大利城镇化的社会经济与空间历史进程及模式评述》，载于《国际城市规划》2015 年 11 期。

[39] 黄昊：《在萨瓦省感受阿尔卑斯山地文化的魅力》，载于《光明日报》2018 年 8 月 1 日。

[40] 黄季焜：《借鉴国际农村发展经验促进我国乡村振兴》，载于《光明日报》2018 年 10 月 15 日。

[41] 黄仁宇：《资本主义与二十一世纪》，北京：生活·读书·新知三联书店 1997 年版。

[42] 黄一如、陆娴颖：《德国农村更新中的村落风貌保护策略——以巴伐利亚州农村为例》，载于《建筑学报》2014 年第 4 期。

[43] 霍利斯·钱纳里等：《工业化和经济增长的比较研究》，吴奇等译，上海人民出版社等 2015 年版。

[44] 计翔翔：《近代法国城市化初探》，载于《世界历史》1992 年第 5 期。

[45] 江立华：《英国人口迁移与城市发展》，中国人口出版社 2002 年版。

[46] 姜丽丽：《德国工业革命时期的城市化研究》，华中师范大学硕士学位论文，2008 年。

[47] 姜丽丽：《德国工业革命时期的城市化研究》，华中师范大学硕士学位论文 2008 年版。

[48] 杰里米·帕克斯曼：《英国人》，严伟明译，上海世纪出版集团 2000 年版。

[49] 康忻冬：《英国田园小镇渐成穷乡僻壤》，载于《乡镇论坛》2004 年第 20 期。

[50] 孔祥智：《小城镇在英国的发展历程》，载于《中国改革》1999 年第 6 期。

[51] 郎海蕾：《中心镇推进城乡一体化模式与路径研究——以浙江杭州市为例》，浙江师范大学硕士学位论文，2012 年。

[52] 乐缨：《繁荣的事业——奥地利旅游业浅析》，载于《国际展望》1986 年第 22 期。

[53] 李爱宗：《易地扶贫搬迁与统筹城乡发展问题研究——以甘肃省定西市为例》，载于《河西学院学报》2016 年第 4 期。

［54］李伯重：《江南的早期工业化（1550～1850）》，社会科学文献出版社2000年版。

［55］李昌金：《乡村振兴不要盲目开发乡村旅游》，瞭望智库，微信公众号"乡村新时代"，2018年6月5日。

［56］李常武：《贫困地区推动普惠金融发展的实践与思考》，载于《甘肃金融》2017年第4期。

［57］李明超：《工业化时期的英国小城镇研究》，华东师范大学博士学位论文，2009年。

［58］李亚丽：《英国城市化进程的阶段性借鉴》，载于《城市发展研究》2013年第8期。

［59］李友东：《欧洲农村城市化的新趋势》，载于《经济社会史评论》2016年第4期。

［60］刘丹青：《英国：乡村旅游业的先行者》，载于《经济社会史评论》2018年第2期。

［61］刘景华：《城市化诸概念辨析》，载于《经济社会史评论》2015年第4期。

［62］刘景华：《城市转型与英国的勃兴》，中国纺织出版社1994年版。

［63］刘景华：《英国城市现代化的准备阶段——老城市的转型与新城市的兴起》，载于《天津师范大学学报》2011年第1期。

［64］刘景华：《科茨沃兹：城镇化进程中成功转身的美丽乡村》，载于《光明日报》2014年12月24日。

［65］刘景华：《欧洲城乡史研究方法三题》，载于《经济社会史评论》2017年第1期。

［66］刘景华：《中世纪意大利城市衰落的经济结构因素分析》，载于《世界历史》1996年第1期。

［67］刘军：《比利时埃诺省农村采访记》，载于《光明日报》2018年2月9日。

［68］刘易斯·芒福德：《城市发展史：起源、演变和前景》，倪文彦等译，中国建筑工业出版社1989年版。

［69］龙多·卡梅伦等：《世界经济简史》，潘宁等译，上海译文出版社2009年版。

［70］陆伟芳：《20世纪新格局：行政区划分与英格兰城市化的深度发展》，载于《经济社会史评论》2017年第2期。

［71］陆伟芳：《1851年以来英国的乡村城市化初探——以小城镇为视角》，

载于《社会科学》2017 年第 4 期。

[72] 陆伟芳:《英国公用事业的现代化轨迹》,载于《扬州大学学报》(人文社会科学版) 2004 年第 6 期。

[73] 陆伟芳:《英国近代海滨休闲城市初探》,载于《世界历史》2001 年第 6 期。

[74] 陆伟芳:《小城镇在英国工业革命中的发展》,载于《学习与探索》2006 年第 5 期。

[75] 陆希刚:《前近代时期英格兰城市系统的演变》,载于《世界地理研究》2006 年第 4 期。

[76] 吕亚龙:《定西:安定区内官营镇人均蔬菜纯收入达 1.5 万元以上》,中国甘肃网,2015 年 9 月 10 日。

[77] 罗伯特·M. 索罗:《经济增长理论:一种解说》,朱保华译,上海人民出版社等 2015 年版。

[78] 罗伯特·艾伦:《近代英国工业革命揭秘》,毛立坤译,浙江大学出版社 2012 年版。

[79] 罗德尼·斯达克:《理性的胜利》,管欣译,复旦大学出版社 2011 年版。

[80] 罗荣渠:《现代化新论》,北京大学出版社 1993 年版。

[81] 罗伊·哈罗德:《动态经济学》,黄范章译,商务印书馆 2003 年版。

[82] M. M. 波斯坦等:《剑桥欧洲经济史》(8 卷),王春法等译,经济科学出版社 2005 年版。

[83] 马丁·吉尔伯特:《英国历史地图》,王玉菡译,中国青年出版社 2009 年版。

[84] 马克思:《资本论》,人民出版社 2004 年版。

[85] 《马克思恩格斯全集》(第 23、26、30 卷),人民出版社 1972 年、1995 年版。

[86] 《马克思恩格斯文集》,中央编译局译,人民出版社 2009 年版。

[87] 马克斯·韦伯:《经济与社会》,林荣远译,商务印书馆 1997 年版。

[88] 马克垚:《英国封建社会研究》,北京大学出版社 1992 年版。

[89] 马生祥:《法国现代化》,河北人民出版社 2004 年版。

[90] 孟钟捷:《刍议 19 世纪上半叶德意志地区城镇化的'起步'》,载于《经济社会史评论》2015 年第 4 期。

[91] 南京大学历史系明清史研究室:《明清资本主义萌芽研究论文集》,上海人民出版社 1981 年版。

[92] 诺尔曼·庞兹:《中世纪城市》,刘景华等译,商务印书馆 2015 年版。

[93] 欧阳萍：《论 18、19 世纪英国郊区兴起的道德推动力》，载于《湖南科技大学学报》（社科版），2015 年第 2 期。

[94] 齐斯托兹沃诺夫：《尼德兰资本主义的起源》，世界中世纪史学会昆明年会材料，1982 年。

[95] 钱陈、史晋川：《浙江城市化研究的回顾与展望》，载于《浙江社会科学》2006 年第 5 期。

[96] 钱国权：《甘肃省新型城镇化发展路径研究》，载于《发展》2016 年第 2 期。

[97] 塞缪尔·亨廷顿：《现代化：理论与历史经验的再探讨》，罗荣渠主编，上海译文出版社 1993 年版。

[98] 《邵东概况》，中国邵东网，SHAODONG.rednet.cn。

[99] 申晓英：《城市化与社会变迁——以 19 世纪初至一战前的德国为例》，载于《德国研究》2004 年第 2 期。

[100] 沈坚：《近代法国工业化新论》，中国社会科学出版社 1999 年版。

[101] 沈世伟：《法国旅游村落联合体的经验与启示》，载于《资源开发与市场》，2010 年第 9 期。

[102] 施坚雅主编：《中华帝国晚期的城市》，叶光庭等译，中华书局 2000 年版。

[103] 孙海鹏：《黄金时代荷兰共和国内陆地区的烟草种植与商品化农业的发展》，载于《中国农史》2016 年第 2 期。

[104] 汤普逊：《中世纪经济社会史》，耿淡如译，商务印书馆 1997 年版。

[105] 汤普逊：《中世纪晚期欧洲经济社会史》，徐家玲等译，商务印书馆 1992 年版。

[106] 汤爽爽：《法国快速城市化时期的领土整治（1945—1970 年代）：演变、效果及启示》，南京大学出版社 2016 年版。

[107] 唐庆：《近代英国农村人口的迁移与城市化》，载于《人文论谭》第 10 期，2010 年。

[108] 唐晓明：《定西市人民政府工作报告——2014 年 1 月 8 日定西市第三届人民代表大会第五次会议》。

[109] 唐晓明：《定西市人民政府工作报告——2015 年 1 月 19 日定西市第三届人民代表大会第六次会议》，中国·定西党政网，www.dingxi.gov.cn，2015 年 2 月 3 日。

[110] 唐晓明：《定西市人民政府工作报告——2016 年 11 月 15 日在定西市第四届人民代表大会第一次会议》，中国·定西党政网，www.dingxi.gov.cn，

2016年11月26日。

[111] W. W. 罗斯托：《经济增长的阶段》，郭熙保等译，中国社会科学出版社2001年版。

[112] 王加丰：《原工业化：一个被否定但又被长谈不衰的理论》，载于《史学理论研究》2002年第3期。

[113] 王加丰、张卫良：《西欧原工业化的兴起》，中国社会科学出版社2004年版。

[114] 王旭：《美国城市史》，中国社会科学出版社2000年版。

[115] 王章辉：《近代英国城市化初探》，载于《历史研究》1992年第4期。

[116] 威廉·麦克尼尔：《世界史》，施诚等译，中信出版社2013年版。

[117] 沃尔特·克里斯塔勒：《德国南部中心地原理》，常正文等译，商务印书馆2010年版。

[118] 吴兴区政府：《织里镇六大举措加快小城市培育试点建设显成效》，http：//xxgk. wuxing. gov. cn/c43/20160722/i14200. html。

[119] 吴友法、黄正柏主编：《德国资本主义发展史》，湖北大学出版社2000年版。

[120] 吴于廑：《历史上农耕世界对工业世界的孕育》，载于《世界历史》1987年第2期。

[121] 吴于廑：《吴于廑文选》，武汉大学出版社2007年版。

[122] 夏宏嘉、王宝刚、张淑萍：《欧洲乡村社区建设实态考察报告（一）——德国、法国》，载于《小城镇建设》2015年第4期。

[123] 肖辉英：《德国的城市化、人口流动与经济发展》，载于《世界历史》1997年第5期。

[124] 辛格主编：《技术史》，辛元欧等主译，上海科技教育出版社2004年版。

[125] 邢来顺：《德国工业化经济——社会史》，湖北人民出版社2004年版。

[126] 邢来顺：《德国工业化时期的城市化及其特点》，载于《首都师范大学学报》2005年第6期。

[127] 邢来顺：《迅速工业化进程中的德意志帝国人口状况》，载于《世界历史》1996年第4期。

[128] 熊芳芳：《原工业化时期法国的城乡关系与城镇化》，载于《经济社会史评论》2015年第4期。

[129] 熊芳芳：《重返乡村：法国普罗旺斯地区休闲旅游业的发展》，载于《经济社会史评论》2018年第2期。

[130] 徐浩：《中世纪英国城市化水平研究》，载于《史学理论研究》2006年第4期。

[131] 徐继承：《德意志帝国时期城市化研究》，中国社会科学出版社2013年版。

[132] 徐旭华：《德意志帝国城市化影响因素分析》，西北师范大学硕士学位论文，2012年。

[133] 许经勇：《温州城镇化道路的成功经验》，载于《浙江经济》2007年第20期。

[134] 许平：《法国农村社会转型研究（19世纪～20世纪初）》，北京大学出版社2001年版。

[135] 薛向君、马爱国：《法国朗格多克地区原工业化解体的原因》，载于《苏州科技学院学报（社会科学版）》2008年第3期。

[136] 雅克·勒高夫：《中世纪文明》，徐家玲译，格致出版社2011年版。

[137] 亚当·斯密：《国民财富的性质和原因的研究》，郭大力、王亚南译，商务印书馆1996年版。

[138] 扬·卢滕·范赞登：《通往工业革命的漫长道路：全球视野下的欧洲经济，1000～1800年》，隋福民译，浙江大学出版社2016年版。

[139] 杨杰：《从下往上看——英国农业革命》，中国社会科学出版社2009年版。

[140] 杨杰：《英国农业革命与家庭农场的崛起》，载于《世界历史》1993年第5期。

[141] 杨丽君：《英国乡村旅游发展的原因、特征及启示》，载于《世界农业》2014年第7期。

[142] 杨晓军：《定西，打开南向通道的大门——甘肃·定西融入"一带一路"对接南向通道建设发展研讨会侧记》，载于《定西日报》2017年9月30日。

[143] 杨豫：《欧洲原工业化的起源与转型》，江苏人民出版社2004年版。

[144] 叶齐茂：《发达国家郊区发展系列谈之一》，载于《小城镇建设》2008年第4期。

[145] 叶齐茂：《发达国家乡村建设考察与政策研究》，中国建筑工业出版社2008年版。

[146] 叶齐茂：《欧盟十国乡村建设见闻录（三）》，载于《国际城市规划》2007年第1期。

[147] 伊恩·莫里斯：《西方将主宰多久》，钱峰译，中信出版社2011年版。

[148] 银燕：《甘肃定西 立足特色实现跨越转型》，载于《人民日报》

2012年11月14日。

[149] 尹正昌：《阿尔卑斯山的绿色》，载于《小城镇建设》1999年第6期。

[150] 尤飞、董锁成、王传胜：《黄土高原贫困地区生态经济系统良性演化的条件和对策——以甘肃定西地区为例》，载于《资源科学》2003年第6期。

[151] 于尔根·科卡：《资本主义简史》，徐庆译，文汇出版社2017年版。

[152] 约翰·梅里曼：《巴拉聚克：历史时光中的法国小镇》，梁镐译，上海人民出版社2014年版。

[153] 约翰·希克斯：《经济史理论》，厉以平译，商务印书馆1999年版。

[154] 张丽、冯裳：《法国文化与现代化》，辽海出版社1999年版。

[155] 张亮：《新型城镇化进程中的基本公共服务均等化问题探析——以甘肃省定西市为例》，载于《小城镇建设》2015年第7期。

[156] 张令平：《甘肃定西：四跟进四带动四服务 加快推进脱贫攻坚》，载于《农村工作通讯》2017年1月12日。

[157] 张陇娟：《甘肃定西地区县域经济：现实考量与发展建议》，载于《新疆农垦经济》2016年第5期。

[158] 张培刚：《发展经济学通论》，湖南出版社1991年版。

[159] 张卫良：《工业革命前英国的城镇体系及城镇化》，载于《经济社会史评论》2015年第4期。

[160] 张卫良：《英国社会的商业化历史进程》，人民出版社2004年版。

[161] 张卫良：《前工业化时期英国中小城镇的发展》，载于《杭州师范学院学报》2005年第6期。

[162] 张祖群：《当前国内外乡村旅游研究展望》，载于《中国农学通报》2014第30期。

[163] 赵继红：《定西市安定区内官营镇菜篮子带动新局面》，载于《甘肃经济日报》，2015年7月10日。

[164] 赵文瑞：《农村地区银行卡助农取款服务的调查与思考——以甘肃省定西市为例》，载于《吉林金融研究》2016年第9期。

[165] 浙江省发展和改革委员会：《关于浙江省2014年国民经济和社会发展计划执行情况及2015年国民经济和社会发展计划草案的报告（摘要）》，载于《浙江日报》2015年1月30日。

[166] 浙江省人民政府网站：《浙江小企业整体发展活力呈下降趋势》，http://www.zhejiang.gov.cn，2016年12月25日。

[167] 郑彦宏：《丝绸之路经济带上的贫困节点城市现状分析与对策研究——以甘肃定西为例》，载于《发展》2016年第7期。

［168］ 中共浙江省委党史研究室等编：《当代浙江城市发展》，当代中国出版社 2012 年版。

［169］ 中国农业银行总行课题组：《大型商业银行支持欠发达地区农业产业化分析——甘肃定西、临夏农业银行的典型调查》，载于《中国延安干部学院学报》2009 年第 6 期。

［170］ 周一良、吴于廑主编：《世界通史资料选辑》，商务印书馆 1989 年版。

［171］ 周镇元：《浙江：专业市场推动人口城镇化》，载于《市场人口与分析》1996 年第 3 期。

［172］ 朱爱萍：《专业市场、小企业与规模经济》，载于《中共浙江省委党校学报》1998 年第 3 期。

［173］ 住房和城乡建设部、国家发展和改革委员会及财政部：《关于开展特色小镇培育工作的通知》，2017 年 6 月。

［174］ Aghion, P. and P. Howitt. *Endogenous Growth Theory*, The MIT Press, 1998.

［175］ Albert, William. *Turnpike Road System in England* 1663 – 1840, Cambridge University Press.

［176］ Alexander, N., A. McKenna, "Rural tourism in the Heart of England", *International Journal of Contemporary Hospitality Management*, Vol. 10, Issue：5.

［177］ Allen, R. C. "Why the Industrial Revolution was British：Commerce, Induced Invention and the Scientific Revolution", *Economic History Review*, 2011, Vol. 64, Issue 2.

［178］ Allen, Robert C., "The High Wage Economy and the Industrial Revolution：a Restatement", *Economic History Review*, 2015, Vol. 68, Issue 1.

［179］ Allen, Robert. *The British Industrial Revolution in Global Perspective*, Cambridge University Press, 2009.

［180］ Altena, H. H. Van Regteren, "The Origins and Development of Dutch Towns", *World Archaeology*, Vol. 2, No. 2, Urban Archaeology (Oct., 1970).

［181］ Ambrosius, G. and W. H. Hubbard. *A Social and Economic History of Twentieth – Century Europe*, Harvard University Press, 1989.

［182］ Antrop, Marc, "Landscape change and the urbanization process in Europe", *Landscape and Urban Planning*, 2004, 67.

［183］ Arts Council England, "Arts in rural England", www. artscouncil. org. uk, http：//www. doc88. com/p – 10029623591 08. html.

［184］ Ashton, T. S.. *The Industrial Revolution*：1760 – 1830, Oxford University Press, 1980.

[185] "A Strategic Framework for Tourism 2010 – 2020", https://www.visitengland.com/sites/default/files/downloads/strategic_framework_for_tourism_document_1.pdf.

[186] Aubin, Hermann und Wolfgang Zorn (Hrsg.). *Handbuch der Deutschen Wirtschafts-und Sozialgeschichte*, Stuttgart, 1976.

[187] Böß, Gustav. *Berlin von heute, Stadtverwaltung und Wirtschaft*, Berlin, 1929.

[188] Bagwell, P. S.. *The Transport Revolution from* 1770, Batsford, 1974.

[189] Bairoch, Paul. *Cities and Economic Development: From the Dawn of History to the Present*, The University of Chicago Press, 1988.

[190] Bairoch, Paul. *Storia delle città. Dalla proto-urbanizzazione all'esplosione urbana del Terzo Mondo*, Milano, 1992.

[191] Ballesteros, J. G. T. and M. H. Hernández, "Assessing the Impact of EU Rural Development Programs on Tourism", *Tourism Planning & Development*, 2017, 14, No. 2.

[192] Barker, Mary L., "Traditional Landscape and Mass Tourism in the Alps", *Geographical Review*, 1982, Vol. 72, No. 4.

[193] Barnhoorn, H. J. and Joh. G. Crabbendam eds.. *Gedenkboekje Uitgegeven BijGelegenheld van het Honderdjarige Bestaan van de ParochieSint Agatha teZandvoort*, Zandvoort, 1951.

[194] Bath, Slicher van. *The Agrarian History of Western Europe: 500 – 1850*, London, 1963.

[195] BBVA Research Team: *Urbanization Report: Europe Urbanization Trends*, 2016, Spain: Madrid, www.bbvaresearch.com.

[196] Beckinsale, R. P., "Factors in the Development of the Cotswold Woollen Industry", *The Geography Journal*, 1937, V. 90, No. 4.

[197] Beckstein, Hermann. *Städtische Interessenpolitik. Organisation und Politik der Städtetage in Bayern, Preußen und im Deutschen Reich* 1896 – 1923, Düsseldorf, 1991.

[198] Beloch, Giulio. *La popolazione del mondo greco-romano*, Milano, 1909.

[199] Benedict, Philip, "Was the Eighteenth Century an Era of Urbanization in France?", *The Journal of Interdisciplinary History*, 1990, Vol. 21, No. 2.

[200] Benedict, Philip ed.. *Cities and Social Change in Early Modern France*, Routledge, 1992.

[201] Berg, Maxine. *The Age of Manufactures*, 1700 – 1820, London, 1994.

[202] Berger, Stefan. *A Companion to Nineteenth – Century Europe*, 1789 – 1914, John Wiley, 2008.

[203] Bernard, Barbier, "Tourisme et emploi en Provence – Côte d'Azur", *Méditerranée*, 1966, 7ᵉ année, n°3.

[204] Betts, E St George, "A Town Planning in Rural England", *Saturday review of politics, literature, science and art*, 1925, Apr 25.

[205] Böhme, Helmut. *An Introduction to the Social and Economic History of Germany. Politics and Economic Change in the Nineteenth and Twentieth Centuries*, Oxford, 1978.

[206] Bieleman, Jan. *Five Centuries of Farming, A short History of Dutch Agriculture* 1500 – 2000, Wageningen Academic Publishers, 2010.

[207] Bolton, J. L., "The City and the Crown, 1456 – 61", *London Journal*, 1986.

[208] Borsay, P.. *The Eighteenth Century Town: A Reader in English Urban History* 1688 – 1820, Longman, 1990.

[209] Bosl, Karl (Hg.). *Dokumente zur Geschichte von Staat und Gesellschaft in Bayrn*, München, 1977.

[210] Braudel, Fernand, et Ernest Labrousse (dir.). *Histoire Economique et sociale de la France*, 3 tomes, Paris, 1977.

[211] Bridbury, A. R.. *Economic Growth: England in the Later Middle Ages*, Harper & Row Publishers, 1975.

[212] Briggs, Asa, "Victorian City: Quantity and Quality", *Victorian Studies*, Vol. 11, *Supplement: Symposium on the Victorian City* (2), Summer, 1968.

[213] Briggs, Asa. *History of Birmingham*, Vol. 2. Oxford University Press, 1952.

[214] Briggs, Asa. *Victorian Cities*, London, 1963.

[215] Britnell, R. H., "The proliferation of markets in England, 1200 – 1349", *Economic History Review*, 1981, Vol. 34.

[216] Broadberry, S. et. al.. *British Economic Growth* 1270 – 1870, Cambridge University Press, 2015.

[217] Broadberry, Stephen and Kevin H. O'Rourke eds.. *The Cambridge Economic History of Modern Europe*, Cambridge University Press, 2010.

[218] Brosza, Martin t/Harmut Mehringer (Hg.). *Bayern in der NS – Zeit*,

München, 1983.

[219] Brown, Judith C. and Jordan Goodman, "Women and Industry in Florence", *Journal of Economic History*, 1980, Vol. 40, No. 1.

[220] Brown, R.. *Society and Economy in Modern Britain* 1700 – 1850, London: Routledge, 1991.

[221] Bätzing, Werner. *KleinesAplenlexikon. Umwelt, Wirtschaft, Kultur*, Munich, 1997.

[222] Bunce, Michael. *The Countryside Ideal: Anglo – American Images of Landscape*, Routledge, 2005.

[223] Burchardt, Jeremy, "Agricultural History, Rural History, or Countryside History?" *The Historical Journal*, 2007, Vol. 50, No. 2.

[224] Burr, T. B.. *The History of Tunbridge Wells*, London: 1766.

[225] Butnaru, Gina Ionela and Alina Petronela Haller, "Perspective of Sustainable Rural Tourism in the United Kingdom of Great Britain and Northern Ireland", *Sustainability*, 2017, 9.

[226] Caggese, Romolo. *Un Comune Libero Alle Porte de Firenze Nel Secolo XIII: Prato in Toscana*, Florence, 1905.

[227] Cameron, Rondo, "A New View of European Industrialization", *The Economic History Review*, New Series, 1985, Vol. 38, No. 1.

[228] Campbell, Bruce M., "Agricultural Progress in Medieval England: Some Evidence from Eastern Norfolk", *The Economic History Review*, 1983, Vol. 36.

[229] Cannon, John. *A Dictionary of British History*, Oxford University Press, 2009.

[230] Carus – Wilson, E. M., "Evidences of Industrial Growth on Some Fifteenth – Century Manors", *Economic History Review*, second series, 1959, V. 12, No. 2.

[231] Cayez, Pierre, "Une Proto – industrialisation Décalée: la Ruralisation de la Soierie Lyonnaise dans la Première moitié du XIXème siècle", *Revue du Nord*, Tome 63, N°248, Janvier – mars 1981.

[232] Chalkin, C. W.. *The Rise of the English Town* 1650 – 1850, Cambridge University Press, 2001.

[233] Chambers, Mortimer, Barbara Hanawalt, Theodore K. Rabb, Isser Woloch and Raymond Grew. *The Western Experience*, seventh edition, McGraw – Hill College, 1999.

［234］Champion, Tony. *The Changing Nature of Urban and Rural Areas in the United Kingdom and other European countries*, New Castle University, 2005.

［235］Chassagne, Serge, "Aspects des Phénomènes d'Industrialisation et de Désindustrialisation dans les Campagnes françaises au XIXème siècle", *Revue du Nord*, Tome 63, N°248, Janvier – mars 1981.

［236］Chassagne, Serge, "La Diffusion Rurale de l'Industrie Cotonnière en France (1750 – 1850)", *Revue du Nord*, Tome 61, N°240, Janvier – mars 1979.

［237］Checkland, S. G., "Urban History in the British Idiom", *Urban History Review*, 1 – 78, June 1978.

［238］Cherry, Gordon E. and Alan Rodgers. *Rural Change and Planning: England and Wales in the Twentieth Century*, London, 2005.

［239］Cipolla, C. M.. *Le tre rivoluzioni e altri saggi di storia economica e sociale*, Bologna, 1989.

［240］Clark, Gregory. *A Farewell to Alms: A Brief Economic History of the World*, Princeton University Press, 2007.

［241］Clark, P. ed.. *The Transformation of English Provincial Towns* 1600 – 1800, London, 1984.

［242］Clark, Peter, ed.. *Cambridge Urban History of Britain*, 3vols, Cambridge University Press, 2000.

［243］Clark, Peter and P. Slack. *English Towns in Transition*, 1500 – 1700, Oxford University Press, 1976.

［244］Clark, Peter ed.. *The Early Modern Town*, London, 1976.

［245］Clark, Peter. *European Cities and Towns* 400 – 2000, Oxford University Press.

［246］Clarkson, L. A.. *Proto – Industrialization: The First Phase of Industrialization?* London, 1985.

［247］Claval, Paul, "European Rural Societies and Landscapes, and the Challenge of Urbanization and Industrializa – tion in the Nineteenth and Twentieth Centuries", *Geografiska Annaler. Series B, Human Geography*, 1988, Vol. 70, No. 1, *Landscape History*.

［248］Clifton, J., D. Díaz – Fuentes, and M. Fernández – Gutiérrez, "Public Infrastructure Services in the European Union: Challenges for Territorial Cohesion", *Regional Studies*, 2016, Vol. 50, No. 2.

［249］Clout, H. D.. *Rural Geography: An Introductory Survey*, Elsevier, 2013.

[250] Clout, Hugh, "The recomposition of rural Europe: a review", *Annales de Géographie*, 1991, 100e Année, No. 561/562, No du centenaire.

[251] Coleman, D. C., "Proto‐industrialization: a concept too many", *Economic History Review*, 1983, No. 36.

[252] Coleman, D. C.. *Industry in Tudor and Stuart England*, Macmillan Publishers Ltd, 1975.

[253] Copus, Andrew K. and Philomena de Lima. *Territorial Cohesion in Rural Europe: The Relational Turn in Rural Development*, Routledge, 2014.

[254] Corfield, P. J.. *The Impact of English Towns*, 1700–1800, Oxford University Press, 1982.

[255] Countryside Agency and English Tourism Council, "Working for the Countryside: A strategy for rural tourism in England 2001–2005", 2001. VisitBritain 2004: Rural and Farm Tourism.

[256] Court, W. H. B.. *The Rise of the Midland Industries* 1600–1838, London, 1938.

[257] Crafts, N. F. R.. *British Economic Growth during the Industrial revolution*, Oxford, 1985.

[258] Crouzet, F. ed.. *Capital Formation in the Industrial Revolution*, Methuen & Co. Ltd., 1972.

[259] Davoudi, Simin and Dominic Stead, "Urban‐Rural Relationships: An Introduction and Brief History", *Built Environment*, 2002, Vol. 28, No. 4.

[260] Daxelmüller, Christoph, S. Kummer/W. Reinicke. *Wiederaufbau und Wirtschaftswunder. Aufsätze zur bayerischen Landesausstellung* 2009, Augsburg, 2009.

[261] Deane, Phyllis and W. A. Cole. *British Economic Growth* 1688–1959: *Trends and Structure*, Cambridge, 1969.

[262] Defoe, Daniel. *A Tour through the Whole Island of Great Britain*, London, 1927.

[263] Defra (Department of Environment, Food & Rural Affairs, 英国环境、食品与乡村事务部), *Tourism and Local Rural Communities*, A report submitted by GHK, London, 12 August 2010, www.ghkint.com.

[264] Dell, Sean O'. *Post-war Tourism in the Tendring District and Beyond: The Rise of the Holiday Caravan Park*, c. 1938–1989, ph. D thesis, University of Essex, 2015.

[265] De Vries, J.. *The Dutch Rural Economy in the Golden Age* 1500–1700,

Yale University Press, 1974.

[266] Deyon, Pierre, "La Diffusion Rurale des Industries Textiles en Flandre française à la fin de l'Ancien Régime et au début du XIXème siècle", *Revue du Nord*, Tome 61, N°240, Janvier – mars 1979.

[267] Deyon, Pierre, "L'Enjeu des Discussions autour du Concept de 'Protoindustrialisation'", *Revue du Nord*, Tome 61, N°240, Janvier – mars 1979.

[268] Deyon, Pierre, "Un Modèle à l'épreuve, le Développement Industriel de Roubaix de 1762 à la fin du XIXème siècle", *Revue du Nord*, Tome 63, N°248, Janvier – mars 1981.

[269] Dickinson, R. E., "The Distribution and Functions of the Smaller Urban Settlements of East Anglia", *Journal of the Geographical Association*; Mar 1, 1932; Vol. 17, No. 1.

[270] Digby, A. and C. Feinstein eds.. *New direction in Economic and Social History*, Macmillan, 1989.

[271] Dov, Friedlander, "The Spread of Urbanization in England and Wales, 1851 – 1951", *Population Studies*, 1970, Vol. 24. No. 3.

[272] Duby, Georges (dir.). *Histoire de la France Rural*, 4 tomes, Paris, 1976.

[273] Duby, Georges (dir.). *Histoire de la France Urbaine*, 5 tomes, Paris, 1980 – 1985.

[274] Dyer, Alan. *Decline and Growth in English Towns*, 1400 – 1640, Cambridge University Press, 1995.

[275] Dyer, Christopher, "Market towns and the countryside in late medieval England", *Canadian Journal of History*, 1990, No. 31.

[276] Dyer, Christopher, "The Consumer and the Market in the Later Middle Ages", *Economic History Review*, 1989, Vol. 42, No. 3.

[277] Dyos, H.. *Exploring the Urban Past*: *Essays in Urban History*, Cambridge University Press, 1982.

[278] Earle, P., ed.. *Essays in European Economic History* 1500 – 1800, Oxford University Press, 1974.

[279] Edwards, Jonathan, "Rural Tourism in Great Britain", *I Encontro Nacional do Turismo de Habitação – Ponte de Lima* (12 e 13 de Março de 1993).

[280] Eliassen, K. A. and J. From, "Deregulation, Privatisation and Public Service Delivery: Universal Service in Telecommunications in Europe," *Policy and So-*

ciety, 2009, Vol. 27, No. 3.

[281] Ellingsen, W. G. and K. Hidle, "Performing Home in Mobility: Second Homes in Norway", *Tourism Geographies*, 2013, 15, No. 2.

[282] English Tourism Council and MEW Research, "Qualitative Research on Rural Tourism in England", August 2002. See VisitBritain 2004: Rural and Farm Tourism.

[283] Engrand, Charles, "Concurrences et Complémentarités des Villes et des Campagnes: les Manufactures Picardes de 1780 à 1815", *Revue du Nord*, Tome 61, N°240, Janvier-mars 1979.

[284] Epstein, S. R., "Town and Country: Economy and Institutions in Late Medieval Italy", *Economic History Review*, New Series, 1993, Vol. 46.

[285] ESPON (欧洲空间规划观测网络), "European Spatial Planning Observation Network Report 2006", https://www.espon.eu/programme/projects/espon-2006/thematic-projects/urban-rural-relations-europe.

[286] Farrington, John and Conor Farrington, "Rural Accessibility, Social Inclusion and Social Justice: Towards Conceptualisation", *Journal of Transport Geography*, 2005, Vol. 13, No. 1.

[287] Fisher, F. J. ed.. *Essays in the Economic and Social History of Tudor and Stuart England*, Cambridge, 1961.

[288] Fiumi, Enrico, "Sui rapporti economic tra citta e contado nell'eta comunale", *Archivio Storico Italiano*, cxiv, (1956).

[289] Flachenecke, Helmut und Rolf Kiessling. *Urbanisierung und Der Beitrag der kirchlichen Institutionen zur Stadtenwicklung in Bayern*, München, 2008.

[290] Flinn, M. W.. *The History of the British Coal Industry*, Oxford, 1984.

[291] Floud, R. and D. McCloskey. *The Economic History of Britain Since* 1700, Cambridge University Press, 1981.

[292] Friedlander, Dov, "The Spread of Urbanization in England and Wales, 1851–1951", *Population Studies*, 1970, Vol. 24. No. 3.

[293] Fujita, Masahisa and TomoyaMori, "The role of ports in the making of major cities: Self-agglomeration and hub-effect", *Journal of Development Economics*, 1996, Vol. 49.

[294] Gallent, N., M. Shucksmith, and M. Tewdwr-Jones. *Housing in the European Countryside: Rural Pressure and Policy in Western Europe*, Routledge, 2003.

[295] Galor, Oded and Dacvid N. Weil, "From Malthusian Stagnation to Mod-

ern Growth", *The American Economic Review*, 1999, Vol. 89, No. 2.

[296] Gatrell, V. A. C., "Labour, Power, and the Size of Firms in Lancashire Cotton in the Second Quarter of the Nineteenth Century." *Economic History Review*, 1977, No. 30.

[297] Gelderblom, Oscar. *Cities of Commerce, the Institutional Foundations of International Trade in the Low Countries*, 1250 – 1650, Princeton University Press, 2013.

[298] Genootschap Oud Zandvoort, "Geschiedenis van staden land ZANDVOORT (IX)", https：//archive. org/details/GOZ – PDF – H00086.

[299] Gilbert, D., "Community and Municipalism：collective identity in late – Victorian and Edwardian mining towns", *Journal of Historical Geography*, 1991, Vol. 17, No. 3.

[300] Gittus, Elizabeth, "Review, Rural Depopulation in England and Wales, 1851 – 1951", *Town Planning Review*, 1958. Vol. 29, No. 2.

[301] Goldstone, Jack A., "Efflorescenes and Economic Growth in World History：Rethinking the 'Rise of the West' and the Industrial Revolution", *Journal of World History*, 2002, Vol. 13, No. 2.

[302] Goubert, Pierre. *Beauvais et le Beauvaisis de 1600 à 1730. Contribution à l'Histoire Sociale de la France du XVIIe siècle*, Paris, 1960.

[303] Gourvish, T. R.. *Railways and the British Economy*：1830 – 1914, Macmillan, 1980.

[304] Grant, R. G.. *The History of Modern Britain*, *From 1900 to the Present Day*, London, 2010.

[305] *Great Britain：Road Atlas.* Automobile Association Developments Limited, 2012.

[306] Greiner, Christian Michael, *Die wirtschaftliche Entwicklung ehemaliger Reichsstädte und Residenzstädte in Bayern* 1803 – 1848, 奥格斯堡大学人文历史系博士论文, 2010 年。

[307] Grimm, Claus (Hg.). *Aufbruch ins Industriezeitalter*, Bd. 1, München：1985.

[308] Groot, Peter, Jan Jacobs, Jan – Egbert Sturm, "Infrastructure and economic development in the Netherlands, 1853 – 1913", *European Review of Economic History*, 1999 (2).

[309] Guedes, De Souza, "Urban Rationality and Rural Areas：the unline Ag-

ricultural Company and Vila Almeida in Juiz de Fora", *Geo UERJ*. 2018, Issue 32.

[310] Gullickson, Gay L., "Agriculture and Cottage Industry: Redefining the Causes of Proto - Industrialization", *The Journal of Economic History*, 1983, Vol. 43, No. 4.

[311] Halfacree, K., "The importance of 'the rural' in the constitution of counterurbanization: evidence from England in the 1980s", *Sociologia ruralis*, XXXIV (2), 1994.

[312] Handbook, Cambridge University Press, 1996.

[313] Hanns - Seidel - Stiftung e. V. (Hg.). *Hanns Seidel - "Ein Leben für Bayern"*, Wildbad Kreuth, 1987.

[314] Hantwell, R. M.. *The causes of the Industrial Revolution in England*, London, 1967.

[315] Hardtwig, Wolfgang/Klaus Tenfelde (Hg.). *Soziale Räume in der Urbanisierung. Studien zur Geschichte München im Vergleich 1850 bis 1933*, Oldenbourg, 1990.

[316] Harper, Sarah, "Rural - Urban Interface in England: A Framework of Analysis", *Transactions of the Institute of British Geographers*, 1987, Vol. 12, No. 3.

[317] Hayami, Yujiro and Vernon W. Ruttan. *Agricultural Development: An International Perspective*, Johns Hopkins University Press, 1985.

[318] Hearder, Harry. *Europe in the Nineteenth Century*, Routledge, 2014.

[319] Heaton, H.. *The Yorkshire Woollen and Worsted Industries*, Oxford, 1920.

[320] Henderson, W. O.. *Britain and Industrial Europe 1750 - 1870: Studies in British Influence on the Industrial Revolution in Western Europe*, Leicester University Press, 1965.

[321] Hilton, R. H., "Small Town Society in England before the Black Death", *Past & Present*, 1984, No. 105.

[322] Hilton, R.. *The English Peasantry in the Later Middle Ages*, Oxford, 1979.

[323] Hirsiefer, Heinrich. *Die Wohnungswirtschaft in Preuβe*, Eberswalde, 1929.

[324] Hobsbawm, E. J.. *The Age of Revolution*, 1789 - 1848, The World Publishing Company, 1962.

[325] Hobson, J. A.. *The Evolution of Modern Capitalism: A Study of Machine Production*, New York, 1926.

[326] Hoffman, Philip. *Growth in a Traditional Society: The French Countryside*, 1450 – 1815, Princeton University Press, 1996.

[327] Horn, Jeff. *The Path Not Taken: French Industrialization in the Age of Revolution* 1750 – 1830, The MIT Press, 2006.

[328] Horrox, Rosemary and W. Mark Ormrod eds.. *A Social History of England*, 1200 – 1500, Cambridge University Press, 2006.

[329] Hoskins, W. G.. *The Age of Plunders: The England of Henry VIII* 1500 – 1547, Longman, 1979.

[330] Houston, Rab and Keith DM Snell, "Proto – Industrialization? Cottage Industry, Social Change, and Industrial Revolution," *The Historical Journal*, 1984, Vol. 27, No. 2.

[331] Howkins, Alun. *The Death of Rural England: A Social History of the Countryside since* 1900, Routledge, 2003.

[332] Hudson, Pat ed.. *Regions and Industries: A Perspective on the Industrial Revolution in Britain*, Cambridge, 1989.

[333] Israel, Jonathan I.. *The Dutch Republic: Its Rise, Greatness and Fall*, 1477 – 1806, Oxford University Press, 1995.

[334] Istel, W.. *Wurzeln und Entwicklung der Landesplanung in Bayern bis* 1945. Bayreuth, 1993.

[335] Jacques, Pinard, "Les Transformations des Industries Textiles de l'Ouest de la France du Moyen Age au XIXe siècle", *Annales de Bretagne et des pays de l'Ouest*, Tome 97, numéro 3, 1990.

[336] Jeannin, Pierre, "La Protoindustrialisation: Développement ou Impasse?", *Annales. économies, Sociétés, Civilisations*, 35e année, N. 1, 1980.

[337] Jenkins, T. N., "Putting Postmodernity into Practice: Endogenous Development and the Role of Traditional Cultures in the Rural Development of Marginal Regions", *Ecological Economics*, 2000, Vol. 34, No. 3.

[338] Jones, E. L.. *Agriculture and the Industrial Revolution*, Oxford, 1974.

[339] Juillard, Etienne, "L'urbanisation des campagnes en Europe occidentale", *études rurales*, N°1, 1961.

[340] Juillard, Etienne, "Urbanisation des campagnes", *études rurales*, N°49 – 50, 1973.

[341] Kariel, Herbert G., "Socio – Cultural Impacts of Tourism in the Austrian Alps", *Mountain Research and Development*, 1989. Vol. 9, No. 1.

〔342〕 Kariel, Herbert G. etc. , "Socio – Cultural Impacts of Tourism: An Example from the Austrian Alp", *GeografiskaAnnaler. Series B*, *Human Geography*, 1982, Vol. 64, No. 1.

〔343〕 Karlsch, Rainer/Raul Werner Wagner. *Die AGFA – OREO – Story. Geschichte der Filmfabrik Wolfen und ihrer Nachfolger*, Berlin, 2010.

〔344〕 Kasimoglu, Murat and Handan Avdin. *Strategies for Tourism Industry – Micro and Macro Perspectives*, InTech, 2012.

〔345〕 Kneafsey, Moya, "Tourism, Place Identities and Social Relations in the European Rural Periphery", *European Urban and Regional Studies*, 2000, Vol. 7, No. 1.

〔346〕 Knight, J. A. G. , "The Naming of Coalville", *The Leicestershire Historian*, Leicestershire Local History Council. 3 (1) 1982 – 1983.

〔347〕 Krapf, M. . *Entwicklung und Verwaltung bayerischer Städte zwischen* 1870 *und* 1914, München, 1998.

〔348〕 Kraus, Jürgen/Stefan Fischer u. a (Hg.). *Die Stadt Kaufbeuren*, Bd. 1, Thalhofen: 1999.

〔349〕 Kriedte, Peter, H. Medick, J. Schlubohm. *Industrialization before Industrialization, Rural Industry in the Genesis of Capitalism*, Cambridge, 1981.

〔350〕 Landers, J. and A. Mouzas, "Burial Seasonahty and Cause of Death in London 1675 – 1825", *Population Studies*, 1988, No. 42.

〔351〕 Landers, J. . *Death and the Metropolis Studies in the Demographic History of London* 1670 – 1830, Cambridge, 1993.

〔352〕 Law, C. M. , "The growth of urban population in England and Wales, 1801 – 1901", *Transactions of the Institute of Britain Geographers*, 1967.

〔353〕 Leboutte, Renééd. . *Proto-industrialisation: Recherches Récentes et Nouvelles Perspectives*, Geneva: Droz, 1996.

〔354〕 Lee, C. H. , "Regional Growth and Structural Change in Victorian Britain", *The Economic History Review*, New Series, 1981, Vol. 34, No. 3.

〔355〕 Lepetit, Bernard, "Urbanization in Eighteenth – Century France: A Comment", *The Journal of Interdisciplinary History*, 1992, Vol. 23, No. 1.

〔356〕 Lewis, Gwynne, "Proto – Industrialization in France", *The Economic History Review*, 1994, Vol. 47, No. 1.

〔357〕 Lillteicher, Jürgen. *Raub, Recht und Restitution. Die Rückerstattung jüdischen Eigentums in der frühen Bundesrepublik*, Göttingen, 2007.

［358］ Lipson, E.. *The Economic History of England*, 3vols, London, 1937.

［359］ Local Government In Rural Districts, *The British Medical Journal*, Vol. 1 (Mar. 21, 1925).

［360］ Lowe, Philip and Neil Ward, "England's Rural Futures: A Socio – eographical Approach to Scenarios Analysis", *Regional Studies*, 2009, Vol. 43, No. 10.

［361］ Luger, Kurt, u. Karin Inmann Hrsg.. *Verreiste Berger. Kultur und Tourismus im Hochgebirge*, Innsbruck – Wien, 1995.

［362］ Macak, Antoni und Christopher Smout (Hrsg.). *Gründung und Bedeutung kleinerer Städte im nördlichen Europa der frühen Neuzeit*, Wiesbaden, 1991.

［363］ Madson, Mette Fabricius, "Urbanization of Rural Areas: A Case Study from Jutland, Danmark", *Geografisk Tidsskrift – Danish Journal of Geography*, No. 1, Vol. 110.

［364］ Malanima, Paolo, "Urbanisation and the Italian economy during the last millennium", *European Review of Economic History*, 2005, Vol. 9, No. 1.

［365］ Mamdy, Jean – François, "Le développement local par le tourisme rural: enjeux et conditions", *Bulletin de l'Association de géographes français*, 72e année, 1995 – 1.

［366］ Mandelbaum, Seymour J., "H. J. Dyos and British Urban History", *The Economic History Review*, New Series, 1985, Vol. 38, No. 3.

［367］ Marcellini, Fiorella et al., "Aging in Italy: Urban – Rural Differences", *Archives of Gerontology and Geriatrics*, 2007, Vol. 44, No. 3.

［368］ Marquiè, Claude. *L'Industrie Textile Carcassonnaise au XVIIIème Siècle*, Carcassonne: Société d'études Scientifiques de l'Aude, 1993.

［369］ Marrewijk, Dré van and Ben Olde Meierink. *BADEN in WEELDE, Ontwikkeling Middenboulevard in historisch perspectief*, Utrecht, 2011.

［370］ Marsden, Terry, "Rural Futures: The Consumption Countryside and Its Regulation," *Sociologia Ruralis*, 1999, Vol. 39, No. 4.

［371］ Mathieu, Nicole, "La notion de rural et les rapports ville-campagne en France. Des années cinquante aux années quatre-vingts", *économie rurale*, 1990, N° 197.

［372］ Matzerath, Horst, "Lokalgeschichte, Stadtgeschichte, Historische Urbanisierungsforschung", *Geschichte und Gesellschaft*, 1989, Vol. 15.

［373］ ［376］ Matzerath, "Nationalsozialistische Kommunalpolitik: Anspruch und Realität", *Die alte Stadt*, 5 (1978).

［374］McPhee, Peter. *A Social History of France*, 1789 – 1914, Palgrave Macmillan, 2004.

［375］Mehringer, Harmut (Hg.). *Von der Klassenbewegung zur Volkspartei. Wegmarken der bayerischen Sozialdemokratie 1892 – 1992*, München, 1992.

［376］Mendals, F. F., "Proto – industrialization: The First Phase of the Industrialization Process", *Journal of Economic History*, 1972, No. 32.

［377］Mendels, Franklin, "Des Industries Rurales à la Proto – industrialisation: Historique d'un Changement de Perspective", *Annales. Histoire, Sciences Sociales*, 1984, 39ᵉ Année, No. 5.

［378］Mendras, Henri. *La fin des paysans. Changements et innovations dans les sociétés rurales françaises*, Paris, 1964.

［379］Michel, Conan, "Favaron Juliette. Comment les villages devinrent des paysages", *Les Annales de la recherche urbaine*, N°74, 1997.

［380］Milbourne, Paul. *Rural Poverty: Marginalisation and Exclusion in Britain and the United States*, Routledge, 2004.

［381］Millward, Robert. *Private and Public Enterprise in Europe: Energy, Telecommunications and Transport*, 1830 – 1990, Cambridge University Press, 2005.

［382］Mingay, G. E.. *Rural Life in Victorian England*, Gloucestershire: Alan Sutton, 1990.

［383］Mitchel, B. R. l and P. Deane ed.. *Abstract of British Historical Statistics*, Cambridge, 1962.

［384］Mitchell, B. R.. *Economic Development of the British Coal Industry: 1800 – 1914*, Cambridge, 1984.

［385］Müller, D. K., "Second Homes in Rural Areas: Reflections on a Troubled History", *Norsk Geografisk Tidsskrift – Norwegian Journal of Geography*, 2011, Vol. 65, No. 3.

［386］Moreno, Alvaro etc., "Linking Beach Recreation to Weather Conditions: A Case Study in Zandvoort, Netherlands", *Tourism in Marine Environments*, 2008, Vol. 5.

［387］Morris, H., *Insights*, "The Farm Tourism Market", March 2002. VisitBritain 2004: Rural and Farm Tourism.

［388］Moseley, Malcolm J., "Innovation and Rural Development: Some Lessons from Britain and Western Europe", *Planning Practice and Research*, 2000,

Vol. 15, No. 1 –2.

[389] Moulin, Annie. *Peasantry and Society in France since* 1789, Cambridge University Press, 1991.

[390] Muthesius, Stefan, "Zur Stadtfeindlichkeit in Deutschland ca. 1850 – 1914, eine übersicht", *Kunstchronik*, 23 (1970).

[391] Neal, Sarah and Julian Agyeman, eds. . *The New Countryside: Ethnicity, nation and exclusion in contemporary rural Britain*, Bristol, 2006.

[392] Nef, J. U. . *Industry and Government in France and England*, 1540 – 1640, New York, 1940.

[393] North, David and David Smallbonet, "Small Business Development in Remote Rural Areas: the Example of Mature Manufacturing Firms in Northern England", *Journal of Rural Studies*, 1996, Vol. 12, No. 2.

[394] North, Douglass. *Structure and Change in Economic History*, New York, 1982.

[395] North, D. . *Understanding the Process of Economic Change*, Princeton University Press, 2005.

[396] Ogilvie, Sheilagh C. , Markus Cerman eds. . *European Proto-industrialization: An Introductory*

[397] Overton, Mark. *Agricultural Revolution in England*, Cambridge University Press, 1996.

[398] Overvåg, Kjell, "Second Homes: Migration or Circulation?", *Norsk Geografisk Tidsskrift – Norwegian Journal of Geography*, 2011, Vol. 65, No. 3.

[399] Parker, Chris, "Rural Tourism in the South East: A Strategy for Future Action", *The Countryside Agency*.

[400] Parsons, E. . *History of Leeds and Adjoining Towns*, Leeds, 1848.

[401] Patten, John. *English Towns* 1500 – 1700, Folkstone, 1978.

[402] Peak District National Park – Home Page – Learn more – About the National Park – History of our National Park. http://www. peakdistrict. gov. uk/learning-about/about-the-national-park/our-history.

[403] Peak District National Park – Home Page – Looking after – Projects and Partnership, http://www. peakdistrict. gov. uk/looking-after/projects-and-partnerships.

[404] Philippe, Bachimon, "Le tourisme rural sur les friches de la basse vallée de la Durance ", *Bulletin de l'Association de géographes français*, 72e année, 1, 1995.

[405] Philippe, Moustier, "Le tourisme rural dans une vallée de haute montagne: l'exemple du Valgaudemar (Hautes – Alpes)", *Méditerranée*, Troisième série, Tome 69, 4, 1989.

[406] Pooly, Colin G., Shani D'Cruze, "Migration and Urbanization in Northwest England, circa 1760 – 1830", *Social History*, 1994, Vol. 19, No. 3.

[407] Portal, Charles. *Cordes-sur – Ciel: histoire et architecture*, Cordes, 1997.

[408] Pounds, N. J. G.. *An Economic History of Medieval Europe*, Langman, 1994.

[409] Pounds, Norman. *The Medieval City*, Greenwood Press, 2005.

[410] Powe, N. A. and T. Shaw, "Exploring the Current and Future Role of Market Towns in Servicing Their Hinterlands: A Case Study of Alnwick in the North East of England", *Journal of Rural Studies*, 2004, Vol. 20, No. 4.

[411] Prak, Maarten ed.. *Early Modern Capitalism: Economic and Social Change in Europe* (1400 – 1800), Routledge, 2001.

[412] Press, Volker, "Stadt – und Dorfgemeinden im territorialstaatlichen Gefüge des Spätmittelalters und der frühen Neuzeit", *Historische Zeitschrift*, New Series, Vol. 13.

[413] Price, Roger. *Modernization of Rural France: Communication Networks and Agriculture. Market Structure in Nineteenth Century*, London, 1983.

[414] Rambaud, Placide, "Village et urbanisation. Problèmes sociologiques", *études rurales*, N°49 – 50, 1973.

[415] Rapp, Richard Tilden. *Industry and Economic Decline in Seventeenth – Century Venice*, Cambridge University Press, 1976.

[416] Raumforschung, A. für und Landesplanung. *Die neuen Städte und Gemeinden in Bayern und ihre Entwicklung seit* 1963, Hannover: 1986.

[417] Raven, "Neil Chelmsford during the industrial revolution, *c.* 1790 – 1840", *Urban History*, 2003, Vol. 30, No. 1.

[418] Ray, "Culture, Intellectual Property and Territorial Rural Development", *Sociologia Ruralis*, 2010, Vol. 38, No. 1.

[419] *Report on the Decline in the Agricultural Population of Great Britain*, London, 1906.

[420] Reulecke, Jürgen (Hg.). *Die deutsche Stadt im Industriezeitalter. Beiträge zur modernen deutschen Stadtgeschichte*, Wuppertal, 1978.

[421] Reulecke, Jürgen, Gerhard Huck and Anthony Sutcliffe, "Urban history

research in Germany: its development and present condition", *Urban History*, 1981, Vol. 8.

[422] Ribhegge, Wilhelm. *Stadt und Nation in Deutschland vom Mittelalter bis zur Gegenwart. Die Entstehung der Zivilgesellschaft aus der Tradition der Städte*, Münster, 2002.

[423] Richardson, F. A.. *Rural change in north Wales during the period of the Industrial Revolution: livelihoods, poverty and welfare in Nantconwy 1750 – 1860*, ph. d. thesis, University of Oxford, 2016.

[424] Richardson, Frances A. , *Rural change in north Wales during the period of the Industrial Revolution: livelihoods, poverty and welfare in Nantconwy, 1750 – 1860*, Thesis (Ph. D.), University of Oxford, 2016.

[425] Richez, Joséphine, "Urbanisation et mutation d'un espace péri-urbain du pays d'Aix", *Méditerranée*, Tome 20, 1, 1975.

[426] Ripley, Peter, "Village and Town: Occupations and Wealth in the Hinterland of Gloucester, 1660 – 1700", *Agricultural History Review*, 1984, V. 32, No. 2.

[427] Rodger, Richard, "Urban History: prospect and retrospect", *Urban History*, 1992, Vol. 19, No. 1.

[428] Rollison, David. *The Local Origins of Modern Society: Gloucestershire 1500 – 1800*, London, 1992.

[429] Romano, Ruggiero. *Tra due crisi: l'Italia del Rinascimento*, Torino, 1971.

[430] Rosental, Paul – André, "L'exode rural. Mise à l'épreuve d'un modèle", *Politix*, Vol. 7, N°25, 1994.

[431] Rostow, W. W. ed. . *The Economics of Take-off into Sustained Growth*, Macmillan, 1974.

[432] Rowlands, M. B.. *Masters and Men in the West Midland Metalware Trades before the Industrial Revolution*, Manchester, 1975.

[433] Royle, Edward. *Modern Britain, A Social History 1750 – 1985*, London, 1988.

[434] Royle, S. A. , "Aspects of nineteenth-century small town society: a comparative study from Leicestershire", *Midland History*, 1979, Vol. 5, No. 1.

[435] Rural Economy Growth Review: Supporting Rural Tourism. https://www.gov.uk/government/uploads/system/uploads/attachment_data/file/183289/rural-

economic-growth-review. pdf.

［436］Russell, J. C. . *Medieval Regions and their Cities*, Newton Abbott, 1972.

［437］Russell, Stephen J. . *Agriculture*, *Prosperity*, *and the Modernization of French Rural Communities*, 1870 – 1914, *Views from the Village*, Lewiston： The Edwin Mellen Press, 2004.

［438］Saldern, Adelheid von, "Die Stadt in der Zeitgeschichte. überlegungen zur neueren Lokalgeschichtsforschung", *Die alte Stadt*, 1991, No. 2.

［439］Salvemini, Gaetano. *Magnati e popolani in Firenze dal* 1285 *al* 1295, 2nd edn. Milan, 1966.

［440］Saville, John. *Rural Depopulation in England and Wales*, 1851 – 1951, Routledge, 1957.

［441］Scheltema, P. . *Aemstel's Oudheld of Gedenkwaardighedn van Amsterdam*, Amsterdam, 1863.

［442］Schlemmer, Thomas. *Industriemoderne in der Provinz. Die Region Ingolstadt zwischen Neubeginn*, *Boom und Krise* 1945 *bis* 1975, München, 2009.

［443］Schmid, Alois (Hrsg.) . *Handbuch der Bayerischen Geschichte*, München, 2003.

［444］Schubert, Dirk, "Großstadtfeindschaft und Stadtplanung. Neue Anmerkungen zu einer alten Diskussion", *Die alte Stadt*, 1986, No. 13.

［445］Seidl, Jürgen. *Die Bayerischen Motorenwerke* (*BMW*) 1945 – 1969. München, 2002.

［446］Sella, Domenico. *Crisis and Continuity*： *The Economy of Spanish Lombardy in the Seventeenth Century*, Harvard University Press, 1979.

［447］Shucksmith, Mark and Pollyanna Chapman, "Rural Development and Social Exclusion", *Sociologia Ruralis*, 1998, Vol. 38, No. 2.

［448］Shucksmith, Mark et al. , "Urban – Rural Differences in Quality of Life across the European Union", *Regional Studies*, 2009, Vol. 43, No. 10.

［449］Sicken, Bernhard (Hg.). *Stadt und Militär* 1815 – 1914. , Paderborn, 1998.

［450］Simmons, Jack, "Railways, Hotels, and Tourism in Great Britain 1839 – 1914", *Journal of Contemporary History*, 1984, Vol. 19.

［451］Simon, Curtis J. and Clark Nardinelli, "The Talk of the Town： Human Capital, Information, and the Growth of English Cities, 1861 to 1961", *Explorations in Economic History*, 1996, No. 33.

［452］ Snape, Bob, "Resource Guide in: Rural Leisure and Tourism", Hospitality, Leisure, Sport & Tourism Network, December 2004.

［453］ Sortor, Marci, "Saint – Omer and Its Textile Trades in the Late Middle Ages: A Contribution to the Proto – Industrialization Debate", *The American Historical Review*, 1993, Vol. 98, No. 5.

［454］ Spindler, Max (Hg.). *Handbuch der bayerischen Geschichte*, München, 1975.

［455］ Stavrianos. L. S.. *Lifelines from Our Past: A New World History*, New York, 1989.

［456］ Stobart, J. "Leisure and Shopping in the Small Towns of Georgian England", *Urban History*, 4, 2005.

［457］ Suni, Jarno and Rai ja Komppula eds.. *International Conference on Rural Tourism and Regional Development*, 2014.

［458］ Sylla, Richard and Gianni Toniolo, eds.. *Patterns of European Industrialization*, London, 1991.

［459］ Szostak, Rick. *The Role of Transportation in the Industrial Revolution: A Comparison of England and France*, McGill – Queen's University Press, 1991.

［460］ Tarlé, E.. *L'Industrie dans les Campagnes en France à la fin de l'Ancien Régime*, Paris, 1910.

［461］ Tawney, A. G. and R. H. Tawney, "An Occupational Census of the Seventeenth Century", *Economic History Review*, V. 5, 1934 – 35.

［462］ Taylor, Matthew. *Living, Working, Countryside, The Taylor Review of Rural Economy and Affordable Housing*, London, 2008.

［463］ Teisseyre – Sallmann, Line. *L'Industrie de la Soie en Bas – Languedoc: XVIIe – XVIIIe siècles*, Paris: école Nationale des Chartes, 1995.

［464］ The Economist (2000): "Clouds over the Countryside", http://www.economist.com/node/437538.

［465］ The Economist (1998): "The Countryside: Poverty and plenty", http://www.economist.com/node/178315.

［466］ The Royal Bank of Scotland, "First on the Move: Our Six Decades of Mobile Banking", http://www.rbs.co.uk/personal/ways-to-bank-with-us/mobile-bank/history.ashx.

［467］ Thies, Joch, "Nationalsozialistische Städteplanung: Die Führerstädte", *Die alte Stadt*, 5 (1978).

［468］Thirsk, Joan, general Edited. *The Agrarian History of England and Wales*, 8voIs, Cambridge University Press, 1975 – 2000.

［469］Thomas, Brinley, "The Migration of Labour into the Glamorganshire Coalfield (1861 – 1911)", *Economica*, 1930, No. 30.

［470］Tiller, Kate. *English Local History*: *An Introduction*, Alan Sutton Publishing Ltd, 1992.

［471］Timmins, G.. *Made in Lancashire*: *A History of Regional Industrialisation*, Manchester, 1998.

［472］Tirone, Lucien, Valérie Ellerkamp etc., "La région Provence – Alpes – Côte d'Azur à l'aube du XXIe siècle", *Méditerranée*, Volume 101, Numéro 3, 2003.

［473］Tourism Alliance, "UK Tourism Statistics 2016", www. tourismalliance. com.

［474］Toynbee, Arnold. *Lectures on the Industrial Revolution of the 18th Century in England*, Rivingtens, 1884.

［475］Turner, M. E.. *Agriculture Rent in England* 1690 – 1914, Cambridge University Press, 1997.

［476］UK Office For National Statistics, "Social Grade A, B, C1, C2, D, E", http://www. nrs. co. uk/nrs-print/lifestyle-and-classification-data/social-grade/, Feb. 23, 2014.

［477］United Kingdom Tourism Survey 2003, "Leisure Day Visits Survey 02/03", See VisitBritain 2004: *Rural and Farm Tourism*.

［478］Vardi, Liana. *The Land and the Loom*: *Peasants and Profit in Northern France*, 1680 – 1800, Durham, NC: Duke University Press, 1993.

［479］Vassal, Serge, "Urbanisation et vie rurale: le cas de l'agglomération orléanaise", *Norois*, N°95, 1977.

［480］Verhulst, Adriaan, "The Origins of Towns in the Low Countries and the Pirenne Thesis", *Past & Present*, 1989, No. 122.

［481］Verhulst, Adriaan. *The Rise of Cities in North – West Europe*, Cambridge University Press, 1999.

［482］Vidalenc, J.. *La Petite Métallurgie Rurale en Haute – Normandie sous l'Ancien Régime*, Paris, 1946.

［483］VisitEngland, "Domestic Rural Tourism", https://www. visitbritain. org/sites/default/files/vb-corporate/Documents – Library/documents/England – documents/dom_rural_t. pdf, www. visitbritain. org, 英国旅游局官网。

［484］Vitikainen, A., "An overview of land consolidation in Europe", *Journal of Surveying and Real Estate Research*, 2004, No. 1.

［485］Volkert, W. Richard Bauer. *Handbuch der bayerischen Ämter, Gemeinden und Gerichte* 1799 – 1980, München: 1982.

［486］Vries, Jan de. *The first Modern Economy, Success, Failure and Perseverance of the Dutch Economy*, 1500 – 1815, Cambridge University Press 1997.

［487］Vries, J. de. *European Urbanization* 1500 – 1800, London, 1984.

［488］Vries, J. de. *The Dutch Rural Economy in the Golden Age*, 1500 – 1700, Yale University Press, 1974.

［489］Vulquin, Anaïk, "Guilers. L'urbanisation d'un village proche de Brest", *Norois*, N°69, 1971.

［490］Walton, J. K.. *The English Seaside Resort: A Social History* 1750 – 1914, Leicester University Press, 1983.

［491］Walton, John k., "The Demand for Working – Class Seaside Holidays in Victoria England", *The Economic History Review*, New Series, 1981, Vol. 34, No. 2.

［492］Weber, Adna Ferrin. *The Growth of cities in the Nineteenth Century, A Study in Statistics*, Cornell University Press, 1967.

［493］Weber, Eugen. *Peasants into Frenchmen. The Modernization of Rural France*, 1870 – 1914, Stanford University Press, 1976.

［494］Wehler, Hans – Ulrich. *Deutsche Gesellschaftsgeschichte*, Muenchen, 1987.

［495］Weidlich, A. Hg.. *Moderne Zeiten? Industrialisierung im ländlichen Oberbayern*, Petersberg, 2006.

［496］Wiest, Karin. *Women and Migration in Rural Europe: Labour Markets, Representations and Policies*, Springer, 2016.

［497］Willan, T. S.. *River Navigation in England*, 1600 – 1750, Oxford University Press, 1936.

［498］Williamson, Jeffrey G.. *Coping with city growth during the British industrial revolution*, Cambridge University Press, 2002.

［499］Wilson, Charles. *England's Apprenticeship*, 1603 – 1763, London, 1965.

［500］Wintle, Michael. *An Economic and Social History of the Netherlands, 1800 – 1920: Demographic, Economic and Social Transition*, Cambridge University Press, 2000.

［501］Wohl, A. S.. *The Eternal Slum: Housing and Social Policy in Victorian London*, London, 1977.

[502] Wolf, Christiane. *Gauforen*：*Zentren der Macht. Zur nationalsozialistischen Architektur und Stadtplanung*，Berlin，1999.

[503] Wood, Michael ed.. *New Labour's Countryside*：*rural policy in Britain since 1997*，Bristol：The Policy Press，2008.

[504] Wright, Steve, "Designing Flexible Transport Services：Guidelines for Choosing the Vehicle Type"，*Transportation Planning and Technology*，2013，Vol. 36，No. 1.

[505] Wrigley, E. A.. *Energy and the English Industrial Revolution*，Cambridge University Press，2010.

[506] Wrigley, E. A.. *People*，*Cities and Wealth*：*The Transformation of Traditional Society*，Oxford，1987.

[507] Wyder, Jörg, "Multifunctionality in the Alps：Challenges and the Potential for Conflict over Development"，*Mountain Research and Development*，2001，Vol. 21，Nor. 4.

[508] Zanden, Jan L. van. *The Economic History of the Netherlands 1914 – 1995*，Routledge，1998.

[509] Zell, M.. *Industry in the Countryside*：*Wealden Society in the Sixteenth Century*，Cambridge，1994.

后 记

本书是教育部哲学社会科学研究重大课题攻关项目（项目批准号 14JZD038）的最终成果。课题研究得到了许多专家的诚挚建议和专业性指导。他们是：国家发展和改革委员会城市和小城镇改革发展中心副主任邱爱军研究员，《中国城市报》副总编辑陈柳钦研究员，北京大学钱乘旦教授、高岱教授，清华大学梅雪芹教授，中国人民大学徐浩教授，中国社会科学院世界历史所张顺洪研究员、刘军研究员，《中国社会科学》舒建军编审，《光明日报》周晓菲编辑，武汉大学陈勇教授，复旦大学向荣教授，浙江大学沈坚教授，四川大学张箭教授，天津师范大学侯建新教授、王亚平教授、杜勇教授、任世江编审、汪丹编审，课题组对他们表示深深的感谢！

在首席专家的组织和带领下，课题组努力攻关，取得了不少阶段性成果，发表论文30多篇（其中国家级权威报刊10余篇），撰写并呈交了5篇咨询报告，获得了很好的社会反响，如应邀参加中国政策科学研究会会长、原中共中央政策研究室主任滕文生同志召开的"城乡一体化"小型座谈会，参加中国大学智库论坛并在会上发言。课题组成员分别承担了最终成果的撰写。在吸收鉴定组专家意见的基础上，项目首席专家对全部初稿进行了修改和润色。各部分初稿作者是：

中英文摘要、前言、英文目录：刘景华（天津师范大学）

第一章　第一节：刘景华；第二节：陆伟芳（上海师范大学）、熊芳芳（武汉大学）、孟钟捷（华东师范大学）、尚洁（武汉大学）、刘涛（郑州大学）

第二、三章　刘景华

第四章　徐滨（天津师范大学）

第五章　赵文君（天津师范大学）

第六章　李友东（天津师范大学）

第七章　沈琦（华中师范大学）

第八章　第一节：叶敏（湖南大学）；第二节：孙立田（天津师范大学）；第三节：刘景华

第九章　李友东

第十章　第一、四节：叶敏、Steve King（英国莱斯特大学）；第二节：杨光（法国巴黎高等研究院）；第三节：刘景华

第十一章　刘丹青（天津商业大学）、Randall Upchurch（美国佛罗里达国际大学）

第十二章　第一节：熊芳芳；第二节：尚洁

第十三章　第一节：黄肖昱（华东师范大学）；第二节：黄肖昱、沈辰成（德国奥格斯堡大学）；第三节：刘涛

第十四章　张卫良（杭州师范大学）

第十五章　第一节：刘景华；第二、三、四节：陆伟芳

第十六章　陆伟芳

第十七章　熊芳芳

第十八章　第一节：孟钟捷；第二、三、四节：王琼颖（华东师范大学）

第十九章　刘涛

第二十章　第一节：田涛（天津师范大学）；第二节：张卫良

第二十一章　第一节：刘景华、叶敏；第二节：赵文君

第二十二章　刘景华、孙立田、李友东、赵文君、刘丹青、叶敏

课题考察调研过程中，湖南省党史委巡视员刘建平研究员、湖南省档案馆副馆长禹丁华研究员，共青团甘肃省定西市安定区委剡刚书记，湖南省邵东市教育局吴永祥主任，邵东市牛马司镇刘长胜镇长，天津师范大学杨庆老师、徐喆老师，给予了大力支持和帮助。教育部社会科学司、天津市教育委员会和天津师范大学领导，始终关心和支持课题研究工作，天津师范大学社会科学处、财务处、国际交流处、学科建设办、欧洲文明研究院和历史文化学院领导及两院资料中心，以及课题组成员所在单位，为课题研究提供了坚定支持和周到服务，课题组一并致以衷心的感谢！

刘景华

2020 年 6 月 30 日

教育部哲学社会科学研究重大课题攻关项目成果出版列表

序号	书　名	首席专家
1	《马克思主义基础理论若干重大问题研究》	陈先达
2	《马克思主义理论学科体系建构与建设研究》	张雷声
3	《马克思主义整体性研究》	逄锦聚
4	《改革开放以来马克思主义在中国的发展》	顾钰民
5	《新时期　新探索　新征程——当代资本主义国家共产党的理论与实践研究》	聂运麟
6	《坚持马克思主义在意识形态领域指导地位研究》	陈先达
7	《当代资本主义新变化的批判性解读》	唐正东
8	《当代中国人精神生活研究》	童世骏
9	《弘扬与培育民族精神研究》	杨叔子
10	《当代科学哲学的发展趋势》	郭贵春
11	《服务型政府建设规律研究》	朱光磊
12	《地方政府改革与深化行政管理体制改革研究》	沈荣华
13	《面向知识表示与推理的自然语言逻辑》	鞠实儿
14	《当代宗教冲突与对话研究》	张志刚
15	《马克思主义文艺理论中国化研究》	朱立元
16	《历史题材文学创作重大问题研究》	童庆炳
17	《现代中西高校公共艺术教育比较研究》	曾繁仁
18	《西方文论中国化与中国文论建设》	王一川
19	《中华民族音乐文化的国际传播与推广》	王耀华
20	《楚地出土戰國簡册［十四種］》	陈　伟
21	《近代中国的知识与制度转型》	桑　兵
22	《中国抗战在世界反法西斯战争中的历史地位》	胡德坤
23	《近代以来日本对华认识及其行动选择研究》	杨栋梁
24	《京津冀都市圈的崛起与中国经济发展》	周立群
25	《金融市场全球化下的中国监管体系研究》	曹凤岐
26	《中国市场经济发展研究》	刘　伟
27	《全球经济调整中的中国经济增长与宏观调控体系研究》	黄　达
28	《中国特大都市圈与世界制造业中心研究》	李廉水

序号	书名	首席专家
29	《中国产业竞争力研究》	赵彦云
30	《东北老工业基地资源型城市发展可持续产业问题研究》	宋冬林
31	《转型时期消费需求升级与产业发展研究》	臧旭恒
32	《中国金融国际化中的风险防范与金融安全研究》	刘锡良
33	《全球新型金融危机与中国的外汇储备战略》	陈雨露
34	《全球金融危机与新常态下的中国产业发展》	段文斌
35	《中国民营经济制度创新与发展》	李维安
36	《中国现代服务经济理论与发展战略研究》	陈 宪
37	《中国转型期的社会风险及公共危机管理研究》	丁烈云
38	《人文社会科学研究成果评价体系研究》	刘大椿
39	《中国工业化、城镇化进程中的农村土地问题研究》	曲福田
40	《中国农村社区建设研究》	项继权
41	《东北老工业基地改造与振兴研究》	程 伟
42	《全面建设小康社会进程中的我国就业发展战略研究》	曾湘泉
43	《自主创新战略与国际竞争力研究》	吴贵生
44	《转轨经济中的反行政性垄断与促进竞争政策研究》	于良春
45	《面向公共服务的电子政务管理体系研究》	孙宝文
46	《产权理论比较与中国产权制度变革》	黄少安
47	《中国企业集团成长与重组研究》	蓝海林
48	《我国资源、环境、人口与经济承载能力研究》	邱 东
49	《"病有所医"——目标、路径与战略选择》	高建民
50	《税收对国民收入分配调控作用研究》	郭庆旺
51	《多党合作与中国共产党执政能力建设研究》	周淑真
52	《规范收入分配秩序研究》	杨灿明
53	《中国社会转型中的政府治理模式研究》	娄成武
54	《中国加入区域经济一体化研究》	黄卫平
55	《金融体制改革和货币问题研究》	王广谦
56	《人民币均衡汇率问题研究》	姜波克
57	《我国土地制度与社会经济协调发展研究》	黄祖辉
58	《南水北调工程与中部地区经济社会可持续发展研究》	杨云彦
59	《产业集聚与区域经济协调发展研究》	王 珺

序号	书名	首席专家
60	《我国货币政策体系与传导机制研究》	刘 伟
61	《我国民法典体系问题研究》	王利明
62	《中国司法制度的基础理论问题研究》	陈光中
63	《多元化纠纷解决机制与和谐社会的构建》	范 愉
64	《中国和平发展的重大前沿国际法律问题研究》	曾令良
65	《中国法制现代化的理论与实践》	徐显明
66	《农村土地问题立法研究》	陈小君
67	《知识产权制度变革与发展研究》	吴汉东
68	《中国能源安全若干法律与政策问题研究》	黄 进
69	《城乡统筹视角下我国城乡双向商贸流通体系研究》	任保平
70	《产权强度、土地流转与农民权益保护》	罗必良
71	《我国建设用地总量控制与差别化管理政策研究》	欧名豪
72	《矿产资源有偿使用制度与生态补偿机制》	李国平
73	《巨灾风险管理制度创新研究》	卓 志
74	《国有资产法律保护机制研究》	李曙光
75	《中国与全球油气资源重点区域合作研究》	王 震
76	《可持续发展的中国新型农村社会养老保险制度研究》	邓大松
77	《农民工权益保护理论与实践研究》	刘林平
78	《大学生就业创业教育研究》	杨晓慧
79	《新能源与可再生能源法律与政策研究》	李艳芳
80	《中国海外投资的风险防范与管控体系研究》	陈菲琼
81	《生活质量的指标构建与现状评价》	周长城
82	《中国公民人文素质研究》	石亚军
83	《城市化进程中的重大社会问题及其对策研究》	李 强
84	《中国农村与农民问题前沿研究》	徐 勇
85	《西部开发中的人口流动与族际交往研究》	马 戎
86	《现代农业发展战略研究》	周应恒
87	《综合交通运输体系研究——认知与建构》	荣朝和
88	《中国独生子女问题研究》	风笑天
89	《我国粮食安全保障体系研究》	胡小平
90	《我国食品安全风险防控研究》	王 硕

序号	书名	首席专家
91	《城市新移民问题及其对策研究》	周大鸣
92	《新农村建设与城镇化推进中农村教育布局调整研究》	史宁中
93	《农村公共产品供给与农村和谐社会建设》	王国华
94	《中国大城市户籍制度改革研究》	彭希哲
95	《国家惠农政策的成效评价与完善研究》	邓大才
96	《以民主促进和谐——和谐社会构建中的基层民主政治建设研究》	徐 勇
97	《城市文化与国家治理——当代中国城市建设理论内涵与发展模式建构》	皇甫晓涛
98	《中国边疆治理研究》	周 平
99	《边疆多民族地区构建社会主义和谐社会研究》	张先亮
100	《新疆民族文化、民族心理与社会长治久安》	高静文
101	《中国大众媒介的传播效果与公信力研究》	喻国明
102	《媒介素养：理念、认知、参与》	陆 晔
103	《创新型国家的知识信息服务体系研究》	胡昌平
104	《数字信息资源规划、管理与利用研究》	马费成
105	《新闻传媒发展与建构和谐社会关系研究》	罗以澄
106	《数字传播技术与媒体产业发展研究》	黄升民
107	《互联网等新媒体对社会舆论影响与利用研究》	谢新洲
108	《网络舆论监测与安全研究》	黄永林
109	《中国文化产业发展战略论》	胡惠林
110	《20世纪中国古代文化经典在域外的传播与影响研究》	张西平
111	《国际传播的理论、现状和发展趋势研究》	吴 飞
112	《教育投入、资源配置与人力资本收益》	闵维方
113	《创新人才与教育创新研究》	林崇德
114	《中国农村教育发展指标体系研究》	袁桂林
115	《高校思想政治理论课程建设研究》	顾海良
116	《网络思想政治教育研究》	张再兴
117	《高校招生考试制度改革研究》	刘海峰
118	《基础教育改革与中国教育学理论重建研究》	叶 澜
119	《我国研究生教育结构调整问题研究》	袁本涛 王传毅
120	《公共财政框架下公共教育财政制度研究》	王善迈

序号	书　名	首席专家
121	《农民工子女问题研究》	袁振国
122	《当代大学生诚信制度建设及加强大学生思想政治工作研究》	黄蓉生
123	《从失衡走向平衡：素质教育课程评价体系研究》	钟启泉 崔允漷
124	《构建城乡一体化的教育体制机制研究》	李　玲
125	《高校思想政治理论课教育教学质量监测体系研究》	张耀灿
126	《处境不利儿童的心理发展现状与教育对策研究》	申继亮
127	《学习过程与机制研究》	莫　雷
128	《青少年心理健康素质调查研究》	沈德立
129	《灾后中小学生心理疏导研究》	林崇德
130	《民族地区教育优先发展研究》	张诗亚
131	《WTO主要成员贸易政策体系与对策研究》	张汉林
132	《中国和平发展的国际环境分析》	叶自成
133	《冷战时期美国重大外交政策案例研究》	沈志华
134	《新时期中非合作关系研究》	刘鸿武
135	《我国的地缘政治及其战略研究》	倪世雄
136	《中国海洋发展战略研究》	徐祥民
137	《深化医药卫生体制改革研究》	孟庆跃
138	《华侨华人在中国软实力建设中的作用研究》	黄　平
139	《我国地方法制建设理论与实践研究》	葛洪义
140	《城市化理论重构与城市化战略研究》	张鸿雁
141	《境外宗教渗透论》	段德智
142	《中部崛起过程中的新型工业化研究》	陈晓红
143	《农村社会保障制度研究》	赵　曼
144	《中国艺术学学科体系建设研究》	黄会林
145	《人工耳蜗术后儿童康复教育的原理与方法》	黄昭鸣
146	《我国少数民族音乐资源的保护与开发研究》	樊祖荫
147	《中国道德文化的传统理念与现代践行研究》	李建华
148	《低碳经济转型下的中国排放权交易体系》	齐绍洲
149	《中国东北亚战略与政策研究》	刘清才
150	《促进经济发展方式转变的地方财税体制改革研究》	钟晓敏
151	《中国—东盟区域经济一体化》	范祚军

序号	书名	首席专家
152	《非传统安全合作与中俄关系》	冯绍雷
153	《外资并购与我国产业安全研究》	李善民
154	《近代汉字术语的生成演变与中西日文化互动研究》	冯天瑜
155	《新时期加强社会组织建设研究》	李友梅
156	《民办学校分类管理政策研究》	周海涛
157	《我国城市住房制度改革研究》	高 波
158	《新媒体环境下的危机传播及舆论引导研究》	喻国明
159	《法治国家建设中的司法判例制度研究》	何家弘
160	《中国女性高层次人才发展规律及发展对策研究》	佟 新
161	《国际金融中心法制环境研究》	周仲飞
162	《居民收入占国民收入比重统计指标体系研究》	刘 扬
163	《中国历代边疆治理研究》	程妮娜
164	《性别视角下的中国文学与文化》	乔以钢
165	《我国公共财政风险评估及其防范对策研究》	吴俊培
166	《中国历代民歌史论》	陈书录
167	《大学生村官成长成才机制研究》	马抗美
168	《完善学校突发事件应急管理机制研究》	马怀德
169	《秦简牍整理与研究》	陈 伟
170	《出土简帛与古史再建》	李学勤
171	《民间借贷与非法集资风险防范的法律机制研究》	岳彩申
172	《新时期社会治安防控体系建设研究》	宫志刚
173	《加快发展我国生产服务业研究》	李江帆
174	《基本公共服务均等化研究》	张贤明
175	《职业教育质量评价体系研究》	周志刚
176	《中国大学校长管理专业化研究》	宣 勇
177	《"两型社会"建设标准及指标体系研究》	陈晓红
178	《中国与中亚地区国家关系研究》	潘志平
179	《保障我国海上通道安全研究》	吕 靖
180	《世界主要国家安全体制机制研究》	刘胜湘
181	《中国流动人口的城市逐梦》	杨菊华
182	《建设人口均衡型社会研究》	刘渝琳
183	《农产品流通体系建设的机制创新与政策体系研究》	夏春玉

序号	书　名	首席专家
184	《区域经济一体化中府际合作的法律问题研究》	石佑启
185	《城乡劳动力平等就业研究》	姚先国
186	《20世纪朱子学研究精华集成——从学术思想史的视角》	乐爱国
187	《拔尖创新人才成长规律与培养模式研究》	林崇德
188	《生态文明制度建设研究》	陈晓红
189	《我国城镇住房保障体系及运行机制研究》	虞晓芬
190	《中国战略性新兴产业国际化战略研究》	汪　涛
191	《证据科学论纲》	张保生
192	《要素成本上升背景下我国外贸中长期发展趋势研究》	黄建忠
193	《中国历代长城研究》	段清波
194	《当代技术哲学的发展趋势研究》	吴国林
195	《20世纪中国社会思潮研究》	高瑞泉
196	《中国社会保障制度整合与体系完善重大问题研究》	丁建定
197	《民族地区特殊类型贫困与反贫困研究》	李俊杰
198	《扩大消费需求的长效机制研究》	臧旭恒
199	《我国土地出让制度改革及收益共享机制研究》	石晓平
200	《高等学校分类体系及其设置标准研究》	史秋衡
201	《全面加强学校德育体系建设研究》	杜时忠
202	《生态环境公益诉讼机制研究》	颜运秋
203	《科学研究与高等教育深度融合的知识创新体系建设研究》	杜德斌
204	《女性高层次人才成长规律与发展对策研究》	罗瑾琏
205	《岳麓秦简与秦代法律制度研究》	陈松长
206	《民办教育分类管理政策实施跟踪与评估研究》	周海涛
207	《建立城乡统一的建设用地市场研究》	张安录
208	《迈向高质量发展的经济结构转变研究》	郭熙保
209	《中国社会福利理论与制度构建——以适度普惠社会福利制度为例》	彭华民
210	《提高教育系统廉政文化建设实效性和针对性研究》	罗国振
211	《毒品成瘾及其复吸行为——心理学的研究视角》	沈模卫
212	《英语世界的中国文学译介与研究》	曹顺庆
213	《建立公开规范的住房公积金制度研究》	王先柱

序号	书　名	首席专家
214	《现代归纳逻辑理论及其应用研究》	何向东
215	《时代变迁、技术扩散与教育变革：信息化教育的理论与实践探索》	杨　浩
216	《城镇化进程中新生代农民工职业教育与社会融合问题研究》	褚宏启 薛二勇
217	《我国先进制造业发展战略研究》	唐晓华
218	《融合与修正：跨文化交流的逻辑与认知研究》	鞠实儿
219	《中国新生代农民工收入状况与消费行为研究》	金晓彤
220	《高校少数民族应用型人才培养模式综合改革研究》	张学敏
221	《中国的立法体制研究》	陈　俊
222	《教师社会经济地位问题：现实与选择》	劳凯声
223	《中国现代职业教育质量保障体系研究》	赵志群
224	《欧洲农村城镇化进程及其借鉴意义》	刘景华
	……	